“十四五”普通高等学校规划教材

中国电力教育协会高校能源动力类专业精品教材

新能源中的先进材料：基础及应用

编 著 薄 拯 温珍海 侯 阳 毛 舜
余柯涵 郑梦莲 杨化超

主 审 赵一新

中国电力出版社
CHINA ELECTRIC POWER PRESS

内 容 提 要

本书根据高等学校能源动力领域新能源人才培养要求编写，主要介绍了新能源技术中的先进材料，重点包括金属离子电池储能材料、液流电池储能材料、太阳能电池材料、超级电容储能材料、气体传感器材料和电催化水裂解材料，同时对材料设计相关的计算材料学基础进行了介绍。本书还结合最新的文献，介绍和分析了相关新能源先进材料的发展动态，以便帮助读者掌握最新的国际学术前沿和相关知识的全貌。

本书综合考虑了相关知识的广度和深度，适合作为高等院校新能源科学与工程专业和储能科学与技术专业的相关课程教材，也可作为能源动力类、材料类、机械类、化工类等相关专业高年级本科生和研究生的教材或教学参考书，亦可供相关专业的科研人员和工程师参考使用。

图书在版编目（CIP）数据

新能源中的先进材料：基础及应用/薄拯等编著．—北京：中国电力出版社，2020.12（2024.7 重印）

"十四五"普通高等学校规划教材

ISBN 978-7-5198-4772-2

Ⅰ.①新…　Ⅱ.①薄…　Ⅲ.①新能源－材料－高等学校－教材　Ⅳ.①TK01

中国版本图书馆 CIP 数据核字（2020）第 253980 号

出版发行：中国电力出版社
地　　址：北京市东城区北京站西街 19 号（邮政编码 100005）
网　　址：http://www.cepp.sgcc.com.cn
责任编辑：李　莉（010-63412538）
责任校对：朱丽芳　王海南
装帧设计：赵姗姗
责任印制：吴　迪

印　　刷：北京九州迅驰传媒文化有限公司
版　　次：2020 年 12 月第一版
印　　次：2024 年 7 月北京第三次印刷
开　　本：787 毫米×1092 毫米　16 开本
印　　张：20.5
字　　数：500 千字
定　　价：68.00 元

前　言

我国正积极探索与过往能源生产和消费模式不同的绿色发展道路。以新技术和新材料为基础，大力发展新能源及可再生能源，在构建清洁低碳、安全高效的能源体系过程中起到至关重要的作用。培养一批扎实掌握能源科学和材料科学基础知识，了解相关领域国际学术前沿技术的优秀人才，正是作者编写本书的出发点。

考虑到新能源技术中的先进材料涉及物理、化学、能源、材料等多学科的交叉，本书集合了国内多位优秀青年学者共同完成。编写团队包括多位国家优秀青年科学基金获得者、教育部青年长江学者、中共中央组织部青年拔尖人才和科睿唯安全球"高被引科学家"。他们在国内外知名高校和科研机构有多年学习和科研经历，长期工作在教学和科研一线，在上述领域中均有一定的建树和国际影响力。

本书的编写分工为：薄拯撰写了第一、第五章，温珍海撰写了第二章，郑梦莲撰写了第三章，余柯涵撰写了第四章，毛舜撰写了第六章，侯阳撰写了第七章，薄拯和杨化超共同撰写了第八章。

衷心感谢浙江大学、同济大学、南京邮电大学和中国科学院物质结构所对本书编写过程中给予的关心和支持。感谢浙江大学岑可法院士对编写工作的指导，上海交通大学赵一新教授对全书进行了审读，他们的宝贵意见对提高书稿的质量大有裨益。博士研究生亓花蕾、杨锦渊、孔竞、徐晨轩、吴声豪、厉昌文、田义宽、郭新政、龚碧瑶、程向南、陆鑫超、陈禹丞、黄哲崧、温葳元、吕思刘、宗博洋、胡翔、刘杨杰、孙洁，硕士研究生易可心、蔡倩丽、李醒龙、刘鹤伟、袁俊、刘骞、雷顺、钟国保、刘柏辰、陈涛、刘珂、罗岩松、马航，博士后方娴和刘成斌老师为本书编写做了大量辅助性工作，在此一并表示感谢。最后，感谢国家自然科学基金优秀青年基金（51722604）、英国皇家学会牛顿高级学者基金（Newton Advanced Fellowship）（52061130218）和浙江省自然科学基金杰出青年基金（LR17E060002）的支持。本书于 2020 年被立项为浙江大学本科教材建设项目。

限于编者水平，书中难免有疏漏和不足之处，恳请读者批评指正！

薄拯
2020 年 10 月于求是园

目　录

第一章　概　　述

1.1　新能源概述

能源是人类生存与发展的重要物质基础。人们通过利用化石能源显著提高了生产力水平，推进了社会的进步。但是化石能源终有一天会消耗殆尽，不当利用往往会对生态环境造成严重破坏。因此，构建以新能源和可再生能源为主体的能源供应体系，推动新能源生产和消费变革将成为历史的必然。

我国正积极探索与过往能源生产和消费模式不同的绿色发展道路。2015 年 6 月，我国向《联合国气候变化框架公约》秘书处提交《强化应对气候变化行动——中国国家自主贡献》，确立到 2030 年单位国内生产总值二氧化碳排放比 2005 年下降 60%～65%。为实现上述目标，除了继续提高能源利用效率和发展节能减排技术外，还需要大力推动新能源产业的规模化发展，以降低对传统化石能源的依赖。在可预计的未来，新能源将引领全球能源结构朝向多元化方向发展，推动人类社会从工业文明迈向全球生态文明。

1.1.1　新能源的特点

1981 年由联合国主持召开的新能源和可再生能源会议明确了新能源的定义，即以新技术和新材料为基础，使传统的可再生能源得到现代化的开发和利用，用取之不尽、周而复始的可再生能源取代资源有限、对环境有污染的化石能源，重点开发太阳能、风能、氢能、生物质能、潮汐能、地热能和核能（原子能）[1]。国家计划委员会 1997 年 5 月颁发的《新能源基本建设项目管理的暂行规定》第二条指出：新能源是指风能、太阳能、地热能、海洋能、生物质能等可再生资源经转化或加工后的电力或洁净燃料[1]。

新能源的多种形式本质上都是直接或者间接地来自太阳或地球内部所产生的热能以及物质的原子能。一方面，新能源具有资源丰富、可再生、低碳等优点；另一方面，以风能和太阳能为代表的新能源存在能量密度较低、波动性强、难以规模化利用的缺陷和不足。

以下对一些典型的新能源利用技术进行简要介绍。

1.1.2　典型的新能源利用技术

（1）太阳能。

太阳能是人类最主要的能量来源。太阳由于内部发生的核聚变反应，向外发射的总辐射能量约为 3.8×10^{26} W[2]，其中 22 亿分之一到达地球大气层。到达地球大气层的太阳能，30%被大气层反射，23%被大气层吸收，其余的到达地球表面，其功率约为 8×10^{16} W[3]。这个数量已远大于人类目前消耗的能量总和（约 138 亿 t/a 标准煤当量，1.8×10^{13} W）[4]。广义的太阳能包括地球上的风能、水能、海水温差能、波浪能和生物质能，即使是地球上的化石燃料（如煤、石油、天然气等），本质上也是自远古以来储存下来的太阳能。狭义的太阳能利用技术主要包括太阳能－热能转换、太阳能光电转换和太阳能－化学能转换等。

（2）风能。

风能是大气流动的动能。全球的风能约为 2.74×10^{15} W，其中可利用的风能约为 2×

10^{13} W[5]，这是全球水力资源可利用量的 10 倍[5]，相当于目前世界能源的总消耗量[4]。我国是全球风力资源最丰富的国家之一[6]。据我国第三次风能资源普查统计结果，我国陆地上和离地 10m 高度层上风能资源总储量约 3226GW 和 4350GW，其中可开发和利用的风能储量有 253GW 和 297GW[6]。风力发电通过风力机将风的动能转化成机械能和电能，是风能的主要应用技术。风能是可再生的清洁能源，具有储量大、分布广、能量密度较低和波动较大的特点。

（3）氢能。

氢能是理想的二次能源。氢以化合物的形式存储于地球上，不像煤、石油、天然气可以直接开采，需要通过一定的方法进行制取。氢能资源可以来源于海水、可再生植物、煤炭、天然气等，是一种取之不尽用之不竭的能源[7]，具有发热量高、碳零排放和能量密度高的优点[7]。氢能的制取技术主要包括电解水制氢、固态聚合物电解质电解制氢、高温水蒸气电解制氢、生物制氢、生物质制氢、热化学分解水制氢及甲醇重整、硫化氢分解制氢和光催化制氢等。氢的存储是氢能利用的重要保障，主要技术包括液化储氢、压缩氢气、金属氢化物储氢、配位氢化物储氢、有机物储氢和玻璃微球储氢等。氢的利用技术主要包括燃料电池、燃气轮机（蒸汽轮机）发电、内燃机和火箭发动机等。

（4）生物质能。

生物质能占世界一次能源消耗的 14%，其储量是排在主要化石能源煤、油、气之后第四位的能源[8]。扩大生物质能利用是二氧化碳减排的重要途径之一。现代生物质能源利用主要是通过一系列先进的热化学、生物化学等手段，生产出固、液、气等高品位能源来代替化石燃料。常见的技术包括生物质气化技术、生物质固化技术、生物质热解技术、生物质液化技术和沼气技术等。

（5）海洋能。

海洋能主要包括潮汐能、潮流能、海流能、波浪能、温差能和盐差能等。根据联合国教科文组织 1981 年估计，海洋能理论上可再生的总量约为 7.66×10^{13} W[9]。其中温差能为 4×10^{13} W，盐差能为 3×10^{13} W，潮汐能和波浪能各为 3×10^{12} W，海流能为 6×10^{11} W[9]。蕴藏在海岸线附近、技术上允许利用的海洋能有 6.4×10^{12} W[9,10]。当前海洋能利用还有很多关键问题需要解决。由于海洋能大功率、低流速的特性，要求装置的叶片、结构、地基要比风能装置有更大的强度，以防止海水流速过大对装置造成损坏。另外，还需要考虑海水中的泥沙对装置的损坏，以及海水腐蚀和海洋生物的附着对水轮机效率和整体设备寿命的影响。

1.1.3　新能源发展现状

当前风能和太阳能等新能源开发利用的主要形式是将其转换为电能。根据联合国环境规划署、德国法兰克福财经管理大学和彭博新能源财经共同发布的《2019 全球可再生能源投资趋势报告》，在过去的十年里，全球范围内新能源发电装机量翻了两番，从 414GW 增至 1650GW[11]。

根据国际可再生能源机构（IRENA）统计，2018 年全球太阳能发电装机容量增加了 94GW，同比增长 24%。其中 64GW 的新增装机容量来自亚洲地区：中国 45GW（同比增长 34%）、印度 9.8GW（同比增长 60%）、日本 6.5GW（同比增长 13%）和韩国 2GW（同比增长 34%）。这些地区强劲的增长使得亚洲领跑全球太阳能新增装机容量排行榜。同期新增装机容量超过 1GW 的国家有美国（8.4GW）、澳大利亚（3.8GW）、德国（3.6GW）、墨西哥（1.8GW）、荷兰（1.2GW）和巴西（1.2GW）。2018 年全球风电新增装机容量 49GW，全球累计风电装机容量达 564GW，其中主要的增长来自中国（20GW）和美国（7GW）。其他风电新增装机容量超过 1GW 的国家是巴西、法国、德国、印度和英国。2018 年全球生物质发电新增装机容量 5.7GW（同比增长 5%），主要由中国（2GW）、印度（0.7GW）和英国（0.9GW）三个国家的增长带动[12]。

截至 2018 年，新能源发电量在全球发电量中所占份额达到 12.9%。正是由于这些新能源的开发与利用，2018 年全球共减少二氧化碳排放约 20 亿 t，占 2018 年全球电力部门二氧化碳排放量的 14.6%[12]。

以太阳能和风能为代表的新能源具有不稳定、波动性大的特点，这对其生产的电能与现代电网的稳定融合提出了新的挑战。高效储能系统是解决上述问题的有效途径之一。储能系统是发展微电网、孤岛电网、分布式发电系统及新能源交通重要的基础措施。储能系统在电力系统中的运用，满足了需求侧管理、削峰填谷、平滑负荷、快速调整电网频率的需求，提高了电网运行稳定性和可靠性，降低了光伏和风力等波动性大的新能源发电系统对电网的冲击。目前，世界上很多国家都在大力推进先进储能技术的研究。

1.1.4 新能源材料

性能优异的新能源材料对实现高效能量转换、传输和储存有关键作用。近年来，新能源材料体系的相关研究迅速发展并取得了长足进步，其中一部分已经开始应用于实际生产和生活。随着能源材料的发展，我们熟悉的光伏器件、锂离子电池等的关键储能性能也不断提升。但是总体而言，新能源材料依旧存在着转换利用效率低、稳定性差以及成本高等诸多问题，在一定程度上限制了其更为广泛的应用。发展高效、稳定且廉价的新能源材料是推动新能源技术规模化发展的关键。

1.2 本书涉及的新能源材料范畴

本书主要涉及以下六种新能源材料，分别是金属离子电池储能材料、液流电池储能材料、太阳能电池材料、超级电容储能材料、气体传感器材料和电催化水裂解材料。

金属离子电池是通过金属离子在电极材料中嵌入/脱出进行储能的电化学器件。以锂离子电池为代表的金属离子电池具有容量大、能量密度高的特点。本书主要介绍锂离子电池和钠离子电池为代表的金属离子电池正极材料和负极材料。

液流电池是利用流动的电解质溶液与电极发生氧化还原反应的电化学储能装置。它可以根据应用需求调节储能能量和功率的大小，是一种具有灵活性和大规模应用潜力的电化学储能技术。本书将对液流电池中的电极、双极板和膜等关键部件的材料进行重点介绍。

太阳能电池是利用光伏效应将太阳能直接转化为电能的半导体光电功能器件。本书将针对晶体硅太阳能电池、薄膜太阳能电池、染料敏化太阳能电池、有机太阳能电池和新型Ⅲ-Ⅴ族化合物太阳能电池的关键材料进行重点介绍。

超级电容基于物理静电吸附原理，在高比表面积电极材料上形成双电层结构（双电层电容）或发生快速的法拉第反应（赝电容）来存储电荷，是功率型储能技术的代表之一。本书主要介绍超级电容的储能原理以及双电层电容和赝电容的电极材料。

气体传感器是一种将被测气体的物理或化学性质按照一定的规律转化为可测得的输出信号的转换装置。本书将针对接触燃烧式气体传感器、半导体电阻式气体传感器和电化学式气体传感器的主要材料进行重点介绍。

电催化水裂解制氢是利用电流使水分子发生得失电子从而产生氢气的技术，是一种具有大规模应用潜力的制氢方式。本书主要介绍阴极析氢电催化材料和阳极析氧电催化材料。

1.3 新能源材料的发展现状

1.3.1 金属离子电池储能材料

锂离子电池作为金属离子电池的代表，具有储能容量大、能量密度高、稳定性较好等优势。尽管锂离子电池具有各种不同的结构类型（如软包电池、柱状电池以及纽扣电池等），但其直接参与储能过程的组成部分基本相同，主要包含正极、负极、电解质等。

正极是电池中电势较高的一端。电池放电时，锂离子通过电解质从负极达到正极，电子通过外部电路从负极达到正极；当电池充电时则反之。锂离子电池正极材料主要包括过渡金属氧化物与聚阴离子化合物等。负极是电池中电势较低的一端。作为储能过程中与正极相对的半反应部位，负极材料的合理选择对电池性能同样具有极大影响。目前已经开发的锂离子电池碳基负极材料主要包含石墨碳、硬碳、软碳以及碳纳米管、石墨烯等碳基材料；非碳基负极材料则主要包括硅基材料、锡基材料、氮化物、合金材料、钛基材料与金属锂等。

锂离子电池的电解质按照其状态包括液态电解质、固态电解质和凝胶聚合物电解质三大类。液态电解质溶液主要由锂盐和溶剂构成。目前已经发展的电解质锂盐有高氯酸锂（$LiClO_4$）、六氟磷酸锂（$LiPF_6$）、四氟硼酸锂（$LiBF_4$）、三氟甲基磺酸锂（LiFSI）、双乙酸硼酸锂（LiBOB）等；电解质溶剂通常为有机溶剂，包含碳酸乙烯酯（EC）、碳酸二甲酯（DMC）、碳酸二乙酯（DEC）、碳酸甲乙酯（EMC）、碳酸丙烯酯（PC）以及一些其他醚类和氟代溶剂。固态电解质主要包含钙钛矿型、硫化物型、石榴石型等不同类型。因具有较好的耐热性，并能有效地抑制锂枝晶生长，固态电解质已成为当前重点关注的研究对象。凝胶聚合物电解质分别继承了液体电解质和固体电解质的优点，具有较好的导电性、可加工性以及一定的机械强度，并可替代隔膜，简化电池的制作工艺以降低其成本。凝胶聚合物电解质通常由聚丙烯腈（PAN）、聚氧乙烯（PEO）、聚氧丙烯（PPO）、聚偏氟乙烯（PVDF）等聚合物主体和上述介绍的锂盐两部分构成。

钠离子电池的正极材料主要有以下三类：一是含钠离子的过渡金属氧化物，通式为Na_xMO_2（M代表过渡族金属），如铁酸钠（$NaFeO_2$）、钴酸钠（$NaCoO_2$）、镍酸钠（$NaNiO_2$）、锰酸钠（$NaMnO_2$）、钛酸钠（$NaTiO_2$）等；二是聚阴离子型化合物，主要包括磷酸盐类、氟磷酸盐类、焦磷酸盐类等，如磷酸铁钠（$NaFePO_4$）、磷酸锰钠（$NaMnPO_4$）等；三是普鲁士蓝类似物，如亚铁氰化钠［$Na_4Fe(CN)_6$］等。负极材料主要有碳基负极材料、钛基负极材料、合金化型负极材料、金属氧化物与硫化物类负极材料等。碳基负极材料又分为石墨碳负极材料和无定形类碳基负极材料（软碳和硬碳材料）。钛基负极材料目前常见的有TiO_2、$Na_2Ti_3O_7$、$NaTi_2(PO_4)_3$等，合金化型负极材料主要有Sn、Sb、Ge、P、In等，金属氧化物与硫化物类负极材料主要有Fe、Co、Ni、Cu、Mn、Mo等金属元素的氧化物以及MoS_2、WS_2、SnS_2、TiS_2等硫化物。

目前研究较多的钠离子电池电解质主要包括液态电解质、离子液体电解质、固态电解质和凝胶电解质四类。其中，固态电解质可分为固态聚合物电解质和无机固态复合电解质。

1.3.2 液流电池储能材料

不同于金属离子电池，液流电池的正极和负极电解液分别存储在正极和负极储罐中，通过泵和管路输送到电堆栈中，在由单电池组成的电堆中电极发生可逆氧化还原反应，实现能量的储存与转化。液流电池的电极组成材料通常有金属材料、碳素类材料与复合材料等。其中，碳素类材料具有价格低廉以及导电性较好的优势，目前发展较为成熟且得到广泛应用，主要有玻璃碳、碳布、石墨毡、碳毡、碳纸、网状玻璃碳等类型。由编织碳纤维构成的碳布具有相对有序的纤维排列方式，有利于电解液在多孔电极内的渗入和流动。在相同纤维直径和孔隙率的情况下，以碳布为电极材料的液流电池中电解质渗透率更高，具备更好的传质性能。

双极板是液流电池的关键组件之一，既为相邻单电池提供导电连接，又作为分隔体将正负极电解液隔开，并起到调控电解质流场的作用。为实现上述功能，液流电池的双极板材料面临一系列复杂的设计要求，包括高机械稳定性、对电解质的化学耐受性与耐腐蚀性、高电导率、低成本等。目前已经发展的双极板材料有石墨材料、碳聚合物复合材料等类型。碳聚合物复合材料以石墨为主体，引入聚合物材料作为黏合骨架，因此兼具石墨材料的优良导电性和聚合物的良好加工性能，是当前使用较多的双极板材料。常见的碳聚合物复合双极板材料有 PG86、BMA5、BMA5 等。

离子交换膜作为调控液流电池传质过程的关键组件，起到仅允许特定的载流离子通过、防止正负极电解液的混合以及电极短路的作用。主要分为全氟化离聚物、部分氟化聚合物（含有机和无机树脂成分）、非氟化烃、具有芳族主链的非氟化膜以及酸碱混合物五类。一些无机材料（例如二氧化锆、二氧化硅、氧化铝、二氧化钛、二硫化钼、碳纳米管和石墨烯等）被用作新型离子交换膜填充剂，以提高离子交换膜的电导率，增强机械强度与化学稳定性。

1.3.3 太阳能电池材料

历经近半个世纪的商业化发展，太阳能电池家族如今已囊括晶体硅太阳能电池、薄膜太阳能电池、染料敏化太阳能电池和有机太阳能电池和新型Ⅲ-Ⅴ族化合物太阳能电池等不同类别。

晶体硅太阳能电池可分为单晶硅太阳能电池和多晶硅太阳能电池。单晶硅为具有基本完整点阵结构的硅晶体，具有较高的光电转换效率，在工业生产中占据主导地位。多晶硅包含大量不同取向的硅晶粒，引入了较多缺陷密度与杂质。在采用吸杂以及氢气钝化方法提升多晶硅中少数载流子的寿命后，多晶硅太阳能电池因其较低的原料和封装成本，有望成为单晶硅太阳能电池的替代产品。

薄膜太阳能电池所用的光电转化材料将大幅度减少，为实现大规模太阳能光伏应用提供了可能。薄膜太阳能电池材料主要包括硅基材料、碲化镉材料与铜铟镓硒材料等。硅基薄膜太阳能电池材料可分为多晶硅、微晶硅与非晶硅三类。借助氢稀释、合金调控带隙等技术，非晶硅薄膜材料的光电转化性能已接近多晶硅薄膜材料，本书对非晶硅薄膜材料重点介绍。碲化镉材料可分为 N 型和 P 型两大类，其光电转化效率较非晶硅薄膜材料效率高，成本较单晶硅薄膜材料低，但由于镉易造成较大的环境危害，因此并不是目前理想的薄膜太阳能电池材料。铜铟镓硒材料具有较高光吸收系数和与多晶硅薄膜太阳能电池接近的光电转化效率，同时具备成本低、污染小、弱光性能好等优点。

染料敏化太阳能电池模仿自然界中植物的光合作用，借助染料光敏剂的光化学过程实现光电转换。染料光敏剂作为光吸收剂，是染料敏化太阳能电池的关键部分，主要包括金属络合物、卟啉、酞菁和不含金属的有机染料。Ru络合物一直以来都是效果最佳的染料，此外，具有化学稳固性的有机染料表现出的稳定性也受到关注。有机染料的常见设计思路是合成所谓的D-π-A染料，由电子给体（D）共轭连接体（π）和电子受体（A）组成。

有机太阳能电池以有机半导体作为光敏材料，具有化学结构可设计性与可印刷加工性等优点。常用的有机光敏半导体材料具有共轭结构并且有导电性，如酞菁化合物、卟啉、菁等。为了提高载流子分离效率，具有不同能级的电子给体和受体材料被同时用于有机太阳能电池中。电子受体材料可分为富勒烯衍生物和非富勒烯N-OS材料，最有代表性的富勒烯衍生物受体是C60衍生物PCBM、C70衍生物PC70BM和茚-C60双加合物（ICBA）。电子给体材料包括共轭聚合物给体材料与小分子给体材料。为了改善电极接触，界面修饰层被用于电极与活性层之间的接触界面，目前常用的阳极修饰层材料为PEDOT：PSS，常用的阴极修饰层材料有N型氧化钛、氧化锌等半导体材料。

新型Ⅲ-Ⅴ族化合物太阳能电池主要介绍了基于AlGaAs-GaAs结构的太阳能电池、内置布拉格反射器（BR）的太阳能电池和Ge衬底上基于GaAs的太阳能电池。

1.3.4 超级电容储能材料

超级电容是功率型储能器件的代表之一，其储能过程依赖于界面静电吸附（双电层电容）或可逆法拉第化学反应（赝电容）。

双电层电容的储能材料以碳基材料为主，如活性炭、活性碳纤维、碳化物衍生碳、洋葱碳、碳纳米管和石墨烯等。活性炭是研究最早、技术最成熟、应用最广泛的活性材料。活性碳纤维作为活性炭的衍生物，可直接作为电极材料而不需要任何黏合剂。碳化物衍生碳是以碳化钛、碳化锆、碳化钼和碳化硅等碳化物为前驱体，将金属/非金属原子从晶格中刻蚀除去后留下的多孔骨架碳材料。洋葱碳是由多个同心球形石墨片组成的零维碳纳米材料，其微观结构为球形碳纳米颗粒。碳纳米管是由sp^2杂化碳原子构成的典型一维碳纳米材料，其径向尺寸通常在纳米尺度，而轴向尺寸可达数十甚至上百微米。石墨烯是一种碳原子以sp^2杂化轨道组成六角型晶格的二维碳纳米材料，具有极低的电阻率、优异的结构稳定性以及超高的理论比表面积（约$2630m^2/g$）。

赝电容电极材料主要分为三类，即金属氧化物类、导电聚合物类以及新型赝电容材料。金属氧化物类赝电容活性材料有二氧化钌、二氧化锰、四氧化三钴、氧化镍、五氧化二钒等。导电聚合物类赝电容活性材料包括聚苯胺、聚吡咯、聚噻吩及其衍生物（如聚3，4—乙烯二氧噻吩）等。以二维过渡金属碳氮化物（如碳化钛、碳化铌等）、过渡金属二卤化物（如二硫化钼、二硫化钨等）和钛基化合物等为代表的新型赝电容电极材料因其高导电性、高比电容以及优良的循环稳定性等优点，有望打破传统赝电容电极材料的桎梏。

1.3.5 气体传感器材料

接触燃烧式气体传感器又称催化燃烧式气体传感器，是测量可燃性气体发生氧化反应或催化反应，其产热引起敏感材料的电阻变化，进而实现可燃性气体检测的一类装置或器件。其热敏材料主要分为金属氧化物类（如基于氧化铑-氧化铝的接触燃烧式甲烷传感器等）、金属氧化物-贵金属/稀有金属类（如紫外辐射-发光二极管辅助的纳米二氧化钛-钯/铂-氧化铝催化燃烧氢气传感器等)、金属氧化物-石墨烯类(如基于钯掺杂氧化锡/还原氧化石墨烯的催化燃烧式气体传感器等)、铁电体类(如基于镧掺杂钛酸钡体系的接触燃烧式氢气传感器等)。

半导体电阻式气体传感器以半导体材料为敏感元件,通过对气体的表面吸附或者反应,引起敏感元件电导率或表面电位变化,实现对气体的检测。金属氧化物作为半导体气体传感器传统的敏感元件材料,可分为过渡金属氧化物(如氧化铁、氧化镍、氧化铬等)和非过渡金属氧化物(如以氧化铝为主的过渡金属前金属氧化物和以氧化锌、氧化锡等为主的过渡金属后金属氧化物)两大类。除此之外,碳基材料(碳纳米管、石墨烯、炭黑、碳纤维等)、过渡金属硫化物(硫化钼、硫化钨等)、过渡金属碳化物、黑磷稀与导电聚合物等敏感元件材料也是当前的研究热点。

电化学气体传感器测量电化学氧化还原反应产生的电流信号变化,是目前有毒有害气体的主流检测技术之一。电化学气体传感器的电解质主要包括水系电解质、有机电解质、导电聚合物、离子液体电解质和固态电解质等类型。电化学气体传感器的工作电极材料包含碳基材料(如碳纳米管、石墨烯、炭黑、碳纤维等)以及金属或金属氧化物界面修饰材料(如氧化锌、二氧化钛、铂纳米颗粒等)。

1.3.6 电催化水裂解材料

电催化水裂解制氢通过外加电势使水分子得失电子从而产生氢气,可分为阴极析氢与阳极析氧两个半反应过程。阴极和阳极催化析氢材料是影响电催化水裂解性能的关键组件。

阴极析氢反应的催化剂主要可分为贵金属基电催化剂、非贵过渡金属基电催化剂、非金属电催化剂和其他电催化材料四大类。贵金属基催化剂(如铂基、钌基、铑基催化剂)具有优异的电催化水裂解性能,但存在储量低、成本高、稳定性差等缺点。非贵过渡金属基电催化材料主要包含铁、钴、镍、铜、钼和钨等元素,其地壳丰富度远高于贵金属基催化材料,具有一定的成本优势。目前针对非金属基催化材料的研究主要集中于碳基材料,掺杂非金属杂原子进行改性是提升碳基材料阴极析氢活性的有效手段。常见的掺杂类型有氮掺杂、氮/磷共掺杂、氮/硼共掺杂等。此外单原子析氢反应电催化材料、金属有机框架化合物电催化材料、钙钛矿基析氢反应电催化材料等也是研究热点。

阳极析氧催化剂可分为贵金属基电催化剂、非贵过渡金属基电催化剂与其他析氧反应电催化剂三大类。贵金属基催化剂主要包括铂、铱、钌及其金属氧化物等材料,是目前主流的阳极析氧催化材料。非贵过渡金属基催化剂主要包括尖晶石型氧化钴、硒化镍、硫化镍等。其他析氧反应电催化剂包括单原子催化材料(尤其是石墨烯限制单原子催化材料)、金属有机框架化合物电催化材料等。

1.4 新能源材料的发展趋势

如何充分发挥新能源材料在真实应用场景中的价值,其发展仍然面临着艰巨的任务。从当前发展趋势看,新能源材料的主要研究将集中在以下方面:

(1)效能提升。提升新型材料在能源应用中的性能是推动新能源材料走向市场和工业化应用的关键。例如,研发具有转换反应性质或合金反应性质的电极材料,打破锂离子电池插层反应的理论能量限制;开发新型半导体材料,改善薄膜制造工艺,提高太阳能电池的转换效率；优化电解质与电极材料的搭配方案，在保持超级电容储能功率密度的前提下，提升储能能量密度。

(2) 资源合理利用。新能源材料的大量应用必然涉及其所需原料的资源问题。例如，太阳能电池常使用的半导体材料（如镓、铟等）在地球上的资源储量有限，因此需要开发取材丰富的新型太阳能电池（如染料敏化太阳能电池、有机太阳能电池）。另外，在保证应用性能的前提下优化制备工艺，减少材料用量（如开发原子级别分散的催化剂、薄膜化太阳能电池），也是提高资源利用效率的有效途径。

(3) 安全与环境问题。新能源材料制备、应用和废弃过程中的安全和环境问题值得关注。如针对含有有毒物质的太阳能电池材料，如何减少有毒物质的使用量以及降低制备过程和使用过程中的泄漏问题；金属离子电池、液流电池、超级电容等储能电极材料达到使用寿命后的处理问题；废料中的元素回收及循环使用问题等。

(4) 规模化生产及成本。材料的连续化生产与加工工艺是新能源规模化应用的关键，需要综合考虑处理量、成品率、劳动生产率、材耗、部件质量的一致性和可靠性、环保及劳动防护等。另外，成本也是新能源材料生产和应用过程中需要重点考虑的内容。

(5) 机理的深入认识。近年来，得益于先进制备技术的发展，各种各样的新型材料（如二维材料、原子级别材料、定制化材料）不断涌现。尽管这些新型材料在金属离子电池、液流电池、太阳能电池、超级电容、气体传感器、催化制氢等应用中已经表现出优异的性能，但微观机理（如表面和界面效应、尺度效应、界面热力学、传热传质和流动特性等）还有待探索和完善。

1.4.1 金属离子电池储能材料的发展趋势

自电池诞生200多年以来，人们一直围绕着提高能量密度来推动电池的发展。锂离子电池的理论最大能量密度在400W·h/kg左右，而如今使用的锂离子电池一般只能达到这个数值的一半，远远无法满足用户的日常需求（约500W·h/kg）。采用具有转换反应性质或合金反应性质的电极材料，是打破锂离子电池插层反应能量限制的途径之一。此外，重新探索过去摒弃的锂金属负极，也是发展的方向之一。当前已有的正极材料（如三元材料）仍然具有较大的开发空间。另外，通过拓宽水的电化学稳定窗口获得高能量密度和高安全性的水系电池也是重要发展方向。

钠离子电池近年来的工作集中在研发具有高比容量、长寿命、低成本的新型负极材料研发，以及寻找化学反应稳定、寿命长的电解液。钾离子电池具有接近锂的标准电极电势，以及比钠离子电池更高的功率密度。由于钾离子具有较大的尺寸，在嵌入/脱出的过程中，对正极材料构成的机械破坏力较强，因此正极材料的发展还面临着较大的挑战。镁离子电池的理论比容量可以高达2205A·h/kg，但镁金属表面容易形成钝化膜，导致性能的降低，解决以上问题的可能方案是合成镁基金属间化合物及其相应的合金（如Sn、Sb、Bi、Al、Si、Ge）。铝离子电池具有8046mA·h/cm^3的理论体积比容量，但缺乏适用的电解液，且长期循环稳定性相对较差。锌离子电池安全性高、环境友好，具有较高的理论比容量（820mA·h/g），但是其相关基础研究和技术研发刚刚起步，发展合适的正负极材料，探索容量衰减的机理以及电池循环过程中的电化学行为是未来的发展方向。

1.4.2 液流电池储能材料的发展趋势

大规模、低成本、高效率、长寿命是液流电池储能技术的发展目标，未来一段时间的主要研究内容是将高活性的电化学催化剂与高比表面积的电极材料结合，提高储能效率，加强对新型电极材料储能机理的认识，开发具有低传质阻力、长寿命、低成本的离子交换膜等。其中，半固态锂离子液流电池综合了锂离子电池和液流电池的优点，具有输出功率和储能容量彼此独立、能量密度大、成本较低的特点，具有很好的发展前景。半固态锂离子液流电池储能技术目前尚处于基础原理研究和关键技术工艺开发的阶段，其关键仍然是高性能活性电极材料的研发。

碳纤维材料是液流电池最常用的电极材料。为了提高储能性能，通常需要对碳纤维材料进行改性处理以提高反应活性。常规方法主要是改变碳纤维的表面形貌和官能团，较少考虑碳纤维的内部结构。近期研究表明，将磷和氧原子嵌入纤维内部，可以提高碳纤维内部的导电性以及电化学反应活性。因此，沿半径方向植入按梯度分布的杂原子，是未来液流电池性能提升的途径之一。具有可调控孔隙结构的金属有机框架在液流电池领域表现出较大潜力，但较差的化学稳定性仍然是其走向商业化应用的重要阻碍。生物衍生电极材料（如碳化棉花、水热处理双宫茧）因富含表面官能团，可减少表面处理工序，减少生产过程中的污染，同时具有接近传统碳基材料的电化学性能，因此也颇受关注。此外，近年来发展的一些先进纳米制备技术，如静电纺丝和 3D 打印等也为液流电池材料的开发提供了新思路。

1.4.3 太阳能电池材料的发展趋势

晶硅太阳能电池经过半个多世纪的发展和改进，已经具有较高的效率和稳定性。在很长一段时间内，晶硅太阳能电池可能将占据太阳能光伏行业的主导地位。以推动晶硅太阳能电池的规模化应用为目标，简化太阳能电池制作流程、降低制造成本、降低环境污染是未来一段时间的工作重点。与此同时，科研工作者也正在积极研发多种薄膜太阳能电池，如 GaAs、CdTe、CTGS 薄膜太阳能电池等。与晶硅太阳能电池相比，薄膜太阳能电池的制作成本较低，并具有接近晶硅太阳能电池的效率。但是，薄膜太阳能电池大多数含有稀有或有毒元素，资源和安全性问题是制约其发展的重要因素，需要进一步改进生产工艺、提高效率、降低生产成本、提高稳定性。

染料敏化太阳能电池模仿自然界绿色植物的光合作用把光能转换为电能，所使用的材料具有原材料丰富、生产工艺相对简单的特点。目前的研究主要集中在纳米多孔薄膜电极、染料光敏剂、新型电解质的开发。有机太阳能电池主要使用具有共轭结构的聚合物半导体，这种材料拥有聚合物机械性能好和易加工的优点。受体材料、给体材料的开发，包括聚合物和小分子材料等，是有机太阳能电池材料开发的重点。对电极与活性层之间的接触界面进行修饰，也是提高有机太阳能电池性能的关键。此外，新型Ⅲ - Ⅴ族化合物太阳能电池的开发，如砷化镓（GaAs）和磷化铟（InP）及相关的化合物，有望提高太阳能电池的转换效率，但其转换机理尚不明晰，且成本较高，限制了其实际应用。目前，学术界和产业界大力投入开发多结叠层Ⅲ - Ⅴ族化合物太阳能电池，以期在提高效率的同时降低成本，最终实现高性能实际应用。

1.4.4 超级电容储能材料的发展趋势

在保持功率密度和循环性能优势的前提下，提高比电容、拓宽工作电压窗口、缩小与二次电池之间的能量密度差距是超级电容储能技术的发展目标。典型的新型超级电容电极材料包括金属有机框架、二维过渡金属碳/氮化物、二硫化钼、取向性碳基材料等。

金属有机框架由金属离子或金属团簇与有机配体桥连而成，其可调控的孔道结构和大量暴露的活性位点可大幅度提高超级电容的储能能量密度；但其导电性、化学稳定性差的问题仍然有待解决，材料的制备方法和对储能机理的认识也还有待提高。

二维过渡金属碳/氮化物具有优良的导电性，在超级电容储能性能的提升方面表现出较大的潜力，但其储能机理和离子插层动力学反方面需要更深入的研究，同时自身较差的化学、热学稳定性以及目前复杂的制备方法是其开发过程中面临的挑战。

二硫化钼是二维层状结构的过渡金属硫化物，具有超高的理论电荷存储容量（670mA・h/g），但现有研究所能实现的性能与理论值之间仍然有较大偏差，通过改良制备方法，调整微观结构来实现高比电容是未来一段时间的发展方向。

取向性碳基材料（如垂直取向石墨烯），可以避免纳米材料在制备和使用过程中出现的层间团聚和堆叠等问题，得以充分利用纳米材料的高比表面积。对取向性碳基材料制备方法和制备设备（如卷对卷式等离子体增强化学气相沉积装置等）的研发，是当前的研究热点之一。

此外，超级电容储能设备的实际应用场景对电极材料的力学、热学、光学等性质提出了新的要求。如在穿戴设备中，要求电极材料具有抗拉伸、可修复的柔性；在能量损耗检测过程中，希望电极材料能够通过颜色变化显示其工作状况；在极端工作条件中（如高温或低温环境），希望电极材料和电解液具备较宽的工作温度窗口和较强的温度耐受性。

1.4.5 气体传感器材料的发展趋势

深入研究和掌握有机材料、无机材料、生物材料与其他材料的特性，理解各类气体传感器的工作原理和作用机理，正确选择传感材料，灵活运用微机械加工技术、薄膜形成技术、微电子技术、光纤技术等，使传感器性能最优化是气体传感器的发展方向。

更加深入地探索和寻求能适用于大规模气体传感技术的新型高效气敏材料，探寻纳米材料的结构、尺寸和组分与传感器性能（如灵敏度、选择性、响应速度和稳定性）的关联，是优化气敏材料形貌结构的关键之一。使用纳米材料等先进加工技术进行微结构设计，研制新型传感器及传感器系统，是获得高性能气体传感器的重要途径。随着新材料、新工艺和新技术的应用，完善气体传感器的性能，使传感器小型化、微型化和多功能化，提高长期工作稳定性，降低成本等是气体传感器的长期发展方向。

1.4.6 电催化水裂解材料的发展趋势

目前电解水已实现工业化，但大规模应用的限制因素主要是当前催化剂所需的过电势大、催化效率有待提高、成本较为昂贵等。在实际应用中，由于电极会发生极化现象、溶液存在内阻、离子及气泡扩散速度慢等诸多原因，电解水的实际电压远高于理论电压，所以开发高效、电势稳定的催化剂是提高电催化水裂解氢性能的关键。

贵金属基催化剂（如铂、钌）是目前性能最好的水裂解催化剂，但成本较高、自然资源储量有限，如何在保持高催化活性的同时降低催化剂使用量，是当前的研究热点之一。例如使用多组分催化剂，制备包含贵金属与其他金属的双金属合金催化剂；利用先进的制备技术，合成原子级别（单原子、纳米团簇）分散的贵金属催化剂等。

过渡金属基催化剂有望取代贵金属基催化剂，主要包括硫化物、磷化氢、碳化物、氮化物、合金、磷酸盐、氧化物、氢氧化物和羟基氧化物等。与贵金属相比，过渡金属在地球的储量相对丰富。但是，当前过渡金属基催化剂的水裂解性能不佳，提高催化效率、增强稳定性是其进一步发展并实现落地应用的关键。

碳基非金属催化剂具备环境友好和成本低廉的优点。已有研究表明碳基非金属催化剂可具备与贵金属基和非贵金属基催化剂相似甚至更好的性能。碳基非金属催化剂的研究刚刚起步，在催化机理和制备方法方面仍然需要投入更多的研究，例如通过杂原子掺杂、边缘位点生成、拓扑缺陷工程等获得具有高催化活性的碳基材料；利用先进的表面工程策略（如缺陷工程、二聚体掺杂）制备出物理结构更均匀、活性位点精确可控的纳米碳材料；全面了解碳基非金属催化剂活性增强的原因，突破当前碳基催化剂的活性极限等。

参考文献

[1] 李爱香．新能源产业评述与政策完善研究［M］．北京：中国轻工业出版社，2015.

[2]《人类与环境》编写组．人类与环境［M］．北京：世界图书出版公司，2010.

[3] 王长贵，崔容强，周篁．新能源发电技术［M］．北京：中国电力出版社，2003.

[4] 英国石油公司（BP）．BP Statistical Review of World Energy，2019.

[5] 吴丰林，方创琳．中国风能资源价值评估与开发阶段划分研究［J］．自然资源学报，2009，24（8）：1412-1421.

[6] 田振宇．浅谈风力发电的发展现状及前景［J］．企业技术开发，2011，30（18）：101-102.

[7] 李星国．氢与氢能［M］．北京：机械工业出版社，2012.

[8] 马隆龙．生物质能产业发展与科技创新调研报告，2012.

[9] GERALD L WICK W R S. Harvesting ocean energy. United Nations Educational，Scientific，and Cultural Organization，1981.

[10] 张亮，尚景宏，张之阳，等．潮流能研究现状 2015——水动力学［J］．水力发电学报，2016，35（2）：1-15.

[11] 联合国环境规划署，德国法兰克福财经管理大学，彭博新能源财经．全球可再生能源投资趋势报告，2019.

[12] 国际可再生能源机构．可再生能源装机容量统计数据，2019.

第二章　金属离子电池储能材料

2.1　锂离子电池概述

2.1.1　锂离子电池的发展历程

电池是一种可以将化学能直接转化为电能的装置，主要通过两电极间发生氧化还原反应，产生电荷的移动而实现能量的相互转换过程。在1800年，意大利物理学家Volt制备出了第一个原电池，此后，电池便与人们的生活息息相关。按照电池反应是否可逆，可以将电池分为一次电池和二次电池。一次电池是指只能进行一次放电过程，反应过程不可逆的蓄电池。二次电池是指具有较好的反应可逆性，放电完成后能够通过再次充电使得电池的化学能恢复，并能够再次使用的电池。由于具有可重复使用、环保等优点，二次电池更能符合社会的实际使用需求。随着科技的发展，二次电池的种类也经历了一系列的重大变革，目前市场上出售的二次电池主要有铅酸电池、镍镉电池、镍氢电池以及当前正在流行的锂离子电池等几类。由于锂具有原子体积小、氧化还原电位低等特性，使得锂离子电池展现出了容量大、能量密度高、稳定性好的优势，因此，锂离子电池展现出了更加蓬勃的发展潜力。

锂离子电池的原型首先由英国化学家Whittingham在20世纪70年代由埃克森美孚公司开发[1]。他分别采用二硫化钛和金属锂作为电池的正极和负极，在电池充电和放电过程中，金属锂在负极会不断消耗和生成，二硫化钛在正极则会不断进行锂离子的嵌入与脱出，这两个过程在电池的使用寿命内是可以不断可逆进行的，从而形成了一个具有2V电压的二次锂离子电池，其结构如图2-1-1所示。然而由于二硫化钛的制备过于困难，同时考虑到成本因素，这款初代锂离子电池并没有得到商业化应用。在后续的研究中，人们还发现在循环过程中，金属锂负极表面会产生严重的树枝状晶体生长现象（简称“锂枝晶”），锂枝晶会在电池充放电的过程中不断生长延伸，进而穿透隔膜，造成正负极直接接触而使得电池短路，存在严重的安全隐患。因此，在此后很长一段时间内，研究人员都在寻找一种合适的能够替代金属锂作为电池负极的材料。1977年，Basu在宾夕法尼亚大学展示了锂离子在石墨中的电化学嵌入机制，这一发现为后续石墨负极的开发奠定了理论基础。

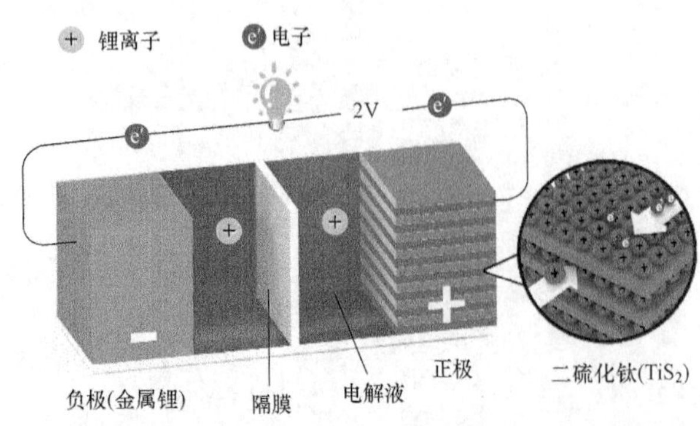

图2-1-1　Whittingham所制备电池原理图

在负极材料不断发展的同时，研究工作者们对锂二次电池正极材料的研究也在不断进行。1980年，钴酸锂（$LiCoO_2$）被发现可以作为锂二次电池的正极材料，锂二次电池的商业化进程开始展现曙光。研究者将$LiCoO_2$作为锂离子电池的正极，与金属锂进行配对组装成全电池，其充电截止电压可以达到4V[2]，这个电池的结构如图2-1-2所示。

同年，Yazami 又证明了锂离子在石墨的分子层内可以进行可逆的嵌入/脱出过程[3]，进一步推动力了锂离子电池负极材料的开发。1983 年 Goodenough、Thackeray 等人又发现尖晶石型锰酸锂（$LiMn_2O_4$）亦可作为锂电池的正极材料[4]，由于锰盐的价格相对于钴盐更加便宜，使得 $LiMn_2O_4$ 具有一定的成本优势。1985 年，来自日本的科学家吉野彰在 Goodenough 所开发的 $LiCoO_2$ 正极材料的基础上，以石油焦这种碳基材料作为负极、$LiCoO_2$ 作为正极构建了一个真正具有商业化可行性的锂离子电池，其结构如图 2-1-3 所示。1991 年，索尼公司以 $LiCoO_2$ 作为正极、石墨作为负极，制备了第一款商业化的锂离子电池，凭借这第一次商业化的应用，锂离子电池逐渐走进人们的生活。

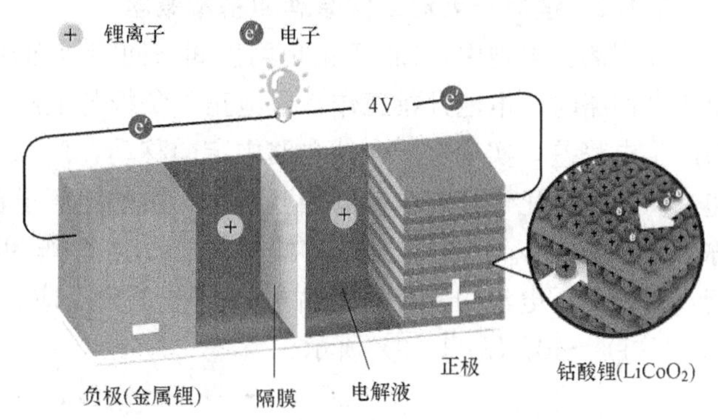

图 2-1-2　Goodenough 所制备电池原理图

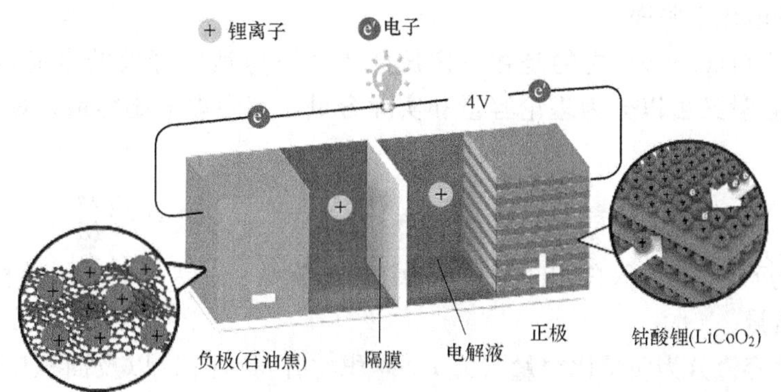

图 2-1-3　吉野彰所制备电池原理图

1996 年以 Goodenough 为首的研发团队又发现了磷酸铁锂（$LiFePO_4$）可以作为锂离子电池的正极材料，此款材料至今仍然占有一定的市场。2002 年 Dahn 等人在之前的基础上研究了 Ni、Mn、Co 三种过渡金属氧化物固溶体的 Li［$Ni_xMn_yCo_z$］O_2（NMC）三元材料，这款材料由于其相对较高的容量与电压而受到人们的广泛关注。2019 年，Goodenough、Whittingham、吉野彰更是因他们之前对锂离子电池的贡献共同获得了诺贝尔化学奖，也代表着人们对锂离子电池进步的肯定。

相比于国外，国内对于锂离子电池的研发起步相对较晚。但进入 21 世纪后，锂离子电池由于其无与伦比的优异性能，在各类领域所占据的份额也越来越大，应用的范围也越来越广。国家出于战略考量，已经出台了一系列的政策来支持锂离子电池的研究发展，国内的锂离子电池研究已经呈现出后来居上的趋势，接近国际水平，也涌现出一批非常具有发展潜力的相关企业。如知名企业比亚迪自主创新的锂离子电池技术已经处于世界领先水平，相信在不久的未来，锂离子电池会更加造福于社会民生。

2.1.2 锂离子电池工作原理和基本概念

在锂离子电池中，Li^+于正负两极间来回穿梭而形成电流，当电池的外电路与内电路构成闭合回路时，电池开始工作，电池正、负极与电解质界面分别发生可逆的氧化或还原反应而产生电势差，实现电子在外电路中定向移动，Li^+以电解质为媒介在两极之间进行定向传递，从而完成化学能与电能的相互转化。由于锂离子在正极、负极来回穿梭，这种电池也被称为“摇椅式电池”。下面以钴酸锂（$LiCoO_2$）作为正极、石墨作为负极的锂离子电池为例，对锂离子电池的原理进行说明，其中正极反应、负极反应以及电池总反应式分别如式（2-1-1）～式（2-1-3）所示：

$$LiCoO_2 \longleftrightarrow Li_{(1-x)}CoO_2 + xLi^+ + xe^- \tag{2-1-1}$$

$$xLi^+ + 6C + xe^- \longleftrightarrow Li_xC_6 \tag{2-1-2}$$

$$6C + LiCoO_2 \longleftrightarrow Li_{(1-x)}CoO_2 + Li_xC_6 \tag{2-1-3}$$

在充电时，正极中部分的Co^{3+}被氧化为Co^{4+}，$LiCoO_2$中部分Li^+从八面体位置脱出，通过电解质从正极传递到负极，嵌入到石墨中的分子层中，而电子通过外部电路从正极传到负极；在放电时，则发生与充电时相反的反应，Li^+从石墨层中脱出并通过电解质传递到正极，电子则通过外部电路从负极传递到正极。其中$x<0.5$，表示钴酸锂中只有部分的Li^+可以可逆地进行电化学脱嵌。

电池容量C（capacity）指的是在一定放电条件下电池所释放的电荷量，一般单位为A·h，而电池容量又可以分为理论容量和实际容量，其中理论比容量计算如式（2-1-4）所示：

$$C_0 = Q = \int_0^t I(\tau)\mathrm{d}\tau = nF\frac{m}{M} = nF\frac{m}{Mt}t = 26.8\frac{m}{M} \tag{2-1-4}$$

式中：n为反应中所涉及的电子数；F为法拉第常数；m为反应的活性材料质量；M为活性材料摩尔质量。

活性材料比容量分为质量比容量（C_m）、体积比容量（C_V）以及面积比容量（C_S），分别代表着单位质量的活性材料所能释放的电荷、单位体积活性材料所能释放的电荷以及特定的涂覆条件下单位面积活性材料所能释放的电荷，计算方法如下：

$$C_m = \frac{C}{m} \tag{2-1-5}$$

$$C_V = \frac{C}{V} \tag{2-1-6}$$

$$C_S = \frac{C}{S} \tag{2-1-7}$$

以上三式中：C为电池在完全放电时所能释放的电荷总量；m为活性材料质量；V为活性材料的体积；S为涂覆在集流体上活性材料的面积。本书提到的比容量一般默认为质量比容量。

库仑效率CE（coulombic efficiency，CE）指的是电池放电容量（$C_{discharge}$）与充电容量（C_{Charge}）的比值，代表了电池充放电能力的效率，计算方式如下：

$$CE = \frac{C_{Discharge}}{C_{Charge}} \times 100\% \tag{2-1-8}$$

能量密度表示电池在一定充放电条件下对外做功总量对质量或体积的比值，代表了一定量或一定体积的电池所能释放能量的能力，分别称为质量能量密度和体积能量密度，单位分别为 W·h/kg 和 W·h/L。

2.1.3　锂离子电池的结构与组成

目前锂离子电池根据结构、形状主要可以划分为软包电池、柱状电池和纽扣电池三类，大致结构分别如图 2-1-4～图 2-1-6 所示。

虽然这些电池的结构以及外观有一定差异，但是直接参与化学反应的部分都是相同的，如图 2-1-7 所示锂离子电池主要由正极、负极、电解质、隔膜、黏结剂和集流体等部分构成。

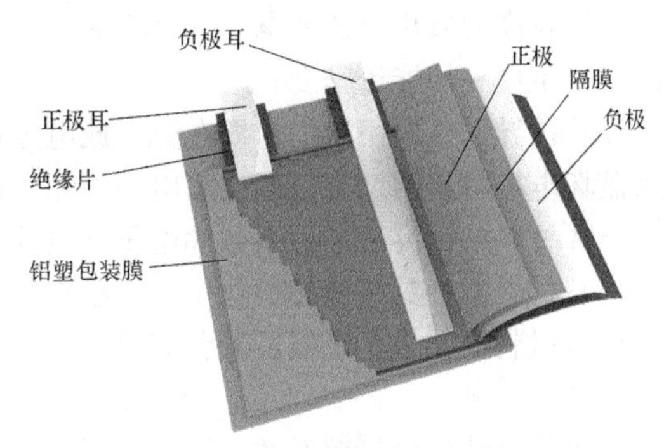

图 2-1-4　软包电池结构示意

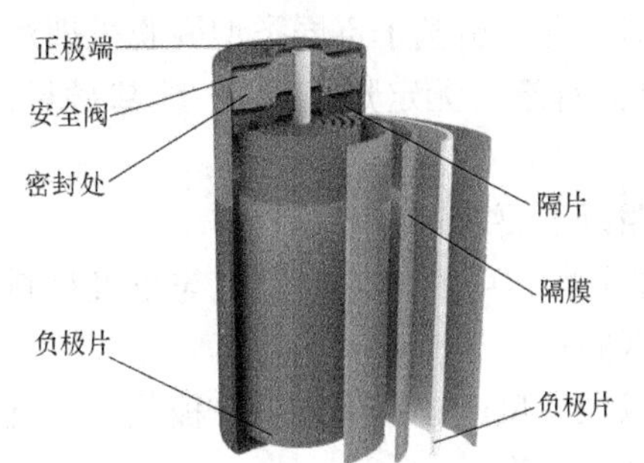

图 2-1-5　柱状电池结构示意

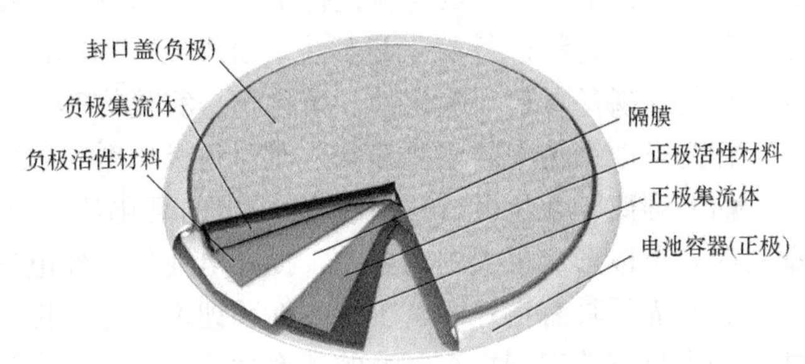

图 2-1-6　纽扣电池结构示意

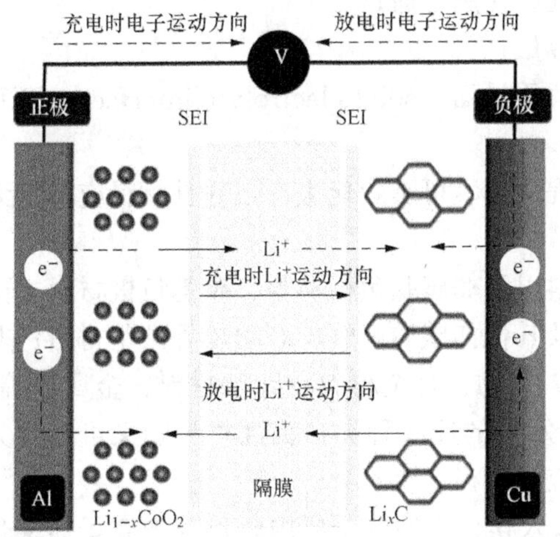

图 2-1-7　锂离子电池构成和原理图

1. 正极

正极是电池中电势较高的一端，当电池放电时得到电子发生还原反应，锂离子通过电解质从负极达到正极，电子通过外部电路从负极达到正极；当电池充电时失去电子发生氧化反应，锂离子通过电解质从正极回到负极，电子通过外部电路从正极回到负极。目前已发现的锂离子电池正极材料包括 Mn、Co、Ni、Fe 等具有氧化还原活性的过渡金属氧化物如 $LiCoO_2$、三元材料（$Li[Ni_{(1-x-y)}Mn_xCo_y]O_2$）、$LiMn_2O_4$、$LiNiO_2$ 等，或聚阴离子化合物如 $LiFePO_4$ 等材料。

目前作为正极材料研究热点的三元材料 $Li[Ni_{(1-x-y)}Mn_xCo_y]O_2$ 凭借其各元素之间的协同作用，表现出更加优异的循环以及倍率性能，受到了研究人员的广泛关注。目前以 NMC811（表示 Ni、Mn、Co 的摩尔比为 8∶1∶1）为主的高镍三元材料表现出了比容量大、氧化还原电位高、循环稳定性好等的优点，受到重点关注。

为获得具有高比容量、优异的循环稳定性及倍率性能的正极材料，一般按照以下原则选取材料：

（1）具有较多的空位，以致确保能够可逆地存储更多的锂离子从而获得高比容量的正极；

（2）较高的氧化或还原电位，这样能与负极形成更大的电势差，提高全电池的工作电压区间，产生更高的能量密度；

（3）优异的结构稳定性，即在充、放电过程中，锂离子的可逆嵌入以及脱出过程并不会显著破坏电极材料的结构，以提高电池的循环稳定性；

（4）材料的锂离子扩散系数和电子导电性好，以保证电池优异的倍率性能；

（5）材料本身具有较好的化学、热稳定性，与电解质、集流体、隔膜不会发生副反应；

（6）材料原料成本较低，制备简单，对环境无污染。

2. 负极

负极是电池中电势较低的一端，当电池放电时失去电子发生氧化反应；在充电时得到电子发生还原反应。负极作为整个电池反应中的一个半反应部位，对于电池的性能有着极大的影响，因此人们对于负极材料进行了大量的探索[5]。目前研究人员基于不同类型嵌脱机理对以下各类负极材料进行了大量研究，比如碳基材料（包括石墨、无定形类碳）、硅基材料、锡基材料、磷基材料、氧化物、硫化物、氮化物等。

作为电池结构中的重要部分，对于负极材料一般按照以下要求选取：

（1）锂离子在负极材料中嵌入/脱出的氧化还原电位应当尽可能的低，因此与正极材料配对时，可以形成更大的电势差，提高电池的工作电压区间；

（2）需要具有良好的电子导电性和锂离子导电性，以减少反应过程中的电极极化，并且能够增大反应速率即提高电池的倍率性能，具有更高的功率密度；

（3）在电池充放电过程中，锂离子的嵌入/脱出并不会显著影响材料的结构，并且这个过程需要有高的可逆性，以保证电池的循环稳定性和使用寿命；

（4）具有较高的比容量，为电池带来更高的容量；

（5）在反应过程中能形成一层稳定的固体电解质界面（solid electrolyte interface，SEI）膜，保证其形成后不会与电解质发生进一步反应；

（6）材料所需的原料来源丰富，制备加工过程廉价、可工业化生产，并且材料应尽量无毒无害，绿色环保，对环境无污染。

按照材料种类，负极材料可分为碳基负极材料以及非碳基负极材料：碳基负极材料主要分为石墨碳、无定形类碳（包括硬碳、软碳）以及其他如碳纳米管、石墨烯等碳基材料；非碳基负极材料则主要包括硅基材料、锡基材料、氮化物、合金材料、钛基材料、金属锂等。而根据锂离子在与负极材料进行嵌入/脱出过程所发生的反应种类，负极材料则又可以分为三类：插层反应材料、转换反应材料和合金化反应材料。

（1）插层反应储锂的机理为 Li^+ 可以可逆地嵌入化合物的分子层内，形成锂离子插层化合物，发生插层反应的负极材料主要包括石墨和锐钛矿晶型的 TiO_2。以石墨为例，反应由于石墨晶格距离的限制（层间距为 0.34nm），储存 Li^+ 的能力受到限制（石墨理论比容量为 372mA·h/g），一般可以通过拓宽晶格层间距改进，当前较为有效的方式是在石墨材料中引入氮（N）、氧（O）、磷（P）、硫（S）等杂元素，不仅能对碳层间进行一定程度的扩大，而且这些杂原子的引入还会产生一些外部官能团，为锂离子提供更多的电化学反应位点，从而对其性能进行改善。

（2）转换反应的负极材料主要包括各类过渡金属的氧化物、硫化物、硒化物、磷化物等。在充电时过渡金属化合物中的过渡金属元素还原成单质，Li^+ 与非金属元素形成新化合物。由于这是一个多电子反应，并且这类反应的化合物通常还会伴随着插层反应的出现，这都使得转换反应的材料具有一个较高的比容量；但是这类材料与 Li^+ 发生转化反应会造成晶格结构变换，不可避免地引起较大的体积膨胀，使得活性材料发生严重的结构变化，从而影响整个电池的循环稳定性和倍率性能。

(3) 合金化反应的负极材料主要包括硅基材料、锡基材料、金属锗等，这类材料中 Si、Sn、Ge 元素可以与 Li 反应形成金属合金，合金材料大都具有很高的比容量（如 Si、Sn、Ge 的理论比容量分别为 4200、999、1600mA·h/g），但是这些合金化反应的材料普遍面临着诸多问题，比如反应动力学缓慢、反应过程中材料体积变化大（可达 400%）、反应生成的 SEI 膜不够稳定等，这都导致了这类材料的循环稳定性能较差。

在反应过程中，负极由于本身反应电位较低，会使得负极表面的电解液发生分解等副反应。一般在电池的首次充电后，负极材料与电解液反应，在电极表面形成一层 SEI 膜，这是一层负极材料过渡到电解质溶液的界面层，由电解质的不溶性部分以及部分可溶性的还原产物等物质构成，一般有着较高的离子选择性以及电子绝缘性。一个理想的 SEI 膜应该具有高电阻和高阳离子选择透过性，厚度接近于纳米级，且具有较高的强度来应对内外应力造成的结构变化，同时还能在一个温度区间内保持稳定。实际上，一般电池中的 SEI 膜很难逐一满足上述要求，但是在设计电池时应该尽量考虑这些要求。

3. 电解质

电解质作为电池中传输锂离子的介质，具有连接正极、负极，传输载流子，构建 SEI 膜的作用。虽然电解质的主要作用是传递载流子而并不是直接与电极材料进行反应，但是要构建一个具有高性能的稳定的锂离子电池，则必须要选择合适的电解质。电解质溶液主要由锂盐和溶剂构成，部分锂离子电池的电解质还会有一些添加剂，添加剂可以起到促进成膜、导电、阻燃等作用。根据溶剂类型，电解质又可分为有机电解质和水系电解质。有机电解质的溶剂则主要包含碳酸乙烯酯（EC）、碳酸二甲酯（DMC）、碳酸二乙酯（DEC）、碳酸甲乙酯（EMC）、碳酸丙烯酯（PC）以及一些其他醚类和氟代溶剂。在水系电解质中，会存在溶剂分解，产生析氢/析氧反应、电化学窗口较窄等问题，故在锂离子电池中应用较少。现在所使用的锂盐一般有以下几种：高氯酸锂（$LiClO_4$）、六氟磷酸锂（$LiPF_6$）、四氟硼酸锂（$LiBF_4$）、三氟甲基磺酸锂（LiFSi）、双乙酸硼酸锂（LiBOB）等。

一般来说电解质的选取有以下要求：

(1) 电解质在较宽温度范围对于锂离子有着优良的电导率；

(2) 具有良好的化学稳定性，不会与负极材料、正极材料、集流体、隔膜、黏结剂等反应；

(3) 具有相对较宽的电压窗口，在电池的电压区间内不会发生分解；

(4) 能够促进电极进行可逆反应；

(5) 能够在比较宽的温度范围内保持液体状态，即不会在工作温度内发生气化或者凝固，一般要求能在－40～70℃工作；

(6) 制备成本低，工艺流程简单，对环境无污染，无毒或者低毒性。

电解质按照其状态可分为液态电解质、固态电解质和凝胶聚合物电解质。与液态电解质相比，固态电解质具有以下优点：较好的耐热性，可以避免有机系电解质易着火的缺陷；能有效地抑制锂枝晶生长，支持锂金属作为电极负极。故而固态电解质已经成为当今研究的热点之一。

凝胶聚合物电解质综合了液体电解质和固体电解质的特点：具有较好的导电性、加工性能好以及一定机械强度，而且当用于锂离子电池时不需要使用隔膜，因其本身就可以作为隔膜起到隔开正负极的作用，从而大大简化了电池的制作工艺并降低其成本。自 1979 年 Armand 等人正式提出这个概念以来，凝胶聚合物电解质便吸引了研究人员的注意。常用的聚合物主体材料包括聚丙烯腈（PAN）、聚氧乙烯（PEO）、聚氧丙烯（PPO）、聚偏氟乙烯（PVDF）等。

4. 隔膜、黏结剂和集流体

电池隔膜处于正极和负极之间，主要作用是物理隔开正极材料和负极材料，防止两端直接接触构成内部电路发生短路。要求其能够快速通过电解质中的载流子，并且具备一定的强度，因此隔膜影响着电池的机械性能、倍率性能、寿命以及安全性。隔膜还可以根据电池种类的要求，通过一定技术手段使其具有某些特定的功能，比如限制某些离子在电池内部进行传输，在电池处于高温熔融状态时微孔关闭变为绝缘体将电池断流等。

目前已有的电池隔膜材料包括聚烯烃（如聚乙烯、聚丙烯等）、陶瓷材料、纤维素复合材料等，而实际应用中则以聚烯烃类及其改性产物为主。电池隔膜材料的选取一般需要满足以下要求：

（1）具有锂离子传输性，能够让锂离子通过隔膜在电解质内穿梭，同时对电子传输具有绝缘性，防止正、负极短路；

（2）具有一定的机械性能，能够承受制备电池时所产生的压力；

（3）具有优良的化学稳定性，能够耐受电解质腐蚀，并且在工作电压区间内不分解；

（4）具有一定的孔隙率，并且孔隙要相对均匀、规则，保证电解液能够均匀浸润隔膜；

（5）具有热稳定性，在一定温度区间内物理、化学性能不会发生明显变化。

黏结剂是用来将电极材料和其他如炭黑、Super P 等添加剂进行混合并固定在集流体上的材料，黏结剂一般通过特定的溶液载体进行搭配而使用，目前常用的黏结剂包括以 N - 甲基吡咯烷酮（NMP）为溶剂的聚偏氟乙烯（PVDF）体系、以水为溶剂的羟甲基纤维素钠（CMC）- 丁苯橡胶（SBR）混合体系、以水作为分散液的聚四氟乙烯（PTFE）体系以及以水作为溶剂的聚乙烯醇（PVA）体系等。

集流体是电池中汇集正、负两极的电流并将正负极活性材料固定的组件，其通过导线将电流输向外部电路。集流体在实际应用中一般为两片金属箔，正负极各一片，正负极的活性材料通过黏结剂均匀负载在集流体上，其中正负极由于工作环境不同、电压不同，一般会采用不同的金属材料作为集流体。出于两极的工作电压区别以及价格生产因素，目前锂离子电池中正极和负极一般分别采用铝箔和铜箔作为集流体。

2.2 锂离子电池正极材料

2.2.1 钴酸锂正极材料

20 世纪 60 年代起至今，储能领域一直都在探索和创新锂离子二次电池的电极材料，最开始科研工作者发现元素周期表中的锂金属具有质量轻和电位低的特点，成功地将它应用在了金属锂电池（一次电池）的负极，自此开启了不断探索锂离子电池商业化的道路。1976年有研究人员把 TiS_2 首次应用在了锂电池的正极，这一发现是锂离子电池发展历程中的一个重要转折点[6]。为了满足能源转化和再利用，开发一种能够多次充放电循环的二次电池的需求日益迫切，锂离子二次电池的命运终于在 1980 年被 Goodenough 教授改变，他提出了一种过渡金属氧化物材料——钴酸锂，可以作为锂离子的正极材料，能够使得 Li^+ 在正负极之间自由地来回穿梭。该发现在当时至少具有以下重要意义：

（1）首次将含锂正极引入锂离子电池中，为正极材料的设计提供了新的思路；

（2）不再依赖金属锂负极作为电池唯一锂源，为无锂负极的应用打下基础；

（3）使用氧化物代替硫化物作为正极，将提高电池电压到 4.0V 以上，使得二次电池单体电芯的电压达到最高；

（4）不使用金属锂作为负极，电池的安全性有了质的飞跃。

钴酸锂属于层状过渡金属氧化物，是锂离子电池成功商业化最具代表性的一种材料。$LiCoO_2$ 具有三种结构，分别为层状结构、尖晶石结构和岩盐相结构。Goodenough 教授最先提出了锂离子能够在层状结构的 $LiCoO_2$ 中嵌入和脱出，因此，$LiCoO_2$ 也是最早实现商业化的锂离子正极材料。层状结构的 $LiCoO_2$ 隶属于 α - $NaFeO_2$ 岩盐型结构，具有 R3m 空间群，钴酸锂中的氧原子按照畸变的立方密堆积，Co^{3+} 层和 Li^+ 层交替分布于氧离子层两侧，Co^{3+} 占据氧八面体孔隙，如图 2-2-1 所示。$LiCoO_2$ 理论比容量为 273.8mA·h/g，理论密度约为 5.06g/cm³。

研究表明 $LiCoO_2$ 虽然相比于其他许多正极材料拥有更高的理论比容量，但是实际放电过程只能够达到理论容量的 50%，因为高电压下（大于 4.3V）Li^+ 脱出已经超过基体的 50%，可逆容量迅速衰减。钴酸锂的容量衰减机理主要包括：

（1）在充放电循环过程中尖晶石等不可逆相结构的转变；

（2）过渡金属层离子与锂离子相互扩散引起的阳离子混合；

（3）充放电过程中体积膨胀引起的颗粒破裂；

（4）重叠能级引起的氧释放；

（5）钴离子在电解液和电极之间溶解和沉积副反应产物，在 $LiCoO_2$ 表面形成不稳定的 SEI 膜。

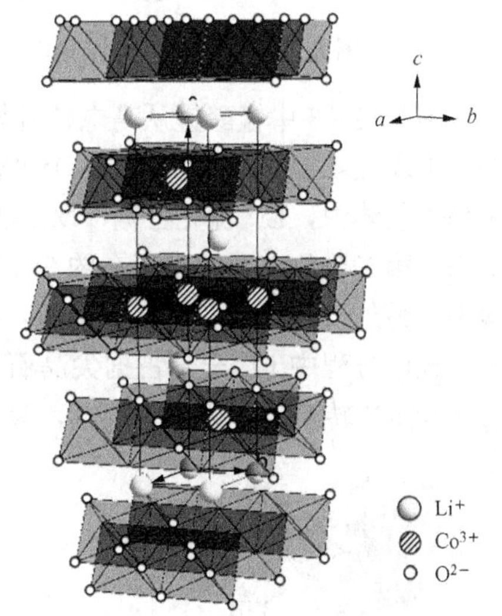

图 2-2-1　$LiCoO_2$ 结构图

目前，对钴酸锂容量衰减机理的研究主要是基于钴酸锂正极与锂金属负极为两极组装成半电池的容量衰减机理，而商用电池一般是采用钴酸锂正极与石墨负极材料组装成全电池。在这两种电池的充放电过程中，钴酸锂的电化学反应环境是不同的，因此钴酸锂在半电池中的容量衰减机理与全电池不同。此外钴酸锂容量衰减的研究大多采用全充放电条件，但在实际工作中，考虑到电池的过放电，电池的充放电将受到限制。

2.2.2　锰酸锂正极材料

锰酸锂（$LiMn_2O_4$）是立方尖晶石正极材料中最具代表性的一类，结构隶属于 Fd3m 空间群，晶胞参数为 $a=0.8245$nm，$LiMn_2O_4$结构如图 2-2-2 所示[7]。

一个晶胞中包含 8 个 Li^+，16 个 Mn^{3+}/Mn^{4+}（Mn^{3+}和 Mn^{4+}各占一半），32 个 O^{2-}，氧原子之间通过面心立方密堆积构建，相应的氧八面体共棱连接。锂离子 Li^+占据氧四面体的 8a 位置，锰离子 Mn^{3+}/Mn^{4+}占据氧八面体的 16d 位置。锂离子脱嵌过程中，$LiMn_2O_4$中的［Mn_2O_4］骨架构成了一个三维隧道结构，因此锂离子 Li^+嵌入和脱出的扩散势垒得以降低。在上述结构中，Mn_2O_4三维立方网络结构得益于 Mn—O 之间的键强，锂全部以 Li^+的形式存在，加快了锂离子在电极之间的穿梭。

尖晶石型 $LiMn_2O_4$充放电电压平台发生在较高的电位区间，该材料循环时的充放电曲线如图 2-2-3 所示。

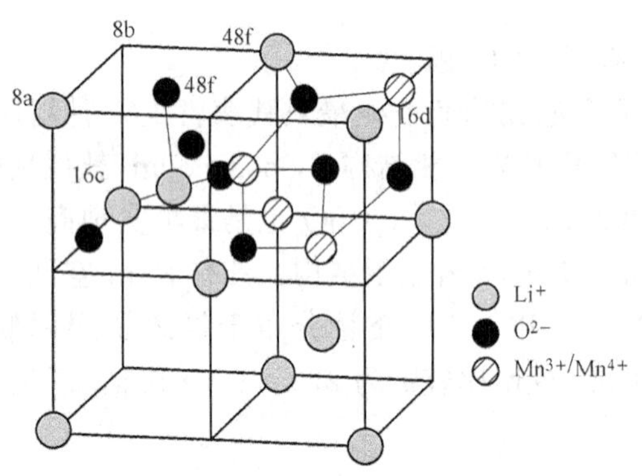

图 2-2-2　$LiMn_2O_4$结构图

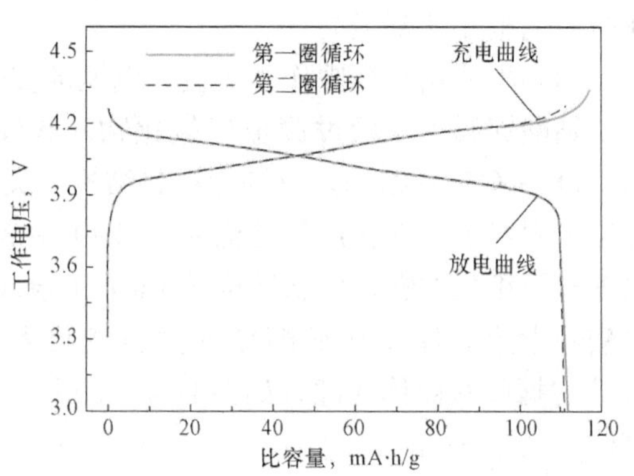

图 2-2-3　$LiMn_2O_4$充放电曲线

图 2-2-3 中锰酸锂从高电位开始放电至截止电压，一共出现了两个平台。第一个放电平台出现在 4.1V 左右，出现这个平台的原因是因为放电初始状态有少量的锂开始嵌入到正极晶体基体中，Li^+优先占据［Mn_2O_4］中氧四面体的 8a 位置，确保整个结构处于最稳定的状态；第二个放电平台出现在约 3.95V，随着电压进一步降低，更多的锂离子嵌入到晶体结构中，另外，当锂离子超过一半时，两个立方相 $Li_{0.5}Mn_2O_4$和 λ-MnO_2会同时存在正极一端。放电过程中 Li^+全部占据尖晶石结构中的氧四面体的 8a 位置时，［Mn_2O_4］会完成向 $LiMn_2O_4$的转变；若进一步放电，氧八面体的 16d 位将处于被过量的 Li^+占据的状态，此时晶体中固有的 Mn^{4+}就会被还原成 Mn^{3+}，则体系中锰离子的平均价态必然会小于 3.5，这会加剧姜泰勒效应，破坏尖晶石结构的对称性。

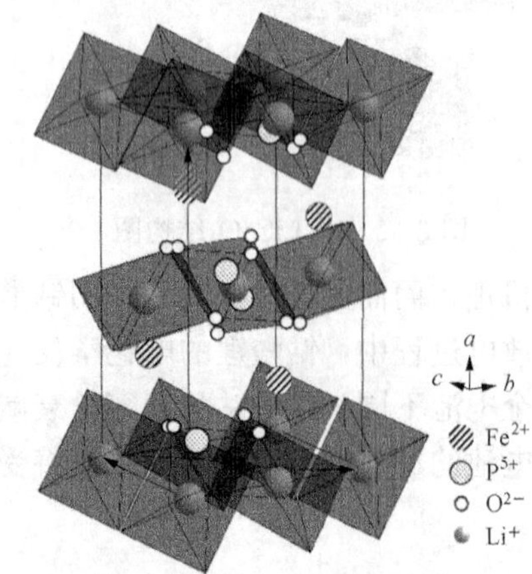

图 2-2-4　$LiFePO_4$结构图

2.2.3　磷酸铁锂正极材料

磷酸铁锂（$LiFePO_4$）是一种典型的具备橄榄石结构的锂离子电池正极材料，晶体结构如图 2-2-4 所示。$LiFePO_4$隶属于正交晶系，空间群为 Pnma，晶胞参数分别为 $a=1.0334$nm，$b=0.6008$nm，$c=0.4694$nm，［FeO_6］八面体和［PO_4］四面体构成了 $LiFePO_4$的空间骨架，O^{2-}位于六方紧密堆积中，每个［FeO_6］八面体与相邻的四个［FeO_6］八面体通过桥氧连接，［FeO_4］四面体与［FeO_6］八面体共边，相互没有连接。

组装成锂离子电池进行充放电测试表明，锂离子从磷酸铁锂中脱出生成磷酸铁（$FePO_4$），具体充、放电反应分别如式（2-2-1）和式（2-2-2）所示：

$$LiFePO_4 - Li^+ - e^- \longleftrightarrow FePO_4 \quad (2-2-1)$$

$$FePO_4 + Li^+ + e^- \longleftrightarrow LiFePO_4 \quad (2-2-2)$$

磷酸铁锂的理论比容量为 170mA・h/g，大约在 3.45V 出现充放电平台。磷酸铁锂晶体中的 Fe 原子之间没有接触，限制了自身的电导率，[PO_4] 四面体位于 [FeO_6] 八面体之间，晶格的体积变化受到一定程度的抑制，导致锂离子迁移势垒增大，其中锂离子只能在晶体内部沿着一维方向运动。另外 $LiFePO_4$是具有 3.7eV 带隙的半导体，所以只有 1×10^{-9} S/cm 的电子电导率和 1.8×10^{-14} cm^2/s 离子迁移速率。纯相 $LiFePO_4$ 正极材料的电化学性能较差，使其在动力电池大电流充放电时，实际比容量很难达到理论值。

为了克服以上缺点，近年来国内外科研人员提出了很多方法对磷酸铁锂材料进行改性，主要包括制备出纳米级的磷酸铁锂、异质原子掺杂以及利用导电基质对其表面进行包覆等。

（1）碳包覆。Wang 等人通过无模板自组装的方法制备了一种 Fe^{3+} 基的单源无机前驱体 $LiFePO_4OH$@RF/GO，进一步煅烧制备了 $LiFePO_4$@C/rGO 复合微球，提升了材料的电化学活性和振实密度[8]。

（2）金属单质掺杂。Shu 等人首次采用简单的高温固相法合成了 $LiFePO_4$/C 和 Ni、Mn 共掺杂 $LiFe_{1-x-y}Ni_xMn_yPO_4/C$（$x=0.01\sim0.04$，$y=0.04\sim0.01$）复合材料[9]。结果表明，Ni 和 Mn 共掺杂不但没有破坏 $LiFePO_4$ 的橄榄石结构，而且增强了 $LiFePO_4$ 晶体结构的稳定性，同时进一步延长 Li—O 键长，降低电荷转移电阻，提高 Li^+ 在电极体相中的扩散速度，从而提高 $LiFePO_4$/C 的循环性能和高倍率性能。

（3）纳米化。Wang 等采用乙二醇溶剂热法与碳包覆相结合的方法制备了纳米化的 $LiFePO_4$正极材料[10]。优化后的样品在 100%的放电深度下循环后容量保持率为 100%，首次库仑效率 ICE 为 98.9%，0.1、0.5、1、5C 倍率下循环比容量分别为 163、159、157.8、145.9mA・h/g。

2.2.4　镍钴锰三元材料正极材料

层状三元材料是由一元材料 $LiNiO_2$（LNO）、$LiCoO_2$（LCO）和 $LiMn_2O_4$（LMO）发展而来，这一类材料具有相同的空间结构和空间群，三元材料一般分为镍钴锰（NCM）和镍钴铝（NCA）两种类型，因为元素种类不同，两种材料从制备到性能也都不尽相同。NCA 材料是由高镍层状二元 $LiNi_{0.8}Co_{0.2}O_2$ 中 Co 被一定含量的 Al 取代后制备得到，其热稳定性较差，应用于动力电池中有较大的安全隐患。三元层状 NCM 材料可以结合 LNO、LCO 及 LMO 三种材料的优点，不但可以任意调节 Ni、Co、Mn 三种元素的比例，还可以利用三种元素的协同作用来获得具有良好综合性能的锂离子电池正极材料。因此，NCM 已经成为目前极具发展前景的正极材料。

1. Li（$Ni_{1/3}Co_{1/3}Mn_{1/3}$）O_2 材料

在不同的层状过渡金属氧化物中，综合考虑电极的工作电位、倍率性能和比容量等因素，商业化使用 LCO 是产业中最佳选择方案。不幸的是，LCO 价格昂贵、有毒性，使用理论比容量的一半以上时，安全性能会受到影响，结构也会变得不稳定。对于电池组来说，开发和应用研究已从 LCO 转移到其衍生物，其中 Co 离子被更丰富和毒性较小的过渡金属离子部分取代。一种很好的材料是 Li（$Ni_{1/3}Co_{1/3}Mn_{1/3}$）O_2（NCM111），它在电化学性能、热稳定性、安全性和成本等方面都优于 $LiCoO_2$。

Li（$Ni_{1/3}Co_{1/3}Mn_{1/3}$）O_2具有 α-$NaFeO_2$层状结构，属 R3m 空间群。每个过渡金属原子由 6 个氧原子包围形成 MO_6八面体结构，而 Li^+嵌入过渡金属原子与氧形成的 Li（$Ni_{1/3}Co_{1/3}Mn_{1/3}$）O_2层之间，如图 2-2-5 所示。描述 Li（$Ni_{1/3}Co_{1/3}Mn_{1/3}$）O_2的晶体结构的模型主要有两种：第一个是具有［$\sqrt{3}\times\sqrt{3}$］R30 型超结构 Li（$Ni_{1/3}Co_{1/3}Mn_{1/3}$）O_2层的复杂模型，第二个则是 CoO_2、NiO_2和 MnO_2层有序堆积的简单模型。Ohzuku 等人计算出交互层状模型中超晶格应当是更稳定的，但他们并没有报道具有完全无序结构的材料的形成能，这种结构也是可能存在的[11]。

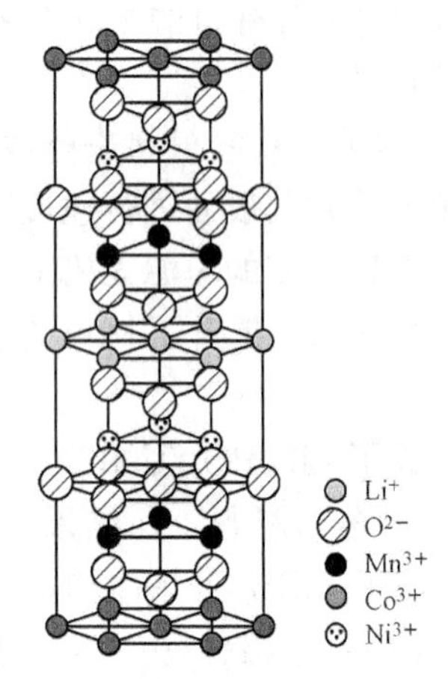

图 2-2-5 Li($Ni_{1/3}Co_{1/3}Mn_{1/3}$）O_2结构图

2. Li（$Ni_{0.5}Co_{0.2}Mn_{0.3}$）O_2材料

由于 $LiCoO_2$存在实际比容量小（接近 150mA·h/g）、安全性不可靠、钴（Co）成本高等局限性，包括 $LiMnO_2$和 $LiNiO_2$在内的单组分体系也存在着循环/倍率性能差、制备复杂等内在问题，使得研究人员将注意力集中在其他含 Co 较少的层状材料上。Li（$Ni_{0.5}Co_{0.2}Mn_{0.3}$）O_2因具有较高比容量、循环稳定性较好、成本低等特点已基本实现产业化，是目前工艺比较成熟、商业化使用最多的三元正极材料[12]。

Li（$Ni_{0.5}Co_{0.2}Mn_{0.3}$）O_2也有其不足之处，主要是高倍率性能不理想，在高的充放电截止电压下，循环性能也变差。这些不足限制了该系列材料在动力电池领域的大规模应用。为了改善其性能，目前常用的改性方法有元素掺杂、改变材料形貌、表面包覆等。

3. Li（$Ni_{0.6}Co_{0.2}Mn_{0.2}$）O_2材料

提高 Li［$Ni_{(1-x-y)}Co_xMn_y$］O_2放电容量的途径之一是提高 Ni 的含量。因此，富镍层状正极材料 $LiNi_{(1-x-y)}Co_xMn_yO_2$($1-x-y\geqslant0.5$）得到了广泛的研究。在富镍层状正极材料中，$LiNi_{0.6}Co_{0.2}Mn_{0.2}O_2$具有较好的综合电化学性能。为了平衡化合价，高镍三元材料里面同时具有+2 和+3 价的 Ni，在充电过程中，Ni^{2+}和 Ni^{3+}会被氧化成 Ni^{4+}，可以提供更多的能量。但是镍含量越高，+3 价的 Ni 越多，由于 Ni^{3+}不及 Ni^{2+}稳定，容易因锂离子的过渡脱出而引起晶体结构的改变，过低的 Mn 离子无法维持结构的稳定。然而，作为 $LiNiO_2$替代材料的富镍层状氧化物仍然存在 $LiNiO_2$的许多固有缺点。富镍层状氧化物正极材料的主要问题包括结构失稳、全荷态热失稳和循环失稳。因此，富镍正极材料的商业化无疑受到其自身缺陷的严重制约。

4. Li（$Ni_{0.8}Co_{0.1}Mn_{0.1}$）O_2材料

高镍含量的 NCM 材料，如 Li（$Ni_{0.8}Co_{0.1}Mn_{0.1}$）O_2，由于其成本相对较低，可逆比容量约为 200mA·h/g，是一种极具吸引力的锂离子电池正极材料。正极的电化学性能取决于控制正极材料结构的结晶度、相纯度、颗粒形貌、粒径和阳离子无序性。低镍含量的 NCM 材料能够比较容易地合成并且结构性能稳定，如 Li（$Ni_{1/3}Co_{1/3}Mn_{1/3}$）O_2，然而高镍含量的 NCM 材料由于难以完全氧化 Ni^{2+}到 Ni^{3+}，即使是在纯 O_2气氛中，也很难得到质量稳定的

NCM材料。不完全氧化最终会导致引入杂质、大阳离子无序化和锂缺乏等问题，将严重影响材料的结构和电化学性能。此外，高镍正极材料长期暴露在空气中并不十分稳定，因为它们可以与空气中的CO_2或H_2O反应生成Li_2CO_3或LiOH。

综上所述，目前商业化的几种正极材料各项指标对比如表2-2-1所示。钴酸锂作为第一代商业化正极材料，产业化的几十年中各项工艺技术都比较完善，是最成熟的锂离子电池正极材料。$LiCoO_2$中含有毒性较大的钴元素，且价格较高，显然不适宜用来生产大型动力电池，但是优异的压实密度使得钴酸锂能够在小型3C数码产品中占有一席之地。磷酸铁锂是目前广泛使用的正极材料之一，磷酸铁锂电池的完全充放电循环次数大于3500次后电量才会衰减到原有的80%，使得磷酸铁锂材料在电动汽车领域有了广泛的应用。然而磷酸铁锂材料的充放电平台电压仅有3.3V左右，低于其他正极材料，导致磷酸铁锂电池储存能量较低，且磷酸铁锂导电性较差，常常需要对其进行纳米化制备并额外包覆碳基材料才能获得良好的电化学性能。随着技术的不断发展和动力电池企业的不断创新，通过模组和电池包覆的特殊设计等技术已经在很大程度上改善了磷酸铁锂的能量密度低的缺点。锂镍钴锰氧化物$Li[Ni_xCo_yMn_{(1-x-y)}]O_2$三元材料在比能量、循环性、安全性和成本方面都可以调控，镍含量越高，材料比容量越高。但高镍含量将会导致材料储存和开发难度增大，这种三元材料极易吸水变质，降低电池容量和循环寿命，而且一部分水还会保存在晶体中，使得电池在高温环境中产生气体，造成电池胀气，带来安全隐患。镍含量越高，三元材料热稳定性越差。因此，对高镍材料的改性技术是重要的发展方向。NCM811中钴含量为10%，NCA中钴含量为15%，因为钴的高成本，NCA原料成本稍高；三元正极材料中以Al代替Mn，可以增强材料的稳定性，提升循环性能，但是铝为两性金属，不易沉淀，因此NCA材料制作工艺上存在比NCM811更高的壁垒。在目前看来，两种方案都是可行的，技术难关率先被克服而实现大规模量产的材料便能率先占领市场。从电池能量密度、低温性能、安全性、使用寿命以及成本来看，磷酸铁锂电池和三元锂电池各有优势，这也导致动力锂电池正极材料技术路线出现分化，两种材料在动力电源的应用对象上也会被细分。

表2-2-1　正极材料性能比较

参数	钴酸锂（$LiCoO_2$）	镍钴锰酸锂［$LiNi_{(1-x-y)}Co_xMn_yO_2$］	镍钴铝酸锂（$LiNi_{0.8}Co_{0.15}Al_{0.05}O_2$）	锰酸锂（$LiMn_2O_4$）	磷酸铁锂（$LiFePO_4$）
理论比容量/（$mA\cdot h\cdot g^{-1}$）	274	275	275	148	170
实际比容量/（$mA\cdot h\cdot g^{-1}$）	140	160～220	180	120	150
电压平台/（V）	3.7	3.5	3.5	4.0	3.3
循环性能	良	一般	一般	较差	优
地壳储量	缺乏	较丰富	较丰富	丰富	丰富
振实密度/（$g\cdot cm^{-3}$）	2.8	2.6	2.6	2.2	1.0
压实密度/（$g\cdot cm^{-3}$）	4.2	3.6	3.6	3.0	2.2

2.3 锂离子电池负极材料

2.3.1 碳基负极材料

碳基材料是目前广泛用作锂离子二次电池的负极材料，它具备较高的比容量（200～400mA·h/g）、较低的锂化电位（<1.0V）、大于95%的库仑效率、稳定的循环性能，并且不会生成锂枝晶从而引发安全问题。碳基材料主要分为石墨类碳基材料（天然石墨和人工石墨等）和无定形类碳基材料（硬碳和软碳）。目前研究得较多且应用较为成功的碳基负极材料有石墨、乙炔黑、微珠碳、石油焦、碳纤维、裂解聚合物和裂解碳等。通常，锂离子嵌入碳基材料中形成石墨层间化合物，分子式为LiC_6，其理论比容量为372mA·h/g。

石墨材料中，面内的碳原子是通过共价键牢固结合，层间的碳原子只通过范德华力相连接，由于分子间力很弱，层与层之间的结合力很弱，若存在平行层间的切应力，石墨很容易从原有基体脱离。将石墨作为锂离子电池的负极，由于石墨特殊的晶体结构，锂离子很容易嵌入至石墨的晶格层间，并不会破坏原有晶体结构。随着锂离子的嵌入，伴随着石墨的层间距增大，同时生成石墨层间化合物（graphite interlaminar compound，GIC）。由于锂离子和石墨层间面内的结合力不同，可将石墨层间化合物分为静电引力型和共价键型。

石墨作为锂离子电池的负极可以被锂离子嵌入，正极的锂离子嵌入到石墨层间，嵌入到层间的锂离子可以带来电子，使得石墨负极具有更高的导电性。值得注意的是，石墨层与嵌入层相互平行，并且锂离子每隔一层、两层、三层……有规则地嵌入至石墨层间，形成石墨层和嵌入层交替出现的情形。目前普遍认同的锂离子嵌入石墨的模型为Ohzuku模型，该模型认为锂离子嵌入石墨存在四个阶段，会形成四个阶段的嵌锂化合物，并且存在6种不同的相，LiC_6型有LiC_6、LiC_{12}两种相，LiC_9型有LiC_9、LiC_{18}和更高阶的相，其对应的锂嵌入量和比容量如表2-3-1所示。另外，同阶化合物的结构可能不同，为了更好地区分同阶化合物，定义LiC_9型为准阶型化合物。

表2-3-1 阶型化合物对应的锂嵌入量及比容量

阶名称	GIC化学式	Li嵌入量	比容量/（mA·h·g^{-1}）
准四阶	LiC_{36}	0.17	63
准三阶	LiC_{27}	0.22	82
准二阶	LiC_{18}	0.33	123
二阶	LiC_{12}	0.50	186
一阶	LiC_6	1.00	372

1. 天然石墨

天然石墨拥有高的理论比容量、低的嵌锂电位并且Li^+能够在层间自由脱嵌，是良好的锂离子电池负极材料。但是石墨电极的电位比较低，会导致石墨电极上出现锂沉积。石墨表面天然存在很多活性基团，溶剂与石墨的相容性很差导致电极循环寿命变短，所以，对石墨负极材料进行改性就显得尤为必要。为了改善锂离子电池长期循环过程中负极的不可逆容量损失和容量保持率低等问题，有科研工作者对天然石墨粉末进行了一系列热处理，比较了惰性 Ar 或 N_2气氛下的基本热处理与对炉气环境使用专有添加剂的情况，这种添加剂大大改变了天然石墨粉末的表面化学性质，从而改善了锂离子电池的长期循环性能，超过了商用的碳涂层天然石墨基准[13]。

2. 人工石墨

通常将沥青焦炭在惰性气氛中高温石墨化制备人工石墨。人工石墨可分为两大类：石墨化中间相碳微球和石墨化碳纤维。石墨化碳纤维是一种管状中空结构，具有 320mA·h/g 以上的放电比容量和 93%的首次库仑效率，与其他碳基材料或石墨负极材料相比，石墨化碳纤维具有优异的大电流放电性能和低温放电性能，并且能够实现更长的循环寿命，但制备工艺复杂，成本较高。气相生长的碳纤维是通过过渡金属单质颗粒催化生长起来的。

高度石墨化碳是由有机物裂解，并经高温石墨化处理制得。其中最具有代表性的是高度石墨化的中间相碳微球（meso - carbon microbeads，MCMB），其整体外形呈现球形，为高度有序的层面堆积结构。MCMB 被认为是产业化的锂离子电池负极材料最具发展潜力的一种碳基材料，比容量可达 300mA·h/g。中间相沥青碳微球的形成过程为沥青类芳烃化合物在 300～500℃之间热解时，经过热分解、脱氢和缩聚等一系列化学反应，逐步趋于热力学稳定的状态，形成平整度较好的大分子缩合稠环芳烃，其形成过程如图 2-3-1 所示。

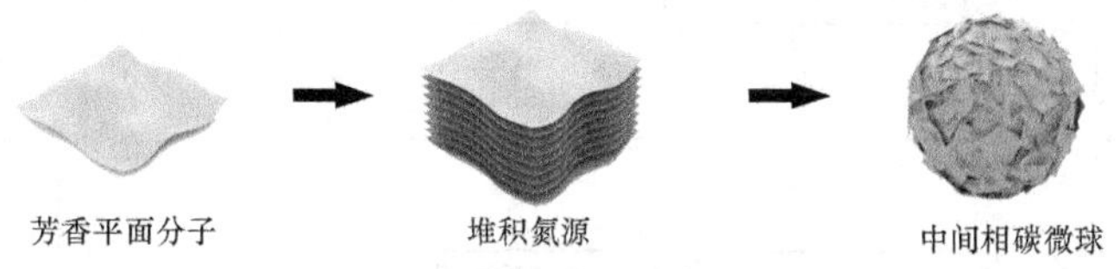

图 2-3-1　中间相碳微球的形成过程

3. 无定形类碳基材料

无定形类碳基是由石墨微晶组成的，碳原子之间以 sp^2 杂化方式结合，结晶度低。无定形类碳基材料的石墨片层组织结构不像石墨具有有序的结构，宏观上不具备晶体性质。按照石墨化的难易程度，可分为硬碳和软碳。易石墨化的碳称为软碳，是指在 2500℃以上的温度下能够石墨化的无定形类碳；难石墨化的碳称为硬碳，是指 2500℃以上的温度也不能石墨化的无定形类碳。

软碳主要有焦炭类材料和碳纤维等。用于锂离子电池的最常见的焦炭类材料为石油焦，具有资源丰富、价格低廉的优点；碳纤维主要是指气相生长碳纤维和中间相沥青基碳纤维。焦炭是经液相碳化形成的一类非晶态碳基材料，高温下易石墨化，属于软碳材料。焦炭本质上可视为具有不发达的石墨结构的碳，层间平行排列，网面小，是乱层构造，层间距 d 为 0.334～0.335nm，明显大于理想石墨的层间距。石油焦是焦炭的一种，是由石油沥青在 1000℃左右脱氧、脱氢制得。

硬碳是高分子聚合物的热解碳，是由固相直接碳化形成的。碳化初期由 sp^3 杂化形成立体交联，妨碍了网面平行生长，故具有无定形结构，即使在高温下也难以石墨化。很多前驱体物质都可以用来制备硬碳材料，包括一些树脂和聚合物。

2.3.2　硅基负极材料

开发具有高容量可充电锂离子电池对于电动汽车和便携式电子设备的实质性发展至关重

要。目前最先进的负极材料的比容量有限，是实现制造高能量密度锂离子电池的最大障碍之一。硅基材料被认为是最有潜力的下一代负极材料之一，$Li_{4.4}Si$ 比容量接近 4200mA・h/g，远大于传统石墨负极材料（372mA・h/g），并且硅具备低的工作电位、储量丰富、环保等优势。然而，硅基材料具有放电/充电过程中体积变化非常大（近 400%）、SEI 膜不稳定、电导率差等缺点，严重制约了其实际应用和商业化。

当前关于硅基材料的制备方法有很多，包括气相沉积法、筛磨法、镁热还原法等，其中利用二氧化硅（SiO_2）进行镁热还原法是在较低的温度下实现的，具有制备多孔硅材料的潜力。在 0～1000℃范围内，镁热还原反应的吉布斯自由能为负值，这表明反应可正向进行。反应焓为放热反应，镁的熔点为 650℃，可通过将固体镁和二氧化硅分别放置在反应容器中，使镁气体扩散，从而降低二氧化硅或液体镁的含量。需要注意的是，副反应会形成硅化镁从而降低硅的产率。如图 2-3-2 所示，为了设计适合多孔硅产品，必须了解镁热还原工艺的原料和工艺参数，例如升温速率、反应温度、反应时间、摩尔比、混合和除热剂等。

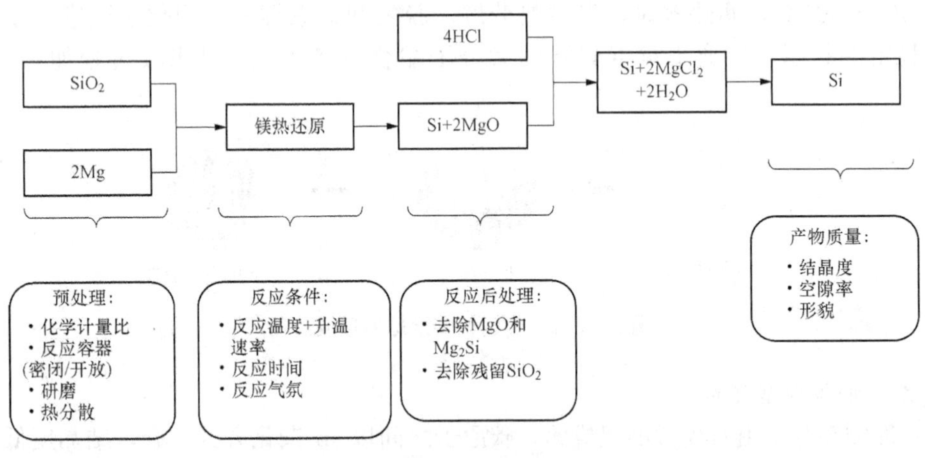

图 2-3-2 镁热还原二氧化硅的影响因素

硅基材料面临的主要挑战是放电/充电过程中 Si 的体积膨胀及 SEI 膜不稳定等问题。在硅基材料研究过程中，Si 含量对材料的比容量和循环稳定性有着重要的影响。此外，Si 纳米粒子、石墨、碳基体之间的复合以及碳基体的结构对复合材料的电化学性能也有着重要的影响。随着制备技术的发展，合成 Si/C/石墨复合材料衍生出化学气相沉积（CVD）、喷雾干燥、球磨、镁热还原等许多方法。

球磨是一种成熟的方法，通过调整球磨时间和强度来混合或制造出理想尺寸分布的材料。Qian 等人采用高能机械球磨法制备 $Si/SiO_x/C$ 复合材料，使用 SiO 粉末和商业石墨作为前驱体，获得的 $Si/SiO_x/C$ 复合材料（Si/SiO_x：石墨=5：3）具有良好的长期循环性能，在 0.1A/g 的电流密度下经过 500 次循环后，仍保持了 732mA・h/g 的高可逆容量[14]。

与球磨相比，喷雾干燥是通过在热气氛中快速干燥浆料或液体，同时达到均一的粒度分布来生产物料的一种工艺[15]。Su 等人报道了一种采用类似喷雾干燥法制备的 Si/石墨@石墨烯复合材料[16]，微观形貌直径为 5μm，Si 和石墨粉末被石墨烯包裹的独特结构保证了较高的可逆比容量（800mA・h/g）。

化学气相沉积（CVD）是一种独特的合成高质量薄膜或涂层的途径，它是通过气体反应物在加热的衬底表面或附近发生化学反应来合成高质量薄膜或涂层。硅基材料制备过程中，硅烷气体（SiH_4）通常用作 Si 前驱体，以碳基体/石墨作为基体，实现 Si/碳/石墨复合材料的均匀生长。CVD 条件对制备的复合材料的形貌和粒径有显著影响，从而决定了复合材料的电化学性能。

Si 负极在循环过程中与锂离子发生合金化反应，这会产生巨大的体积膨胀、电极开裂和粉化现象。硅负极的充放电曲线如图 2-3-3 所示。当锂嵌入时，Si 与锂形成合金，整个过程经历一系列的相变，理论上导致恒电流电压曲线中会出现多个电压平台。室温下，在第一次锂化过程中，晶态 Si 经历了一个由单晶体转变为非晶态的相变，随后保持了非晶状态。在低于 20mV 的电位下发现了亚稳态 $Li_{15}Si_4$ 相。当 Si 转变为 $Li_{4.4}Si$ 相，体积膨胀约为 420%，计算得到体积膨胀与锂的含量关系近似为线性。硅脱嵌锂的合金化反应式如式（2-3-1）所示：

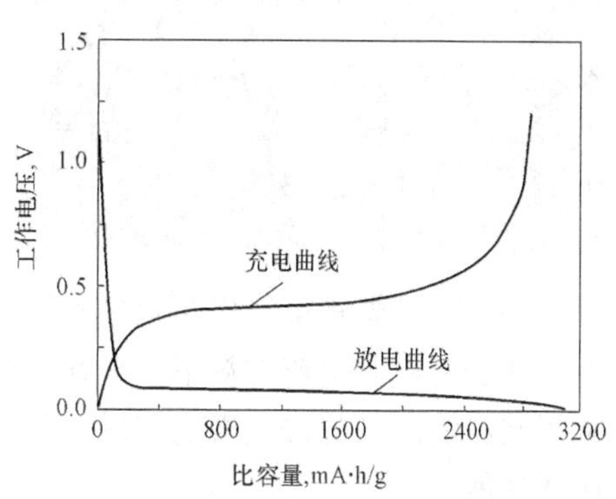

图 2-3-3　硅负极的充放电曲线

$$Si + 4.4Li^+ + 4.4e^- \longleftrightarrow Li_{4.4}Si \quad (2-3-1)$$

此外，由于循环过程中电极材料的结构不断变化，引发 SEI 膜的断裂重构，导致锂离子和电解质的快速消耗，同时引起电池容量快速衰减。设计具有不同结构的纳米硅材料以及开发新的黏结剂可有效改善上述情况。

1. 硅负极纳米结构

近年来，硅负极不断成为新能源领域的研究热点，并且不断升温。为了迎接上述挑战，科研人员提出了各种硅材料的结构设计，并取得了明显的进展。总结各种纳米结构硅负极材料，大致可分为固体、中空和核壳三代纳米结构。

（1）硅纳米线。

2008 年，采用汽-液-固合成法制备的硅纳米线负极设计概念被最先提出[17]，如图 2-3-4所示。与厚膜和大颗粒相比，这些电极的电化学性能有了明显的提高。其优势在于纳米线阵列中相邻纳米线之间提供足够的空间，以容纳与 Li 的合金化和去合金化相关的体积变化；每个硅纳米线直接生长在集流体上，保证了活性材料和集流体的直接接触，避免了黏结剂的干扰；硅纳米线具有连续的一维电子通路，允许有效的电荷传输。

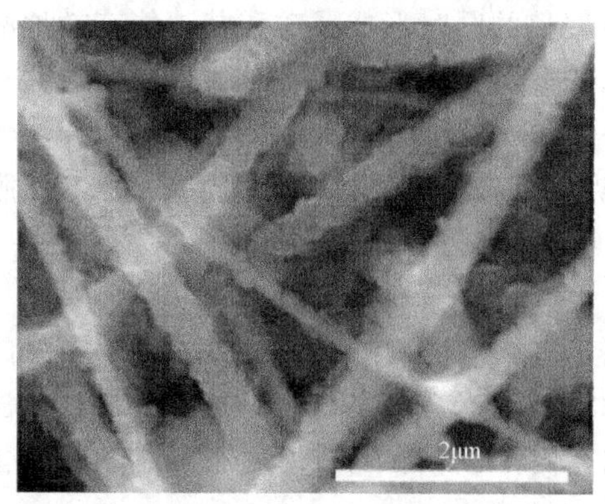

图 2-3-4　硅纳米线

（2）双壁硅纳米管。

从硅纳米线的研究中了解到的一个关键材料设计原则是制备不会被粉碎的硅负极材料。Cui 等报道了一种新型的双壁 Si-SiO_x 纳米管负极，其中内壁为活性硅，外壁为 SiO_x。如图 2-3-5

所示，扫描和透射电镜图表征可清晰地看到均匀的 Si - SiO_x 双壁纳米管状结构，最终展现出优异的电化学性能[18]。

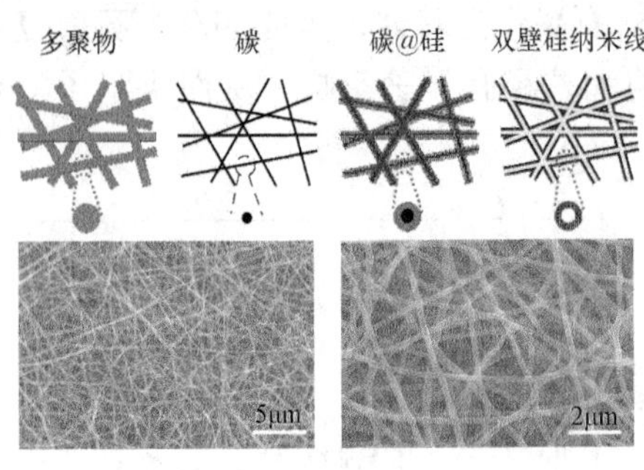

图 2-3-5 双壁硅纳米管的制备和表征

（3）硅纳米粒子。

粒径足够小的硅纳米粒子也能够在没有机械断裂的情况下承受较大的体积应变。与纳米线相比，硅纳米粒子面临的挑战是如何将它们牢固地粘结在当前的集流体上，以及如何在反复的体积变化后保持这种连接。传统的浆料涂覆方法是利用导电碳和 PVDF 黏结剂，它们应用在 Si 负极上的使用效果不佳。有研究人员开发了一种制备硅负极的方法，将非晶态硅沉积在电极结构上，非晶态硅作为无机胶将所有粒子融合在一起，并将它们结合在集流体上。这种无机胶有助于解决常规浆料法制备的硅负极电接触损失问题。纳米硅和微米硅都成功地用这种方法实现良好的循环性能。

（4）中空硅纳米结构。

与固体结构相比，中空硅纳米结构为缓解体积膨胀提供了足够的内部空间。各种纳米结构，包括固体纳米线、纳米粒子、中空球和管，可以有效地承受由硅体积的非均匀变化所引起的应力，而不发生断裂。然而，使用这些纳米结构仍未解决不稳定的 SEI 膜问题。

（5）核壳结构硅基材料。

早期含 Si/C - 核壳结构的研究主要集中在材料的合成和结构的精确控制这两方面。例如 Hwang 等开发了一种静电纺丝技术，以可伸缩的方式使用双喷嘴制备核壳纤维。在核壳纤维中，商业纳米硅粒子被碳壳包裹。独特的核壳结构解决了 Si 负极的各种问题，如循环过程中由合金化反应导致的体积膨胀从而引发硅材料粉碎以及不稳定的 SEI 膜等问题，最终表现出优异的电池性能[19]。除了 Si/C - 核壳结构外，Si/C - 蛋黄/壳纳米结构也引起了越来越多的关注。美国斯坦福大学崔屹课题组报道了一项开创性的工作，他们合成的 Si@void@C 硅基核壳复合材料具备优异的比容量（2833mA · h/g，0.1C），并且具有优异的循环稳定性[20]。

研究人员发现氧化亚硅（SiO）和 SiO_x 以其独特的优势而成为另一种合适的外包覆层材料。SiO_x 能提供比碳基材料更高的容量，阻碍 Si 核聚集的同时形成了硅酸盐，能有效地减缓硅负极的体积膨胀。除 SiO_x 外，金属氧化物还可以作为缓冲层制备含 Si 核的纳米材料，早期的研究主要集中在 TiO_2 和 Al_2O_3，例如 Luo 等人合成了介孔碳和晶态 TiO_2 为双壳层包覆硅核的纳米材料作为锂离子电池的负极，成功地克服了硅负极材料固有电导率低、SEI 膜界面不稳定以及体积变化严重等问题[21]。

2. Si/C 复合材料

为了制造满足工业要求的硅基负极材料，具有较高的容量和首次库仑效率 ICE、更好的维持容量、良好的压实密度、Si 含量、原材料（微 Si 或纳米 Si）的选择、简单的制造方法和低的生产成本等以上诸多因素都应该被同时考虑在内，Si 颗粒与碳基材料的结合是改善硅基负极材料电化学性能的有效途径。

石墨烯优异的导电性和机械性能能够极大地缓解硅基材料的副反应。Wen 等采用表面改性的 Si 纳米粒子和氧化石墨烯悬浮液的一步气溶胶喷射法合成了一种由石墨烯包覆的 Si 纳米粒子负极材料。Si 纳米粒子表面的官能团不仅与氧化石墨烯反应，使得 Si 纳米粒子与氧化石墨烯结合，而且还可防止 Si 纳米粒子聚集，从而有助于 Si 的均匀悬浮。由石墨烯包覆的官能团化的纳米硅具有 2250mA・h/g（0.1C）的比容量，并且即使在 120 个充电/放电循环之后仍保持其初始比容量的 85%[22]。

碳纳米管同样是一类被应用到诸多领域的新兴材料，与石墨烯一样，碳纳米管与硅的结合也引起了广泛的研究兴趣。碳纳米管不仅可以作为导电剂提供很好的导电性，而且还可以为 Si 提供有效的导电网络，与硅结合制备 Si/CNT 复合材料。Xiao 等介绍了作为一种简便、可扩展的分层组装技术，用于制备具有 $1mA \cdot h/cm^2$ 以上存储容量的多层 Si/CNT 同轴纳米纤维负极。Si/CNT 同轴纳米纤维负极具有良好的循环性能，其优异性能归功于独特的纳米结构。CNT 网络基体提供了机械支撑，以适应硅体积变化所带来的应力，而纳米多孔多层结构为 Li 离子和电子传输提供了连续的途径[23]。

聚苯胺（PANI）和聚吡咯（PPy）等导电聚合物在许多不同领域的研究中得到了广泛的应用。Zhou 等采用原位壳层包覆技术，提高了聚吡咯-铁配合物硅基负极的电化学性能。有机金属配合物中的大量官能团在原位修饰商业硅纳米粒子时容易形成氢键，聚吡咯-铁的加入使每个 Si 纳米粒子周围形成了共形导电涂层，不仅提供了颗粒间良好的电连接，而且促进了 Si 电极表面稳定的 SEI 膜的形成，提高了循环性能[24]。

3. 硅基材料的黏结剂、电解质

Si 的体积变化会引发电极断裂，导致电化学性能下降，作为 LIBs 的重要组成部分，黏结剂在 Si 基负极材料中起着特别重要的作用。常规黏结剂（PVDF）中，Si 与集流体之间弱的范德华力相互作用很难适应体积变化所产生的巨大机械应力，导致电化学性能不佳。因此，开发具有强相互作用或机械结合力的新型黏结剂，以满足对硅基负极材料的要求是十分必要的。目前有报道的硅基材料黏结剂包括：海藻酸钠、聚丙烯酸（PAA）、羧甲基纤维素（CMC）、丁苯橡胶（SBR）、阿拉伯胶、生物高聚物瓜尔胶（GG）等材料。理想的黏结剂应使 Li 进入 Si 表面，促进 SEI 膜的稳定形成，具有较高的化学和电化学稳定性，且溶胀比最小。

电解液和添加剂作为锂离子中的另一个重要组分，通过改变 SEI 膜的组成和性质，影响其电化学性能。典型的电解质是六氟磷酸锂（$LiPF_6$），通常将其溶解在碳酸亚乙酯（EC）和碳酸二甲酯（DMC）按照 1∶1 体积比混合的溶剂中。对硅基电极 SEI 膜的研究表明，SEI 膜形成于锂硅合金化反应发生的电位处。因此，研究人员希望通过添加剂来修饰电解质，从而改变电解质的组成，取代简单的碳酸盐基电解质。

2.3.3 锡基负极材料

锡位于元素周期表的 IVA 族，Sn 和同一主族的 Si、Ge 等元素在嵌锂过程中均发生的是合金化反应，如图 2-3-6 所示 Sn 的嵌锂过程，一个 Sn 能与 4.4 个 Li 形成 $Li_{4.4}Sn$ 合金，因此锡也具备较高的理论比容量（993mA・h/g）。而且，锡的嵌脱锂电位为 0.3～0.4V，远高于锂的析出电位，这一自有优势可有效避免因锂枝晶的生成导致的安全性问题。锡与硅相比本身就具有更好的导电性（8.7×10^6 S/m），不需要额外的合成方法去提高。但锡基材料也面临着许多问题，例如 Sn 与 Li 在嵌锂过程中会发生多种合金化反应，并产生较大的内应力和体积膨胀，导致活性材料在循环过程中易被粉化；另外，锡粉化时会导致首次嵌锂过程形成的SEI膜破损，后续循环时会再次消耗电解液重新形成新的SEI膜，这将严重影响循环和库仑效率的稳定性。目前，对锡基材料的研究主要集中在氧化锡和锡基合金两方面。

1. 氧化锡

锡基氧化物如二氧化锡、氧化亚锡等储锂性能同样优秀，并且制备更简单、形貌更容易控制。不同的锡基氧化物储锂机理大同小异，合金化型储锂机理认为Li和氧化锡或者氧化亚锡的充放电过程分两步进行，如图2-3-6所示，其化学反应如式（2-3-2）与式（2-3-3）所示：

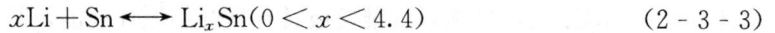

$$Li + SnO_2(SnO) \longleftrightarrow Li_2O + Sn \tag{2-3-2}$$

$$xLi + Sn \longleftrightarrow Li_xSn(0 < x < 4.4) \tag{2-3-3}$$

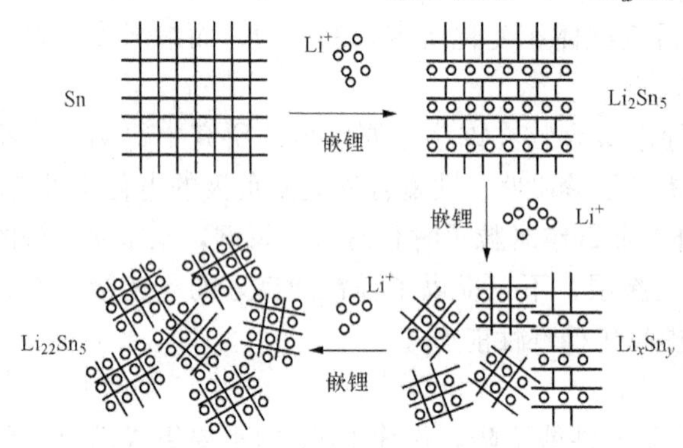

图2-3-6 Li嵌入Sn的合金化效应

第一步是氧化锡被还原，Li取代氧化锡或氧化亚锡中的Sn，生成金属Sn和Li_2O，这一步反应一般认为是不可逆的，第二步是Sn单质再和金属Li发生合金化反应的过程。锡基氧化物作为负极材料主要存在的问题是首次充放电过程中存在较大的不可逆容量，意味着首次库仑效率很可能低于50%，主要是因为首次循环过程中会生成Li_2O和SEI膜；除此之外，虽然锡基氧化物同样具备大于500mA·h/g的高比容量，但是氧化锡和锡单质同样存在嵌锂过程中体积膨胀的问题，从而造成材料比容量衰减，循环性能下降。

2. 锡基合金

为了抑制锡体积膨胀引起的团聚和粉化，以及改善锡嵌锂后的导电性，在锡负极中引入其他组分形成合金相也被证明是一种较为有效的措施。目前常被应用于锡基合金化的元素主要有Cu、Zn、Co、Ni、Sb、Ge、Ag等。锡基合金负极嵌锂时，锂离子与合金中的锡元素反应形成$SnLi_x$合金，与此同时，锡基合金中的其他成分则会被置换出来并分散在$SnLi_x$合金的周围，这些成分可以有效阻止金属锡脱锂时团聚结块，降低其发生粉化脱落的风险，从而改善锡基负极的循环稳定性。若该成分也具有嵌锂活性，那么其将在与锡不同的电位下发生嵌锂反应，这就相当于合金中的金属锡脱嵌锂时，该组分是作为惰性组分均匀分布在锂锡合金周围发挥缓冲作用；反之，该金属组分脱嵌锂时锡则作为惰性组分来保持结构的稳定性，从而引入的其他元素在起到缓冲体积膨胀的同时也能保证合金材料具有较高的容量。

2.4 钠离子电池

2.4.1 钠离子电池的概述

钠离子电池（sodium ion batteries）的基本结构和工作机制与锂离子电池十分相似，但目前对于钠离子电池的研究仍然处于探索阶段。在20世纪的80年代，“锂离子电池”与

"钠离子电池"这两个概念几乎同时被提出并开展研究，但由于锂具有较小的相对原子质量与离子半径，使得锂离子电池展现出了更高的能量密度和更稳定的循环性能，特别是日本索尼公司首次成功实现锂离子电池的商业化后，锂离子电池便正式成为二次电池的新宠。此外，各大企业之间的行业竞争，使得对锂离子电池的研究进一步完善，其市场占有量逐年上升；而钠离子电池由于缺乏合适的负极材料，导致其电化学性能很难与锂离子电池相媲美，所以对钠离子电池的研究便逐渐搁置了下来。

21世纪以来，随着对锂离子电池的需求急剧增长，锂资源的消耗量日渐增大。然而，锂资源主要分布在偏远或政治敏感的地区，这加剧了市场对锂资源储量的担忧。正是由于锂资源的短缺以及市场供需之间不平衡的影响，导致了锂离子电池的成本不断上升，这对锂离子电池的进一步发展产生了巨大的限制。特别是在大型储能元器件应用中，锂离子电池显然不能满足巨大的市场需求，这对未来的二次电池储能体系提出了新的挑战。由此，钠离子电池再一次进入了科学家的视野。

钠离子电池作为锂离子电池的竞争者，具有以下优势，如表2-4-1所示。

表2-4-1 锂和钠物理化学性质对比

类别	锂（Li）	钠（Na）
离子半径/（nm）	0.076	0.106
电子排布式	1s2，2s1	1s2，2s2，2p6，3s1
相对原子质量/（$g \cdot mol^{-1}$）	6.94	22.99
电位/（V）	−3.01	−2.71
密度/（$g \cdot cm^{-3}$）	0.534	0.968
理论比容量/（$mA \cdot h \cdot g^{-1}$）	3829	1165
分布范围	70%在南美洲	全球分布
地壳含量/（%）	0.0065	2.83
价格/（碳酸盐，$RMB \cdot kg^{-1}$）	约48	约2

钠离子电池的优势主要体现在以下方面：

（1）成本低廉。钠资源在全球分布广泛，储量丰富。海水中就存在大量的NaCl，容易通过蒸发和结晶等工艺获取钠源。同时，工业化生产得到的含钠碳酸盐的价格仅为0.2万元/t，体现出了极大的成本优势。

（2）高能量密度。钠元素与锂元素由于同属于IA族且相邻一个元素周期，因此Na与Li有相似物理和化学性质。目前来看，研究者普遍能将钠离子电池的能量密度提升至100W·h/kg以上，已经能与目前商业化应用的锂离子电池相媲美，更高于目前常用的铅酸蓄电池、镍镉蓄电池等。

（3）电解质溶液的选择更多。Na的标准电极电位高于Li，因此电解液电化学稳定窗口更宽，可选择的电解质溶液类型也就更多。

除此以外，钠离子电池也存在着一些缺陷与挑战：

（1）电化学稳定性仍有待提高。与Li^+相比，具有更大离子半径的Na^+在电池运作过程中也面临着更大的位阻效应。即 Na^+ 在电极材料中嵌入/脱出存在较大的动力学阻碍，使得电极材料表现出电化学惰性；并且较大的离子半径也使得电极材料在循环过程中会产生较大的体积改变，易使得电极材料结构遭到破坏，从而导致了电池的循环寿命大幅度降低。

(2) 缺乏合适的负极材料。由于 Na^+ 的离子半径较大，传统石墨电极材料并不适用，目前研究较多的负极电极材料主要有碳基负极材料、合金化型负极材料、过渡金属化合物负极材料等，但是每种材料都存在各自的优缺点。

在进入 21 世纪后，钠离子电池经历了两次关键的转折。第一次转折是在 2000 年，Steven 和 Dahn 发现以硬碳作为钠离子电池的负极材料可具有 300mA·h/g 的可逆比容量，已然接近于石墨作为锂离子电池负极材料的理论比容量（372mA·h/g），初步展现出其巨大的发展潜力。第二次转折是在 2006 年，Okada 等人发现 $NaFeO_2$ 作为钠离子电池正极材料时，具有优异的电化学活性，使得钠离子电池的研究迈出了关键的一步。而正是由于这两次转折，钠离子电池的发展才开始进入快车道。近年来，各个国家和地区在钠离子电池技术领域投入大量人力和物力，钠离子电池的研究渐入佳境，目前钠离子电池已实现初步的产业化。

2.4.2 钠离子电池的结构

钠离子电池的构成与一般的锂离子电池并无太大差异，主要包括正极、负极、电解质及隔膜四个部分。

1. 正极

电池系统中，相对电位较高的一端称为正极。在钠离子电池中，正极不仅是影响电池性能最为重要的一部分，也作为钠离子电池中“Na^+”的源泉，为整个电池提供足量可供可逆化学反应的钠离子，决定了电池容量的上限。一般来说，锂离子电池中可适用的正极材料，在钠离子电池中也可应用，但是由于钠和锂的化学特征不同，同样的材料在两种电池的应用中可能会表现出较大的差异。普遍来看，研究者们主要解决的问题是如何找到结构稳定且适合储钠的一类正极材料。目前，研究较多的正极材料主要有以下几类：一是含钠离子的过渡金属氧化物，通式为 Na_xMO_2（M 代表过渡金属元素），如 $NaFeO_2$、$NaCoO_2$、$NaNiO_2$、$NaMnO_2$、$NaTiO_2$ 等；二是聚阴离子型化合物，主要包括磷酸盐类、氟磷酸盐类、焦磷酸盐类等，如 $NaFePO_4$、$NaMnPO_4$、Na_2FePO_4F、Na_2VPO_4F 等；三是普鲁士蓝类似物，如 $Na_4Fe(CN)_6$、$Na_2Mn[Mn(CN)_6]$ 等。

2. 负极

电池系统中与正极相对应的便是负极，因其相对较低的电位，导致钠离子在负极表面不可逆地沉积并且形成钠枝晶，并且随着钠枝晶的不断生长，易刺穿隔膜引发整个电池体系短路，最终造成一定的安全隐患。为满足钠离子电池商业化应用，必须选择其他合适的负极材料来代替钠金属负极。就目前而言，科研工作者研究较多的主要有以下几类负极材料：一是碳基负极材料和钛基负极材料。碳基负极材料又分为石墨碳基负极材料和无定形类碳基负极材料，由于钠离子半径较大，石墨类材料不适合直接作为钠离子电池负极材料，因此需要通过扩大其层间距来提高钠离子嵌入容量，而硬碳材料由于具有较大层间距和较多的无序结构，有利于 Na^+ 的嵌入与脱出。钛基负极材料目前常见的有 TiO_2、$Na_2Ti_3O_7$、$NaTi_2(PO_4)_3$ 等。二是合金化型负极材料。这类材料在电池工作过程中可与 Na 反应形成丰富的合金相，从而产生比嵌入类负极材料高得多的容量，此类材料有 Sn、Sb、Ge、P、In 等。三是金属氧化物与硫化物类负极材料。根据理论计算，金属氧化物和硫化物类负极材料具有较高的理论容量。其中金属氧化物（通式为 MO_x，M 为金属元素）由于电化学活性的不同可分为活性金属氧化物和非活性金属氧化物，非活性金属一般有 Fe、Co、Ni、Cu、Mn、Mo 等。金属硫化物目前研究较多的为层状金属硫化物，如 MoS_2、WS_2、SnS_2、TiS_2 等。

3. 电解质

在电池系统中，电解质主要起到传递离子和充当正负极媒介的作用，对电池的功率密度有着重要影响。在钠离子电池中，选择电解质时一般要求其具有较宽的电化学窗口、高的离子传导率、良好的稳定性等，同时还要考虑其来源的便利性和成本因素。目前研究较多的电解质可大致分为液态电解质、离子液体电解质、固态电解质和凝胶态电解质四类。

（1）液态电解质又包括有机电解质和水系电解质，有机电解质一般是往有机溶剂中加入电解质钠盐来形成电解质溶液，是目前主要应用于钠离子电池的一类电解质材料。虽然有机电解质的离子电导率较高、钠盐溶解性良好，但是由于包含有机溶剂，高温时易燃易爆，某些有机物存在较大毒性等，对其发展具有一定的限制。水系电解质是盐的水溶液，优点是成本低，不含可燃物质，同时具有高的离子电导率；但是也存在一定的不足，水溶液的电化学窗口较低，在电池工作中存在析氢、析氧等副反应较多，目前对于水系钠离子电池的研究尚处于起步阶段。

（2）离子液体电解质是指熔融盐这一类化合物，有实用价值的主要是指室温熔融盐，也称离子液体，即在室温下或者接近室温的条件下呈现液体的离子化合物。离子液体电解质不含有机溶剂和水，组分难挥发，电导率高同时性质稳定，表现出较强的适用性。但就目前而言，离子液体电解质的成本较高仍是其商业化道路上一道难以逾越的鸿沟。

（3）固态电解质可分为固态聚合物电解质和无机固态复合电解质。固体聚合物电解质是由钠盐均匀溶于聚合物基体中所形成，无机固态复合电解质则是由无机功能材料来代替聚合物基体而形成的。使用固态电解质可避免出现电解质泄漏的问题，并且固态电解质存在一定的强度，也可以缓冲充放电过程中的电极材料的体积变化，但是较低的离子电导率及电解质与电极的固-固界面之间有限离子传输是其所面临的主要问题。

（4）凝胶态电解质是介于固态电解质和液态电解质之间的一种中间态，既不会类似液态电解质一样存在液体泄漏的缺点，又比固态电解质的电导率要高，将会是一种很有潜力的电解质材料。

4. 隔膜

隔膜处于电池正负极之间，起到隔离作用，它只允许离子传输而隔绝电子。通常来说，隔膜材料一般要满足以下要求：

（1）具有较好的电解液透过性，以提高钠离子传输能力；

（2）具有良好的化学稳定性，不与电解液、电极材料发生副反应；

（3）具备一定的结构强度、低电阻和良好的浸润性等；

（4）还应考虑到成本和环境因素。

目前来说，普遍应用于钠离子电池的隔膜材料为玻璃纤维隔膜，因为其拥有不俗的 Na^+ 通过率且具备较好的结构强度，可以满足钠离子电池的需要。

2.4.3 钠离子电池的工作原理

钠离子电池与锂离子电池具有类似的工作原理，在电池的工作过程中，Na^+借助电解质溶液作为传输通道在电池的正、负极之间来回传递，同时电子在外电路传输，实现化学能向电能的转化，故钠离子电池也被称为“摇椅式电池”[25]。以层状 $NaMO_2$ 作为正极、硬碳材料作为负极为例，钠离子电池具体的电化学过程如图 2-4-1 所示，其中正极反应、负极反应以及电池总反应式分别见式（2-4-1）～式（2-4-3）：

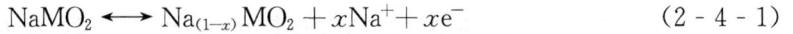

$$NaMO_2 \longleftrightarrow Na_{(1-x)}MO_2 + xNa^+ + xe^- \tag{2-4-1}$$

$$nC + xNa^+ + xe^- \longleftrightarrow Na_xC_n \tag{2-4-2}$$

$$NaMO_2 + nC \longleftrightarrow Na_{(1-x)}MO_2 + Na_xC_n \tag{2-4-3}$$

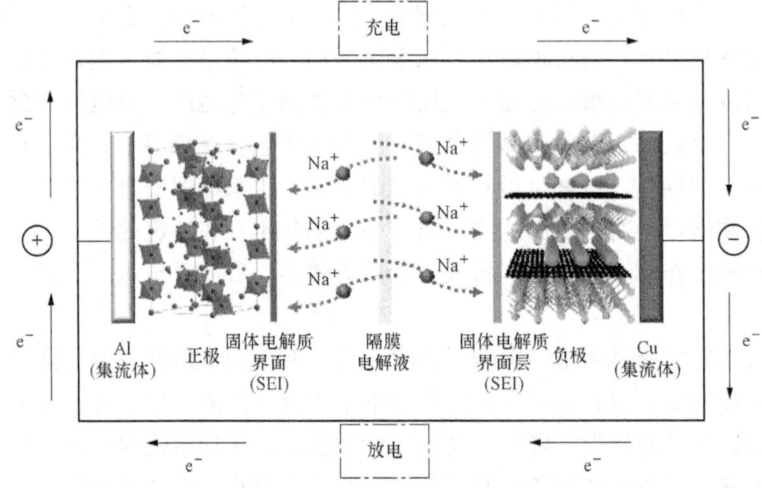

图 2-4-1 钠离子电池工作机制示意

钠离子电池的具体工作原理如下：在放电过程中，Na^+从负极材料中脱出进入电解液，使得电池的负极电势升高，随后电解质溶液中的 Na^+定向迁移至电池正极，并嵌入正极材料的晶格中；在外电路中，电子由负极出发通过用电元器件，迁移至电池正极，导致电池正极电势下降，正是经历了这一个过程，使得正负极之间形成电势差，从而完成一次电池放电过程，为所连接的用电设备提供电能；而充电过程则刚好相反。

2.4.4 钠离子电池正极材料

钠离子电池体系中，钠离子主要存储在正极活性材料中，而正极材料中具有活性的钠离子含量又决定了整个电池理论容量的上限。从目前研究来看，正极材料的容量远远低于负极材料，以致限制了钠离子电池的能量密度。所以探索一种高钠含量且具有优异的物理化学性能的正极材料是改善和提升钠离子电池的能量密度和取得突破进程的关键。一般来说，钠离子电池正极材料设计要求遵循以下几点：

（1）拥有尽可能高的氧化还原电极电位，保证电池体系获得高的输出工作电压；

（2）电极材料应该具有足够高的离子扩散速率和电子传输速率，保证电池体系有较高的功率密度；

（3）材料内部有较多的空位，以致存储更多的钠离子，保证具备较高的比容量；

（4）正极材料在充放电后，材料中的钠含量变化较小，确保电池体系在循环工作中保持稳定的输出电压；

(5) 拥有较稳定的物理与化学性能，保证充放电过程中仅有较小的体积变化，抗腐蚀性好，不与电解液等电池组装部件发生副反应，具有稳定的循环性能；

(6) 原材料资源丰富、价格低廉且绿色环保，同时制备工序简单，电极材料可大规模批量制备。

近年来，众多科研工作者相继报道了各种钠离子电池正极材料，如图 2-4-2 所示。其中备受关注的正极材料主要包括过渡金属氧化物、聚阴离子型化合物和普鲁士蓝类似物等[26]。

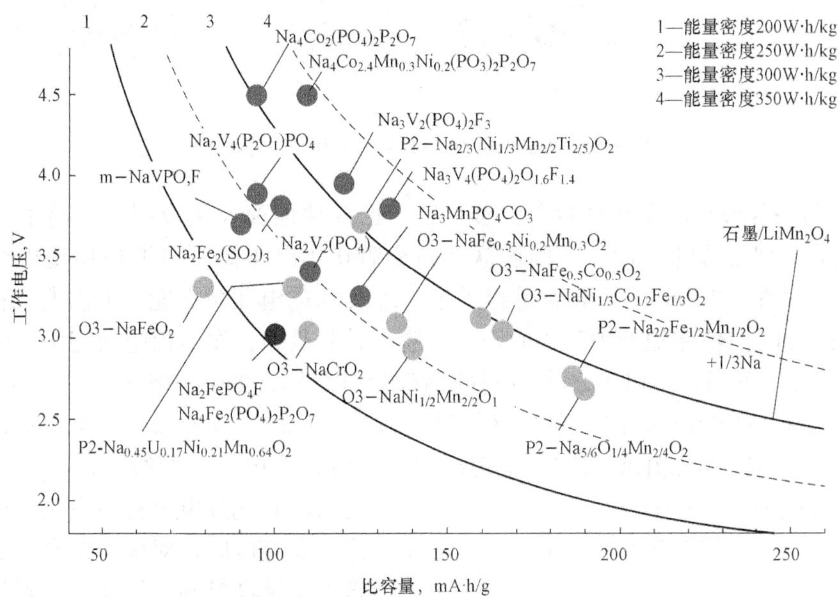

图 2-4-2　各种钠离子电池正极材料以及其电化学性能

1. 过渡金属氧化物

作为一种典型的钠离子电池正极材料，过渡金属氧化物的通式简写为 Na_xMO_2，其中过渡金属离子（M）主要为铁（Fe）、钴（Co）、镍（Ni）、锰（Mn）等元素中的一种或者几种。根据化学式中钠离子浓度系数（即化学式中 x 值），可将过渡金属氧化物分为层状过渡金属氧化物和隧道状过渡金属氧化物。

(1) 层状过渡金属氧化物。

当 Na_xMO_2 中系数 $x>0.5$ 时，一般为层状过渡金属氧化物，并且由于材料中的钠含量较高，使得该材料在初始充放电过程中呈现出较高的比容量。在结构上，Delmas 等人根据钠离子在晶胞中所占位置的物理化学环境与过渡金属层中氧的堆砌顺序将层状过渡金属氧化物（Na_xMO_2）分为 On 相和 Pn 相，主要包括 O2 相（ABAC 堆垛）、O3 相（ABCABC 堆垛）、P2 相（ABBA 堆垛）和 P3 相（ABBCCA 堆垛）。字母“O”与“P”分别代表钠原子在其结构中的两种不同的配位环境，即“O”代表八面体配位（octahedral），“P”代表三棱柱配位（prismatic）；而数字“2”和“3”由氧原子堆砌方式决定，代表最小重复单元的过渡金属层数，也代表钠的层数。如图 2-4-3 所示，“2”代表结构中氧原子按

ABBAABBA…序列排列，同样的“3”代表结构中氧原子按照 CBACBA…的顺序排列。因此不同的原子堆砌顺序构成不同晶型的过渡金属氧化物正极材料，从而展现出不同的电化学性能[25]。

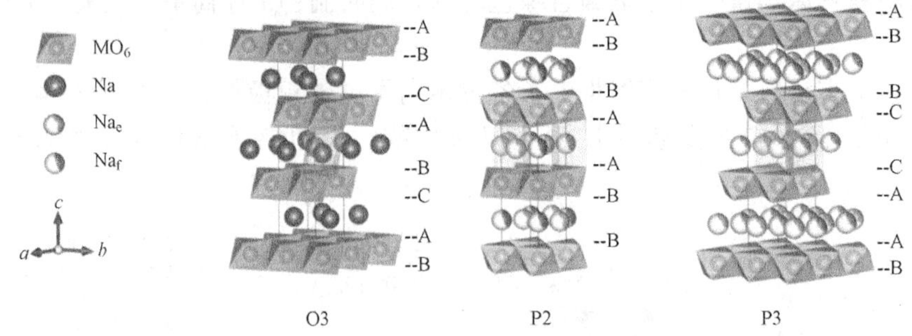

图 2-4-3 层状金属氧化物 O3、P2 和 P3 相的结构示意

$LiCoO_2$是一种典型的层状过渡金属氧化物，已成功地商业化应用于锂离子电池正极材料，因而具有类似结构的 Na_xCoO_2 则被众多研究者认为是钠离子电池最佳正极材料，最先被探索研究。早在 1981 年，Delmas 等报道了 Na_xCoO_2 的电化学性能，他们发现在充放电的过程中，Na_xCoO_2 晶体在随着钠离子的嵌入与脱出，其晶相会发生相应的变化，即根据晶胞中钠的系数（x）不同，可以表现出不同的物理化学结构，如 O3 相（$x=1$）、O2 相（$x=0.77$）、P2 相（$0.67\leqslant x\leqslant 0.77$）和 P3 相（$0.55\leqslant x\leqslant 0.60$）。如图 2-4-4 所示，当电压窗口在 2.0～4.0V 时，充放电曲线图上呈现出明显的阶梯式电化学曲线，每一个阶梯式的平台对应着充放电过程中发生的可逆相变反应：在充电时，对应着钠离子的脱出，随着电压逐渐升高，钠离子不断从晶胞中脱出，在 2.7V 附近，$NaCoO_2$ 经历了从 O3 相到 O′3 相变化，在 3.2V 附近最终转化成 P′3 相。同理，在放电过程中，在钠离子不断嵌入并且占据 Na_xCoO_2 晶胞中的空位，P3 相则可逆地转变为 O3 相[27]。

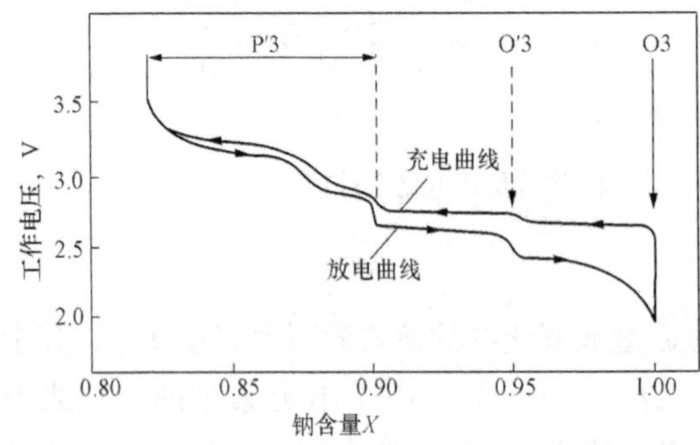

图 2-4-4 O3 相 Na_xCoO_2 的充放电曲线

在 2011 年，Berthelot 等通过将充放电曲线与原位 X 射线衍射和恒电流间歇滴定技术相结合，详细地分析了 P2 相 Na_xCoO_2 的电化学测试过程中结构的动态变化[27-29]。此外，对于 Na_xCoO_2 还可以进行金属杂原子掺杂，如图 2-4-5 所示，将不同 Mn 和 Ni 原子进行掺杂时表现出不同的电化学性能，但都对单纯的 Na_xCoO_2 循环稳定性和比容量有所改善。

O3 相的 $NaFeO_2$ 是典型的铁基层状材料。研究者们发现 O3 相的 $NaFeO_2$ 在储钠过程中，Fe^{3+} 会部分不可逆地迁移至相邻的钠层的四面体的位置上，造成晶格结构的不可逆变化，电化学活性降低。针对这个问题，研究者们提出了很多改进的办法。

首先，选择合适的电化学窗口。Komaba 等研究员通过电化学测试发现，$NaFeO_2$ 在充放电过程中，所表现出来的电池性能与电压窗口有着紧密联系，如图 2-4-6 所示，当截止

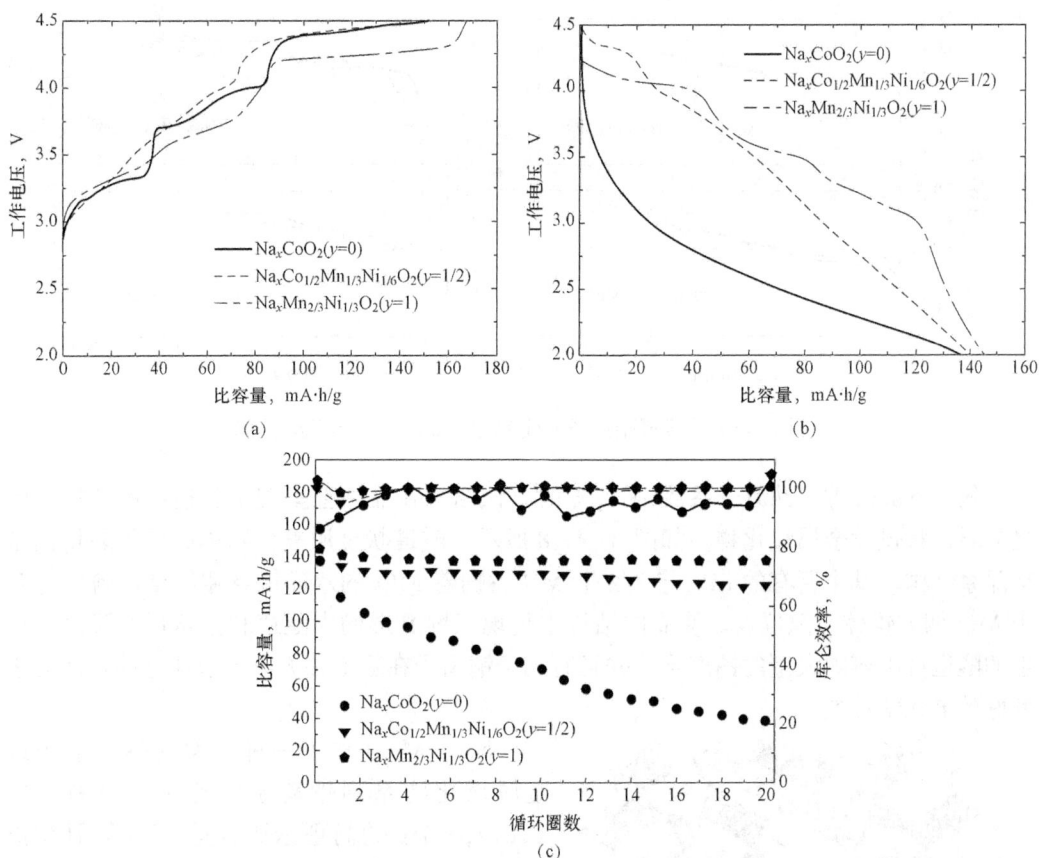

图 2-4-5　不同金属原子对 P2 相 Na_xCoO_2 进行掺杂后的电化学测试及原位表征

(a) 充电曲线图；(b) 放电曲线图；(c) 循环稳定性

电压设定为 3.4V 时，可以获得稳定的可逆容量。但是当充电截止电压大于 3.5V 时，电池极化现象增大，最终导致容量迅速减少[30,31]。

其次，通过杂原子（Mn、Ni、Co 等）取代 $NaFeO_2$ 晶格中的 Fe 原子，也可以有效地提高 $NaFeO_2$ 电极的电化学活性。对于 Mn 取代，可以增加材料的容量和稳定性。Yuan 课题组通过固相法制备了单（Mn）原子取代的 P2-$Na_{0.67}Mn_{0.65}Fe_{0.35}O_2$ 和双原子（Mn、Ni）取代的 P2-$Na_{0.67}Mn_{0.65}Fe_{0.2}Ni_{0.15}O_2$ 两种化合物，如图 2-4-7 所示，其中双原子（Mn、Ni）取代的 $NaFeO_2$ 的电极材料彰显出更好的稳定性，容量保有率达到 71%，其原因是 Ni 的取代促进 Mn、Fe、Ni 三者之间的协同作用，增强了电极结构稳定性，有效抑制了 Mn^{3+} 引起的姜特勒效应[32]。

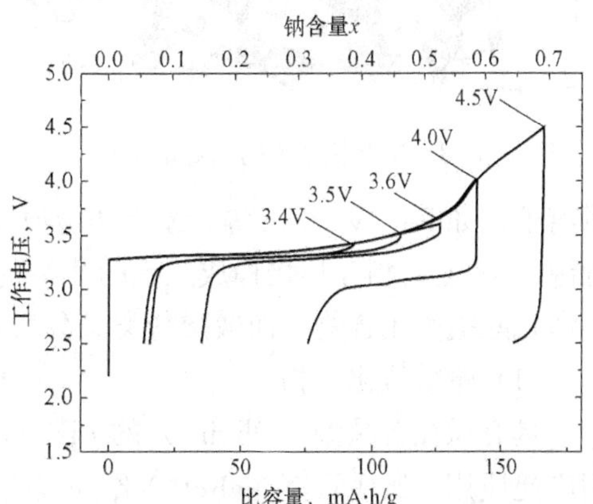

图 2-4-6　O3 相 $NaFeO_2$ 电极的恒流充放电曲线图

(2) 隧道状过渡金属氧化物。

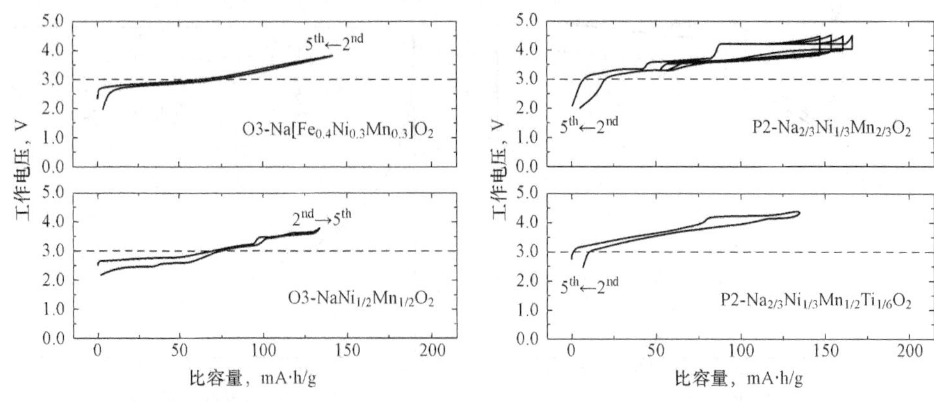

图 2-4-7 金属杂原子取代 Fe 的 $NaFeO_2$ 的电化学性能

一般当 Na_xMO_2 中钠原子系数 $x<0.5$ 时，该结构在晶格上呈现出隧道状的结构，因此称之为隧道状过渡金属氧化物。如图 2-4-8 所示，隧道状金属氧化物 Na_xMO_2 晶相构型为正交晶系结构，其中所有的 M^{4+} 与 1/2 个 M^{3+} 占据着 MO_6 的八面体空隙位点，剩余的 M^{3+} 位于 MO_5 四方锥体空隙位点，使晶体结构中呈现三维 S 形的大隧道和五角形小隧道。由此产生的隧道可以容纳大量的钠离子，并且有利于钠离子在隧道轴方向上快速迁移，从而表现出良好的电化学性能。

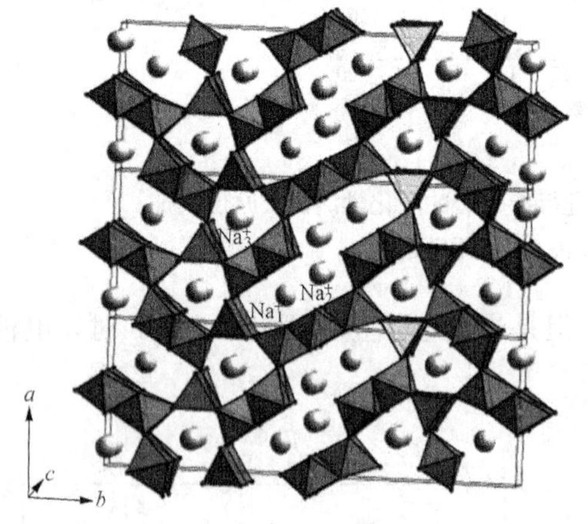

图 2-4-8 隧道状结构的 $Na_{0.44}MnO_2$ 示意

$Na_{0.44}MnO_2$ 作为一种典型的隧道结构过渡金属氧化物系列钠离子电池正极材料，具有 121mA·h/g 的高理论比容量。Fu 等研究员通过静电纺丝法制备了超长 $Na_{0.44}MnO_2$ 与碳复合的纳米纤维，其中 $Na_{0.44}MnO_2$ 以纳米粒子的形态嵌入在多孔的碳纳米纤维骨架中。由于多孔结构和碳基材料的协同作用，有利于电解液的渗透且增加了材料的导电性，因此呈现出极好的倍率性能[33,34]。

2. 聚阴离子型化合物

聚阴离子型化合物的化学式一般可写为 $Na_xM_y[(XO_m)^n]$，其中 M 为可变价态的过渡金属离子，如 Fe、V、Mn 等，X 为非金属元素如 P、Si、S、B 等，阴离子之间通过极强的共价键（X—O）相互连接构成三维网络结构。目前该类正极材料研究较多的主要包括磷酸盐类和硫酸盐类化合物，而磷酸盐类又分为磷酸盐、氟磷酸盐和钠超离子导体等。

（1）磷酸盐化合物。

具有橄榄石晶型（Olivine）的 $LiFePO_4$ 材料作为一类成熟的锂离子电池正极材料，已得到广泛应用。橄榄石型 $NaFePO_4$ 作为具有电化学活性的钠离子电池正极材料有着较高的理论比容量和较高的稳定工作电压，但其较差的循环稳定性阻碍了其在钠离子电池的工业化应用。与导电碳复合和减少活性材料粒径是两个有效的增加橄榄石晶型 $NaFePO_4$ 材料电化学性能的方法。Ali 等研究员通过在 $NaFePO_4$ 颗粒表面修饰一层导电聚噻吩增加了其导电性，极大地提高了循环稳定性。Li 等研究员通过模板法制备了无定形的空心 $NaFePO_4$ 纳米球，该结构不仅缩短了离子传输路径、增加了活性材料的面积，而且一定程度上缓解钠离子嵌入过程中产生的体积膨胀，使得循环稳定性提高。因此通过增加材料导电性减小材料粒径可以有效地提高材料电子的传输速率，增加电池的循环稳定性[35,36]。

（2）氟磷酸盐化合物。

氟磷酸盐类化合物具备聚阴离子基团（PO_4^{3-}）所形成的稳定框架结构，拥有极好的热稳定性和结构稳定性，并且晶格结构中氟离子（F^-）强烈的电负性和聚阴离子基团的诱导效应共同提高了过渡金属氧化物中金属离子的氧化还原电对（M^{3+}/M^{4+}）的电化学活性，从而使这种材料拥有比磷酸盐类化合物更高的电位平台和工作电压，因此该材料可以用来生产高能量密度电池，并且具有良好的应用前景。

钒基氟磷酸盐拥有高工作电压和稳定的循环性能。早在 2002 年，Barker 等研究员首次合成了四方结构，空间群为 C2/C 的 $NaVPO_4F$ 钠离子正极材料，与硬碳负极组成的全电池的平均工作电压达到 3.7V，但是该材料的循环稳定性较差，30 次充放电循环后容量只有初始容量的一半。随后 Jiao 等研究员通过电纺丝法和热处理法制备了 $NaVPO_4F/C$ 纳米纤维复合电极材料，得益于一维材料良好的电子传输能力，在 2C 电流密度下经历了 1000 个充放电循环，容量基本不衰减（容量保留率为 96.5%）。2015 年，Li 等研究员将 Mg 离子部分取代 V 离子，得到 $Na_3Mg_xV_{2-x}(PO_4)_3$ 正极材料，使得晶格结构更加稳定并提高电导率，显著提高材料循环稳定性和倍率性能[37,38]。

（3）钠超离子导体化合物。

钠超离子导体（NASICON）也是一类重要的聚阴离子类钠离子电池正极材料。钠超离子导体拥有以共价键构建的三维（3D）开放框架结构，具有良好结构稳定性，并且钠离子位于结构框架的空位中，使得该类材料赋予钠离子更快的迁移率，具有优异的离子扩散系数，成为研究者们重点关注的一类材料。

$Na_3V_2(PO_4)_3$（NVP）是 NASION 类型聚阴离子型化合物的典型代表，如图 2-4-9 所示，每个结构单元包含了共角相互连接的两个 VO_6 八面体和三个 PO_4 四面体，以此构筑可以容纳钠离子的 3D 钠离子扩散通道。

2019 年，An 等人通过简单的水热法，制备了具有分级结构碳复合的多孔磷酸钒钠纳米花球。经过高温热处理，$Na_3V_2(PO_4)_3$ 纳米片的表面均匀地包覆一层导电碳，并且通过改变前驱体浓度和反应时间，可以调控纳米花球的微观结构。其中由超薄纳米片组成的纳米花球，缩短了钠离子的传输路径，同时增加了活性位点，复合导电碳基质增加其导电性，改善倍率性能[39]。

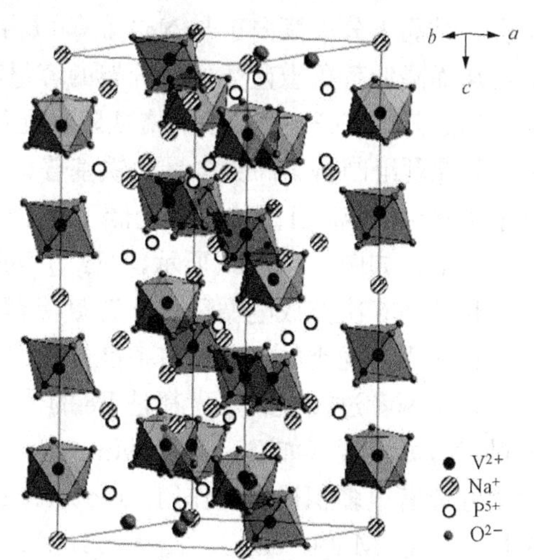

图 2-4-9　菱形 $Na_3V_2(PO_4)_3$ 的晶体结构示意

3. 普鲁士蓝类似物

普鲁士蓝（prussian blue）是一种经典的配位氰化物，其分子式为 $Fe_4[Fe(CN)_6]_3 \cdot nH_2O$，被称为六氰合铁酸铁，如图 2-4-10 所示。该结构中 Fe^{2+} 和 Fe^{3+} 通过氰根基团（C—N）相互连接，在晶胞中，每个 Fe^{2+} 被碳原子包围着，同时 Fe^{3+} 处于氮原子的正八面体的中心。由于化合物中 Fe 的特定化学计量比（Fe^{3+} 和 Fe^{2+} 位点数的比为 4∶3），依据电中性原理，晶格中存在 25%的随机空位，这些空位会被所谓的"配位水"占据。六个配位水与 Fe^{3+} 结合，并且占据了八面体角的空位。剩下的水分子则部分或者全部填补晶胞中八个 8c（1/4，1/4，1/4）位置。普鲁士蓝结构具有高比表面积、高孔隙率和高结晶度的特点，成为近年来研究的热门[40]。

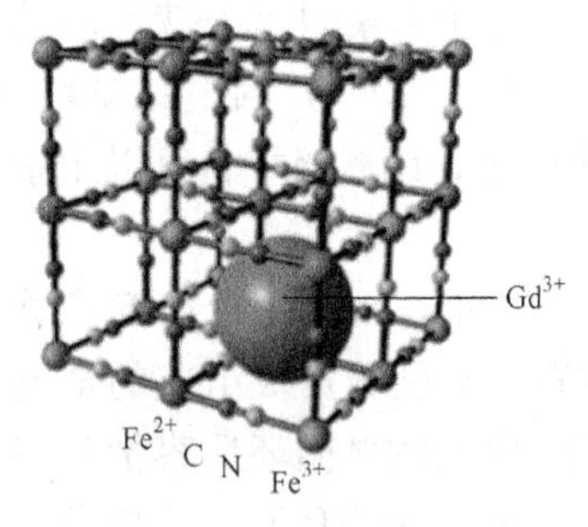

图 2-4-10 普鲁士蓝类似物的晶体结构示意

普鲁士蓝类材料有着诸多优点：首先，普鲁士蓝类似物只需通过液相法温和地合成，经济实惠，易于大规模制。其次，普鲁士蓝类似物有非常宽阔的钠离子迁移通道，因此具有较高的扩散系数。另一方面，在普鲁士蓝类似物中有两个不同的氧化还原活性中心：$M^{2+/3+}$ 和 $Fe^{2+/3+}$ 离子对。理论上，伴随着钠离子可逆地嵌入或者脱出，两个离子对可以经历彻底的电化学反应并实现两个及以上的电子转移。例如，$Na_2CoFe(CN)_6$ 电极材料在电池反应过程中所经历的电化学反应如式（2-4-4）与式（2-4-5）所示：

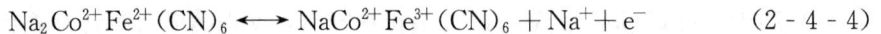

$$Na_2Co^{2+}Fe^{2+}(CN)_6 \longleftrightarrow NaCo^{2+}Fe^{3+}(CN)_6 + Na^+ + e^- \qquad (2-4-4)$$

$$NaCo^{2+}Fe^{3+}(CN)_6 \longleftrightarrow Co^{3+}Fe^{3+}(CN)_6 + Na^+ + e^- \qquad (2-4-5)$$

$Na_4FeFe(CN)_6$(FeFe-PB) 是最早开始被研究的普鲁士蓝类材料。随着钠离子嵌入和脱出，两个不同配位环境的 Fe 原子通过电子转移提供电化学容量，但是由于有且只有一个钠离子可以脱嵌，所以理论容量比较低。经过研究者们研究发现，普鲁士蓝类似物通常通过简单的化学沉淀法制备得到，导致晶格结构中带有大量的 $Fe(CN)_6$ 空位和配位水，严重的影响其电化学结构：首先，$Fe(CN)_6$ 空位的增加必然导致引入更多的水分子进入立方晶格中，与金属离子 M 配位，从而减少可容纳 Na^+ 的结合位点，因此限制了该材料的储钠性能；其次，结晶水分子倾向于与 Na^+ 竞争以占据间隙空间，这可能会阻止 Na^+ 离子进入晶格内部，从而降低普鲁士蓝类似物骨架的容量利用率。

通过降低 FeFe-PB 中晶格缺陷和配位水的含量，可以有效地提升电化学性能。Goodenough 课题组制备了高钠含量的铁基普鲁士蓝类似物 [$Na_{1.92}FeFe(CN)_6$]，该材料的钠离子含量值接近 2，并且配位水含量低于 0.08，故该 $Na_{1.92}FeFe(CN)_6$ 正极材料展现出极好的电化学性能。如图 2-4-11 所示，$Na_{1.92}FeFe(CN)_6$ 的初始放电比容量约为 160mA·h/g，经历了长达 800 次充放电循环后，容量保留率高达 80%，彰显出极好的循环稳定性，同时该材料也表现出优秀的大电流倍率性能[41-44]。

以上两者过渡金属元素都是 Fe 的体系，在众多普鲁士蓝类材料中，许多研究者将不同的过渡金属元素（如 Co、Ni、Mn、Zn）替代 Fe 元素，这种成分的变化对普鲁士蓝电极电化学性能有很多积极促进作用。Goodenough 课题组报道了高钠含量的锰铁普鲁士蓝类似物结构 {$Na_{1.72}Mn[Fe(CN)_6]_{0.99} \cdot 2H_2O$}。如图 2-4-12 所示，该材料晶体结构为菱方结构，电化学测试中最初放电比容量为 134mA·h/g（首次库仑效率为 93.4%），在 40C 倍率下的放电比容量为 45mA·h/g。随后，该课题组研究者对该电极材料做进一步的实验优化，通过高真空干燥法去除晶格中的配位水，合成了高纯的 MnFe-PBA 化合物，极大地提高了循

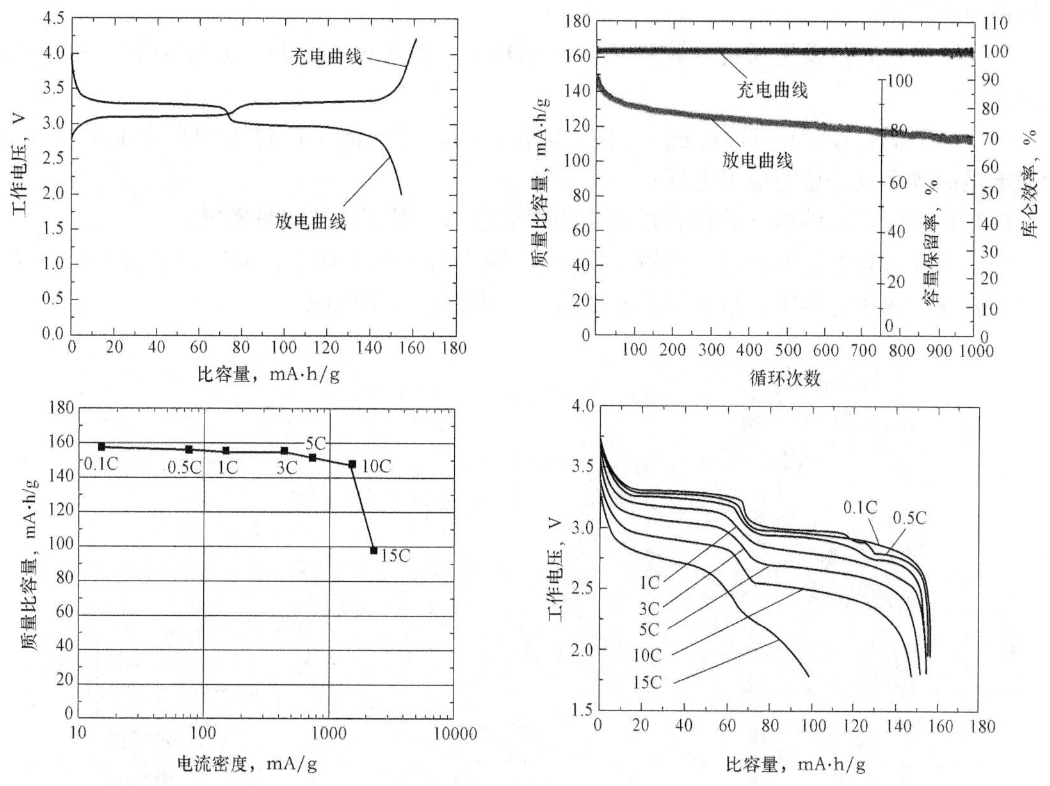

图 2-4-11　$Na_{1.92}FeFe(CN)_6$的电化学性能

环稳定性[45]。

2.4.5　钠离子电池负极材料

单质金属钠的理论比容量为 1166mA·h/g，但钠是非常活泼的金属，易与电解液发生更多更复杂的副反应，导致电池性能快速衰减。并且若将金属钠直接用于钠离子电池的负极，将与锂离子电池直接采用锂金属作为负极材料一样，在循环过程中钠会在电极材料的表面发生不均匀沉积而产生严重的钠枝晶现象，进而穿透隔膜与正极相连，其安全性难以保障。此外，钠的熔点（97.7℃）较低，在实际应用中电池内部易发生短路造成爆炸，将增加其安全隐患。因此，单纯的钠片不适合作为钠离子电池负极材料直接用于商品化钠离子电池中，而进一步研发更多新型的负极材料对发展高能量密度、高功率密度以及长循环寿命的钠离子电池储能器件极为重要。

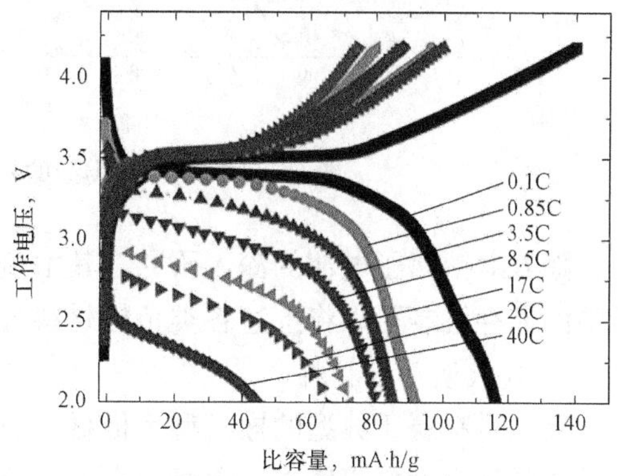

图 2-4-12　$Na_{1.72}Mn[Fe(CN)_6]_{0.99}\cdot 2H_2O$ 的电化学性能

近年来，受锂离子电池的启发，科研工作者们对探索具有优异储钠性能的负极材料做了大量工作，如图 2-4-13 所示。一般来说，作为钠离子电池负极材料主要应具备以下几个特点：

（1）原材料丰富，环境友好，价格低廉以及工艺简便易于制备，便于更好地实现钠离子电池商业化应用；

（2）不与电解液发生反应，物理化学性质稳定，避免电池副反应过多而导致电池性能下降；

（3）具有低且接近于 Na 的嵌入/脱出电位，同时在电池工作过程中自由能的变化小，确保电池高效率且平稳的输出电压；

（4）具有较高的钠离子储存容量且高的库仑效率，保证高的能量密度；

（5）循环过程中结构稳定，与钠发生嵌入/脱出时体积变化小，同时具备较高的电子电导率和较快的离子传导率，以获得优异的循环稳定性和倍率性能。

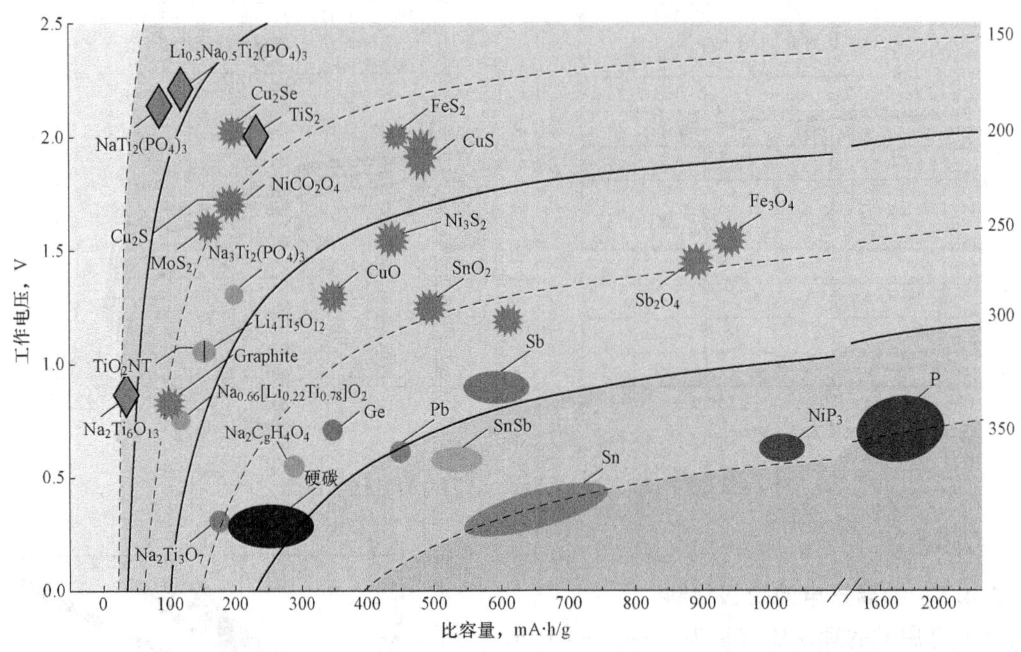

图 2-4-13 不同类型的钠离子电池负极材料的电化学性能

随着对钠离子电池的深入研究，其中负极材料得到了飞速的发展。依据钠离子在负极材料中的储存机制可以将上述各类负极材料分为嵌入型、合金化型以及转换型三种负极材料。

1. 嵌入型负极材料

碳基材料属于典型的嵌入型负极材料。传统石墨类碳基材料具有价格低廉、导电性优异以及化学稳定性好等特点，是研究最早也是当前已经商业用于锂离子电池的负极材料。然而，钠离子半径（1.06Å）相比于锂离子半径（0.76Å）更大，使得钠离子很难在相对较小的石墨碳层间进行有效的脱嵌，因此将石墨类碳基材料直接用于钠离子电池负极材料时常常表现出电化学惰性。此外，钠离子在石墨层间的稳定性较差，嵌钠反应所形成的产物为 NaC_{64} 高阶嵌入化合物，表明石墨类碳基材料只能储存很少的钠离子，因此石墨类碳基材料被普遍认为并不适合直接用于钠离子电池负极。

为了解决这一问题，2013 年 Chou 等人利用还原氧化石墨烯独特的二维纳米片结构以其大的电导率、大的比表面积和稳定的物理化学性质等优点，将其作为钠离子电池负极材料，在 40mA/g 电流密度下循环 1000 圈，比容量可以达到 141mA・h/g[46]。2014 年，Wen 等人通过对传统的石墨进行氧化处理，使得石墨层间添加丰富的含氧官能团，并通过控制氧化处理时间得到具有不同层间距的膨胀石墨。其中，该膨胀石墨碳的层间距最大可以由原始的0.34nm扩大到0.43nm[47]，这极大地改善了钠离子在石墨中缓慢地扩散动力学问题，如图2-4-14所示。将其作为钠离子电池负极材料进行性能测试时表现出优异的循环稳定性和比容量，特别在相对较大的电流密度（100mA/g）条件下循环2000圈，该电池依然表现出136mA·h/g的比容量，相对于传统的石墨材料的比容量（13mA·h/g）有了显著提高。自此，石墨类碳基材料在钠离子电池领域的应用取得了突破性的进展。

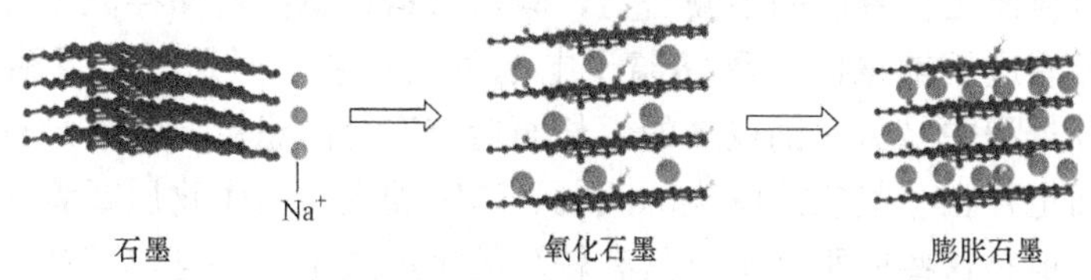

图2-4-14　钠离子在石墨类碳基材料中的嵌入机理

硬碳具有较大夹层间距和高度无序不规则结构，作为钠离子电池负极时表现出较高的功率密度而被广泛关注。2000年，Stevens和Dahn将葡萄糖预先水热处理后进行1000℃热解得到硬碳材料，在0～2.0V电压范围内进行储钠研究，虽然循环稳定性并不好，但是获得300mA·h/g的可逆比容量，并且在较低电势0.1V附近展现出稳定的平台[48]。通过分析，他们认为钠离子首先在较高电位下嵌入到石墨碳层之间，随着电压的降低，钠离子继续填充到硬碳材料的纳米孔内，进而提出硬碳材料中的储钠机理为“house of card”嵌入模型，如图2-4-15所示。2002年，Billaud等人通过对钠离子在硬碳材料的嵌入行为机理研究发现，硬碳材料的电化学嵌钠行为受前驱体的性质和制备工艺的影响，随着前驱体热解温度的升高，钠离子嵌入量会降低[49]。

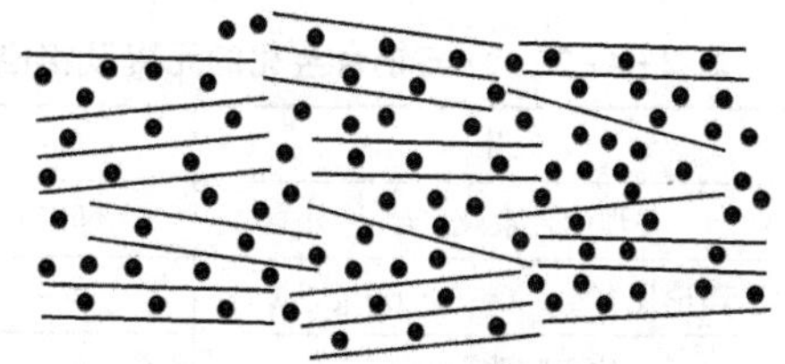

图2-4-15　钠离子在硬碳中的“house of card”嵌入模型

虽然硬碳在钠离子电池负极材料中具有很好的发展潜力，但通常纳米结构的硬碳具有较大的比表面积，在首次充放电过程中易与电解液发生副反应生成不稳定的SEI膜，不可逆地消耗了大量钠离子，导致首次库仑效率低以及较差的循环稳定性，因此很难满足实际应用中的要求。2011年，Komaba等人依据硬碳的储钠机理，探究硬碳负极在不同电压范围和不同种类电解液中的钠离子储存能力[50]。Zhou等人采用醚类电解液不仅使硬碳材料的首次库仑效率大大提高，而且很好地改善了硬碳材料的倍率性能[51]。通过电化学测试发现这是由于电极材料在醚类电解液中要比在常用的脂类电解液用于更小的电化学极化，从而形成稳定的SEI膜，这对提高硬碳的首次库仑效率和循环稳定性具有很大的帮助。

另有研究表明，碳基材料的储钠性能可以通过对其微纳结构进行合理地优化设计从而改善电化学性能，例如改变碳层和孔隙度的比例、增大碳层间的层间距以及引入异质原子的掺杂等来提升整个电极材料的比容量。例如，Xiao等人通过改变以蔗糖为碳源的热解升温速率获得具有不同缺陷度和孔隙度的硬碳材料，从而改变钠离子在碳基材料中的扩散路径以及离子扩散系数[52]。碳基材料表面的电负性受掺杂的异质原子外层轨道的电子状态影响，对碳基材料引入异质原子掺杂，如硼（B）、氮（N）、氧（O）、氟（F）、磷（P）和硫（S）等，都将使得碳基材料在电解液中的浸润性增加，大大改善其比表面积的利用率，同时降低电极材料在循环过程中的界面电阻，从而改善其电化学性能。另外，异质原子的引入可以改变碳基材料的费米能级，进而改善碳基材料的电容性行为，改善其倍率性能；同时碳基材料的夹层间距会因异质原子的掺杂变得更大，这为离子半径较大的钠离子提供更多的脱嵌空间，其所带来的官能团也为钠离子嵌入提供更多的氧化还原活性位点，因此大大提高电池的比容量。

近年来，经过科研工作者们的不懈努力，碳基材料在钠离子储存能力方面有了很明显的提升，被认为是最有应用前景的一种钠离子电池负极材料。但是其接近钠沉积的低电压平台，在电化学循环过程中易引起钠枝晶的生长而造成安全隐患；同时，最有希望的硬碳材料在大规模制备方面也存在一些急需解决的问题。通常硬碳是由生物质或者人工合成的树脂经过高温处理得到，但是这些前驱体本身具有较高的生产成本，并且热解产率非常低，造成硬碳负极具有较高的价格，从而大大增加钠离子电池的成本，所以探索一种可以大规模制备硬碳负极的有效合成方法以及降低其价格是未来实现钠离子商品化的关键。

2. 合金化型负极材料

为实现高能量密度的储能器件，需要探寻高比容量的负极材料。在锂离子电池中，合金化型负极材料与碳基材料都具有明显的高容量优势；同样，合金化型负极材料在钠离子电池中也因具有理论比容量高、导电性好等优点而受到广泛关注。合金化型负极材料是指在电化学循环过程中与金属钠形成含钠化合物，主要有磷（P）、锗（Ge）、硅（Si）、锡（Sn）、锑（Sb）和铋（Bi）等元素，如图表 2-4-2 所示。

表 2-4-2　与钠合金化的元素及相应合金化产物、理论比容量和体积膨胀情况

元素	Ge	Si	Sn	Sb	P
理论合金化产物	NaGe	NaSi	$Na_{15}Sn_4$	Na_3Sb	Na_3P
理论比容量/（$mA \cdot h \cdot g^{-1}$）	369	954	847	640	2513
体积膨胀（%）	305	114	420	293	308

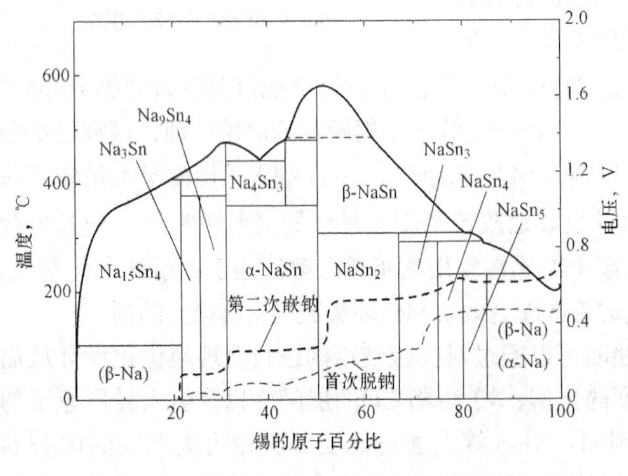

图 2-4-16　锡与钠合金化反应的电位及二元相图

（1）锡基负极材料。

在所有合金化型负极材料中，锡材料凭借其丰富的资源、价格低廉、较低的储钠电位以及高的理论比容量（847mA·h/g）等优势而受到广泛研究。从锡与钠合金化反应的电位及二元相图可以看出其反应过程生成了一系列平衡相。如图 2-4-16 所示，锡能够与多个钠离子形成不同种类的合金，因此表现出高的比容量[53]。但是，实际上锡与钠的反应过程并不会与相图中显示的一致，这是因为其中有很多中间态是无定形或者是纳米晶状态的，有的产物甚至很不稳定，现阶段还很难被有效地检测到，因此，关于锡负极材料的储钠机理还不能被完全准确地理解。2012 年，Wang 等人通过原位 TEM 探究锡负极的嵌钠过程发现，锡负极材料在与钠合金化过程出现严重的体积膨胀和物相变化，如图 2-4-17 所示。在嵌钠初期发生两相嵌钠的过程生成贫钠并且类似无定形的 $NaSn_2$，体积膨胀为 56%。随着深入的嵌钠，合金化过程发生单相反应，由无定形的富钠相 Na_9Sn_4、Na_3Sn 逐渐演变成具有晶型的 $Na_{15}Sn_4$，但是其体积膨胀竟高达 420%，这使得锡负极结构发生严重的破坏，造成电极材料发生粉化而从集流体上脱落，最终导致电池循环稳定性逐渐衰减[54]。

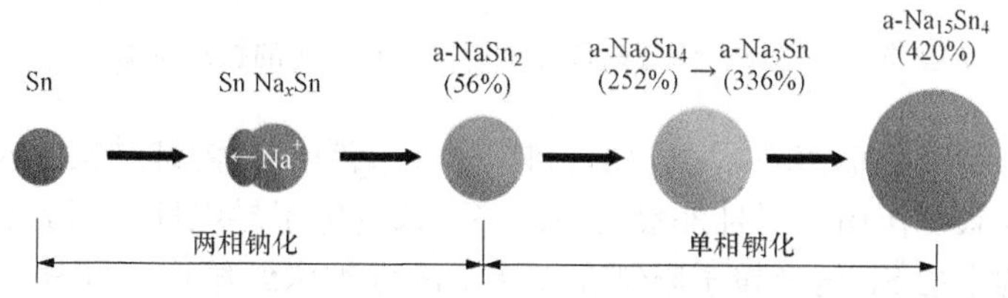

图 2-4-17　锡负极材料在与钠合金化反应的结构变化示意

为了改善锡负极材料与钠的体积效应从而获得稳定的循环性能，常用的方法有将锡材料纳米化、与碳复合以及生产合金化合物。2014 年，南开大学陈军院士课题组采用喷雾热解技术将锡纳米颗粒限制在由酚醛树脂衍生的碳球内，并且通过控制锡源的浓度获得锡颗粒最小到 8nm，获得类似火龙果的形状，有效地缓解了锡纳米颗粒的体积膨胀问题[55]。2017 年，Sun 等人采用静电纺丝法将锡纳米颗粒均匀地嵌入在氮掺杂的碳纳米纤维中，凭借碳纤维的保护，锡纳米颗粒被牢牢地栓钉在纤维内，从而确保了其优异的结构稳定性[56]。2014 年中国科学技术大学余彦教授采用温和无模板的溶剂热法合成了由细小 Ni_3Sn_2 颗粒组成的多孔微米笼结构[57]。由于金属 Ni 的引入，不仅改善了负极材料严重的体积膨胀问题，而且钠合金化反应生成产物的空心基质大大增加了整个电极材料电子导电性，同时其多孔结构缩短了钠离子的扩散路径。

（2）锑基负极材料。

金属锑是另一种具有高比容量的钠离子电池负极材料，其理论比容量为 660mA·h/g，并且具有高电子导电性、低成本以及安全的储钠放电平台等优点，其反应机理如图 2-4-18 所示[58]。在充放电过程中发生的化学反应放电过程如式（2-4-6）和式（2-4-7）所示，充电过程如式（2-4-8）和式（2-4-9）所示：

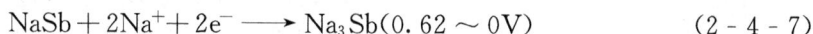

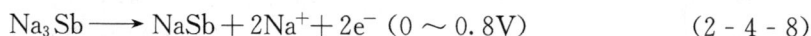

$$Sb + Na^+ + e^- \longrightarrow NaSb(2.0 \sim 0.62V) \tag{2-4-6}$$

$$NaSb + 2Na^+ + 2e^- \longrightarrow Na_3Sb(0.62 \sim 0V) \tag{2-4-7}$$

$$Na_3Sb \longrightarrow NaSb + 2Na^+ + 2e^- \ (0 \sim 0.8V) \tag{2-4-8}$$

$$NaSb \longrightarrow Sb + Na^+ + e^- \ (0.8 \sim 2.0V) \tag{2-4-9}$$

与金属锡负极类似，金属锑在与钠合金化时也会产生巨大的体积膨胀而造成电极材料粉化。为缓解其严重的体积效应，通常采用制备多孔结构、复合材料以及金属间化合物等方法，改善锑的电化学性能。Zhang 等人利用铜纳米线为模板，采用与 Sb^{3+} 离子交换法获得锑纳米管[59]。这种空心管状结构很好地缓解了钠离子合金化反应所产生的体积膨胀问题，获得优异的长循环稳定性。Lou 等人采用 Sb_2S_3 纳米棒为模板，外面包覆碳层，随后经过碳

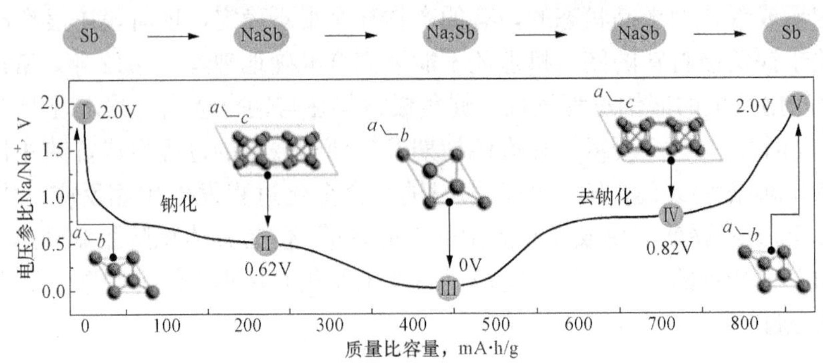

图 2-4-18 锑与钠合金化以及去合金化的机理示意

热还原获得具有同轴空心结构的 Sb/C 复合材料[60]，其空心的内部结构以及外部的碳层保护同时对缓解体积膨胀起作用，而且外层的碳改善了锑的电子导电性，因此获得优异的倍率性能。此外，将超细小的 Sb 纳米粒子限制在氮掺杂的碳纳米纤维内，同样可以起到缓冲充放电过程中合金化反应所造成的体积膨胀问题[61]。

除了将锑与碳复合之外，与锑组合成二元合金复合材料（如 Cu_2Sb、NiSb、Mo_3Sb_7等）也是最近几年研究的方向。这些二元复合合金在充放电过程中，其中非活性金属能够作为缓冲基质来缓解与钠作用造成的体积应力应变，从而改善循环稳定性。Yu 等人利用 Sb 与金属 Ni 形成多孔合金，同时采用导电性优异的石墨烯材料包覆，大大改善了 Sb 的循环稳定性[62]。另外，具有同样合金化型负极材料 Sn 也能够与 Sb 组合成二元合金相用作钠离子电池负极材料。

（3）磷基负极材料。

迄今为止，在所有合金化型负极材料中，磷的理论储钠比容量是最高的，可以达到 2513mA·h/g，并且磷的嵌钠电位在 0.4V 附近，能够有效地避免磷与钠作用生成的钠枝晶造成的安全隐患。自然界中的磷主要存在三种同素异形体，即红磷、白磷和黑磷。其中白磷具有熔点低、剧毒以及化学性质极不稳定的特点，在湿空气中 40℃就会着火，因此不适合作为电极材料使用；黑磷具有电子电导高和热力学稳定等特性，但是其合成条件比较苛刻；相比之下，红磷不仅具有储量丰富、成本低廉以及制备方法简单等优点，而且红磷是三种磷中最稳定的，因此更受研究者们关注。通常每摩尔红磷能够与三摩尔的钠离子作用形成 Na_3P 合金化产物，红磷作为钠离子电池负极时的循环伏安曲线如图 2-4-19 所示。

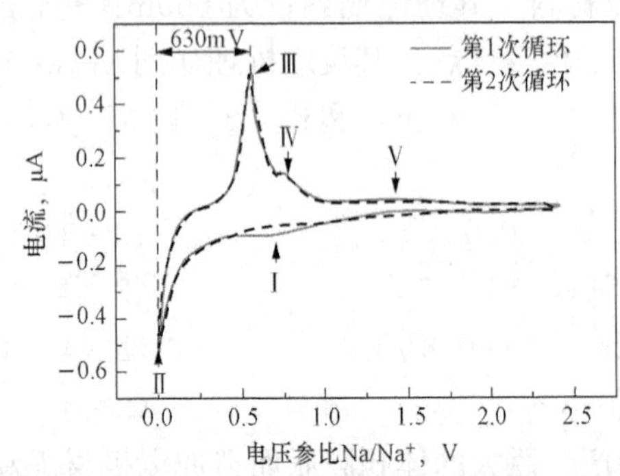

图 2-4-19 红磷作为钠离子电池负极时的循环伏安曲线

在第一次放电过程中出现两个还原峰，分别位于 1.0～0.5V 之间以及 0.2～0V 之间，前者对应于电解液的分解以及在电极材料形成的 SEI 膜，后者则是钠离子嵌入到磷内部逐渐形成磷化钠合金（Na_xP）并最终形成 Na_3P。在第一次充电过程中出现了三个氧化峰，分别在 0.53、0.76V 以及 1.42V，其反应过程是钠离子逐渐从 Na_3P

中脱出分别形成 Na_2P、NaP 以及 NaP_7 中间态[63]。虽然红磷作为钠离子电池负极材料具有很高的比容量，但是在实际应用中仍然存在几个问题：红磷的导电性比较差，其电子电导率只有 10～14S/cm，因此在循环过程中钠离子的扩散动力学比较差并且引起严重的电化学极化现象；在钠离子嵌入/脱出过程中产生较大的体积膨胀，引起电极材料严重的粉化以及脱落现象，由此形成新的电极材料界面并形成新的 SEI 膜，不断消耗电解液中的钠离子以及电极材料本身，从而降低循环过程的库仑效率并使得比容量逐渐降低；钠离子嵌入生成具有高度活性的最终产物 Na_3P 会催化电解液的分解，引起不可避免的副反应，并且 Na_3P 很容易发生水解生成剧毒物质 PH_3，从而严重阻碍其实际应用。

为了解决上述问题，科研工作者们开展了多种改性研究，主要集中在这两方面，分别是将红磷尺寸纳米化以及与各类导电基质复合，从而缩短钠离子扩散路径以及缓解钠离子嵌入/脱出引起的体积膨胀。

1）红磷纳米化：根据量子限域效应，纳米化的红磷其导电性和反应活性都得到了很大程度的改善，加上纳米化的粒子尺寸有效地缩短了离子电子传输路径，大大提高了其与钠反应的动力学，改善倍率性能；并且红磷纳米化将扩大其比表面积，相比于块体材料与钠反应时具有更多的接触位点，从而增加比容量；同时纳米化的红磷可以有效地降低与钠离子合金化反应所引起的体积应力，大大改善其循环稳定性。例如，Chou 等人通过手工研磨将红磷与碳纳米管复合，虽然容量保有率比较低，经过循环 10 圈后仅为初始值的 76%，但是获得 1675mA・h/g 高储钠比容量[64]。Lee 等人采用机械球磨法将红磷与炭黑复合得到纳米级无定形的复合材料，这种纳米化结构明显改善了电子导电性以及循环稳定性，循环 30 圈容量衰减仅为 7%[65]。

除了使用上述方法之外，采用蒸发 - 沉积法将块体红磷在高温纳米化后原位沉积在多孔碳基质中能更加有效地改善红磷的电化学性能，并且蒸发 - 沉积法相比于手工研磨以及机械球磨法可以更加均一地将块体红磷尺寸降低到纳米级别。例如，Yu 等人采用蒸发 - 沉积法将块体红磷沉积在三维有序介孔碳 CMK - 3 内，利用这种碳基质多孔有序的通道结构，不仅增加电极材料在电解液中的润湿性，而且为钠离子的扩散缩短路径，同时改善电子的传输能力[66]。另外，他们课题组还采用比表面积很大的由锌金属有机框架（ZIF - 8）衍生而来的微孔碳为磷的宿主材料，通过将红磷蒸发 - 沉积到这种碳基质的微孔中，如图 2 - 4 - 20 所示，不仅将红磷的粒径降低到 0.5nm 超小纳米级别，而且能够对其均一地沉积，表现出极好的储钠性能[67]。

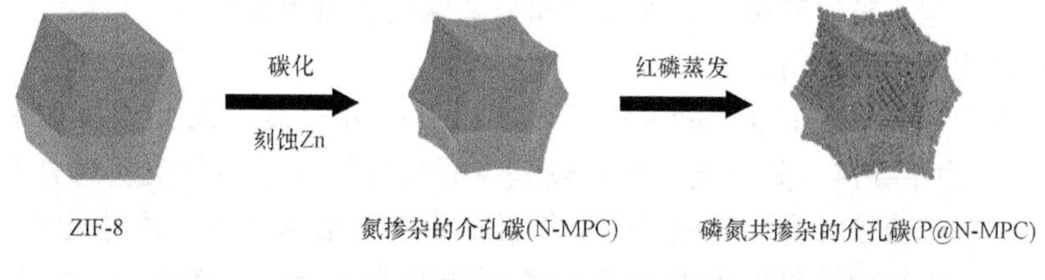

图 2 - 4 - 20　红磷与 ZIF - 8 衍生的微孔碳合成机理说明

另外，Tuan 等人采用液相法，利用乙二醇作为还原剂以及十六烷基三甲基溴化铵作为表面活性剂将三碘化磷还原得到纳米化的磷纳米粒子，其尺寸在 100～200nm 之间[68]。通过对其电导率进行检测发现，相比于块体结构的红磷，电导率明显提升到 2.62×10^{-3}～1.81×10^{-2} S/

cm。电化学性能测试表明相比于亚微米的红磷块体材料，纳米化后材料循环稳定性明显改善，在 120A/g 超大倍率下比容量依然可以获得 175mA·h/g。

2）红磷与导电基质复合：将红磷与导电基质复合不仅可以改善电极材料的电子电导率，促进电子以及离子的快速传输，而且导电基质负载或者包覆红磷活性材料能够缓解其与钠离子嵌入时引起的体积效应，确保完好的结构稳定性，同时形成稳定的 SEI 膜，获得优异的循环稳定性。目前常见与红磷复合的导电基质是各类多孔碳基材料，比如一维碳纳米纤维、碳纳米管、二维碳纳米片、石墨烯和三维多孔碳等。Jiao 课题组先采用机械球磨法以及利用高剪切孵化机的高能剪切力将亚微米大小的商业化红磷粒径降低至 97nm 左右，然后将纳米化的红磷用于静电纺丝并且做碳化处理，最终得到纳米化的红磷限制在三维连续的碳纳米纤维基质中[69]。研究表明，采用蒸发 - 沉积法将红磷沉积在二维石墨烯以及三维多孔石墨烯凝胶上也同样能够获得优异的电化学性能。除了碳基质之外，金属具有优异的导电性，因此引入金属元素也能改善红磷的电化学性能。

当前对改善红磷用于钠离子电池研究工作基本是采用机械球磨以及蒸发 - 沉积两种方法。机械球磨法存在粒径并不能完全均一处于纳米级别的问题，而蒸发 - 沉积法虽然能够获得纳米级的红磷尺寸，并有效改善红磷在脱嵌钠过程中的体积膨胀问题，但是对于碳宿主基质的多孔结构具有较高的要求。因为电极材料的比容量是由高理论比容量红磷提供的，要想获得高比能量密度的电极材料，就必须需要红磷的负载量尽可能高，但目前红磷负载量只能达到 40%左右。因此，如何设计出具有高红磷负载量并且获得高比能量密度以及长循环寿命的磷基钠离子负极材料是当前研究的关键。

3. 转换型负极材料

作为钠离子电池负极，转化型负极材料是除合金化型外另一种具有高比容量的负极材料。转化型负极材料比合金化型负极材料要复杂以及多样，主要分为两种类型：第一种类型是先发生转化反应后发生合金化反应，这种情况对应的反应主要是 $A_xB_y + yzNa^+ + yze^- \rightarrow yNa_zB + xA$，其中 A 主要是 Sn、Ge、Sb 和 Bi 等元素，B 是 N、O、P、S、Se 和 Te 等元素，后面的合金化反应为 $yNa_zB + xA + aNa^+ + ae^- \rightarrow yNa_zB + Na_aA_x$。这类材料因同时发生转化型和合金化型，使得其理论比容量通常比相应的活性金属单质要高。第二种类型是只发生转化型反应的负极材料，这种材料通常是过渡金属氮化物、氧化物、磷化物、硫化物、硒化物和碲化物等，其中研究较多的过渡金属是 Ti、Mo、W、V、Mn、Fe、Co、Ni、Cu、Zn 和 Re 等，这种反应类型的反应机理跟前面讲述转化型方程一样。当前研究最广泛的钠离子电池负极中转化型负极材料是金属氧化物和金属硫化物负极材料。

（1）金属氧化物负极材料。

金属氧化物中研究较多的是 SnO_2 负极材料以及部分过渡金属元素，如 Fe、Co 和 Ni 等。但是 SnO_2 作为半导体，其导电性相对较差，而且与钠发生转化反应时具有较大的体积膨胀，引起严重的结构破坏从而导致较差的循环稳定性和倍率性能。通过设计出特定的微纳结构以及碳基材料进行包覆可以改善 SnO_2 材料的电化学性能。如图 2 - 4 - 21 所示，通过将 SnO_2 纳米粒子限制在一维多壁碳纳米管内、附着在二维石墨烯纳米片上以及三维多孔碳框架内都来获得较好的电化学性能，但将 SnO_2 直接以纳米片的形式生长在碳布基底上时表现出相对较差的倍率性能，这可能是由于活性材料 SnO_2 直接与电解液接触，发生不可避免的副反应并不断消耗电解液以及活性材料的量，而且没有形成对其体积膨胀的保护基质从而导致电极材料脱落，造成比容量逐渐下降[70-72]。

(a) (b) (c) (d) (e)

图 2-4-21 各种形态 SnO_2/C 复合材料

(a) 一维多壁碳纳米管；(b) 二维石墨烯；(c) 三维多孔碳框架；(d)(e) 碳布

(2) 金属硫化物负极材料。

金属硫化物作为钠离子电池负极材料相比于金属氧化物具有更明显的优势。Klein 等人比较了各种金属硫化物与对应氧化物的理论比容量，发现通常情况下，金属氧化物理论比容量更大，这可能与 S 更大原子质量有关[73]。大多数金属硫化物具有层状结构，层与层之间通过分子间的范德华力相互连接，而层内原子通过共价键相互作用从而形成较稳定的结构。在金属氧化物中，金属与氧成键的键能比金属与硫成键的键能更强，与钠发生转化型反应时金属氧键更不容易断裂，因此金属硫化物反应动力学相对要更快。此外，金属硫化物的层状结构更有利于钠离子的脱嵌，同时反应产物所生成的硫化钠通常能够作为反冲基质，从而显著增强活性材料与钠离子发生转化反应的稳定性。

二硫化钼（MoS_2）作为类石墨烯的二维层状材料，是金属硫化物中最具有代表性以及研究最广泛的钠离子电池负极材料。我国钼源储量占据世界总储量的 40%左右，其种类繁多，主要有辉钼矿、铁钼华、钼酸钙矿、蓝钼矿以及胶硫钼矿等，其中铅灰色的辉钼矿是自然界中分布最广也是最具有工业价值的钼矿，辉钼矿的主要成分是二硫化钼 MoS_2。MoS_2 凭借其独特的物理性质展现出优异的光学、电学等特性，成功应用于集成电路、太阳能电池、润滑剂、光催化以及电催化析氢、生物传感器以及各种能源存储等领域，其物理性质如表 2-4-3 所示。

表 2-4-3 MoS_2 的物理性质

性质类别	具体参数
化学式	MoS_2
颜色	天然为铅灰色固体粉末，人工合成是黑色
相对分子质量	160.07
密度	4.80g/cm^3
熔点	1185℃
晶格参数	$a=b=0.3160$nm，$c=1.2294$nm，$Z=0.1586$nm
溶解性	溶于王水和浓硫酸，不溶于稀酸
热膨胀系数	$10.7\times10^{-6}K^{-1}$
稳定性	在空气中 315℃易被氧化，氧化速率随着温度上升加快
莫氏硬度	1.5
摩擦系数	0.02

从其结构示意 2-4-22（a）中可以看出二硫化钼具有六方晶型的层状结构，钼原子层位于两个硫原子层之间形成 S—Mo—S 结构，原子间通过共价键衔接在一起。多层二硫化钼的层间距离是 0.62nm，层与层之间通过范德华力相互作用。六方晶系的 MoS_2 具有三种常见的晶体结构，分别是 2H-MoS_2、1T-MoS_2 和 3R-MoS_2，如图 2-4-23（b）所示[74]。其中 2H-MoS_2 的 Mo 原子以三菱柱方式配位，由两个相邻的 S—Mo—S 单分子层组成一个晶胞，这种类型的 MoS_2 具有半导体特性，是自然界中最稳定的存在形式。亚稳相的 3R-MoS_2 也是以三菱柱形式配位的，只是晶胞是由三个 S—Mo—S 分子层组成，并且在加热的情况下可以向稳定相的 2H-MoS_2 结构转变。1T-MoS_2 中的 Mo 原子是以八面体的方式配位的，表现出较强的金属性质，并且相邻的 MoS_2 层间距比 2H-MoS_2 更大，因此导电性比前两种都要好。

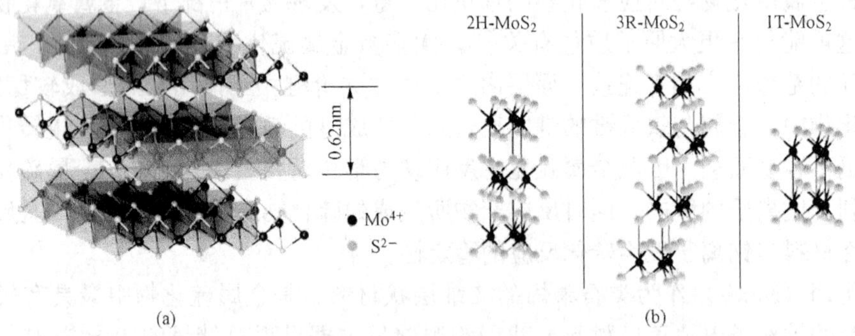

图 2-4-22 二硫化钼的结构示意以及三种晶型结构模型

MoS_2 具有高的储钠理论比容量和大的层间距，能够为循环过程中钠离子的脱嵌提供更有利的传输路径。但其导电性差且在与钠离子发生转化反应时存在严重的体积效应，严重影响 MoS_2 钠离子储存能力。为了改善 MoS_2 的储钠能力，通常采用两种方法，一是制备出具有特定形貌的 MoS_2，比如超薄纳米片、纳米花以及空心结构的 MoS_2[75-78]。凭借其大的比表面积，可以增大与电解液的接触面积，提供更多反应活性位点，同时对于钠离子的嵌入/脱出提供有利的扩散路径，因此表现出较高的比容量。但是其电子导电性依然较差，因此倍率性能没有显著提升。另一种改善 MoS_2 储钠性能的方法是将 MoS_2 与具有高导电性的碳基质进行复合。通过引入的石墨烯与 MoS_2 直接接触，不仅改善整个电极材料的电子导电性，而且 MoS_2 纳米片之间的间隙有利于电解液的渗透，为钠离子传输缩短路径，从而改善电极材料的反应动力学[79]。

2.5　金属离子电池的应用与发展前沿

2.5.1　锂离子电池的实际应用

自 20 世纪 90 年代锂离子电池商业化应用后，我们的生活发生了很大的变化。相比于已有的其他二次电池，锂离子电池呈现出多个方面的优势，体现在容量、能量密度、功率密度、稳定性、环保程度等各方面。因此，锂离子电池在能量储存设备市场中所占的份额越来越重，已应用于通信、交通、军事等多个领域。

在智能手机、笔记本电脑性能节节攀升的同时，功耗也在飞速增长，其他二次电池已经完全无法满足人们正常的使用需求，而锂离子电池凭借其较高的能量密度，尚能跟上电子产品的功耗增长。在电子通信方面，锂离子电池已经占据了绝大部分市场，目前市面上的手机、笔记本电脑、播放器、相机等均采用其作为电源，如图 2-5-1 所示。但是由于受到体积大小的限制，导致手机电池的容量依旧难以满足人们的需求，一日多充仍是手机使用中的常态，如何改善这个问题也是各类电池厂商和手机厂商的关注重点。另一方面，由于世界范围内的燃油汽车一直增多，化石燃料的储备岌岌可危，很难满足未来可持续发展的要求，并且燃油汽车的废气排放导致的大气污染也逐渐被人们所关注，于是，人们便将注意力转移到了以二次电池作为能量来源的电动汽车上。

图 2-5-1　锂离子电池在通信、交通方面的应用

再者，由于国内最为主流的火力发电大量的消耗了化石能源并且引发环境问题，因此寻找其他能够支撑发电的途径也是迫在眉睫。一方面出于对安全问题的担心，一定程度地限制了核能发电的应用；另一方面，太阳能发电、风力发电等其他发电技术虽然环保，但由于其对地域、气候极度依赖，也限制了其应用。此时储能电池便成为了人们关注的一个焦点。将储能电池和风力发电、太阳能发电结合，如图 2-5-2（a）所示，在气候适宜时储

存下多余的电能，在气候变化的时候将储存的电能放出，便可以弥补这类发电手段的缺点。锂离子电池因为具有高能量密度而在这个领域大展身手。

(a)

(b)

图 2-5-2 锂离子电池在储能和机器人上的应用

随着锂离子电池技术的逐渐成熟，锂离子电池也应用在军事通信、无人机、机器人等诸多方面，如图 2-5-2（b）所示。在军事领域应用方面，锂离子电池的稳定性、安全性以及极端环境耐受性等都面临着严格的挑战，一些平时难以用到的特种锂离子电池由此应运而生。锂离子电池商业化 30 年后，孵化出了一个由智能手机、平板电脑提供各类便携式平台的新时代，同时锂离子电池的发展也大大影响了汽车电气化进度。这项技术在为我们提供具有更高质量和便利性的通信方式和娱乐方式的同时，带着这股势头进入了能源和环境领域以及具有更高战略意义的市场，比如运输和电网储存领域。

目前锂离子电池的能量密度依旧难以满足电动汽车的要求。纯电池汽车的续航性相比已经成熟多年的传统燃油机动车仍有差距，车用锂离子电池的发展依旧任重而道远。对此，科研人员进行了大量的探索，但高性能正负极材料的开发仍然是锂离子电池研发的重点和难点。同时，电池机理的研究对于开发新型电池起着决定性的推动作用，而锂离子电池的相关理论仍然等待着人们的深入探索。

2.5.2 钠离子电池的发展

未来是科技的时代，储能材料注定会在其中扮演着一个至关重要的角色。就理论上而言，钠离子电池具有与锂离子电池相当的应用潜力和价值。目前，应用在钠离子电池中的电极材料主要是钠盐，钠盐相对于锂盐具有很大的价格优势，同时来源也更为广泛，这对于钠离子电池的商业化应用来说充满着吸引力。一般地，虽然相对于锂离子电池而言，钠离子电池能量密度会有所不及，但是在各类发电站、电网系统、动力汽车等大型储能设备中，对于质量和能量密度的要求并不是非常严格，此时钠离子电池不失为一种经济的替代品。同时随着材料与技术的不断发展，钠离子电池的储能能力也相当可观。经过这些年的不断累积与发展，特别是在 2006 年后，钠离子电池的研究发展进入了快车道，同时，钠离子电池的产业化步伐也在不断加速。钠离子电池是未来二次储能的重要发展方向之一，提前布局这一领域有望在新能源电池领域抢得先机。

在企业界的不懈努力之下，钠离子电池初步展现出了可喜的发展前景，与此同时，学术界在钠离子电池的研究方面显然走得更远。在全世界范围内，很多的科研团队正在致力于钠离子电池的研发，近5年内在SCI上公开发表的文献数量快速增加，仅2018年，与钠离子电池相关的发表文章就有两千多篇。目前钠离子电池研究的领域主要集中在新型正负极材料、电解液等方面。新型电极材料主要基于高比容量、长寿命、低成本的负极材料的研发，而电解液的研究则主要体现在寻找高效的添加剂、稳定化学反应、提高性能和延长寿命等方面，如水系电池的发展，其主要的优势便是以水为电解质溶剂，取代传统的有机溶剂，更加环保、安全和低成本。不过，虽然在实验室中可以获得具有非常高的比容量的钠离子电池，但是对于实际应用来说，更核心的问题仍然是电池的成本和循环寿命。而实现钠离子电池的商业化进程的关键是解决企业所关心的问题，即如何能让生产成本控制在一定范围内，以及生产出来的钠离子电池可以用多久，可以充电和放电多少次等。所以，目前钠离子电池的产业化进程还停留在初级阶段，距离真正意义上的规模化生产应用还需要一定的时间储备。客观来讲，当前成熟的锂离子电池产业链在很多方面可以给钠离子电池提供支撑，相信在不久的将来，钠离子电池技术实现快速商业化进程是可以期待的。

2.5.3　其他新型金属离子电池的兴起

1. 钾离子电池

钾资源在地壳和海洋中的丰富度与钠资源相似，价格低廉，在非水系电解液中，钾也有比钠更低的标准氧化还原电势。而且钾的标准电极电势（－2.93V）更接近锂（－3.04V），使得钾离子电池可以有较高的电压。根据目前钾离子负极碳基材料的研究，钾离子电池具有比钠离子电池更高的功率密度，且更接近锂离子电池，倍率性能也更好，具有更好的动力学性能。另外，komaba等人还证明由于溶剂化的钾离子有较小的斯托克斯半径、较弱的路易斯酸度、对界面反应的耐受性较低以及脱溶剂的活化能小，导致钾离子在电解液中的电导率高于钠离子甚至锂离子[80]。钾离子电池相对于钠离子电池还有一个重要的优点，即钾离子能像锂离子那样可逆的嵌入/脱出石墨，并且实现279mA·h/g的理论比容量。在相同条件下钾离子电池形成钾枝晶的可能性也低于钠离子电池形成钠枝晶的可能性，在一定程度上提升了钾离子电池的安全性。鉴于以上这些优势，钾离子电池成为继钠离子电池之后又一个研究热点。

但钾离子具有比钠离子更大的离子半径（1.38Å，钠离子原子半径为1.02Å），这使其在电极材料中进行嵌入/脱出时会更难。材料在钾离子嵌入和脱出的过程中很容易发生膨胀和收缩，结构遭到破坏，不仅会过度消耗电解液，导致活性材料失效，还会降低电池的可逆容量。因此，寻找能够允许钾离子可逆脱嵌的电极材料变得尤为重要。近些年来，微纳米材料也因为具有独特的性质在电化学储能领域也引起了广泛的关注，为研究开发新型的钾离子电池电极材料提供了非常有益的启示。

（1）钾离子电池工作原理。

钾离子电池具有与锂离子电池、钠离子电池相似的工作原理，都是基于Armand提出的“摇椅式电池”（Rocking Chair）模型[81]，通过钾离子在正负极间的来回穿梭移动进行充放电，如图2-5-3所示[82]。在充电时，钾离子从正极材料中脱出经过电解液和隔膜迁移到负极，此时，负极可以容纳钾离子，处于富钾态，正极则处于贫钾态。当嵌入负极

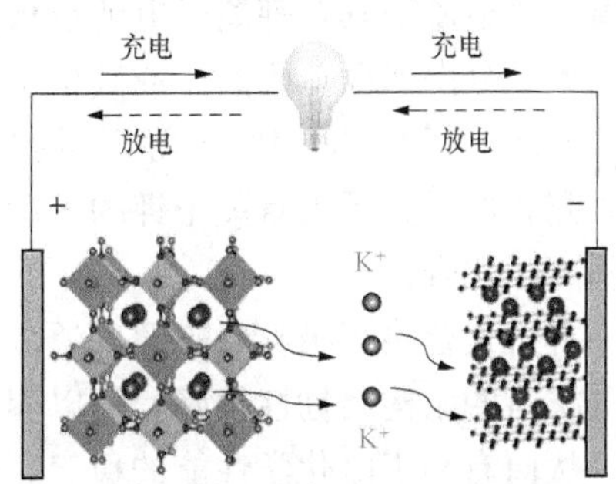

图2-5-3　钾离子电池的充放电机理图

的钾离子越多时，其充电容量也就越大。同时，电子会从外电路迁移到负极来保证负极处的电荷平衡；而放电的过程正好与充电相反。在理想情况下钾离子在正负极中的来回嵌入、脱出，不会破坏电极材料晶体的基本结构，具有良好的循环性能。

（2）钾离子电池正极材料。

正极是构成钾离子电池的关键部分，决定了电池最大的放电电压，钾离子电池实现实用化必须找到合适的正极材料。由于钾离子具有较大的尺寸，在嵌入/脱出的过程中会对正极材料构成很大的机械破坏力，使得正极材料的发展还面临着较大的挑战。

钾离子电池是通过钾离子可逆地嵌入和脱出来储存能量的，普鲁士蓝类似物因为具有开放的金属有机骨架结构被认为是一类很有前途的正极材料，其化学式可以写成 $A_xM[Fe(CN)_6]_y \cdot zH_2O$，其中 A 和 M 分别代表碱金属离子和金属。从结构来说普鲁士蓝类似物是一种典型的面心立方结构，特殊的配位方式又形成了具有较大间隙的三维的开放骨架，可容纳锂、钠、钾等碱金属离子，同时又是脱离碱金属离子存在的，有着通畅的离子通道，更加有利于钾离子的来回嵌入和脱出，同时加快钾离子在材料中的扩散速率。

Eftekhari 等人报道，用普鲁士蓝［$KFe^{III}Fe^{II}(CN)_6$晶体结构见图 2-5-4］作为钾离子电池的正极材料时，其放电电压可以达到 3.7V，并且拥有 78mA・h/g 的可逆比容量，很接近理论比容量 87.5mA・h/g[83]。从理论上来说，虽然普鲁士蓝有充足的空间来储存钾离子，但是还是需要控制活性物材料的结构和形貌，通过增加材料的扩散动力学来改善其电化学储能性质。

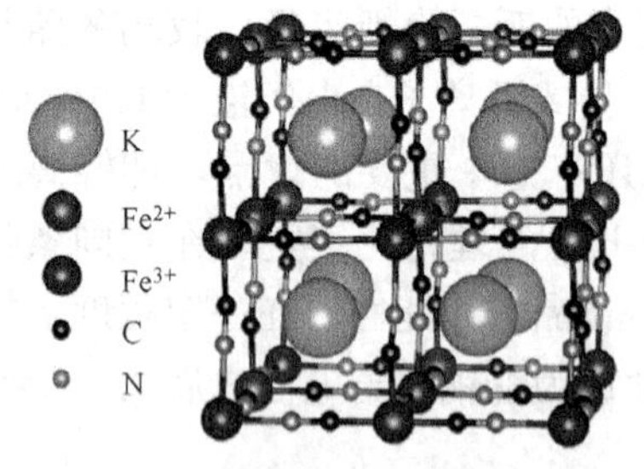

图 2-5-4 普鲁士蓝晶体结构示意

层状结构的金属氧化物作为钾离子电池正极材料也被人们广泛研究，其特殊的二维层状结构使材料具有更大的扩散路径，有利于钾离子的嵌入从而实现可逆的插层反应。Komaba 等报道了 P2-$K_{0.41}CoO_2$ 和 P3-$K_{0.67}CoO_2$ 两种材料在钾离子电池正极材料应用中钾的电化学插层行为和结构变化过程[84]。另外，从材料成本的角度出发，锰基材料在钾离子电池正极材料中的使用也是非常具有吸引力的。Vaalma 等报道了一种正交晶系的 $K_{0.3}MnO_2$ 材料，在钾离子电池应用中具有电化学活性[85]，电压在 1.5～4V 范围内的放电比容量可以达到 130mA・h/g。

众所周知，由于钾离子比锂离子半径要大，所以为了使钾离子更能顺利地在材料中脱嵌，就需要寻找具有较大通道结构的电极材料。聚阴离子化合物所具有的开放性架构和较大的离子通道使得其在钾离子电池正极材料的应用中可能表现出较好的性能。这种聚阴离子化合物大部分由四面体阴离子或其衍生物和多面体构成，结构式可写作 $AM_x[(XO_4)]_y$（M=V、Mn、Fe 等，X=P、S 等），具有结构稳定、热稳定性好等特点。近几年来，已经有很多研究者们研究了大量关于钾的聚阴离子化合物，并且取得了一些成果，主要包括铁和钒的聚阴离子化合物。

有机化合物正极材料来源广泛，容易调控，通过价格低廉的化学药品即可合成。另外，有机材料的结构柔韧性较好，可以容纳半径大的离子来回自由地穿梭，而且不易发生大的变形，从而有利于电化学性能的稳定，为钾离子电池正极材料的研究提供了研究方向。

Hu 等研究了聚五烯四丙酮硫化物在钾离子正极材料中的应用，在电流密度为 0.1A/g

时，放电比容量可以达到 260mA·h/g；在大电流密度 10A/g 充放电时，比容量依然有 160mA·h/g，是目前钾离子电池有机化合物正极材料中性能最好的[86]。但是由于有机正极材料一般不含钾元素，在进行全电池的组装时还面临着较大的困难，因此还需要进行更多的探索研究。

(3) 钾离子电池负极材料。

负极材料是构成钾离子电池的一个重要的组成部分，在充放电过程发生氧化还原反应，决定了电池的能量密度、功率和整体性能，其研究进展备受关注。研究者们提出理想的钾离子电池负极材料应该具有以下几种性质：在负极材料中应该尽可能具有较低的氧化还原电位以提高电池的输出电压；在负极材料中实现钾离子的大规模脱嵌以获得更高的比容量；在充放电过程中能保持良好的物理及化学稳定性，提高循环性能；具有良好的导离子率和导电子率，减小极化，提高大电流密度下的充放电性能；制备工艺简单，价格低廉，环境友好，等等。

与钠离子电池相似，根据反应类型可将目前应用于钾离子电池的负极材料分为嵌入型、合金化型和转化型三种。

1) 嵌入型负极一般是指具有层状结构的材料，例如碳基材料以及层状金属硫化物等，因其具有很好的层状结构，使得金属钾离子能够在层状间进行嵌入/脱出，而主体结构体积变化不大，有较好的循环稳定性。因此，关于层状碳基材料在钾离子电池负极材料中的应用研究也显得尤为重要。

研究表明钾离子嵌入石墨层比其他碱金属嵌入石墨层所形成的形式更加稳定，这种稳定性甚至比石墨在锂离子电池中的稳定性更好。2015 年，Ji 等首次报道了在非水系电解质中钾离子在石墨层中嵌入/脱出的电化学性能，基本接近其储存钾离子的理论容量。通过进行不同充放电状态下的非原位 XRD 测试发现，钾离子嵌入石墨的过程中呈现了 $KC_{36} \rightarrow KC_{24} \rightarrow KC_8$ 的阶变过程，从石墨脱出的过程则正好相反，见图 2-5-5[87]。这也从实验上证实了石墨嵌钾/脱钾的过程是一种可逆的电化学相变过程，从而奠定了碳基负极材料可以作为钾离子电池负极的电化学基础。

无定形类碳基材料作为锂、钠、钾电池负极材料比石墨碳基材料有着更广泛的应用，这主要是因为无定形类碳基材料容纳这些碱金属离子到其宿主结构的能力更强。各种碳基材料包括软碳、硬碳、碳纳米管和石墨烯等都已经被报道过作为钾插层的负极材料。而且大多数无定形类碳材料表现出较高的容量和优异的倍率性能以及长循环稳定性能，很多甚至超过石墨的理论比容量（形成 KC_8，279mA·h/g）。Ji 等人用 3，4，9，10-苝四甲酸二酐（3，4，9，10-perylenetetracarboxylic dianhydride，PTCDA）作为碳源制备了一种软碳材料，又通过水热方式合成了硬碳碳球，再将两者通过球磨共碳化的方法得到一种软硬碳复合的材料并将其应

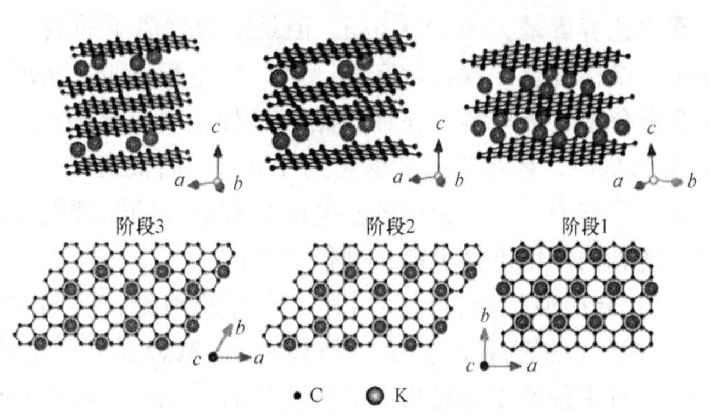

图 2-5-5　不同钾嵌入石墨化合物的结构图

用在钾离子电池负极中[88]。软碳本身具有优异的倍率性能，而与硬碳复合后，倍率性能与之前相差不大，但同时又能表现出优异的循环性能。这种通过球磨共碳化方法制备的软硬碳复合材料同时具备了高容量、优异的倍率性能以及非凡的循环稳定性，为钾离子电池负极材料的选择提供了一种新思路。

对于功能化修饰碳基材料使得软碳材料的性能进一步得到优化，通过引入杂原子来提高表面缺陷是一种有效途径，主要有常见非金属元素 P、F、S 和 N 等。Ma 等人合成了 P、O 共掺杂的石墨烯，应用在钾离子电池时，表现出了较高的比容量和超长的循环性能[89]。其中的磷和氧的共掺杂产生了较大的层间距，有利于钾离子的重复脱嵌过程，石墨烯的结构和褶皱也提供了空位和缺陷，有利于缓冲体积膨胀和更好地储存钾离子。Zhao 等人制备了多孔碳纳米纤维用来作为钾离子电池负极材料[90]，得益于多孔碳纳米纤维的独特结构，表现出良好的性能，为今后钾离子电池负极材料的研究提供了参考。

近年来，较低电位嵌入型的钛基材料得到了广泛的研究。Kishore 等提出了层状的钛酸钾（$K_2Ti_4O_9$）作为钾离子电池嵌入型负极容纳 K^+ 的嵌入与脱出[91]。NASICON 型 $KTi_2(PO_4)_3$ 聚阴离子化合物也被报道用作钾离子电池负极材料，其中的钾离子通过角共享来占据间隙，提供了较大的间隙空间和开放的运输离子的通道[92]。但是由于聚阴离子型材料有较低的电导率，因此需要利用导电碳对其进行表面修饰以表现出更好的电化学性能。

具有层状结构的金属碳化物或氮化物（MXenes）在能源储存领域也得到了很好的应用，通常是从 MAX 相中刻蚀原子级的金属薄层获取。该材料具有较大的层间距、较窄的宽度、超薄的厚度以及开放式的网络结构，这样既可以提供离子和电子的快速传输通道，又保障了电极结构的稳定性。

2）与嵌入型负极相比，合金化型负极可以获得更高的容量，充分利用某些元素与 K 金属合金、单个 K 原子的多种反应是合金材料的主要优势。早期，Sangster 等提出了 K—Sb 系统，锑钾二元相图提供了热力学稳定的 K—Sb 相，与恒流放电曲线相关联[93]。同时根据相图中钾与锑的合金化反应，KSb_2、KSb、K_5Sb_4 和 K_3Sb 带来的理论比容量分别为 110、220、275mA·h/g 和 660mA·h/g。在钾离子电池中，钾还可以与锡形成合金相 KSn 合金，其理论比容量是 226mA·h/g。但是随着钾离子的嵌入，负极材料会产生接近 197%的体积变化，结构破裂导致容量衰减迅速，循环寿命随之减短。铋也被认为是一种潜在的钾离子电池合金化型负极材料。在钾的储存过程中，电极表面会在放电时连续钾化形成 K_3Bi，而当 K_3Bi 形成时，体积膨胀能够达到 406%。据报道，当使用醚类电解液时，如在 1MKPF_6/乙二醇二甲醚中，一个微型的铋电极会有良好的储钾能力，比容量可以达到 400mA·h/g，倍率性能和循环稳定性也能得到很大的改善[94]。

3）转换型负极材料因为其具有高的理论比容量和高度的氧化还原可逆性，也被认为是一种潜在的钾离子电池负极材料。在碱金属离子电池工作过程中发生的转换反应是通过一种或者多种原子在晶格中的转变从而形成一种或者多种化合物；而在插层型反应中，金属原子只是可逆地在晶格内外来回穿梭。目前，过渡金属氧化物和过渡金属硫化物的应用范围已经从原先的锂离子电池、钠离子电池扩大到了钾离子电池。Sultana 等人报道，将 Co_3O_4 和 Fe_2O_3 纳米粒子分散在超级碳的基体中并将其应用于钾离子电池的转化型负极材料，经研究后提出了以下的反应机理[95]，反应方程如式（2-5-1）与式（2-5-2）所示：

$$Fe_2O_3 + 6K^+ + 6e^- \longleftrightarrow 2Fe + 3K_2O \qquad (2-5-1)$$

$$Co_3O_4 + 8K^+ + 8e^- \longleftrightarrow 3Co + 4K_2O \quad (2-5-2)$$

基于上述转化反应，这种混合电极能够达到 220mA・h/g 的可逆比容量。吴课题组采用层状 MoS_2 为钾离子电池负极材料，获得了长达 200 个周期的稳定循环性能，容量的保持率为 97.5%[96]。

有机物因为具有来源广泛、灵活性好、环境友好、理论容量高、成本低等优势也被用在锂离子电池和钠离子电池中，并取得了很大的成功，部分关于聚合物的锂离子电池已经被商业化应用。因此在研究钾离子电池负极材料时，研究者们也关注了有机物类材料。例如，Deng 等人报道合成了一种新的对苯二酸钾，将其用作钾离子电池负极材料时，在 0.2C 下经过 100 圈的循环后仍具有高达 176mA・h/g 的比容量[97]。经研究表明，该材料具有两电子式的氧化还原反应，见图 2-5-6。但是尽管如此，开发新型的高容量、长循环稳定性的有机电极材料仍是钾离子电池有机电极材料研究的重点。

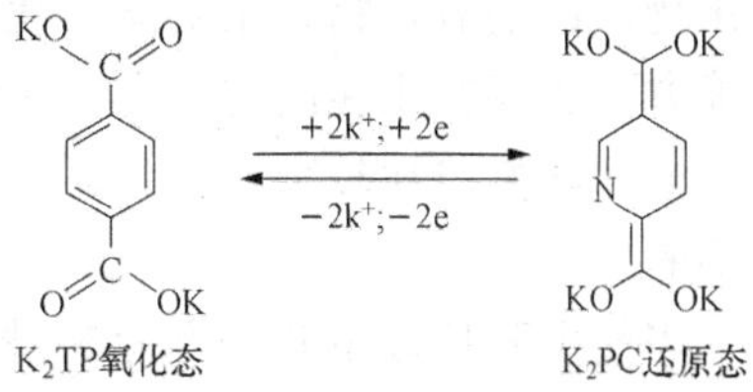

图 2-5-6　对苯二酸钾反应机理图

2. 镁离子电池

地壳中镁的资源丰富，原子量较小，可以生物降解，对环境比较友好，而且与锂相比，镁在化学性质上也更稳定。因此关于镁离子电池的研发具有很大的竞争优势。当然，镁离子电池至今存在着很多限制因素，比如镁离子电池所用的电解质经常会在镁的金属负极形成钝化层，与镁相容的电解质的电压窗口比较窄；正极材料固态扩散动力学较为缓慢；总能量密度比较低，等等。镁离子电池的工作机理如图 2-5-7 所示[98]。充电时，镁离子从正极材料中脱出，经过电解液到达负极材料，同时在外电路中电子从正极到达负极，形成电路；放电时的过程正好相反。镁离子电池负极材料一般采用镁箔、镁带、镁合金等，但由于这些表面容易形成钝化膜，因此一些镁基金属间化合物及其相应的合金如 Sn、Sb、Bi、Al、Si、Ge 等也被广泛研究。镁离子电池的正极材料主要包括 Chevrel 相：$M_xMo_6T_8$（M=金属，T=S、Se、Te）和过渡金属氧化物/硫化物/硼化物、钠离子超导体 NASICON 型等。

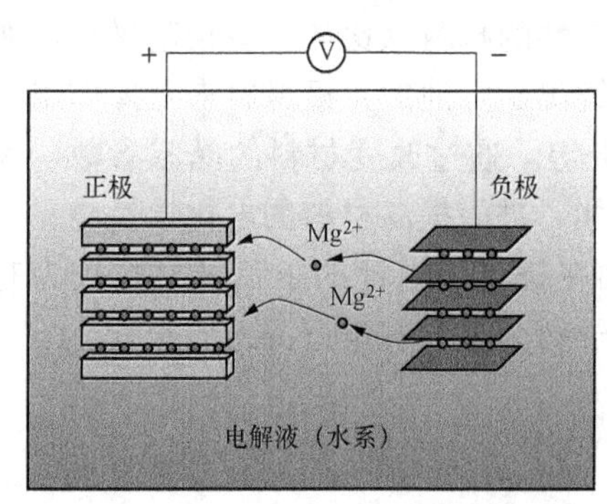

图 2-5-7　镁离子电池工作机理图

3. 铝离子电池

铝是地壳中储量最丰富的金属，分布广泛，价格低廉，作为三价金属铝能在氧化还原反应中提供三个电子，因此可以具有 8046mA・h/cm^3 的体积比容量。对于未来的新能源储能领域，铝离子电池具有广阔的应用前景。铝离子电池的工作原理通常是基于可逆的来回嵌入/脱出的过程。常用的电解液是离子液体，在铝负极和电解液的接触界面发生铝的沉积和溶出，在正极和电解液接触界面发生 Al^{3+} 或 $AlCl^{4-}$ 的可逆脱嵌反应[99]。铝离子电池的正极材料主要有碳基材料、金属氧化物/硫化物、普鲁士蓝类似物、导电聚合物等。

近几年来，铝离子电池的研究有明显的减弱势头，可能的原因有以下几个：

（1）应用于锂电池、钠电池的电解液都不适用于铝离子电池，很难找到有很好的铝离子导电性和能在常温下适用的电解液；

（2）由于铝的三个正电荷之间具有很大的库仑排斥力，所以正极材料的结构很难不被破坏，难以保持循环稳定性；

（3）所用的电解液会有腐蚀性，铝离子电池的封装难度较大；

（4）锂离子电池成功的商业化应用引发了一大批锂离子的研究热潮，对铝离子电池的研发相对被搁置。

4. 锌离子电池

锌离子电池属于一种新型的水系二次电池体系，安全性高、环境友好、性能优异，具有很大的发展潜力。目前由于锌金属负极具有较高的理论比容量，高达 820mA·h/g，所以正极材料是限制当前锌离子电池性能的最大因素。锌离子电池的正极材料的种类主要包括锰基氧化物、钒基氧化物、聚阴离子化合物及普鲁士蓝类似物等，但是这些材料在容量、循环性能等方面还存在很多问题。在常用的水系电解液（如 $ZnSO_4$ 电解液等）体系中，库仑效率较低、电化学窗口比较窄，因此研发与新型锌离子电池正极材料相匹配的水系电解液也是非常重要的。

当前主要从以下几个方面来进行锌离子电池的正极材料研究：

（1）对现有的电极材料进行改性或者通过制备纳米材料来提高锌离子电池的性能。比如设计和制备一些具有纳米结构的零维、一维以及二维材料，如一些纳米颗粒、纳米线、纳米片、纳米线阵列等，可以显著增加材料的比表面积，纳米级的结构又可以缩短电子和离子的传输距离，进而改善材料的电化学性能。

（2）制备复合材料，将一些正极材料与具有良好导电性的材料（比如一些碳基材料，如石墨烯、碳纳米管、导电炭黑等）复合起来，共同作为锌离子电池的正极材料来发挥作用。

（3）对材料进行金属离子掺杂，如 Sn、Bi、Co、Ni 等，通过改变材料的晶胞参数，为锌离子的嵌入提供更大的空间，同时改善材料的导电性能，进而提高材料的电化学性能。

但目前锌离子电池的研究还处于初级阶段，能够用在锌离子电池的正负极材料较为有限，对于其容量衰减的机理以及电池循环过程中的电化学行为也没有进行深入的探索。

2.6 本章小结

本章对储能系统中各种类型的新能源电池进行了简单的介绍，锂离子电池于 1991 年首次商业化以来，凭借其质量较轻、能量密度高和循环寿命长、没有记忆效应和对环境比较友好等优点，快速占领了二次电池行业市场。如今，锂离子电池的应用已经非常广泛。随着人类不断地探索和科学技术的不断进步，锂离子电池的发展将会迈上一个新的台阶，服务和应用于生活的方方面面。但是锂资源有限，并且在全球范围内的分布极度不均匀，因此在未来的一段时间内，锂离子电池的生产成本可能会越来越高。

随着近年来新能源汽车和智能电网的快速发展，大规模的储能技术已经快速成长为支持新能源发展的战略性技术。钠离子电池符合电化学性能指标的各个要求，还具有资源广泛、价格低廉、安全可靠等优点，也比较适合应用于大规模的储能应用，已经成为目前先进储能技术领域研究的新兴热点。钠离子电池作为锂离子电池最有前途的代替者，被广泛研究，也取得了很大的进步。虽然钠离子电池目前距离商业化应用还有很长的一段距离，但关于钠离子电池正负极电极材料的研究越来越成熟，钠离子电池必将会实现大规模和可持续应用。

其他二次电池包括镁离子电池、铝离子电池、锌离子电池等也在逐步发展。值得一提的是，钙也具有成本较低、储量丰富、极化低、标准电极电势与锂接近等优点。因此，钙离子电池也具有成为高效低成本储能电池的潜力。但是目前钙离子电池刚刚起步，关于这方面的研究还比较少。锌离子电池在大规模储能系统的应用上有着很大的潜力，锌负极具有安全、无毒等特点，并且有着很高的体积能量密度。尽管如此，锌离子电池的研究目前仍处在初级阶段，主要是因为能够适用于锌离子电池的正负极材料的种类比较有限，同时对于其电池循环过程中的电化学行为及其容量衰减的机理还需要进一步的深入研究。镁离子电池和铝离子电池也因为具有较高的比容量，发展迅速。总之，随着当今对新能源需求的增加和科技的不断进步，二次电池一直在稳步发展，相信不久的将来，生活将因它们更加便捷。

参考文献

[1] WHITTINGHAM M S. Electrical energy storage and intercalation chemistry [J]. Science, 1976, 192: 1126 - 1127.

[2] MIZUSHIMA K, JONES P C, WISEMAN P J, et al. Li_xCoO_2 ($0<x<-1$): A new cathode material for batteries of high energy density [J]. Materials Research Bulletin, 1980, 15: 783 - 789.

[3] YAZAMI R, TOUZAIN P. A reversible graphite - lithium negative electrode for electrochemical generators [J]. Journal of Power Sources, 1983, 9: 365 - 371.

[4] THACKERAY M M, DAVID W I F, BRUCE P G, et al. Lithium insertion into manganese spinels [J]. Materials Research Bulletin, 1983, 18: 461 - 472.

[5] AURBACH D, ZINIGRAD E, COHEN Y, et al. A short review of failure mechanisms of lithium metal and lithiated graphite anodes in liquid electrolyte solutions [J]. Solid State Ionics, 2002, 148: 405 - 416.

[6] SIBERNAGEL B G, WHITTINGHAM M S. An NMR study of the alkali metal intercalation phase Li_xTiS_2: Relation to structure, thermodynamics, and ionicity [J]. The Journal of Chemical Physics, 1976, 64: 3670 - 3673.

[7] ANGELOPOULOU P, PALOUIS F, SLOWIK G, et al. Combustion - synthesized $Li_xMn_2O_4$ - based spinel nanorods as cathode materials for lithium - ion batteries [J]. Chemical Engineering Journal, 2017, 311: 191 - 202.

[8] WANG H, LIU L, WANG R, et al. Self - Assembly of antisite defectless nano - $LiFePO_4$@C/reduced graphene oxide microspheres for high - performance lithium - ion batteries [J]. ChemSusChem, 2018, 11: 2255 - 2261.

[9] SHU H, WANG X, WU Q, et al. Improved electrochemical performance of $LiFePO_4$/C cathode via Ni and Mn co - doping for lithium - ion batteries [J]. Journal of Power Sources, 2013, 237: 149 - 155.

[10] WANG L, SUN W, TANG X, et al. Nano particle $LiFePO_4$ prepared by solvothermal process [J]. Journal of Power Sources, 2013, 244: 94 - 100.

[11] OHZUKU T, MAKIMURA Y. Layered lithium insertion material of $LiCo_{1/3}Ni_{1/3}Mn_{1/3}O_2$ for lithium - ion batteries [J]. Chemistry Letters, 2001, 30: 642 - 643.

[12] WU Z, HAN X, ZHENG J, et al. Depolarized and fully active cathode based on $Li(Ni_{0.5}Co_{0.2}Mn_{0.3})O_2$ embedded in carbon nanotube network for advanced batteries [J]. Nano Letters, 2014, 14: 4700 - 4706.

[13] GALLEGO N C, CONTESCU C I, MEYER III H M, et al. Advanced surface and microstructural characterization of natural graphite anodes for lithium ion batteries [J]. Carbon, 2014, 72: 393 - 401.

[14] QIAN L, LAN J L, XUE M, et al. Two - step ball - milling synthesis of a $Si/SiO_x/C$ composite electrode for lithium ion batteries with excellent long - term cycling stability [J]. RSC Advances, 2017, 7:

36697 - 36704.

[15] LI M, HOU X, SHA Y, et al. Facile spray - drying/pyrolysis synthesis of core - shell structure graphite/silicon - porous carbon composite as a superior anode for Li - ion batteries [J] . Journal of Power Sources, 2014, 248: 721 - 728.

[16] SU M, WANG Z, GUO H, et al. Enhancement of the cyclability of a Si/Graphite@Graphene composite as anode for lithium - ion batteries [J] . Electrochimica Acta, 2014, 116: 230 - 236.

[17] CHAN C K, PENG H, LIU G, et al. High - performance lithium battery anodes using silicon nanowires [J] . Nature Nanotechnology, 2008, 3: 31 - 35.

[18] WU H, CHAN G, CUI J W, et al. Stable cycling of double - walled silicon nanotube battery anodes through solid - electrolyte interphase control [J] . Nature Nanotechnology, 2012, 7: 310 - 315.

[19] HWANG T H, LEE Y M, KONG B S, et al. Electrospun core - shell fibers for robust silicon nanoparticle - based lithium ion battery anodes [J] . Nano Letters, 2012, 12: 802 - 807.

[20] LIU N, WU H, MCDOWELL M T, et al. A yolk - shell design for stabilized and scalable Li - ion battery alloy anodes [J] . Nano Letters, 2012, 12: 3315 - 3321.

[21] LUO W, WANG Y, WANG L, et al. Silicon/mesoporous carbon/crystalline TiO_2 nanoparticles for highly stable lithium storage [J] . Acs Nano, 2016, 10: 10524 - 10532.

[22] WEN Y, ZHU Y, LANGROCK A, et al. Graphene bonded and encapsulated Si nanoparticles for lithium ion battery anodes [J] . Small, 2013, 9: 2810 - 2816.

[23] XIAO Q, FAN Y, WANG X, et al. A multilayer Si/CNT coaxial nanofiber LIB anode with a high areal capacity [J] . Energy & Environmental Science, 2014, 7: 655 - 661.

[24] ZHOU J, QIAN T, WANG M, et al. Core - Shell coating silicon anode interfaces with coordination complex for stable Lithium - ion batteries [J] . ACS Applied Materials & Interfaces, 2016, 8: 5358 - 5365.

[25] Li Y, LU Y, ZHAO C, et al. Recent advances of electrode materials for low - cost sodium - ion batteries towards practical application for grid energy storage [J] . Energy Storage Matertials, 2017, 7: 130 - 151.

[26] HWANG J Y, MYUNG S T, SUN Y K. Sodium - ion batteries: present and future [J] . Chemical Society Reviews, 2017, 46: 3529 - 3614.

[27] BERTHELOT R, CARLIER D, DELMAS C. Electrochemical investigation of the P2 - Na_xCoO_2 phase diagram [J] . Nature Materials, 2011, 10: 74 - 80.

[28] DELMAS C, BRACONNIER J, FOUASSIER C, et al. Electrochemical intercalation of sodium in Na_xCoO_2 bronzes [J] . Solid State Ionics, 1981, 3/4: 165 - 169.

[29] MA X, CHEN H, CEDER G. Electrochemical properties of monoclinic $NaMnO_2$ [J] . Journal of the Electrochemical Society, 2011, 158: 1307 - 1312.

[30] SHARMA N, SINGH G, Armstrong A R, et al. Rate Dependent performance related to crystal structure evolution of $Na_{0.67}Mn_{0.8}Mg_{0.2}O_2$ in a sodium - ion battery [J] . Chemistry of Materials, 2015, 27: 6976 - 6986.

[31] Yabuuchi N, Yoshida H, KOMABA S. Crystal structures and electrode performance of alpha - $NaFeO_2$ for rechargeable sodium batteries [J] . Electrochemistry, 2012, 80: 716 - 719.

[32] YUAN D, HU X, QIAN J, et al. P2 - type $Na_{0.67}Mn_{0.65}Fe_{0.2}Ni_{0.15}O_2$ cathode material with high - capacity for sodium - ion battery [J] . Electrochimica Acta, 2014, 116: 300 - 305.

[33] CAO Y, XIAO L, WANG W, et al. Reversible sodium ion insertion in single crystalline manganese oxide nanowires with long cycle life [J] . Advanced Materials, 2011, 23: 3155 - 3160.

[34] FU B, ZHOU X, WANG Y. J. High - rate performance electrospun $Na_{0.44}MnO_2$ nanofibers as cathode material for sodium - ion batteries [J] . Journal of Power Sources, 2016, 310: 102 - 108.

[35] ALI G, LEE J H, SUSANTO D, et al. Polythiophene - wrapped olivine $NaFePO_4$ as a cathode for Na - ion batteries [J]. ACS Applied Materials & Interfaces, 2016, 8: 15422 - 15429.

[36] LI C, MIAO X, CHU W, et al. Retracted Article: Hollow amorphous $NaFePO_4$ nanospheres as a high - capacity and high - rate cathode for sodium - ion batteries [J]. Journal of Materials Chemistry A, 2015, 3: 8265 - 8271.

[37] JIN T, LIU Y, LI Y, et al. Electrospun $NaVPO_4$ F/C nanofibers as self - standing cathode material for ultralong cycle life Na - ion batteries [J]. Advanced Energy Materials, 2017, 7: 1700087.

[38] CAO X, PAN A, YIN B, et al. Nanoflake - constructed porous $Na_3V_2(PO_4)_3$/C hierarchical microspheres as a bicontinuous cathode for sodium - ion batteries applications [J]. Nano Energy, 2019, 60: 312 - 323.

[39] AN Q, XIONG F, WEI Q, et al. Nanoflake - assembled hierarchical $Na_3V_2(PO_4)_3$/C microflowers: superior Li storage performance and insertion/extraction mechanism [J]. Advanced Energy Materials, 2015, 5: 1401963.

[40] LI W J, HAN C, CHENG G, et al. Chemical properties, structural properties, and energy storage applications of prussian blue analogues [J]. Small, 2019, 15: 1900470.

[41] YOU Y, WU X L, YIN Y X, et al. High - quality prussian blue crystals as superior cathode materials for room - temperature sodium - ion batteries [J]. Energy & Environmental Science, 2014, 7: 1643 - 1647.

[42] YOU Y, YU X, YIN Y, et al. Sodium iron hexacyanoferrate with high Na content as a Na - rich cathode material for Na - ion batteries [J]. Nano Research, 2014, 8: 117 - 128.

[43] WU X, DENG W, QIAN J, et al. Single - crystal $FeFe(CN)_6$ nanoparticles: a high capacity and high rate cathode for Na - ion batteries [J]. Journal of Materials Chemistry A, 2013, 1: 10130 - 10134.

[44] WANG L, SONG J, LEE J J, et al. Rhombohedral prussian white as cathode for rechargeable sodium - ion batteries [J]. Journal of the American Chemical Society, 2015, 137: 2548 - 2554.

[45] WANG L, LU Y, LIU J, et al. A superior low - cost cathode for a Na - ion battery [J]. Angewandte Chemie, 2013, 52: 1964 - 1967.

[46] WANG Y X, CHOU S L, LIU H K, et al. Reduced graphene oxide with superior cycling stability and rate capability for sodium storage [J]. Carbon, 2013, 57: 202 - 208.

[47] WEN Y, HE K, ZHU Y, et al. Expanded graphite as superior anode for sodium - ion batteries [J]. Nature Communications 2014, 5: 4033.

[48] STEVENS D A, DAHN J R. High capacity anode materials for rechargeable sodium - ion batteries [J]. Journal of the Electrochemical Society, 2000, 147: 1271 - 1273.

[49] THOMAS P, BILLAUD D. Electrochemical insertion of sodium into hard carbons [J]. Electrochimica Acta, 2002, 47: 3303 - 3307.

[50] KOMABA S, MURATA W, ISHIKAWA T, et al. Electrochemical Na insertion and solid electrolyte interphase for hard - carbon electrodes and application to Na - Ion batteries [J]. Advanced Functional Materials, 2011, 21: 3859 - 3867.

[51] ZHU Y E, YANG L, ZHOU X, et al. Boosting the rate capability of hard carbon with an ether - based electrolyte for sodium ion batteries [J]. Journal of Materials Chemistry A, 2017, 5: 9528 - 9532.

[52] XIAO LF, LU HY, FANG Y J, et al. Low - defect and low - porosity hard carbon with high coulombic efficiency and high capacity for practical sodium ion battery anode [J]. Advanced Energy Materials, 2018, 8: 1703238.

[53] ELLIS L D, HATCHARD T D, OBROVAC M N. Reversible insertion of sodium in tin [J]. Journal of the Electrochemical Society, 2012, 159: A1801 - A1805.

[54] WANG J W, LIU X H, MAO S X, et al. Microstructural evolution of tin nanoparticles during in situ sodium insertion and extraction [J] . Nano Letters, 2012, 12: 5897 - 5902.

[55] LIU Y, ZHANG N, JIAO L, et al. Ultrasmall Sn nanoparticles embedded in carbon as high - performance anode for sodium - ion batteries [J] . Advanced Functional Materials, 2015, 25: 214 - 220.

[56] SHA M, ZHANG H, NIE Y, et al. Sn nanoparticles@nitrogen - doped carbon nanofiber composites as high - performance anodes for sodium - ion batteries [J] . Journal of Materials Chemistry A, 2017, 5: 6277 - 6283.

[57] LIU J, WEN Y, YU Y, et al. Facile synthesis of highly porous Ni - Sn intermetallic microcages with excellent electrochemical performance for lithium and sodium storage [J] . Nano Letters, 2014, 14: 6387 - 6392.

[58] KONG B, ZU L, PENG C, et al. Direct superassemblies of freestanding metal - carbon frameworks featuring reversible crystalline - phase transformation for electrochemical sodium storage [J] . Journal of the American Chemical Society, 2016, 138: 16533 - 16541.

[59] LIU Y, ZHOU B, LIU S, et al. Galvanic replacement synthesis of highly uniform Sb nanotubes: reaction mechanism and enhanced sodium storage performance [J] . ACS Nano, 2019, 13: 5885 - 5892.

[60] LIU Z, YU X Y, LOU X W, et al. Sb@C coaxial nanotubes as a superior long - life and high - rate anode for sodium ion batteries [J] . Energy & Environmental Science, 2016, 9: 2314 - 2318.

[61] ZHU Y, HAN X, XU Y, et al. Electrospun Sb/C fibers for a stable and fast sodium - ion battery anode [J] . ACS Nano, 2013, 7: 6378 - 6386.

[62] WU P, ZHANG A, PENG L, et al. Cyanogel - enabled homogeneous Sb - Ni - C ternary framework electrodes for enhanced sodium storage [J] . ACS Nano, 2018, 12: 759 - 767.

[63] SONG J, YU Z, MANIVANNAN A, et al. Chemically bonded phosphorus/graphene hybrid as a high performance anode for sodium - ion batteries [J] . Nano Letters, 2014, 14: 6329 - 6335.

[64] LI W J, CHOU S L, WANG J Z, et al. Simply mixed commercial red phosphorus and carbon nanotube composite with exceptionally reversible sodium - ion storage [J] . Nano Letters 2013, 13: 5480 - 5484.

[65] KIM Y, Park Y, Choi A, et al. An amorphous red phosphorus/carbon composite as a promising anode material for sodium ion batteries [J] . Advanced Materials, 2013, 25: 3045 - 3049.

[66] LI W, YANG Z, LI M, et al. Amorphous red phosphorus embedded in highly ordered mesoporous carbon with superior lithium and sodium storage capacity [J] . Nano Letters, 2016, 16: 1546 - 1553.

[67] LI W, HU S, LUO X, et al. Confined amorphous red phosphorus in MOF - derived N - doped microporous carbon as a superior anode for sodium - ion battery [J] . Advanced Materials, 2017, 29: 1605820.

[68] CHANG W C, TSENG K W, TUAN H Y, et al. Solution synthesis of iodine - doped red phosphorus nanoparticles for lithium - ion battery anodes [J] . Nano Letters, 2017, 17: 1240 - 1247.

[69] LIU Y, ZHANG N, LIU X, et al. Red phosphorus nanoparticles embedded in porous N - doped carbon nanofibers as high - performance anode for sodium - ion batteries [J] . Energy Storage Materials, 2017, 9: 170 - 178.

[70] WANG Y, REN J, GAO X, et al. Self - adaptive electrode with SWCNT bundles as elastic substrate for high - rate and long - cycle - life lithium/sodium ion batteries [J] . Small, 2018, 14: e1802913.

[71] LEE J I, SONG J, CHA Y, et al. Multifunctional SnO_2/3D graphene hybrid materials for sodium - ion and lithium - ion batteries with excellent rate capability and long cycle life [J] . Nano Research, 2017, 10: 4398 - 4414.

[72] WANG T, QU J, LEGUT D, et al. Unique double - interstitialcy mechanism and interfacial storage

mechanism in the graphene/metal oxide as the anode for sodium - ion batteries [J]. Nano Letters, 2019, 19: 3122 - 3130.

[73] KLEIN F, JACHE B, BHIDE A, et al. Conversion reactions for sodium - ion batteries [J]. Physical Chemistry Chemical Physics, 2013, 15: 15876 - 15887.

[74] BENCK J D, HELLSTERN T R, KIBSGAARD J, et al. Catalyzing the hydrogen evolution reaction (HER) with molybdenum sulfide nanomaterials [J]. ACS Catalysis, 2014, 4: 3957 - 3971.

[75] SU D, DOU S, WANG G. Ultrathin MoS_2 nanosheets as anode materials for sodium - ion batteries with superior performance [J]. Advanced Energy Materials, 2015, 5: 1401205.

[76] HU Z, WANG L, ZHANG K, et al. MoS_2 nanoflowers with expanded interlayers as high - performance anodes for sodium - ion batteries [J]. Angewandte Chemie International Edition, 2014, 126: 13008 - 13012.

[77] BANG G S, NAM K W, KIM J Y, et al. Effective liquid - phase exfoliation and sodium ion battery application of MoS_2 nanosheets [J]. ACS Applied Materials & Interfaces, 2014, 6: 7084 - 7089.

[78] LY Y, ZHANG R, ZHOU W, et al. Hierarchical MoS_2 hollow architectures with abundant Mo vacancies for efficient sodium storage [J]. ACS Nano, 2019, 13: 5533 - 5540.

[79] WANG G, ZHANG J, YANG S, et al. Vertically aligned MoS_2 nanosheets patterned on electrochemically exfoliated graphene for high - Performance lithium and sodium storage [J]. Advanced Energy Materials, 2018, 8: 1702254.

[80] KOMABA S, HASEGAWA T, DAHBI M, et al. Potassium intercalation into graphite to realize high - voltage/high - power potassium - ion batteries and potassium - ion capacitors [J]. Electrochemistry Communications, 2015, 60: 172 - 175.

[81] MURPHY D W, BROOHDEAD. J. Materials for advanced batteries [M]. New York: Plenum Press, 1980, 2 : 361 - 374.

[82] GE P, FOULETIER M. Electrochemical intercalation of sodium in graphite [J]. Solid State Ionics, 1988, 28: 1172 - 1175.

[83] EFTEKHARI A. Potassium secondary cell based on Prussian blue cathode [J]. Journal of Power Sources, 2004, 126: 221 - 228.

[84] HIRONAKA Y, KUBOTA K, KOMABA S. P2 - and P3 - K_xCoO_2 as an electrochemical potassium intercalation host [J]. Chemical Communications, 2017, 53: 3693 - 3696.

[85] VAALMA C, GIFFIN G A, BUCHHOLZ D, et al. Non - aqueous K - ion battery based on layered $K_{0.3}MnO_2$ and hard carbon/carbon black [J]. Journal of the Electrochemical Society, 2016, 163: 1295 - 1299.

[86] ZHAO L, ZHAO J, HU Y S, et al. Disodium terephthalate ($Na_2C_8H_4O_4$) as high performance anode material for low - cost room - temperature sodium - ion battery [J]. Advanced Energy Materials, 2012, 2: 962 - 965.

[87] JIAN Z, LUO W, JI X. Carbon electrodes for K - ion batteries [J]. Journal of the American Chemical Society, 2015, 137 (36): 11566 - 11569.

[88] JIAN Z, HWANG S, LI Z, et al. Hard - soft composite carbon as a long - cycling and high - rate anode for potassium - ion batteries [J]. Advanced Functional Materials, 2017, 27, 1700324.

[89] MA G, HUANG K, MA J S, et al. Phosphorus and oxygen dual - doped graphene as superior anode material for room - temperature potassium - ion batteries [J]. Journal of Materials Chemistry A, 2017, 5: 7854 - 7861.

[90] ZHAO X, XIONG P, MENG J, et al. High rate and long cycle life porous carbon nanofiber paper anodes for potassium - ion batteries [J]. Journal of Materials Chemistry A, 2017, 5: 19237 - 19244.

[91] KISHORE B, VENKATESH G, MUNICHANDRAIAH N. $K_2Ti_4O_9$: a promising anode material for

potassium ion batteries [J]. Journal of the Electrochemical Society, 2016, 163: 2551-2554.

[92] HAN J, NIU Y, BAO S, et al. Nanocubic $KTi_2(PO_4)_3$ electrodes for potassium-ion batteries [J]. Chemical Communications, 2016, 52: 11661-11664.

[93] SANGSTER J, PELTON A D. The K-Sb (Potassium-Antimony) system [J]. Journal of Phase Equilibria, 1993, 14: 510-514.

[94] HUANG J, LIN X, TAN H, et al. Bismuth microparticles as advanced anodes for potassium-ion battery [J]. Advanced Energy Materials, 2018, 8: 1703496.

[95] SULTANA I, RAHMAN M M, MATETI S, et al. K-ion and Na-ion storage performances of Co_3O_4-Fe_2O_3 nanoparticle-decorated super P carbon black prepared by a ball milling process [J]. Nanoscale, 2017, 9: 3646-3654.

[96] REN X, ZHAO Q, MC CULLOCH W D, et al. MoS_2 as a long-life host material for potassium ion intercalation [J]. Nano Research, 2017, 10: 1313-1321.

[97] DENG Q, PEI J, FAN C, et al. Potassium salts of para-aromatic dicarboxylates as the highly efficient organic anodes for low-cost K-ion batteries [J]. Nano Energy, 2017, 33: 350-355.

[98] CHEN L, BAO J L, DONG X, et al. Aqueous Mg-ion battery based on polyimide anode and prussian blue cathode [J]. Acs Energy Letters, 2017, 2: 1115-1121.

[99] ZAFAR Z A, IMTIAZ S, RAZAQ R, et al. Cathode materials for rechargeable aluminum batteries: current status and progress [J]. Journal of Materials Chemistry A, 2017, 5: 5646-5660.

第三章 液流电池储能材料

3.1 液流电池概述

氧化还原液流电池（redox flow battery，简称液流电池）可近似为一种可充电燃料电池：当电解液流过电池堆栈时，液流电池可逆地将化学能转化为电能。与一般电化学储能电池不同的是，液流电池的正极和负极电解液分别存储在独立于电池堆栈的正极和负极储罐中，通过泵和管路输送到电池堆栈中。电解液中的活性物质在由单电池堆叠而成的堆栈内发生可逆氧化还原反应，实现电能和化学能的相互转化。液流电池通常被归类于大规模储能技术，经过近几十年来的发展，已经成为最具有发展潜能的大规模电化学储能技术之一。

3.1.1 液流电池特点和分类

液流电池储能系统结构如图 3-1-1 所示，其单电池主体由两个碳纤维多孔电极组成，形成由离子交换膜隔开的导电碳纤维网络。一个完整的液流电池储能系统包括系统控制模块和电池本体模块两个部分：其中，系统控制模块主要负责液流电池工作的实时调控，如直流/交流电的转换、电池荷电状态的实时监测、电解液流速的动态控制、储能系统的温度控制等；电池本体模块包括多个堆栈、多个储液罐以及循环泵，每个电池堆栈由一定数量的单电池组成，而每个单电池由膜、电极、双极板、液流框等元件堆叠组装而成。近年来液流电池材料改进研究的重点部件为膜、电极和双极板的材料设计和修饰。根据不同的应用场景，液流电池储能系统的规模、能量容量和充放电功率要求会有所差异，规划时可以根据实际需求调整上述模块的具体配置。依托于灵活的功率和能量容量配置、系统寿命较长、全生命周期成本较低等优势，预期液流电池将在未来能源系统中扮演多种角色。

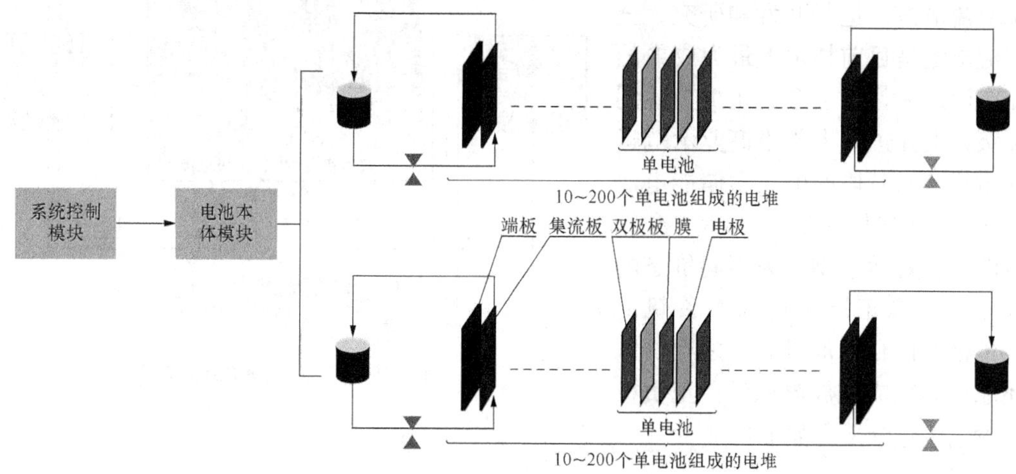

图 3-1-1 液流电池储能系统结构示意

如图 3-1-2 所示，目前国内外已发展出多种液流电池类型，主要根据所采用的电解液

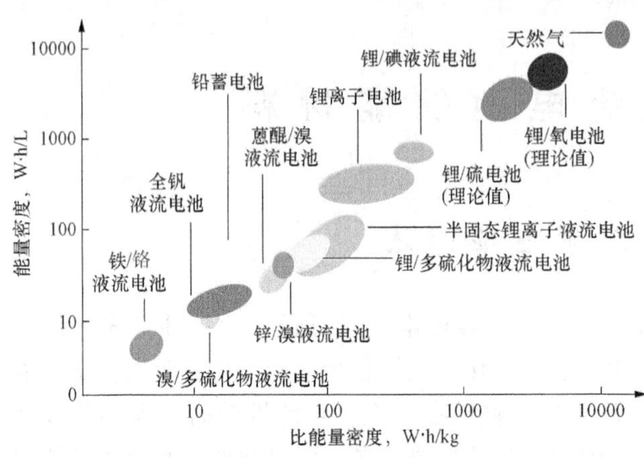

图 3-1-2　水性和非水系电解液液流电池比能量密度示意

类型进行分类。传统的液流电池多采用金属氧化物的酸溶液或碱溶液等水性电解液，如全钒液流电池、锌/溴液流电池、铁/铬液流电池等。然而在实际应用中，水性电解液液流电池由于电压区间受到水解电压限制，反应电压通常小于 1.7V，并且金属活性离子在水溶液中的溶解度一般小于 3mol/L，因而电解液的能量密度通常远小于锂离子电池的能量密度。为了满足更高储能密度的需求，近年来，大量新型电解液和液流电池体系得到了开发和研究，出现了由有机溶剂和氧化还原电对构成的非水系电解液，另外还有由碳颗粒、锂离子化合物和有机溶剂构成的半固态锂离子悬浮液液流电池（简称半固态锂离子液流电池）[1]。新型电解液通常具有更高的电压区间（如 3～4V）、更高的溶解度（最高可大于 40mol/L）及更高的能量密度，但是此类新型电解液或悬浮液通常也具有高黏度及非牛顿流体的性质。此外，将固态半电极和流动半电极结合后形成的混合液流电池（如锂/多硫化物液流电池、锂/碘液流电池和锂/TEMPO 混合液流电池）[2]，兼具液流电池的灵活性和固态电池的高能量密度的特点，也是现在研究的热点之一。新型电解液或新型液流电池体系的提出为液流电池的发展提供了更广阔的前景，同时也对电池结构和材料的改进提出了进一步的挑战。本节将对几种代表性液流电池进行具体介绍。

目前，国内外许多研究所和公司正在对全钒氧化还原液流电池 VRFB（vanadium redox flow battery，简称全钒液流电池）进行开发和研究。全钒液流电池是目前技术上最为成熟的液流电池之一，是迄今为止少数达到兆瓦级以上并进入大规模商业示范运行和市场开拓阶段的电化学储能电池系统之一。如图 3-1-3 所示，全钒液流电池主要活性物质为不同价态的钒离子，依靠正极 4 价和 5 价钒离子、负极 3 价和 2 价钒离子之间的氧化还原反应完成充放电循环。正负极的充放电电化学反应如下：

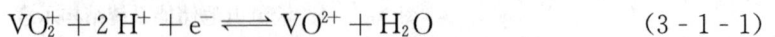

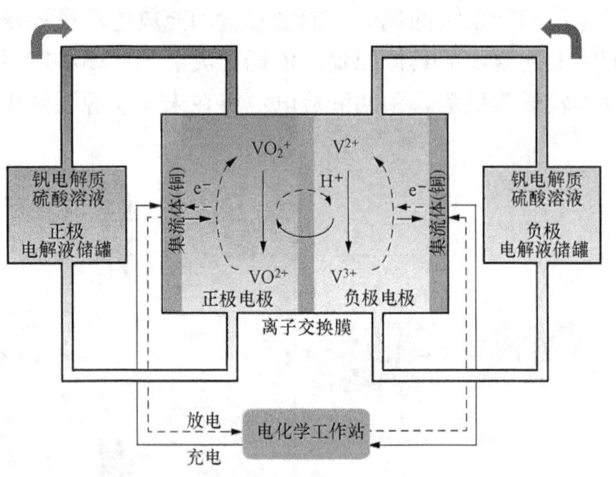

图 3-1-3　全钒液流电池示意

正极：

$$VO_2^+ + 2H^+ + e^- \rightleftharpoons VO^{2+} + H_2O \tag{3-1-1}$$

负极：

$$V^{2+} - e^- \rightleftharpoons V^{3+} \tag{3-1-2}$$

总反应：

$$VO_2^+ + V^{2+} + 2H^+ \rightleftharpoons VO^{2+} + V^{3+} + H_2O \quad (3-1-3)$$

全钒液流电池的理论能量密度为 50W·h/L，而实际可用容量由于受到跨膜损失、欧姆损失、活化过电势和浓差过电势等因素的影响，通常只能达到理论值的 80%左右，即 40W·h/L。当采用电化学性能和传质性能改善后的电极和双极板材料时，全钒液流电池在 20～500mA/cm^{2}的放电电流密度范围内都能够保持 80%以上的电压效率。当电流密度进一步提高时，电池系统由于欧姆损失、活化过电势和浓差过电势的显著增加，电压效率显著降低。

美国麻省理工学院于 2011 年首次提出半固态锂离子液流电池（semi-solid Lithium-ion flow battery），如图 3-1-4 所示其悬浮液由锂离子化合物、导电碳颗粒、有机溶剂等混合而成，通过正负极悬浮液中锂离子的脱出与嵌入完成充放电过程[1]。与全钒液流电池相比，半固态锂离子液流电池没有如石墨毡、碳纸等固定电极，而是通过导电碳颗粒在悬浮液中形成电子导电网络，因此不可避免地具有较高的黏度，其黏度约为全钒液流电池电解液的 500 倍左右，因此造成较高的泵功损失。尽管高溶解度与高电压区间能带来 6～10 倍于全钒液流电池的理论能量密度，但在实际情况中由于受到欧姆损失、悬浮颗粒沉降等因素的影响，其电解液利用率只能达到理论值的 50%左右。

混合液流电池的负极一般采用传统电池电极结构，正极采用可流动的有机电解液四甲基哌啶氧化物 TEMPO[2]（见图 3-1-5）。通过采用此设计，锂/TEMPO 混合液流电池的理论能量密度可接近锂离子电池。但是由于泵功损失和欧姆损失的限制，电池的电压效率和功率密度仍处于较低水平。例如当 0.1mol/L 的 TEMPO 溶解于 1mol/L 的六氟磷酸锂作为正极电解液时，在充放电电流密度为 5mA/cm^{2}的情况下（电化学反应电压约为 3.5V，此时功率密度约为 53.85W/L），锂/TEMPO 混合液流电池的电压效率约为 85%。当电流密度进一步增加到 10mA/cm^{2}以上时，锂/TEMPO 混合液流电池的电压效率远低于全钒液流电池在同等电流密度下的电压效率。

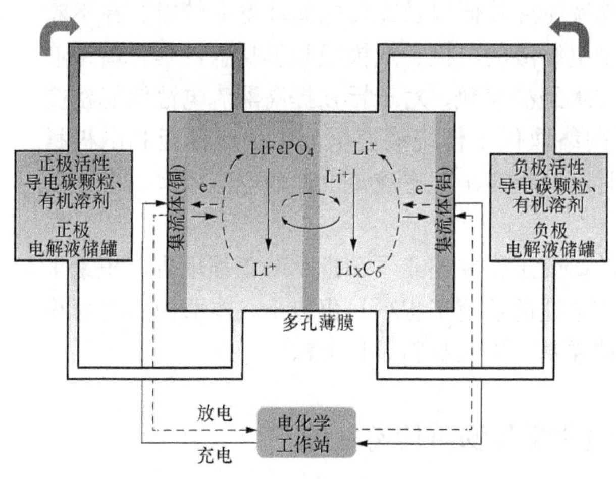

图 3-1-4 半固态锂离子液流电池示意

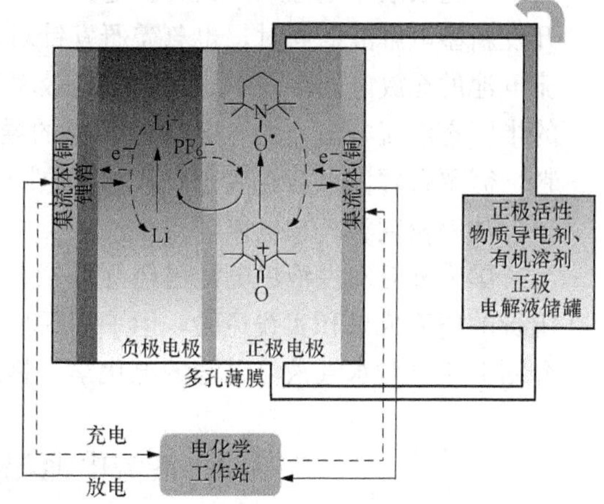

图 3-1-5 锂/TEMPO 混合液流电池示意

3.1.2 液流电池面临的挑战

与其他储能技术相比，液流电池技术虽然存在一定的优势，但是也面临着一些挑战，如成本偏高，电压效率、系统效率和电解液利用率需要进一步提升，正负极电解液交叉污染等。液流电池成本的降低，一方面取决于系统各个元件成本的降低，另一方面提高液流电池的功率密度、能量密度、电解液利用率和各元件的寿命也可以显著降低液流电池单位能量或功率容量成本。如图 3-1-6 所示，液流电池储能系统的总成本主要由膜、双极板、电解液等材料决定，这些材料不仅直接影响液流电池系统的资本成本，也决定了液流电池的电压效率、电流效率、泵功损失、功率密度、活性物质浓度和电池寿命等性能，间接影响液流电池系统的技术经济表现。

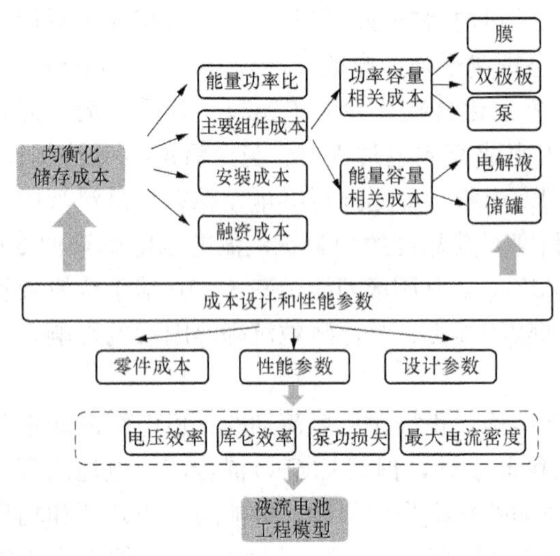

图 3-1-6 液流电池成本分析示意

液流电池的系统效率由库仑效率、电压效率和泵功损失决定，其中传统水性液流电池电流效率已经达到 95%以上，但是电压效率仅为 65%～85%不等。合理设计电池材料和开发替代性电极、双极板和膜材料，在降低材料成本的同时提高电压效率、降低泵功已成为提高系统效率、延长电池充放电循环寿命和降低液流电池成本的关键。当材料的单位成本不变时，若可施加的电流密度增加一倍，则同等功率容量下可节约一半的电池堆栈成本；同理，实际可用容量衰减速率的降低则意味着可在更长的周期内更换电解液，降低液流电池的全生命周期成本。

对于新型有机液流电池，某些非金属电解液材料可大规模生产加工，成本远低于水性液流电池中所选用的金属活性离子。例如美国哈佛大学研究团队所开发的蒽醌液流电池采用蒽醌有机分子电解液，可将液流电池的储能成本降低至 100 美元/kWh 以下[3]。但是新型有机电解液通常具有较高的黏度和活性物质跨膜速率，造成液流电池泵功较高、电压效率和功率密度较低以及充放电循环寿命较短。在不断开发新型电解液的同时，也急需研发针对新型电解液的电极、双极板和膜材料，延长新型液流电池的充放电循环效率、提升电压效率和技术经济表现。对于旨在提高液流电池储能密度的半固态液流电池，由导电颗粒构成的导电网络取代了传统液流电池中的双极板和电极材料，需要合理设计活性离子材料和导电颗粒材料，提高半固态液流电池的电流效率、电压效率、功率密度和充放电循环寿命。

国内外对水性液流电池已经开展了大量的研究工作并建立了一批示范工程项目，积累了宝贵的研究成果和实践经验，但采用新型液流电池的示范工程项目仍较少。本章内容将着重介绍关于针对水性液流电池的电化学、物质传递基础以及材料设计方法。

3.2 液流电池相关电化学和物质传递基础

液流电池电极、双极板和膜材料作用于液流电池的电化学和物质传递过程，从而影响液流电池的电压损失、电流损失、能量损失和容量损失。

3.2.1 液流电池相关性能表征

在电池充放电过程中，液流电池储能系统的能量损失主要包括泵运行消耗的能量和电池充放电过程中消耗的能量。其中，充放电能量损失是指实际电压偏离理想的平衡电位带来的电压损失和有效电荷损失带来的电流损失共同造成的能量损失。

1. 泵功损失

泵功损失是指在液流电池工作的过程中，为了保证电解液以一定的流量在液流电池储能系统中循环流动所消耗的能量，与电解液的性质和电池内部的结构密切相关。泵功 W_{pump} 的计算公式如下：

$$W_{pump}=\frac{\Delta p\cdot Q}{\eta_{pump}}=\frac{\nu\cdot Q\cdot L}{K\cdot A}\cdot\frac{Q}{\eta_{pump}} \tag{3-2-1}$$

式中：Δp 为电解液在电池进出口的压降；Q 为电解液体积流量；η_{pump} 为泵的运行效率；ν 为电解液黏度；K 为电极的可渗透；L 为电极的长度；A 为电极在电解液流动方向的横截面积。

2. 库仑效率

库仑效率是指系统放电过程中提供的电荷量与系统充电过程中获得的电荷量之比：

$$\eta_{coulombic}=\frac{\int I_{discharge}(t)\mathrm{d}t}{\int I_{charge}(t)\mathrm{d}t} \tag{3-2-2}$$

式中：$\eta_{coulombic}$ 为液流电池充放电过程中的库仑效率；$I_{discharge}$ 和 I_{charge} 为 t 时刻液流电池系统的放电电流和充电电流。

库仑效率的损失主要包括以下几个方面：①液流电池充放电过程存在副反应，例如析氢和析氧反应，这些反应会消耗部分电荷；②虽然液流电池中通常采用的质子交换膜理论上只允许不参加电化学反应的质子通过，但是实际运行中会出现正负极电解液的跨膜现象，造成参加电化学反应的活性物质减少；③由于电解液具有导电性，电解液在进入电极之前的管道中会形成旁路电流，造成旁路电流损失。目前的技术水平下，在较短的充放电周期内水性电解液液流电池的库仑效率已经达到了 90％以上。

3. 电压效率

电压效率是指放电过程中放电电压与充电过程中充电电压之比：

$$\eta_{voltage}=\frac{\int U_{discharge}(t)\mathrm{d}t}{\int U_{charge}(t)\mathrm{d}t} \tag{3-2-3}$$

式中：$\eta_{voltage}$ 为液流电池充放电过程中的电压效率；$U_{discharge}$ 和 U_{charge} 分别为 t 时刻液流电池系统的放电电压和充电电压。

电压损失主要包括双极板、电极、膜和正负极电解液的欧姆损失，电化学反应的活化极化损失，以及电极表面活性物质浓度与电解液中活性物质浓度之间的差异造成的浓差极化损失。

4. 系统能量效率

液流电池的系统能量效率通常被定义为综合考虑泵功损失、库仑效率和电压效率的综合效率：

$$\eta_{energy}=\eta_{coulombic}\cdot\eta_{voltage}\cdot\frac{W_{out}-W_{pump}}{W_{out}} \tag{3-2-4}$$

式中：η_{energy}为液流电池充放电过程中的系统能量效率；W_{out}为液流电池总充电或放电功率。

在分析完整的液流电池储能系统的综合效率时，还需考虑系统控制模块的损失和能量消耗，例如逆变器损失、电池热管理系统耗能等。

5. 容量衰减

描述液流电池性能的其他重要参数还包括充放电深度、容量衰减速率、活性离子跨膜速率等。以全钒液流电池为例，实际运行中全钒液流电池负极活性离子浓度通常低于正极活性离子浓度，因而通常认为实际可用容量主要取决于负极活性离子浓度。如图 3-2-1 所示，总体而言，运行过程中全钒液流电池实际与理论可用容量之间的差异由表观容量损失和负极活性离子浓度损失共同造成。此外，为了避免析氢析氧副反应的发生，在全钒液流电池充放电过程中通常设置充放电电压上下限。电解液流量和体积决定了电极内活性离子的更新速度，共同作用于液流电池浓差极化损失及因极化和有限电压区间所导致的表观容量损失。

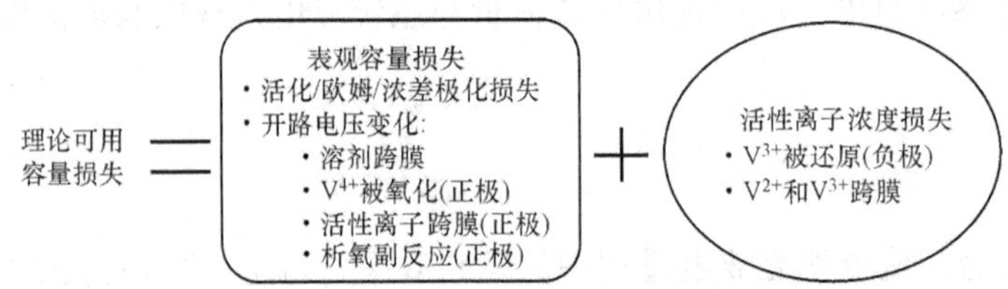

图 3-2-1 全钒液流电池容量衰减机理

（注：活性物质沉降和电解液泄漏等导致的可用容量衰减未在图中列出）

6. 电池极化

液流电池的电压损失主要取决于电极极化损失，包括欧姆极化、活化极化和浓差极化情况，通常采用极化曲线法（polarization curve）和电化学阻抗谱法（electrochemical impedance spectroscopy）进行分析。如图 3-2-2 所示，极化曲线是由电化学反应的开路电压损失和活化极化损失、服从欧姆定律的欧姆损失以及由反应物（也可称为活性物质；当活性物质为离子时，也可表述为活性离子）局部浓度限制作用形成的浓差极化损失共同决定。在较低的电流密度区域，电池的极化损失主要来源于活化极化损失，极化曲线中电压随着施加的电流密度的增加而快速降低，该过程通常可用电荷传输速率受限的巴特勒 - 沃尔默（Butler - Volmer）模型进行近似的模拟。在中等电流密度区域，极化曲线中电压与施加的电流密度之间呈近似线性关系，并且该直线的斜率与电池中所有内部电阻的总和成正比。在较高电流密度区域，显著增加的浓差极化会造成电压的陡降。极化曲线中电压由于浓差过电势过高而发生陡降时的电流密度一般被定义为极限电流密度。在实际中三种极化可能同时存在，在很多情况下，无法完全区分三种极化损失

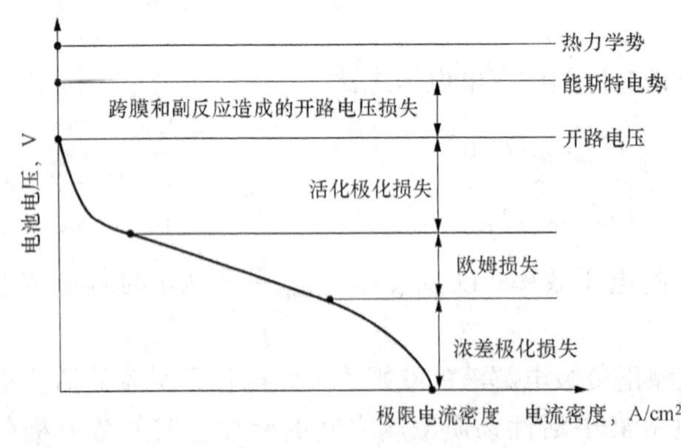

图 3-2-2 极化曲线示意

（即过电势损失）所对应的极化曲线区域以及准确计算电化学反应阻抗、欧姆阻抗和电子/离子传质阻抗。通常可通过极化曲线结果分析结合电化学阻抗谱结果分析，定量或定性分析不同电流密度下液流电池的各项极化损失。

电化学阻抗谱分析法的原理是通过对电池施加已知幅度和频率的电压/电流扰动信号，获得不同频率扰动信号下偏离平衡的幅度和相位，表征液流电池系统的电化学反应、欧姆和浓差阻抗信息。阻抗谱通常以奈奎斯特（Nyquist）图的形式进行绘制，典型的Nyquist图如图3-2-3所示。为了依据Nyquist图获得阻抗的定量信息，可通过建立兰德尔斯（Randles）等效电路或其他近似等效电路来拟合阻抗结果，获得各部分阻抗信息。需要注意的是，在低频区域，由于受到蠕动泵、阀门等脉冲影响，可能造成低频区阻抗谱结果不准确。因此，电化学阻抗分析法通常用于测量较高频率区域的欧姆和电荷转移阻抗，一般不用于分析扩散阻抗（即浓差极化）。

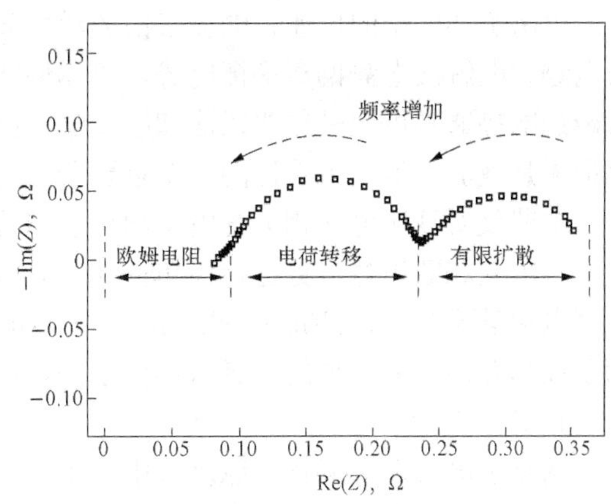

图3-2-3 典型电池阻抗谱（Nyquist图）

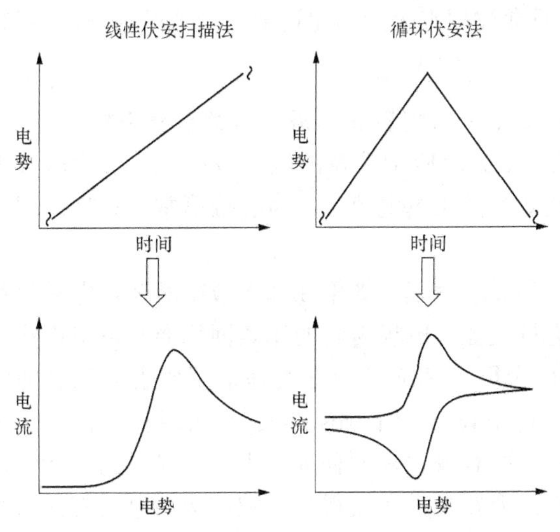

图3-2-4 线性扫描伏安法和循环伏安法示意

7. 电化学反应可逆性

循环伏安法（cyclic voltammetry）是一种常用的表征方法，在液流电池材料的研究中通常被用来定性分析电极材料对电化学反应可逆性的影响。如图3-2-4所示，线性伏安扫描法的工作原理是对工作电极施加随时间线性变化的电势使电池发生还原（或氧化）反应，并记录所获得的电流响应，在一定时间后改变电势的扫描方向，继续进行线性伏安扫描的反向实验，使电池发生氧化（或还原）反应，从而获得完整的电流-电势循环伏安曲线。采用循环伏安法获得的电流-电势曲线中两个最重要的参数分别是正向和反向的电流峰值比以及电势峰值之差。对于具有稳定产物的可逆氧化还原反应，平衡电势可用能斯特方程（Nernst equation）进行计算，电流峰值比等于1，并且该峰流比与所施加的电势扫描速度、活性离子的扩散系数、换向电势等都无关。当采用循环伏安法表征氧化还原反应的可逆性时，随着反应速率常数的减小和反应过程的可逆性降低，电流峰值比逐渐偏离1，并且电势峰值差逐渐偏离由能斯特方程确定的反应峰电势差。

8. 单电池测试

为了表征完整的电池性能情况，通常采用恒定荷电状态下的三电极结构、单流程结构、串联电池结构和对称电极结构等测试电化学反应活性、可逆性和极化情况等。

3.2.2 液流电池相关电化学反应和传质过程

液流电池作为一个电化学反应器，其根本性目标是实现充放电循环中活性物质高效、快速地发生氧化还原反应。该反应的平衡电势一般可用能斯特方程进行预测。由于充放电过程中发生离子和电子的传递、电极表面的活性离子浓度变化以及多种电阻损耗的存在，造成电极电势和电解液电势偏离平衡电势，总体偏离电势称为过电势。如上节所述，活化、浓差和欧姆过电势通常可用极化曲线法和电化学阻抗法进行表征，通过材料的优化设计从而降低极化损失是液流电池材料设计的一个重要研究内容。

本节仅对液流电池相关的电化学反应和传质机理以及由电化学反应和传质过程所引起的活化、浓差和欧姆过电势进行简单介绍。John Newman 和 Karen E. Thomas - Alyea 所撰写的《电化学系统》(《Electrochemical Systems》) 对电池中的电化学和传质机理进行了深入而全面的介绍，感兴趣的读者可参考该书籍梳理相关概念以及相关物理和化学过程。

1. 活化过电势

活化过电势反应氧化还原反应中产生所需电流时所需的活化能与平衡电势之间的电势差值。活化过电势的大小取决于反应物和电极材料的设计，通常可通过催化氧化还原反应、增加电极的比表面积和反应活性位点等方法降低某一电流密度下的活化过电势。总体而言，为了提高反应活性，通常在碳纤维材料表面引入含氧官能团和金属催化剂催化氧化还原反应(详见 3.4 节)。

巴特勒 - 沃尔默 (Butler - Volmer) 方程通常被用来表示活化过电势造成的电势的偏移：

$$j = j_0 \cdot \left[e^{\frac{\alpha_a zF}{RT}(E-E_{eq})} - e^{\frac{\alpha_c zF}{RT}(E-E_{eq})}\right] \tag{3-2-5}$$

式中：j 为电流密度；j_0为交换电流密度；α_a、α_c为阴极和阳极的电荷转移系数 ($\alpha_a+\alpha_c=1$)，可描述正负极的电化学反应动力学特性；z 为反应中涉及的电子数；E、E_{eq}为电极电势和由能斯特方程决定的平衡电势，两者之差即为活化过电势；F 为法拉第常数；R 为摩尔气体常数；T 为温度。

交换电流密度取决于电极材料的比表面积和反应速率。如第 3.2.1 节中所述，电极材料的氧化还原催化活性一般可通过循环伏安法进行表征，电极材料的比表面积通常可采用物理吸附法、表面形貌法和电化学双电层法等进行表征。最常见的方法是采用比表面积吸附法 (brunauer - emmett - teller) 和压汞法 (mercury intrusion porosimetry) 对多孔电极材料的比表面积进行表征。由比表面积吸附法和压汞法所获得比表面积远高于电极材料的实际可用比表面积。对电极材料进行设计和优化时，不仅需要考虑所获得的孔隙结构和电极表面形貌对物理比表面积的影响，还需要考虑所获得比表面积是否能够被活性物质电化学吸附。电极材料的物理和电化学比表面积的增加可通过优化碳纤维排布、在碳纤维表面加工微纳尺度孔隙或在碳纤维表面引入微纳尺度材料等方式获得 (详见 3.4 节)。

电化学双电层电容法可用来对实际可用比表面积进行表征，该方法主要是基于待测电极材料的双电层电容与参比电极材料 (例如玻璃碳) 的双电层电容之比：

$$a = \frac{c_e}{c_{ref}\, m_e} \tag{3-2-6}$$

式中：c_e、c_{ref}为待测电极材料和参比电极材料的电化学双电层电容；m_e为电极质量。

2. 浓差过电势和泵功损失

浓差过电势是由于电解液主体与电极表面 (即碳纤维表面) 之间的活性物质浓度不同而

引起的电势偏离。特别是当电化学反应足够迅速但是电解液流速偏低时，电极表面的活性物质浓度会低于电解液主体中浓度，造成反应速率不再受限于氧化还原反应速率而是受限于活性物质到达电极表面的能力。在传质影响下的巴特勒-沃尔默（Butler-Volmer）方程如式（3-2-7）所示：

$$j = j_0 \cdot \left[\frac{c_o^{surf}}{c_o} e^{\frac{\alpha_a zF}{RT}(E-E_{eq})} - \frac{c_r^{surf}}{c_o} e^{\frac{\alpha_c zF}{RT}(E-E_{eq})}\right] \tag{3-2-7}$$

式中：c_o、c_r为待被氧化和待被还原的活性物质的浓度，上标 surf 表示在电极表面的活性物质的浓度。其余物理量同式（3-2-5）。

降低浓差过电势的最直接的方式是提高电解液的流速。一方面，电解液在多孔电极孔隙内的流动均匀性会影响反应活性离子在整个电极内部的分布均匀性，电解液的当地流速也会影响到反应活性离子从主体电解液到电极表面的对流传质过程，从而作用于液流电池的浓差极化。但是另一方面，电解液在流道和多孔电极孔隙内的流动过程影响泵功的消耗。当电解液压降较高、黏度较高时，循环泵所消耗功率可能会达到液流电池充放电功率的40%以上，造成液流电池储能系统的能量效率降低。因此，在考虑对电极结构进行设计和优化从而强化传质时，需要同时考虑对活性物质传质和泵功损失的影响。为了理解电极结构对电解液流动和活性物质的影响规律，本节将对电解液的流动过程以及活性物质在多孔电极内的传质过程进行介绍。

虽然新型液流电池可能采用高分子聚合物或者悬浮颗粒作为氧化还原反应中的反应物，但是本章以传统水性液流电池为例，介绍活性物质为离子时的传质过程。液流电池传质过程一般是指液流电池充放电过程中的物质传递过程。如图3-2-5所示，该过程可以详细划分为：活性离子随电解液从电池入口渗入多孔电极孔隙内部的过程，活性离子从多孔电极的孔隙内部传递到电极表面的过程，电子在电极内部的传递过程，以及活性离子、氢离子（以全钒液流电池为例，全钒液流电池所采用的离子交换膜多为质子交换膜）和水分子的跨膜传递过程四个方面。其中，活性离子在多孔电极孔隙内的传质过程如图3-2-6所示，主要包括电解液渗入多孔电极以及活性离子从电解液主体通过对流、扩散和电迁移传递到孔隙表面两个过程。

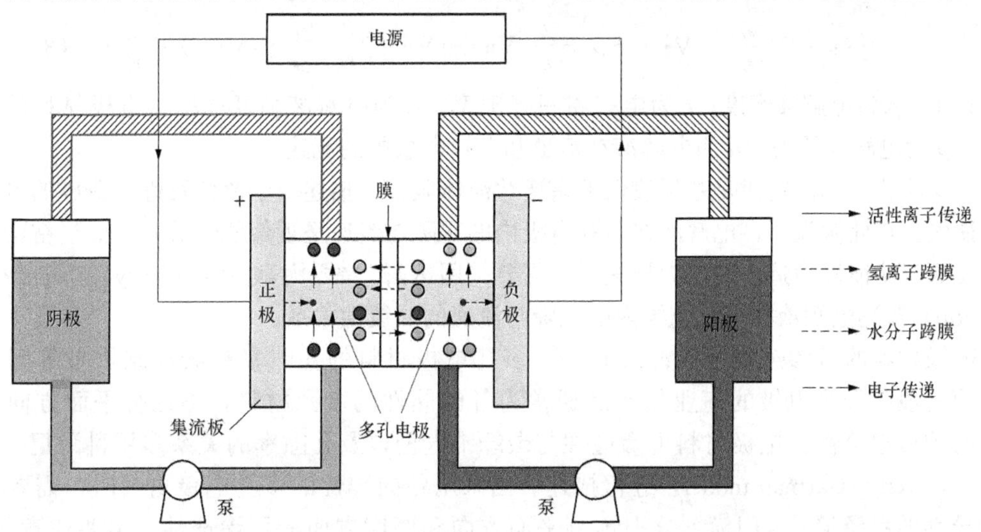

图3-2-5 液流电池系统活性离子、质子、电子和水分子传质过程示意

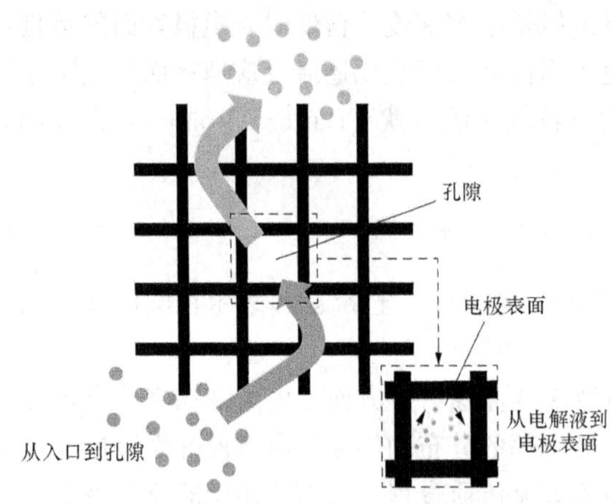

图 3-2-6 电极内活性离子传质过程示意

传统的液流电池结构中电解液在电极平面方向流过整个多孔电极，造成较长的流程和较高的电解液压降。为了降低泵功损失，国内外的研究者开发了多种流道结构，通过加工于双极板上的流道引导电解液流过电极的贯通面，减少电解液压降和电极内的流动死区。对于高黏度电解液而言，通过合理的流道设计降低系统过高的泵功损失尤为重要。因此，为了优化传质过程和降低液流电池储能系统的泵功损失，新型有效的流道结构的提出面临着一个瓶颈，特别是针对有机电解液以及悬浮电解液的新型流道设计。近年来，随着研究的深入和 3D 打印技术的发展，国内外学者提出了一些新型流道设计[4]，但是目前实践中仍多采用蛇形流道和交叉形流道这两种流道结构[5]。新型复杂流道结构的提出给双极板材料的机械性能提出了更高的要求。常见双极板材料为石墨材料，但是常规石墨材料的机械性能不佳，给流道的加工带来了很大的困难。

电解液在流道和多孔电极中的流动过程通常可用如下所示的纳维尔 - 斯托克斯方程（Navier Stokes equation）进行描述：

$$\rho(\boldsymbol{u}\cdot\nabla)u=\nabla\cdot\{-p+\mu[\nabla u+(\nabla u)^{\mathrm{T}}]\} \tag{3-2-8}$$

式中：u 为电解液在流道和多孔电极中的流速；ρ 为电解液密度；μ 为电解液黏度；p 为电解液压力；上标 T 代表矩阵转置运算。

由于多孔电极内部碳纤维排布复杂，多孔电极内部可流动区域几何形状复杂，通常难以通过直接求解纳维尔 - 斯托克斯方程获得电解液在多孔电极内部的速度场。因此，在建模时多采用达西定律（Darcy's law）或者布林克曼方程（Brinkman equation）描述电解液在多孔电极内的流体力学特征。布林克曼方程如下所示：

$$\frac{\rho}{\varepsilon}(u\cdot\nabla)\frac{u}{\varepsilon}=\nabla\cdot\left\{-p+\frac{u}{\varepsilon}[\nabla u+(\nabla u)^{\mathrm{T}}]\right\}-\frac{2u}{3\varepsilon}\nabla(\nabla\cdot u)-\frac{\mu}{K}u \tag{3-2-9}$$

式中：ρ 为电解液密度；ε 为电极材料孔隙率；μ 为电解液黏度；K 为电极材料的可渗透性；p 为电解液压力；u 为电解液在流道和多孔电极中的流速。

需要注意，达西定律是基于较低的雷诺数流体假设，描述由于流体黏性力造成的电解液压力损失。在此假设下，电解液在多孔电极内的压降与流速呈近似线性关系。而当雷诺数较高，无法忽略惯性力造成的压力损失时，需要采用达西 - 福希海默方程（Dary - Forchheimer equation）描述电解液在多孔电极内的压降与流速的非线性关系。

电极材料的可渗透性由碳纤维直径、多孔电极材料的孔隙率和碳纤维排布等因素决定。现阶段碳纤维电极的商业化产品通常为各向同性的多孔材料，不区分平面方向和厚度方向的可渗透性。电极材料可渗透性与碳纤维直径以及孔隙率的关系多用科泽尼 - 卡门模型（Kozeny - Carman model）进行描述。当采用各向异性的多孔电极材料时，需要使用各向异性的科泽尼 - 卡门模型分别预测平面方向和厚度方面的可渗透性。需要注意的是，在组装液流电池时，通常会对电极材料的厚度进行压缩，从而降低电极材料的面电阻

（area specific resistance，ASR）以及膜与电极间的接触电阻，同时也会影响到电极材料的可渗透性。

$$K=\frac{d_{\mathrm{f}}^{2}}{16\xi_{\mathrm{CK}}}\cdot\frac{\varepsilon^{3}}{(1-\varepsilon)^{3}} \tag{3-2-10}$$

式中：K 为电极材料的可渗透性；d_{f} 为构成电极的碳纤维的直径；ξ_{CK} 为修正系数，该修正系数与电极材料本身的性质（例如纤维间流动通道的扭曲度）密切相关；ε 为电极材料孔隙率。除了公式（3-2-10）以外，还有很多模型和公式用以描述电极材料可渗透性与多孔电极结构之间关系，感兴趣的读者可参考由 M. Kaviany 所撰写的《多孔介质传热原理》（《Principles of Heat Transfer in Porous Media》）。

虽然活性离子会随着电解液主体渗入多孔电极内部，但是活性离子仍需传递到碳纤维的表面（即孔隙表面），才能够参与电池充放电循环中的氧化还原电化学反应。该活性离子传质过程主要包括由浓度梯度驱动的扩散传质、流动驱动的对流传质和电势驱动的离子迁移，通常用能斯特-普朗克模型（Nernst-Plank model，也称为对流-扩散方程）进行描述：

$$\vec{N}_{\mathrm{i}}=-D_{\mathrm{i}}^{\mathrm{eff}}\nabla c_{\mathrm{i}}-\frac{z_{\mathrm{i}}c_{\mathrm{i}}D_{\mathrm{i}}^{\mathrm{eff}}F}{RT}\nabla\varphi+uc_{\mathrm{i}} \tag{3-2-11}$$

式中：$\vec{N}_{\mathrm{i}}$ 为离子的通量；$D_{\mathrm{i}}^{\mathrm{eff}}$为离子的有效扩散系数；$c_{\mathrm{i}}$ 为离子浓度；z_{i} 为离子带电荷数；φ 为电解质电势；u 为电解液流速。该等式的左边代表离子总通量，右端三项分别代表扩散、迁移和对流带来的物质传递。其中，有效扩散系数是在离子标准扩散系数的基础上，根据多孔介质的性质进行修正。

由于多孔电极内电解液的雷诺数和电势一般较低，通常可忽略对流和电迁移现象的影响。因而活性离子从电解液主体到碳纤维表面的传质过程可近似为离子在浓度边界层内的扩散传质过程，可用菲克定律（Fick's law）进行描述：

$$\vec{N}_{\mathrm{i}}=k_{\mathrm{m}}\frac{\mathrm{d}c_{\mathrm{i}}(x)}{x} \tag{3-2-12}$$

式中：$\vec{N}_{\mathrm{i}}$ 为离子的通量；k_{m} 为浓度边界层中的活性离子的传质系数；$c_{\mathrm{i}}(x)$ 为距离碳纤维表面 x 位置处的离子浓度。传质系数受到电解液流速、浓度、黏度、扩散系数以及电极孔隙结构的影响，可通过实验或者模拟的方法获得无量纲舍伍德数（Sherwood number）与雷诺数之间的无量纲关系式。

在一些常用的电极材料中碳纤维排布和孔隙分布通常呈现出不同的规律，碳毡和碳纸中碳纤维呈现无序的构成结构，而以前用作燃料电池中气体扩散层的碳布材料通过编织碳纤维呈现碳纤维规律性的交叉排布（见图 3-2-7），因此呈现出不同的可渗透性、活性离子的扩散系数以及浓度边界层内的传质系数等。在给定纤维直径和孔隙率的情况下，曲折度和水力渗透性主要取决于碳纤维的孔径分布和排列方式。现有研究成果表明，有序排列模式将产生较低的曲折度，活性离子在碳纤维有序排布的材料中的可渗透性和传质系数都更高。可通过优化设计多孔电极材料的孔隙率和纤维排布来优化电极材料的可渗透性和传质特性（详见第 3.4 节）。

电极材料的孔隙直径和孔隙率大小会影响到电极材料的可渗透性以及电解液在孔隙内的速度分布，孔隙直径和孔隙率越大则电极材料的可渗透性越高、孔隙内速度越大，促进活性

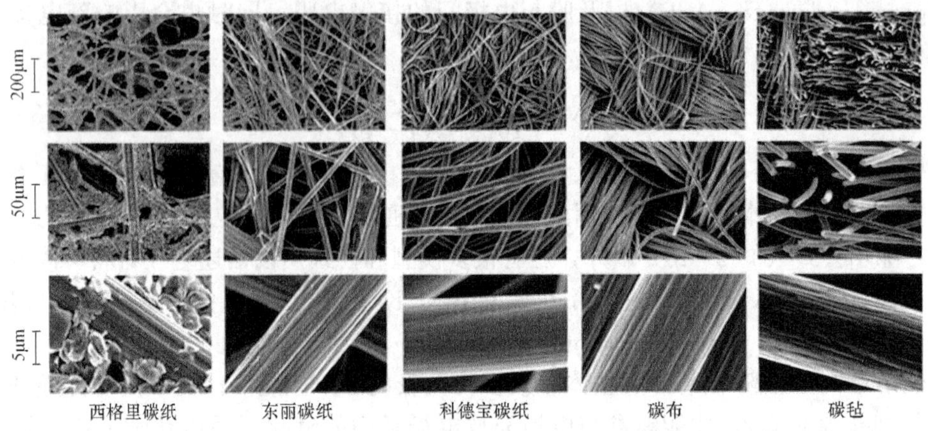

图 3-2-7　不同电极材料的扫描电镜图像[6]

离子的传质过程，但是孔隙直径越大则导致电极材料的比表面积下降，从而使得使得电极的电化学反应活性下降。因此，在设计电极材料孔隙结构时，一些学者提出加工双尺度孔隙结构的电极材料，提供两种尺度的孔隙（见图 3-2-8）：第一种是电极材料本身具有的直径约 10μm 的孔隙，另外一种是在碳纤维表面加工的纳米级孔隙[7]。后者在不显著降低电极材料可渗透性的情况下显著增加电极材料的比表面积。双尺度孔隙结构电极材料能够有效地提高液流电池的整体性能，是目前研究的热点之一。

碳布具有相对有序的纤维排列方式，且碳纤维簇与簇之间形成较大的孔隙（例如 100μm 孔径）。碳布结构由于具有碳纤维与碳纤维之间的小尺度孔隙和碳纤维簇与碳纤维簇之间的大尺度孔隙（见图 3-2-7），也被认为具有双尺度孔隙结构。

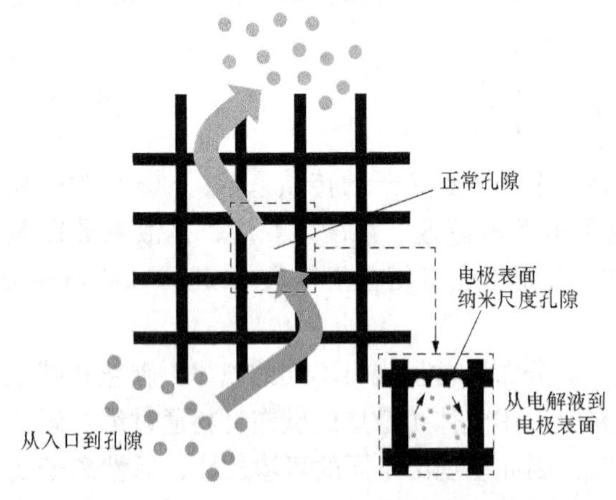

图 3-2-8　双尺度孔隙电极结构示意

3. 欧姆损失

活性离子在电极表面发生氧化还原反应，所有带电离子在电解液中的定向移动，综合考虑了传质和电化学反应后的离子总通量在电解液中引起的电荷移动，形成一定的电流和电势。电荷在电解液中的传质过程受到一定的阻力，该移动阻力通常用电解液的阻抗来进行描述。载流离子在电解液内失去/获得电子形成电解液内电流和电势的同时，带有相同电荷量的电子在电极中（即碳纤维相互连接后构成的导电体）移动，形成电极中的电流和电势，该电荷移动阻力由电极材料的阻抗进行描述。随着电子由电解液传递至电极，质子通过膜在两个电极内移动，保证整个电池的电荷守恒（见图 3-2-5）。因此，电解液阻抗、电极阻抗、离子交换膜阻抗还有双极板阻抗共同形成了液流电池中的欧姆损失。

选择较薄的材料是降低欧姆损失的有效措施。但是对于电极材料而言，电极厚度降低在降低欧姆损失的同时也减少了电化学反应活性位点；对于双极板材料而言，较薄的双极板材料可能难以保证其机械性能，特别是需要在双极板上加工流道时，如何平衡双极板的导电性和机械性能也是现在开发双极板材料的难点之一；对于膜材料而言，膜厚度的降低可以降低膜阻，减少电阻损失，并且降低材料成本；但是另一方面，膜厚度的降低会导致跨膜现象的恶化从而降低库仑效率、电解液利用率和电池容量。因此，对以上材料厚度的优化需要综合考虑多个因素。

此外，双极板与电极之间的接触电阻、离子交换膜与多孔电极材料之间的接触电阻等也会影响到电子在液流电池中的传递。离子交换膜与多孔电极之间的接触电阻一般可通过给电池增加一定压力的方式进行改善。在双极板和电极之间添加一层导电性能好的材料也可以有效降低接触电阻，但是该措施对于加工有流道的双极板通常是无效的。

4. 容量损失

离子交换膜中的传质过程，主要包括质子的传递过程、水分子的传递过程以及活性离子的跨膜传递。其中，活性离子以及质子的跨膜传递过程依然可以用能斯特 - 普朗克方程进行描述。水分子的跨膜机理与活性离子、质子的跨膜机理不同。研究表明在单独一个充放电循环中，质子对于水分子的拖拽行为在水分子输运过程中起到最主要的作用，但是在长期充放电循环中，水分子的输运主要受活性离子对于水分子的连带作用和渗透作用的影响。通常认为，跨膜损失的降低主要可通过对膜材料进行优化设计来实现。但是考虑到膜材料的优化设计是一个较为复杂的问题，需要综合考虑膜结构对于水分子、活性离子和质子跨膜的作用机理，同时还需要考虑不同类型的膜材料的成本高低。

3.2.3 液流电池材料设计要求

一方面，电极材料的氧化还原反应活性位点受到电极材料物理结构和表面化学性能的影响；另一方面，活性离子在电极内的传质过程与电极内电解液的流速和活性离子的浓度分布等都存在着密切的联系，而电解液流速和活性离子浓度的分布主要由液流电池流道的设计、多孔电极的孔隙结构以及电池运行条件等因素决定。电子在液流电池中的传质过程则与电极结构、双极板、电极、离子交换膜的厚度密切相关。研究表明，对流道结构、孔隙结构、碳纤维排布、电极厚度等进行优化设计能够有效强化电极材料的电化学反应活性、强化活性离子和电子在多孔电极内的传质过程以及降低欧姆阻抗，而对膜结构进行优化设计能够有效减缓水分子和活性离子的跨膜传递。

液流电池的大规模应用面临的主要问题是成本过高，主要是离子交换膜、碳纤维多孔电极、双极板以及电解质的成本较高。针对以上几部分设计开发出原材料丰富、加工过程简单的新型材料能够有效地降低液流电池的总成本。同时，为了提高液流电池的运行性能和降低液流电池容量衰减，除了开发新的电极材料、双极板材料和离子交换膜材料以外，还需要对现有电极材料和膜材料进行一定的加工处理，提升电极材料的电化学活性，强化活性物质和电子在电极材料和双极板材料中的输送过程，以及避免活性物质和水分子的跨膜传递过程。除了要求材料便宜、来源丰富以及加工过程简单以外，对液流电池关键材料的电化学性能、机械性能和传质性能等要求如下：①电极材料需同时满足机械强度高、耐腐蚀、导电性较好、电化学活性高、可渗透性高等要求；②双极板结构（含流道）需要同时满足机械强度高、耐腐蚀、导电性较好等要求；③需考虑降低多孔电极与离子交换膜之间以及双极板与多孔电极之间的接触电阻；④离子交换膜的设计一般需要满足导电性好、水分子和活性离子跨膜程度小等要求。

如上所述，离子交换膜材料的优化设计是一个较为复杂的问题，由于篇幅有限，膜材料的优化和制备问题暂不在本章的讨论范围之内。电解质材料设计内容可通过阅读相关参考文献[8]获取相关知识。

3.3 电极材料的制备、优化和表征

3.3.1 液流电池材料概述

1. 电极材料

液流电池的电极包括金属电极、碳素类电极、复合电极等。目前，金属电极存在相关研究较少和成本高的缺点，不利于液流电池的产业化生产。下面主要介绍碳素类电极的制备、优化和表征方法。

碳素类电极价格低廉且导电性较好，是目前电极材料的主要研究对象。碳素类材料主要有玻璃碳、碳布、石墨毡、碳毡、碳纸、网状玻璃炭等，其中石墨毡和碳纸是最广泛应用的液流电池电极材料。石墨毡和碳毡便宜易得、化学稳定性好，在液流电池研发初期就被用作液流电池电极材料。为了降低碳毡和石墨毡的欧姆损失，降低电极的厚度是最常见的方法。例如美国田纳西大学研究团队提出一种使用只有几百微米厚的单层碳纸和多层碳纸作为电极材料的零间隙液流电池结构[9]。碳纸是由纤维分散黏结制备的多孔纤维增强体，碳纤维表面裸露的不饱和碳原子或其他基团，可作为催化某些氧化还原电对的活性位点；并且厚度较薄、电阻率较低、化学稳定性好。近年来，以前多用于燃料电池的碳布材料也开始被用于液流电池。在相同纤维直径和孔隙率的情况下，与碳纸相比，具有孔径为 5～10μm 的小孔隙与大孔径相结合结构的碳布曲折度更低而渗透率更高，是现阶段液流电池电极材料的研究热点之一。

然而，未处理过的碳素类电极，尤其是碳布电极的电化学活性及动力学可逆性通常较差，需要对材料进行改性处理，改善材料的亲水性、增加表面活性基团，以获得电化学活性高、循环性能稳定的电极材料。关于液流电池的电极处理过程和性能表征将在本节中进行详述。

除了以上产品化的碳毡、石墨毡、碳纸和碳布等碳素类电极，最新的微纳尺度加工技术例如静电纺织和 3D 打印技术也被用于直接生产和加工液流电池的电极材料。尤其是近些年来国内外学者提出的优化设计后的碳纤维排布和孔隙结构以及一些流道 - 电极复合结构，较难采用传统的加工方式，而需要采用先进微纳尺度加工技术。例如美国密苏里科学技术大学 Guo 等人提出在电极表面加工叶片脉络流道结构以提高活性物质在电极内的分布均匀性和降低电解液流经电极的压降[10]。这些复杂结构已经超出传统加工的范畴，需要结合 3D 打印技术，直接使用碳素类材料打印成型。

2. 双极板材料

双极板也是液流电池的关键组件之一，双极板既是电池堆栈中相邻单电池之间的导电连接体，又可以通过优化双极板上流道设计来实现电解液均匀地渗入多孔电极。除了现在常用的石墨双极板，碳聚合物复合材料由于兼具碳的导电性和聚合物的良好加工性能也开始被用作液流电池的双极板材料。为了保证碳聚合物复合材料良好的导电性，复合材料中石墨负载

量通常约为总质量的80%，聚合物仅占较小的组分。除此以外，复合材料中通常还添加少量添加剂，用以进一步改善复合材料的导电性。复合材料可以采用传统的聚合物加工方法进行加工，具有价格低、可批量生产等优势。

3. 膜材料

离子交换膜只允许特定的离子、分子通过，可以防止正负极电解液之间交叉污染以及电极短路的作用，也是液流电池中的关键材料之一。早期的液流电池主要使用燃料电池中常用的质子交换膜，也就是全氟磺化阳离子交换膜，即 Nafion®膜。但是由于全氟化离子交换膜通常成本较高，为了进一步降低液流电池的生产成本，逐渐出现基于非全氟化和非氟化材料的新型离子交换膜等。为了克服离子交换膜阻抗较高的问题，可加入碳纳米管等材料，改善离子交换膜的导电性能。此外，通过孔径排除法物理分离氧化还原活性离子的多孔聚合物也开始被用于液流电池。

3.3.2　石墨毡/碳毡电极材料

石墨毡/碳毡材料通常基于聚丙烯腈基（PAN）、人造纤维或者沥青作为前驱体制备的碳纤维材料，根据后续碳纤维材料黏合、编织等工艺的不同，加工成为石墨毡/碳毡材料、碳纸材料或者碳布材料。其中，石墨毡和碳毡材料的性能基本相似，石墨毡的电阻稍低于碳毡，处理温度（2000℃）则显著高于碳毡（1200℃），但是在液流电池领域一般对石墨毡和碳毡并不加以严格区分。虽然 PAN 石墨毡/碳毡的稳定性略逊于基于人造纤维的材料，但是由于 PAN 石墨毡/碳毡具有导电性好、电化学活性好、化学稳定性高和成本低的优点，基于 PAN 前驱体的石墨毡/碳毡材料是液流电池中最常用的电极材料，现已完全实现量产和商业化。

本节着重讨论 PAN 石墨毡/碳毡材料在液流电池领域的应用。但是为了获得更好的浸润性和电化学催化活性，在使用石墨毡/碳毡材料作为液流电池的电极材料时，通常需要对石墨毡/碳毡材料进行活化处理。对石墨毡/碳毡电极材料的活化处理的主要分为两个方面，一是氧化处理，二是修饰处理。总体而言，活化处理主要通过增加碳纤维表面的含氧或含氮官能团数量、提高电极材料的比表面积和氧化还原反应活性位点、提高碳纤维表面缺陷比例以及在碳纤维表面附着催化剂等途径，提高石墨毡/碳毡材料的电化学反应活性、电导率和双电层电容。本节将对以上处理方式、优化和表征结果进行详述。

1. 热氧化处理（含氧官能团）

氧化处理主要是利用热氧化处理和酸碱刻蚀等氧化还原方法来增加电极材料的比表面积和表面官能团数量，从而提高电极的催化活性。在之前的研究中发现，电极材料表面的C=O、C—O和C—OH等含氧官能团能够为液流电池中的氧化还原反应提供反应位点，从而催化液流电池中的氧化还原反应。

对石墨毡/碳毡材料进行热氧化处理的主要步骤如下：

（1）将石墨毡/碳毡用乙醇和去离子水洗涤，并在真空下干燥；

（2）在马弗炉中、空气氛围内将预清洁的电极材料热氧化；

（3）在给定的温度下保持给定的时间后，冷却至环境温度后将电极取出。

设定的温度和热氧化处理时间通常由所选择的电极材料本身决定。根据石墨毡/碳毡产品所选择的厂家的不同，设定温度为400～750℃不等。

以德国西格里公司的碳毡产品为例，当热氧化温度为400℃时，热氧化时间从10h到

30h 不等，此期间碳毡仅损失吸附的杂质和水分。当热氧化温度为 500～600℃时，热氧化时间保持为 5h，碳毡质量损失较 400℃明显。碳毡经过如图 3-3-1 所示的氧化过程，在此过程中，石墨晶格的边缘平面可充当电子供体，支持氧分子分解为氧原子，碳纤维表面不断接受氧原子，材料表面的含氧官能团比例不断增加。

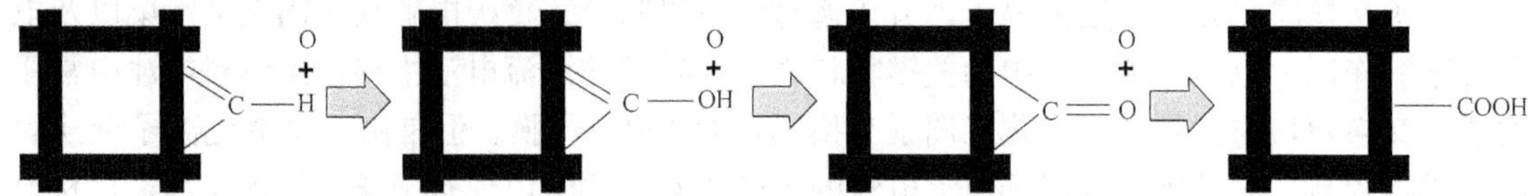

图 3-3-1 石墨纤维氧化过程示意

随着氧化温度的升高，碳纤维表面出现明显的形貌变化，表面粗糙度和亲水性增加，并且碳纤维表面缺陷增加。随着处理温度的升高，材料表面的含氧官能团（C—O 或 C=O 官能团）比例也同时增加。多个研究结果均表明，热氧化处理碳毡电极材料能够显著提升液流电池的性能[11]。性能的提升主要是含氧官能团的增加以及电化学双电层电容增强共同作用的结果。但是当温度过高时，氧原子与碳反应最终导致部分碳原子气化产生二氧化碳（如图 3-3-1 所示，COOH 进一步氧化生成 CO_2，造成碳毡质量损失），碳毡的质量损失随着设定热氧化温度的升高而增加。例如当设定温度为 750℃时，碳毡进入快速分解区，碳毡质量快速降低，而且过高的含氧官能团比例会降低石墨毡/碳毡材料的电导率和碳电极材料的强度。因此，在对石墨毡/碳毡进行热氧化处理时，一般需要严格控制热氧化温度（一般不超过 600℃）和时间，从而获得最佳的电极材料电化学性能和机械性能[11]。

虽然现在已经较为公认热氧化处理后的石墨毡/碳毡电极能够产生比原始石墨毡/碳毡更好的效果，但是关于处理的温度和时长以及热氧化处理石墨毡/碳毡电极提升电池性能的作用机理并没有形成统一的定论。例如，是否增加的含氧官能团起到主导作用？是否所有的含氧官能团起到相同的作用，还是热氧化处理引入的缺陷起到主导作用？亦或是热氧化处理对双电层电容的作用更为主导？为了获得最佳的含氧官能团优化结果，还需要对以上问题进行进一步深入的研究和讨论。

综上，使用热氧化方法对电极材料进行处理对于电极的改变是建立在碳表面的未配对电子易与空气中的 O_2、CO_2 等物质反应形成羟基和羧基等活化基团的基础上，这些活化基团能够对电解液中的离子反应起到催化作用。使用热氧化方法的优势在于含氧官能团在碳表面的形成相对均匀。除了以上的热氧化处理法，一些其他的修饰方法也被用于增加液流电池碳电极材料的表面含氧官能团，例如酸刻蚀处理、电化学氧化处理、湿化学处理、等离子处理、伽马射线处理、微波处理等。与热氧化处理的作用机理类似，通常认为以上方法能够对液流电池氧化还原反应起到催化作用是由于引入了 C—O、C=O 和 O—C=O 等含氧官能团的原因。

研究通常使用扫描电镜图像来观察碳表面的孔隙分布和纤维直径大小，使用光电子能谱图分析碳纤维表面含氧官能团的含量与分布，并结合单电池测试结果，比较不同热氧化温度和时间对于石墨毡/碳毡材料性能的具体提升。

2. 杂原子掺杂

除了表面含氧官能团，氮掺杂和磷掺杂也可能提升碳纤维电极的氧化还原反应催化活性。为了避免由于引入含氧官能团造成碳电极材料的电导率降低，通常可考虑同时引入氮掺杂。由于碳原子的电子缺陷能够强化电荷在石墨层中的传递，氮掺杂能够有效提高碳电极材料的电导率。除了强化电导率，对于全钒液流电池，由于氮原子具有较高的负电荷密度，因此氮掺杂能够更好地吸附钒离子，还能够催化全钒液流电池的氧化还原反应过程。例如中南大学的研究团队提出采用水热氨化方法在氨溶液中处理 PAN 石墨毡 15h，将石墨毡电极的氮含量从 3.8%增加至约 5.4%，使用该掺氮石墨毡电极后，全钒液流电池电流密度、库仑效率和电压效率均有所提高[12]。

最后，磷掺杂也被证实能够催化液流电池中氧化还原电对的电化学反应。在考虑氮、磷掺杂时，由于杂原子总数的增加和共掺杂杂原子（例如氮磷共掺杂）的协同作用，杂原子的共掺杂可以进一步改善材料的性能。例如考虑到杂原子掺杂对钒离子氧化还原反应的改善作用和共掺杂的优点，华北科技大学的研究团队提出制备氮磷共掺杂碳微球，并将制备完成的碳微球作为电催化剂用于 VO^{2+}/VO_2^+ 氧化还原反应[13]。与单氮或磷掺杂碳微球相比，氮磷共掺杂碳微球对 VO^{2+}/VO_2^+ 氧化还原电对表现出更加优异的电催化性能。

综上，通常共同使用热氧化处理和水热反应处理，分别增加石墨毡/碳毡材料表面的含氧官能团以及引入氮、磷杂原子掺杂，提高电极材料对氧化还原反应的催化活性并提高电极材料的电导率。

3. 多尺度孔隙结构

对于常规的碳纤维电极材料，由于碳纤维的直径通常为 10～20μm，比表面积相对较低，通常仅为 0.1～1m^2/g。在碳纤维的表面加工出纳米级孔隙则是提高电极的比表面积和增加氧化还原反应活性位点的有效途径。如前所述，热氧化处理不仅能够增加碳纤维表面含氧官能团，提高电极材料的氧化还原催化活性，还能够在碳纤维表面形成纳米尺度孔隙，增加电极材料的比表面积。但是由于活性离子在电极内的有效扩散率和电解液在纤维间的当地流速通常都较低，电解液中的活性离子可能无法有效地通过扩散、对流和电迁移的作用传递到纤维表面的纳米级孔隙中，碳纤维表面的活性位点的利用率较低。因此，碳纤维表面孔隙的设计需综合考虑孔隙结构优化增加的有效碳纤维表面活性位点数量以及活性物质传质受限时的孔隙结构对活性物质传质过程的影响。

液流电池电极结构的理想孔隙结构是如图 3-2-8 所示的双尺度孔隙结构以及如图 3-3-2 所示的梯度孔隙结构：电解液中活性离子首先通过微孔进入碳纤维表面形成的中尺度孔，然后扩散到碳纤维表面的纳米级孔隙中，最终到达碳纤维的表面活性位点发生氧化还原反应。

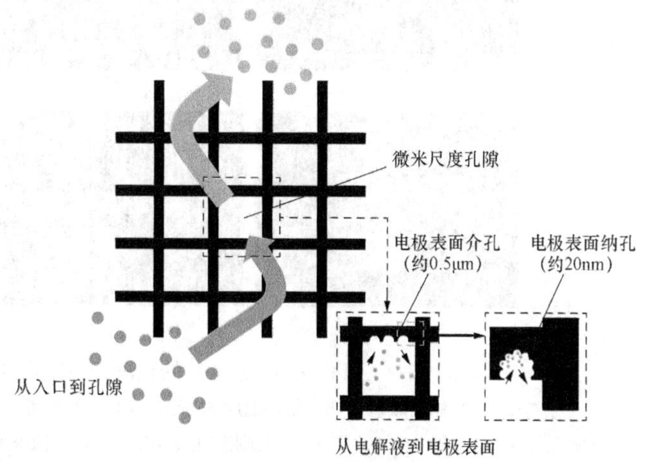

图 3-3-2 梯度孔隙结构示意

西安交通大学的研究团队提出了一种对石墨毡先后进行高铁酸钾刻蚀和高温处理，形成梯度孔隙增强电极材料传质和活性的孔隙结构，使得电池的性能显著提高[14]。所获得梯度孔隙结构石墨毡电极的比表面积比原始石墨毡提高了约 30 倍，比同等条件热氧化处理的石墨毡提高了约 10 倍，并且使用高铁酸钾刻蚀和高温综合处理方案获得的石墨毡结构也获得了更高的含氧官能团比例。

虽然现在没有定论对以上性能的提升起到了主导作用的是增加的碳纤维表面含氧官能团还是提高的多孔材料比表面积，但是多个课题组采用不同的制备方法所获得多尺度孔隙结构电极都显著地提升了液流电池的性能。多尺度孔隙结构已经成为液流电池电极结构优化的重要发展方向之一。

在上述的制备过程中，碳纤维表面的微纳尺度孔隙由处理的温度、时长等进行调控。而纤维表面的微纳孔隙的尺寸和分布对于活性离子的传质过程和碳纤维表面有效活性位点的增加同样重要。因此，如何优化制备过程使得碳纤维表面的孔径、孔隙分布更加优化和合理，也是现阶段的研究重点之一。例如清华大学深圳研究院的研究团队制备了可控孔径的多尺度孔隙结构石墨毡[15]。为了使得加工出的孔径可控，在制备的过程中采用了 FeOOH 纳米棒作为中间物，先通过水热法将纳米棒生长于碳纤维上，再将纳米棒去除，从而在碳纤维表面形成孔径可控、分布较为均匀的纳米尺度孔隙，获得多尺度孔隙结构石墨毡材料。采用该方法可以使孔径可调的纳米孔隙均匀地排布在石墨毡上。

利用金属溶液作为前驱体从而获得碳纤维表面分布较为均匀的孔隙结构，由于操作较为简便、适合大规模生产，现已成为对石墨毡和碳毡进行处理的热点技术之一。韩国科学技术学院提出利用氧化钴（Co_2O_3）催化刻蚀碳毡[16]。氧化钴可被碳毡表面的碳原子还原，然后在高温下被氧气生成产物 CoO。这种重复的还原和氧化过程导致在碳毡的碳纤维表面形成碳纳米棒。图 3-3-3 所示为氧化钴（Co_2O_3）的刻蚀过程以及刻蚀后在碳毡表面形成了排列整齐的氧化钴（黑色颗粒）纳米棒扫描电镜图。随着刻蚀区域的进一步放大，纳米棒表面上出现明显的暴露石墨边缘（见图 3-3-4），可以催化液流电池中氧化还原反应。

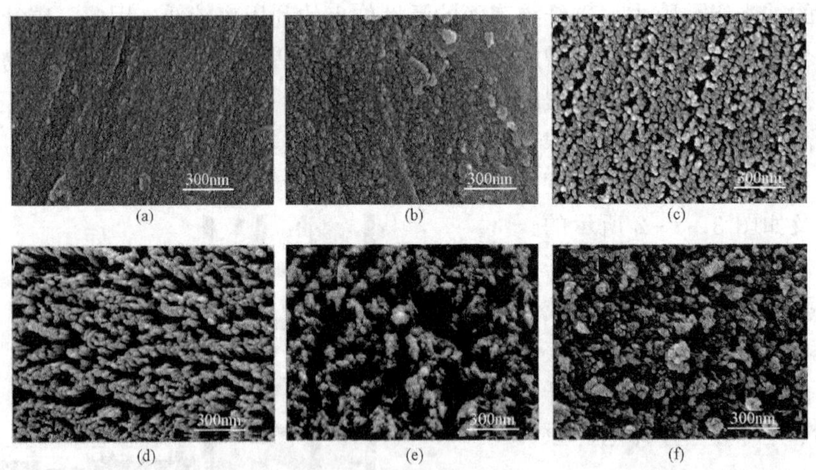

图 3-3-3　氧化钴（Co_2O_3）催化刻蚀碳毡形成碳纳米棒扫描电镜图[16]

(a) 原始碳毡；(b) 刻蚀温度 300℃；(c) 刻蚀温度 350℃；(d) 刻蚀温度 400℃；(e) 刻蚀温度 450℃；(f) 刻蚀温度 500℃

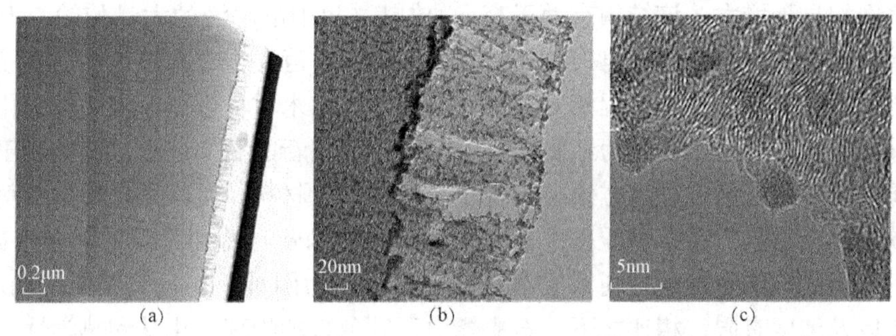

图 3-3-4 不同观测尺度下的氧化钴（Co_2O_3）纳米棒的边缘和基面[16]

(a) 0.2μm；(b) 20nm；(c) 5nm

4. 碳基纳米材料催化

与上述刻蚀方法不同，另一类处理方法是在电极材料上沉积金属氧化物或是碳基纳米颗粒等物质作为催化剂，以此来提高电极材料的活性。类似于通过氧化在碳纤维的表面上形成微纳尺度孔隙结构，在电极上添加具有高比表面积的碳基材料来增加多孔电极的总表面积。因此，碳纳米材料，例如碳纳米颗粒、碳纳米管、碳纳米纤维、氧化石墨、氧化石墨烯纳米片、热还原/氧化石墨烯等，逐渐被用于修饰液流电池的碳毡或者石墨毡电极材料。特别是一些功能化的碳纳米材料和杂化碳纳米材料，例如氧化石墨烯纳米片/多壁碳纳米管和碳纳米管/碳纳米纤维等，由于具有极高的比表面积、较高的电导率以及在酸性介质中良好的稳定性，被用于全钒液流电池和其他液流电池中提升石墨毡、碳毡电极材料的电催化活性。

虽然裸露的碳基纳米材料边缘具有一定的氧化还原反应催化特性，但是一般仍需要对碳基纳米材料进行一定的活化处理，通过增加其表面的含氧官能团、含氮官能团等来增加其氧化还原反应催化活性。例如活化后的单壁碳纳米管修饰的电极（具有大量含氧官能团的功能化单壁碳纳米管）能够有效地提高液流电池中的氧化还原电对电化学活性，而氮掺杂的碳纳米结构材料作为液流电池的电极材料也表现出更高的电催化活性。

(1) 碳基纳米材料修饰石墨毡电极材料制备方法。

从制备方法而言，为了将碳纳米材料沉积在电极上，常用的方法是利用范德华力或者共价键连接碳纳米材料与电极材料。其中最简单和直接的方法就是利用范德华力连接碳纳米材料和电极材料。例如中科院金属研究所金属腐蚀与防护国家重点实验室研究团队提出采用浸涂法将单壁纳米管或多壁碳纳米管涂在碳毡的表面，使用该方法制备的碳毡电极材料应用于全钒液流电池时，在 $20mA/cm^2$ 的电流密度下能够有效提升全钒液流电池的电压和能量效率[17,18]。香港科技大学的赵天寿教授团队在 2016 年提出可以用沉积法将活化处理的碳纳米颗粒沉积在石墨毡电极的表面[19]。但是，由于高表面积的碳纳米材料和碳纤维表面之间的附着依赖于微弱的范德华力，流动的电解液很容易破坏两者之间较弱的范德华力，从而破坏碳纤维表面附着物，导致采用该方法制备的电极材料耐久性较差。

化学气相沉积（CVD）工艺直接在碳纤维表面上合成碳纳米管、碳纳米纤维或石墨烯，旨在通过共价键将高表面积材料与碳纤维表面连接。2012 年美国德州大学奥斯汀分校的研究团队首次利用化学气相沉积法在石墨毡的表面生长掺氮-碳纳米管[20]。生长的掺氮-碳纳米管的直径约为 30nm，明显小于石墨毡中的碳纤维的直径，使得石墨毡电极材料的氧化还原反应总表面积显著增大，该结构有助于充电/放电过程中电解液的大量传输，而氮掺杂则通过改变碳纳米管的电子特性使电极性能提升。但是与由范德华力直接连接的直接沉积法相比，通常化学气相沉积法制备过程相对烦琐，会阻碍碳纳米材料修饰电极的批量化生产。

为了寻找适合工业生产和较为经济的制备方法，一些新的制备方法，例如用于电泳沉积和被动沉积（也称为流动沉积）方法也被用于制备碳纳米材料，尤其是石墨烯材料和修饰的石墨毡、碳毡电极材料。在各种碳基催化材料中，碳纳米管（特别是单壁和多壁碳纳米管）的研究较多，但是碳纳米管材料通常成本较高、制备较为困难，并且其表面结构/化学的可再现性较差以及纯度有限。相比之下，石墨烯由于其独特的物理、化学和热学性质，已受到液流电池领域越来越多的关注。在这些特性中，石墨烯材料的高电导率、高表面积、广泛适用的电化学活性及其相对较低的生产成本使得其成为理想的液流电池电极材料。

例如电泳沉积法可以用来制备氧化石墨烯修饰的石墨毡电极材料[21]。所制备的石墨毡样品如图 3-3-5 所示，当石墨毡在含有硫酸的电泳沉积电池中经过阳极极化处理后，碳纤维表面变得粗糙并显示出一些缺陷，这些缺陷可以催化氧化还原反应。电泳沉积中使用氧化石墨烯悬浮液改性的石墨毡的纤维表面或者碳纤维间显示出皱纹形式的石墨烯片材和部分氧化石墨烯构成的连接结构，而后者的含量较前者高，有助于导电网络的形成。光电子能谱分析结果还表明氧化石墨烯修饰的石墨毡碳纤维表面的含氧官能团明显增多，这主要是由于电泳沉积法在石墨毡的整个三维结构中都掺入了石墨烯材料。从这些结果来看，氧化石墨烯修饰的石墨毡材料是一种杂化材料，其含氧官能团分布在石墨毡的整个碳纤维三维网络中，可以有效改善石墨毡三维结构的整体浸润性，并且有效增加氧化还原电对的总活性反应位点。

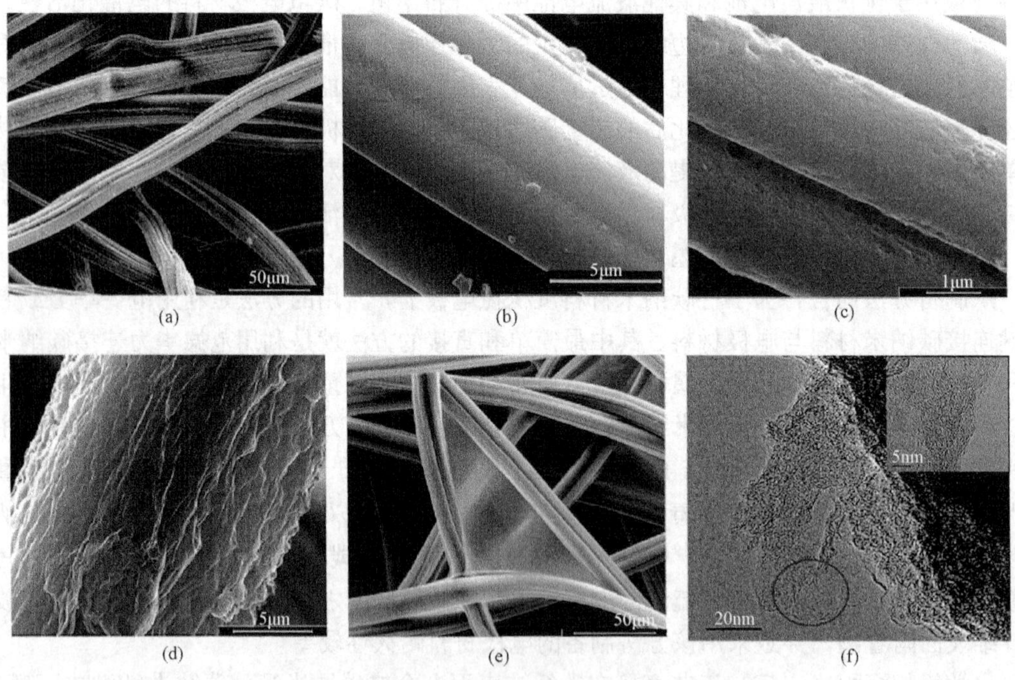

图 3-3-5 石墨毡界面区域高分辨透射电镜图像[21]

(a) 原始石墨毡；(b) 热处理石墨毡；(c) 硫酸处理的石墨毡；

(d) (e) 氧化石墨烯处理的石墨毡扫描电镜图像；(f) 氧化石墨烯修饰

此外，类似于之前描述的金属前驱体作为辅助，在石墨毡、碳毡电极表面加工出均匀分布的纳米尺度孔隙和活性位点，金属前驱体也可被用来辅助制备碳纳米材料修饰的石墨毡、碳毡电极材料。韩国化学技术研究所的研究团队提出以金属（铁、钴和镍）酞菁作为碳和氮的前驱体来制备掺氮-碳纳米管修饰的石墨毡，在石墨毡表面形成高密度的碳纳米管[22]。所制备的掺氮-碳纳米管/石墨毡材料如图3-3-6所示。研究中观察到不管是使用铁、钴还是镍作为前驱体，所有的掺氮-碳纳米管结构都存在含有很高石墨含量的竹状结构。

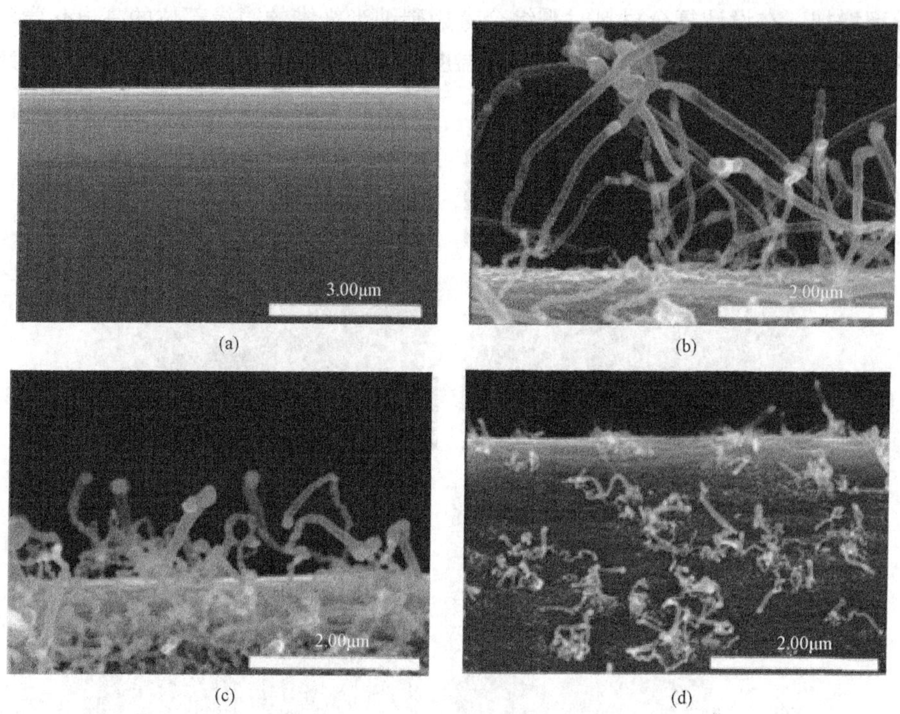

图3-3-6　石墨毡扫描电镜图像[22]

（a）原始石墨毡；（b）掺氮-碳纳米管/石墨毡（前驱体：铁）；（c）掺氮-碳纳米管/石墨毡（前驱体：钴）；（d）掺氮-碳纳米管/石墨毡（前驱体：镍）

（2）复合碳基纳米材料修饰石墨毡电极制备方法。

在上述的多种碳基纳米材料中，各种材料具有明显不同的特征和优劣势。若能够开发出复合碳基纳米材料，则可能制备出具有比单一碳基纳米材料更高电化学催化活性的电极材料。

在研究中发现，碳纳米纤维因为石墨层相对于纤维轴倾斜，导致暴露的边缘平面朝向外表面，为离子吸附和直接与反应物的化学键合提供了活性位点。另一方面，碳纳米管是由同心石墨片的圆柱体组成的相对惰性的基础平面，具有良好的导电性以及较好的酸、碱耐受性。同时使用碳纳米纤维和碳纳米管的复合材料可能可以提供比使用单一碳纳米材料更好的电催化性能。韩国国立科学技术学院的研究团队提出基于碳源在不同温度下的分解和扩散速率不同，在碳毡上生长出碳纳米纤维和碳纳米管[23]，所获得的碳毡电极碳纤维表面的扫描电镜图如图3-3-7所示。首先由于镍催化剂的分散均匀作用，在碳毡上生长了密集的碳纳米纤维和碳纳米管。然后通过控制生长温度间接确定一维碳纳米结构的形态和直径。在

500℃时，乙炔的成核速度很慢，并且碳原子通过扩散和碳纳米纤维的成核作用达到整个镍催化剂界面。在700℃时，成核开始并持续到碳原子在整个金属界面上达到饱和，此时，成核始于镍金属/乙炔气体之间的界面，导致形成碳纳米管。

在图3-3-7中显示了在700℃焙烧温度下制备的碳毡电极中碳纳米纤维和碳纳米管的共存情况。与未处理的碳毡电极中的碳原子相比，碳纳米纤维中最边缘的碳原子具有更高的反应活性。对于电导率，由于碳纳米管的电子传输速率较快，因此所制备的复合材料碳毡电极的电导率增加。在设计复合材料时需综合考虑碳纳米纤维的边缘部位的高电化学活性与碳纳米管的高电导率，通过调控制备过程焙烧温度，调控在碳毡表面生长的碳纳米纤维和碳纳米管。

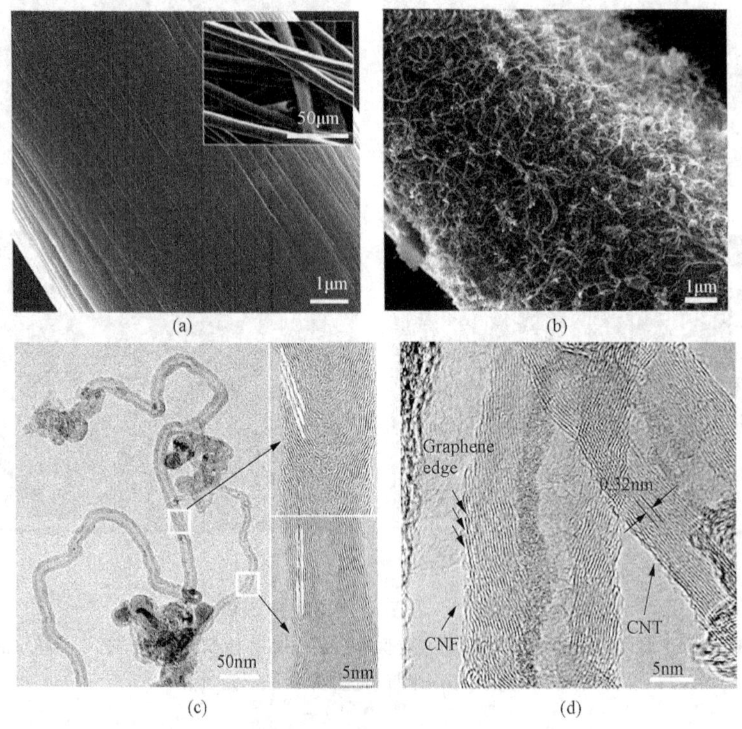

图3-3-7　碳毡表面扫描电镜和透射电镜图像[23]

(a) 未经处理的碳毡的扫描电镜图像；(b) 700℃焙烧下制备的碳纳米纤维-碳纳米管生长的扫描电镜图像；(c) 碳纳米纤维-碳纳米管复合材料的高分辨透射电镜图像；(d) 碳纳米纤维-碳纳米管生长的碳毡电极材料中的共存结构透射电镜图像

5. 金属基纳米材料催化

使用金属颗粒或是纳米颗粒沉积在电极表面的方法可以降低反应的活化能以加快反应速率。这种方法能在不破坏电极材料原始形态的基础之上对电极进行修饰，然而与碳基纳米材料的沉积制备效果类似，沉积在电极表面的金属颗粒也会出现分布不均且不稳定的现象。因此，需要开发新的制备方法，在保证电池的效率较高的基础上提高电极的稳定性。

在各种金属电催化剂中，铋由于其低成本、无毒和高放氢潜力等特点而受到了很多的关注。但是由于 Bi^{3+}/Bi 氧化还原对的标准氧化还原电势较低，因此对于氧化还原反应中较高电势的电对不具备电催化活性。除了 Bi、Ir 等金属电催化剂，过渡金属氧化物由于其存在各种价态并且可作为吸收活性物质的活性中心，也被广泛认为可用作液流电池的电催化剂。

（1）金属基纳米材料修饰石墨毡电极材料制备方法。

在制备方法上，与碳基纳米材料修饰石墨毡电极材料的制备方法类似，常用的方法亦是利用范德华力或者共价键连接金属纳米材料与电极材料，例如沉积法和化学反应法等。在考虑制备方法时，需要综合评估金属基纳米材料的成本（尤其是当使用基于贵金属的电催化剂时）、加工难易程度、金属基纳米材料在石墨毡和碳毡表面的分布情况以及金属基纳米材料在电极材料表面的稳定性。

香港科技大学赵天寿教授团队建议使用价格较为低廉且导电性较好的 TiN 纳米线作为催化剂来增强液流电池石墨毡电极材料的电化学活性[24]。主要是通过两步工艺在石墨毡的表面上生长相互独立的 TiN 纳米线。首先，使用水热法在石墨毡上生长 TiO_2 纳米线；然后，将所获得的样品在 NH_3 中退火 1.5h，将 TiO_2 转换为 TiN。

制备后的石墨毡电极的扫描电镜图像如图 3-3-8 所示。在水热反应之后，由于前驱体种子在石墨毡电极上能够均匀分散，使得电极表面能够被致密的 TiO_2 纳米线覆盖。这些稳定的纳米线无需任何黏合剂即可直接连接至石墨毡的表面。TiN 的转化结果则与退火温度有关。如图 3-3-8 所示，原始 TiO_2 纳米线的形貌在低于 800℃的退火温度下保存良好，然而，当在 900℃的温度下进一步加热时，原始的纳米结构被严重破坏：大多数纳米线塌陷并从石墨毡纤维的表面脱落。因此，提高热处理温度有利于将 TiO_2 转化为 TiN 的氮化反应，但会导致电催化剂纳米结构的破坏，从而降低电极的表面积和稳定性。

（2）复合纳米材料修饰石墨毡电极材料制备方法。

此外，类似于碳基纳米材料与掺氮处理相互作用可以进一步提升所修饰电极的电化学活性，利用金属基纳米材料催化剂和催化剂载体之间的协同相互作用可能可以进一步强化两者的作用。这种相互作用是由在金属基纳米材料催化剂/载体界面上存在双重活性位点引起的。

由各种金属氧化物和掺氮-还原氧化石墨烯组成的复合催化剂对氧气还原反应的催化性能高于单独的任何一种，在液流电池领域也受到了很大的关注。英国诺丁汉大学的研究团队通过同时还原氧化石墨烯、$KMnO_4$ 和 NH_3 形成电催化剂，制备了一种掺氮-还原氧化石墨烯/Mn_3O_4 复合催化剂，为液流电池的氧化还原反应提供协同电化学催化[25]。此外，碳构架内氮物质的性质也影响其对液流电池中氧化还原反应的电催化活性。掺氮-还原氧化石墨烯/Mn_3O_4 复合催化剂的显著催化活性可以通过 Mn_3O_4 和掺氮-还原氧化石墨烯之间的协同作用来解释。使用循环伏安法和电化学阻抗谱分析游离 Mn_3O_4 和掺氮-还原氧化石墨烯的电催化活性，并与掺氮-还原氧化石墨烯/Mn_3O_4 复合催化剂进行比较（见图 3-3-9）的结果表明，VO^{2+}/VO_2^+ 对的峰电势差从掺氮-还原氧化石墨烯/Mn_3O_4 复合催化剂的 0.15V 增加到掺氮-还原氧化石墨烯的 0.2V 和 Mn_3O_4 的 0.4V。此外，使用掺氮-还原氧化石墨烯/Mn_3O_4 复合催化剂电极测量的每个氧化还原反应的电流密度明显高于在掺氮-还原氧化石墨烯或游离 Mn_3O_4 电极上获得的电流密度，表明该复合材料的活性表面积大于单个组分中的任何一个。

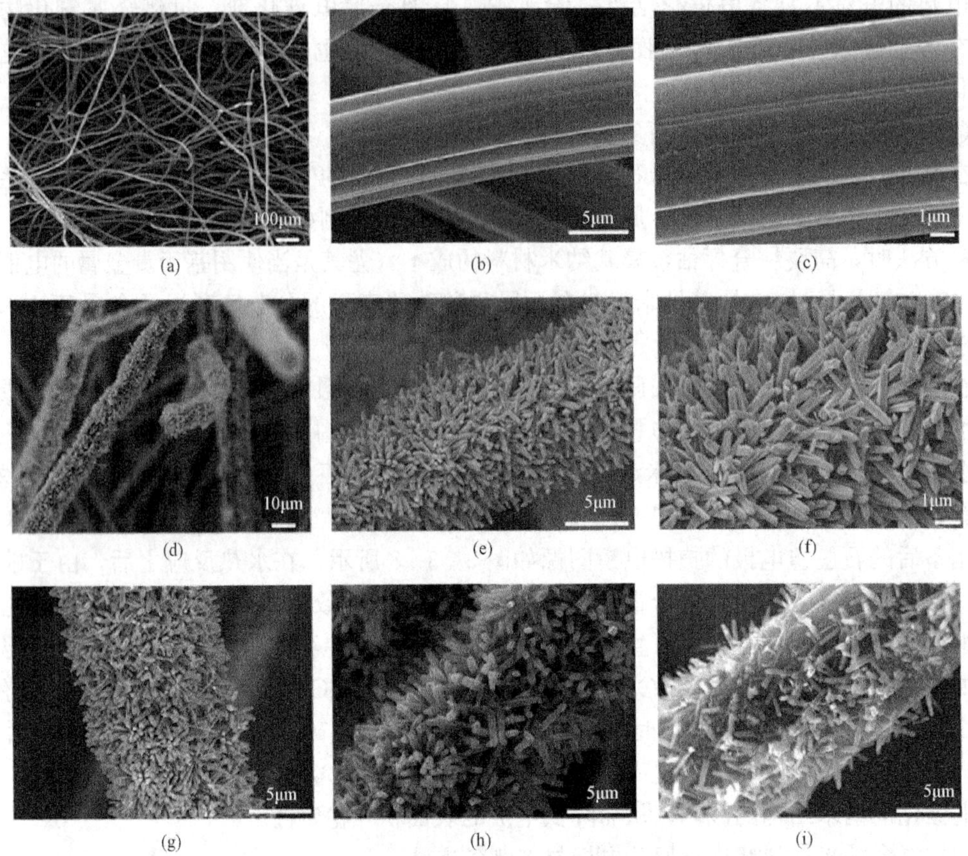

图 3-3-8 石墨毡的扫描电镜图像[24]

(a)(b)(c)原始石墨毡；(d)(e)(f)TiO_2修饰电极；

(g)(h)(i)TiO_2纳米线在NH_3中于700、800℃和900℃的温度下退火

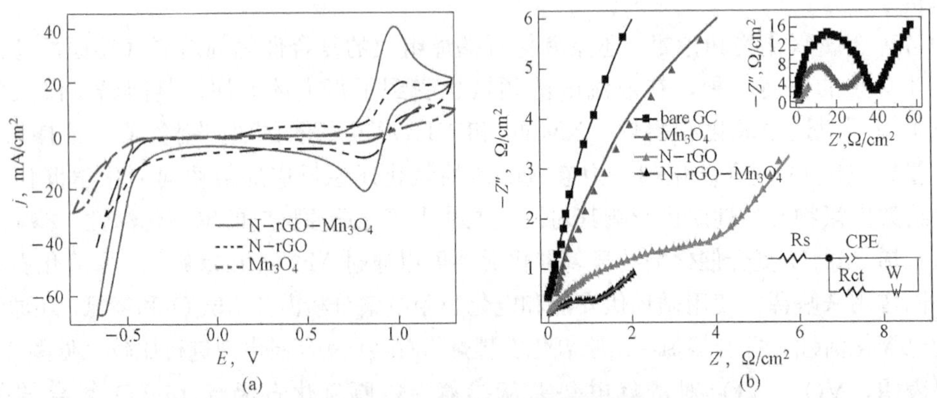

图 3-3-9 采用掺氮-还原氧化石墨烯/Mn_3O_4复合催化剂修饰、掺氮-还原氧化石墨烯和Mn_3O_4修饰石墨毡电极的全钒液流电池循环伏安测试图和 Nyquist 图[25]

(a)循环伏安测试图；(b)Nyquist 图

3.3.3 碳纸电极材料

传统液流电池的石墨毡或者碳毡电极一般相对较厚。造成液流电池的欧姆电阻一般相对较高。以全钒液流电池为例：采用碳毡、石墨毡电极的全钒液流电池欧姆极化比例约占所有极化的 64%。此外，因为欧姆过电势与工作电流成正比，所以在高功率/电流区域工作时，可以预期欧姆损耗会变得更加严重。

美国田纳西大学的研究团队提出了一种“无间隙”液流电池结构（见图 3-3-10）[9]，并提出使用较薄的碳纸材料作为液流电池的电极材料，可将液流电池的峰值功率密度提高到使用石墨毡电极时的五倍，约 557mW/cm^2。因为组件之间的接触更好，并且电池中的电荷转移距离更小，“无间隙”结构和薄碳纸电极可显著降低液流电池的欧姆电阻和接触电阻，将电池的面积比电阻降低至 500～600mΩ/cm^2。

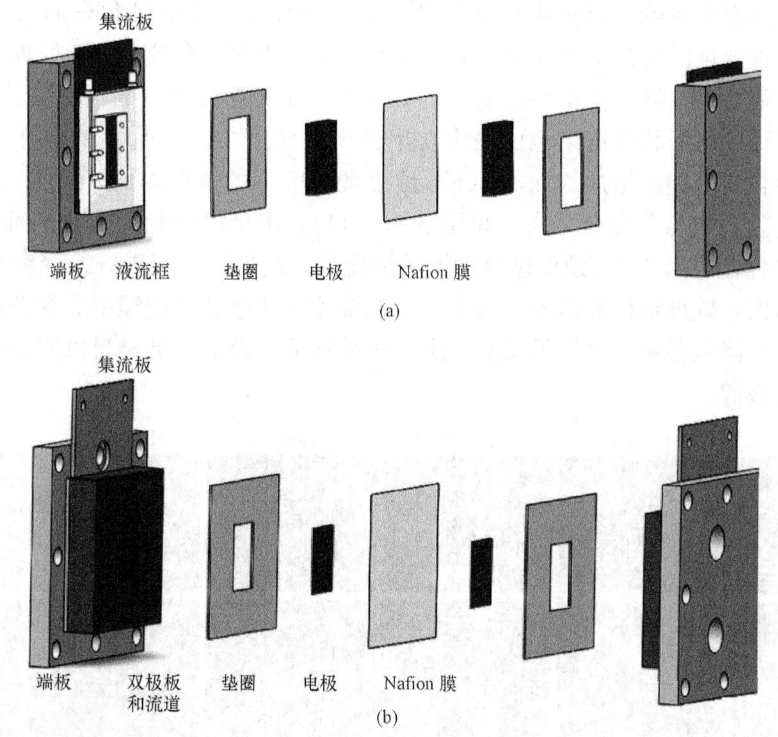

图 3-3-10 全钒液流电池结构的示意[9]

(a) 无流道的电池结构；(b) 具有单蛇形流道的“无间隙”电池结构

随着电极厚度的减小，电极表面积的减小将导致较大的活化极化。一种解决思路是采用多层碳纸堆叠在一起作为电极，再加上使用较厚的 Nafion 212 膜，可以获得超过 750mW/cm^{2}的峰值功率密度；或者是对碳纸材料进行预处理，在碳纸表面加工微纳尺度孔隙或者附着微纳尺度材料，从而增加碳纸材料的比表面积和氧化还原反应活性位点。但是与石墨毡、碳毡材料相比，碳纸的亲水性更差。这是因为碳和石墨材料对水具有中性的润湿性。对于水性液流电池而言，中性润湿性会阻碍电解液和活性物质在电极表面附近的输运。由于卡西-巴克斯特（Cassiee-Baxter）效应，不完全润湿导致的滞留气穴减少了电极的活性表面积。因此，当采用碳纸作为电极材料时，需要对碳纸电极进行与石墨毡和碳毡材料相似的预处理，例如热氧化处理、碱处理、酸处理、碳基材料修饰处理等改善碳纸电极的性能，特别是提高碳纸材料的亲水性（针对水性电解液液流电池；对于非水系电解液液流电池，则对电极材料的亲水性无特殊要求）、增加碳纸比表面积和增加碳纤维的表面活性位点。

1. 热氧化处理

热氧化处理不仅可用来处理石墨毡、碳毡，同样被广泛应用于处理各种多孔碳电极，包括碳纸电极。但是热氧化处理方法对碳纸电极的物理和化学性质的影响是多重、复杂的。与石墨毡/碳毡材料的加工工艺不同，碳纸材料在加工的过程中通常需要引入黏合剂，而热氧化处理过程也会对黏合剂产生一定的影响。美国麻省理工学院的研究团队发现不同温度对碳纸电极的热氧化处理会影响碳纸电极的亲水性、电化学表面积和表面化学性质，以上因素对电池性能产生显著的影响，但呈现相反趋势[26]：一方面，由于电极黏合剂和纤维的部分燃烧，随着预处理温度的升高，电化学表面积减小；另一方面，在较高的预处理温度下，碳纸电极表面氧含量更高，润湿性得到改善。与在 400℃预处理温度下的情况相比，475℃热氧化预处理后获得的电极将液流电池的最大功率密度提高了 26%。性能的提升主要是由于碳纸电极表面的含氧官能团增加。而与 400℃预处理温度下的情况相比，500℃预处理温度导致碳纤维间的黏合剂几乎完全消失（见图 3-3-11），碳纸电极材料的比表面积大幅下降，因而电极的综合性能比 475℃预处理温度下的情况差。此外，随着碳纤维变细和碳纤维间的黏合剂燃烧消失，碳纸结构的机械性能变差。在液流电池组装的过程中通常需要给各组件施加一定的压力以降低各组件之间的接触电阻，机械性能较差的碳纸材料可能会在使用中因无法承受压力而破碎。

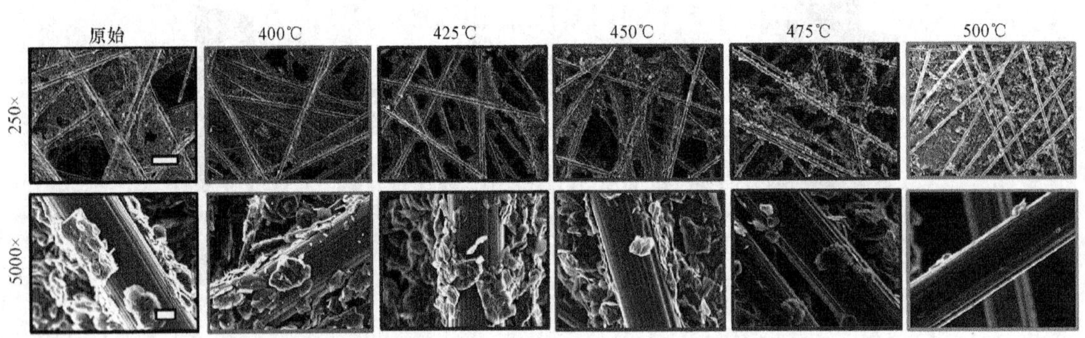

图 3-3-11 在不同温度下预处理的 SGL 29AA 碳纸电极的扫描电镜图像[26]

综上，在设计碳纸电极的预处理方法时，建议综合考虑预处理方式对碳纸材料的电化学活性比表面积和含氧官能团数量的影响，并要求保持碳纸材料一定的机械结构和机械性能。

2. 碱处理

与石墨毡、碳毡电极类似，具有多尺度或梯度孔隙结构的碳纸电极同样能够在不影响活性离子传质的情况下有效地提高碳纤维的比表面积和活性位点，而碳纸电极由于其独特的碳纤维结构，可以利用较为简便和经济高效的 KOH 预处理法获得较好的双尺度孔隙结构碳纸电极。该处理方式由香港科技大学的赵天寿教授团队提出[27]，所获得的碳纸电极材料，碳纤维之间形成的大孔（约 10μm）可充当电解液宏观流动的通道，获得较大的电解液流速和较低的电解液压降。而碳纤维表面上形成的小孔（约 5nm）能够为快速电化学反应提供大量的活性位点。表征结果表明，碳纸的物理吸附比表面积增加了 16 倍，同时保持与原始碳纸电极相同的水渗透性。将采用该方法获得的双尺度孔隙结构碳纸电极应用于全钒液流电池时，在 200～400mA/cm^{2}的电流密度下，全钒液流电池仍保持着较高的能量效率。

3. 其他处理方式

除了以上的热氧化处理（提高碳纤维表面含氧官能团和亲水性）和碱处理（获得多尺度孔隙电极结构）外，电泳法、化学气相沉积法、前驱体法等方法也可被用以处理碳纸材料，以获得具有更好的亲水性、更高的电化学活性的碳基纳米材料催化或者金属基纳米材料催化碳纸电极。例如华北科技大学的研究团队提出在超声波辅助下，用氯磺酸刻蚀碳纸电极，获得碳层剥落、可润湿性明显增强的 SO_3H 官能化碳纸[28]。与未经处理和仅浸泡的样品相比，超声辅助处理后的碳纸具有更好的电化学活性。美国田纳西大学的研究团队提出将碳基纳米材料添加到液流电池中[29]，通过将还原氧化石墨烯薄片或炭黑悬浮液（其比表面积比普通碳电极的表面积大两个数量级）添加到电解液池中，在电池的充放电循环中使还原氧化石墨烯薄片或者炭黑颗粒被动沉积在碳纸上。

综合而言，对碳纸电极进行修饰和处理的主要原则是为了获得更好的亲水性和浸润性，有利于水性电解液液流电池中的电解液和活性物质在电极表面附近的输运。并且，由于碳纸电极厚度仅为几十到几百微米，碳纸多孔电极的活性通常受限于有限的电化学反应活性位点，对其进行修饰和处理的另外一个重要目标就是增加碳纸电极的比表面积和碳纤维表面的电化学反应活性位点，从而降低活化过电势。常用的方法是在碳纤维表面刻蚀纳米尺度孔隙或者对碳纤维进行碳基、金属基纳米材料催化处理。但是在处理过程中，需要注意处理方式对碳纸材料中黏合剂的影响，当黏合剂的含量降低时，可能造成碳纸材料的比表面积降低以及机械性能降低。

3.3.4　碳布电极材料

如第 3.2 节中所述，碳布电极由于其较好的稳定性和较为规律排布的碳纤维结构，在近年也被尝试用于多种液流电池，例如溴/多硫化物液流电池和全钒液流电池。与碳毡和碳纸相比，碳布的碳纤维排布整齐，碳纤维的曲折度较石墨毡/碳毡材料、碳纸材料显著降低，有利于电解液在多孔电极内的渗入和流动，并且有助于对流传质作用主导下的活性物质在多孔电极内的传质。特别是碳布材料一般具有双尺度孔隙结构，碳纤维簇与簇之间通常形成孔径大小约为 100μm 的大尺度孔径，有利于电解液渗入电极材料；碳纤维与碳纤维之间通常为孔径大小约为 10μm 的小尺度孔径，有利于活性物质的传质过程。但是更加稳定的碳布材料也使得获得亲水碳布表面以及对碳布进行表面活化处理更加困难。上述热氧化处理、碱处理、掺氮处理、电泳法、化学气相沉积法、前驱体法等方法也可被用于前处理和活化碳布材料，但是可能需要更高的处理温度或者刻蚀溶液的浓度。例如，香港科技大学的研究团队提出应用 KOH 溶液刻蚀碳布电极，其中 KOH 的质量分数明显高于第 3.3.3 节中提出的处理碳纸电极所使用的 KOH 溶液。但是当采用较高浓度的 KOH 溶液对碳布和碳纸电极进行同样的刻蚀处理时，由于碳布电极材料的碳纤维排布更加整齐、渗透性更好，因此使用处理后碳布电极材料的液流电池能够获得比使用相同处理后的碳纸电极更加优异的性能。

尽管碳布具有以上的优点，但是与石墨毡、碳毡和碳纸材料相比，缺乏对其进行活化（包括增加表面官能团、增加比表面积和活性位点、增加亲水性）的简单、有效方法。随着处理手段的进步，以及科研人员意识到碳纤维排列整齐的碳布材料对于液流电池电解液流动以及活性物质传质过程的重要意义，碳布材料逐渐受到了国内外科研院所更多的关注，特别是将其应用于有机电解液液流电池。与水性电解液液流电池相比，有机电解液通常可采用电化学活性更高的氧化还原电对，而且对电极材料的浸润性要求更低。因此，通常认为渗入性和传质性能较佳的碳布材料更加适用于有机电解液液流电池。例如在 2013 年，美国麻省理工学院的研究团队提出使用负载有 0.5mg/cm^2 Pt（质量分数 60%Pt）的商业碳布气体扩散层作为无膜氢溴化层流电池的阳极，获得了明显提高的无膜层流电池的峰值功率密度[30]。需要注意的是，在之后的研究和生产活动中，为了获得更好的电化学活性和渗透性能，还需要考虑对碳布电极中的碳纤维直径、孔隙率、表面官能团等进行进一步的优化。

除了商业碳布气体扩散层以外，静电纺织技术（见第 3.4 节）也被用来编织加工碳布电极材料。碳纤维可以有多样性的编织结构，因此碳布电极的结构具有很大的可能性。不同的编织结构可能会造成碳纤维的曲折度、碳布电极的总比表面积和有效比表面积、传质性能等发生变化，需要对以上因素进行综合考虑。

3.3.5 活性炭修饰电极材料

前面讨论的多孔碳电极材料通常具有高表面积、良好的导电性和相对惰性，但是不管是碳毡/石墨毡、碳纸还是碳布材料，均需要进行活化处理。有研究提出采用被广泛用作吸附剂的活性炭颗粒材料作为填充床碳电极的主体材料。活性炭颗粒除了高表面积外，还具有微孔结构、高吸附能力以及高表面活性。

活性炭颗粒一般可被用来填充床式电极[31]，例如椰子壳、褐煤衍生物等并进行热氧化活化处理，可用作活性炭填充床式电极，这极大地拓宽了液流电池电极材料的来源。生物碳材料作为液流电池的原材料有望有效地降低液流电池的总成本，也是未来的重要发展方向之一。但是生物碳材料来源广泛，筛选合适的活性炭材料需要考虑此时反应受限情况，综合优化生物活性炭材料的总比表面积、氧化还原反应位点、孔径的分布情况以及对氧化还原反应的电催化活性、电导率等因素，从中筛选出合适的生物碳活性材料，并对其进行进一步的活化处理。

3.3.6 网状玻璃碳材料

微孔玻璃状碳电极材料（简称网状玻璃碳材料）是由玻璃碳组成的蜂窝状结构开孔泡沫材料。它作为三维材料的一种，具有非常高的孔隙率、高表面积、刚性结构。网状玻璃碳的孔隙率可高达 90%～97%，电解液在网状玻璃碳电极结构中的渗透率很高而流动压降很低，因此也被考虑用作液流电池的电极材料。网状玻璃炭电极泡沫材料的比表面积可高达 5～70cm^2/cm^3，已经被应用于锌溴液流电池和可溶性铅酸氧化还原液流电池中。

网状玻璃碳结构是通过将树脂与发泡剂聚合然后碳化来实现的，所形成的结构具有一定晶体学顺序，形成低电阻和连续骨架结构的低体积无序玻璃状多孔碳。常见的网状玻璃碳蜂窝结构如图 3-3-12 所示，由碳束（也称为支柱）形成三角、四面体支柱，而不断重复此布置可为网状玻璃炭电极提供很好的刚性结构。

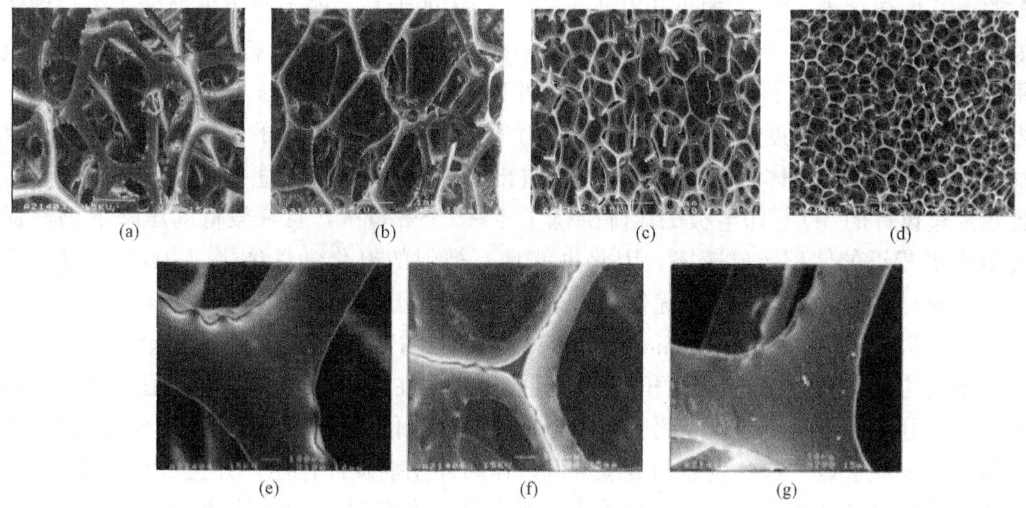

图 3-3-12　网状玻璃炭样品材料的扫描电镜图像[32]

(a) 1mm；(b) 1mm；(c) 1mm；(d) 1mm；(e) 100μm；(f) 100μm；(g) 100μm

3.4　液流电池发展前沿

静电纺丝技术是一种特殊的纤维制造工艺，聚合溶液在强电场中进行喷射纺丝，可产生直径从几百纳米到几微米不等的纤维细丝。在使用该技术生产电极材料时，可以将各种催化剂与纤维原材料直接在前驱体溶液中混合，然后进行静电纺丝，就可以获得具有高比表面积和高反应活性的电极材料。此外，通过控制静电纺丝过程中采集器的旋转速率和整个加工环境的湿度，可以生产出纤维定向排列的电极材料。纤维的定向排列可以有效提高电极材料的可渗透性，促进电解液在电极中的分布均匀性。He 等人将通过静电纺丝技术制备的碳纳米管/TiO_2材料作为电极催化剂，与使用传统材料作为电极相比，在施加 $90mA/cm^2$的电流密度下，液流电池的能量效率提高了 8.7%，且放电容量提高了一倍[33]。Aziz 等人将使用静电纺丝技术制备的分层分布的富氧碳纳米棒作为液流电池的电极材料，在施加 $40mA/cm^2$的电流密度下，电池的能量效率提高了约 10.9%，且放电容量提高约 0.7 倍[34]。此外，Sun 等人使用静电纺丝技术加工出纤维可定向分布的碳基材料作为电极，在一定的分布方向下，全钒液流电池的极限电流密度可以提高至 $900mA/cm^2$[35]。Xu 等人采用静电纺丝技术加工出了超薄的不需要支撑的碳纳米纤维网络，并将该纳米纤维网作为电极使用，发现可以将电极的内部电阻降低至 $250m\Omega/cm^2$[36]。

随着 3D 打印技术的日益成熟，使用 3D 打印技术加工液流电池电极材料的尝试也在进行。3D 打印技术是通过添加制造技术将数字模型直接打印出来的过程。理论上，3D 打印技术可以将呈现在数字模型中的任何图像打印成实物。与传统的生产工艺相比，3D 打印技术可以实现更复杂的结构加工。目前 3D 打印技术的发展主要受限于可实现打印的材料较少和成本较高。目前发展已经相对成熟的打印原材料主要有工程塑料、光敏树脂、金属材料、生物高分子材料等。另外，基于石墨烯材料开发的复合材料的发展也日益成熟。Lacey 等人采用一种二维纳米孔隙材料和多孔的氧化石墨烯作为原材料打印出了有序排列的双尺度多孔电极材料，其中包含 4～25nm 的小孔以及小于 500μm 的大孔，作为锂氧电池的正极，取得了良好的电化学性能[37]。在液流电池领域，Hereijgers 等人通过 3D 打印技术加工出镍电极，电极中的微观结构参考了静态混合器的设计如 Kenics 混合器、Ross 低压混合器和 Sulzer 混合器，每一个微元的尺度约为 500μm。他们对通过 3D 打印生产出的电极进行极化曲线和压降测试，得到了电极内体积传质速率与电极进出口压降的关系式，并发现与传统的碳毡电极相比，经过设计的 3D 打印电极的压降降低了 1～2 个数量级，且在较低的压降下仍然保持与传统电极相近的体积传质速率，因此也就具有类似的电化学性能[38]。3D 打印技术为液流电池电极材料的微观结构设计优化提供了加工途径。

金属有机框架（metal - organic - frameworks，MOF）材料是一种配位聚合物，具有多孔的三维结构。MOF 具有比表面积较高（其孔隙尺寸在 0.5～1nm 之间）、孔隙结构可调控以及化学成分不受限等优势，因此已经成为吸收剂和催化剂的新选择。很多 MOF 结构内的节点为 Lewis 酸位点，这些表面的酸位点可以作为催化剂发挥作用，并且 MOF 结构中的孔隙大小和形状对各种催化反应具有选择性。因此通过调节 MOF 内部结构和组分可以实现明确的催化目标。与传统的催化剂如石墨烯、碳纳米管、各种金属粒子相比，MOF 作为催化剂具有更高的可调控性；但是较差的化学稳定性是 MOF 材料商业化应用的重要阻碍，甚至有些 MOF 材料如果长时间在水溶液环境下其衰减会非常明显。Li 等人设计出了两种具有水热稳定性的 MOF 材料 MIL - 125 - NH_2和 UiO - 66 - CH_3，并将其作为催化剂应用在锌碘液流电池中，MOF 催化剂通过水热反应附着在碳毡内部的碳纤维表面[39]，见图 3 - 4 - 1。研究表明，MOF 催化剂的添加能够有效提高反应的可逆性。在液流电池单电池测试中，分别将含 MIL - 125 - NH_2和 UiO - 66 - CH_3催化剂的碳毡和原始碳毡作为锌碘液流电池的正极，在施加 30mA/cm^2电流密度的情况下，两种催化剂分别将液流电池的能量效率提高了 6.4%和 2.7%，并且通过长时间的循环充放电实验证明了 MOF 催化剂的时效性较长。

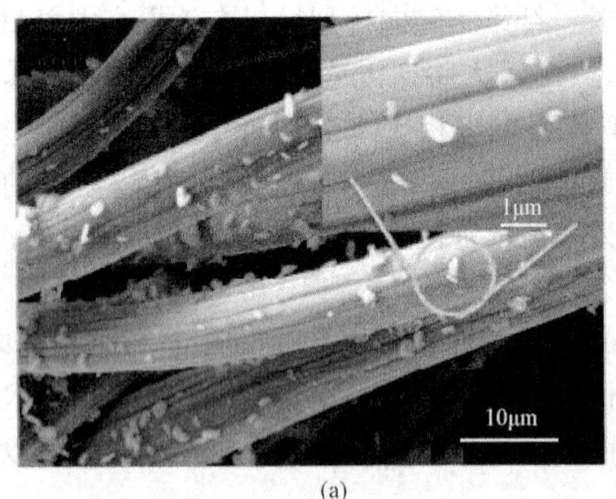

(a)

(b)

图 3 - 4 - 1 MOF 修饰的碳毡电极扫描电镜图像[39]

(a) MOF 修饰后；(b) 原始碳毡

传统的碳毡碳纸等电极材料是由 C—C 键构成的，因此这些材料表面的亲水性和电化学活性都相对较低。为了改善这些缺点，一般需要引入相应的官能团如含氧官能团和含氮官能团等。以引入含氮官能团为例，相关的处理方法一般是将电极在含氨介质中进行高温处理，这种处理方式会污染环境且成本较高。对于液流电池的大规模商业化应用来说，全生物材料衍生的含多种官能团的电极材料是一种非常理想的电极材料，其生产过程绿色环保且具有良好的催化效果。双宫茧是一种氮含量高达 15%的高分子材料，受这种天然材料的启发，Wang 等人提出了一种生物学衍生的自立整体式的且含有丰富的含氮和含氧官能团的碳电极材料[40]。这种电极材料加工起来环保、安全且简单，只需要将天然的双宫茧生物材料进行水热处理和碳化处理。经测试，该电极材料的比表面积为 21.16m^2/g，约为传统电极的 20 倍，且含氧官能团的占比约为 31%，含氮官能团的占比约为 22%，均高于传统经过预处理的电极材料。大量官能团的存在极大地提高了电极材料的亲水性和化学反应可逆性。在全钒液流电池单电池测试中，在施加 100mA/cm^2 电流密度的情况下，使用该电极材料的液流电池的平均放电容量和能量效率分别提高了 83%和 20%。此外，Zhang 等人通过对未经任何处理的棉花原材料进行碳化获得了约 350μm 厚的碳化棉花电极[41]。该电极材料的比表面积约为传统电极材料的 10 倍并且可以加工成多层结构。同时该电极材料中的含氧官能团的比例也较高，因此其亲水性和电化学活性也较好，在施加 100mA/cm^2 电流密度的情况下，使用该电极材料的液流电池的能量效率为 75%，接近传统的电极材料。上述生物衍生电极材料的研究为绿色安全生产液流电池电极材料提供了新思路。

目前，液流电池的生产成本仍然较高，这主要是因为电池堆栈中组件和电解液的成本较高。尤其是电极材料，作为电化学反应场所，对整个电池的性能具有至关重要的影响。因此，找到一种生产成本低且性能较好的电极材料对液流电池的大规模商业化发展是非常重要的。基于垃圾衍生物的电极材料与传统的电极材料生产相比是一种更加便宜且对环境友好的电极材料。Kumar 等人进行了以轮胎废料为原材料生产液流电池碳电极材料的研究。轮胎废料被处理成粉末后，首先进行酸处理，通过将粉末浸泡在酸溶液中将材料中的金属杂质和硫磺杂质处理掉，然后使用 KOH 处理的方法对材料进行活化[42]。然后将这种混层碳基材料与黏合剂和炭黑混合并覆盖在碳纸电极表面。经测试，该电极材料的比表面积高达 875m^2/g 并且具有良好的氧化还原电化学反应活性和亲水性。在液流电池单电池实验中，使用该电极材料电池的性能与商业化的电极材料相比基本持平。此外，Maharjan 等人还使用橘皮这种生物质废料作为原材料生产了电极材料，该材料比表面积高（1000m^2/g）并且含有含氧官能团，在进行长时间充放电循环试验后，其性能表现稳定，能量效率维持在 90%以上。此外他们还提出了将该材料作为导电塑料的前驱体以进一步降低液流电池电极材料的生产成本[43]。

在大规模储能应用中，溴基液流电池因具有能量密度高和生产成本低的特点受到了广泛关注。但是液溴单质的扩散和溴离子较低的反应活性限制了溴基液流电池的进一步发展。基于此，Wang 等人提出了一种笼状的多孔碳基材料，这种材料具有规则的孔隙结构和非常高的活性[44]。这种笼状多孔材料是对二氧化硅聚合物进行钙化然后在二氧化碳环境中进行刻蚀获得的。每一个笼状碳结构尺寸约为 0.5μm，在笼状结构的表面又有约为 1.1nm 的均匀分布的孔隙。这种孔隙尺度大于溴离子的尺寸而小于溴化物的尺寸，因此当溴离子进入笼状物内并快速地进行氧化还原反应后，产生的液溴单质会被进一步氧化成化合物并困在笼状物中，从而解决了液溴单质扩散的问题。此外，该电极材料在碳化的过程中也获得较高的反应活性，因此能够加速氧化还原反应的进程。这种高比表面积、高反应活性的双尺度多孔笼状电极材料作为溴基液流电池的电极取得了非常好的效果。在施加 80mA/cm^2 电流密度的锌溴液流电池中，电池的库仑效率和能量效率分别达到了 98%和 81%。并且经过 300 次充放电循环过后，锌溴电池性能并没有明显的下降。这种电极材料设计通过控制反应结构的形状和尺寸设计来控制氧化还原反应过程中反应物的运动范围和方向，为液流电池电极材料设计提供了新思路。

3.5 本章小结

液流电池由于其较好的灵活性和较低的全生命周期成本，被认为是最有潜能的大规模储能技术之一。经过几十年的发展，形成了水性液流电池、有机液流电池、混合液流电池、半固态锂离子液流电池等多种技术，通过设计新型的电解质和液流电池体系，来提高液流电池的能量密度、降低液流电池成本。

液流电池的电极材料、双极板材料和离子交换膜的材料设计是进一步降低液流电池全生命周期成本的重要路径。一方面，电极、双极板和离子交换膜的材料成本在液流电池系统总成本中占有很大的比重；另一方面，电极材料、双极板材料和离子交换膜材料影响电化学反应活性、活性物质和电子的传质过程、活性物质和水分子的跨膜过程，进而影响到液流电池可施加的电流密度以及运行过程中的实际可用容量。对于液流电池材料的研究是一个跨学科的研究，涉及化学、电化学、传热传质学、工程热力学、流体力学等多个学科的内容；而正是液流电池的多学科属性，也给材料的设计带来了很多的可能性。虽然液流电池的发展时期相较于其他储能电池仍然较短，但是在过去的几十年里已经有了长足的进步，特别是在电解液、电极材料、双极板材料和膜材料设计方面都积累了大量的经验。

本章介绍了液流电池相关的电化学和物质传递基础，并以此为基础分析了液流电池电极材料的设计要求。其后，介绍了近年来常用电极材料的制备、优化和表征，具体包括石墨毡/碳毡、碳纸、碳布等材料的修饰等。电解液、双极板和离子交换膜材料的制备、优化和表征对于液流电池也是重要的研究方向，但是暂不在本章的讨论范围之内。

最后，随着先进加工技术的快速发展，我们期待着 3 - D 打印、静电纺织等新技术能够给液流电池材料的设计带来新的灵感和活力，促进液流电池材料成本的进一步降低和性能的进一步提高，为将来大规模建设光伏、风电等新能源电站做好储能方面的准备。

参考文献

[1] DUDUTA M, HO B, WOOD V C, et al. Semi - Solid lithium rechargeable flow battery [J]. Advanced Energy Materials, 2011, 1 (4): 511 - 516.

[2] WEI X, XU W, VIJAYAKUMAR M, et al. TEMPO - based catholyte for high - energy density nonaqueous redox flow batteries [J]. Advanced Materials, 2014, 26 (45): 7649 - 7653.

[3] LIN K, CHEN Q, GERHARDT M R, et al. Alkaline quinone flow battery [J]. Science, 2015, 349 (6255): 1529 - 1532.

[4] MARSCHEWSKI J, BRENNER L, EBEJER N, et al. 3D - printed fluidic networks for high - power - density heat - managing miniaturized redox flow batteries [J]. Energy & Environmental Science, 2017, 10 (3): 780 - 787.

[5] HOUSER J, CLEMENT J, PEZESHKI A, et al. Influence of architecture and material properties on vanadium redox flow battery performance [J]. Journal of Power Sources, 2016, 302: 369 - 377.

[6] FORNER - CUENCA A, PENN E E, OLIVEIRA A M, et al. Exploring the role of electrode microstruc-

ture on the performance of non - aqueous redox flow batteries [J] . Journal of the Electrochemical Society, 2019, 166: A2230.

[7] ZHOU X L, ZENG Y K, ZHU X B, et al. A high - performance dual - scale porous electrode for vanadium redox flow batteries [J] . Journal of Power Sources, 2016, 325: 329 - 336.

[8] KWABI D G, JI Y, AZIZ M J. Electrolyte lifetime in aqueous organic redox flow batteries: a critical review [J] . Chemical Reviews, 2020.

[9] AARON D S, LIU Q, TANG Z, et al. Dramatic performance gains in vanadium redox flow batteries through modified cell architecture [J] . Journal of Power sources, 2012, 206: 450 - 453.

[10] GUO N N, LEU M C, KOYLU U O. Bio - inspired flow field designs for polymer electrolyte membrane fuel cells [J] . International Journal of Hydrogen Energy, 2014, 39 (36): 21185 - 21195.

[11] GHIMIRE P C, SCHWEISS R, SCHERER G G, et al. Optimization of thermal oxidation of electrodes for the performance enhancement in all - vanadium redox flow batteries [J] . Carbon, 2019, 155: 176 - 185.

[12] WU T, HUANG K L, LIU S Q, et al. Hydrothermal ammoniated treatment of PAN - graphite felt for vanadium redox flow battery [J] . Journal of Solid State Electrochemistry, 2012, 16: 579 - 585.

[13] HE Z, JIANG Y, WEI Y, et al. N, P co - doped carbon microsphere as superior electrocatalyst for VO_2^+/VO^{2+} redox reaction [J] . Electrochimica Acta, 2018, 259: 122 - 130.

[14] WANG R, LI Y, HE Y L. Achieving gradient - pore - oriented graphite felt for vanadium redox flow batteries: meeting improved electrochemical activity and enhanced mass transport from nano - to - micro - scale [J] . Journal of Materials Chemistry A, 2019, 7: 10962 - 10970.

[15] LIU Y C, SHEN Y, YU L H, et al. Holey - engineered electrodes for advanced vanadium flow batteries [J] . Nano Energy, 2018, 43: 55 - 62.

[16] ABBAS S, LEE H, HWANG J, et al. A novel approach for forming carbon nanorods on the surface of carbon felt electrode by catalytic etching for high - performance vanadium redox flow battery [J] . Carbon, 2018, 128: 31 - 37.

[17] LI W Y, LIU J G, YAN C W. Multi - walled carbon nanotubes used as an electrode reaction catalyst for VO_2^+/VO_2^+ for a vanadium redox flow battery [J] . Carbon, 2011, 49: 3463 - 3470.

[18] LI W Y, LIU J G, YAN C W. The electrochemical catalytic activity of single - walled carbon nanotubes towards VO_2^+/VO_2^+ and V^{3+}/V^{2+} redox pairs for an all vanadium redox flow battery [J] . Electrochimica Acta, 2012, 79: 102 - 108.

[19] WEI L, ZHAO T S, ZHAO G, et al. A high - performance carbon nanoparticle - decorated graphite felt electrode for vanadium redox flow batteries [J] . Applied Energy, 2016, 176 (15): 74 - 79.

[20] WANG S, ZHAO X, COCHELL T, et al. Nitrogen - doped carbon nanotube/graphite felts as advanced electrode materials for vanadium redox flow batteries [J] . Journal of Physical Chemistry Letters, 2012, 3 (16): 2164 - 2167.

[21] GONZÁLEZ Z, FLOX C, BLANCO C, et al. Outstanding electrochemical performance of a graphene - modified graphite felt for vanadium redox flow battery application [J] . Journal of Power Sources, 2017, 338 (15): 155 - 162.

[22] YANG D S, LEE J Y, JO S W, et al. Electrocatalytic activity of nitrogen - doped CNT graphite felt hybrid for all - vanadium redox flow batteries [J] . International Journal of Hydrogen Energy, 2018, 43 (3): 1516 - 1522.

[23] PARK M, JUNG Y, KIM J, et al. Synergistic effect of carbon nanofiber/nanotube composite catalyston carbon felt electrode for high - performance all - vanadium redox flow battery [J] . Nano Letters, 2013,

13 (10): 4833 - 4839.

[24] WEI L, ZHAO T S, ZENG L, et al. Highly catalytic and stabilized titanium nitride nanowire array - decorated graphite felt electrodes for all vanadium redox flow batteries [J]. Journal of Power Sources, 2017, 341 (15): 318 - 326.

[25] EJIGU A, EDWARDS M, WALSH D A. Synergistic catalyst - support interactions in a graphene - Mn_3O_4 electrocatalyst for vanadium redox flow batteries [J]. ACS Catalysis, 2015, 5 (12): 7122 - 7130.

[26] GRECO K V, FORNER - CUENCA A, MULARCZYK A, et al. Elucidating the nuanced effects of thermal pretreatment on carbon paper electrodes for vanadium redox flow batteries [J]. ACS Applied Materials & Interfaces, 2018, 10 (51): 44430 - 44442.

[27] ZHOU X L, ZENG Y K, ZHU X B, et al. A high - performance dual - scale porous electrode for vanadium redox flow batteries [J]. Journal of Power Sources, 2016, 325: 329 - 336.

[28] HE Z, JIANG Y, LI Y, et al. Carbon layer - exfoliated, wettability - enhanced, SO_3H - functionalized carbon paper: a superior positive electrode for vanadium redox flow battery [J]. Carbon, 2018, 127: 297 - 304.

[29] AARON D, YEOM S, KIHM K D, et al. Kinetic enhancement via passive deposition of carbon - based nanomaterials in vanadium redox flow batteries [J]. Journal of Power Sources, 2017, 366 (oct. 31): 241 - 248.

[30] BRAFF W A, BAZANT M Z, BUIE C R. Membrane - less hydrogen bromineflow battery [J]. Nature Communications, 2013, 4.

[31] RADFORD G J W, COX J, WILLS R G A, et al. Electrochemical characterisation of activated carbon particles used in redox flow battery electrodes [J]. Journal of Power Sources, 2008, 185 (2): 1499 - 1504.

[32] FRIEDRICH J M, C. PONCE - DE - LEÓN, READE G W, et al. Reticulated vitreous carbon as an electrode material [J]. Journal of Electroanalytical Chemistry, 2004, 561 (1 - 2): 203 - 217.

[33] ZHANG X H, MAN M L, YUE H L, et al. Flexible electrospun carbon nanofiber embedded with TiO_2 as excellent negative electrode for vanadium redox flow battery [J]. Electrochimica Acta, 2018, 281: 601 - 610.

[34] ABDUL AZIZ, SYED IMDADUL HOSSAIN, SANGARAJU SHANMUGAM, et al. Hierarchical oxygen rich - carbon nanorods: Efficient and durable electrode for all - vanadium redox flow batteries [J]. Journal of Power Sources, 2020, 445: 227329. 1 - 227329. 9.

[35] SUN J, JIANG H R, ZHANG B W, et al. Towards uniform distributions of reactants via the aligned electrode design for vanadium redox flow batteries [J]. Applied Energy, 2020, 259: 114198. 1 - 114198. 9.

[36] XU C, YANG X, LI X, et al. Ultrathin free - standing electrospun carbon nanofibers web as the electrode of the vanadium flow batteries [J]. Journal of Energy Chemistry, 2017, 026 (004): 730 - 737.

[37] LACEY S D, KIRSCH D J, LI Y, et al. Extrusion - based 3D printing of hierarchically porous advanced battery electrodes [J]. Advanced Materials, 2018, 30 (12): 1705651. 1 - 1705651. 9.

[38] HEREIJGERS J, SCHALCK J, BREUGELMANS T. Mass transfer and hydrodynamic characterization of structured 3d electrodes for electrochemistry [J]. Chemical Engineering Journal, 2020, 384: 123283.

[39] LI B, LIU J, NIE Z, et al. Metal - organic frameworks as highly active electrocatalysts for high - energy density, aqueous zinc - polyiodide redox flow batteries [J]. Nano Letters, 2016, 16 (7): 4335 - 4340.

[40] WANG R, LI Y. Twin - cocoon - derived self - standing nitrogen - oxygen - rich monolithic carbon material as the cost - effective electrode for redox flow batteries [J]. Journal of Power Sources, 2019, 421: 139 - 146.

[41] ZHANG Z H，ZHAO T S，BAI B F，et al. A highly active biomass - derived electrode for all vanadium redox flow batteries [J] . Electrochimica Acta，2017，248：197 - 205.

[42] KUMAR R，BHUVANA T，SHARMA A. Tire waste derived turbostratic carbon as an electrode for a vanadium redox flow battery [J] . ACS Sustainable Chemistry & Engineering，2018，6 (7)：8238 - 8246.

[43] MAHARJAN M，BHATTARAI A，ULAGANATHAN M，et al. High surface area bio - waste based carbon as a superior electrode for vanadium redox flow battery [J] . Journal of Power Sources，2017，362：50 - 56.

[44] WANG C，LAI Q，XU P，et al. Cage - like porous carbon with superhigh activity and Br_2 - complex - entrapping capability for bromine - based flow batteries [J] . Advanced Materials，2017，29 (22)：1605815.

第四章　太阳能电池材料

4.1　太阳能电池应用及光伏原理概述

4.1.1　太阳和太阳光谱

太阳能是一种重要的可再生能源，它来自太阳内部核聚变所爆发和向外辐射的能量。太阳向宇宙空间辐射的总功率大约是 4×10^{26} W，地球所接收到的辐射约为 80 000TW(8×10^{16} W)。当今的全球能源需求约在 18TW 的水平，也就是说，只要将地球表面 0.1%的面积覆盖上电源转换效率为 10%的太阳能电池，就可以满足人类的所有能源需求了。然而，目前太阳能利用只占总能源消耗的极小一部分，这主要与成本和效率有关，归根结底是技术因素。

在地球大气层上界，与阳光垂直的单位面积上，单位时间接收到的太阳辐射能量称为太阳常数（solar constant，W/m²），用符号 R_{sc} 表示。1981 年世界气象组织仪器和观测方法委员会第 8 次会议上将太阳常数确定为一个标准值 R_{sc}＝1367W/m。地面与大气层上界受到的太阳辐射有显著差异，这主要受到大气和云层的吸收、反射和散射的影响。阳光在到达地面前，受到大气和云层的散射、反射和吸收等多种作用；最终达地面的总辐射为直接太阳辐射与漫射太阳辐射之和，只有 43%左右，如图 4-1-1 所示。

地球上的纬度、位置、一天中的时间、具体的气象条件都会影响太阳辐射，为此引入大气质量（air mass，AM）的概念，来描述大气对太阳辐射能量及光谱的影响。如果把太阳高度角 90°时阳光穿过大气到达海平面的大气厚度作为一个大气质量，即 AM1；其余情况阳光则穿过一个大气质量若干倍的厚度，大气质量是一个无量纲的量。大气层上界的太阳辐射条件，则以 AM0 表示。随着太阳高度的降低，光通过大气的路径变长，当太阳天顶角为 48.2°时为 1.5 倍大气质量 AM1.5（见图 4-1-2）。

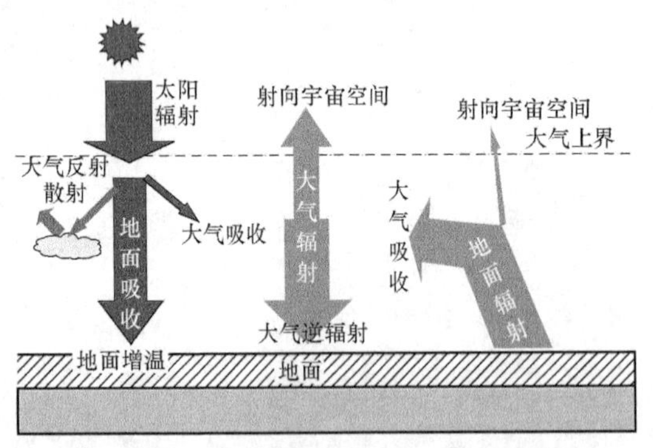

图 4-1-1　太阳能辐射型大气和云层的散射、反射与吸收情况的示意

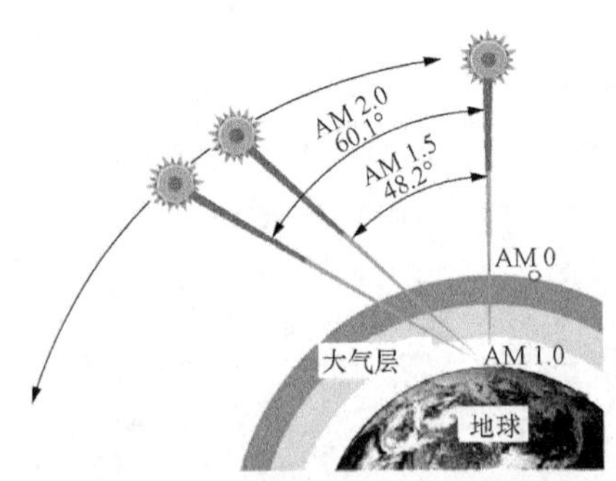

图 4-1-2　大气层质量示意

考虑到地面上太阳角度受到纬度、地形、海拔、气相、季节和一天中的时间等诸多因素

影响，通常选择 AM1.5 条件作为评估地面用太阳能电池（也称光伏电池）及组件的标准。此时太阳辐射功率约为 963W/m²，为了方便，国际标准化组织将 AM1.5 的辐射功率定为 1000W/m²。

太阳光谱是一个连续谱，对于固定带隙的半导体吸收材料而言，不同的光谱分布会对光电转化造成直接的影响。太阳的表面温度为 5760K，可以近似地认为太阳发射出的光谱为相应温度的黑体辐射光谱。由于大气中氧气、臭氧、氮气、水汽、二氧化碳的吸收，使得大气层内的太阳光谱中出现很多吸收谷（见图 4-1-3）。计入天空及地面散射光的太阳光谱用 AMg（global）表示，不计入散射光的太阳光谱用 AMd（direct）表示，如 AM1.5g 和 AM1.5d。

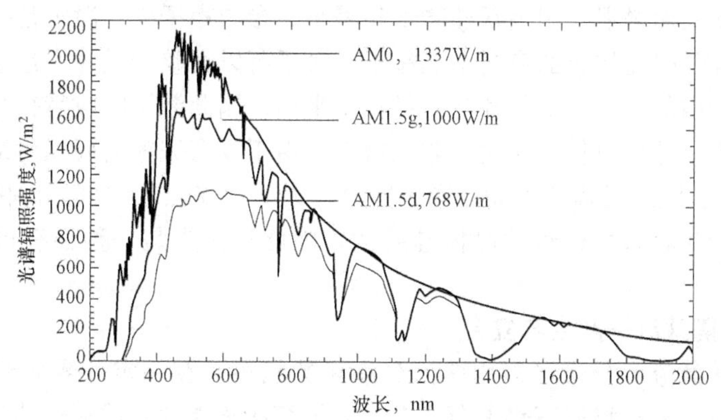

图 4-1-3　不同大气条件下测得的太阳光谱

4.1.2　半导体的光吸收

固体中的光吸收服从下式：

$$I = I_0 \exp(-\alpha x) \tag{4-1-1}$$

式中：I_0为入射光强度；α 为材料的光吸收系数；x 为光的透射深度。

半导体中的光吸收机制分为本征吸收和非本征吸收。本征吸收是价带电子吸收光子能量跃迁至导带的过程，在半导体中产生了电子-空穴对。产生本征吸收的光子能量下限是 $h\omega \geqslant$ 禁带宽度 E_g。

讨论本征吸收需要考虑半导体的不同类型，即直接带隙与间接带隙的半导体。直接带隙半导体是指价带顶与导带底均位于波矢为 0 的 Γ 点，如图 4-1-4 所示，光照时电子从价带跃迁到导带保持波矢不变，也称为直接跃迁。跃迁过程满足能量守恒 $hw=\Delta E$ 和动量守恒 $hk'-hk=$光子动量≈ 0。直接带隙半导体材料的吸收通常在 $\alpha \approx 10^5 \sim 10^6 cm^{-1}$。GaAs、GaInP、CdTe 和 $Cu(InGa)Se_2$ 等都是直接带隙半导体材料。

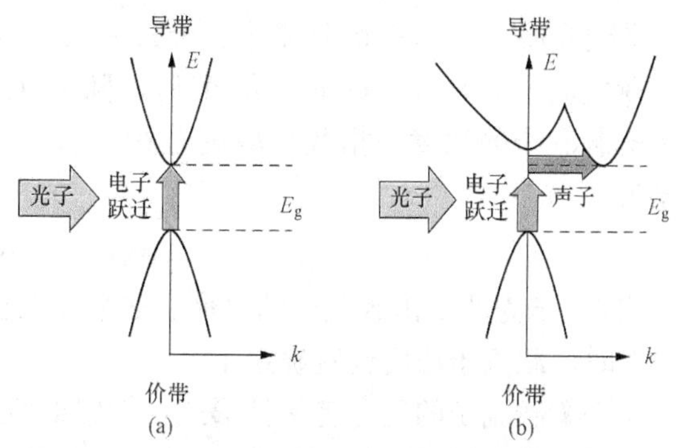

图 4-1-4　半导体光吸收过程中电子动量变化的示意
（a）直接带隙半导体吸收；（b）间接带隙半导体吸收

间接带隙半导体价带的极大值 Γ 点与导带极小值位于不同的波矢处，如图

4-1-4（b）所示，电子跃迁前后波矢即动量不同。跃迁过程同样满足能量守恒和动量守恒，为此必须有一个声子参与，跃迁吸收或发射一个声子。由于三体过程发生的概率比二体过程的概率低很多，所以通常间接带隙半导体的光吸收系数比直接带隙半导体小几个数量级，$\alpha \approx 1 \sim 10^3 \text{cm}^{-1}$。晶体硅 Si 是间接带隙半导体。

非本征吸收包括杂质吸收、同一带内的自由载流子吸收、激子的吸收和晶格吸收等。其中杂质吸收是杂质能级上的电子或空穴吸收光子跃迁到导带或价带。它的动量守恒关系的特征是由于束缚状态无一定准动量，跃迁后状态不受波矢限制，可跃迁至任意能级，引起连续吸收光谱。自由载流子吸收是导带内电子从低能级跃迁到高能级的跃迁过程。它的特征是光吸收系数随波长增大而增强，因为跃迁能量间隔小，参与声子少。激子是一对电子与空穴由静电库仑作用相互吸引而构成的束缚态准粒子。激子可以在整个晶体中运动，携带能量但不携带净电流。激子内的束缚态电子和空穴都在禁带内，因此激子吸收特征是 $h\omega < E_g$。

上面讨论的都是晶体材料，而对于非晶材料，由于没有完整的周期性结构，因此不存在明确定义的波矢 k。跃迁过程只需满足能量守恒，无动量守恒的约束。即便是非晶硅这样的硅基非晶材料，光吸收系数也远比晶体硅要大，因此被认为是一种很有价值的太阳能电池材料。

4.1.3 非平衡载流子产生与复合

热平衡状态的载流子分布可以用费米分布函数描述。在一定外界刺激的情况下，如光照、电场等，载流子分布将偏离热平衡状态。非平衡状态伴随着载流子的产生与复合，当两个过程达到动态平衡时，称为非平衡稳态。

1. 非平衡载流子的产生

由于本章讨论太阳能电池，光照将引起非平衡载流子的产生。非平衡载流子的产生率 $G(\omega, x)$ 定义为，吸收光子后在单位时间、单位体积内产生的电子-空穴对数，单位为 $\text{cm}^{-3} \cdot \text{s}^{-1}$。产生率是光子流密度 $I_0(\omega)$、光吸收系数 $\alpha(\omega)$、反射系数 $R(\omega)$、量子效率 $\eta(\omega)$ 的函数。同时需要注意半导体材料的吸收限，即最低光子能量必须大于禁带宽度 $E_g = h\omega_g$。产生率可写成

$$G(\omega, x) = I_0(\omega)\eta(\omega)[1 - R(\omega)]\alpha(\omega)e^{-\alpha(\omega)x} \tag{4-1-2}$$

计算材料受到太阳光照时的产生率，对式（4-1-2）进行太阳光谱的积分即可。

2. 非平衡载流子的复合

受到光激发的非平衡载流子，经过一段时间会回到初始态，在半导体中这个过程就是非平衡载流子的复合。即光照结束后，随着电子空穴的复合，载流子会回到热平衡态。非平衡载流子的浓度呈指数衰减的规律，如 P 型半导体，少子（电子）浓度随时间变化规律为

$$\Delta n(t) = \Delta n_0 e^{-\frac{t}{\tau}} \tag{4-1-3}$$

式中：τ 为非平衡载流子的寿命。非平衡载流子的产生和复合是一对竞争的过程，达到稳恒态时，载流子浓度也就确定了。

非平衡载流子的复合有两种形式：①辐射复合（发射光子）。半导体中的辐射复合包括带间跃迁（即本征跃迁）、有杂质或缺陷参与的跃迁、带内跃迁。其中带间复合涉及直接带隙复合（无声子参与）和间接带隙复合（有声子参与），如图 4-1-5 所示，辐射复合占优势的材料，可制成发光器件。②非辐射复合（不发射光子）。

此外，电子和空穴通过带隙中间的深能级复合时，辐射的光子能量远小于 E_g。这种辐射机理用于半导体 GaP 红光发射。深能级杂质也常常是造成非辐射复合的原因。

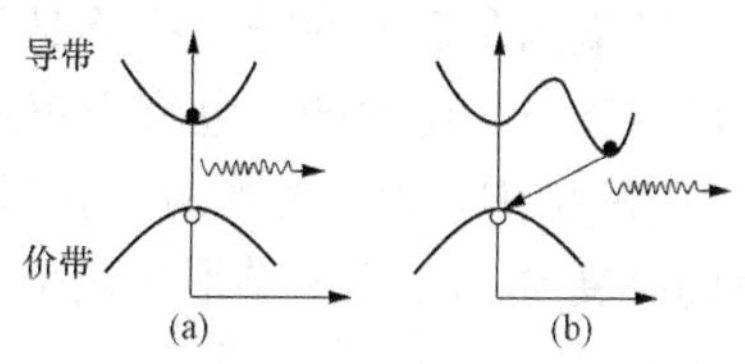

图 4-1-5 半导体中电子与空穴的复合途径

(a) 直接带隙复合；(b) 间接带隙复合

激子复合是指激子中电子和空穴的激发过程，此外还有等电子陷阱复合，等电子杂质是指周期表内与半导体同族的元素原子。等电子杂质引起晶格势场畸变，束缚电子或空穴形成带电中心，好似电子或空穴的陷阱，故称为等电子陷阱。

非辐射复合包括多声子跃迁和俄歇（Auger）过程。多声子跃迁是电子和空穴复合所放出的能量产生声子，这一过程称为声子跃迁。声子跃迁使电子放出的能量转变为晶格振动能，因此多声子跃迁也叫热化（thermalization）过程；而俄歇过程（俄歇复合）是电子和空穴复合时，把多余的能量传给第三个载流子，见图 4-1-6。

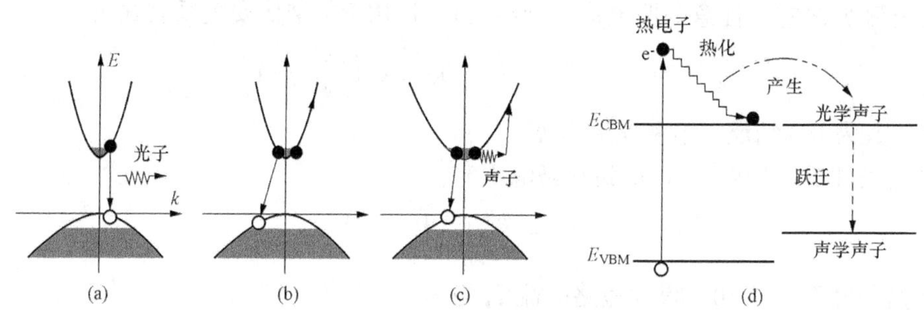

图 4-1-6 半导体中的辐射复合和非辐射复合

(a) 辐射性跃迁；(b) 直接俄歇复合；(c) 间接俄歇复合；(d) 多声子跃迁

半导体受外界刺激产生非平衡载流子，使载流子的浓度增加，这显然会导致半导体的电导率增加。另外，由于非平衡的电子和空穴是成对出现的，所以增加的电子浓度等于增加的空穴浓度，$\Delta n = \Delta p$。对于本征半导体，光照引起电子电导与空穴电导的变化是相近的，在同一个量级。对于掺杂半导体，情况会十分不同。例如以晶体硅中掺磷为例（磷浓度为 10^{17} cm^{-3}），室温下杂质全部离化，因此 $n_0 = 10^{17}\ cm^{-3}$；空穴浓度 $p_0 = n_i^2/n_0 = 2.1\times10^3\ cm^{-3}$。设光注入产生非平衡载流子浓度为 $\Delta n = \Delta p = 10^{12}\ cm^{-3}$，光注入后电子浓度基本不变，而空穴浓度增加了 9 个量级，说明少子浓度对光照更加敏感。

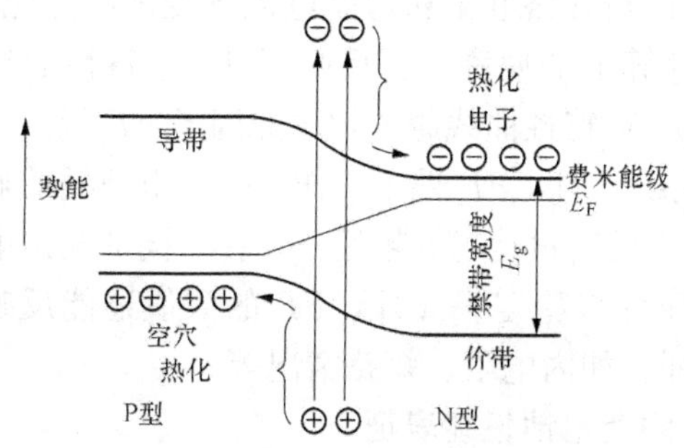

图 4-1-7 光伏效应的能带示意

4.1.4 光生伏特效应

半导体 PN 结的光伏效应是指在光照下半导体 PN 结两端产生电位差的现象，见图 4-1-7。当能量大于 E_g 的光照射到半导体 PN 结上时，电子跃迁到导带产生电子-空穴对。如果这些光生的电子和空穴扩散到 PN 结的势垒区，则在内建电场的作用下，电子被扫向 N 区，空穴被扫向 P 区，从而在 N 区形成电子的积累，在 P 区形成空穴的积累，在 PN 结两端产生光电压，P 端为正极，N 端为负极。在开路的情况下，PN 结太阳能电池两端的光电压为开路电压 V_{oc}。在短路的情况下，电池的光电流为短路电流 I_{sc}。当有负载时，太阳能电池就会有电功率输出。

PN 结中，没有光照时在接触势垒的作用下 PN 结界面附近形成了一个势垒区。接触势垒的高度 Φ_b 等于 PN 结形成之前 N 区和 P 区的费米能级之差：

$$\Phi_b = eV_{bi} = E_{Fn} - E_{Fp} \tag{4-1-4}$$

式中：e 为电子电荷；V_{bi} 为 PN 结的内建电势；E_{Fn} 为 N 区的费米能级；E_{Fp} 为 P 区的费米能级。有光照时，电子的能量等于电子和空穴的费米能级之差：

$$eV_{oc} = E_{Fe} - E_{Fh} \tag{4-1-5}$$

需要注意的是，一个 PN 结太阳能电池迎光面的 N 区不会太厚，因为光子将在离表面深度为 $1/\alpha$（α 为光吸收系数）的厚度内被吸收。PN 结区的深度小于 $1/\alpha$，这样入射光才能在结区及附近激发电子空穴对。如果 N 区太厚，超过（$1/\alpha$+电子扩散长度），那么光生电子就会在扩散进入结区前全部复合掉。

由于光伏效应，PN 结被光照时产生一个正向偏压，因此太阳能电池的总电流是光电流 I_L 与正向电流 I_F 之差（注意两股电流方向相反），运用 PN 结伏安关系公式可得

$$I = I_L - I_F = I_L - I_S\left[\exp\left(\frac{eV}{kT}\right) - 1\right] \tag{4-1-6}$$

式中：I_S 为 PN 结反向饱和电流密度。

在开路条件下，I 等于 0，得到开路电压 V_{oc}：

$$V_{oc} = \frac{kT}{e}\ln\left(\frac{I_L}{I_S} + 1\right) \tag{4-1-7}$$

在短路条件下，$V=0$，得到短路电流 I_{sc} 为

$$I_{sc} = I_L \tag{4-1-8}$$

衡量一个太阳能电池性能最重要的指标是光电转换效率 η，它是在标准光强下电池的最大输出功率与输入光功率 P_{in} 之比值。

$$\eta = \frac{V_{oc} I_{sc} FF}{P_{in}} \times 100\% \tag{4-1-9}$$

$$FF = \frac{I_m V_m}{I_{sc} V_{oc}} \tag{4-1-10}$$

由于不同的负载，太阳能电池 J-V（电流密度-电压）特性曲线上每个点代表的输出功率是不同的，见图 4-1-8，可以通过求极值的方法知道曲线上的最大功率点（V_m，J_m），以此来定义光电转换效率 η。而填充因子 FF 是电池的最大输出功率 $V_m I_m$ 与开路电压和短路电流密度乘积之比，它不仅是为了计算上的便利，更反映了 J-V 特性曲线的好坏[1]。即 J-V 特性曲线越方，填充因子 FF 越接近于1；反之曲线越倾斜，FF 越小。作为一个电池类的器件，J-V 特性曲线当然是越方越好——在不同的输出电流下，输出电压保持稳定。此外，FF 的数值还能反映电池的许多特征，如内电阻、短路情况等。

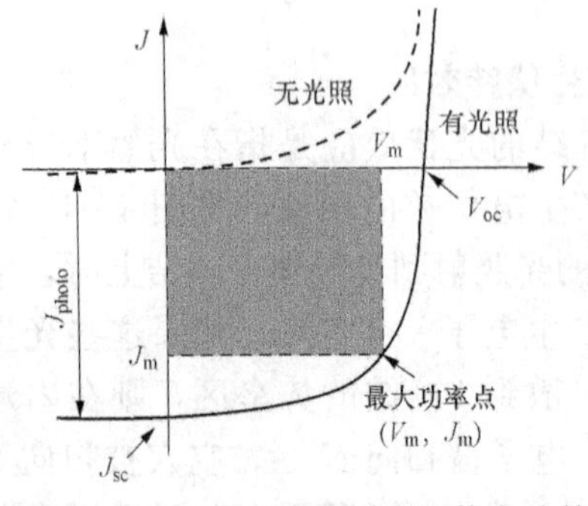

图 4-1-8 有无光照时太阳能电池的 J-V 特性曲线

4.1.5 太阳能电池性能表征

用短路电流 I_{SC}、开路电压 V_{OC}、填充因子 FF 和光

电转换效率 η 四个指标可以唯象地描述太阳能电池的性能。量子效率（quantum efficiency，QE）来表征光电流与入射光谱的关系，更能揭示太阳能电池光电转化的内在机理。QE 有两种表述方式，一是外量子效率（external quantum efficiency，EQE），它的定义是：一个波长为 λ 的入射光子对外电路提供一个电子的概率：

$$\mathrm{EQE}(\lambda)=\frac{I_{sc}(\lambda)}{qAQ(\lambda)} \tag{4-1-11}$$

式中：$Q(\lambda)$ 为入射光子流密度谱；A 为电池面积；q 为电荷电量。另一种表述是内量子效率（internal quantum efficiency，IQE），即一个波长为 λ 的光子被吸收后对外电路提供一个电子的概率：

$$\mathrm{IQE}(\lambda)=\frac{I_{sc}(\lambda)}{qA(1-S)[1-R(\lambda)]Q(\lambda)[1-e^{-\alpha(\lambda)W_{opt}}]} \tag{4-1-12}$$

式中：W_{opt} 为光在电池中的光程，通过电池结构的设计（如光陷阱结构、背反射）可以增加；S 为表面复合概率；R 为反射率。显然，EQE 没有考虑入射光的反射损失和材料吸收、电池厚度和电池复合等过程的损失因素，因此 EQE 通常是小于 1 的。而 IQE 已经考虑电池实际的光吸收，若材料的载流子寿命→∞，表面复合→0，电池有足够的厚度吸收全部入射光，IQE（至少对于某些波长）是可以接近或等于 1 的。图 4-1-9 是工业用等离子增强化学气相沉积（PECVD）SiN 钝化的 $POCl_3$ 扩散掺杂晶体硅电池的内/外量子效率谱的示例，在短波部分 IQE 接近 1，快速下降的长波段对应电池材料带隙的吸收边。

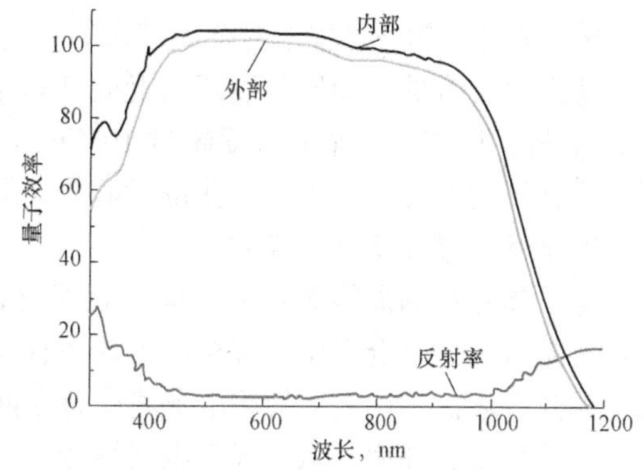

图 4-1-9 晶体硅电池的内/外量子效率谱[2]

QE(λ) 描述不同能量的光子对短路电流 I_{sc} 的贡献，代表了短路电流的光谱响应性质。量子效率谱从另一个角度反映电池的性能，一定程度上揭示了材料质量、电池几何结构及工艺等与电池性能之间的关系。

4.1.6 太阳能电池效率分析

高效的太阳能电池要求有高的短路电流 I_{sc}、开路电压 V_{oc} 与填充因子 FF，它们与电池材料、几何结构及制备工艺密切相关。一种简单常见的太阳能电池的几何结构如图 4-1-10 所示。除了 PN 结外，上表面有一层薄膜减反层，以减少反射损耗。负极用金属栅线，减少遮挡入射的太阳光线。电池背面重掺杂的背表面场（BSF）用来提高载流子的收集效率。图 4-1-10 示意了太阳能电池的工作过程。下面将分别讨论电池材料特性对电池的性能的影响。

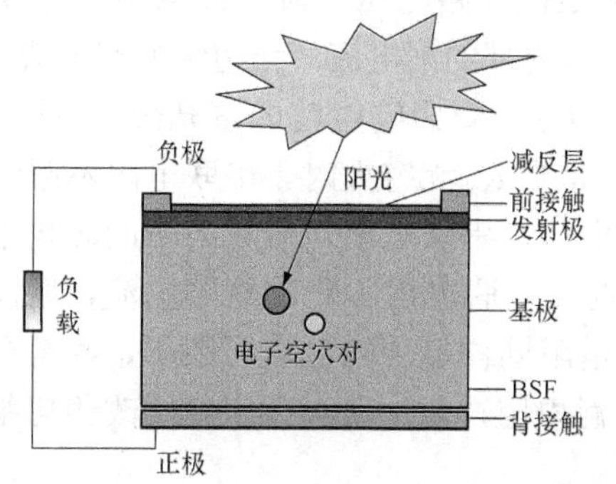

图 4-1-10 太阳能电池结构及工作过程示意

1. 半导体的禁带宽度

光子被材料吸收并产生电子空穴对是对效率有贡献的必要条件，光子能量大于禁带宽度 E_g 才会被本征吸收，因此 E_g 是入射光被电池吸收的能量下限。电源转换效率（也称为电池效率、转换效率）与太阳光谱利用率有十分密切的关系。减小 E_g，可以拓宽电池的吸收谱宽；但小的 E_g 使电子和空穴的准费米能级之差降低，从而引起开路电压 V_{oc} 的降低；反之，宽的带隙有利于提高 V_{oc}，但使电池的短路电流 I_{sc} 变小。因此 E_g 太窄或太宽都会引起效率的下降，通过优化 E_g 可以使电池效率最大化。Shockley 与 Queisser 在一系列假设的基础上计算发现，在 E_g = 1.3eV 左右单结电池效率达到最高（31%）[3]。单晶硅电池禁带宽度 E_g = 1.12eV，基本符合该条件，目前单晶硅电池的最高效率纪录是 25±0.5%[4]。

2. 少数载流子寿命

光激发载流子主要影响少子浓度，少子寿命对电池性能有显著影响，长的少子寿命有助于提高太阳能电池的性能。少子寿命短会导致少子的扩散长度不够长，在扩散到结区或背电极前就复合掉了，不能被有效分离或收集。

非平衡载流子复合是决定少子寿命的关键因素，深能级缺陷的复合是主要复合过程。深能级缺陷主要是由制备过程中的杂质带来的，电池效率对如 Ta、Mo、Nb、W、Ti 及 V 等金属杂质是极为灵敏的，杂质浓度不应超过 10^{-5} ppm[5]❶。而对其他一些金属杂质，如 P、Cu、Ni、Al 等，即使金属杂质浓度超过 10^{-2} ppm，对电池的效率影响也不大。针对不同杂质的影响设计不同的硅提纯工艺，获得所谓的太阳能电池级硅，电池和工艺的成本都能降低。

3. 表面、界面复合的影响

除了体材料的深能级缺陷，电池表面也存在较多缺陷态，金属电极与半导体接触的缺陷，都是潜在的复合点位，都对电池效率有重要的影响。当少子寿命足够长，能扩散到背表面并通过背表面输出时，短路电流将受背表面复合的影响。通过背表面场可以促进电子空穴分离、降低复合速率，从而提高电池性能。电池前表面有裸露的部分，还有金属栅线电极覆盖的部分。表面复合也由两部分组成：裸露的部分表面复合速率相对较低；金属栅线与电池材料界面的复合速率很高。通过钝化层可以有效降低复合速率。

4. 寄生电阻效应

电池实际存在的寄生电阻包括串联电阻 R_s 与并联电阻 R_{sh}。理想电池假设串联电阻为零、并联电阻无穷大。实际的电池不但 R_s 不为零且 R_{sh} 有限大，这对电池性能影响是不可忽略的。完整的太阳能电池双二极管等效电路如图 4-1-11 所示。串联电阻主要来源于电池半导体的体电阻、金属电极与半导体的接触电阻、半导体在栅线电极之间的横向电阻等，串联电阻的影响是使开路电压下降。并联电阻主要来源于 PN 结内部的漏电流和结边缘的漏电流。

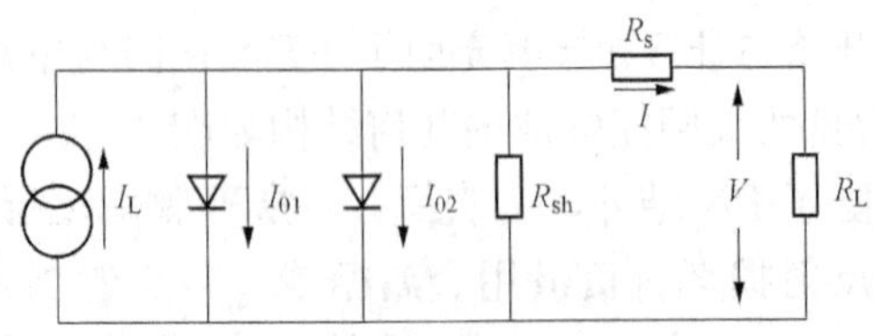

图 4-1-11 完整的太阳能电池等效电路

R_s 与 R_{sh} 主要影响电池的填充因子 FF。图 4-1-12 是当 R_{sh} 无穷大时，串联电阻不影响开路电压，但会使输出电压降低 IR_s，这是内阻分去的电压。串联电阻对填充因子的影响十分明显，以至于降低短路电流。图 4-1-13 是 R_s 为零时，并联电阻不影响短路电流，但使输出电流减小 V/R_{sh}，这是寄生电阻分去的电流。并联电阻同样显著降低填充因子，甚至会降低开路电压。改进 PN 结工艺，降低材料内电阻和接触电阻，增加薄膜致密度，改善切割工

❶ ppm 即百万分之一（parts-per-million），用于描述无量纲的比例，例如摩尔分数或质量分数，不是国际单位制（SI）。

艺，都能增加 R_{sh} 减少 R_s，提高填充因子。因此电流 - 电压（$I-V$）特性曲线提供了电池特性的重要线索，是发现问题和改进电池工艺有效途径之一。

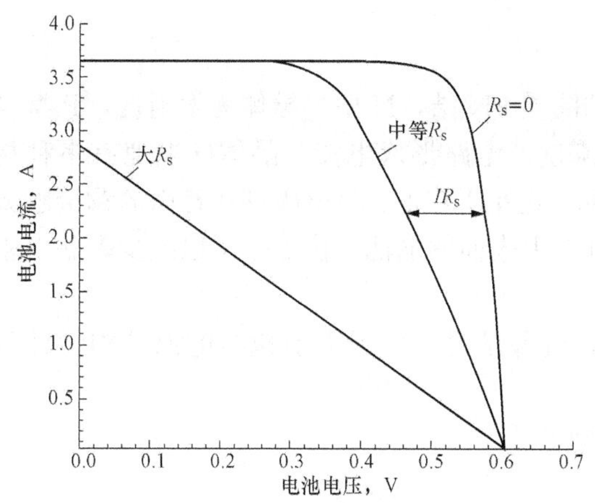

图 4-1-12　串联电阻对电流 - 电压特性的影响示意，R_{sh} 无穷大[6]

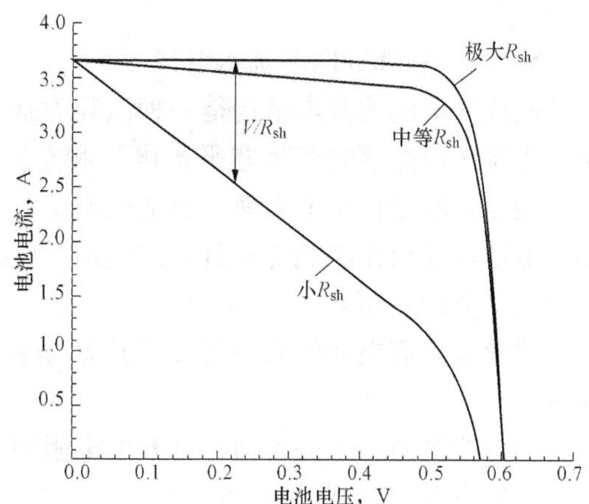

图 4-1-13　并联电阻对电流 - 电压特性的影响示意，$R_s=0$[6]

5. 温度的影响

光照引起温度升高，使电池效率下降。这是由于本征载流子浓度 n_i 随温度升高而指数增加，而复合相关的饱和暗电流与本征载流子浓度的平方 n_i^2 成正比，所以温度升高复合也会加快。

此外，电子与空穴的有效质量 m_n^*、m_p^* 也与温度有关，因为能带结构 $E(k)$ 也会稍微受到温度的影响。温度上升还会使带隙减小，虽然增加了电池的长波长光吸收范围，使输出电流提高，但也会引起 n_i 增加，导致开路电压下降。总的结果是电池效率随温度的升高而降低。

6. 太阳能电池效率损失分析

Shockley - Queisser 极限指出单结太阳能电池效率的极大值为 31%，目前单晶硅电池最高的效率为 25%，仍与理论结果有较大差距。现实中效率损失的因素包括：①光生载流子产生后会在极短时间（约 10ps）内弛豫到带边，损失的能量传递给晶格声子，该过程也称热化（thermalization）过程，它先使高能光子的能量损失掉一部分；②光生载流子在势垒区、扩散区输运过程中的复合损失；③半导体材料导带底/价带顶与电极材料的功函数的差，使输出电压进一步降低。太阳能电池效率损失示意见图 4-1-14。

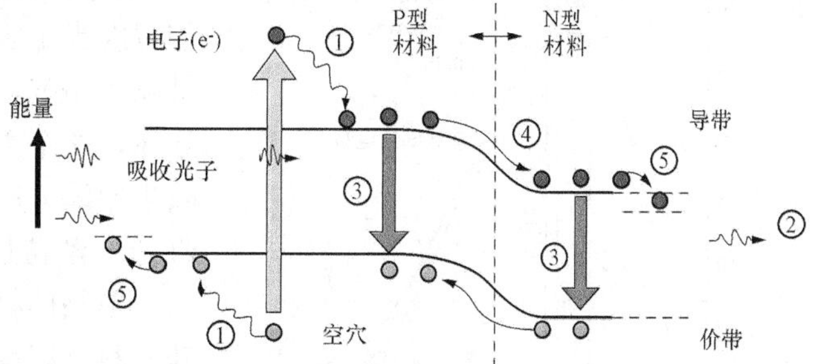

图 4-1-14　太阳能电池效率损失示意

①热化过程；②透射；③复合；④在势垒区能量降低；⑤导带底/价带顶与电极材料的功函数的差

提高太阳能电池的效率，需要从电学上提高少子寿命、载流子迁移率和光电流的提取效率，从光学上提高光吸收系数、降低反射率、拓宽吸收光谱，而这些都需要对电池的结构、材料和工艺有统一的考量。

4.2 晶体硅太阳能电池材料

4.2.1 晶体硅电池基本结构

晶体硅电池的基本结构是一种以硅为基础的同质PN结，N型半导体为发射区，P型半导体为基区，光照时产生非平衡电子和空穴，流过外电路形成电流。晶体硅电池有多种构造，通常正电极位于上表面，负电极位于背表面。此外还有正、负电极都在背面的背接触太阳能电池，优点是避免电极对光的遮挡；电极都在上表面的电池，优点是可以减少串联电阻和载流子的运动距离。

优化太阳能电池的效率需要考虑诸多参数，既包括材料的因素也包括电池结构设计的因素：

（1）掺杂对少子的寿命、材料的电阻率的影响；

（2）发射区和基区厚度；

（3）太阳能电池的表面复合，金属电极半导体接触的界面复合；

（4）电极和半导体的接触电阻；

（5）减少入射光在电池表面的反射和电池透射损失。

一项电池技术的成功是性能和成本相互妥协的结果，因此成本因素也必须被考虑进去。

4.2.2 晶体硅材料性质

1. 硅基本性质

硅是原子序数为14的化学元素，符号为Si，是四价准金属和半导体。硅的熔点和沸点分别为1414℃和3265℃，是所有准金属和非金属中第二高的，仅次于硼。硅是宇宙中元素丰度位列第八的元素，但很少以单质的形式出现在地壳中。地壳的90%以上是硅酸盐矿物，使硅成为地壳中含量第二高的元素（按质量计约为28%），仅次于氧。硅对现代世界经济有很大影响，20世纪末至21世纪初被描述为硅时代（也称为数字时代或信息时代）。高纯度的硅是金属-氧化物-硅（MOS）晶体管和集成电路及芯片必不可少的原料。使用最广泛的硅器件是MOSFET（金属氧化物硅场效应晶体管），其制造数量超过历史上任何其他器件。

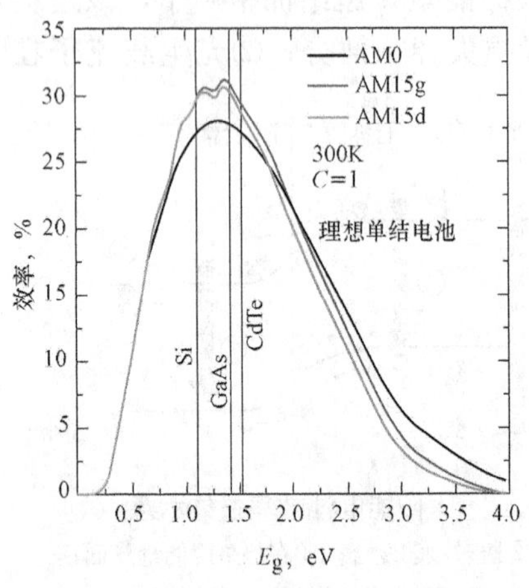

图4-2-1 单结太阳能电池效率与禁带宽度的关系

单晶硅是金刚石结构，与半导体的典型特性一样，其电阻率随温度升高而降低。晶体硅的禁带宽度为1.1eV，接近于单结太阳能电池的最优带隙1.4eV，见图4-2-1。晶体硅为间接带隙半导体，这个重要特征使硅的光吸收率低于直接带隙半导体。所以硅太阳能电池相对较厚以充分吸收光，客观上提高了晶体硅电池的成本。

单晶硅材料的折射率为3.4左右，但是单晶硅材料反射率的数值并非恒定，不同波长的光材料反射率不同。当太阳光入射时，其在硅光滑表面的反射率为30%～40%。在实际应用中，需要进一步的表面处理。经沉积减反射膜或表面织构等处理后，其反射率可以维持在5%以下。

2. 掺杂对其性能的影响

掺杂虽然可以提升太阳能电池的开路电压和降低太阳能电池的串联电阻，但也会减少少子的寿命。因此掺杂浓度需要结合太阳能电池各层的厚度和电极等方面来综合考虑。晶体硅太阳能电池中，P 型杂质主要为Ⅲ族的硼元素，N 型杂质为 V 族的磷元素。需要注意磷和硼是硅晶体中的浅能级杂质，对少子的寿命的影响较弱；深能级杂质是半导体材料的主要复合中心，在掺杂时应尽量避免掺入深能级杂质。掺杂影响少子寿命，寿命越短，其扩散长度越短，复合概率提高，导致电池效率降低。

3. 材料的厚度（N 区，P 区）

设计基区厚度时需要考虑的因素有少数载流子的扩散长度、光吸收和串联电阻等。基区厚度必须满足足够的光吸收，但是太厚会加大串联电阻，增加载流子运动到空间电荷区的距离；掺杂可以减小串联电阻，但缺点是会减少少数载流子的扩散长度。因此需要在基区厚度和掺杂浓度之间作出平衡。

发射区主要考虑的是表面复合。因为发射区不是主要的光吸收层，所以可以尽量薄，甚至小于少子的扩散长度。因此可以容忍发射区的高掺杂浓度，这样既可以降低串联电阻，又能与金属电极建立良好的接触并带来开路电压的增加。但需要注意，一旦发射区域过于薄，则可能会增加电子横向运动的电阻。

4. 材料表面（钝化层，P^+ 层）

载流子在材料的表面复合是少子复合的另一主要途径，太阳能电池中对材料表面处理主要有表面钝化和背电场两种方法。

通过热氧化物进行表面钝化是最简便的方法，这种方法在微电子领域应用最为广泛。然而对于光伏应用，二氧化硅的折射率太低，不能作为高性能电池的有效减反射层。在实际情况中，如果电池顶部表面的二氧化硅厚度大于 20nm，它还会限制后续沉积的多层膜的减反射性能。因此，电池受光照表面的氧化物钝化层必须非常薄。根据表面掺杂极性的不同，氮化硅和氧化铝的表面钝化效果也较好。

背表面场（BSF）指铝合金化形成的背表面附近的 P^+ 层“背表面场”，P^+ 层和 P 层之间形成的 P^+—P 结之间的电子势垒，作用是允许空穴通过而反射回电子，从而有效地减少了电子和空穴在背表面的复合。

4.2.3 电极材料

太阳能电池的电极材料的选择主要考虑两个方面：

(1) 金属和半导体之间需要形成良好的欧姆接触；

(2) 在金属和半导体界面上的载流子复合需要减少。

电极与表面的接触界面通常是复合速率较高的区域。可以通过钝化触点上的电子活动优化电池性能。第一种方法是通过嵌入重掺杂区域隔离少数载流子的接触来钝化。正如前面所讨论的，通过 BSF 效应的背接触钝化可以显著提高电池的性能。近期的高效电池设计中，在电池顶部电极接触的界面使用了重掺杂区域。第二种方法是最小化接触面积，目前大多数现代高效电池采用这种方法。第三种方法是采用本身具有较低的复合速率的界面设计，MINP（金属 - 绝缘体 - PN 结，见图 4 - 2 - 2）电池是第一种成功利用该设计的电池。金属电极下方超薄氧化物钝化层能够有效降低界面复合速率。多晶硅和半绝缘多晶硅（SIPOS）接触钝化也被证明有效。薄的界面氧化层在这两种设计中都起了重要作用。

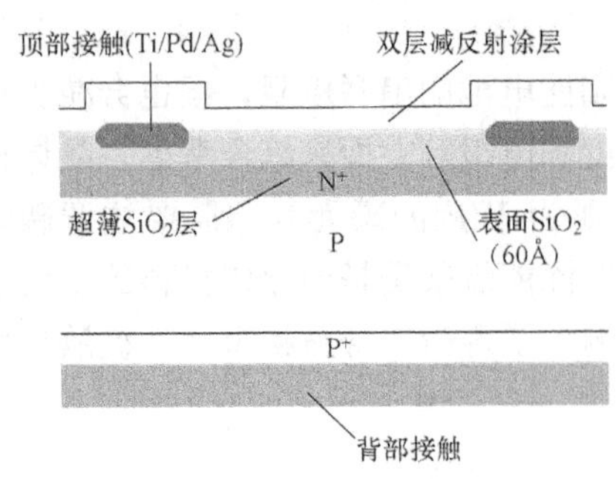

图 4-2-2　MINP 电池结构示意

1983 年开发的 MINP 电池是第一个效率达到 18%的硅电池，它采用顶部接触电极钝化，在该接触下方使用一层薄的氧化层以及顶部表面稍厚的氧化层。这种复杂的工艺给电池性能带来了很大的性能提升。表面电极金属化采用一种 Ti/Pd/Ag 多层结构，其关键是低功函数金属（钛）作为接触层，这是为了在下面的硅层中产生静电诱导的积累层，是减少接触复合的一个重要因素。电池背面采用铝合金化的方式产生 BSF 效应。为了减少反射损耗，顶层使用一种双层减反射涂层，在氧化物薄膜上覆盖大约四分之一波长的 ZnS 和四分之一波长的 MgF_2。

发射极钝化太阳能电池（PESC）结构如图 4-2-3 所示，结构类似于 MINP 电池。为进一步提高电池效率，电极通过氧化物薄膜中的狭槽接触，接触钝化是通过减小接触面积来实现的。1985 年制造了第一个非聚光型硅电池，将表面织构与 PESC 方法的优点相结合，其电池效率超过 20%。表面织构可以是金字塔结构、微槽结构或倒金字塔结构。

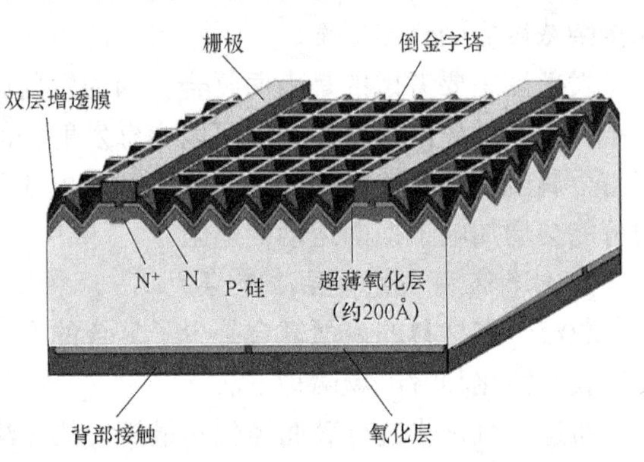

图 4-2-3　PESC 电池结构示意

4.2.4　光吸收

如 4.1 节所述，太阳能电池获得高光电转化效率就必须能够充分地吸收入射光，增加短路电流输出。为了减少表面反射导致的较大的入射光损失，两个常用的策略是通过在入射表面镀上减反射膜来减少反射，或者可以通过一定表面结构设计增加入射光在晶体硅材料中的光程，即通常采用表面织构在内的陷光的方法来加以实现。

1. 减反射膜

减反射膜广泛用于各类光学元件，利用光的干涉效应，从而降低反射率，如图 4-2-4 所示。减反射膜的厚度和折射率等参数可以简单地计算出来，已知晶体硅的折射率约为 3.8，根据电池上层为空气或玻璃等不同介质，可以匹配一系列薄膜的厚度和种类（折射率）。常用的减反膜材料有 TiO_2（$n\approx2.3$）、Si_3N_4（$n\approx1.9$）、ZnS、MgF_2 等材料，它们可以用气相沉积的方法沉积在硅表面。有些薄膜材料除了可以降低入射光的反射率，还可以对硅晶体表面起到钝化的作用。

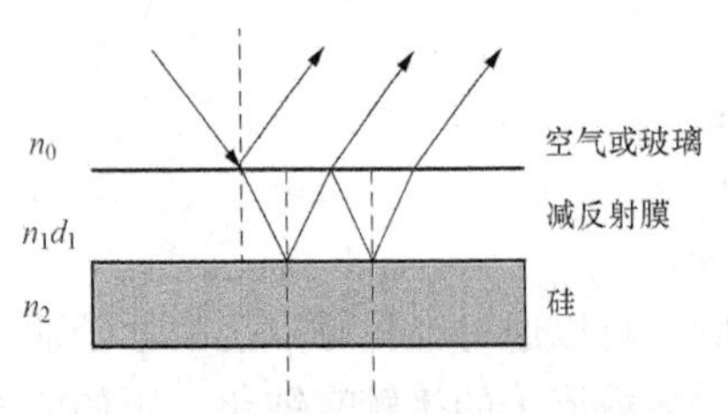

图 4-2-4　减反射膜

n_0、n_1、n_2 为空气、减反射膜和硅的折射率；d_1 为减反射膜的厚度

2. 陷光

陷光的概念就是用一定方法将入射进入晶体硅内的光限制于材料内，减少入射光的透射或反射，也就是说设法增加入射光在晶体硅内的光程，使其能够被充分地吸收。人们通常采用表面织构和背反射的方法实现陷光。

为了使性能最大化，将尽可能多的有用波长的光耦合进电池并被吸收，著名的 PERL

电池结构（见图 4-2-5）结合了几个主要的光学特性来实现这一结果。顶部表面的倒金字塔织构主要起到陷光的作用。大多数入射到这个结构上的光会在第一个入射点接触金字塔的一个倾斜的侧壁，其中的大部分光会透射进入电池；而反射光将向下反射，确保它至少有第二次机会进入电池；其余超过 40%的光，如那些入射在金字塔底部和角落附近的光，有三次这样的机会。

耦合进入电池的光线向着背表面斜向传播，增加了吸收的光程。少数到达背表面的光线被反射层反射，反射层是由铝覆盖的背面氧化层组合而成。这个组合层的反射率取决于光的入射角和氧化层的厚度，入射角接近法向时反射率在 95%以上；当入射角接近硅/氧化层界面的全反射角（24.7°）时，反射率降低到 90%以下；一旦超过全反射角，反射率接近 100%。反射光经过吸收层再次遇到上表面的倒金字塔结构，仅有很小一部分会离开电池。PERL 电池的效率可以达到 25%。

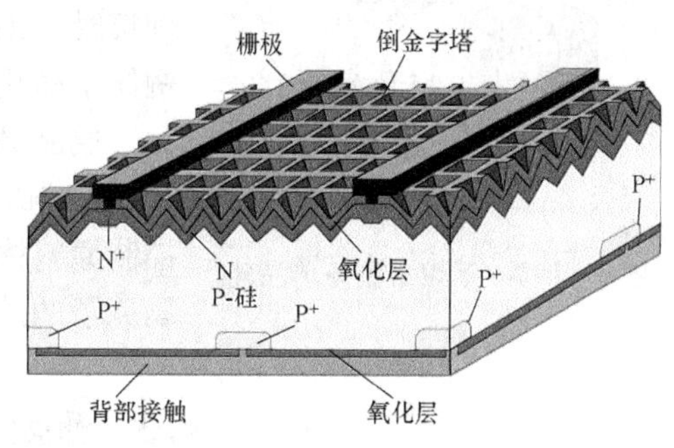

图 4-2-5　PERL 电池结构示意

倒金字塔和背反光镜的组合构成一个有效的陷光设计，增加了电池内的光程，通过测量得知电池内的有效光程增加 40 倍以上。这种陷光设计增强了电池的红外响应，PERL 电池的响应度（每瓦入射光产生的安培电流）的峰值在波长 1.02μm 处达到 0.75A/W，高于先前的硅电池。测得在同样波长的单色光下，PERL 电池转换效率峰值大于 45%，进一步改进后该数值在 1.06μm 处能超过 50%。

4.2.5　晶体硅的制造

用于太阳能电池的硅晶片的技术有提拉法、区熔法、多晶硅、电磁连铸和非晶圆技术。本节对前两种方法做简单的介绍，它们也是制备单晶硅最常见的技术。

1. 提拉法

提拉法即 Czochralski 法（Cz 法），它是单晶硅锭生长最常见的方法，特点是缓慢地从纯石英坩埚中熔融态的硅中定向提拉籽晶（见图 4-2-6）。在过去的 10 年里，一系列技术革新降低了提拉法制备单晶硅材料的成本，使之更有竞争力。例如，采用来自半导体工业的硅废料以及原始多晶硅作为原料；改进炉子的设计，包括加热器和气体分配系统，能源消耗从标准的 100kWh/kg 降低到 40kWh/kg，有报道，结晶产率从标准的 50%提高到 70%。

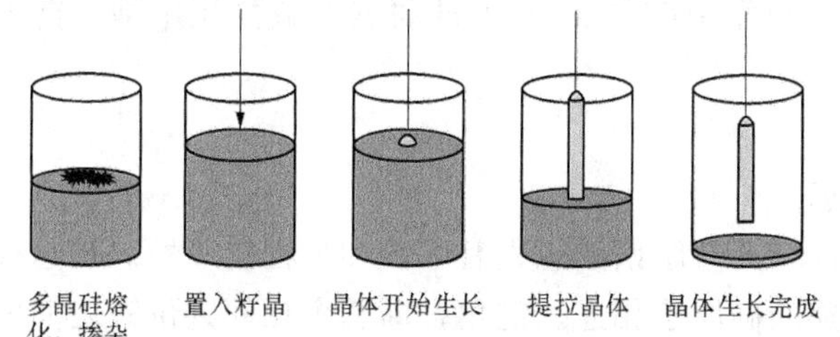

图 4-2-6　提拉法制备单晶硅

2. 区熔法

区熔法即 Fz 法（float zone），利用分凝原理对材料进行提纯。由于 Fz 硅通常用于电力电子元件和探测器，并不需要大直径衬底，即使在今天，大多数 Fz 晶体硅只有 100～125mm 的直径，可以满足光伏行业的需求。目前，大多数产品都集中在针对结晶方向、晶圆直径、掺杂类型、电导率范围等进行工艺优化，都能获得高度可预测的晶体硅产率。

在 Fz 法中，熔融区掠过硅锭，熔化原始多晶硅材料，并留下一个纯化的单晶，如图

4-2-7 所示。现代 Fz 法设备能够处理长 2m、质量在 60～100kg 的原料棒。原料棒的底端研磨成锥体，这个圆锥体的表面被电磁场引起的皮肤电流加热到熔点。一薄层的熔融硅不断地从原料棒的底部尖端流过感应线圈的中心孔。熔融硅和成品晶体自由悬浮于生长室内，除了周围惰性的氩气，硅和周围环境之间没有直接的物理接触，因此污染是非常低的，并且这个过程也使杂质在熔融体中净化、分离。

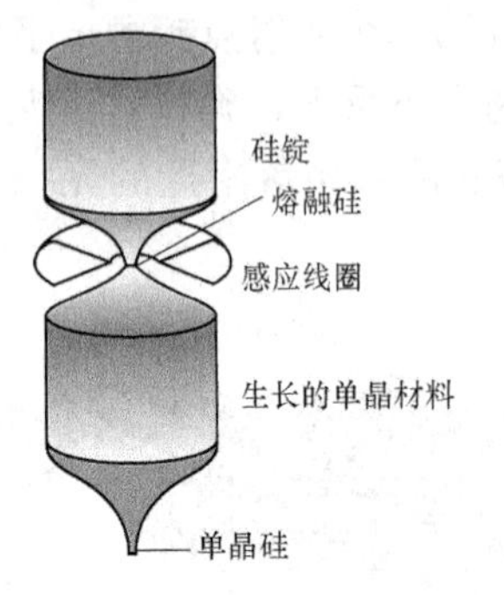

图 4-2-7 区熔法制备单晶硅

成品晶体硅的单晶完美度非常高，氧和碳是主要的杂质（浓度上限分别为 $1.0\times10^{16}cm^{-3}$ 和 $2.0\times10^{16}cm^{-3}$）。通过控制原料棒材料的纯度，其他杂质的浓度很低，比如所有金属原子的总浓度一般在 $10^{13}cm^{-3}$ 以下。

4.3 薄膜太阳能电池材料

薄膜太阳能电池材料主要包括硅基材料、铜铟镓硒材料与碲化镉材料等。

4.3.1 硅基薄膜太阳能电池材料

对于太阳光这种“稀薄”能源，必须通过大面积的太阳能电池进行收集，同时基于成本的考虑，急需发展薄膜太阳能电池。在光电转换中，光子、电子（和声子）之间的相互作用一般主要发生在离材料表面几个微米的范围内。

20 世纪 60 年代末，英国标准通信实验室（british standard communication laboratory）首次制备出了氢化非晶硅（a-Si：H）薄膜；20 世纪 70 年代，Spear 等人实现了 a-Si：H 材料的替位式掺杂，并制备了相应的 PN 结，发现了氢原子可以饱和硅的悬挂键，使 a-Si：H 材料具有较低的缺陷态密度（约 $10^{16}cm^{-3}$）[9]；到 20 世纪 80 年代，非晶硅电池的效率达到了 8%，自此非晶硅电池具有了产业化的价值。

目前氢稀释技术、合金调控带隙技术等一系列薄膜制备技术的改进已经大大提升了非晶硅基薄膜材料和太阳能电池器件性能。氢稀释技术是指在通过等离子增强化学气相沉积（PECVD）制备 a-Si：H 过程中，提高氢气的比例以稀释硅烷的浓度，这种方法可以提高材料的稳定性，并且能促进氢化纳米硅（nc-Si：H）和氢化微晶硅（μc-Si：H）的形成[10]。合金调控带隙技术即通过形成合金调节非晶硅基材料的禁带宽度，例如具有较窄带隙的非晶硅锗（a-SiGe：H）合金薄膜可与较宽带隙的 a-Si：H 材料构成叠层电池，能够拓宽长波吸收光谱范围。

1. 非晶硅的性质

(1) 非晶硅基薄膜材料的结构和电子态。

单晶硅具有完全规则和周期性的结构，它具有所谓的短程有序性和长程有序性。在这样一个晶体硅网络中，每个硅原子与四个相邻的硅原子相连。键角，即两个相邻共价键之间的夹角，固定为 109°28′，并在整个晶格网络中保持不变；相邻的两个硅原子之间的键长也是固定的，大约为 0.235nm。

在非晶硅中，键角和键长随机变化，存在各种值。比如键角随机分布在以 109°28′为中心，标准差 6°～9°的范围内。非晶硅的电学性质与其“无序度”有很强的关联，无序度越大电学性能越差。无序直接影响带尾状态：对于强无序层，带尾将更加明显。非晶硅具有一定的短程有序性，最邻近的硅原子的构形几乎与晶体硅相同，却完全没有长程有序性。非晶硅中大约每 10^4 个硅原子中就有 1 个无法与相邻的 4 个硅原子形成规则的共价键，它有断裂的化学键，即所谓的“悬挂键”（见图 4-3-1）。这些悬垂的化学键产生了作为复合中心的带隙中间态。在氢化非晶硅（a-Si：H）中，大多数悬挂键被氢原子“钝化”，这样它们就不再是复合中心。氢化非晶硅中剩余的未钝化悬挂键的密度在 $10^{14}\sim10^{17}\,cm^{-3}$ 之间。其中 $10^{14}\,cm^{-3}$ 的悬挂键的密度是指在刚沉积完或退火后，光致退化前最好的 a-Si：H。

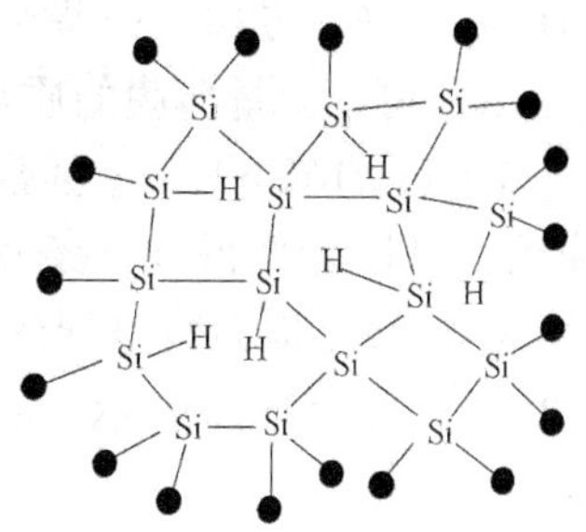

图 4-3-1　非晶硅原子结构模型

经典的半导体晶体中，在价带和导带之间有明确的带隙，带隙中间除了杂质态和缺陷态几乎没有电子态。而在非晶半导体中，例如氢化非晶硅和它的合金中，有一个连续的态带贯穿，没有实际的带隙（见图 4-3-2），尽管如此，近似的价带和导带仍然可以被区别出来。这些能带具有离域电子态，这表明导带内的电子和价带内的空穴可以到处移动，尽管它们的迁移率比相应的单晶半导体带要低得多。价带的最高能级由价带迁移率边 E_V 给出，导带最低能级为导带迁移率边 E_C；对于能量 $E>E_V$ 的状态是局域的，这意味着载流子被“俘获”，不能自由移动。而在带隙内部也存在着丰富的态密度分布，它们是由于悬挂键等缺陷造成的。

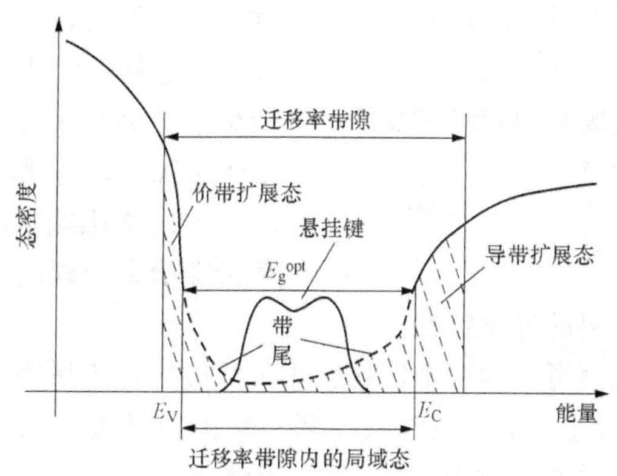

图 4-3-2　非晶硅的 Mott-CFO 能带模型

注：迁移率带隙，即 E_C 和 E_V 之间的态，为定域态。价带和导带中的态为离域态也是扩展态，分别由自由空穴和自由电子占据。价带和导带的带尾是载流子陷阱，困在价带带尾的空穴不断与价带中的自由空穴交换。导带与导带尾中的电子也类似。带隙中间态与悬挂键有关，它们是复合中心，它的密度在 Staebler—Wronski 效应（SWE）影响下会增加 2～3 个数量级。

相比迁移率带隙，所谓的光学带隙更容易确定，是通过实验从光吸收系数的测量中推断出来的。研究发现，光学带隙比迁移率带隙小约 100meV。实验中发现，a-Si：H 薄膜的光学带隙 E_g^{opt}(eV) 与其氢含量 C_H 之间存在近似线性比例关系[11]：

$$E_g^{opt}=1.48+0.019C_H \tag{4-3-1}$$

（2）非晶硅基薄膜材料的电学特性。

由于其相对较高的带隙，在无光照情况下无掺杂非晶硅层的暗电导 σ_{dark} 很低，在 $10^{-8}\sim$

10^{-12}S/cm之间，其中10^{-12}S/cm对应纯a-Si：H薄膜含有低密度的氧原子和其他杂质。在$100mW/cm^2$的白光的照射下（相当于AM1.5g），对于新沉积的或退过火的光伏级的a-Si：H，光电导σ_{photo}大幅增加到10^{-4}～10^{-5}S/cm。带隙中间态（或悬挂键）密度越低，光电导σ_{photo}就越高。另一方面，一些杂质如氧原子等也会在一定程度上提高光电导。因此光敏性（$\sigma_{photo}/\sigma_{dark}$）可以衡量薄膜的质量。对于光伏级的薄膜光敏性应该高于10^5。

a-Si：H的暗电导σ_{dark}强烈依赖测量温度。如果用σ_{dark}的对数对绝对温度的倒数（$1/T$）作图，可以近似得到一条直线，如图4-3-3所示。直线的斜率为E_{act}/k，其中k为玻尔兹曼常数。E_{act}称为暗电导的活化能，它是费米能级E_F与最近的带边或迁移率带边之间距离的度量。E_{act}越高表示E_F越接近迁移率带隙的中间，越低表示E_F越接近重掺杂的带边。

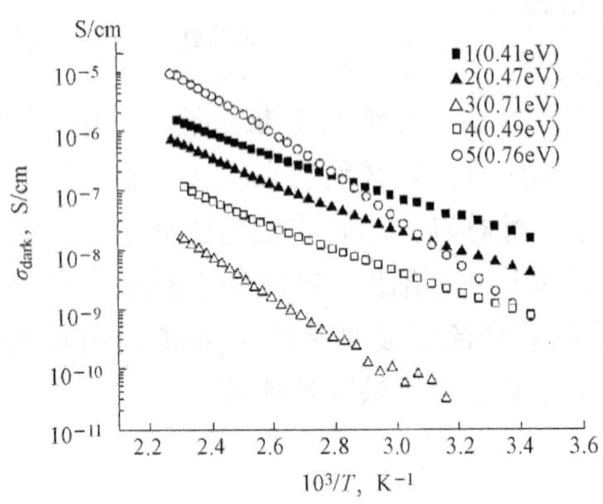

图4-3-3 a-Si：H薄膜的暗电导与温度的依赖关系

1～4—飞秒激光辐照改性的a-Si：H膜；5—未改性的Si：H膜

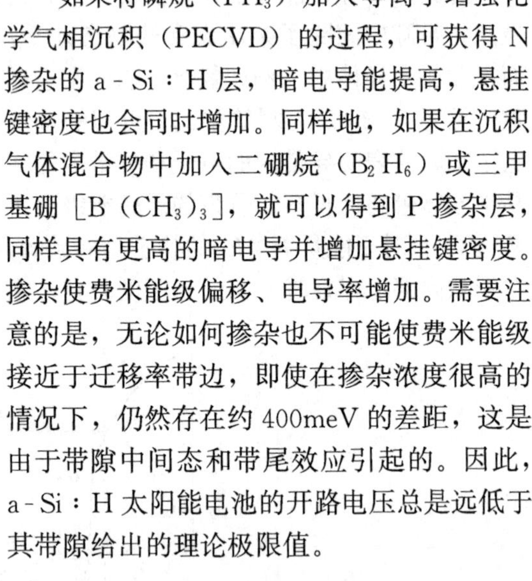

如果将磷烷（PH_3）加入等离子增强化学气相沉积（PECVD）的过程，可获得N掺杂的a-Si：H层，暗电导能提高，悬挂键密度也会同时增加。同样地，如果在沉积气体混合物中加入二硼烷（B_2H_6）或三甲基硼［$B(CH_3)_3$］，就可以得到P掺杂层，同样具有更高的暗电导并增加悬挂键密度。掺杂使费米能级偏移、电导率增加。需要注意的是，无论如何掺杂也不可能使费米能级接近于迁移率带边，即使在掺杂浓度很高的情况下，仍然存在约400meV的差距，这是由于带隙中间态和带尾效应引起的。因此，a-Si：H太阳能电池的开路电压总是远低于其带隙给出的理论极限值。

（3）非晶硅基薄膜材料的光学特性。

本征非晶硅的光吸收谱可分为三个区域：本征吸收区、带尾吸收区和次带吸收区，如图4-3-4所示。如4.1节所述，本征吸收（A区）是由能量大于光学禁带的光子、电子从价带到导带的跃迁。本征吸收的长波限就是光学带隙E_g，光伏级a-Si：H的E_g为1.7～1.8eV，这个值比由电导激活能确定的迁移率带隙稍小些，相差约0.16eV[12]。本征a-Si：H的光吸收系数α在其吸收边处为10^3～10^4 cm^{-1}，并随着光子能量增大而增加，比晶体硅（间接带隙半导体，光吸收过程必须有声子参与）高1～2个数量级。带尾吸收（B区，$1<\alpha<10^3cm^{-1}$）相应于电子从价带扩展态到导带尾态或从价带尾态到导带扩展态的跃迁。次带吸收（C区，$\alpha<10cm^{-1}$）相应于电子从价带到带隙中间态或从带隙中间态到导带的跃迁，这部分光吸收能提供关于带隙中间态的信息。若材料的次带光吸收系数在$1cm^{-1}$以下，则表征该材料具有很高的质量。

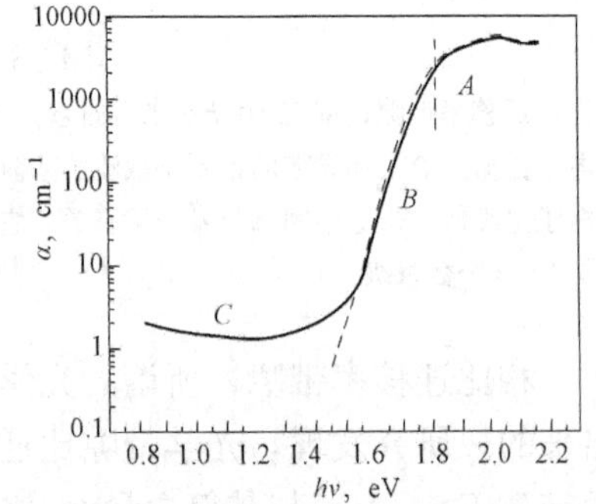

图4-3-4 本征非晶硅的光吸收谱

光照会在 a-Si：H 材料中产生亚稳态的悬挂键缺陷态，起到复合中心的作用，能量靠近带隙中部，饱和缺陷浓度约为 $10^{17}m^{-3}$。随光照时间延长，引起 a-Si：H 的光电导和暗电导下降，亚稳悬键密度增加，这种现象称为光致变化（staebler-wronski）效应。此外，光照还引起费米能级向带隙中心移动、载流子寿命降低、扩散长度减小、带尾态密度增加、光致发光主峰强度下降、缺陷发光峰强度增加、光致发光的疲劳等效应，导致 a-Si：H 电池性能的退化，限制了 a-Si：H 电池的商业应用。

光照导致 a-Si：H 亚稳态悬挂键产生的微观机制解释如下：包括 Si—Si 弱键断裂模型（光照产生的电子-空穴的直接无辐射复合提供能量，使 Si—Si 弱键断裂，产生两个不稳定的悬挂键）、电荷转移模型（某些悬挂键俘获两个电子后成为能量较低的带负电的亚稳态）、氢碰撞模型［光照打断 Si—H 弱键，产生可运动的 H，并低概率地形成一个亚稳复合体 M $(Si—H)_2$］。三种模型解释各有特点，但迄今没有统一的看法。

在非晶硅的光致退化过程中，不仅有亚稳态悬挂键的产生，还有 Si—H 键和非晶硅网络结构的光致变化，而前者是后者的一部分。在光照下，a-Si：H 整个无序网络结构都可能发生光致亚稳变化，由于 a-Si：H 处于非平衡状态，在外界条件的扰动下易发生结构的亚稳变化。a-Si：H 吸收一个光子产生的电子-空穴对通过带尾态复合可释放大约 1.3eV 的能量，这些能量传递到周围的硅原子可将其加热到很高的温度（高达 1600K）。如此高温足以使材料的原子结构发生改变使其偏离退火的平衡态，其热量还能传导到更广阔的网格范围。非晶硅中单位体积内光生电子-空穴对复合的次数大约可达 $10^{25}cm^{-3}$，如此高的复合密度很可能使 a-Si：H 的整个网络结构发生光致变化；而所相应的亚稳态悬挂键密度则低 8 个数量级，可见光致亚稳态悬挂键只是一个伴随光致结构变化的低概率过程[13]。

由于非晶硅的光致亚稳变化与其无序网络结构和氢原子的运动有关，因此改善无序网络结构和降低 H 含量可提高 a-Si：H 的稳定性。通过氢稀释（hydrogen dilution）技术，在等离子增强气相化学沉积（PECVD）法制备 a-Si：H 过程中，提高氢气的分压可以增加氢自由基浓度，选择性地刻蚀掉一些化学势较高的缺陷结构，使反应基团在生长表面的扩散系数增加，从而更容易找到热力学稳定的点位，甚至一些原子态氢可扩散到薄膜体内，增强钝化效果。其结果是降低了缺陷密度和光致退化效应。此外，无序网络结构的改善必然将导致结构的微晶化，通过优化反应室的几何结构、沉积的诸多参数，即使在反应气体为纯硅烷的条件下，也可以制备出器件级的微晶硅薄膜。

2. 非晶硅基薄膜材料制备方法

半导体薄膜的制备方法主要分为化学气相沉积法（chemical vapor deposition，CVD）和物理气相沉积法（physical vapor deposition，PVD）。硅基薄膜的化学气相沉积是将含有硅的气体（如硅烷 SiH_4 和乙硅烷 Si_2H_6）分解得到硅原子，再将硅原子或含硅的基团沉积在衬底上。N 型掺杂需要加入磷烷（PH_3），而 P 型掺杂需要加入乙硼烷（B_2H_6）、三甲基硼［$B(CH_3)_3$］或三氟化硼（BF_3）。为了提高薄膜的质量，常用氢气（H_2）或惰性气体稀释硅烷。工业中常用的薄膜沉积手段有热解化学气相沉积法，要将反应气体加热到很高的温度（大于 1000℃）。即使在这样的温度下氢原子也很难在薄膜中与硅键合存在，没有氢原子的钝化作用，材料中缺陷态密度很高，所以热解化学气相沉积法不适合用来制备氢化非晶硅。为了降低沉积温度，引入其他的能量源分解气体，如等离子体辉光放电法、热丝催化化学气相沉积法和光诱导化学气相沉积法。

4.3.2 铜铟镓硒（CIGS）薄膜太阳能电池材料

铜铟镓硒薄膜太阳能电池［CIGS 电池，或称为 CI（G）S 或 CIS 电池］是一种具有高光吸收系数的薄膜太阳能电池，它是通过在玻璃或塑料背衬上沉积一层薄的铜、铟、镓和硒层，并在正反两面沉积电极来制造的。CIGS 是三种主流的薄膜光伏技术之一（另外两种是碲化镉和非晶硅），像其他材料一样，当 CIGS 层足够薄时也具有柔韧性，从而可以将它们沉积在柔性基板上。GIGS 电池的制造通常都使用高温沉积技术，虽然现在低温沉积技术也开发出来用于柔性基板的制造，但最佳性能还是沉积在玻璃上的电池。电池级的 CIGS 性能优于多晶硅，但由于规模化成熟度较低，其组件效率仍然较低。CIGS 电池技术正在继续发展，它们有望达到相当于硅的效率，并同时保持低成本，这是薄膜技术的典型特征。

CIGS 是由铜、铟、镓和硒组成的Ⅰ-Ⅲ-$Ⅵ_2$ 化合物半导体材料，是铜铟硒化物（通常缩写为 CIS）和硒化铜镓的固溶体，化学分子式为 $CuIn_xGa_{(1-x)}Se_2$，其中 x 的值从 1（纯铜硒化铟）至 0（纯硒化铜镓）连续可调。CIGS 是具有黄铜矿晶体结构的半导体，带隙随 x 从约 1.0eV（硒化铜铟）到约 1.7eV（硒化铜镓）连续变化。CIGS 对 1.5eV 和更高能量的光子具有极高的光吸收系数（超过 10^5cm^{-1}）。2020 年 CIGS 太阳能电池的效率约为 23.4%。

1. CIGS 薄膜材料特性

虽然 CIGS 多晶薄膜的晶界影响材料的性质，但是单晶和多晶薄膜材料依然有许多相似的特性。表 4-3-1 给出了 CIS 薄膜一般的特征参数。

表 4-3-1 CIS 薄膜的特征参数

特性	
化学式	$CuIn_{(1-x)}Ga_xSe_2$
密度	约 5.7g/cm³
熔点	1070～990℃（1340～1260K）（x=0～1）
带隙	1.0～1.7eV（x=0～1）
结构	
晶体结构	方形
空间群	I42d
晶格常数	a=0.56～0.58nm（x=0～1），c=1.10～1.15nm（x=0～1）

（1）CIS 和 CIGS 的晶体结构。

$CuInSe_2$具有 665℃和 810℃两个固态相变温度，熔点为 987℃。当温度高于 810℃时，为闪锌矿结构晶体，见图 4-3-5（a）；低于 665℃，为黄铜矿结构晶体，见图 4-3-5（b）；665℃和 810℃之间 CIS 为过渡结构。$CuIn_xGa_{(1-x)}Se_2$ 是由 Ga 部分替代 $CuInSe_2$ 中的 In 形成，由于 Ga 的原子半径比 In 小，Ga 含量的增加使晶格常数变小。

（2）CIGS 薄膜材料的光吸收和光学带隙。

CIGS 材料是一种直接带隙的半导体，因此光吸收系数高达 10^5cm^{-1}，是薄膜太阳能电池的理想备选材料。图 4-3-6 给出了几种常见的薄膜半导体材料光吸收系数与光子能量的关系。对于直接跃迁的半导体，光吸收系数与其能带结构的关系满足下式：

$$(\alpha h\nu)^2 = B(h\nu - E_g) \tag{4-3-2}$$

式中：E_g为禁带宽度；α 为对能量为 $h\nu$ 的光子的光吸收系数；B 为与光子能量无关的

常数。测量材料的吸收光谱，然后依照上式作 $(\alpha h\nu)^2 \sim h\nu$ 的线性回归关系，就可以估算出材料的带隙。按此法得到的 CIGS 薄膜的带隙 E_g 为 1.32eV。

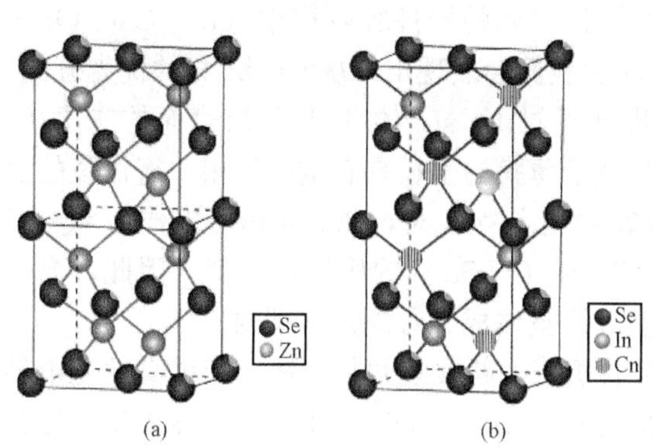

图 4-3-5　闪锌矿和黄铜矿晶格结构示意

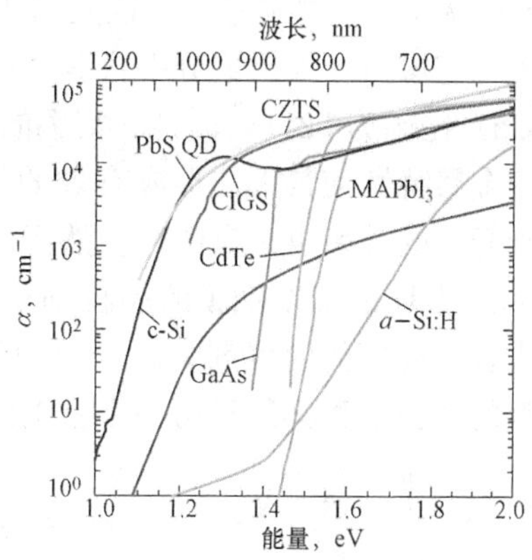

图 4-3-6　几种常见的薄膜半导体材料光吸收系数与光子能量的关系[14]

薄膜的光吸收系数 α 可以通过薄膜的光学测量和计算得到，如测量该膜的反射率 R、透过率 T 及厚度 d，可以计算 α，进而可得到其光学带隙。

$$\alpha = \frac{1}{d}\ln\left[\frac{(1-R)^2}{T}\right] \tag{4-3-3}$$

CIGS 薄膜带隙与 Ga 的含量相关。当薄膜中不含 Ga，$CuInSe_2$ 薄膜带隙 E_{gCIGS} = 1.02eV；当薄膜中 Ga 原子含量为 100%时，$CuGaSe_2$ 薄膜带隙 E_{gCIGS} 为 1.67eV。CIGS 薄膜带隙可以表达为 Ga 含量 x=Ga/(ln+Ga) 的函数。

$$E_{gCIGS}(x) = (1-x)E_{gCIS} - bx(1-x) \tag{4-3-4}$$

2. CIGS 薄膜的缺陷和导电类型

CIGS 薄膜的导电类型与薄膜成分有关。当薄膜中 Se 含量低于化学计量比时，产生 Se 空位，相当于施主杂质，薄膜为 N 型。当 Ga 部分取代 In，由于 Se 空位不向导带提供自由电子，CIGS 的 N 型导电性随 Ga 含量的增加而下降。当 CIS 中缺 Cu，晶体内形成 Cu 空位，这包括中性 Cu 空位和−1 价的 Cu 空位。如果是由 In 原子替代 Cu 原子的位置，形成替位缺陷 In_{Cu}，则替位缺陷 In_{Cu} 有 0 和+1 价态，都是施主杂质。

研究揭示了 CIS 中有五种施主缺陷能级、六种受主缺陷能级，都位于禁带中。其中 Cu 空位属于浅能级受主杂质，它的能级仅比 CIS 价带的顶部高 30meV，在室温下即可激活，从而使室温下 CIS 材料呈现 P 型。In 空位和 Cu 取代 In 的替位缺陷 Cu_{In} 也是受主型点缺陷，而 In_{Cu} 和 Cu_{In} 是施主型点缺陷。通过调节 CIGS 材料的元素配比可以改变其点缺陷进而调控其导电类型。

3. CIGS 薄膜的制备方法

CIGS 太阳能电池的制备首先是将光吸收层沉积在钼玻璃基板（最好是钠钙玻璃）上。Mo 膜的性质和玻璃基板的选择对最终器件的质量至关重要；钠从玻璃通过 Mo 膜扩散到生长的吸收层中，是提高器件质量的重要因素。Na 掺入最明显的效果是改善了薄膜的形貌，提高了薄膜的电导率。此外，钠的加入会引起吸收膜缺陷分布的有益变化。如果需要使用其他金属或聚合物衬底，可以在衬底和吸收层之间沉积一些含钠前驱体，如 NaF、Na_2Se 或 Na_2S 等，同时还要在衬底和 Mo 膜之间使用 SiN_x、SiO_2 或 Cr 等阻挡层来防止 Na 向衬底扩散。

光伏级 CIGS 薄膜总的来说是富 In 化合物。化学计量偏差的宽容度非常大，因此具有很宽的工艺窗口。如果成分中含有 Na，则效率高于 14%的器件吸收层中（In+Ga)/(In+Ga+Cu）比例为 52%～64%。富铜的 CIGS 吸收层表面会表现出二次 Cu_ySe 相的优先分离，该相的金属特性使其无法形成有效的异质结。即便通过 KCN 刻蚀掉吸收层表面的二次相，其用于光伏的效率也是有限的。然而，富铜成分对于薄膜的生长具有重要作用，富铜膜的晶粒大小超过 1μm 而富铟膜的晶粒则小很多。在富铜组分存在时，Cu_ySe 相可以作为共蒸发薄膜生长过程中的助熔剂。对于后硒化法制备 CIGS，Cu_ySe 相的作用也类似。因此，高质量材料的生长过程必须经历一个富铜的阶段，但最终整体成分必须是富铟的。

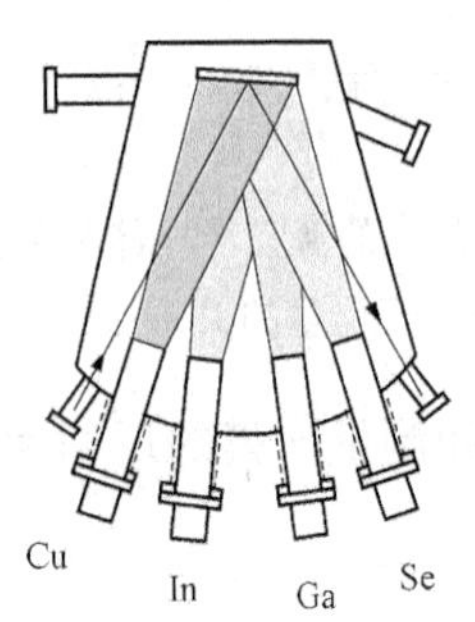

图 4-3-7　共蒸发制备 CIGS 薄膜的设备示意

第一类吸收层制备路线是共蒸发法。产生高效光电转化的吸收材料是 Cu(In，Ga)Se_2，其 Ga/(Ga+In）比为 20%～30%，通过各个元素的共蒸发制备。图 4-3-7 中是一个用于制备实验室规模的太阳能电池和微型模块的共蒸发装置的示意。该工艺要求在薄膜生长期间衬底的最高温度约为 550℃，尤其是生长快结束时。蒸发法的一个优点是材料沉积和成膜是在同一工艺步骤进行的。以四极质谱仪或原子吸收谱仪为基础的反馈回路控制每个源的蒸发速率。沉积物质中的金属成分与它们的蒸发速率相一致，而硒必须是过量蒸发的。对沉积速率的精确控制能够促进薄膜沉积和生长的各个步骤和阶段的调整和优化。沉积的序列是由沉积过程中不同源的蒸发速率和衬底温度决定的。

在生长过程中，为了利用富铜组分的大晶粒与富铟组分更有利的电子性能，先进的沉积顺序应该包括富铜阶段并最终具有富铟总体组分。所谓的波音或双层工艺就属于这类，它开始于沉积富铜 CIGS，并以过量的铟比率结束。最成功的共蒸发过程是所谓的三步法工艺，首先在相对较低的温度下沉积 In、Ga 和 Se，然后在较高的温度下通过过量蒸发 Cu 来实现富铜的生长阶段，最后只沉积 In、Ga 和 Se 以确保薄膜整体富铟。三步法工艺目前可以得到效率最高的 CIGS 太阳能电池。

第二类吸收层制备路线是后硒化法，是将沉积和化合物形成分为两个不同的工艺步骤。高效率的吸收层是用 H_2Se 将金属前驱体硒化，并在 Se 气氛中对元素叠层进行快速热处理。这样的工艺顺序的优点是，像溅射这种通用的大面积沉积技术可以用于材料的沉积。CIGS 膜的形成需要第二步硒化的过程。最初的大面积模块的制备是通过金属前驱体在 H_2Se 中硒化制备的。此后，Shell Solar Industries 公司通过对这一工艺的改进，生产出了第一款商用的 CIGS 太阳能电池，该工艺如图 4-3-8 所示。首先，在钼玻璃基板上溅射沉积铜、铟和镓的叠层，然后硒化作用在 H_2Se 气氛中发生。为了提高器件性能，在 H_2S 气氛中进行二次

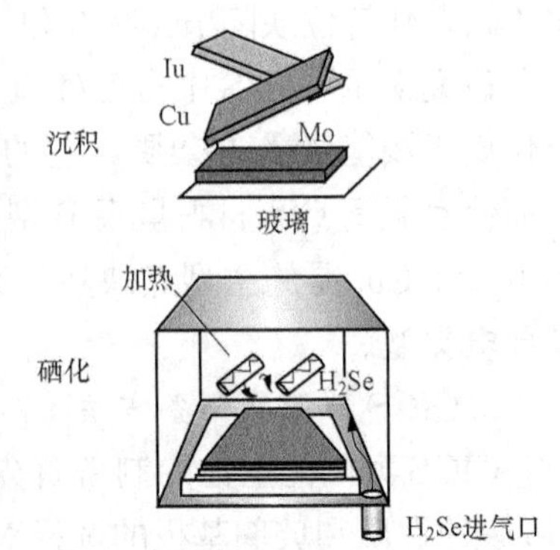

图 4-3-8　后硒化工艺制备 CIGS 薄膜的流程

热处理，使吸收层由原来的 Cu(In，Ga)Se_2变为 Cu(In，Ga)(S，Se)$_2$。

避免在硒化过程中使用有毒的 H_2Se 的方法是对元素叠层进行快速热处理（RTP）。其中前驱体包括一层蒸镀的元素硒，然后通过 RTP 在惰性气体氛围或 Se 氛围中硒化处理。如果在含 S 的气氛（纯 S 或 H_2S）中进行 RTP，可以获得最高的效率。

除了硒化和共蒸发法，人们还研究了其他沉积方法，以获得高质量的薄膜或降低大面积薄膜沉积的成本。外延生长Ⅲ-Ⅴ化合物半导体薄膜的技术，如分子束外延（MBE）或金属有机化学气相沉积（MOCVD），这方面的基础研究揭示了相分离和缺陷形成等有趣的特征，但目前还不能用于形成高效太阳能电池的吸收材料。低成本工艺开发的尝试包括电沉积技术、丝网印刷和颗粒沉积。电沉积可以在一两个步骤内完成，关键的一步是在高温退火过程中形成最终薄膜，其中重结晶过程与材料的分解过程相竞争，因此过程优化是相当困难的。通过电沉积富铜的 $CuInSe_2$ 薄膜，然后再通过真空蒸镀 In(Se) 进行处理获得高效率的电池。颗粒沉积法通过恰当的油墨印刷和随后的退火，能获得良好质量的吸收层，得到的太阳能电池效率超过 13%。

4.3.3　碲化镉（CdTe）薄膜太阳能电池材料

1. CdTe 薄膜基本物理性质

碲化镉（CdTe）是一种黑色、高密度、具有立方晶体结构的固体化合物。如图 4-3-9 所示，CdTe 相图的特征是完全熔化的中间相[15]。表 4-3-2 列举了 CdTe 薄膜的一部分光学、物理和电学性质作为参考，根据沉积方法、衬底温度和衬底类型的不同，材料性质之间存在很大差异。CdTe 通常以立方闪锌矿（方铅矿）结构生长，但在薄膜中，可以形成立方或六方晶结构两个相[15,16]。CdTe 的结构会影响其光学和电学性能，因此，多晶 CdTe 与单晶 CdTe 之间也存在很大差异。$Cd_{(1-x)}Te_x$ 的伪二元相位图（1 个大气压）[17]见图 4-3-10。

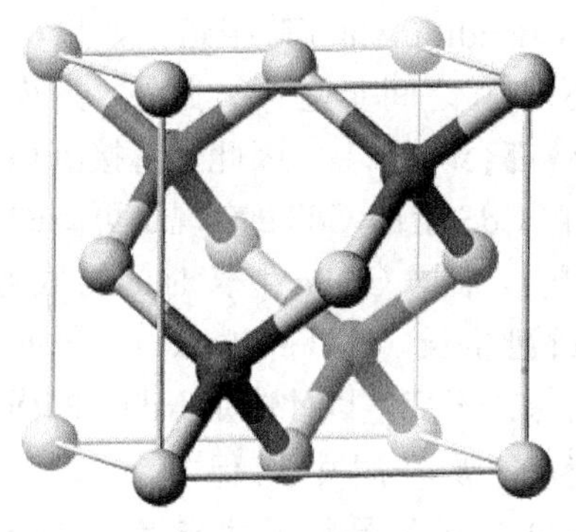

图 4-3-9　CdTe 晶格结构模型

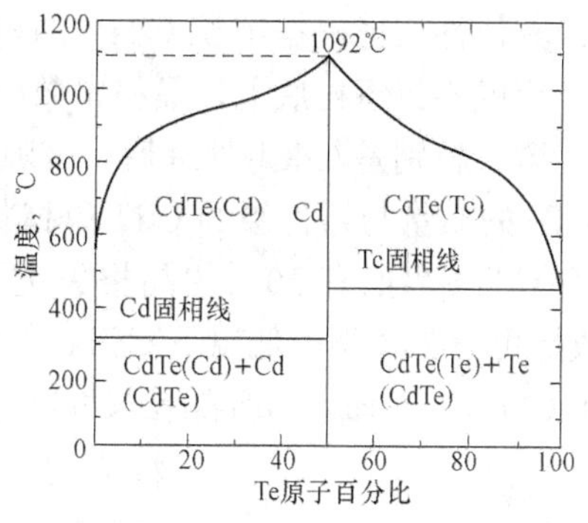

图 4-3-10　$Cd_{(1-x)}Te_x$ 的伪二元相位图（1 个大气压）[17]

比较 CdTe 单晶膜和 CdTe 多晶膜，后者具有较高的带隙和较短的载流子寿命。研究表明，在这两种材料中均存在缺陷状态，这些状态控制着光生载流子的寿命。例如，在 80K 下测得 CdTe 单晶膜的带隙能量为 1.47eV，在 200K 下为 1.41eV；而 CdTe 多晶膜的带隙能量在这两个温度下分别为 1.57V 和 1.5eV[18]。但是，后者通过真空蒸发生长，在 90℃的温度下沉积在康宁玻璃上。另外不同的是，当生长温度（即衬底温度）在 300℃时，CdTe 的带隙能量为 1.45eV，随着衬底温度的降低，带隙能量会逐渐增加。Sathyamoorthy 等在 100～200℃之间的生长温度下测得 CdTe 带隙能量为 1.58eV[19]。

表 4-3-2 **CdTe 和 CdS 薄膜的性质**

特性参数	CdTe	CdS
单晶带隙能量(300K)	1.5eV	—
多晶带隙能量(300K)	1.45eV	2.42eV
电子亲合能	4.28～4.5eV	4.5eV
光吸收系数	$6\times10^4 cm^{-1}$	—
折射率(600nm)	3.106	2.57
折射率(850nm)	2.996	2.38
晶格参数	6.481Å	4.136Å
熔点	1365K	1750K
升华点	—	980K
升华反应	$CdTe>Cd+1/2Te_2$	—
升华压强	$\lg(p_S)=-10650/T-2.56\lg(T)+15.8$	—
密度	$5.85g/cm^3$	$4.82g/cm^3$
分子质量	240.01g/mol	144.47g/mol
电子有效质量	0.09～0.11	0.165～0.25
空穴有效质量	0.4～0.63	0.7,0.8
有效态密度	$N_C=7.9\times10^{17}cm^{-3}$	$N_C=2.24\times10^{18}cm^{-3}$
	$N_V=1.3\times10^{19}cm^{-3}$	$N_V=1.8\times10^{19}cm^{-3}$
电子迁移率	$1000～1200cm^2/(V\cdot s)$	$400cm^2/(V\cdot s)$
空穴迁移率	$50～80cm^2/(V\cdot s)$	$50cm^2/(V\cdot s)$
折射率	3.106(550nm)	2.57(550nm)
	2.996(850nm)	2.38(850nm)
光学介电常数	7.18	5.38

材料的其他性质也根据沉积 CdTe 的衬底而变化，Chandramohan 等报道，如果材料沉积在玻璃、钼或不锈钢衬底上，晶格常数会在 6.282～6.47Å 之间变化[20]。此外，退火也会影响薄膜性质；特别是 $CdCl_2$ 处理后，带隙连同晶格常数都会降低[21]。因此，直接沉积在玻璃上的 CdTe 的质量与器件级的 CdTe 材料不同。沉积在 CdS 上的 CdTe 表现出更高的缺陷密度，CdS/CdTe 界面有 10％的晶格失配而产生位错[22]。根据 CdTe 生长时的衬底温度，CdTe 吸收层可分为两类。低温下 CdTe 在 CdS 晶粒上外延生长，CdTe 的（111）平面平行于 CdS 的（0001）平面。CdS 晶粒尺寸在整个界面上均保持不变，以此决定 CdTe 的横向晶粒直径，该直径在整个吸收层中均保持不变。高温（550℃）工艺生长的 CdTe 层的晶粒尺寸与界面处的 CdS 晶粒尺寸相等，但朝 CdTe 顶面生长成为直径几微米的大得多的晶粒。

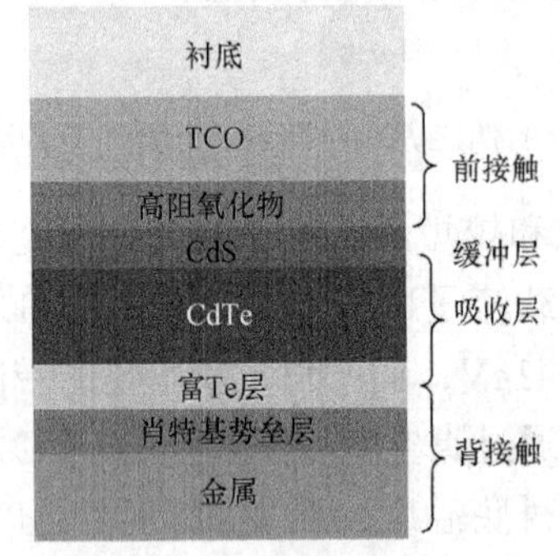

图 4-3-11 磁控溅射方法制备的电池结构

2. CdTe 薄膜太阳能电池的典型结构

衬底结构的 CdTe 薄膜电池结构从迎光面开始分别为前接触层、缓冲层、吸收层和背接触层。图 4-3-11 展示了一个磁控溅射方法制备的电池结构。

当前的 CdTe 薄膜电池采用的是一种由几层不同掺杂薄膜构成的异质结构。最早时只是简单的 CdS/CdTe 异质结，CdS在其中起到N型掺杂窗口层的作用。之后，透明导电氧化物（TCO）取代了电池的透明前电极，而CdS则看作TCO和CdTe之间的一层缓冲层。实际上CdS薄膜本身是N型的，而且它的存在对电池PN结的品质起到了不可替代的作用，CdS薄膜也称为窗口层。

CdTe电池的PN结主要在CdTe吸收层和CdS之间形成，然而电池的性能还与许多复杂的因素有关。例如为了减小CdS的厚度会减弱其吸收引起的电流损失，同时在CdS/TCO之间嵌入一层高阻氧化物以维持PN结的品质，弥补由于CdS在某些微观区域的缺失而导致局部结场减弱；CdTe多晶层质量的改善和结品质的提高需要在$CdCl_2$和有氧的气氛中进行热处理，这个工艺同时又会导致CdS和CdTe之间的互扩散，消耗掉一部分甚至全部CdS层；CdTe与背接触层之间必须形成肖特基势垒，以改善电荷的抽出。

（1）窗口层。

早期的标准异质结结构一直是n-CdS/p-CdTe。由于CdS沉积完就是N型的，易于通过各种方法沉积并且禁带宽度为2.4eV，CdS窗口层被广泛用于许多薄膜技术（例如CIGS、CzTS）。CdTe电池中的CdS沉积已经通过近空间升华（CSS）、热蒸发、金属有机化学气相沉积（MOCVD）、RF溅射或化学浴沉积等各种途径实现[23-25]。所有这些途径都能制备出光伏级的薄膜，但是CdS层还需要考虑其他因素。由于CdTe太阳能电池的表面性质，CdTe层通常在比CdS沉积温度更高的温度下沉积在CdS层顶部。这导致CdS的再结晶以及CdS和CdTe层的互扩散形成$CdS_{(1-x)}Te_x$相和$CdS_yTe_{(1-y)}$相[26,27]。因此，CdS层必须在再结晶和混合的过程中足够稳定，以免发生分解。但总体而言，这种互扩散过程有利于电池性能的提高。CdS和CdTe之间存在高度的晶格失配，从而引起界面应变，互扩散可以缓冲应力应变[28]。尽管由于这些混合相中的半金属质量问题会发生一些光学损耗，但与结品质的整体改善相比，这些损失相对较小[29]。两个结层之间的混合程度受多种因素影响，例如CdS和CdTe沉积方法以及其他的后生长处理，对其优化是非常重要的。

尽管已证明CdS是电池窗口层的合适选择，但它确实具有局限性。由于结的不对称性质（CdS比CdTe的掺杂程度高得多），只有CdTe层中生成的载流子才能被有效收集。这意味着CdS层中的光吸收本质上是一种寄生效应，并导致光波长小于520nm时性能降低。解决途径是让CdS层尽可能薄，从而将不利影响降至最低[31]。但是，这种解决方法的作用是有限的，CdS的厚度（通常在100nm以下）过薄会导致填充因子和开路电压的显著变小。其原因可以从微观结构解释，当CdS太薄时，在CdS层中会形成空隙，通常把这种情况称为针孔现象[32]。这会使CdTe层与下面的氧化物层短路，从而降低结的平均质量和电池性能。通过在CdS和TCO层之间引入缓冲层或高阻氧化物层可以在一定程度上克服这一问题（见图4-3-12）[33]。这些缓冲层材料主要是ZnO或SnO_2，也有其他材料，例如$Zn_{(1-x)}Sn_xO$[34]。这些缓冲层可以在不影响性能的情况下尽可能减小CdS的厚度。缓冲层的作用机理尚未完全研究清楚，但它可能具有更多其他作用。它不仅可以将CdS针孔的有害影响以及相关二极管质量的局部降低最小化，此外还能帮助TCO和CdS之间的能带对准。因此，相比单层的CdS，氧化物/CdS双层是CdTe电池的窗口层结构中更加标准的设计。

虽然通过引入缓冲层可以改进电池性能，但是最近的发展趋势是将CdTe太阳能电池中CdS层逐渐移除，转而用带隙更大、透明度更高的材料替代。向此方向发展的标志是开始使

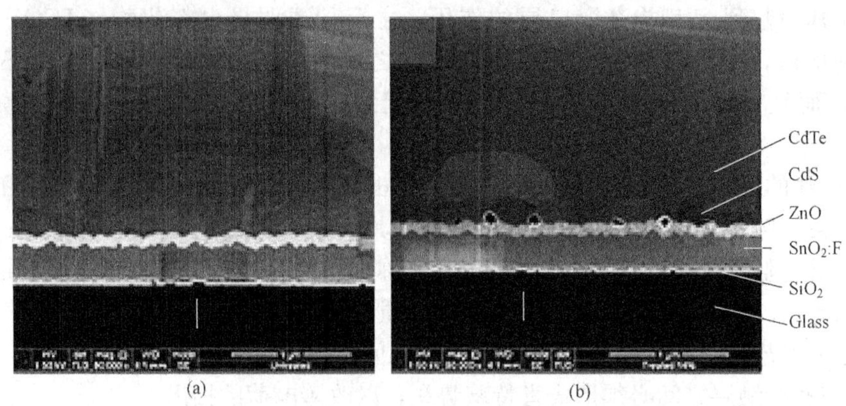

图 4-3-12 CdTe/CdS 界面区的扫描电子显微镜照片

(a) 不含针孔的情况；(b) 含有针孔的情况[30]

用氧化的 CdS：O 层，由于纳米晶粒结构中的量子限制效应，其带隙比 CdS 大得多。尽管此方法取得了成功，但尚未实现电池效率超过 16.7%。消除 CdS 最初的途径是简单地将其替换为高带隙氧化物，如 ZnO 或 SnO_2看起来是最直接的选择。但由于晶格失配问题，这两种氧化物并不合适，制作出的器件性能较差。近期的研究发现 $Mg_{(1-x)}Zn_xO$（MZO）是一种合适的材料，研究领域正迅速地将其用作 CdS 的广泛替代品，并结合使用 CdSe 界面层来实现梯度带隙[35,36]。虽然这是否能成为新的标准窗口层还有待进一步研究，但随着技术的不断发展，新型窗口层一定会脱颖而出。

（2）CdTe 吸收层。

CdTe 是可以掺杂 N 型或 P 型的多晶薄膜。沉积层倾向于弱 P 型，通过诸如氯化物处理或铜的背接触等关键的后生长处理，会使掺杂增加。吸收层的质量在很大程度上取决于所使用的沉积技术，较低温度的沉积技术会产生较小的晶粒，并且通常伴随较低的性能（尽管氯化物处理后的重结晶会显著改变晶粒结构）。目前已经有许多沉积技术都能制备出有性能的器件[37-40]。工业生产大多数采用 CCS 技术，这也是目前大多数高性能电池都使用的技术。但是，无论使用哪种沉积技术，CdTe 层本身的厚度都在 1～8μm 之间。厚度小于 1μm 的电池由于不完全的光吸收或由于针孔引起短路而表现出较低的性能，而厚度大于 1μm 的电池则由于吸收层的内阻而导致性能下降。例如，对于 Si 电池（厚度通常大于 100μm），在如此薄的厚度（例如 8μm）时不会有明显的损耗，但是 CdTe 的载流子寿命通常小于 10ns[41,42]。实际上，由于特别高的表面复合，一些 CdTe 的长载流子寿命的报道也是存疑的。CdTe 自由表面的标准时间分辨光致发光测量的结果表明，载流子寿命主要由表面复合决定的，并有大量报道表明载流子寿命小于 1ns。通过在玻璃上进行测量可在一定程度上克服这一问题，但是要真正准确地分析载流子寿命，需要使用双光子技术，该技术可以提供数十纳秒尺度的更准确的载流子寿命值[43-45]。器件性能不足常常由载流子寿命短引起，而较短的载流子寿命的部分原因是由 CdTe 薄膜的主要问题——晶界所导致的[46]。普遍认为，由于悬挂键的存在，晶粒之间的这些空隙充当了主要的复合中心。CdTe 太阳能电池最近面临的主要挑战之一就是理解 CdTe 晶界在功能器件中所起的作用。薄膜的多晶性质和相邻晶粒之间的取向不一致已通过诸如电子背散射衍射等技术得到了证明，即晶界处得到高的缺陷密度的确是优先复合中心。

3. CdTe 薄膜的制备方法

CdTe 材料的优点之一是具有非常好的沉积特性，沉积方法具有非常广泛的多样性，并且具有优异的性能。在诸多技术中，最主要的有真空蒸镀、原子层外延（ALE）、电沉积、丝网印刷、金属有机化学气相沉积（MOCVD）、溅射、近空间升华（CSS）、气相传输沉积（VTD）。

（1）真空蒸镀。

利用该技术，将 CdTe 在加热的坩埚上蒸发后，蒸气冷凝在加热的基材上来制备 CdTe 薄膜。此技术可以使用不同的系统，包括真空约 10^{-5} mbar 的简单钼坩埚到真空度超过 10^{-8} mbar 的真空蒸发源。无论是低真空或高真空情况下，不同技术之间的晶体质量没有显著差异[47]。采用合适的活化处理，电池效率可达 15%以上。

（2）原子层外延。

该技术涉及使用计算机精密控制的惰性气流进行反应物的输送和切断。这决定了在低压下表面上的化学反应顺序。将第一种前体过量通入腔室中，并调节温度和气流，以使表面上仅化学吸附一个单分子层，用惰性气体去除过量的物质。第二前体与基片表面的第一前驱分子反应，形成所需的化合物，并使用惰性气体去除过量的物质（见图 4-3-13）。通过在表面上逐层沉积的方式可以得到良好的结晶质量——高均匀性以及非常低的针孔密度。该技术是由前瑞典公司（Microchemistry Ltd.）针对 CdTe 开发的，实验结果表明其电池效率超过 14%。该技术使在单个过程中同时生长 CdS 和 CdTe 成为可能。

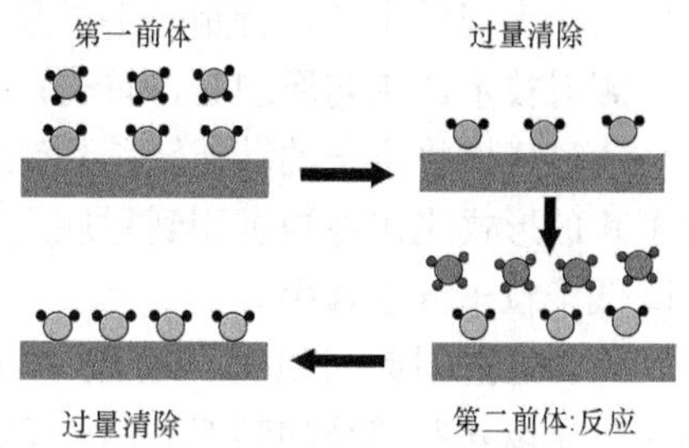

图 4-3-13 原子层沉积过程

（3）电沉积。

在电沉积中，CdTe 和 CdS 的薄膜是由 $CdSO_4$ 和 Te_2O_3 的水溶液在大约 90℃的温度下形成的，发生的反应[48]为 $Cd^{2+}+HTeO_2^{+}+3H^{+}+6e \rightarrow CdTe+2H_2O$。

由于 CdTe 反应的电势比单独镉的电势更高，因此当沉积了碲原子后，有利于以 1：1 的比例沉积镉原子，并且不生成过量的金属镉。因此，溶液中 Cd^{2+} 的存在只会加速 CdTe 的沉积，并成为一个自限制的反应。在低至 70℃的温度下就能生长出具有非常好的化学计量比的薄膜，从而可以实现低成本的工艺。BP Solar 公司用这种技术制造的太阳能组件效率可以达到 11%，这一直是 CdTe 器件长期以来大规模生产的最高效率之一[49]。

（4）丝网印刷。

丝网印刷是一种非常简单且低成本的技术，将 CdTe 浆料机械涂敷在沉底上（见图 4-3-14）。将 Cd 和 Te 粉末研碎、搅拌并混合成有机分散浆料（通常为丙二醇和水）。将浆料涂敷在 CdS 上后，干燥 1h 后在氮气气氛中烧结 90min。

图 4-3-14 丝网印刷工艺

CdS 浆料也是用类似的方法制作。制作过程中使用 $CdCl_2$，在较高的温度（700℃左右）下烧结形成薄膜，可以得到非常好的材料晶体质量。该方法所得的电池效率为 11%～12%，略低于同期其他技术所获得的效率，主要是由于较厚的 CdTe 会导致高串联电阻和光电流损耗[50]。

（5）金属有机物化学气相沉积。

该过程基于真空室内的前驱物（挥发性、热分解的 Cd 和 Te 的有机化合物）的反应，载气体在气压高达 1bar 的条件下携带前驱体流过基板。较高的衬底温度使前驱体在基材上反应形成化合物。该方法的优点是对物质的控制非常严格，可以实现非常精确的化学计量，并且可以嵌入可能掺杂材料的杂质。早期的研究表明，在实验室中使用二甲基镉和二异丙基碲可获得 11.9%的电池效率[51]。

最新研究表明，这种方法可以得到很高的电池效率。在一定Ⅵ/Ⅱ族比率范围内，向 CdTe 掺杂砷可以确保 P 型电导率。在这种情况下，前驱金属有机物为二甲基镉、二异丙基碲和三一二甲基氨基砷酸盐。Kartopu 等人利用 $Cd_{0.46}Zn_{0.54}S$ 缓冲层制造了一种 13.6%转换效率的器件[52]。

（6）溅射。

溅射技术是最常用的薄膜沉积技术之一。它是一种可扩展的技术，具有以下独特的优势：源与靶材之间的距离小，衬底温度低且不需要高度真空。由于这些优势，溅射技术已广泛应用于大规模生产，特别是平板显示器和触摸屏。

溅射技术的工艺原理是，首先产生气体等离子体，然后将离子从等离子体中加速到靶材上，通过碰撞将离子的动能转移到靶材原子，使靶材原子以中性粒子（如单原子、原子簇或分子）的形式飞出并被沉积到衬底上。腔内的气体是形成等离子体所必需的，但在另一方面又降低了粒子的迁移率。

可以通过射频（RF）或直流（DC）进行溅射沉积。在使用射频溅射沉积时，靶材上的加速电压以几兆赫兹的频率振荡；而用直流溅射沉积时，电压是固定的。通常，射频溅射用于半导体或绝缘体，因为这一方法不会使靶材带电。对于直流脉冲溅射，其电压是固定的且为脉冲形式，以避免因充电产生电弧[53]。

2004 年，通过重新设计射频溅射机中的磁控管系统获得了转换效率高达 14%的电池。其概念是：对于不平衡的磁场，磁力线在上半平面内不是封闭的，而是通过溅射枪的侧壁和后壁完成封闭。不平衡的磁场，强度高出 10 倍以上，通过改变等离子体，改善了 CdTe 层的质量[54]。使用基于等离子体的方法（例如磁控溅射）也具有其他优点，例如通过使用低能粒子轰击来实现较低的生长温度，以及使用激发态物质来改善生长过程中的掺杂控制。

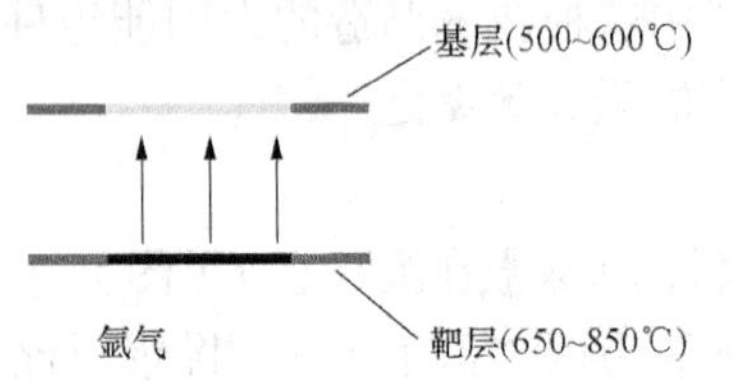

图 4-3-15　CdTe 在 CdS 上的密闭空间里近空间升华

（7）近空间升华。

近空间升华 CSS 技术中的衬底温度非常高，因此效率也很高。沉积发生在 1～100mbar 范围内的惰性气氛（通常是氩气或氮气）中，基板和坩埚之间保持几厘米的距离，保证材料在较高压强下可发生转移。较高压强是防止高温下 CdTe 从衬底上再蒸发所采取的必要措施（见图 4-3-15）。

CdTe 可分解为单质元素[$2CdTe(s) \longleftrightarrow 2Cd(g) + Te_2(g)$]，它们可在衬底上复合成为 CdTe 薄膜。当衬底温度高于 500℃时，薄膜的质量可以得到显著提高且具有较大的晶粒尺寸，其缺陷密度也比较低。此外，在这种情况下 CdS 和 CdTe 的界面生成在 CdTe 生长期间已经开始，并且沉积速率非常快。

（8）气相传输沉积。

气相传输沉积技术 VTD 是制备 CdTe 最成功的技术之一，它是一种非真空方法，CdTe 是通过衬底上的流动气体输送。它在保持高质量 CdTe 薄膜的同时拥有较高的生产效率。

VTD 首先由 Solar Cell 公司（现为 First Solar）设计，然后在美国 NREL（可再生能源国家实验室）的帮助下启用，见图 4-3-16。尽管这项技术是专门为工业过程开发的，但类似的系统也已在实验室规模上使用。设计该系统的目的是要具有较高的基板温度（因此要使用高压以避免再次蒸发），但同时需要一个自动填充坩埚的简单装置。出于这个原因，简单的近空间升华不适合用于 CdTe 源（见图 4-3-16），而必须将 CdTe 库与沉积室分开。

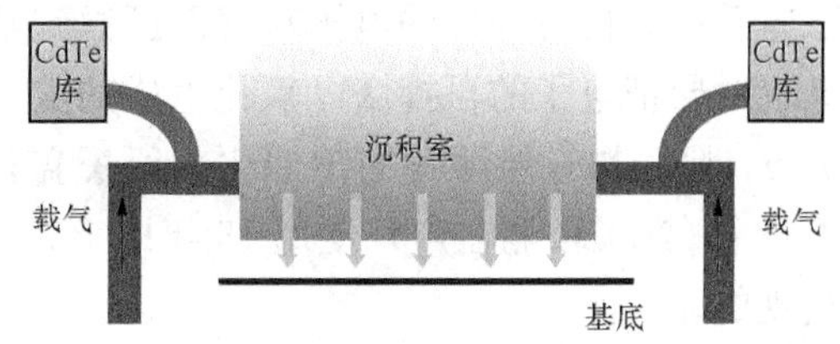

图 4-3-16 气相传输沉积（VTD）系统示意

一旦供应给系统的粉末状原料迅速升华，蒸汽就会被惰性载气传输并被引导至玻璃衬底。到目前为止，该技术是制备 CdTe 太阳能电池效率最高的系统，First Solar 公司制造了电池效率达到 22.1%的系统。

4.4 染料敏化太阳能电池材料

4.4.1 染料敏化太阳能电池（DSC）概述

自 20 世纪 90 年代初 DSC 被发明以来，大量的 DSC 结构和组件都被开发出来。目前已经研究了数千种染料和数百种不同形貌和成分的电解质体系和介孔膜。目前 DSC 效率的官方世界纪录是瑞士洛桑联邦理工学院的 12.3%。

图 4-4-1 所示为一个 DSC 的内部工作原理图。电池的标准结构如下：器件的核心是由纳米 TiO_2 网络组成的介孔氧化层，这些纳米 TiO_2 被烧结在一起成为电子传导网络。在烧结步骤中该层附着在透明氧化物（TCO）衬底上，形成欧姆接触。典型的介孔膜厚度约为 10μm，粒径为 10～30nm，孔隙度为 50%～60%。介孔层沉积在玻璃或塑料基板的 TCO 上。典型的介孔 TiO_2 薄膜扫描电子显微镜（SEM）图像如图 4-4-2 所示。

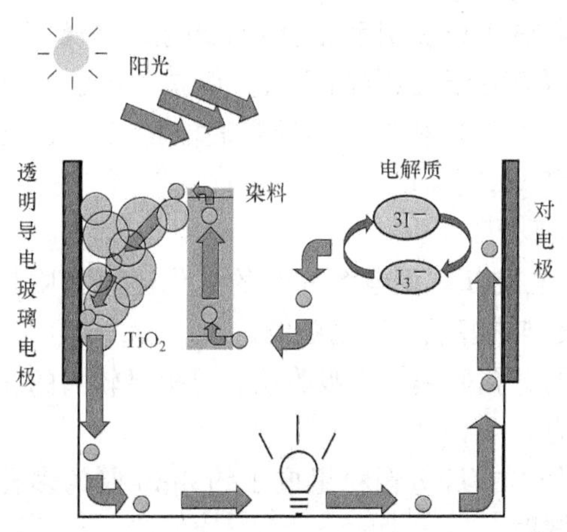

图 4-4-1 染料敏化太阳能电池（DSC）的内部工作原理图

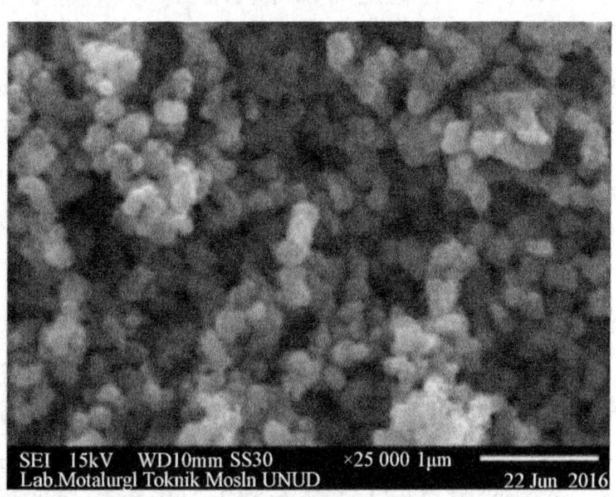

图 4-4-2 介孔 TiO_2 薄膜扫描电子显微镜（SEM）图像[55]

用作电荷转移的染料单分子层吸附在纳米晶薄膜表面，染料分子光激发的光生电子注入氧化物的导带，使染料分子处于氧化状态。染料通过电解质（通常是一种含有碘-碘三氧化还原体系的有机溶剂）的电子转移而还原到基态。碘离子对敏化剂的再生（还原）抑制了氧化染料对导带电子的再捕获。氧化生成的 I_3^- 离子通过电解液向阴极扩散一小段距离（小于 50μm），阴极被一层薄薄的铂催化剂所覆盖，在那里通过电子转移完成再生循环，使 I_3^- 变为 I^-。要使 DSC 能在户外使用 15 年以上，需要的周转次数达到 10^8，可以通过钌配合物染料实现的。

光照下产生的开路电压对应于电子在两个电极处的电化学电势之差，对于 DSC 来说，一般是介孔 TiO_2 的费米能级与电解液的氧化还原电势之差。发电过程是在没有永久性非可逆的化学转化的情况下产生的。

如前所述，大量的组分、染料、介孔和纳米结构电极、电解质和对电极（阴极）已被合成并应用于 DSC。因此 DSC 器件的材料排列组合是极其多的，其基本结构和原理是不变的，前述使用的介孔 TiO_2、Ru-络合物敏化剂、I^-/I_3^- 氧化还原对电解液和镀铂 TCO 对电极仅是传统 DSC 器件的一种特定组合。一旦其中一个组分被更改或完全被另一个组分替换，情况就会发生变化；热力学和动力学是不同的，需要对特定体系就事论事。

4.4.2 材料和器件的发展

1. 介孔氧化物工作电极

DSC 在 1991 年获得突破的关键点是使用了具有高比表面积的介孔 TiO_2 电极来负载敏化剂单分子层。在 DSC 中，使用介孔电极所增加的表面积通常约为 1000 倍。TiO_2 仍然是效率最高的氧化物，但许多其他的金属氧化物体系也正在被研究，例如 ZnO、SnO_2 和 Nb_2O_5。除了这些简单的氧化物外，还有三元氧化物例如 $SrTiO_3$ 和 Zn_2SnO_4 以及核-壳结构，例如 ZnO 包覆的 SnO_2。在过去的许多年中，人们付出了巨大的努力来优化纳米结构电极的形貌，各种纳米结构包括纳米颗粒随机组装到纳米管和单晶纳米棒的有序阵列都得到研究。这些研究的目的是改善沿纳米棒和纳米管的定向电荷传输，并改善固态 DSC 的空穴导体材料的孔隙填充。

TiO_2 是一种稳定的无毒氧化物，具有高折射率（$n=2.4\sim2.5$），被广泛用作油漆、牙膏、防晒霜、自洁材料和食品中的白色颜料。天然存在 TiO_2 的几种晶体形式包括：金红石、锐钛矿和板钛矿。金红石（禁带宽度 3.0eV）是热力学上最稳定的形式。但是，锐钛矿是 DSC 中的首选结构，因为它具有较大的禁带宽度（3.2eV）和较高的导带底能量 E_c。这会导致在相同的导带电子浓度下，DSC 中的费米能级和 V_{oc} 更高。

对于最新的 DSC，介孔 TiO_2 电极采用的结构如下[56]：

(1) TiO_2 阻挡层（厚度约 50nm）涂覆到 FTO 电极以防止电解液中的氧化还原物质与 FTO 之间发生接触。FTO 则是通过化学浴沉积、喷雾热解或溅射制备的。

(2) 由约 20nm 粒径的 TiO_2 组成的约 10μm 厚的介孔薄膜的光吸收层，可提供较大的表面积用于敏化剂吸附和良好的电子至衬底的传输能力。

(3) 在介孔膜顶部的光散射层，由约 400nm 尺寸的 TiO_2 颗粒组成了约 3μm 厚的多孔层。介孔膜中类似大小的空洞也可以产生有效的光散射。

(4) 整个结构上的 TiO_2 超薄外涂层，通过使用 $TiCl_4$ 水溶液进行化学浴沉积，然后热处理。

2. 染料

作为DSC的关键部分之一，光敏剂应具备一些基本特性。光敏剂的吸收光谱应覆盖整个可见光区域，甚至是部分近红外光谱（NIR）。光敏剂应具有锚定基团（$-COOH$、$-H_2PO_3$、$-SO_3H$ 等）将染料牢固地结合到半导体表面上。光敏剂的激发态能级应比N型DSC的导带底高，从而可以在激发态的染料和半导体的导带之间进行有效的电子转移过程。反之，对于P型DSC，光敏剂的最高占据分子轨道HOMO能级应比P型半导体的价带顶能级更高。对于染料的再生，光敏剂的氧化电位必须大于电解液的氧化电位。应该通过优化染料的分子结构或添加防止聚集的共吸附剂来避免染料在半导体表面的聚集。然而，染料团聚可以通过H—和J—团聚控制，超过染料单分子层的性能[57]。光敏剂应具有光稳定性，并要求具有电化学和热稳定性。

基于这些要求，在过去的几十年中，已经设计了许多不同的光敏剂，包括金属络合物、卟啉、酞菁和不含金属的有机染料。Ru络合物一直以来都是效果最佳的染料，锇和铁的络合物以及其他种类的有机金属化合物，例如酞菁和卟啉也已被开发出来[58]。在无金属有机染料中，使用二吲哚染料的电池效率接近10%。此外，具有化学稳固性的有机染料表现出的稳定性也很有发展前景，几个科研团队最近已取得成果。

在最近的两三年里，具有天线功能的杂化钌络合物的问世使DSC的性能达到了一个新的水平。这些染料的一个例子是C101。与经典的N3、N719和黑色染料相比，它的消光系数更高，并且光谱响应红移，报道的电池效率高于12%。C101敏化剂在60℃连续光照1000h以上，电池效率依然超过9%，展示了出色的稳定性[59]。这是通过敏化剂的分子工程实现的，但也依赖稳定且不挥发的电解质，例如离子液体和适当的密封材料。N3、Blake dye和C101的分子结构见图4-4-3。

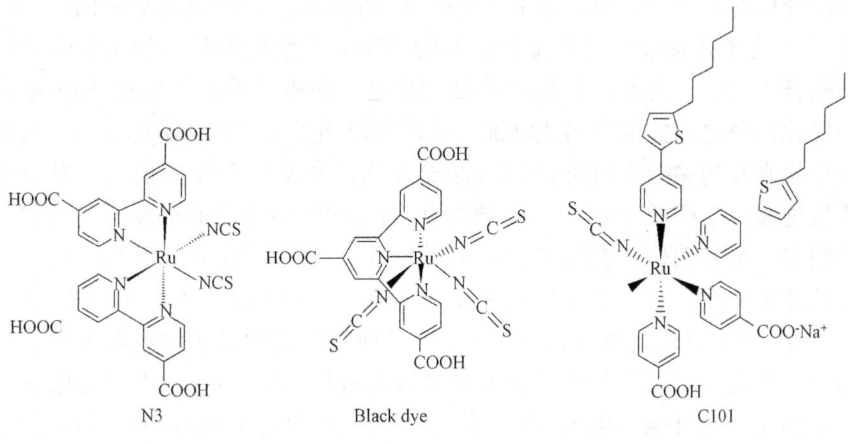

图4-4-3 N3、Blake dye和C101的分子结构

DSC中有机染料的常见设计思路是合成所谓的D-π-A染料，该染料由电子给体（D）、共轭连接体（π）和电子受体（A）组成。这个概念的原理是，在此类分子中，最高占据分子轨道（HOMO）上的大部分电子密度位于给体上，而最低空分子轨道（LUMO）的大多数空穴密度位于受体上。因此，染料在激发时显示出从给体到受体的分子内电荷转移。对于标准DSC中使用的典型N型染料，锚定基团靠近受体或就是受体的一部分。这样可以确保

电子注入后染料的激发态比残留在染料上的空穴更靠近 TiO_2表面。这应有助于抑制电子与氧化染料分子之间的复合，并使空穴更靠近电解质中的氧化还原对，这对染料再生非常有利。反之同理，在使用P型半导体（NiO）作为阴极的P型DSC中，锚定基团位于敏化剂的给体上，有助于空穴注入[60-63]。另外可以将P型DSC与常规N型DSC组合成串联DSC器件[64]。

可通过单独对分子的给体、受体和连接体的调整，来调节分子的性质。通常使用的给体是三苯胺、二氢吲哚或香豆素单元，包含锚定基团的受体可以是氰基丙烯酸和若丹宁-3-乙酸。对有机染料进行的另一种常见修饰是将烷基链引入到有机染料的接头或给体部分，这样可以通过保护 TiO_2表面来防止染料团聚的形成或抑制电子和空穴的复合。这种基于三苯胺给体染料的例子是D35（见图4-4-4），该染料已成功用于液体电解质和固态DSC中[65]。

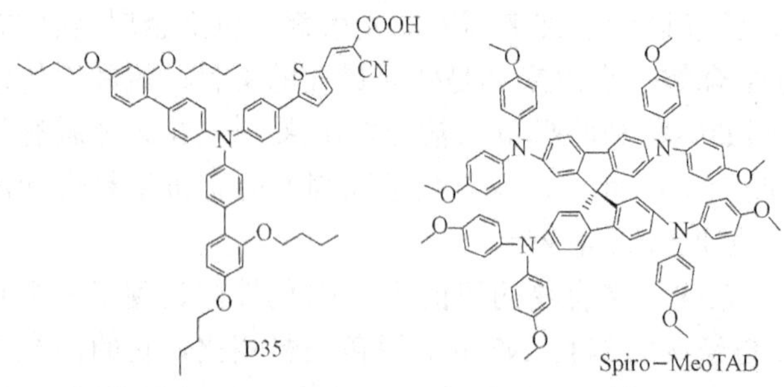

图4-4-4 有机染料D35的分子结构以及Spiro-MeoTAD的分子结构

3. 电解质

电解质或空穴传导材料的要求是化学稳定，提供良好的电荷传输性能，不会从氧化物表面溶解染料，也不会溶解氧化物、对电极和衬底，并兼容一定的密封材料以避免蒸发或泄漏损失。这些年来，已经开发了几种类型的电解质和空穴导体材料。

自1991年问世以来，DSC的标准氧化还原电解质是含有 I^-/I_3^- 氧化还原对的有机溶液。它具有良好的溶解性和合适的氧化还原电势，并且可以快速再生染料。这种氧化还原介质的一个严重缺点是由于中间反应的存在，导致氧化染料的再生损失了很大一部分电势[66]。为了开发效率显著高于12%的DSC，人们的策略是使用单电子氧化还原对或空穴导体代替 I^-/I_3^-。然而，在DSC中使用单电子介质几乎总是导致 TiO_2中的电子与氧化还原对中氧化部分之间的复合迅速增加，这严重限制了太阳能电池的效率。最近的突破性进展是将基于聚吡啶的钴与有机染料D35结合使用。介质的空间体积与染料分子的高度匹配可最大程度地减少电解质中Co（Ⅲ）物种和 TiO_2中的电子之间的复合，并避免氧化还原介质的传质限制。配备大体积烷氧基的有机敏化剂D35可有效抑制复合，从而可使用体积较小的钴氧化还原介质。对于D35敏化并使用基于 $[Co(bpy)_3]^{3+/2+}$ 电解质的DSC，在日光下（AM1.5g）的最佳电池效率为6.7%，这是使用类似的基于钴电解质的已报道效率纪录的两倍以上。因此，可以证明染料层本身可以有效地抑制 TiO_2中电子与电解质中氧化物质的复合，从而为使用其他氧化还原对提供了可能。随着近年来Gratzel团队使用共配合物的电池效率纪录达到了12.3%，当前研究领域主要也集中在这个方向探索[67]。目前有研究团队还使用了其他氧化还原体系，例如有机氧化还原对、二茂铁和铜配合物，并已经发表有价值的成果[68-71]。

近年来开发出的有可替代的氧化还原体系，如 Br^-/Br_3^-、$SCN^-/(SCN)_3^-$、$SeCN^-/(SeCN)_3^-$ 以及有机氧化还原体系，如TEMPO[72-77]。在实际应用中，需要优先考虑低挥发性电解质体系，以简化生产过程、封装工艺和材料。离子液体和凝胶电解质通常也基于 I^-/I_3^-[78,79]。固体DSC最近发展迅速，使用Spiro-MeOTAD空穴导体，电池效率高于5%，最近超过7%，但使用导电聚合物（如P3HT）和无机P型半导体（如CuSCN和CuI）也获得了不错的研究成果[80-86]。

4. 对电极

将铂催化薄层沉积到导电玻璃衬底上，可以很容易地得到催化还原I^-/I_3^-电解质的DSC对电极。在标准的I^-/I_3^-电解质中，不含铂导电的氧化锡（SnO_2：F）玻璃对电极性能非常差，具有非常高的电荷转移电阻，大于$10^6\Omega \cdot cm^2$[87]。沉积Pt的方法多种多样，例如电沉积、喷雾热解、溅射和气相沉积。通过氯化铂热分解制备的纳米级Pt簇已经实现了最佳性能和长期稳定性[88]。它只需要非常低的Pt负载量（$5\mu g/cm^2$），对电极可以保持透明，并实现小于$1\Omega cm^2$的电荷转移电阻。

替代铂的材料包括碳，适合用作还原I_3^-的催化剂并拥有良好的导电性。在TCO基底上由碳粉和碳纳米管制备的薄膜显示出对I_3^-还原的良好催化活性以及良好的电导率。Yu等人报道的含氧官能团修饰的直立石墨烯纳米结构对I_3^-离子还原的电荷转移电阻仅有$7.3\times10^{-3}\Omega \cdot cm^2$，比铂电极低两个数量级，是目前电荷转移电阻的最低纪录[89]。导电聚合物，特别是PEDOT掺杂有甲苯磺酸根阴离子也已被成功开发[90-92]。近年来，金属（Co、W、Mo）硫化物也被证明是I^-/I_3^-氧化还原对的合适催化剂[93-94]。

5. 展望

随着研究的进行，DSC的化学复杂性变得越来越清晰，目前面临的主要挑战是了解和掌握这种复杂性，特别是在氧化物-染料-电解质界面处。在未来的研究中，致力于参考几个关键的器件设计因素，并利用已有的不同技术来深入表征这些体系。通过比较和建模，建立更好的理解并掌握其规律性。

当前DSC技术的一个具有挑战性但可实现的目标是获得高于15%的电池效率。新的基于单电子的氧化还原对可显著降低氧化还原体系和氧化染料之间的电势差，从而可能达到15%以上的电池效率。此外，阻断氧化物中的电子与电解质物种的复合反应是进一步设计染料分子和表面钝化方法的重要任务。

4.5　有机太阳能电池材料

4.5.1　有机太阳能电池概述

有机材料的光伏效应已引起学术界和产业界的浓厚兴趣[95]。有机半导体材料的低成本和低温制备方法、柔韧性、色彩调节以及丰富的衬底兼容能力，使它在光伏技术中具备广阔的应用前景。用于制造或有机太阳能电池OSC（也称为有机光伏电池OPV）模组的预期低成本使OPV技术具有可扩展性，因此适合于分布式发电应用。

1. 有机光伏电池的器件组成

OPV器件由夹在透明底部电极和顶部金属电极之间的P型有机半导体（p-OS）给体和N型有机半导体（n-OS）受体的混合活性层组成。常用的p-OS给体材料包括P型共轭聚合物或可溶性共轭有机小分子。n-OS受体可以是可溶的富勒烯衍生物、N型共轭聚合物、可溶液处理的共轭有机小分子或N型无机半导体纳米晶体。通常将铟掺杂氧化锡（ITO）玻璃用作透明电极，顶部电极使用Ca、Mg和Al等低功函数金属。传统上，具有空穴传输层（HTL）PEDOT：PSS［聚（3，4-乙烯二氧噻吩）：聚苯乙烯磺酸盐］的ITO被用作阳极，而低功函数金属 Ca/Al 被用作阴极。由于 ITO 具有更好的稳定性，并且在许多情况下具有更高的光伏性能，因此近年来以阴极缓冲层（或电子传输层）作为阴极并以高功函数的上电极作为阳极进行改性的 ITO 倒置结构器件也引起了广泛关注。如果将 P 型共轭聚合物用作给体材料，则 OPV 器件通常称为聚合物太阳能电池（PSC）。当使用 N 型共轭聚合物或可溶液处理的共轭有机小分子作为受体时，OPV 器件也称为非富勒烯电池 PSC。近来，基于中带隙聚合物作为给体和窄带隙 n - OS（例如 ITIC）作为受体的非富勒烯电池 PSC 迅速发展，其电源转换效率已达到 10%～12%[96-98]。

2. 有机光伏电池的工作机理

OPV 的工作机理涉及以下五个过程：①活性层进行光吸收，以在给体相和受体相产生激子；②激子扩散到给体/受体界面；③激子在界面处分离，在受体的最低未占分子轨道（LUMO）中产生电子，在给体的最高占据分子轨道（HOMO）中产生空穴；④电荷传输（电子沿受体网络传输至阴极，而空穴沿给体网络传输至阳极）；⑤通过阳极和阴极收集电荷以形成光电流和光电压。OPV 的电源转换效率（PCE）与器件的开路电压（V_{oc}）、短路电流密度（J_{sc}）和填充系数 FF 成正比，效率与这五个过程密切相关。

3. OPV 产业

自 OPV 发明以来，其电源转换效率有了快速的增长。至 2020 年年初，基于 P 型共轭聚合物作为给体和 N 型有机半导体作为受体的 OPV 的 PCE 实验室纪录已超过 17.4%，OPV 模组的电源转换效率达到 11.7%。

通过提高电源转换效率来改善效益成本（目标是 1 美元/W）和器件稳定性，以将这些实验室规模的成果转化为商业现实是目前研究的重点。廉价有机太阳能的前景越来越近，少量的 OPV 产品已经投放市场，主要应用于充电（如 Konarka 的 Power Plastic 系列）。这一领域的加速发展体现在成立了越来越多新的相关产业的公司，以及现有的材料或器件制造商增加了 OPV 的投资组合。

4.5.2 有机半导体材料

OPV 中使用的光伏给体和受体材料，根据其在分子（例如共轭聚合物）内或通过分子网络吸收光和传导电荷的能力，被归类为有机半导体。高性能 OPV 材料的前提条件包括：①在可见光和近红外区域具有更宽和更强的吸收带，以匹配太阳光谱并提高 J_{sc}；②合适的 HOMO 和 LUMO 能级不仅能促进给体/受体界面处的激子分离，还能获得更高的 V_{oc}（给体的 HOMO 和 LUMO 能级应高于受体的相应能级，并且能级差应大于激子离解能，V_{oc}与受体 LUMO 和给体 HOMO 之间的能级差成正比）；③给体材料的空穴迁移率较高，受体材料的电子迁移率较高，可以提高电荷传输效率（增加 J_{sc}）并增加器件的填充因子 FF；④在本体异质结 OPV 的制造中，达到溶液处理的高溶解度要求；⑤适当的团聚以形成给体/受体共混活性层互穿网络的最佳形态和纳米级相分离，这将影响器件的 J_{sc}、V_{oc}和 FF[99]。

1. 给体材料和受体材料

OPV 中使用的代表性共轭聚合物给体材料包括聚噻吩［如聚（3 - 己基噻吩），P3HT］，DA 共聚物［如聚（苯硫基苯并二噻吩 - alt - 氟苯并三唑，J51）、苯并二噻吩（BDT）和噻吩并噻吩（TT）的低带隙共聚物（如 PTB7 和 PTB7 - Th）］[100-103]。高性能可溶液处理的小分子 P - OS 给体材料是平面 ADA 结构分子，例如 BDTT - S - TR[104]。OPV 中使用的受体材料可分为富勒烯衍生物和非富勒烯 n - OS 材料，最有代表性的富勒烯衍生物受体是 C60

衍生物 PCBM、C70 衍生物 PC70BM 和茚 - C60 双加合物（ICBA）[105,106]。高性能非富勒烯 n - OS 受体包括 N 型共轭聚合物（如 N2200）和可溶液处理的小分子（如 ITIC）[101,107]。图 4 - 5 - 1 画出了前面提到的代表性给体（左图）和受体材料（右图）的分子结构。

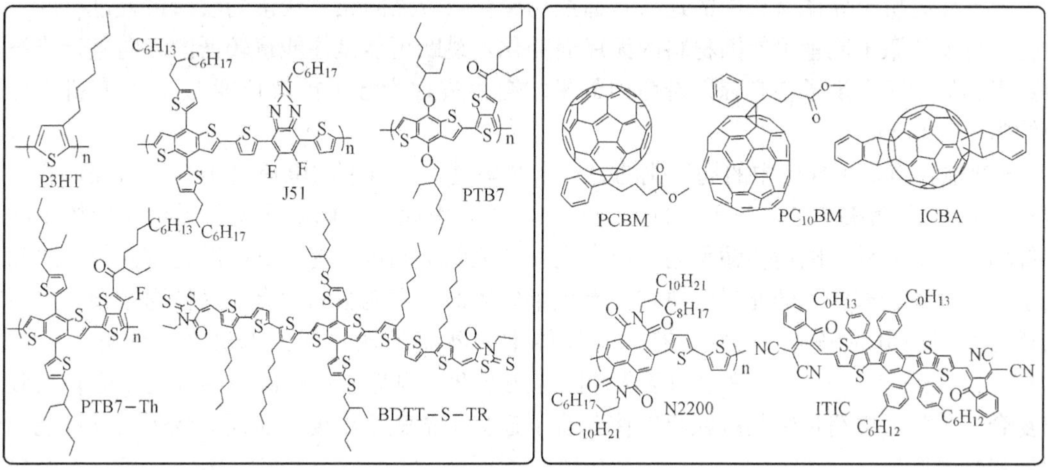

图 4 - 5 - 1　有机光伏电池（OPV）的代表性给体和受体材料的分子结构

共轭有机分子中可见光吸收和电荷传输的理想特性来自不饱和原子（主要是碳原子）之间的 π 键网络。分子共轭部分中的碳原子通过三个 sp^2 轨道形成稳定的 σ 键，而垂直于分子平面的 p 轨道能够形成 π 键，π 键相比 σ 键不那么局域化。能够跨几个原子尺度的强共轭性使 π 轨道的离域化成为可能（在共轭聚合物中，这通常延伸超过 2～10 个重复单元），可以支持电荷的传导。

2. 有机半导体中的激子

有机半导体材料中由光吸收引起的光生激发态主要是激子，它是由 LUMO 中的电子和 HOMO 中的空穴组成的准粒子。有机半导体与无机半导体的主要区别在于，前者的载流子局域化更明显，电荷之间的库仑吸引作用更强。分子轨道在有机固体中的局域化是由于分子之间的范德华相互作用远弱于分子内化学键作用的结果（与晶体相反，晶体中分子间化学键相对较强）。结果，无机半导体晶体中的激子（称为 Mott Wannier 激子）能跨越多个晶格位置，而有机半导体材料中的所谓 Frenkel 激子则更局域且分布范围更窄（见图 4 - 5 - 2）。电荷之间的库仑吸引被称为激子结合能（E_B），由式（4 - 5 - 1）给出：

$$E_B = \frac{e^2}{4\pi\varepsilon\varepsilon_0 r} \qquad (4-5-1)$$

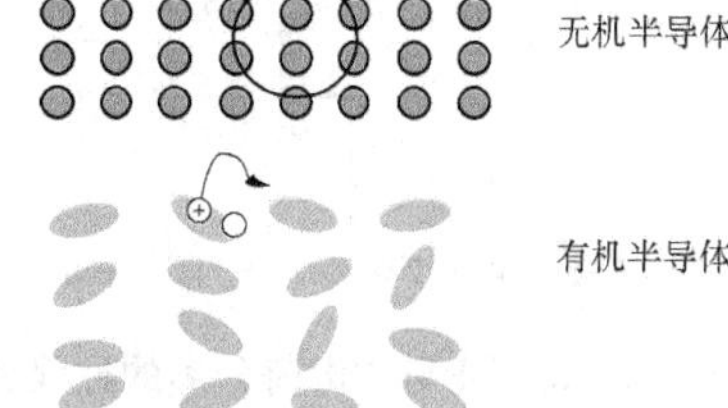

图 4 - 5 - 2　无机半导体晶体中的 Mott Wannier 激子以及有机半导体中的 Frenkel 激子

式中：e 为基本电荷；ε 为介质的介电常数；ε_0 为真空介电常数；r 为电子空穴间隔。

在介电常数 ε 典型值大于 10 的无机半导体中，结合能约为 0.01eV。这些激子的结合能很小，意味着在典型的工作温度下电子和空穴容易分离（室温下的热能 $k_B T$ 约为 0.025eV）。有机半导体材料通常具有较小的介电常数，约为 2～4，并且在 Frenkel 激子内电子与空穴之间的距离较小。结果，激子结合能通常要大得多（约 0.3～

0.5eV），除了热能之外还需要驱动力才能产生自由载流子。因此，OSC需要异质结，即两种不同类型的材料（电子给体和电子受体）之间的界面，该界面提供了可以驱动电荷分离的不同自由能。

激子在有机半导体材料中的迁移是通过局域化点位之间相对较慢的跳跃过程进行的。在这些点位上的激子能量可能因材料的无序而变化，跳跃可能是往能量较低的方向进行或被热激发引起的。一个激子在它辐射寿命内的平均自由程称为激子扩散长度 L_D，在有机半导体中约为5～20nm。

π轨道在有机半导体中的局域化的另一个结果是，材料中的电荷趋于与晶格强耦合，通常被描述为正/负极化子，而不是自由空穴和电子。因此，有机半导体与无机半导体中的电荷传输有质的差异，电荷传输是通过位点之间的跳跃机制进行的，其跳跃速率由位点之间的电子耦合以及始末状态的能量差决定。有机半导体的电子能级的固有无序性通常会导致不同的跳变速率和电荷陷阱。因此，有机半导体中的载流子迁移率比无机半导体低［通常为 10^{-4}～$10^{-1}cm^2/(V \cdot s)$］，这限制了器件的有用厚度，因为在较厚层中的载流子会在被收集前复合。此外，电荷传输的跳跃机制使载流子迁移率依赖于温度，从而导致了器件性能的温度依赖性效应。

归纳起来，有机半导体与无机半导体之间的主要区别在于以下几点：

（1）吸收光谱较窄。

（2）由于弱的分子间相互作用，分子轨道更局限；光生激子通过跳跃运动。

（3）材料的介电常数低，因此激子结合能高，需要一个异质结将激子分离为自由电荷；而在无机半导体中，可以假定每个吸收的光子立即产生一对自由的电荷。

（4）电荷传输通过跳跃发生，载流子迁移率通常很低。

4.5.3 有机光伏器件运行原理

在OPV中，光生载流子仅发生在给体和受体材料之间的异质结处，其中由材料能级偏移引起的额外自由能差用于克服电子与空穴之间库仑结合能。该驱动力通常定义为单重态激子与电荷分离态之间的能量差，记作 ΔG，而电荷分离态则定义为给体电离势与受体电子亲和势之间的差。后两个量分别代表给体HOMO和受体LUMO的能量。给体和受体成分的存在以两种方式促进电荷分离：①通过确保该过程的能量降低；②利用电子和空穴在不同分子上的局域化，增加其空间分离并减小它们复合的可能性。

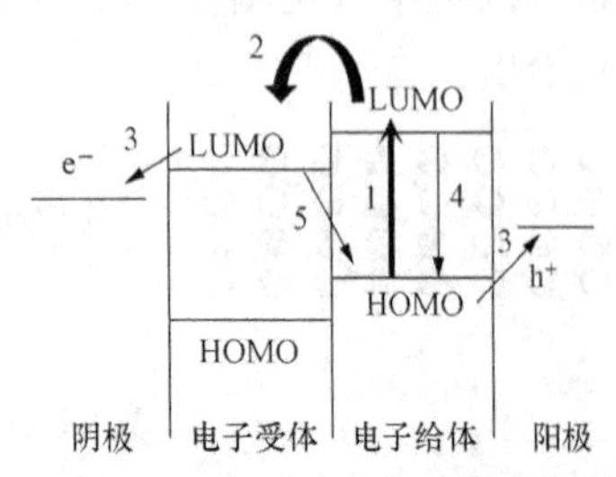

图4-5-3 OPV中电荷分离的过程和简化能级图

图4-5-3显示了OPV中电荷分离的过程和简化能级图。活性层吸收光子后，产生的激子通过材料扩散，有的激子衰减而有的激子扩散到给体/受体界面，后者分离为极化子，在复合之前通过阴极和阳极离开电池的极化子则可以产生电流。一般认为OPV的开路电压由受体的LUMO能级与给体的HOMO能级之差决定；这与无机PN结电池不同，无机PN结电池的开路电压由器件中N区和P区的掺杂水平的差异决定。在OPV中，电极的功函数不对称有助于将电荷扫出器件，但与产生光电压无关。

起初人们认为，在给体受体界面处的电荷分离是受激子中过剩能量（ΔG）驱动的单步骤过程，有效分离电荷所需的最小能量为 0.3～0.6eV[108]。但是目前许多研究人员认为，激子分离为空间上分隔的给体/受体上的极化子的过程，是通过电子和空穴位于不同分子界面上且具有显著结合能的电荷转移状态进行[109-113]。在某些情况下，在吸收和发射中可以观察到界面电荷转移状态[114-118]。对于中间状态分离为电荷的机制目前仍处于争论之中，一些研究人员使用热电荷转移模型来阐述这一过程[119]。

由于电荷分离只能发生在异质结处，因此前面介绍的激子扩散长度 L_D是 OPV 中的重要参数，因为它限制了可产生有用电荷的给体和受体域的体积分数。在该体积之外（即与异质结的距离大于 L_D的地方）产生的激子在它们能够到达给体受体界面之前就复合掉了。

1. 器件结构

有机光伏材料共混物的理想结构为，给体和受体域必须足够小以使激子解离最大化，但又足够大以促进电荷分离并增强电荷载流子迁移率，使电荷到达电极。此外，靠近阳极的给体材料的浓度必须更高，反之靠近阴极的受体材料的浓度必须更高，这可以最大程度地减少短路损失和当电荷到达“错误”电极时发生的表面复合损失。图 4-5-4 示出了满足这些标准的一种“理想”活性层结构的示意。事实上，最常见的 OPV 器件类型都基于平面（双层）或混合（本体）异质结。

2. 双层结构

在双层光伏电池（见图 4-5-5）中，通过真空沉积、正交溶剂旋涂或压印转印将一层沉积到另一层上，依次沉积给体层和受体层[120-123]。双层结构提供了调节给体和受体性质的可能，以最大化电荷分离，且分别调整两层的吸收光谱与太阳光谱匹配；双层结构还具备从界面到金属电极的良好电荷传输。除了这些特性外，双层结构器件还可作为模型体系用来测试和研究器件基本性能。

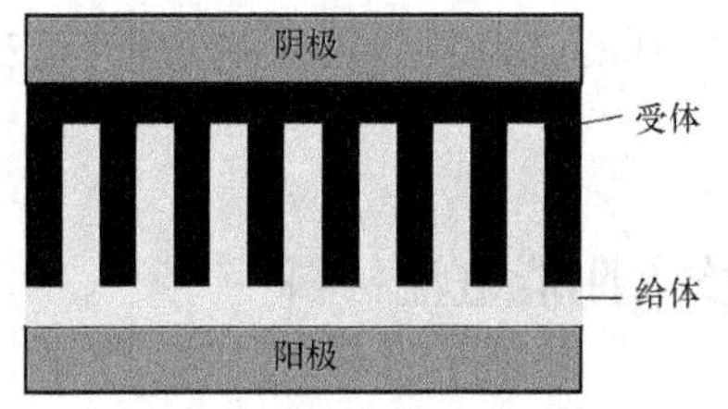

图 4-5-4　“理想”异质结结构示意

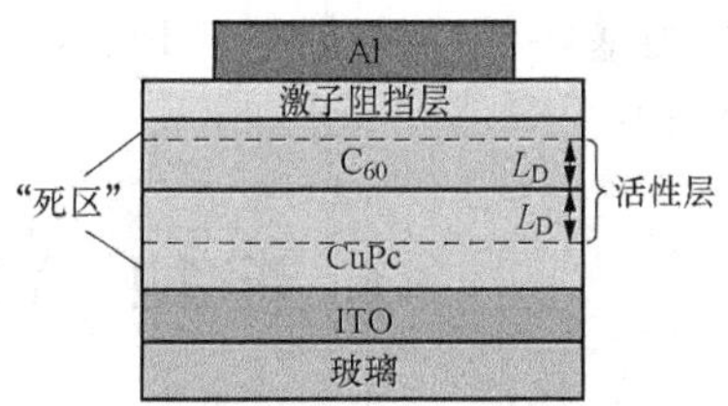

图 4-5-5　双层光伏电池结构

使用以 C_{60}为电子受体，以酞菁（通常是酞菁铜 CuPc）为电子给体的双层 OPV 器件，最佳效率可达到 5%左右。使用并五苯或亚酞菁作为电子给体，或使用长波长吸收剂如酞菁锡或铅，单独使用或使用包含两个吸光组分的三元体系，近期获得了令人鼓舞的结果[124-127]。

双层 OPV 有一个主要缺点是：由于激子在有机材料中的扩散长度有限，而界面面积小限制了电荷分离效率，因此要求光生激子必须靠近给体/受体界面，使其衰减至基态之前被分离[128]，这限制了双层器件中激子产生层的厚度。通常，性能更好的双层结构是基于小分子而不是聚合物，这可能是因为这些材料中较好的结晶度能改善激子的扩散。在制备工艺中，通过引入一个混合的给体/受体层，目的是增加电荷离解的可用界面面积[129,130]。此外，给体和受体的混合是本体异质结的基础，下面进一步叙述。

3. 本体异质结结构

为了克服由于有机材料中的激子扩散长度小而导致对器件厚度的限制，本体异质结概念已被广泛采用。本体异质结的基础是给体和受体在单层中紧密混合，从而形成具有高界面面积的薄膜（见图 4-5-6）。目前已经发展出各种类型的本体异质结体系，包括聚合物-富勒烯共混物、聚合物-聚合物共混物、嵌段共聚物和无机有机杂化层。

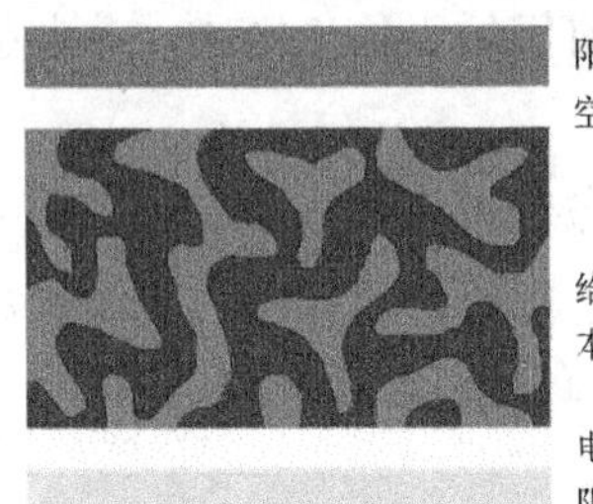

图 4-5-6 本体异质结共混物

与双层相比，本体异质结中的高界面面积和较小的给体和受体域确保了激子产生时足够接近界面，能够使它们在衰减之前就可以到达界面。这大大增加了激子解离的可能性，并允许使用较厚的膜从而增加了光的吸收。然而，给体和受体材料在小区域内的两相混合往往会减少分子堆积的次序，这意味着难以产生连续的导电通道，并且可能存在孤立的域导致复合损失。另外，界面面积较大会加快复合，并且对相形态的控制不足可能导致短路。要使增加的载流子产生率超过增加的复合损失，就需要优化共混膜的微观结构。

4. 阴极缓冲层

在传统的 OPV 器件结构中，顶部负电极通常由真空沉积的 LiF 阴极缓冲层和低功函数活性金属（如 Ca）组成。活性金属不稳定，对大气中的水分和氧气非常敏感。另外，由于用于制备金属电极和 LiF 阴极缓冲层的真空沉积法与将来的卷对卷生产中所需的溶液处理不匹配，因此近年来发展出可以使用各种可溶液处理的阴极缓冲层材料代替真空沉积的活性金属和 LiF。因为阴极缓冲层被旋涂在活性层上，所以旋涂活性层所用的正交溶剂（例如水和乙醇）应该能用于溶解阴极缓冲层材料。有效的阴极缓冲层材料包括具有脂族胺取代基PEIE 和 PEI 的醇溶性聚合物，聚［(9，9-二辛基-2，7-芴)-alt-(9，9-双（30-(N，N-二甲基氨基）丙基)-2，7-芴)］(PFN)，带有胺取代基的二酰亚胺衍生物和带有胺取代基的富勒烯衍生物[131,132]。

4.6 新型Ⅲ-Ⅴ族化合物太阳能电池材料

1. 基于 AlGaAs-GaAs 结构的太阳能电池

在各种Ⅲ-Ⅴ异质结中，GaAs 和 AlAs 的晶格常数完全匹配，并且 GaAs 具有太阳能转换的最佳带隙，因此 AlGaAs-GaAs 异质结构被首先应用于单结太阳能电池。GaAs 是 AlGaAs-GaAs 异质结太阳能电池中的窄带隙材料，而与 AlAs 的成分接近的 AlGaAs 宽带隙窗口对日光几乎完全透明，从而使太阳能电池对太阳光谱的短波波段非常敏感。光照通过窗口，其中光子能量超过 GaAs 带隙的部分被吸收，同时产生的少数载流子被位于 GaAs 中的 PN 结内建电场分离。由于接触电极材料的晶格参数接近，AlGaAs-GaAs 异质结中的界面态密度较低，从而提供了高效的载流子积累。

n-GaAs-p-GaAs-p-AlGaAs［见图 4-6-1 (a)］结构是第一个被广泛使用的异质结构，它是通过 LPE 或 MOCVD 技术生长的[133,134]。例如，0.5μm 厚的 p-GaAs 层可以通过 MOCVD 外延生长，或在 $Al_xGa_{(1-x)}$ 的 LPE 生长期间通过锌或铍扩散形成。扩散会由于受体浓度梯度而产生准电场［见图 4-6-1 (a)］，从而增加了 p-GaAs 层中光生电子的有效扩散长度。用 LPE 技术可在具有较小厚度的宽带隙层的结构中获得最高约 19%的电源转换效率（AM0，1 个太阳光照）。提高短波长光敏性的一种方法是在前表面使用梯度成分的固溶体，带隙［见图 4-6-1（b）］朝着被照射的表面增加[134]。增强的内建电场显著提高了有效电子扩散长度的值，并抑制了短波长光生电子空穴对的表面复合。

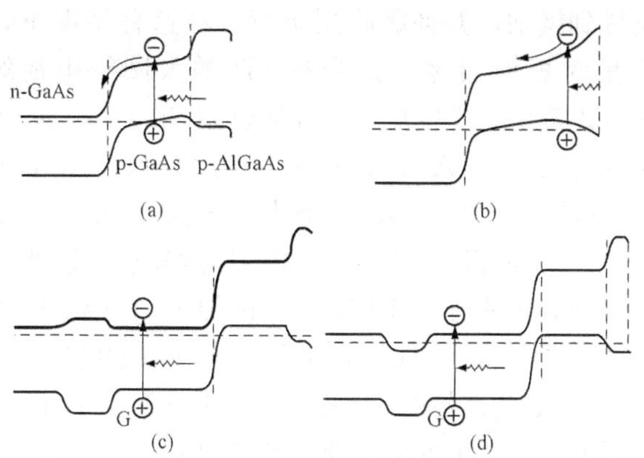

图 4-6-1 几种为空间太阳能电池设计的 AlGaAs-GaAs 异质结构的能带图

（a）p-AlGaAs-p-GaAs-n-GaAs；（b）具有渐变 p-AlGaAs 前表面的结构；（c）由 n-AlGaAs 制成的背表面场结构；（d）由 n^+GaAs 制成的背面场结构

在电池光敏区的背表面引入势垒有助于收集在基底中产生的少数载流子。通过生长一层掺杂水平超过活性层的 n^+-GaAs 缓冲层［见图 4-6-1（d）］或生长 n-AlGaAs 层［见图 4-6-1（c）］来形成此势垒。在通过 MOCVD 生长的 n-$Al_xGa_{(1-x)}$-As 背面势垒电池中，已经测得非聚光条件下 AM0（1 个太阳光照）电源转换效率为 21.7%，聚光条件下（170 个太阳光照）转换效率为 24.5%。在改进低温 LPE 法制备 AlGaAs-GaAs 结构的发展过程中已经获得了类似的结果，并制造出具有图 4-6-2（a）所示结构的高效太阳能电池。硅胶棱柱形覆盖物可从光学角度消除聚光器电池中的栅格线遮蔽损失。由于 LPE 材料具有高晶体质量和优化的光学参数，因此可以在宽光谱范围内获得高量子产率。在 25℃的 103 个太阳光照下，这些带有棱柱形覆盖物的电池的 AM0 转换效率为 24.6%［见图 4-6-2（b）］。

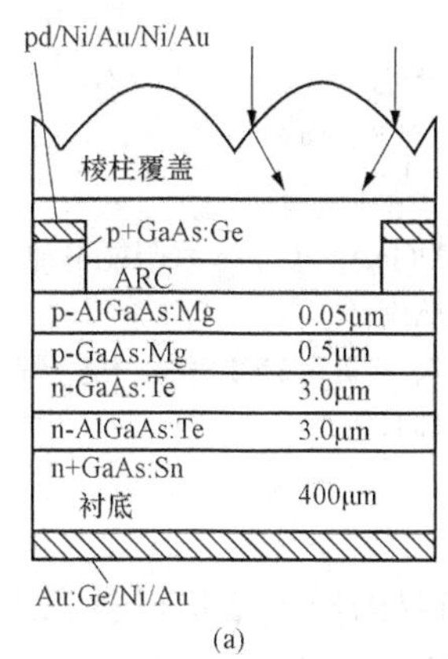

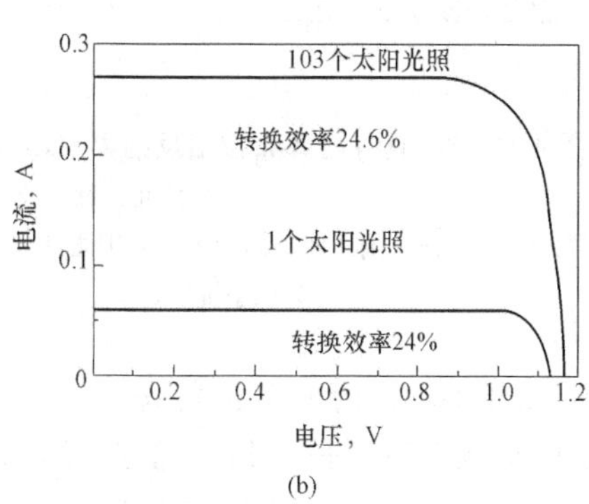

图 4-6-2 液相外延（LPE）生长的具有棱柱覆盖的单结 AlGaAs-GaAs 聚光太阳能电池[135]

（a）结构示意（电池面积为 0.07cm²）；（b）*I*-*V* 曲线

2. 内置布拉格反射器（BR）的太阳能电池

由半导体层制成的 BR 广泛用于激光器和其他光学设备中。通过使用由两种不同折射率的材料组成的多层结构，可以在有限的波长范围内获得接近 100%的反射率。对选定波长，选择两种材料中每种的厚度以四分之一波长反射。这些多层电介质叠层有选择地反射部分未吸收的光子，提供第二次通过光敏区的机会，从而增加了光电流。

太阳能电池中用 MOCVD 外延生长基于 $Al_xGa_{(1-x)}$-As-GaAs 层的布拉格反射器（BR），其结构如图 4-6-3（a）所示。通过增加 BR 层数（N），反射率逐渐增加并趋于 100%，在 $N=12$ 时达到 96%[136]。这种类型的反射器使可响应光谱的长波部分的有效吸收得到增加，并使吸收层更薄。在这种情况下，电池效率对由高能粒子辐照引起的扩散长度变短更加宽容。带有 BR 的太阳能电池结构［见图 4-6-1（a）］通过低压水平 MOCVD 反应器生长[136]。BR 针对 750～900nm 波段的反射率进行优化，由 12 对 AlAs 和 GaAs 层组成，AlAs 层的厚度为 72nm，GaAs 的厚度为 59nm。该电池的光电流密度为 32.7mA/cm^2（AM0，1 个太阳光照，25℃），效率为 23.4%（AM0，18 个太阳光照，25℃）。考虑到 n-GaAs 基层的厚度较小，该性能已十分优异。1.5μm 厚的 n-GaAs 电池的长波响应几乎与没有 BR 的 3μm 厚 n-GaAs 电池相同。电池厚度的减小改善了电池辐射耐受性。图 4-6-3（b）显示了具有 BR（曲线 1、3）器件和不具有 BR（曲线 4）器件的光谱响应。带 BR 的器件的 n-GaAs 厚度减小到 1.1μm（曲线 1、2）和 1.3μm（曲线 3），掺杂水平减小到 10^{15}cm^{-3}（曲线 1、2）和 7×10^{15}cm^{-3}（曲线 3）。在没有 BR 的器件中，n-GaAs 厚度为 3.5μm，掺杂水平为 10^{17}cm^{-3}（曲线 4）。从图 4-6-3（b）中可以看出，具有 BR 器件的电池中的基层厚度减小和基层掺杂水平的降低允许辐射电阻的增加。在能量 1MeV 通量为 10^{15} cm^{-2}电子辐照下，这些电池的转换效率保持率在 84%～86%。

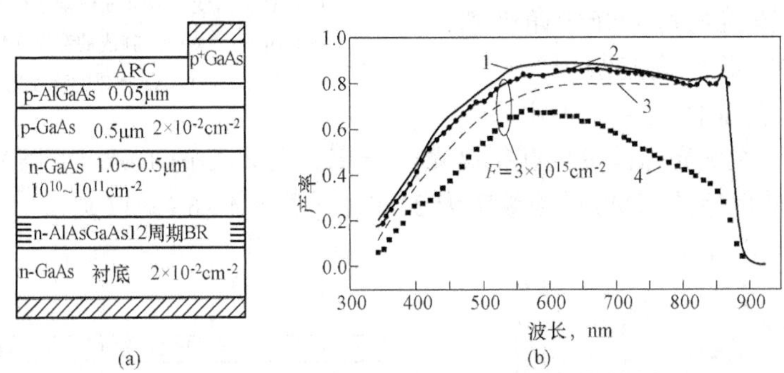

图 4-6-3 具有内部布拉格反射器（BR）的 AlGaAs-GaAs 太阳能电池

（a）横截面示意；（b）光谱响应

注：图（b）中 1～3 有 BR，4 无 BR；采用能量 3.75MeV、通量为 3×10^{15}cm^{-2}电子辐照，1 为电子辐照之前，2～4 为电子辐照之后

3. Ge 衬底上基于 GaAs 的太阳能电池

在 Ge 衬底上 MOCVD 生长的基于 GaAs 的单结和双结异质结构已被深入研究[137]。Ge 比 GaAs 便宜且机械强度更高。因此，可以将 Ge 衬底的厚度减薄至 100～150μm，并且可以使电池更大，从而减少了空间电池组的质量和成本。由于 Ge 和 GaAs 之间晶格匹配良好，可以生长基于 GaAs 的晶体质量良好的结构。在具有光敏 Ge-GaAs 界面的 GaAs-Ge 电池中观察到输出电压的增加。这种光敏 Ge 的缺点是 Ge 和 GaAs 有源区中产生的光电流不匹配。通常，来自 GaAs-Ge 结的光电流较低，导致这种电池的 I-V 曲线被“扭结”，填充因子 FF 和转换效率都降低[137,138]。为此人们开发了可重复的生长条件，以在具有惰性界面的 Ge 基底上形成 GaAs 器件[139]。由 EMCORE（美国）和 AIXTRON（德国）生产的

MOCVD设备可在Ge衬底上生长基于GaAs的太阳能电池结构，生产效率很高且具有出色的均匀性和可重复性。在4英寸Ge晶圆上生产的AlGaAs-GaAs结构电池最大面积可达36cm^2，平均电源转换效率为19%（AM0，1个太阳光照，25℃）。

4.7 本章小结

太阳能电池产业的成功依赖于电源转换效率的提升，而电源转换效率的提高一方面和器件的设计有关，另外一方面取决于电池材料，这一点从用材料名称来命名太阳能电池的代际革命就能看出来。本章介绍了太阳能电池的几种经典材料体系，篇幅所限，所能涉及的仅是浮光掠影。值得一提的是，各种材料没有绝对的优劣高下之分。即使是最传统的晶体硅电池，近年来也因为成本不断降低和本身的效率优势，更加为市场所接受。每种材料都有各自的优点和特点，关键是根据其特性对电池进行设计。因此，了解光伏材料的性质是绝对有必要的。此外，对光伏材料的学习不限于本章涉及的几个大类，每种类型的电池都包含不止一种材料，其他的掺杂、电极、减反等材料都是必不可少的。这些材料在一起协同工作，才能发挥太阳能电池的最大转换效率。最后，尽管光伏材料多种多样，但是它们作为太阳能电池的核心拥有诸多共性，对于这些共有规律的把握能够帮助我们进一步认识和研究新一代的太阳能电池。

参考文献

[1] GREEN M A. Solar cells: operating principles, technology and system applications [J]. Solar Energy, 1982, -1.

[2] SOPIAN K, CHEOW S L, ZAIDI S H. An overview of crystalline silicon solar cell technology: Past, present, and future [C] // International Conference "Functional Analysis in Interdisciplinary Applications" (FAIA2017). American Institute of Physics Conference Series, 2017.

[3] SHOCKLEY W, QUEISSER H J. Detailed balance limit of efficiency of p-n junction solar cells [J]. Journal of Applied Physics, 1961, 32 (3).

[4] ZHAO J, WANG A, GREEN M A, et al. 19.8% Efficient âœhoneycombâ textured multicrystalline and 24.4% monocrystalline silicon solar cells [J]. Applied Physics Letters, 1998, 73 (14): 1991-1993.

[5] JAROS M. Recombination in semiconductors [J]. Cambridge: Cambridge University Press. 1992, 16 (3): 151-0.

[6] JEFFERY L G. Handbook of photovoltaic science and engineering [M]. Ontario: Canana M9W 1L1 Wiley, 2002.

[7] NARA S, SEKIGUCHI T, CHEN J. High quality multicrystalline silicon grown by multi-stage solidification control method [J]. European Physical Journal Applied Physics, 2004, 27 (1-3): 389-392.

[8] EHRET E. Characterization of multicrystalline silicon: Comparison between conventional casting and electromagnetic casting processes [J]. Solar Energy Materials & Solar Cells, 1998, 53 (3-4): 313-327.

[9] SPEAR W E, COMBER P G L. Substitutional doping of amorphous silicon [J]. Solid State Communications, 1975, 17 (9): 1193-1196.

[10] GUHA, S. On light-induced effect in amorphous hydrogenated silicon [J]. Journal of Applied Physics, 1981, 52 (2): 859.

[11] STREET，R. A. Tetrahedrally bonded amorphous semiconductors [M]. American Institute of Physics，1981.

[12] WRONSKI C R，LEE S，HICKS M，et al. Internal photoemission of holes and the mobility gap of hydrogenated amorphous silicon [J]. Physical Review Letters，1989，63 (13)：1420 - 1423.

[13] FRITZSCHE H. Photo - induced structural changes associated with the staebler - wronski effect in hydrogenated amorphous silicon [J]. Solid State Communications，1995，94 (12)：953 - 955.

[14] JEAN J，MAHONY T S，BOZYIGIT D，et al. Radiative efficiency limit with band tailing exceeds 30% for quantum dot solar cells [J]. Acs Energy Letters，2017：acsenergylett. 7b00923.

[15] ZANIO K. Semiconductors and semimetals volume 13 cadmium telluride [J]. Semiconductors and Semimetals，1978，13 (8)：53 - 54.

[16] MASSALSKI S B. Binary alloy phase diagrams [M]. ASM Intern，1990.

[17] ZANIO K. Semiconductors and semimetals volume 13 cadmium telluride [J]. Semiconductors and Semimetals，1978，13 (8)：53 - 54.

[18] EL - MONGY A A，BELAL A，SHAIKH H E，et al. A comparison of the physical properties of CdTe single crystal and thin film [J]. Journal of Physics D Applied Physics，1997，30 (2)：161 - 165.

[19] SATHYAMOORTHY R，NARAYANDASS S K，MANGALARAJ D. Effect of substrate temperature on the structure and optical properties of CdTe thin film [J]. 2003，76 (3)：339 - 346.

[20] CHANDRAMOHAN S，SATHYAMOORTHY R，LALITHA S，et al. Structural properties of CdTe thin films on different substrates [J]. Solar Energy Materials & Solar Cells，2006，90 (6)：686 - 693.

[21] LALITHA S，SATHYAMOORTHY R，SENTHILARASU S，et al. Influence of $CdCl_2$ treatment on structural and optical properties of vacuum evaporated CdTe thin films [J]. Solar Energy Materials & Solar Cells，2006，90 (6)：694 - 703.

[22] TERHEGGEN M，HEINRICH H，KOSTORZ G，et al. Analysis of bulk and interface phenomena in CdTe/CdS thin - film solar cells [J]. Interfaceence，2004，12 (2)：259 - 266.

[23] ZOPPI G，DUROSE K，IRVINE S J C，et al. Grain and crystal texture properties of absorber layers in MOCVD - grown CdTe/CdS solar cells [J]. Semiconductor Science & Technology，2006，21 (6)：763 - 770.

[24] PAUDEL N R，COMPAAN A D，YAN Y. Sputtered CdS/CdTe solar cells with MoO_3? x/Au back contacts [J]. Solar Energy Materials & Solar Cells，2013，113：26 - 30.

[25] LEE J. Comparison of CdS films deposited by different techniques：Effects on CdTe solar cell [J]. Applied Surface Science，2005，252 (5)：1398 - 1403.

[26] MCCANDLESS B E，MOULTON L V，BIRKMIRE R W. Recrystallization and sulfur diffusion in $CdCl_2$ - treated CdTe/CdS thin films [J]. Progress in Photovoltaics Research and Applications，1997，5 (4)：249 - 260.

[27] TAYLOR A A，et al. A comparative study of microstructural stability and sulphur diffusion in CdS/CdTe photovoltaic devices [J]. Solar Energy Materials & Solar Cells，2015，141：341 - 349.

[28] CASTRO - RODRÍGUEZ R，MARTEL A，MENDEZ - GAMBOA J，et al. Nucleation and growth mechanism of CdTe cluster grown on CdS films [J]. Journal of Crystal Growth，2007，306 (2)：249 - 253.

[29] SITES J R. Quantification of losses in thin - film polycrystalline solar cells [J]. Solar Energy Materials & Solar Cells，2003，75 (1 - 2)：243 - 251.

[30] MAJOR J D，BOWEN L，DUROSE K. Focused ion beam and field emission gun - scanning electron mi-

croscopy for the investigation of voiding and interface phenomena in thin - film solar cells [J] . Progress in Photovoltaics Research and Applications, 2012, 20 (7): 892 - 898.

[31] TREHARNE R E , SEYMOUR - PIERCE A , DUROSE K , et al. Optical design and fabrication of fully sputtered CdTe/CdS solar cells [J] . Journal of Physics: Conference Series, 2011, 286: 012038.

[32] ARCHBOKLD M D, HALLIDAY D P , DUROSE K , et al. Development of low temperature approaches to device quality CdS: A modified geometry for solution growth of thin films and their characterisation [J] . Thin Solid Films, 2007, 515 (5): 2954 - 2957.

[33] FEREKIDES C S , MAMAZZA R , BALASUBRAMANIAN U , et al. Transparent conductors and buffer layers for CdTe solar cells [J] . Thin Solid Films, 2005, 480/481 (Jun): 224 - 229.

[34] FEDORENKO Y G , MAJOR J D , PRESSMAN A , et al. Modification of electron states in CdTe absorber due to a buffer layer in CdTe/CdS solar cells [J] . Journal of Applied Physics, 2015, 118 (16): 165705. 1 - 165705. 5.

[35] KEPHART J M , MCCAMY J W , MA Z , et al. Band alignment of front contact layers for high - efficiency CdTe solar cells [J] . Solar Energy Materials & Solar Cells, 2016, 157: 266 - 275.

[36] PAUDEL N R , YAN Y . Enhancing the photo - currents of CdTe thin - film solar cells in both short and long wavelength regions [J] . Applied Physics Letters, 2014, 105 (18): 183510. 1 - 183510. 5.

[37] NOWELL M M, SCARPULLA M A, PAUDEL N R, et al. Characterization of sputtered CdTe thin films with electron backscatter diffraction and correlation with device performance [J] . Microscopy and Microanalysis, 2015, 21 (04): 927 - 935.

[38] KRANZ L , PERRENOUD J , PIANEZZI F , et al. Effect of sodium on recrystallization and photovoltaic properties of CdTe solar cells [J] . Solar Energy Materials and Solar Cells, 2012, 105: 213 - 219.

[39] BARRIOZ V , IRVINE S J C , JONES E W , et al. In situ deposition of cadmium chloride films using MOCVD for CdTe solar cells [J] . Thin Solid Films, 2007, 515 (15): 5808 - 5813.

[40] MAJOR J D, PROSKURYAKOY Y Y, DUROSE K, et al. Control of grain size in sublimation - grown CdTe, and the improvement in performance of devices with systematically increased grain size [J] . Sol Energy Mater Sol Cells, 2010, 94 (6) .

[41] MAJOR J D, PHILLIPS L J, et al. P_3HT as a pinhole blocking back contact for CdTe thin film solar cells [J] . Sol Energy Mater Sol Cells, 2017, 172.

[42] KANEVCE A , LEVI D H , KUCIAUSKAS D . The role of drift, diffusion, and recombination in time - resolved photoluminescence of CdTe solar cells determined through numerical simulation [J] . Progress in Photovoltaics Research & Applications, 2014, 22 (11): 1138 - 1146.

[43] Major J D, et al. In - depth analysis of chloride treatments for thin - film CdTe solar cells [J] . Nature Communications, 2016, 7 (1) .

[44] KANEVCE A , KUCIAUSKAS D , GESSERT T A , et al. Impact of interface recombination on time resolved photoluminescence (TRPL) decays in CdTe solar cells (numerical simulation analysis): Preprint [J]. Conference Record of the IEEE Photovoltaic Specialists Conference, 2012.

[45] KANEVCE A , LEVI D H , KUCIAUSKAS D . The role of drift, diffusion, and recombination in time - resolved photoluminescence of CdTe solar cells determined through numerical simulation [J] . Progress in Photovoltaics Research & Applications, 2014, 22 (11): 1138 - 1146.

[46] ROMEO A , BATZNER D L , ZOGG H , et al. Influence of CdS growth process on structural and photovoltaic properties of CdTe/CdS solar cells [J] . Solar Energy Materials & Solar Cells, 2001, 67 (1 - 4): 311 - 321.

[47] SALAVEI A , RIMMAUDO I , PICCINELLI F , et al. Influence of CdTe thickness on structural and

electrical properties of CdTe/CdS solar cells [J]. Thin Solid Films, 2013, 535 (may 15): 257 - 260.

[48] LINCOT D. Electrodeposition of semiconductors [J]. Thin Solid Films, 2005, 487 (1 - 2): 40 - 48.

[49] CUNNINGHAM D W, SKINNER D E. Apollo thin film process development phase 2 technical report [J]. 2002.

[50] BUBE R H. Thin film polycrystalline solar cells [M]. Advances In Solar Energy Technology. 1987.

[51] CHOU H C, ROHATGI A, JOKERST N M, et al. Approach toward high efficiency CdTe/CdS heterojunction solar cells [J]. Materials Chemistry & Physics, 1996, 43 (2): 178 - 182.

[52] KARTOPU G, CLAYTON A J, et al. Effect of window layer composition in $Cd_{1-x}Zn_xS$/CdTe solar cells [J]. Progress in Photovoltaics Research & Applications, 2014.

[53] ROMEO N, BOSIO A, TEDESCHI R, et al. A highly efficient and stable CdTe/CdS thin film solar cell [J]. Solar Energy Materials & Solar Cells, 1999, 58 (2): 209 - 218.

[54] SHAO M, FISCHER A, GRECU D, et al. Radio - frequency - magnetron - sputtered CdS/CdTe solar cells on soda - lime glass [J]. Applied Physics Letters, 1996, 69 (20): 3045.

[55] SETIAWAN I N, GIRIANTARI I A D, ARIASTINA W G, et al. Characterization of titanium dioxide (TiO_2) thin films as materials for dye sensitized solar cell (DSSC) [C] // 2016 International Conference on Smart Green Technology in Electrical and Information Systems (ICSGTEIS). IEEE, 2016.

[56] HAGFELDT A, BOSCHLOO G, SUN L, et al. Dye - sensitized solar cells [J]. Chemical Reviews, 2010, 110 (11): 6595 - 6663.

[57] MANN J R, GANNON M K, FITZGIBBONS T C, et al. Optimizing the photocurrent efficiency of dye - sensitized solar cells through the controlled aggregation of chalcogenoxanthylium dyes on nanocrystalline titania films [J]. The Journal of Physical Chemistry C, 2008, 112 (34): 13057 - 13061.

[58] ROBERTSON N. Optimizing dyes for dye - sensitized solar cells [J]. Angewandte Chemie International Edition, 2006, 45 (15): 2338 - 2345.

[59] THOMAS M, JAKOB B W, EMELIE H, et al. Epitaxial growth of indium arsenide nanowires on silicon using nucleation templates formed by self - assembled organic coatings [J]. Advanced Materials, 2007, 19 (14): 1801 - 1806.

[60] HE J J, LINDSTROM H, HAGFELDT A, et al. Dye - sensitized nanostructured p - type nickel oxide film as a photocathode for a solar cell [J]. The Journal of Physical Chemistry B, 1999, 103 (42).

[61] QIN P, ZHU H J, EDVINSSON T, et al. Design of an organic chromophore for p - type dye - sensitized solar cells [J]. Journal of the American Chemical Society, 2008, 130 (27): 8570 - 8571.

[62] PLEUX L L, SMEIGH A L, GIBSON E, et al. Synthesis, photophysical and photovoltaic investigations of acceptor - functionalized perylene monoimide dyes for nickel oxide p - type dye - sensitized solar cells [J]. Energy & Environmental Ence, 2011, 4 (6): 2075 - 2084.

[63] ODOBEL F, LE P L, PELLEGRIN Y, et al. New photovoltaic devices based on the sensitization of p - type semiconductors: Challenges and opportunities [J]. Accounts of Chemical Research, 2010, 43 (8): 1063 - 1071.

[64] GIBSON E A, HAGFELDT A. Solar energy materials [M] // Energy Materials. North - Holland Pub. Co., 2011.

[65] JIANG X, MARINADO T, GABRIELSSON E, et al. Structural modification of organic dyes for efficient coadsorbent - free dye - sensitized solar cells [J]. Journal of Physical Chemistry C, 2010, 114 (6): 2799 - 2805.

[66] BOSCHLOO G, HAGFELDT A. Characteristics of the iodide/triiodide redox mediator in dye - sensitized solar cells [J]. Accounts of Chemical Research, 2009, 42 (11): 1819 - 1826.

[67] TSAO H N , YI C , MOEHL T , et al. Cyclopentadithiophene bridged donor - acceptor dyes achieve high power conversion efficiencies in dye - sensitized solar cells based on the tris - cobalt bipyridine redox couple [J] . Chemsuschem, 2011, 4 (5): 591 - 594.

[68] WANG M , CHAMBERLAND N , BREU L , et al. An organic redox electrolyte to rival triiodide/iodide in dye - sensitized solar cells [J] . Nature Chemistry, 2010, 2 (5): 385 - 389.

[69] TIAN H , YU Z , HAGFELDT A , et al. Organic redox couples and organic counter electrode for efficient organic dye - sensitized solar cells [J] . Journal of the American Chemical Society, 2011, 133 (24): 9413 - 9422.

[70] DAENEKE T , KWON T H , HOLMES A B , et al. High - efficiency dye - sensitized solar cells with ferrocene - based electrolytes [J] . Nature Chemistry, 2011, 3 (3): 211 - 215.

[71] BAI Y , YU Q , CAI N , et al. High - efficiency organic dye - sensitized mesoscopic solar cells with a copper redox shuttle [J] . Chemical Communications, 2011, 47 (15): 4376 - 4378.

[72] FERRERE S , ZABAN A , GREGG B A . Dye sensitization of nanocrystalline tin oxide by perylene derivatives [J] . Journal of Physical Chemistry B, 1997, 101 (23): 4490 - 4493.

[73] WANG Z S , SAYAMA K , SUGIHARA H . Efficient eosin Y dye - sensitized solar cell containing Br^-/Br_3^- electrolyte [J] . Journal of Physical Chemistry B, 2005, 109 (47): 22449 - 22455.

[74] OSKAM G , BERGERON B V , MEYER G J , et al. Pseudohalogens for dye - sensitized TiO_2 photoelectrochemical cells [J] . Journal of Physical Chemistry B, 2001, 105 (29): 6867 - 6873.

[75] WANG P , ZAKEERUDDIN S M , MOSER J E , et al. A solvent - free, SeCN - / $(SeCN)_3$- based ionic liquid electrolyte for high - efficiency dye - sensitized nanocrystalline solar cells [J] . Journal of the American Chemical Society, 2004, 126 (23): 7164 - 7165.

[76] BERGERON B V , MARTON A , OSKAM G , et al. Dye - sensitized SnO_2 electrodes with iodide and pseudohalide redox mediators [J] . Journal of Physical Chemistry B, 2005, 109 (2): 937 - 943.

[77] ZHANG Z , CHEN P , MURAKAMI T , et al. The 2, 2, 6, 6 - tetramethyl - 1 - piperidinyloxy radical: An efficient, iodine - free redox mediator for dye - sensitized solar cells [J] . Advanced Functional Materials, 2008, 18 (2): 341 - 346.

[78] GORLOV M , KLOO L . Ionic liquid electrolytes for dye - sensitized solar cells [J] . Dalton Transactions, 2008 (20): 2655.

[79] LI B , WANG L , KANG B , et al. Review of recent progress in solid - state dye - sensitized solar cells [J]. Solar Energy Materials and Solar Cells, 2006, 90 (5): 549 - 573.

[80] KRUGER J, PLASS R, CEVEY L, et al. High efficiency solid - state photovoltaic device due to inhibition of interface charge recombination [J] . Applied Physics Letters, 2001, 79 (13): 2085.

[81] SNAITH H J , MOULE A J , KLEIN, et al. Efficiency enhancements in solid - state hybrid solar cells via reduced charge recombination and increased light capture [J] . Nano Letters, 2007, 7 (11): 3372 - 3376.

[82] JIANG K J , MANSEKI K , YU Y H , et al. Photovoltaics based on hybridization of effective dye - sensitized titanium oxide and hole - conductive polymer P_3HT [J] . Advanced Functional Materials, 2009, 19 (15): 2481 - 2485.

[83] OREGAN B , SCHWARTZ D T . Efficient dye - sensitized charge separation in a wide - band - gap p - n heterojunction [J] . Journal of Applied Physics, 1996, 80 (8): 4749 - 0.

[84] KUMARA G R R A , KONNO A , SENADEERA G K R , et al. Dye - sensitized solar cell with the hole collector p - CuSCN deposited from a solution in n - propyl sulphide [J] . Solar Energy Materials & Solar Cells, 2001, 69 (2): 195 - 199.

[85] TENNAKONE K，KUMARA G R R A，KUMARASINGHE A R，et al. A dye - sensitized nano - porous solid - state photovoltaic cell [J]. Semiconductor Science and Technology，1995，10（12）：1689 - 1693.

[86] MENG Q B，TAKAHASHI K，ZHANG X T，et al. Fabrication of an efficient solid - state dye - sensitized solar cell [J]. Langmuir，2003.

[87] HAUCH A，GEORG A. Diffusion in the electrolyte and charge - transfer reaction at the platinum electrode in dye - sensitized solar cells [J]. Electrochimica Acta，2001，46（22）：3457 - 3466.

[88] PAPAGEORGION N，MAIER W F，GRATZEL M J. An iodine/triiodide reduction electrocatalyst for aqueous and organic media [J]. Journal of the Electrochemical Society，1997，144（3）：876 - 884.

[89] YU，K，WEN Z，PU H. Hierarchical vertically oriented graphene as a catalytic counter electrode in dye - sensitized solar cells [J]. Journal of Materials Chemistry，A，2013.

[90] BAY L，WEST K，WINTHER - JENSEN B，et al. Electrochemical reaction rates in a dye - sensitised solar cell - the iodide/tri - iodide redox system [J]. Solar Energy Materials & Solar Cells，2006，90（3）：341 - 351.

[91] SAITO Y，KITAMURA T，WADA Y，et al. Application of poly（3，4 - ethylenedioxythiophene）to counter electrode in dye - sensitized solar cells [J]. Chemistry Letters，2002，31（10）：1060 - 1061.

[92] SAITO Y，KUBO W，KITAMURA T，et al. Redox reaction behavior on poly（3，4 - ethylenedioxythiophene）counter electrode in dye - sensitized solar cells [J]. Journal of Photochemistry & Photobiology a Chemistry，2004，164（1 - 3）：153 - 157.

[93] WANG M，ANGHEL A M，MRSAN B，et al. CoS supersedes Pt as efficient electrocatalyst for triiodide reduction in dye - sensitized solar cells [J]. Journal of the American Chemical Society，2009，131（44）：15976 - 15977.

[94] WU M，LIN X，HAGFELDT A，et al. A novel catalyst of WO_2 nanorod for the counter electrode of dye - sensitized solar cells [J]. Chemical Communications，2011，47（15）：4535.

[95] KREBS F C，ALSTRUP J，SPANGGAARD H，et al. Production of large - area polymer solar cells by industrial silk screen printing，lifetime considerations and lamination with polyethyleneterephthalate [J]. Solar Energy Materials and Solar Cells，2004，83（2 - 3）：293 - 300.

[96] GAO L，ZHANG Z G，BIN H，et al. High - efficiency nonfullerene polymer solar cells with medium bandgap polymer donor and narrow bandgap organic semiconductor acceptor [J]. Advanced Materials，2016，28（37）：8288 - 8295.

[97] BIN H，ZHANG Z G，GAO L，et al. Non - fullerene polymer solar cells based on alkylthio and fluorine substituted 2D - conjugated polymers reach 9.5% efficiency [J]. Journal of the American Chemical Society，2016，138（13）：4657 - 4664.

[98] YANG Y K，ZHANG Z G，BIN H J，et al. Side - chain isomerization on an n - type organic semiconductor ITIC acceptor makes 11.77% high efficiency polymer solar cells [J]. Journal of the American Chemical Society，2016，138（45）：15011.

[99] LI Y F. Molecular design of photovoltaic materials for polymer solar cells：toward suitable electronic energy levels and broad absorption [J]. Accounts of Chemical Research，2012，45（5）：723 - 733.

[100] ZHAO G，HE Y，LI Y. 6.5% Efficiency of polymer solar cells based on poly（3 - hexylthiophene）and indene - C60 bisadduct by device optimization [J]. Advanced Materials，2010，22（39）：4355 - 4358.

[101] GAO L，ZHANG Z G，XUE L，et al. All - polymer solar cells based on absorption - complementary polymer donor and acceptor with high power conversion efficiency of 8.27% [J]. Advanced Materials，2016，28（9）：1884 - 1890.

[102] LIANG Y , XU Z , XIA J , et al. For the bright future—bulk heterojunction polymer solar cells with power conversion efficiency of 7.4% [J] . Advanced Materials, 2010, 22 (20) .

[103] LIAO S H , HUO H J , CHENG Y S , et al. Fullerene derivative - doped zinc oxide nanofilm as the cathode of inverted polymer solar cells with low - bandgap polymer (PTB$_7$- Th) for high performance [J] . Advanced Materials, 2013, 25 (34): 4766 - 4771.

[104] CUI C, GUO X, MIN J, et al. High - performance organic solar cells based on a small molecule with alkylthio - thienyl - conjugated side chains without extra treatments [J] . Advanced Materials. 2015, 27: 7469 - 75.

[105] HE Y , LI Y . Fullerene derivative acceptors for high performance polymer solar cells [J] . Physical Chemistry Chemical Physics Cambridge Royal Society of Chemistry, 2011, 13 (6): 1970 - 1983.

[106] HE Y J, CHEN H Y, HOU J H, et al. Indene - C - 60 bisadduct: a new acceptor for high - performance polymer solar cells [J] . J Am Chem Soc, 2010, 132: 1377 - 1382.

[107] LIN Y Z, WANG J Y, ZHANG Z G, et al. Adv. Mater [J] . 2015, 27: 1170.

[108] OHKITA H , COOK S , ASTUTI Y , et al. Charge carrier formation in polythiophene/fullerene blend films studied by transient absorption spectroscopy [J] . Journal of the American Chemical Society, 2008, 130 (10): 3030 - 3042.

[109] DEIBEL C , STROBEL T , DYAKONOV V . Role of the charge transfer state in organic donor - acceptor solar cells [J] . Advanced Materials, 2010, 22 (37): 4097 - 4111.

[110] LEE J , VANDEWAL R , YOST R R , et al. Charge transfer state versus hot exciton dissociation in polymer - fullerene blended solar cells [J] . Journal of the American Chemical Society, 2010, 132 (34): 11878 - 11880.

[111] HALLERMANN M , HAANEDER S , DA C E . Charge - transfer states in conjugated polymer/fullerene blends: Below - gap weakly bound excitons for polymer photovoltaics [J] . Applied Physics Letters, 2008, 93 (5): 053307.

[112] VELDMAN D , MESKERS S C J , JANSSEN R A J . The energy of charge - transfer states in electron donor - acceptor blends: Insight into the energy losses in organic solar cells [J] . Advanced Functional Materials, 2009, 19 (12): 1939 - 1948.

[113] FE S K P . Geminate charge recombination in polymer/fullerene bulk heterojunction films and implications for solar cell function [J] . Journal of the American Chemical Society, 2010, 132 (35): 12440 - 12451.

[114] BENSON - SMITH J J , GORIS L , VANDEWAL K , et al. Formation of a ground - state charge - transfer complex in polyfluorene/ [6, 6] - phenyl - C_ (61) butyric acid methyl ester (PCBM) blend films and it's role in the function of polymer/PCBM solar cells [J] . Advanced Functional Materials, 2007, 17 (3): 451 - 457.

[115] GORIS L , PORUBA A , HOD A L , et al. Observation of the subgap optical absorption in polymer - fullerene blend solar cells [J] . Applied Physics Letters, 2006, 88 (5): 052113.1 - 052113.3.

[116] VANDEWAL K, GADISA A, OOSTERBAAN W D. The relation between open - circuit voltage and the onset of photocurrent generation by charge - transfer absorption in polymer : Fullerene bulk heterojunction solar cells [J] . Advanced Functional Materials, 2008, 18 (14): 2064 - 2070.

[117] YIN C , KIETZKE T , KUMKE M , et al. Relation between exciplex formation and photovoltaic properties of PPV polymer - based blends [J] . Solar Energy Materials and Solar Cells, 2007, 91 (5): 411 - 415.

[118] KEIVANIDIS P E , KAMM V , DYER - SMITH C , et al. Delayed luminescence spectroscopy of organic photovoltaic binary blend films: Probing the emissive non - geminate charge recombination [J] .

advanced materials, 2010, 22 (45): 5183 - 5187.

[119] PENSACK R D , ASBURY J B . Barrierless free carrier formation in an organic photovoltaic material measured with ultrafast vibrational spectroscopy [J] . Journal of the American Chemical Society, 2009, 131 (44): 15986 - 15987.

[120] FORREST S R . Ultrathin organic films grown by organic molecular beam deposition and related techniques [J] . Chemical Reviews, 1997, 97 (6): 1793 - 1896.

[121] GILOT J, WIENK M M, JANSSEN R A J. Double and triple junction polymer solar cells processed from solution. [J] . Appl. Phys. Lett, 2007, 90 (14): 143512.

[122] WIEDEMANN W , SIMS L , ABDELLAH A , et al. Nanostructured interfaces in polymer solar cells [J] . Applied Physicsletters, 2010, 96 (26): 263109. 1 - 263109. 3.

[123] KIM J B , LEE S , TONEY M F , et al. Reversible soft - contact lamination and delamination for non - invasive fabrication and characterization of bulk - heterojunction and bilayer organic solar cells [J] . Chemistry of Materials, 2010, 22 (17): 4931 - 4938.

[124] YOO S , DOMERCQ B , KIPPELEN B . Efficient thin - film organic solar cells based on pentacene/C - 60 heterojunctions [J] . Applied Physics Letters, 2004, 85 (22): 5427 - 5429.

[125] GOMMANS H , CHEYNS D , AERNOUTS T , et al. Electro - optical study of subphthalocyanine in a bilayer organic solar cell [J] . Advanced Functional Materials, 2007, 17 (15): 2653 - 2658.

[126] DAI J , JIANG X , WANG H , et al. Organic photovoltaic cells with near infrared absorption spectrum [J]. Applied Physics Letters, 2007, 91 (25): 253503. 1 - 253503. 3.

[127] RAND B P , XUE J , YANG F , et al. Organic solar cells with sensitivity extending into the near infrared [J] . Applied Physics Letters, 2005, 87 (23): 233508. 1 - 233508. 3.

[128] ATHANASOPOULOS S , HENNEBICQ E , BELJONNE D , et al. Trap limited exciton transport in conjugated polymers [J] . Journal of Physical Chemistry C, 2008, 112 (30): 11532 - 11538.

[129] LI H, ZHANG Z G , LI Y F , et al. Tunable open - circuit voltage in ternary organic solar cells [J] . Applied Physics Letters, 2012, 5 (10): 1758 - 1382.

[130] XUE J, RAND B P, UCHIDA S, et al. A hybrid planar - mixed molecular heterojunction photovoltaic cell [J] . Advanced Materials, 2010, 17 (1): 66 - 71.

[131] HE Z , ZHANG C , XU X , et al. Largely enhanced efficiency with a PFN/Al bilayer cathode in high efficiency bulk heterojunction photovoltaic cells with a low bandgap polycarbazole donor [J] . Advanced Materials, 2011, 23 (27): 3086 - 3089.

[132] ANDREEV V M , KHVOSTIKOV V P , LARIONOV V R , et al. High - efficiency AlGaAs/GaAs concentrator (2500 suns) solar cells [J] . Semiconductors, 1999, 33 (9): 976 - 977.

[133] DUPUIS R D , DAPKUS P D , YINGLING R D , et al. High - efficiency GaAlAs/GaAs heterostructure solar cells grown by metalorganic chemical vapor deposition [J] . Applied Physics Letters, 1977, 31 (3): 201.

[134] NELSON N J , JOHNSON K K , MOON R L , et al. Organometallic - sourced VPE AlGaAs/GaAs concentrator solar cells having conversion efficiencies of 19% [J] . Applied Physics Letters, 1978, 33 (1): 26.

[135] FRAAS L M , AVERY J E , MARTIN J , et al. Over 35 terrestrial applications [J] . IEEE Transactions on Electron Devices, 1990, 37 (2): 443 - 448.

[136] SHVARTS M Z , CHOSTA O I , KOCHNEV I V , et al. Radiation resistant AlGaAs/GaAs concentrator solar cells with internal Bragg reflector [J] . Solar Energy Materials and Solar Cells, 2001, 68 (1): 105 - 122.

[137] WANLASS M W , WARD J S , EMERY K A , et al. High - performance concentrator tandem solar cells based on IR - sensitive bottom cells [J] . Solar Cells, 1991, 30 (1 - 4): 363 - 371.

[138] ILES P A , YEH Y C M , HO F H , et al. High - efficiency (>20% AM0) GaAs solar cells grown on inactive - Ge substrates [J] . IEEE Electron Device Letters, 1990, 11 (4): 140 - 142.

[139] Green, Martin A . Prospects for photovoltaic efficiency enhancement using low - dimensional structures [J] . Nanotechnology, 2000, 11 (4): 401 - 405.

第五章　超级电容储能材料

5.1　超级电容概述

5.1.1　简介

超级电容又称为电化学电容、黄金电容或法拉第电容，是一种基于界面静电吸附原理（双电层电容）或可逆法拉第化学反应（赝电容）的电化学储能器件[1-3]。与电解电容相比，超级电容通常采用高比表面积多孔材料作为电极活性物质，同时拥有极薄的纳米级双电层厚度，因而具有更高的储能容量。与锂离子电池、铅蓄电池等二次电池相比，超级电容（特别是双电层电容）具有高度可逆的储释能过程，避免了电极材料的不可逆转变，可实现快速充放电[3,4]。表 5-1-1 列举了电解电容、锂离子电池和超级电容的关键性能指标。需要说明的是，随着科技的进步，三者的性能指标均处于快速发展中，表中所列的数据均为常规性能。超级电容主要有以下优点[5]：

(1) 高功率密度。超级电容功率密度可高达 10kW/kg，是常规二次电池的 10～50 倍。

(2) 快充放电速度。超级电容可以在数秒内完成充电或放电，充电时间比常规二次电池低 2～3 个数量级，放电时间低 1～2 个数量级。

(3) 较高的储能容量。超级电容能量密度可以达到 1～10W·h/kg，比电解电容高 1～2 个数量级。

(4) 高循环寿命。超级电容可以承受高达 10^5～10^6 次充放电循环，约为常规二次电池的 50 倍。

(5) 宽温度窗口。超级电容的工作温度窗口为－40～70℃，比常规二次电池（－20～＋60℃）更宽。

表 5-1-1　　电解电容、锂离子电池和超级电容的性能比较[5,6]

	电解电容	超级电容	锂离子电池
能量密度/（$W\cdot h\cdot kg^{-1}$）	＜0.1	1～10	20～100
功率密度/（$W\cdot kg^{-1}$）	≫10000	500～10000	50～200
充电时间/（s）	10^{-6}～10^{-3}	1～30	3600～18000
放电时间/（s）	10^{-6}～10^{-3}	1～30	18～180
循环寿命/（次）	∞	＞10^5	500～2000
温度窗口/（℃）	－40～105	－40～70	－20～60
循环效率/（%）	～100	85～98	70～85

5.1.2　超级电容的关键部件

超级电容主要由电极、电解液、隔膜、集流体和金属外壳等组成，其结构及原理示意如图 5-1-1 所示。

电极是超级电容的重要组成部分，通常由活性材料、导电剂和黏结剂等构成。活性材料

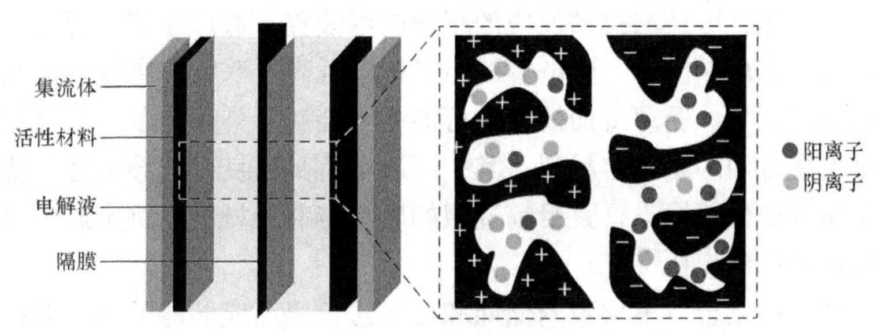

图 5-1-1 超级电容结构及原理示意

在很大程度上决定了超级电容理论储能性能。常见的电极活性材料包括碳基材料（如活性炭、碳纳米纤维、碳纳米管和石墨烯）、金属氧化物材料（如二氧化钌和二氧化锰）以及导电聚合物材料（如聚乙炔、聚苯胺、聚噻吩和聚吡咯）等三大类。导电剂的作用是强化活性材料导电性，降低电极内阻，进而提高超级电容充放电速度。黏结剂的作用主要是提高电极的机械强度，维持电极结构的稳定性。一般来说，超级电容电极应满足以下要求[5]：高比表面积以提高静电吸附能力；高导电性以实现低储能内阻；高循环稳定性；不与电解液、隔膜、集流体等发生任何化学反应；加工工艺简单；原料来源充足；材料环保，对环境无污染或低污染。

电解液为储能过程提供离子源。常用的电解液有水系电解液、有机系电解液、离子液体电解液和固态电解质四大类。一般来说，超级电容的电解液应满足以下要求[5]：高分解电压以拓宽储能工作电压窗口；高电导率以降低储能阻抗；高极化率以提高介电常数；宽工作温度窗口，确保在低温和高温场合下能正常工作；高化学稳定性；易加工，成本低廉；环境友好。

隔膜的作用是防止正负电极接触发生短路。目前常用的隔膜材料有微孔聚合物、无纺布类和隔膜纸类等。一般来说，超级电容的隔膜材料需要满足以下要求[5]：高离子通透性以降低离子传输和吸附阻力；电绝缘性；不与电极、电解液等发生化学或电化学反应；良好的力学性能，确保在正常工作中不会发生破裂；生产成本低，原料来源广；环境友好。

集流体的作用是提高电极接触点数量，更有效地收集电极表面由于离子静电吸附产生的电荷，并通过导线将电能输送给外界。常用的超级电容集流体材料有金属类（如铝、镍和铜）、高导电碳（如石墨）以及高导电聚合物（如导电橡胶）三大类[5]。一般来说，超级电容的集流体应满足以下要求[5]：高导电性以降低集流体阻抗；与电极材料有良好接触以降低接触内阻；高化学或电化学稳定性；成本低廉，来源丰富。

5.1.3 超级电容分类

1. 按储能机理分类

根据超级电容储能机理，可将超级电容分为双电层电容、赝电容和混合型电容。

双电层电容储能基于电解液离子物理静电吸附过程，在电极/电解液交界处形成极薄的双电层结构并实现能量存储。由于离子可逆地吸附在活性物质表面，双电层电容通常具有高功率密度、快充放电速度和长循环寿命等特点，同时避免重金属离子带来的环境污染[6]。双电层电容在商业领域具有较为成熟的应用，常用的电极活性物质是高比表面积碳基材料，其中活性炭目前应用最为广泛。

赝电容是基于快速、可逆法拉第反应的超级电容装置，通过在赝电容材料表面或体相内发生氧化还原过程而实现储能[5]。赝电容的能量密度远高于双电层电容，但同时也存在功率密度低、充放电速度缓慢、循环寿命短以及可能的重金属污染等问题。二氧化钌、二氧化锰等过渡金属氧化物是常用的赝电容材料。其中二氧化钌具有良好的导电性、优异的赝电容特性、优异的电化学可逆性等优点，是目前理想的赝电容储能材料。钌金属的昂贵成本限制了该材料在商业领域的广泛应用[6]。

混合型电容是一种结合双电层吸附储能和可逆法拉第反应储能的新型超级电容[2]。在混合型电容中，正极采用基于双电层吸附的电极材料，负极采用基于可逆法拉第反应的电极材料。混合型电容的能量密度、功率密度、倍率性能和循环寿命等关键性能指标一般介于双电层电容和赝电容之间。另外采用非对称电极结构可以拓宽超级电容工作电压窗口，目前常用的有活性炭/二氧化铅、活性炭/钛酸锂等体系。

2. 按照电解液体系分类

按照电解液的类型，可以分为水系、有机系、离子液体和固态电解质超级电容。

水系电解液最早应用于超级电容，它具有电导率高（600～800mS/cm）、无毒、不可燃和价格低廉等优点[7]，常用于功率型超级电容。常用的有氢氧化钾溶液、硫酸溶液、硫酸盐和氯化盐溶液等。但是水系电解液的分解电压通常较低（约 1.23V），限制了超级电容的工作电压和能量密度。此外水系电解液通常具有强酸性或强碱性，容易受到水凝固点的限制，存在低温性能差和易腐蚀设备的缺点，目前在商业应用中已逐渐被有机系电解液替代。

相比于水系电解液，有机系电解液具有高分解电压（一般可达 2.7V）、低腐蚀性、低熔点和高沸点等优点[5]。常用的有链状季铵盐类电解液和环状季铵盐类电解液等。有机系超级电容技术成熟，是目前超级电容市场的主流。然而有机系电解液的低电导率（10～60mS/cm）导致较高的储能内阻，并且具有易燃性、易挥发性和毒性，会带来一定安全隐患[8]。

与有机系电解液相比，室温离子液体电解液具有高分解电压（4～7V）、良好热稳定性、低挥发性和高安全性等优点，同时可以达到比有机系电解液超级电容更高的能量密度，具有广阔的应用前景[7]。常用的离子液体有咪唑类离子液体和短链脂肪季铵盐类离子液体等。离子液体存在低温性能差、黏度高、电导率低和成本昂贵等问题，目前在商业超级电容领域的应用尚处于探索阶段。

相比于液态电解液，固态电解质具有不漏液和高可靠性等优点，主要包括固态无机电解质和固态聚合物电解质两类。聚乙烯醇/氢氧化钾、聚乙烯醇/磷酸和聚乙烯醇/硫酸等固态聚合物电解质具有高可塑性，尤其适合在具有柔性的超级电容上应用[9]。固态聚合物电解质不仅可以传导离子，还可以起到隔膜的作用。然而固态聚合物电解质与电极接触面积有限，造成高接触电阻，很大程度上限制了其在超级电容的应用。

5.1.4 评估性能指标及性能检测手段

超级电容关键性能指标主要包括电压窗口、内阻、比电容、能量密度、功率密度、库仑效率、循环寿命和漏电流等[5,10]。

电压窗口表示超级电容可以正常、连续工作的电压范围，主要由电解液分解电压决定。当超级电容超出这个电压范围工作时，其内部会发生结构破坏、电解液分解和隔膜破裂等不可逆损坏。

内阻（R）指超级电容装置整体的电阻，主要与电极电阻、电解液电阻、离子传输电阻、集流体电阻和装配方式有关。超级电容内阻越低，其储能方式越接近理想电容性储能。在恒电流充放电过程中，内阻会造成放电曲线起始阶段不必要的压降。

比电容反映超级电容存储电荷的能力，主要与电极材料形貌结构（例如比表面积、孔径分布和润湿性)、电解液理化性质（例如电解液电导率和离子尺寸）以及充放电环境等因素有关。基于活性物质单位质量或体积，比电容可分为质量比电容（C_m）和体积比电容（C_V）。以质量比电容为例，它定义为单位质量活性物质所存储的电荷量与施加在超级电容两端的电压之比。如无特别说明，比电容通常是指质量比电容，其计算公式如下：

$$C_m = \frac{Q}{mU} \tag{5-1-1}$$

$$C_V = \frac{Q}{VU} \tag{5-1-2}$$

式中：Q 为超级电容电极上所存储的电荷量；m、V 为活性物质的质量和体积；U 为施加的电压。

能量密度反映超级电容存储电能的能力，主要与比电容和工作电压有关。类似于比电容，它可分为质量能量密度（E_m）和体积能量密度（E_V）。如无特别说明，能量密度通常是指质量能量密度，计算公式如下：

$$E_m = \frac{1}{2}C_m U^2 \tag{5-1-3}$$

$$E_V = \frac{1}{2}C_V U^2 \tag{5-1-4}$$

功率密度是衡量超级电容瞬时输入/输出功率的性能指标。它同样可分为质量功率密度（P_m）和体积功率密度（P_V）。如无特别说明，功率密度通常是指质量功率密度，计算公式为

$$P_m = \frac{E_m}{t} = \frac{U^2}{4mR} \tag{5-1-5}$$

$$P_V = \frac{E_V}{t} = \frac{U^2}{4VR} \tag{5-1-6}$$

式中：t 为超级电容放电时间。

库仑效率（coulombic efficiency，CE）是同循环中放电过程释放的电荷（Q_{dis}）与充电过程存储的电荷（Q_{ch}）之比，可以反映超级电容工作过程中的可逆性[10]。如果超级电容发生不可逆性破坏（例如工作电压超过电压窗口），其库仑效率会远低于 100%，计算公式如下：

$$CE = \frac{Q_{dis}}{Q_{ch}} \tag{5-1-7}$$

循环寿命表示超级电容可以承受充放电循环的次数，反映装置的稳定性和耐用性[5]。一个完整的充放电循环表示先完成一次充电过程，后完成一次放电过程。随着循环充放电次数增加，比电容通常会单调降低。

上述性能可通过电化学测试手段来表征，常用的电化学测试方法有循环伏安测试、恒电流充放电测试、电化学阻抗谱测试和循环寿命测试等。

5.1.5 超级电容发展历史

最早的超级电容双电层模型是由德国物理学家 Helmholtz 于 1879 年提出，历经 Gouy、

Chapman、Stern、Grahame 和 Bockris 等多位学者的发展和修正后，形成广泛采用的界面双电层理论。1957 年美国通用电气公司使用高比表面积的活性炭作为电极活性材料实现高能量密度的超级电容，并申请相关专利[11]。日本电气股份有限公司在 1979 年实现超级电容的产业化制造，将其大规模应用于电动汽车领域[5]。同期日本松下公司开发出可以承受高电压的有机电解液超级电容。经过上述发展，现代商用超级电容初显雏形。

在 1975～1981 年，Conway 与 Craig 等研发并提出基于可逆法拉第反应的赝电容[3]。二氧化钌是一种性能优异的赝电容材料，Pinnacle Research 公司持续开展针对二氧化钌基赝电容的系列研究，并成功应用于军事领域[12]。但是由于钌金属及其氧化物的成本极为昂贵，基于二氧化钌的赝电容难以大规模应用于商业领域。寻找一种能够代替二氧化钌的材料迫在眉睫。作为二氧化钌的替代品，目前已经有一些研发机构和企业开发基于氧化镍的高性能赝电容，并成功应用于商业领域，例如俄罗斯的研发机构 ELIT 和 ESMA 公司等[12]。国内超级电容储能技术起步较晚，但仍取得了丰硕的成果，典型的应用示范是上海等地的超级电容公交车系统。

5.1.6 超级电容的典型应用

1. 直流电源

直流电源在便携式电子设备应用中起着尤为重要的作用[6]。电源方面出现问题，轻则设备将无法正常工作，影响其日常使用；重则破坏内部电路，可能会导致一系列安全问题。超级电容/电池混合式直流电源系统是一种新型直流电源系统，它不仅可以提供便携式电子设备启动所需的脉冲电流，还可以利用电池实现大容量储电。对于单一基于电池的直流电源，随机的脉冲电流会损害其使用寿命，降低其工作可靠性。而超级电容具有高功率密度、长循环寿命等特点，可适应电池系统难以承受的恶劣环境，与电池配合使用，实现优势互补。

2. 太阳能发电系统

由于地理分布、昼夜交替和季节变化等自然因素，太阳能发电量存在随机性、波动性和间歇性等问题，妨碍太阳能的有效利用及电能的有效存储。超级电容具有功率密度优势，可以吸收或释放瞬间大功率、尽可能降低发电波动、提高太阳能系统的发电品质[5]。在瞬时发电量高于发电平均值时，可以将太阳能所发的电能存储于超级电容内；而当瞬时发电量低于发电平均值时，超级电容将释放存储的电能，进而达到削峰填谷的作用。另外，由于超级电容具有高达 10^5～10^6 次的循环使用寿命，可以有效提高太阳能发电站系统的可靠性。

3. 新能源交通

二次电池的储能容量大，是目前新能源汽车主要的动力来源，但大功率启停时的脉冲电流会对电池造成损伤，损害其使用寿命[6]。超级电容可以作为新能源汽车的辅助电源，为二次电池承担恶劣的充放电环境，进而达到保护电池的目的[5]。二者的协同分工可作为新型的新能源汽车动力电源，兼具充放电性能稳定、使用寿命长和支持大功率启停等特点。当车辆保持匀速时二次电池作为主电源为新能源汽车提供主要驱动力，超级电容作为备用电源；而当车辆需要启动、加速或爬坡时，超级电容可以为车辆提供所需的瞬时高功率和大电流。此外，超级电容也可以在制动能量回收中发挥作用。

4. 其他应用

超级电容在智能三表、港口机械、风力发电变桨、电磁弹射和坦克低温启动领域也有重要应用。

5.2　超级电容原理

超级电容有双电层电容和赝电容两种主要形式。本节将针对这两种超级电容的储能原理进行详细介绍。对于双电层电容，将着重介绍经典理论模型及后续发展。对于赝电容，将介绍欠电位沉积赝电容、氧化还原赝电容和插层赝电容三种主要形式。

5.2.1　双电层电容储能原理

1. 双电层经典理论模型

本节将根据双电层模型提出的时间顺序介绍超级电容储能固液两相界面结构模型的发展历程。

19 世纪，Helmholtz 首次提出双电层理论模型。Helmholtz 认为相反电荷紧密地排列在电极/电解液界面上并形成双电层。在 Helmholtz 模型提出一段时间后，人们认识到双电层溶液侧反离子由于热振动效应并不会保持静止状态。20 世纪初，Gouy 和 Chapman 考虑粒子热运动的影响并提出 Gouy - Chapman 分散层模型。该模型认为，溶液侧反离子在静电作用和热振动作用下，按位能场中粒子的玻尔兹曼（Boltzmann）分配律分布。这一模型完全忽略了紧密层的存在。1924 年，Stern 在汲取前两种理论模型中合理部分的基础上，提出 Gouy - Chapman - Stern 模型。该模型认为双电层是由紧密层和扩散层两部分组成。20 世纪 60 年代，Bockris 等人在 Gouy - Chapman - Stern 模型基础上，详细描述紧密层的结构，提出 Bockris - Davanathan - Muller 模型。

（1）Helmholtz 模型。

19 世纪，德国科学家 Helmholtz 在描述胶体粒子表面准二维区间相反电荷分布时，提出了界面双电层模型[13]。该模型认为，相距为原子尺寸微小距离的两个相反电荷层构成双电层，把这两个相对的电荷层类比于平行板电容的两个平板。图 5 - 2 - 1 所示的紧密结构称为 Helmholtz 模型示意。

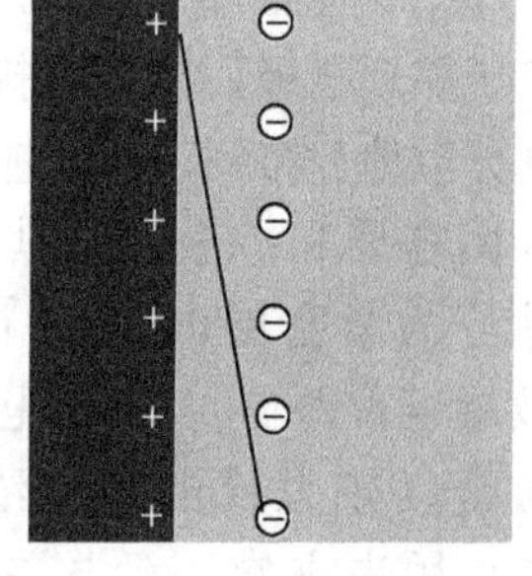

图 5 - 2 - 1　Helmholtz 模型

依据 Helmholtz 模型，双电层电容计算如下：

$$C_H = \frac{\varepsilon_0 \varepsilon_r}{d} \tag{5-2-1}$$

式中：ε_0 为真空介电常数；ε_r 为相对介电常数；d 为表面电荷层和反离子层的间距（简称为紧密层厚度）。

该模型虽然比较简单，但是能够对一些实验现象做出合理的解释。例如，根据这一模型得出双电层电容与电极电位无关的结论，可以用来解释微分电容曲线在零电荷电位左右两侧各有一段“平台”的事实。这与电极表面剩余电荷密度较大以及电解液浓度较高时的大部分实验结果相吻合[14]。此外，该模型基本上可以解释界面张力随电极电位绝对值增大而减小的规律[14]。电极电位绝对值增大时，电容不变，由静电学知识可知双电层储存的电荷量增加，而电解液侧符号相同电荷的增加导致静电排斥力增强，削弱界面张力。但是由于该模型较为粗糙，一些实验中观测到的事实无法用该模型进行有效解释。例如，该模型无法解释电毛细曲线中零电荷电位左右两侧不对称的现象，无法解释微分电容曲线中电容随电极电位和电解液浓度的改变而改变的实验结果，也无法解释在稀溶液中出现极小值的实验事实。

（2）Gouy - Chapman 模型。

Gouy - Chapman 模型认为电解液反离子除了受静电吸引作用外，还受到热运动作用。在两者的共同作用下，电解液离子按位能场中粒子的 Boltzmann 分配律分布。双电层的离子不可能紧密地排列在界面上，而是分散地分布在临近界面的电解液中。在靠近界面处的反离子浓度较大，而在远离界面处的反离子浓度较小，这样就形成所谓的扩散双电层，如图 5 - 2 - 2 所示。

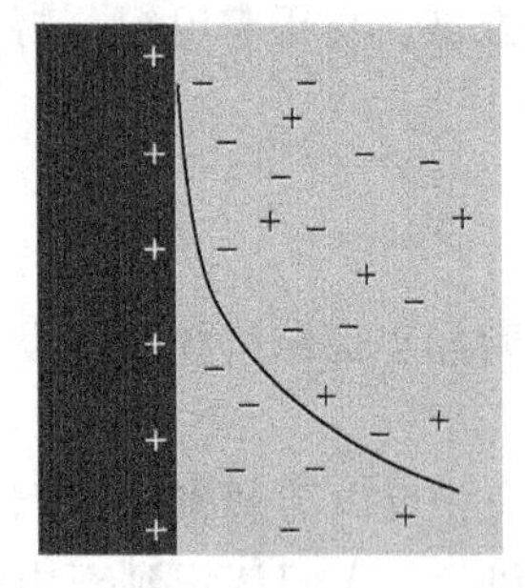

图 5 - 2 - 2　Gouy - Chapman 扩散双电层模型示意

这一模型相对于 Helmholtz 模型有了较大改进，可以对一些实验现象进行解释。例如，该模型把离子看作理想点电荷，可以很好地解释微分电容曲线中在零电荷电位处出现电容极小值的现象和电容随电极电位变化的事实。但是该模型也存在一些缺陷。例如，在较大电极表面剩余电荷密度和较高电解液浓度的情况下，计算出的电容值远大于实验值，而且无法解释微分电容曲线出现的“平台区”。这表明 Gouy - Chapman 模型还有待进一步改进。

（3）Gouy - Chapman - Stern（GCS）模型。

GCS 模型认为双电层同时具有类似于 Helmholtz 模型中的紧密层和 Gouy - Chapman 模型中的扩散层，对以上两种模型进行结合。这一模型对扩散层的讨论比较深入细致，采用与 Gouy - Chapman 相同的数学处理方法。

GCS 模型如图 5 - 2 - 3 所示。双电层中电解液一侧离子同时受静电作用和热运动作用，部分离子靠近电极而整齐地排列，部分离子则分散地分布到较远的地方。双电层分为紧密层和扩散层，其电位差也对应地分为紧密层电位差（$\varphi_a-\psi_1$）和扩散层电位差（ψ_1）。当电极表面剩余电荷密度较大或电解液浓度较高时，静电作用占主导，双电层结构基本上是紧密的。当电极表面剩余电荷密度较小或电解液浓度较低时，热运动作用占主导，双电层结构基本上是扩散的。

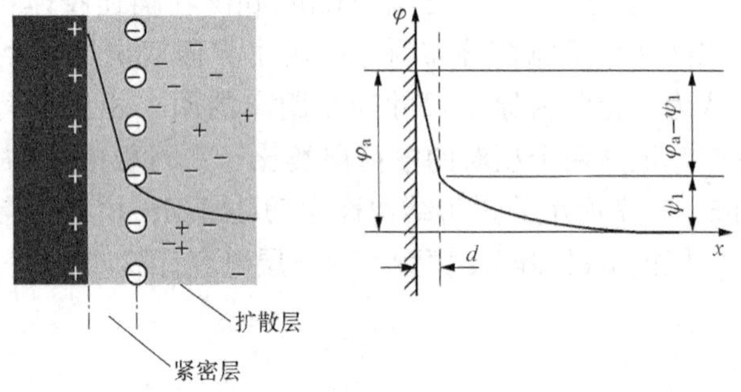

图 5 - 2 - 3　GCS 双电层模型与电位示意

GCS 模型中双电层电容的计算公式如下：

$$\frac{1}{C_d}=\frac{d\varphi}{dq}=\frac{d(\varphi_a-\psi_1)}{dq}+\frac{d\psi_1}{dq} \tag{5-2-2}$$

即把双电层电容看作由紧密层电容（C_H）和扩散层电容（C_{diff}）串联而成，从而

$$\frac{1}{C_d}=\frac{1}{C_H}+\frac{1}{C_{diff}} \tag{5-2-3}$$

式中：C_d 为双电层总电容；C_H 为紧密层电容；C_{diff} 为扩散层电容。

GCS 模型的数学分析简介如下：

对于1—1价电解质溶液，从粒子在界面电场中服从Boltzmann分布出发，假设离子与电极之间除了静电作用外没有其他相互作用。双电层的厚度比电极曲率半径小得多，因而可以把电极当作平面电极处理，即认为双电层中电位只是x方向的一维函数。根据Boltzmann分布规律，离子浓度在距离电极x处溶液层分布表示为

$$c_+ = c_\infty \exp\left(-\frac{\varphi F}{RT}\right) \tag{5-2-4}$$

$$c_- = c_\infty \exp\left(\frac{\varphi F}{RT}\right) \tag{5-2-5}$$

式中：c_+、c_-为正负离子在电位φ处溶液层中的浓度；φ为距离电极表面x处的电位；c_∞为距电极无穷远处的正负离子浓度，即电解质溶液的本体浓度；F为法拉第常量；R为摩尔气体常量；T为热力学温度。

因此，在距离电极x处的溶液层，剩余电荷体电荷密度为

$$\rho = F(c_+ - c_-) = c_\infty F\left[\exp\left(-\frac{\varphi F}{RT}\right) - \exp\left(\frac{\varphi F}{RT}\right)\right] \tag{5-2-6}$$

该模型忽略离子的体积，假设电解液离子连续分布（实际上离子由于具有粒子性，所以是不连续分布的）。通过引入泊松（Poisson）方程，把剩余电荷的分布与双电层电解液侧的电位分布联系起来：

$$\frac{\partial^2 \varphi}{\partial x^2} = -\frac{\partial E}{\partial x} = -\frac{\rho}{\varepsilon_0 \varepsilon_r} \tag{5-2-7}$$

式中：E为电场强度。

将式（5-2-6）代入式（5-2-7），得到

$$\frac{\partial^2 \varphi}{\partial x^2} = -\frac{c_\infty F}{\varepsilon_0 \varepsilon_r}\left[\exp\left(-\frac{\varphi F}{RT}\right) - \exp\left(\frac{\varphi F}{RT}\right)\right] \tag{5-2-8}$$

利用数学关系式$\frac{\partial^2 \varphi}{\partial x^2} = \frac{1}{2}\frac{\partial}{\partial \varphi}\left(\frac{\partial \varphi}{\partial x}\right)^2$，可将式（5-2-8）写为

$$\partial\left(\frac{\partial \varphi}{\partial x}\right)^2 = -\frac{2c_\infty F}{\varepsilon_0 \varepsilon_r}\left[\exp\left(-\frac{\varphi F}{RT}\right) - \exp\left(\frac{\varphi F}{RT}\right)\right]\partial \varphi \tag{5-2-9}$$

根据GCS模型可知$x=d$时，$\varphi=\psi_1$；$x=\infty$时，$\varphi=0$，$\frac{\partial \varphi}{\partial x}=0$。积分结果为

$$\left(\frac{\partial \varphi}{\partial x}\right)^2_{x=d} = \frac{8c_\infty RT}{\varepsilon_0 \varepsilon_r}\sinh^2\frac{\psi_1 F}{2RT} \tag{5-2-10}$$

按照绝对电位符号的规定，当电极表面剩余电荷密度为正值时，$\varphi>0$。而φ随着距离的增大而减小，即$\frac{\partial \varphi}{\partial x}<0$，所以$\left(\frac{\partial \varphi}{\partial x}\right)^2$开方后应取负值。由此可得

$$\left(\frac{\partial \varphi}{\partial x}\right)_{x=d} = -\sqrt{\frac{8c_\infty RT}{\varepsilon_0 \varepsilon_r}}\sinh\frac{\psi_1 F}{2RT} \tag{5-2-11}$$

应用静电学高斯（Gauss）定律，可以得到电极表面剩余电荷密度q与电极表面（$x=0$）电位梯度的关系如下：

$$q = -\varepsilon_0 \varepsilon_r\left(\frac{\partial \varphi}{\partial x}\right)_{x=0} \tag{5-2-12}$$

由图5-2-3可知，电解液中剩余电荷靠近电极表面的最小距离为d。由于从$x=0$到$x=d$的区域内不存在剩余电荷，φ与x呈现线性关系，因此

$$\left(\frac{\partial\varphi}{\partial x}\right)_{x=0}=\left(\frac{\partial\varphi}{\partial x}\right)_{x=d} \tag{5-2-13}$$

所以

$$q=-\varepsilon_0\varepsilon_r\left(\frac{\partial\varphi}{\partial x}\right)_{x=d} \tag{5-2-14}$$

把式（5-2-11）代入式（5-2-14），可得

$$q=\sqrt{8c_\infty RT\,\varepsilon_0\varepsilon_r}\sinh\frac{\psi_1 F}{2RT} \tag{5-2-15A}$$

对于 z-z 价型电解质，式（5-2-15A）可写为

$$q=\sqrt{8c_\infty RT\,\varepsilon_0\varepsilon_r}\sinh\frac{|z|\psi_1 F}{2RT} \tag{5-2-15B}$$

式（5-2-15）即为GCS模型的双电层方程式。它表明了电极表面剩余电荷密度（q）和扩散层电位差的数值（ψ_1）、电解液浓度（c_∞）之间的关系。通过该式，我们可以讨论扩散层的结构特征和双电层分散性的主要影响因素。

从上述关系式可以得到许多重要推论。式（5-2-15A）对 ψ_1 微分可以得到扩散层电容 $C_{\rm diff}$ 的计算式如下：

$$C_{\rm diff}=\frac{{\rm d}q}{{\rm d}\psi_1}=\frac{F}{RT}\sqrt{8c_\infty RT\,\varepsilon_0\varepsilon_r}\cosh\frac{\psi_1 F}{2RT} \tag{5-2-16}$$

当 $\psi_1=0$ 时，$\cosh(0)=1$，此时 $C_{\rm diff}$ 具有最小值，由此可以很好地解释溶液中零电荷电位处微分电容出现最小值的实验结果。在稀溶液中，零电荷电位附近扩散层电容比紧密层的电容要小，因而扩散层是决定界面电容的主要因素。而在远离零电荷电位处或者浓溶液中，根据式（5-2-16）计算的电容值比实验测得的数值大得多，说明在这些情况下决定界面电容的主要因素已不是扩散层。

假设 d 是不随电极电位变化的定值。因而，可以把紧密层视为平行板电容，其电容值 $C_{\rm H}$ 为一定值，即

$$C_{\rm H}=\frac{q}{\varphi_{\rm a}-\psi_1}=\text{constant}$$

所以

$$q=C_{\rm H}(\varphi_{\rm a}-\psi_1) \tag{5-2-17}$$

将上式代入式（5-2-15A）中，得到

$$q=C_{\rm H}(\varphi_{\rm a}-\psi_1)=\sqrt{8c_\infty RT\,\varepsilon_0\varepsilon_r}\sinh\frac{\psi_1 F}{2RT}$$

则

$$\varphi_{\rm a}=\psi_1+\frac{1}{C_{\rm H}}\sqrt{8c_\infty RT\,\varepsilon_0\varepsilon_r}\sinh\frac{\psi_1 F}{2RT} \tag{5-2-18}$$

由式（5-2-18）可以把电极/电解液界面双电层总电位差 $\varphi_{\rm a}$ 和扩散层电位差 ψ_1 联系在一起。

当电解液浓度 c_∞ 和电极表面剩余电荷密度 q 都很小时，双电层热运动作用远大于静电作用，即 $RT\gg|\psi_1|F$。所以，式（5-2-15）和式（5-2-18）按级数展开，略去高次项，得到

$$q=\sqrt{\frac{2c_\infty\varepsilon_0\varepsilon_r}{RT}}\psi_1 F \tag{5-2-19}$$

$$\varphi_a = \psi_1 + \frac{1}{C_H}\sqrt{\frac{2c_\infty \varepsilon_0 \varepsilon_r}{RT}}\psi_1 F \tag{5-2-20}$$

在极稀的溶液中，c_∞小到式（5-2-20）中右边第二项相对于右边第一项可以忽略不计，则 $\varphi_a \approx \psi_1$。这表明，此时双电层几乎没有紧密层，剩余电荷和相间电位的分散性很大，双电层几乎全部是扩散层结构。可以认为双电层电容近似为扩散层电容。若将双电层等效为平行板电容，则由式（5-2-19）可得

$$C_{\text{diff}} = \frac{dq}{d\psi_1} = \sqrt{\frac{2c_\infty \varepsilon_0 \varepsilon_r}{RT}}F \tag{5-2-21}$$

对比于平行板电容公式 $C=\frac{\varepsilon_0 \varepsilon_r}{\lambda_D}$，可得

$$\lambda_D = \frac{1}{F}\sqrt{\frac{RT\varepsilon_0 \varepsilon_r}{2c_\infty}} \tag{5-2-22}$$

式中：λ_D 为平行板电容的板间间距，在这里代表扩散层的有效厚度，称为德拜（Debye）长度，它表示扩散层中剩余电荷的有效分布范围。式（5-2-22）表明扩散层的有效厚度与$\sqrt{c_\infty}$成反比，当浓度增大时，扩散层的有效厚度减小，扩散层的电容增大。这解释了微分电容曲线中，电容随着电解液浓度增大而增大的实验结果。

当电解液浓度c_∞和电极表面剩余电荷密度 q 都很大时，双电层热运动作用远小于静电作用，即 $RT \ll |\psi_1|F$。此时，式（5-2-18）中右边第二项远大于右边第一项，即双电层中紧密层所占比例很大，主要为紧密层结构，所以 $\varphi_a \approx (\varphi_a - \psi_1)$。因此，可以略去式（5-2-18）右边第一项和第二项中较小的指数项，得到

$$\varphi_a \approx \pm \frac{1}{C_H}\sqrt{2c_\infty RT\varepsilon_0 \varepsilon_r}\exp\left(\pm \frac{\psi_1 F}{2RT}\right) \tag{5-2-23}$$

式中对正 φ_a 的取正号，对负 φ_a 的取负号。把式（5-2-23）改写成对数形式，可得

当 $\psi_1 > 0$ 时

$$\psi_1 \approx -A + \frac{2RT}{F}\ln\varphi_a - \frac{RT}{F}\ln c_\infty \tag{5-2-24}$$

当 $\psi_1 < 0$ 时

$$\psi_1 \approx A - \frac{2RT}{F}\ln(-\varphi_a) + \frac{RT}{F}\ln c_\infty \tag{5-2-25}$$

式中，$A=\frac{2RT}{F}\ln\frac{1}{C_H}\sqrt{2RT\varepsilon_0 \varepsilon_r}$，为一常数。

由式（5-2-24）和式（5-2-25）可知，当相间电位绝对值$|\varphi_a|$增大时，$|\psi_1|$也会增大，不过由于两者是对数关系，$|\varphi_a|$的增大比$|\psi_1|$的增大快得多。所以随着$|\varphi_a|$的增大，扩散层电位差在整个双电层电位差所占的比重越来越小。当$|\varphi_a|$增大到一定程度，$|\psi_1|$可以忽略不计。另外，电解液浓度的增大会导致$|\psi_1|$减小。双电层扩散层的减小意味着它的有效厚度减小，因而界面电容增大。以上能够很好地解释微分电容随着电极电位绝对值以及电解液浓度增大而增大的现象。

GCS 模型能够较好地反映双电层界面结构的真实情况，但该模型仍有不足之处。在计算双电层电容时做了一些假设，例如介质的介电常数不随电场强度变化而改变，把离子电荷看作点电荷并假设电荷是连续分布的。这导致 GCS 双电层方程式对双电层界面结构的描述

只能是一种统计的近似结果，而不能用作准确的计算。该模型的另一个重要缺点是对紧密层的描述太过粗糙。它只是把紧密层简单地描述成厚度不变的离子电荷层，而没有考虑到紧密层组成的细节，以及相关紧密层结构和性质。

（4）Bockris - Davanathan - Muller（BDM）模型。

20 世纪 60 年代以来，包括 Bockris 在内的许多学者在承认 Stern 模型的基础上，对紧密层模型进行补充和修正，从理论上更为详细地描述紧密层结构[18]。接下来以 BDM 模型为主，综合介绍关于紧密层结构的现代电化学理论基本观点。

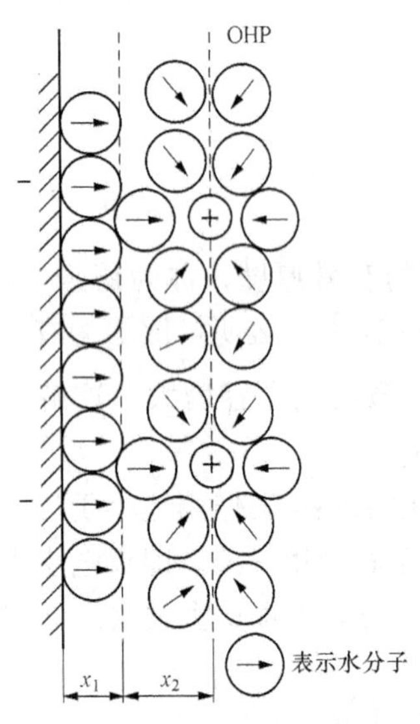

图 5 - 2 - 4　外紧密层结构示意

水分子的极性极强，能够定向吸附到带电的电极表面上，形成一层定向排列的偶极层。即使电极表面剩余电荷为零，由于镜像力和色散力的作用，也会有一些水分子定向吸附到电极表面。水分子的吸附覆盖率可达 70%以上，电极表面仿佛水化了一样。因此在通常情况下，紧贴在电极表面的第一层是定向排列的水分子偶极层，第二层才是水合离子层（见图 5 - 2 - 4）。

当电极表面带负电时，双电层电解液一侧的剩余电荷为阳离子。由于大多数阳离子与电极表面之间只具有静电作用而无特性吸附，并且阳离子水合程度比较高。所以阳离子不容易进入水偶极层。在这种情况下，紧密层由水偶极层和水合阳离子层串联组成，称为外紧密层。外紧密层有效厚度 d 定义为从电极表面到水合阳离子电荷中心的距离，即

$$d = x_1 + x_2 \qquad (5-2-26)$$

式中：x_1 为水偶极层的厚度；x_2 为一个水合阳离子的半径。最接近电极表面的水合阳离子电荷中心所在的液层，即距离电极表面为 d 的液层，称为外紧密层平面或外 Helmholtz 平面（OHP）。

当电极表面带正电时，双电层电解液一侧的剩余电荷为阴离子。大部分阴离子水合程度较低，而且与电极表面还具有特异性吸附作用，因而阴离子能够破坏水偶极层，取代水偶极层中的水分子而直接吸附到电极表面，形成图 5 - 2 - 5 所示的紧密层。这种紧密层称为内紧密层。阴离子电荷中心所在的液层称为内紧密层或内 Helmholtz 平面（IHP）。

由于阴离子直接与电极表面接触，所以内紧密层厚度仅为一个阴离子半径，比外紧密层厚度小得多，这导致内紧密层的电容比外紧密层的电容大得多。由此我们可以解释微分电容曲线中 $q>0$ 时（对应于内紧密层）的界面电容（平台区）比 $q<0$ 时（对应于外紧密层）的电容大得多的实验事实。这表明电极电位为正和为负时的双电层结构不同，合理地解释了电毛细曲线左右两侧不对称的现象。

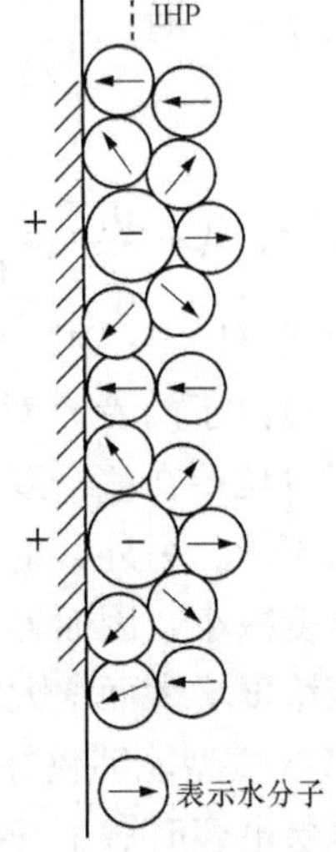

图 5 - 2 - 5　内紧密层结构示意

如果按照 GCS 模型，当电极带负电荷时，紧密层由水合

阳离子紧贴电极表面排列而成。由于不同水合阳离子的半径不同，紧密层的厚度也不同，故紧密层的电容应该有所差别。然而，在荷负电的电极上，实验测得的紧密层电容值和组成双电层的水合阳离子的种类基本无关。

按照 BDM 模型，这一现象将得到合理解释。紧密层由水偶极层和水合阳离子层串联形成。因而

$$\frac{1}{C_H}=\frac{1}{C_{H_2O}}+\frac{1}{C_+} \qquad (5-2-27)$$

式中：C_H 为紧密层电容；C_{H_2O}为水偶极层电容；C_+为水合阳离子层电容。根据式（5-2-1）和式（5-2-26），可将式（5-2-27）写为

$$\frac{1}{C_H}=\frac{x_1}{\varepsilon_0\varepsilon_{H_2O}}+\frac{x_2}{\varepsilon_0\varepsilon_+} \qquad (5-2-28)$$

式中：ε_{H_2O}为水偶极层的相对介电常数。设 $\varepsilon_{H_2O}\approx5$，$\varepsilon_+$为水偶极层与外 Helmholtz 平面之间的介电常数，设 $\varepsilon_+\approx40$。由于 x_1 和 x_2 相差不大，而 $\varepsilon_{H_2O}\ll\varepsilon_+$，所以式（5-2-28）中右边第二项比第一项小得多，可以忽略不计。因而

$$\frac{1}{C_H}\approx\frac{x_1}{\varepsilon_0\varepsilon_{H_2O}} \qquad (5-2-29)$$

式（5-2-29）表明，紧密层的电容与阳离子的种类无关，只取决于水偶极层的性质，接近于常数。

2. 双电层新型理论模型

由于经典双电层理论是基于平均场理论的简化模型，一般只限于描述低浓度（小于 0.01mol/L）、低压降（小于 25mV）的多孔介质体系。微纳米材料尺度的微小化使得基于连续性假设的经典理论可能不再适用，近期研究对经典理论模型进行修正，提出一些新的理论模型。

（1）内嵌式电容模型。

对于大孔（孔径大于 50nm），电容完全可以按照基于平板结构的双电层理论模型来描述。这是因为这些孔的曲率并不明显，电极可以视为平面。然而对于较小的孔（中孔孔径为 2～50nm，微孔孔径小于 2nm），经典理论模型不再适用。美国橡树岭国家实验室 J. Huang 等人考虑了碳纳米材料孔径和表面曲率的影响，提出双圆柱状电容（electric double-cylinder capacitor，EDCC）模型和电线芯圆柱电容（electric wire in cylinder capacitor，EWCC）模型[19,20]。

如果假定中孔为圆柱形（见图 5-2-6），溶剂化的反离子可以进入孔中并且到达孔壁，使得吸附的离子在圆柱内表面形成一个双圆柱状电容（EDCC），其电容满足以下公式：

$$C=\frac{2\pi\varepsilon_0\varepsilon_r L}{\ln(b/a)} \qquad (5-2-30)$$

式中：L 为孔的长度；b、a 为圆柱的外半径和内半径。

标准化电容如下：

$$\frac{C}{S}=\frac{\varepsilon_0\varepsilon_r}{b\ln(b/a)} \qquad (5-2-31)$$

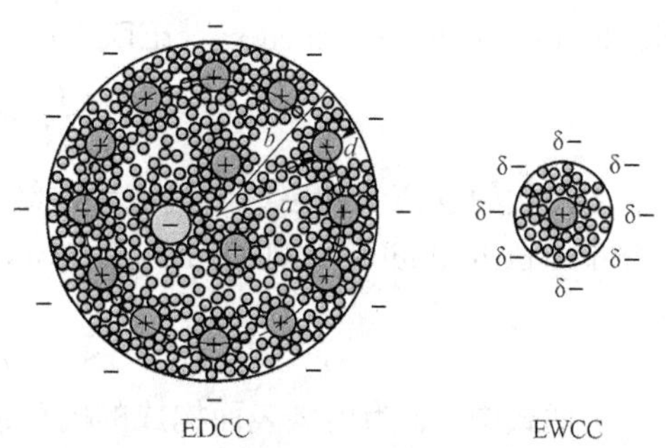

图 5-2-6 双圆柱状电容（EDCC）和电线芯圆柱电容（EWCC）模型示意

式中：S 为双电层界面面积。分析实验数据时，采用考虑了比表面积的标准化电容更方便。

对于微孔，孔隙无法形成双圆柱结构。如果假定微孔为圆筒状，如图 5-2-6 所示，溶剂化（或去溶剂化）的反离子可以进入孔隙中，沿孔轴线排列，形成电线芯圆柱电容（EWCC）。与中孔的情况不同，微孔内筒半径不是由最靠近孔壁上的反离子所决定，而是由反离子的有效半径 a_0 决定。EWCC 模型满足以下方程：

$$\frac{C}{S}=\frac{\varepsilon_0\varepsilon_r}{b\ln(b/a_0)} \tag{5-2-32}$$

这些基于曲率的电容模型已经被证实。在不同的孔隙情况下，不同碳基材料的纳米多孔碳基双电层电容都是通用的，这些碳基材料包括活性炭、模板碳以及碳化物衍生碳（carbide-derived carbon，CDC），并且适应于不同的电解液，包括水系电解液、有机电解液等。图 5-2-7 给出了 CDC 和模板碳在有机系电解液中的实验数据[21]。微孔碳（Ⅰ区）和中孔碳（Ⅲ区）的实验数据分别与式（5-2-32）和式（5-2-31）拟合得非常好。对于微孔碳，特别是孔径在 1nm 以下的，CDC 材料出现标准化电容异常增加的现象，0.7nm 处的电容值（13.5μF/cm²）甚至比中孔电容值的上限还高。这一结果与人们长期以来认为小于溶剂化离子的孔不能用来储能的事实相违背。通过把孔曲率考虑进来，利用式（5-2-32），Ⅰ区域内的拟合很好地重现了电容异常增加的现象。这是因为反离子部分或几乎全部去溶剂化，从而导致双电层的有效厚度减小，电容增大。

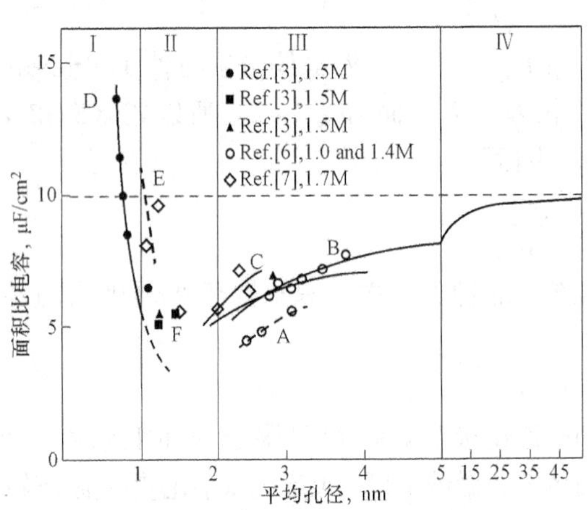

图 5-2-7 CDC 和模板碳在有机系电解液中数据拟合结果

（2）Exohedral 模型。

洋葱碳等零维碳、一维封端碳纳米管和碳纳米纤维都是纳米级碳基材料，它们构成了一般的 Exohedral 双电层电容。最近关于洋葱碳、垂直定向生长的碳纳米管阵列和碳纳米纤维的实验结果表明了富勒烯超级电容具有优良的大电流放电能力[22]。

溶剂化的反离子靠近带电洋葱碳颗粒表面形成富勒烯球形双电层电容（exohedral electric double-sphere capacitor，xEDSC），xEDSC 模型的电容公式如下：

$$\frac{C}{S}=\frac{\varepsilon_0\varepsilon_r(a+d)}{ad} \tag{5-2-33}$$

溶剂化的反离子和碳纳米管或者碳纳米纤维的外壁形成富勒烯圆柱形双电层电容（exohedral electric double-cylinder capacitor，xEDCC），xEDCC 模型的电容公式如下：

$$\frac{C}{S}=\frac{\varepsilon_0\varepsilon_r}{a\ln[(a+d)/a]} \tag{5-2-34}$$

上两式中：a 为由碳表面构成的内球或圆柱半径；d 为两个半径之间的差值，即双电层有效厚度。

标准化电容 C/S 可以看作洋葱碳、碳纳米管或者碳纳米纤维半径 a 的函数，C/S 随着半径的减小而增大。

（3）层次孔状多孔碳模型。

EDCC 模型和 EWCC 模型的应用建立在对具有精细调控的孔或者单模孔径碳的分析上。严格地说，只有 CDC 具有非常窄的孔径分布，其他碳基材料的孔径分布相对较宽。对于层次孔的多孔碳基材料，理想的方法是把大孔、中孔和微孔对电容的贡献都包括进来：[22]

$$C=\frac{\varepsilon_0\varepsilon_{r,\mathrm{macro}}S_{\mathrm{macro}}}{d}+\sum_j\frac{\varepsilon_0\varepsilon_{r,\mathrm{meso}}S_{j,\mathrm{meso}}}{b_j\ln(b_j/a_j)}+\sum_i\frac{\varepsilon_0\varepsilon_{r,\mathrm{micro}}S_{i,\mathrm{micro}}}{b_i\ln(b_i/a_0)} \tag{5-2-35}$$

（4）狭缝微孔的三明治模型。

EWCC 模型虽然揭示了微孔中电容异常增加的现象，但仍存在许多问题。首先，人们往往认为微孔是狭缝状的而不是圆柱形的，所以 EWCC 模型并不总是适应的。其次，离子聚集在带电微孔中心的假设，从纯粹的几何约束角度来看似乎是合理的，但是受限空间的许多细节问题仍然没有被证实。针对狭缝状微孔，华中科技大学冯光等人提出三明治模型[23]。

“三明治”由两个极性相同的电极和位于两者正中间的反离子层所组成，如图 5-2-8（a）所示。由于两个电极共用反离子净电荷，可以认为狭缝孔电容由两个电容并联而成，如图 5-2-8（b）所示。

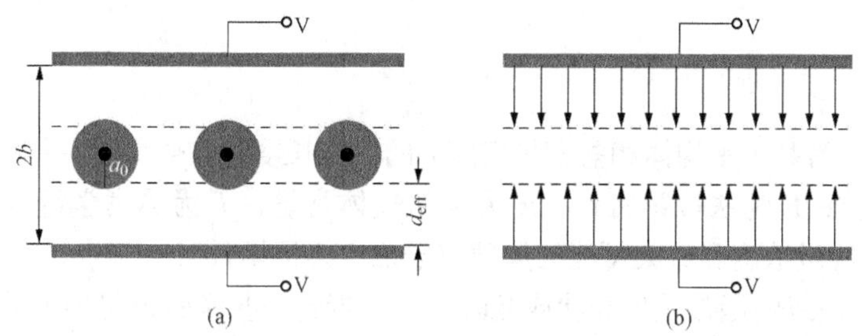

图 5-2-8 狭缝微孔的三明治模型

系统的总电容为

$$C_{\mathrm{tot}}=2C_s \tag{5-2-36}$$

式中：C_s 为一个电极板和反离子层组成的双电层电容。由于电场线有效地终止于离子电子云，所以 C_s 可以根据平行板电容模型来计算，即

$$C_s=\frac{\varepsilon_0\varepsilon_r S}{d_{\mathrm{eff}}} \tag{5-2-37}$$

式中：S 为电极的表面积；d_{eff} 为电极和反离子之间的有效距离。反离子不是简单的点电荷，反离子的有效半径 a_0 由电荷密度的位置所决定。对于狭缝孔，电极和反离子之间的有效距离为

$$d_{\mathrm{eff}}=b-a_0 \tag{5-2-38}$$

式中：b 为电极和反离子电荷中心的距离，这和 EWCC 模型所描述的一致。但是，三明治模型源于平行板，其曲率效应为零。因此，标准化电容为

$$\frac{C_{\mathrm{tot}}}{2S}=\frac{C_s}{S}=\frac{\varepsilon_0\varepsilon_r}{b-a_0} \tag{5-2-39}$$

该模型已经被分子动力学模拟和实验所证实。图 5-2-9 为微孔活性炭电极的标准化电容-平均孔径曲线。随着平均孔径的减小，标准化电容逐渐增大。由式（5-2-39）所计算出的曲线和实现数据拟合得非常好。

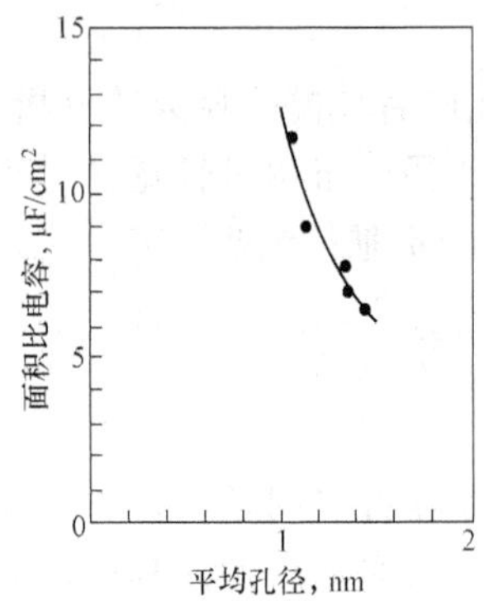

图 5-2-9 微孔活性炭电极的标准化电容-平均孔径曲线

实点为实验数据，实线为根据三明治模型所计算的曲线

（5）针对室温离子液体的双电层理论模型。

近年来，有大量工作致力于改进基于 Poisson-Boltzmann 方程的模型。这些改进考虑了波动电压、无静电作用、有限离子大小、溶剂效应和介质饱和等。但是对于无溶剂电解质（室温离子液体和熔盐等），现有基于 Poisson-Boltzmann 方程的模型通常是不能充分适用的。英国帝国理工学院 A. A. Kornyshev 针对室温离子液体提出双电层理论模型[24]。他认为双电层包含一个内部致密层和外部扩散层。使用平均场理论的方法，在室温离子液体中扩散层的电容为

$$C_{\mathrm{diff}}=\frac{\varepsilon_0\varepsilon_r S}{\lambda_D}\times\frac{\cosh(u/2)}{1+2\gamma\sinh^2(u/2)}\times\sqrt{\frac{2\gamma\sinh^2(u/2)}{\ln[1+2\gamma\sinh^2(u/2)]}} \tag{5-2-40}$$

其中

$$u=\frac{\psi_1 F}{RT} \tag{5-2-41}$$

$$\gamma=\frac{2c_0}{c_{\max}} \tag{5-2-42}$$

上三式中：λ_D 为基于平均体相盐容量密度 c 的德拜长度；$\gamma(<1)$ 为一个晶格饱和度参数；ψ_1 为扩散层的电位；F 为法拉第常量；R 为摩尔气体常量；T 为热力学温度；c_0、$c_{\max}$ 为阳离子/阴离子的平均容量浓度和最大可能的局部离子浓度。根据式（5-2-40）预测室温离子液体的电容-电极电位曲线的函数是贝壳状或驼峰状，最近的一些实验也得到了类似的结果。

5.2.2 赝电容储能原理

由于双电层电容在电极表面没有发生氧化还原反应，与电池相比，双电层电容具备快速的能量储存和释放能力，即更高的功率密度。但是双电层电容的能量密度比电池低，人们致力于寻求提升双电层超级电容能量密度方法。1971 年，人们发现了一种基于二氧化钌（RuO_2）的赝电容式超级电容。

赝电容（也叫准电容）属于法拉第能量储存元件，它通过在电极表面或者体相中的二维或准二维空间上发生快速可逆的氧化还原反应来储存能量。这种电容发生在电化学电荷迁移过程中，并不是起源于双电层电容的静电吸附（这是“赝”的来源）。赝电容的电荷储存基于氧化还原过程，但是与发生在二次电池中的氧化还原反应不同。赝电容的反应主要发生在电极表面，离子扩散路径短，电极电压随电荷转移量呈线性变换，表现出电容特性。赝电容可以达到比双电层电容更高的电容量和能量密度，但是具有稳定性和循环寿命较差的缺点。

按照储能机理，赝电容可分为欠电位沉积赝电容、氧化还原赝电容和插层赝电容三种形式[12]。

欠电位沉积赝电容指的是电解液离子在其氧化还原电位下吸附到电极表面的过程，例如金属硫化物吸附氢氧根离子，金属铂表面吸附氧原子、铅离子等。

$$M^{z+}+S+ze\longleftrightarrow SM \tag{5-2-43}$$

式中：S 表示晶格表面位置。其电极电位 E 满足

$$E=E_0+\frac{RT}{zF}\ln\left(\frac{\theta}{1-\theta}\right) \tag{5-2-44}$$

式中：E_0 为标准电极电位；R 为摩尔气体常量；T 为热力学温度；z 为电极反应中电子转移数；F 为法拉第常数；θ 为二维位置占据分数。

氧化还原赝电容指电解液离子化学吸附到活性物质表面或者近表面，然后与传输来的电子发生氧化还原反应，将电子/离子转化为电荷进行储存的过程。典型过程为过渡金属氧化物（如 RuO_2、MnO_2、Nb_2O_5）或导电聚合物（如聚苯胺、聚吡咯）等和电解质发生氧化还原反应，伴随着电子储存和释放。氧化物 O_x 和还原物 Red 满足以下过程：

$$O_x + ze \longleftrightarrow Red \tag{5-2-45}$$

$$O^{2-} + H^+ \longleftrightarrow OH^- \tag{5-2-46}$$

其电极电位 E 满足

$$E = E_0 + \frac{RT}{zF}\ln\left(\frac{[O_x]/([O_x]+[Red])}{1-[O_x]/([O_x]+[Red])}\right) \tag{5-2-47}$$

插层赝电容是针对隧道状或层状材料的一种新型赝电容形式。电解质离子插层到层状纳米结构电极中，然后与周围原子、传输过来电子发生氧化还原反应。该过程不会发生材料相变，因此这种赝电容形式不同于锂电池的插层。典型过程有 H^+、Li^+ 离子等插层到 Nb_2O_5、Ti_3C_2、T_2C、$Ti_3C_2T_x$ 等层间。

$$M_xA_y + aLi^+ + ze \longleftrightarrow Li_aM_xA_y \tag{5-2-48}$$

其电极电位 E 满足

$$E = E_0 + \frac{RT}{zF}\ln\left(\frac{Y}{1-Y}\right) \tag{5-2-49}$$

式中：Y 为层晶格位置占据分数。

三种类型赝电容的储能原理如图 5-2-10 所示[25]。虽然三种赝电容具体的物理化学过程不尽相同，但是其氧化还原反应过程中反应电位和电荷转移数量的关系可以统一归纳为

$$E = E_0 + \frac{RT}{zF}\ln\left(\frac{X}{1-X}\right) \tag{5-2-50}$$

式中：X 是一个比例系数，代表着表面或者内部孔道结构的占据比例。

电容为

$$C = \left(\frac{zF}{m}\right)\frac{X}{E} \tag{5-2-51}$$

式中：m 是活性材料的分子量。在电容里 E 与 X 并不是完全的线性关系，因此电容值并不总是一个定值，这与物理学上的电容不同，所以它被命名为赝电容。

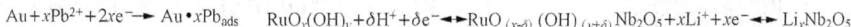

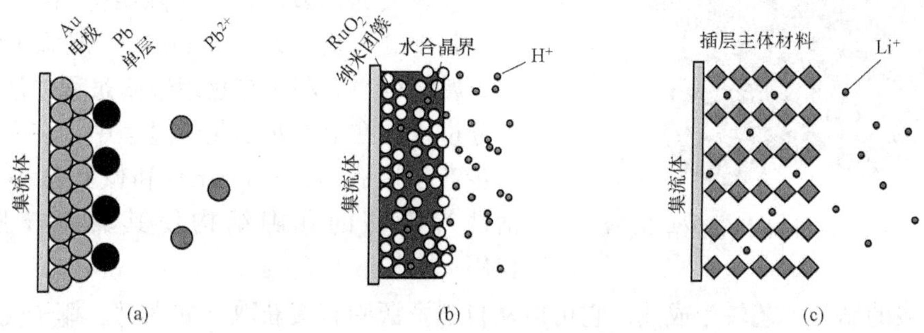

图 5-2-10　不同类型的赝电容储能原理

(a) 欠电位沉积赝电容；(b) 氧化还原赝电容；(c) 插层赝电容

赝电容可以分为本征赝电容和非本征赝电容，对应的材料称为本征赝电容材料和非本征赝电容材料。所谓本征赝电容材料（如 RuO_2、MnO_2、Nb_2O_5）指的是材料赝电容行为与材料本身尺寸和形貌无关，在大范围颗粒尺寸和各种形貌下都表现出电容性电荷储存特性。而非本征赝电容材料（如 $LiCoO_2$），其体材料在充放电过程中会发生相变，表现出电池行为。当通过纳米结构设计增加表面积时，离子扩散距离大幅缩短，充放电过程中相变被抑制，表现出了赝电容行为。

另外，拥有一定比例杂原子（氧或氮）和表面官能团的多孔碳在整个电容中也含有部分赝电容。也就是说，来源于活性官能团氧化还原反应所产生的赝电容，增加了碳基材料整体电容。碳基双电层电容呈现的电容量中可能有 1%～5%是赝电容。另外，就像电池一样，赝电容总会呈现出一定静电双电层电容，这与电化学上可以利用的双电层界面面积成正比，可能为 5%～10%[12]。

5.3 双电层电容储能材料

本节主要介绍几种最为典型的应用于双电层电容的储能材料。首先从目前商业市场应用最广泛的多孔活性炭开始，到活性碳纤维和碳化物衍生碳的研究与应用。接着介绍洋葱碳、碳纳米管和石墨烯等三种新型的低维度纳米材料，主要聚焦材料的发展历史、物理结构与化学性质、制备方法及其在双电层电容中的应用性能等方面。

5.3.1 活性炭、活性碳纤维和碳化物衍生碳

1. 活性炭

活性炭是碳基材料通过氧化剂活化后生成的一种多孔材料，是目前超级电容电极材料中研究最早、技术最成熟、应用最广泛的活性材料。活性炭的很多特性均满足超级电容材料的需求。首先，它拥有较高的比表面积，其内部致密的孔隙结构和较大的有效接触面积有利于电解液离子的传输和迁移[26]。其次，碳基材料本征的高稳定性使得活性炭具有较强的化学稳定性、物理机械强度和较宽的温度窗口，可以在多种酸碱溶液中稳定工作而保持较高的循环稳定性。再者，用于制备活性炭的原材料的来源广泛、对环境影响较小、成本较低且加工工艺简单，很适合用于大规模的工业化加工制备。

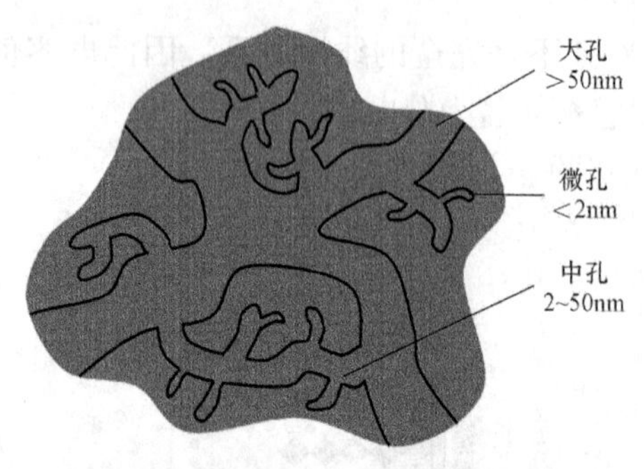

图 5-3-1 活性炭中孔隙结构示意

活性炭的主要元素成分为碳，其微观结构比较复杂，而多孔结构是活性炭最主要的结构特征。活性炭内部丰富的孔隙分布带来了较强的吸附能力，提供了较大的比表面积。孔隙结构如图 5-3-1 所示，其中的大孔（大于 50nm）一般源于制备原料的原始结构，有利于在物理吸附过程中被吸附物质充分进入。在活性炭活化的过程中，在大孔内会进一步产生中孔（2～50nm）和微孔（小于 2nm），活性炭丰富的孔隙结构使其具有较强的吸附作用[27]。

活性炭的制备工艺较为成熟。它可以从自然资源中直接获取（如木材、椰子壳、石油或煤系原料等），也可以由前驱体合成甚至从塑料类原料中获得。将果壳经过初步碳化和水蒸

气活化后，原料中的部分碳与水发生反应生成氢气和一氧化碳从原料中析出，形成精细的微孔结构并可以获得较高的机械强度。实验室中以天然的椰壳为原料、氯化锌为活化剂制备的活性炭可以达到 900～1660m^2/g 的比表面积，比电容在 70～140F/g 范围[28,29]。此外，活性炭的制备原料还可取自石油炼制过程中产生的含碳废料，这类原料来源较为丰富、含碳量高且成本较低，如炼油工艺中产生的石油焦。使用石油焦作为原料并采用氢氧化钾活化的制备方法所制备的活性炭，往往拥有比传统工艺生产的活性炭更大的比表面积（1900～2170m^2/g），对应具有 135～165F/g 的比电容[30]。另外，使用如聚氯乙烯、聚四氯乙烯或酚醛树脂等塑料原料制备得到的活性炭纯度和机械强度较高且其孔径分布可调控。以酚醛树脂为原料、氢氧化钠为活化剂制备的电极材料，通过调整工艺可将其比电容从 150F/g 大幅提高至 240F/g，接近其理论比电容 280F/g，表现出良好的电容特性和倍率性能[31]。

2. 活性碳纤维

活性碳纤维（activated carbon fiber，ACF）也被称为纤维状活性炭，一般是将有机高分子纤维进行特定工艺的高温碳化和活化而形成的纤维状三维吸附材料，其微观结构如图 5-3-2 所示。1962 年美国 Abbott 公司最先开发出黏胶活性碳纤维。随着碳纤维工业的逐渐发展，多家国际公司在 20 世纪 70 至 80 年代分别推出了采用沥青、酚醛、黏胶纤维或聚丙烯腈等原料生产的活性碳纤维，逐渐实现和完善了活性碳纤维的工业化生产。

活性碳纤维拥有较大的比表面积（500～2500m^2/g）和高电导率（200～1000S/cm），在直径约 10μm 的碳纤维结构上均匀分布着微孔（小于 2nm）。这些特性使得活性碳纤维具有比传统活性炭更高的吸附容量和吸附速度[33]。活性碳纤维还具有孔径可调控性，可以便捷地进行不同大小的孔径设计。针对需要吸附的不同物质，可以有效地设计最佳的孔径分布，达到优化的选择性吸附性能。除此之外，活性碳纤维还拥有纤维状材料的优势。其径向纤细但强度很高，并且有良好的加工性能和机械强度，因此可制备成布状和纸状等，广泛适用于不同工艺需求和应用场所。

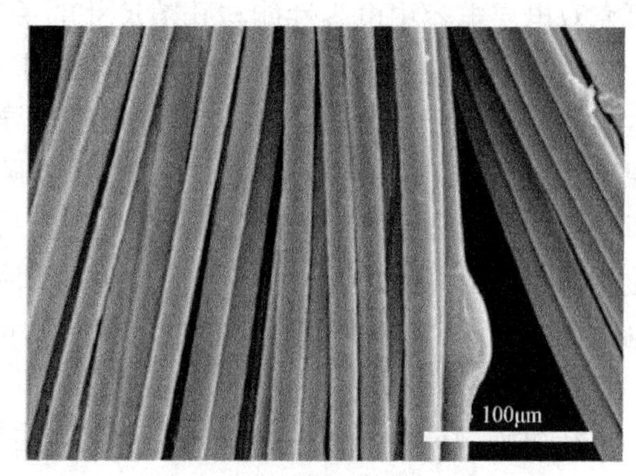

图 5-3-2 活性碳纤维的微观结构图[32]

基于不同的生产原料，活性碳纤维可分为有酚醛基、天然植物、沥青基和聚丙烯腈基等多种类型。对于天然植物纤维，常见的苎麻可作为制备材料，使用氯化锌作为活化剂的化学活化法，在不同活化温度下制备活性碳纤维样品。通过低温的氮气吸附测定活性碳纤维的比表面积和孔隙结构，可以发现其比表面积的大小随活化温度的降低而增大。对制备得到的活性碳纤维样品进行超级电容的器件组装，其电化学测试结果表明在 50mA/g 恒流放电时，在 650℃下活化的活性碳纤维超级电容的比电容可达 253F/g，同时其倍率性能较好、内阻低且拥有较长的循环充放电寿命[34]。对于基于聚丙烯腈（PAN）的活性碳纤维，实验室中可通过对聚丙烯腈进行氧化处理得到。样品在高温水蒸气下进一步活化，其产物的比表面积和比电容的大小会随着处理时间和处理温度的变化而变化。样品的比表面积最高可达 1160m^2/g，而其比电容最高为 178F/g[35]。在电容性能方面，虽然活性碳纤维已经满足了器件对材料的需求，但其较高的价格成本限制了活性碳纤维在双电层电容中的应用。

3. 碳化物衍生碳

碳化物衍生碳（carbide-derived carbon，CDC）又称为碳化物骨架碳，是一种较为新型的碳基材料。它是以碳化钛、碳化锆、碳化钼和碳化硅等碳化物为前驱体，将金属/非金属原子从晶格中刻蚀除去后留下的多孔骨架碳结构。碳化物衍生碳的结构十分多样，存在有石墨、无定形碳、碳纳米管、洋葱碳和石墨烯等多种形式的碳质结构，其中化学键的键合方式同时含有 sp^2 和 sp^3 两种。碳化物衍生碳具有的低成本、大比表面积（大于 $2000m^2/g$）、较窄的孔径分布和可调控性等优点，在超级电容领域的应用潜力巨大。

碳化物衍生碳常见的制备方法是卤素刻蚀法和碳化钙无机盐反应法。这两种制备工艺最大的特点在于制备反应中碳化物的宏观尺寸不会发生变化，其主要变化是内部微观结构中金属元素在碳化物骨架中的剔除。在此过程中，碳化物本质上作为反应模板提供产物的原始骨架，由于碳化物晶格的金属元素具有逐层剔除的特点，使得原子水平的形貌或结构调控成为可能。

不同的前驱体所制备得到的碳化物衍生碳具有不同的孔隙率和孔径分布。孔隙率因原料不同大概在 50%～80%之间，且孔隙率随着碳化物衍生碳活化程度增加而增加。此外，孔径大小受到前驱体的结构和制备时的反应温度影响。对于碳化物衍生碳的孔隙结构的调控，除了温度这一主要影响因素外还可以通过调节反应气体流量、压强、反应时间及其他反应过程参数实现更精细的结构调控。由于碳化物衍生碳具有较为均匀的孔隙分布，因此适合用于研究双电层电容中电容性能与孔隙尺寸的关系。当电解质离子的半径与电极材料的孔径相匹配时，可以获得最高的比电容值。美国德雷克塞尔大学 Y. Gogotsi 等研究发现，当碳化物衍生碳的孔径小于 1nm 时，其电容值会出现异常增大的现象[36]。这是由于在储能过程中当孔隙尺寸小于溶剂化离子直径时，离子进入孔隙中会发生部分“去溶剂层”现象，导致离子在孔隙通道中与壁面更加紧密从而增大比电容。另外，通过使用无溶剂的纯离子液体电解质研究碳化物衍生碳中离子的吸附可以发现，在离子液体中当碳孔径接近离子的尺寸时，可以获得最大电荷存储容量。这说明离子可以进入相同尺寸的孔，且离子与孔壁的每一侧紧密接触。

5.3.2 洋葱碳

洋葱碳（onion-like carbon，OLC）也被称为多壁富勒烯，最早于 1985 年由英国化学家 H. W. Kroto 和美国科学家 R. E. Smalley 发现。它是由多个同心球形石墨片组成的零维碳纳米材料，其微观结构为球形碳纳米颗粒，表面基本不存在纳米孔的结构。洋葱碳的模型和 TEM 图像如图 5-3-3（a）、（b）所示。1990 年，德国马克斯普朗克研究所 W. Kratschmer 和美国亚利桑那大学 L. M. Dai 等报道了可以大量制备洋葱碳的简便方法，学术界逐渐开始对其性质和应用进行广泛研究[37,38]。

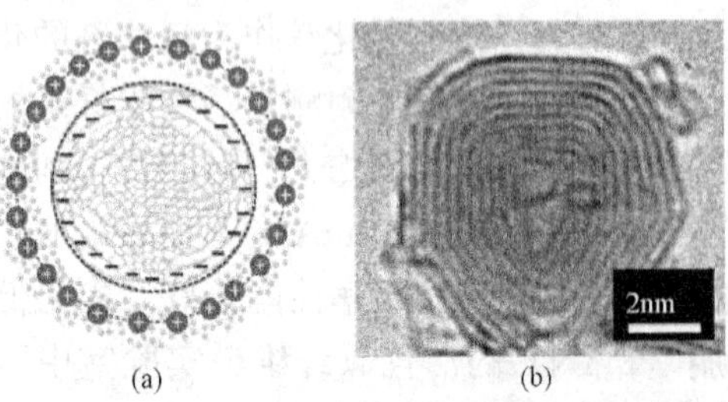

图 5-3-3 洋葱碳结构[39]
（a）模型示意；（b）TEM 图像

洋葱碳可以通过电弧放电或通过在 1200℃ 以上的惰性气氛中对金刚石纳米颗粒（或纳米二氧化物）的退火工艺来大规模生产。它具有 $400～600m^2/g$ 的中等大小的比表面积、低成本、相对高的导电性以及在极性和非极性溶剂中分散的特性。因为纳米孔较少，表面可以很容易地接触电解质离子，通常可以提供较高的比电容使得其在超级电容领域具有较大的应用潜力[39]。研究表明，洋葱碳的电容值会随着其外表面的曲率的增加而增加[40]。通常情况下，将其石墨壳进行弯曲处理可以增加其有效利用面积，且随着弯曲程度越强，其有效比面积越大，电容值增加。与碳纳米管相比，洋葱碳的理想电容值相对更大，这是因为洋葱碳的有效比面积更大，其表面在四个方向上发生弯曲，而碳纳米管仅在两个方向上发生弯曲[40]。由于洋葱碳的发现和发展历史较短，针对洋葱碳超级电容的研究相对较少。

通过退火纳米金刚石粉末生产的洋葱碳，在1mol/L硫酸中比电容为20～50F/g，在6mol/L氢氧化钾电解液中的比电容为15～20F/g[41]。将1800℃退火处理后的洋葱碳应用于微型超级电容中，以1mol/L硫酸为电解液，当扫描速率从0.1V/s增加到10V/s时其电容几乎保持不变[42]。洋葱碳缺陷含量低、电极厚度小且样品中不含微孔，因此展现出了优异的功率特性，但其体积电容值较小（小于5F/cm^3）。另外，用氧化石墨烯和纳米金刚石的水悬浮液可以制备洋葱碳-石墨烯复合膜[43]。该研究发现洋葱碳在氧化石墨烯还原过程中能有效地防止疏水性石墨烯片的团聚，从而实现相对较高的比表面积（417m^2/g），其孔径大致分布在3～10nm的区间内。该复合材料表现出了较高的比电容，在1mol/L硫酸中的比电容达到50～70F/g。当在硝酸和硫酸的混合物中氧化时其电容值几乎加倍，电流密度为0.2A/g时电容值可达143F/g。

5.3.3 碳纳米管

碳纳米管（carbon nanotube，CNT）在1991年被首次发现。日本物理学家S. Iijima采用电弧法生产了碳纤维，并使用高分辨透射电子显微镜从碳纤维中观察到碳纳米管的结构[44]。碳纳米管中的每个碳原子为sp^2杂化，其骨架结构类似一种蜂窝状的中空管体，其中碳原子以碳-碳σ键结合起来。首次发现的碳纳米管透射电子显微镜TEM图像如图5-3-4所示。碳纳米管径向尺寸仅有纳米尺度大小，而它的轴向尺寸可达数十甚至上百微米，因此它是一种典型的一维碳纳米材料。

依据同心的碳纳米管层数，通常可分为单壁碳纳米管（single-walled carbon nanotube，SWCNT）和多壁碳纳米管（multi-walled carbon nanotube，MWCNT），如图5-3-5所示。在碳纳米管的六边形骨架结构中，有时会掺杂有少量的七边形和五边形碳原子构型。其中五边形的构型会因为发生原子间的张力使碳纳米管向外凸出，当五边形处在碳纳米管的顶端时则会形成封口，而七边形构型存在的位置则向内凹进。

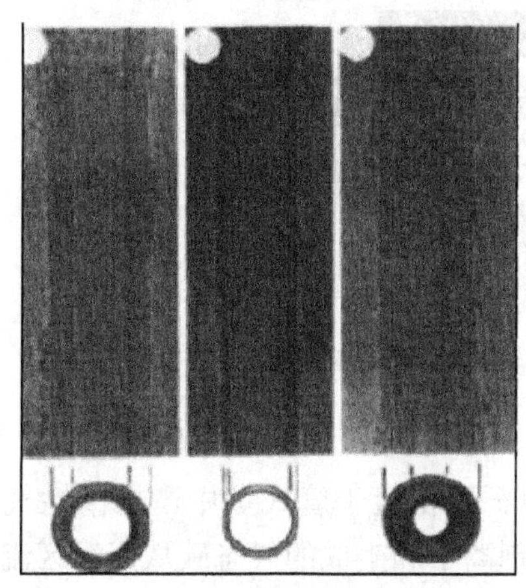

图5-3-4 首次发现碳纳米管的TEM图像[44]

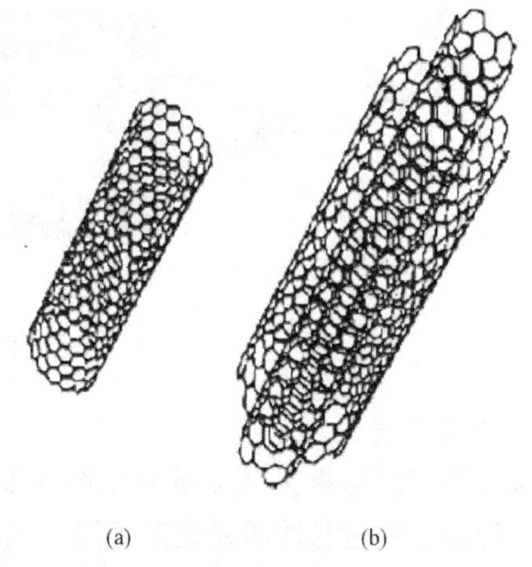

图5-3-5 不同类型的碳纳米管示意[38]
（a）单壁碳纳米管；（b）多壁碳纳米管

自1991年碳纳米管被首次利用电弧放电法制备出来之后，大量研究与实验使得其制备工艺取得了飞速的发展[45]。这里主要介绍几种最为常见和成熟的碳纳米管制备方法，主要包括电弧法、化学气相沉积法和激光蒸发法。

1. 电弧法

电弧法是碳纳米管最主要的制备方法之一，主要用于单壁碳纳米管的生产，工艺装置示意如图5-3-6所示。在传统的电弧法中，首先在电弧反应室内充入一定压力的惰性气体作为保护气体，阴极为一根纯石墨电极，阳极为填充催化剂的石墨电极。通过电弧反应产生的高温，不断蒸发石墨阳极。蒸发产生的碳原子在催化剂的作用下，通过结构重排的方式沉积在石墨阴极上，从而制备出单壁碳纳米管。电弧法简单快捷，且制备的单壁碳纳米管石墨化程度高，结晶度高。然而这种方法的产量很低，同时产生的电弧温度非常高（可高达3000℃以上），因此反应剧烈，一般很难控制反应的进程和产物，产物中往往含有较多的杂质（如无定形碳或不同形式的碳纳米颗粒等）。

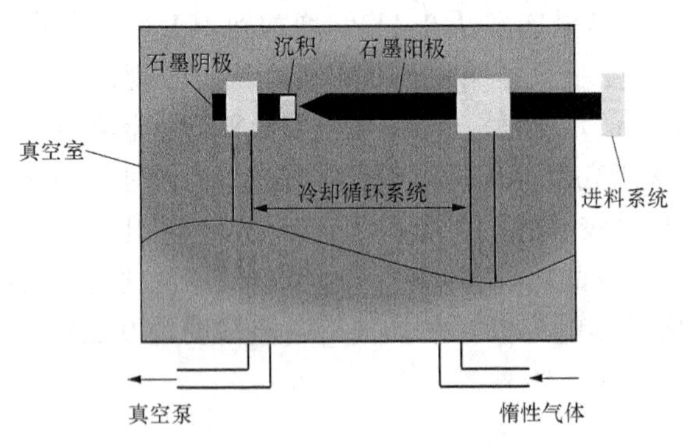

图5-3-6 电弧法制备工艺装置示意

2. 化学气相沉积法

化学气相沉积CVD是通过在相对低的温度环境和金属催化剂的催化作用下，使含碳气体裂解，在基底上生长碳纳米管的方法。常用的前驱体气体有甲烷、乙炔和一氧化碳等含碳化合物，铁、钴、镍和钼等金属及其氧化物作为常用的金属催化剂，常见的化学气相沉积制备装置示意如图5-3-7所示。化学气相沉积法因其反应温度相对较低、产量较高、工艺参数及孔径可控且可大量制备等优点逐渐成为大规模制备多壁碳纳米管的主要方法；而其缺点是通常只能生成多壁碳纳米管，纳米管层数较多且石墨化程度不高，但可通过后续高温处理等方法改善石墨化的程度。

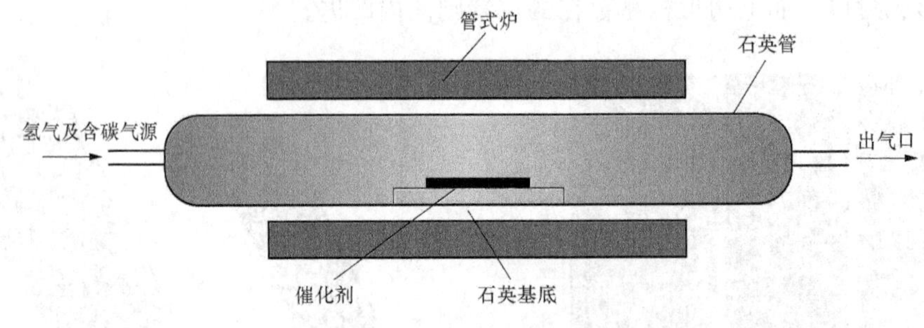

图5-3-7 化学气相沉积制备装置示意

3. 激光蒸发法

激光蒸发法是将掺有金属催化剂（如镍-钴）的石墨靶置于管式炉中，在惰性气体和1200℃环境下通过脉冲激光轰击靶面，气流引导催化剂离子和生成的气态碳从高温区流向低温水冷铜柱，通过催化作用生长单壁碳纳米管，常见的装置示意如图5-3-8所示。这种方法制备的单壁碳纳米管纯度高，且激光脉冲时间间隔越短，脉冲功率越高，则产率越大，纳米管直径越小；但产物中含有其他形式的碳，难以纯化，且设备复杂、能耗高，这限制了单壁纳米管规模化的发展。

碳纳米管自从被发现起就被广泛认为是很具有前景的超级电容电极材料。首先，碳纳米管具有独特的中空管状结构，呈网状交织生长。这样与众不同的微观结构提供了较大的比表面积，且非常有助于电双层的形成。碳纳米管的孔径为大小适度的中孔结构，有利于很多电解液离子的快速嵌入脱出。准一维的结构为离子传输提供了快速传输通道，使得其具有较低的等效串联电阻和较好的功率性能。此外，碳纳米管拥有与石墨相似的化学键，给予了其较好的导电性和化学稳定性，这些性质也是电极材料所必备的特性。

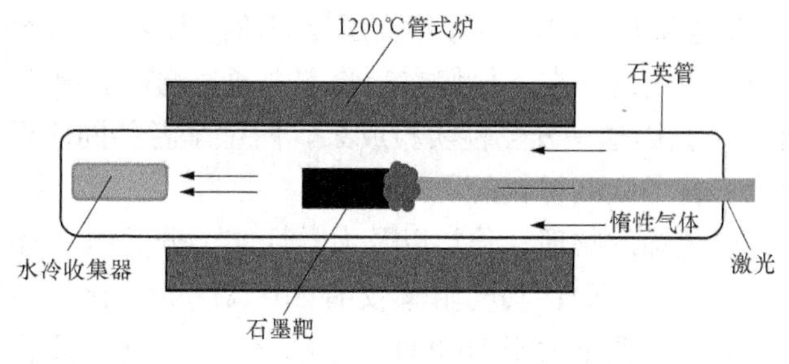

图 5-3-8 激光蒸发装置示意

然而，对于无残留催化剂或无定形碳纯度较高的碳纳米管，其比电容通常不高，这限制了碳纳米管作为电极材料的进一步发展。为了改善其比电容较低的问题，可以通过不同的改性工艺对碳纳米管进行处理[46]。通常情况下的碳纳米管由于两端封口处不与外部电解液相通，使得碳纳米管的管内表面无法被充分利用。利用酸或碱进行活化处理可以有效打开碳纳米管两端封口，使得内腔可以与电解液接触，大大增加比表面积的利用率。这种处理工艺不仅改变了碳纳米管的表面纹理结构，还引入了额外的表面官能团，因此可以产生一定比例的赝电容。此外，还可用氢氧化钾对多壁碳纳米管进行化学活化，这种处理可以显著增加其比表面积（2～3 倍），同时保持纳米管状的形貌。上述这些化学处理对孔径的影响较小，但会因为将碳纳米管打断而大大缩短其长度，并且由于一部分的外部碳层被化学侵蚀从而产生结构上的不规则表面和裂缝，这往往会降低材料本身的电化学稳定性，最终导致循环寿命的降低。

为了提高碳纳米管的质量比电容，研究人员也将金属氧化物、过渡金属硫化物或导电聚合物等材料与碳纳米管一起组成纳米复合材料。这种复合材料同时具备了碳纳米管的双电层（非法拉第）电容和赝电容材料的氧化还原（法拉第）电容。例如，通过电沉积方法将聚吡咯（PPy）多孔薄层沉积在多壁碳纳米管上，制备出的纳米复合材料可获得 170～265F/g 的比电容。这种复合材料的比电容值远大于纯的多壁碳纳米管与聚吡咯的比电容值，其中的聚吡咯不但贡献比电容，还可作为导电剂降低内阻[47,48]。

除了化学处理与构建纳米复合材料等方法，电极制备工艺上的改进也会影响碳纳米管的电容性能。碳纳米管与其他形式的颗粒碳一样，通常使用相当烦琐的富含黏合剂和导电剂的制造方法来制备电极，这种电极制造方法会在活性材料和集流体之间产生较高的接触电阻。于是研究人员通过将碳纳米管直接生长到导电基底上，直接获得碳纳米管电极。这种方法使活性材料和集流体之间的接触电阻最小化，并大大简化了电极的制造过程。比如，美国波士顿学院 J. H. Chen 等人[49]利用化学气相沉积法将 50nm 管径的碳纳米管直接生长在厚度为 0.067nm 的石墨片上。电化学测试结果表明，在 100mV/s 的扫速下，碳纳米管/石墨片电极的比电容为 115.7F/g。在 1mol/L 硫酸水溶液中，当扫速为 100mV/s 时，其循环伏安曲线依旧呈矩形，说明电容特性仍为典型的双电层电容。

5.3.4 石墨烯

石墨烯（graphene）是具有六角型晶格结构的二维碳基材料，其中碳原子通过很强的碳-碳 σ 键连接在一起。2004 年英国曼彻斯特大学 K. S. Novoselv 和 A. K. Geim 证实了石墨烯可以单独稳定地存在。他们在实验室中通过物理剥离的方法，成功地将石墨烯片从石墨中剥离出来[50]。因这一开创性实验成果，两位学者共同获得了 2010 年诺贝尔物理学奖。这一工作极大丰富了碳基材料的研究目标。

石墨烯的物理、化学以及力学性能十分优越，其导热率高于碳纳米管和金刚石，超过了 5000W/(m·K)；其电阻率仅有 10^{-6} Ω/cm，比铜或银更低，是迄今电阻率最小的单质材料；它在常温下大于 15 000cm^2/(V·s）的电子迁移率也超过了碳纳米管和硅晶体[51]。如图 5-3-9 所示展现了理想状态下的石墨烯，它是一种单层的碳原子结构，具有典型的二维蜂窝状晶格。原始的石墨烯二维结构是零维、一维和三维碳基材料的构建基元：当其内部超过 12 个五元环晶格发生翘曲，结构会形成零维的富勒烯（即 C_{60}）；一维的碳纳米管则是由其卷成一维筒状而形成；石墨烯的层层堆叠则形成常见的三维的石墨体块。

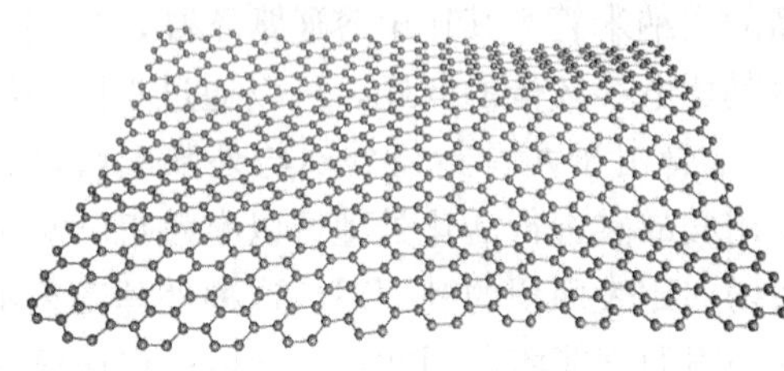

图 5-3-9 理想状态下的石墨烯结构

石墨烯制备工艺的探索与改进受到了科研工作者的高度关注。先进的石墨烯制备方法不断被开发出来，以达到高性能、高稳定性、大面积和低成本等标准与要求，推进石墨烯工业化制备的发展。2004 年石墨烯问世时的机械剥离法是最早的制备方法，随后逐渐出现了诸如晶体外延生长法、氧化石墨烯的还原法、石墨插层剥离法和化学气相沉积法等，这里简要介绍几种较为常见、应用较广泛的制备方法。

1. 机械剥离法

机械剥离法是对三维体块石墨施加机械力，从而剥落出层状石墨烯片的方法。2004 年 K. S. Novoselov 等人就是用这种非常简单的方法获得了可在常温下稳定的单层石墨烯[50]。他们从高定向热解石墨中剥离得到实验需要的石墨片样品，然后将石墨片两面贴上透明胶带。通过不断重复地撕开胶带，剥离石墨片并使其越来越薄，最终胶带上可以得到由单层碳原子组成的二维纳米片，即石墨烯。该方法十分简单且便捷，它是目前制取单层高品质石墨烯的有效方法，但因其不可控的尺寸限制和较低的产率和制备效率，不适于大规模制备。

2. 晶体外延生长法

晶体外延生长法主要分为碳化硅外延生长法和金属催化外延生长法。其中碳化硅外延生长法是指在高真空度高温环境下蒸发掉碳化硅表面的硅原子，而剩下的碳原子通过自组重构在碳化硅表面生成单层石墨烯。由于碳化硅属于一种优异的半导体材料，因此碳化硅外延法，类似于目前的硅基半导体工艺，有望实现碳基集成电路的制备。金属外延法则是将碳氢化物气体通入高真空度高温氢气气氛中，通过具有催化活性的过渡金属的催化脱氢作用，在金属表面生成一层石墨烯。此外该反应的自限性使得已经形成石墨烯的金属表面不会继续发生催化反应，因此该方法可以制备大面积高质量的均匀单层石墨烯。

3. 化学气相沉积法

化学气相沉积法通常是将甲烷等碳氢化合物气体通入高温且真空的环境中，在被加热的铜或镍金属的表面通过催化脱氢或高温高电压环境而形成等离子体，在金属基底表面沉积和扩散从而形成基于金属衬底的石墨烯。这一过程本质上属于一种原子尺度下的传质过程。化学气相沉积法被认为是目前最具潜力的能够实现大规模制备高质量、高均一性石墨烯的方法，并且沉积后的产品可以通过刻蚀掉金属来制取不需要衬底的纳米材料，工艺成熟且应用广泛。

相较于传统的化学气相沉积法，等离子体增强化学气相沉积（plasma - enhanced chemical vapor deposition，PECVD）方法利用微波、射频或高频/直流电场使气体电离形成蕴含着大量的高能电子的等离子体，高能电子在碳原子沉积时能为其反应提供所需的能量。同时，温度高达 10 000K 的高能电子会与反应气体相互碰撞，使得气体分子间的化学键更容易断裂或重组。这大大促进了反应物间的反应活性，使得石墨烯的沉积过程可以在更低的温度下进行，因此该方法具有低温生长的优势。目前等离子体增强化学气相沉积法也是制备垂直取向石墨烯（vertically - oriented graphenes，VGs）的重要方法。不同于常见的水平或随机取向的石墨烯，垂直取向生长的石墨烯纳米片所具有的独特微纳尺度结构与形貌，决定了它许多独有的机械、化学、电子和电化学特性，同样具有十分广泛的应用前景。同时，它可以通过生长在大尺度表面、微米结构表面甚至碳纳米管或活性炭等纳米尺度表面上，形成具有更加优异性能和机械强度的纳米分级结构，这种纳米复合材料的发展为更广泛的应用提供了可能[52]。

4. 氧化石墨烯还原法

氧化石墨烯还原法的基本流程如图 5 - 3 - 10 所示。①首先利用浓硫酸等强氧化剂，对石墨前驱体进行氧化处理。②在氧化反应的过程中，石墨的层间距会因浓硫酸的嵌入而增大，同时为石墨片层增加一定的含氧官能团，超声分层后制备出的产物为氧化石墨烯（graphene oxide，GO）。③之后再对氧化石墨烯进行热还原或添加还原剂等一系列还原工艺，得到的产物称为还原氧化石墨烯（reduced graphene oxide，rGO）。这种由化学法制取的还原氧化石墨烯和一般所说的石墨烯略有区别：一般意义上所说的石墨烯为碳的一种单质形式，其结构均一且缺陷较少，表面不含其他元素或官能团；而还原氧化石墨烯由于是由氧化石墨烯还原而来，表面存在缺陷且会残留其他元素或官能团（残留的量由还原的程度决定）。还原氧化石墨烯虽然不能直接称为石墨烯，但性质与石墨烯很接近。这种化学法操作简捷、成本较低且可以大规模制备，此外生成的氧化石墨烯产物同样具有很大的应用前景，因此氧化石墨烯还原法是目前应用最广泛、最有效的制备方法之一。

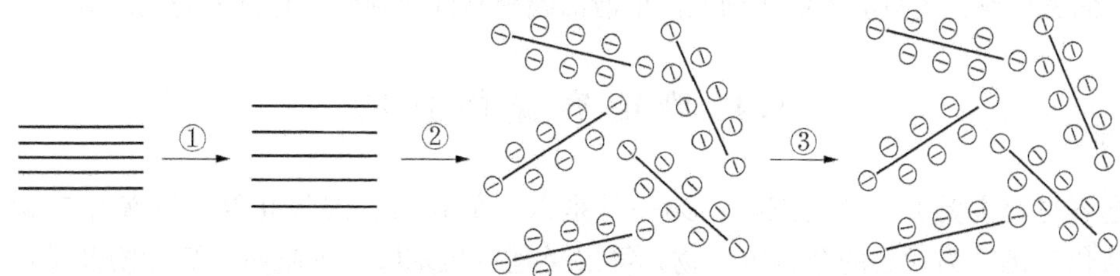

图 5 - 3 - 10 氧化石墨还原法的基本流程[53]

虽然学者们已经在石墨烯的材料开发、工艺改进和机理研究等方向开展了大量的工作，但是石墨烯纳米片层的堆叠和团聚是其在超级电容电极材料实际应用中的主要问题。石墨烯片层在制备或循环充放电的过程中，会由于范德华作用力而相互吸引导致重新堆叠。这种再堆叠现象会严重降低石墨烯的有效利用比表面积，大大影响其电化学性能。石墨烯拥有超高的理论比表面积（约 $2675m^2/g$），这也对应着一个超过 550F/g 的超高比电容值，但正是由于石墨烯的重新堆叠或团聚，实际情况下材料的可利用比表面积锐减，其比电容也无法达到理论高度。如还原氧化石墨烯的比表面积一般为 200～$1200m^2/g$，其对应的水系电解液中的比电容却只有 100～230F/g[51]。

为了克服石墨烯堆叠问题，学者们提出了很多不同的策略。美国得克萨斯大学研究人员曾报道[54]，可以对还原氧化石墨烯进行化学改性，使其形成三维拓展的微孔网络结构。这种结构具有较高的机械强度和稳定性，防止材料在循环的过程中重新堆叠，从而实现了高达 $3100m^2/g$ 的比表面积。这种改性后的石墨烯在有机电解液和离子液体电解液中质量比电容分别为 166F/g 和 200F/g，同时其工作温度窗口拓宽至－50～80℃，展现出了较优异的电容性能。除了上述的策略，通过改进石墨烯电极材料的形貌调控工艺也可以降低石墨烯的堆叠程度，比如前面提到的垂直取向石墨烯。通过在集流体金属表面上生长垂直于基面的石墨烯纳米片，可以获得更好的离子迁移通道和更大的材料负载密度，进而可获得较高的比体积电容（约 $230F/cm^3$）和比面积电容（约 $23mF/cm^2$）[55]。

为了提高石墨烯基超级电容的能量密度，学者们也对石墨烯进行元素掺杂、添加表面官能团或复合具有法拉第反应的材料。比如，哈尔滨工程大学研究人员[56]通过化学气相沉积法开发出了一种在石墨烯层之间生长有碳纳米管纳米柱的碳纳米管/石墨烯的三维夹心结构，如图 5-3-11 所示。这种特殊的分级结构充分利用了一维碳纳米管和二维石墨烯的结构特点和优异的电化学性质，使电解质离子和电子在整个电极基体中得以高速传输，从而使这种纳米复合材料具有出色的电化学性能。电化学测试结果显示在 10mV/s 的扫速下，该电极材料具有 385F/g 的超高比电容。甚至在 2000 次充放电循环后，其比电容值相较于初始值增加了约 20%，展现出了出色的电化学稳定性。不止于此，诸如金属氧化物、金属硫化物或导电聚合物与石墨烯的纳米复合材料在近年来被大量的研究和报道。这种基于分级结构的纳米复合材料不止为超级电容电极材料提供了更多的开发思路和研究方向，还在锂离子电池电极、储氢材料、燃料电池催化剂或其他清洁能源器件等领域具有巨大的应用潜力。

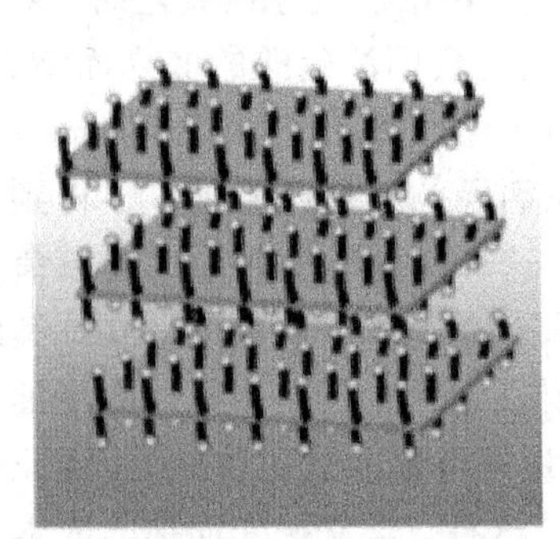

图 5-3-11　三维碳纳米管/石墨烯夹心结构[56]

5.4　赝电容储能材料

赝电容材料主要可以分为三类：第一类是以二氧化钌、二氧化锰、四氧化三钴、氧化镍、五氧化二钒等为代表的金属氧化物；第二类是以聚苯胺、聚吡咯、聚噻吩及其衍生物等为代表的导电聚合物；第三类是以二维过渡金属碳氮化物、过渡金属二卤化物和钛基化合物等为代表的新型赝电容材料。

5.4.1　金属氧化物

1975 年加拿大渥太华大学 Conway 首次发现金属氧化物可以用作赝电容材料。最早被研究的金属氧化物是 RuO_2，随后 MnO_2、Co_3O_4、NiO、V_2O_5 也逐渐得到了科研工作者的关注。适合作为赝电容材料的金属氧化物应具备稳定的结构、两个及以上的化学价态、良好的电子导电性和离子容纳能力[57]。

1. 二氧化钌 RuO_2

RuO_2是赝电容材料中研究较多的金属氧化物，具有理论比电容高（大于 1300F/g）、电化学可逆性高、热稳定性好、循环性能和倍率性能较好等优点，但高价格和高毒性限制了实际应用[57]。酸性电解液中，在一定的电压范围内，RuO_2通过质子的嵌入/脱出产生法拉第赝电容，其反应过程如下[57]：

$$RuO_2 + \delta H^+ + \delta e^- \longleftrightarrow RuO_{(2-\delta)}(OH)_\delta, 0 \leqslant \delta \ll 2 \tag{5-4-1}$$

在循环伏安测试下得到的曲线特征类似于双电层电容（见图 5-4-1），阳极扫描和阴极扫描曲线几乎镜像对称，在 1.4V 电压窗口下的充电和放电电流几乎恒定，表明 RuO_2发生了连续可逆的氧化还原反应[57]。

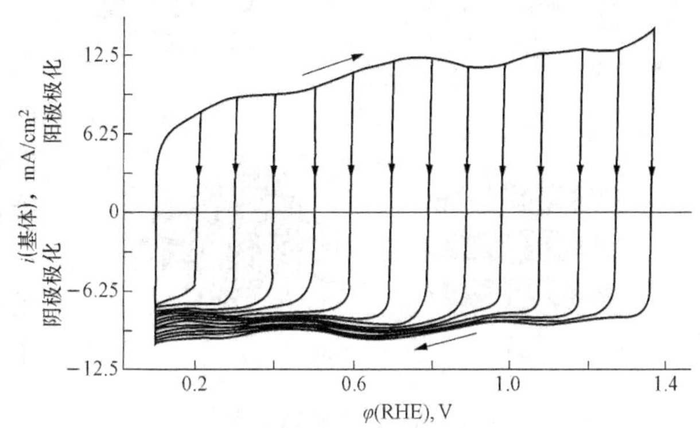

图 5-4-1　RuO_2电极在 1mol/L H_2SO_4电解液中的循环伏安曲线[58]

RuO_2具有无定形水合 RuO_2（即 $RuO_2 \cdot xH_2O$）和结晶态 RuO_2两种形态。结晶态 RuO_2为金红石结构，细颗粒之间结合得较为紧密，电解液难以进入材料内部，比电容较低[57]。无定形水合 RuO_2具有微孔或纳米孔结构，羟基和结晶水使颗粒之间的结合比较松散，有利于电解液进入电极材料内部，因此无定形水合 RuO_2的比电容（约 720F/g）比结晶态 RuO_2（约 350F/g）要高很多[59]。美国霍华德大学 Mckeown 等人[60]认为 $RuO_2 \cdot xH_2O$ 的高比电容是因为其具有较高的离子和电子电导率，在 1mol/L H_2SO_4 溶液中，由 $RuO_2 \cdot H_2O$ 构成的对称赝电容的比电容高达 734F/g，在功率密度为 92W/kg 下释放的能量密度达到 25W·h/kg。

RuO_2的制备方法主要包括溶胶凝胶法、热分解法、电化学沉积法等。

（1）溶胶凝胶法是低温制备 RuO_2最普遍的方法。首先，制备有机金属钌盐前驱体，在水或醇溶液中充分溶解生成活性单体，再将单体聚合形成溶胶凝胶。然后，经过涂覆、混合、干燥、煅烧等一系列操作得到无定形 RuO_2，最终得到薄膜、粉体、凝胶体等多种形态。美国佛罗里达州立大学 Zheng 等人[61]最早通过溶胶凝胶法在室温下制备无定形水合 RuO_2，比电容超过 720F/g。用该方法得到的 RuO_2颗粒之间间隙较大，材料利用率较高，比容量较大。

（2）热分解法是在高温下热分解 $RuCl_3$前驱体以得到一定晶体取向的氧化物，主要产物为结晶态的 RuO_2，这也是最早的 RuO_2制备方法。在电解液中，只有表面 Ru^{3+}参与赝电容反应，但是内部体相几乎不参与，因此其比电容比溶胶凝胶法制备的要小[57]。由于结晶态 RuO_2的电化学性能远低于无定形水合 RuO_2，因此近年来该方法已经逐渐被淘汰。

（3）电化学沉积法是在各种基体上（如硅、氧化硅、高比表面积的碳基材料等）施加一定的电压或电流来制备无定形 RuO_2薄膜。该方法操作比较简单，容易实现厚度可控制备，通常可以分为三种具体方式：阳极沉积法、阴极沉积法和循环伏安沉积法[57]。韩国全北国立大学研究人员[62]以 $RuCl_3$溶液为前驱体，以铂片为阳极、Ti 为阴极，用阴极电沉积法制备了不同厚度的水合 RuO_2薄膜，最大比电容高达 788F/g。台湾地区清华大学 Hu 等人[63]将 $RuCl_3$溶解在醇或盐酸溶液中得到电解液，然后用循环伏安沉积法在基体表面合成无定形的水合 RuO_2，面积比电容为 179.2mF/cm^2。

2. 二氧化锰 MnO_2

相对于 RuO_2而言，MnO_2的储量丰富、价格低廉、无毒环保，具有良好的电化学性能，理论比电容高达 1370F/g，是一种具有广阔发展前景的赝电容材料[64]。MnO_2的晶型结构比较复杂，主要可以分为三大类（见图 5-4-2）：第一类是链状或隧道结构，包括 α、β、γ 型；第二类是层状或片状结构，如 δ 型；第三类是三维立体结构，如 λ 型[65]。

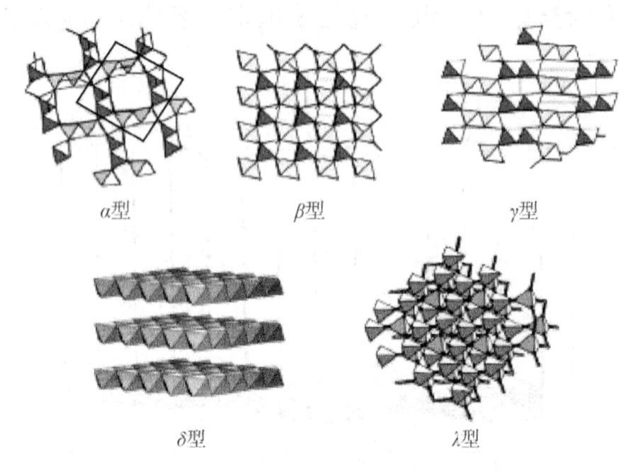

图 5-4-2　MnO_2的晶型结构[65]

美国得克萨斯大学 Goodenough 等人[66]最早报道了 MnO_2作为超级电容材料的研究工作，发现无定形 MnO_2电极在中性氯化钾水溶液中表现出优异的赝电容性能，可以提供约 200F/g 的比电容。

MnO_2主要通过快速可逆的氧化还原反应来实现赝电容储能，其中包括电解液中阳离子或者质子的交换，不同氧化态之间的转变：Mn^{3+}/Mn^{2+}、Mn^{4+}/Mn^{3+} 和 Mn^{6+}/Mn^{4+}，用公式表示为[64]

$$MnO_\alpha(OC)_\beta + \delta C^+ + \delta e^- \longleftrightarrow MnO_{(\alpha-\delta)}(OC)_{(\beta+\delta)} \tag{5-4-2}$$

式中：C^+ 为电解液中的质子（H^+）或者金属阳离子（Li^+、Na^+、K^+）；$MnO_\alpha(OC)_\beta$、$MnO_{\alpha-\delta}(OC)_{\beta+\delta}$为 $MnO_2 \cdot nH_2O$ 的高氧化态和低氧化态。

加拿大魁北克大学 Toupin 等[67]认为 MnO_2的赝电容电荷储存机制主要是由表层控制的，因为质子或阳离子在 MnO_2体相中迁移的难度较大，导致只有部分活性物质能被利用。MnO_2的微观结构主要影响其循环性能，化学水合态主要影响其比电容。除此之外，晶型结构、结晶度、形貌以及电极层的厚度都会影响 MnO_2的赝电容性能[64]。

MnO_2的制备方法通常分为模板辅助法和无模板法，其中模板辅助法包括硬模板法和软模板法。

在硬模板法中，作为沉积支架的材料也参与反应进行纳米材料制备。目前已有许多硬模板用于 MnO_2纳米结构的合成，如二氧化硅球、介孔二氧化硅、天然硅藻土、多孔阳极氧化铝、聚碳酸酯膜、碳纳米球和碳纳米管等[68]。以硅藻土模板为例，这种材料具有孔隙率高、体积密度低、化学性质稳定、面积大等优点，是制备多孔纳米结构的理想模板之一[69]。首先，采用高锰酸钾在硅藻表面制备 MnO_2纳米结构层，然后去除硅藻后获得具有硅藻形貌的 MnO_2，其比电容为 371.2F/g，表现出良好的电化学性能[69]。阳极氧化铝材料具有规则且高度各向异性的多孔结构，孔洞均匀且近似平行，有利于一维 MnO_2纳米结构的合成，为电化学反应提供了较短的离子扩散路径[68]。综上所述，硬模板可以用于有序 MnO_2纳米结构的可控合成。然而，这些模板一般成本较高，并且往往需要通过酸或碱刻蚀和煅烧，去除过程相对复杂[70]。

与硬模板法相比，软模板法具有工艺简单、成本低等优点。软模板法一般以表面活性剂或两亲高分子为模板，利用有机相和无机相之间的界面组装来合成有序的介孔[70]。常见的模板材料包括表面活性剂、稀有有机分子、嵌段共聚物，目前已用于合成 MnO_2 的表面活性剂有十二烷基硫酸钠、十六烷基三甲基溴化铵和四辛基溴化铵等[68]。表面活性剂链产生空间效应，从而减少团聚现象，有利于控制颗粒大小，保持较高的比表面积[68]。此外，由于表面活性剂的自组装功能，它可以作为微反应器来控制材料的形貌和结构，进而提高其电容性能。用十二烷基硫酸钠可以制备出长度 40mm 的 α 型 MnO_2 超长纳米线，可提升比电容至 345F/g[71]。Mn^{2+} 离子可以与嵌段聚合物形成配合物，MnO_2 颗粒沿聚合物链生长形成纳米棒，其比电容高达 214F/g，循环 5000 次后电容仅降低了不到 10%[72]。软模板法同样有其自身的局限性，这种方法难以控制产物的尺寸、形状和均匀性，而残留的表面活性剂还会包覆 MnO_2 颗粒，降低 MnO_2 的电荷存储能力[70]。

除了上述模板辅助方法外，还有许多无模板技术用于合成 MnO_2 纳米结构，如水热/溶剂热法、溶胶凝胶法、微波辅助法、电沉积法和静电纺丝法等。水热/溶剂热法用高温和高压来促进反应，除温度外，溶剂和溶解盐的种类和用量对 MnO_2 产物的形貌和结构也有着明显的影响[73]。迄今为止，水热/溶剂热法已成功制备出多种 MnO_2 纳米结构，如纳米线/纳米棒/纳米带、微/纳米花瓣状、微/纳米球、纳米管等，利用该方法制备出的二维 β 型 MnO_2 比电容达 452F/g[73]。溶胶凝胶法可以概括为锰前驱体溶液向固体 MnO_2 粉体或薄膜态 MnO_2 的转变，采用溶胶凝胶技术制备的 MnO_2 薄膜电极比电容高达 698F/g[74]，能量密度可达 48.8W·h/kg。溶胶凝胶法的优势在于能保证可控的纯度、组成和产物的均匀性，但由于有机溶剂和试剂用量大，限制了它们的大规模应用。微波辅助法即在微波辐射过程中，温度梯度发生倒置，材料内部产生了快速的介质加热，可以制备出具有高度均匀微观结构的 MnO_2。该方法可以在 5min 内合成 γ 型 MnO_2 和 α 型 MnO_2 纳米结构，而制备的 γ 型 MnO_2 纳米粒子的比电容为 311F/g，远高于 α 型 MnO_2 的 163F/g[75]。微波辅助法的反应时间短、成本低、产率高，但在合成过程中难以控制形貌和相态。电沉积法是通过控制沉积速率，在阳极或阴极电极衬底上沉积目标离子，从而得到不同密度、不同形貌的目标材料，具有简单、无污染、反应条件温和等优点。电沉积法制备的 MnO_2 电极具有优异的电化学性能，比电容可达 1000F/g[76]。静电纺丝法是从各种有机和无机材料中制备粒径、形貌和表面拓扑可控的纳米结构的一种通用技术。通过静电纺丝可以将许多功能结合到纳米材料中，该方法可以在碳基材料、玻璃电极上制备出 MnO_2，以此为电极材料的超级电容器具有高达 645F/g 的比电容，2000 次循环后仍保持 95%的初始电容量[77]。

3. 其他金属氧化物

Co_3O_4 具有典型的尖晶石结构（见图 5-4-3），其储量丰富、价格低廉、环境友好、理论比电容较高（3560F/g），并且尺寸和形状可控，在碱性溶液中具有良好的电化学性能[64]。常见的 Co_3O_4 的制备方法包括溶胶凝胶法、水热法、溶剂热法、电化学沉积法、模板法等，不同方法得到的形貌也各不相同，主要包括纳米线、纳米棒、纳米片、纳米管、花状结构等[78,79]。Co_3O_4 在存储电荷时，电子和离子传输效率主要取决于电极性质，例如表面积、形貌和取向等。Co_3O_4 主要通过可逆的氧化还原反应来实现赝电容储能，钴的价态在二价和三价之间发生可逆转换，其反应方程式如下所示[64]：

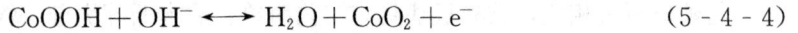

$$Co_3O_4 + OH^- + H_2O \longleftrightarrow 3CoOOH + e^- \quad (5-4-3)$$

$$CoOOH + OH^- \longleftrightarrow H_2O + CoO_2 + e^- \quad (5-4-4)$$

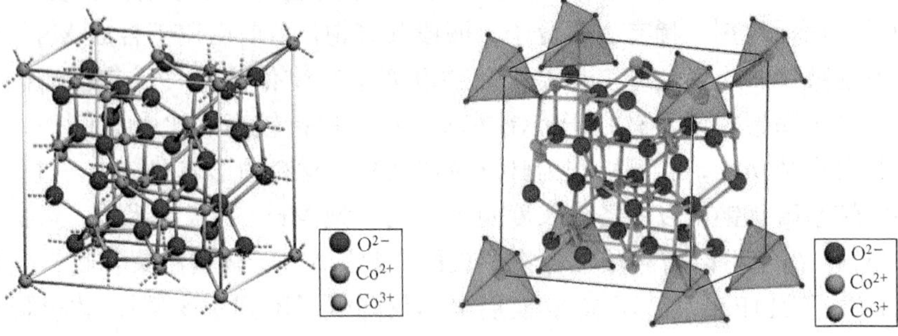

图 5-4-3　Co_3O_4的晶体结构

NiO 作为一种很有潜力的赝电容材料，具有理论比电容高（2584F/g）、制备方法简单、环境友好以及成本较低等优势[64]。NiO 具有立方晶系结构（见图 5-4-4），目前制备方法主要包括共沉淀-沉积法、溶胶-凝胶混凝法、电化学沉积法等，可以实现纳米片、纳米纤维、纳米花瓣状、纳米微球等多种微观结构[64,80]。NiO 实现储能的氧化还原反应方程式如下所示[64]：

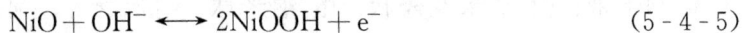

$$NiO + OH^- \longleftrightarrow 2NiOOH + e^- \quad (5-4-5)$$

V_2O_5 是一种夹层化合物，具有斜方晶系结构（见图 5-4-5）[81]。它的制备方法有很多，目前最常用的方法是水热法、溶胶凝胶法和模板法[64]。因其具有较低的氧化态和插层效应，V_2O_5的理论比电容高达 2120F/g，其反应方程式如下所示[64]：

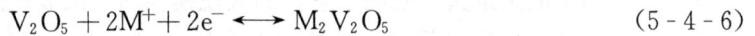

$$V_2O_5 + 2M^+ + 2e^- \longleftrightarrow M_2V_2O_5 \quad (5-4-6)$$

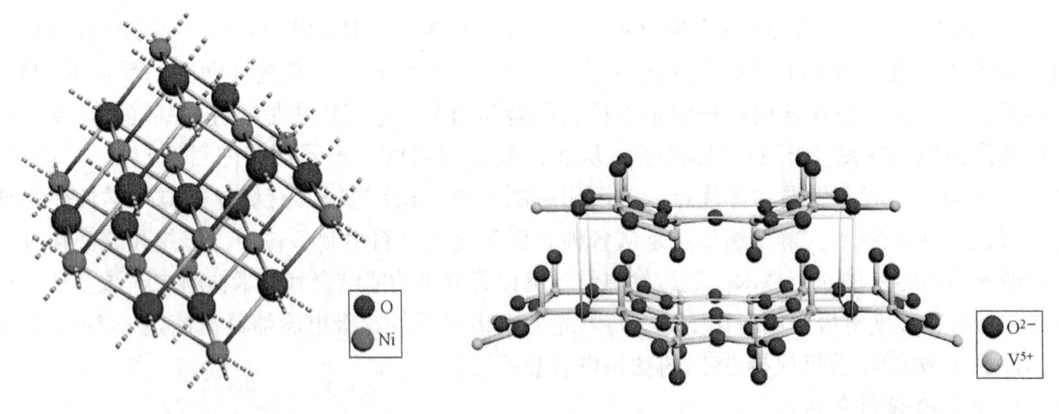

图 5-4-4　NiO 的晶体结构　　图 5-4-5　V_2O_5的晶体结构

5.4.2　导电聚合物

导电聚合物是可以导电的有机聚合物。它的比电容介于纳米碳材料和金属氧化物之间，具有导电性好、价格低廉、环境友好、质量轻和灵活性好等优势，但也存在着稳定性差、循环寿命低等问题[58]。20 世纪 70 年代，美国宾夕法尼亚大学 Shirakawa 等[82]最早发现被碘蒸气熏过的聚乙炔导电率明显上升，由此揭开了导电聚合物的研究热潮。目前常见的导电聚合物分子结构如图 5-4-6 所示。

传统聚合物（如聚乙烯类）的价电子以 sp^3 杂化形成共价键（σ 键），因此迁移能力差，而导电聚合物具有交替单双键的共轭大 π 键，由碳的 p_x 轨道重叠形成[83]。当存在适当的氧化剂时，这些键上将失去一个电子形成带正电的空穴，键中余下的电子更易于迁移，因此具有导电性，导电聚合物会吸收溶液中的阴离子以保持电中性，此过程被称为 P 型掺杂，这是一个提高聚合物导电性能的离子嵌入过程[57]。当导电聚合物被还原时（即给一个未填充的键增加一个电子），会吸收溶液中的阳离子，此过程被称为 N 型掺杂。由于 N 型掺杂发生的电位一般较负且不稳定，大多数的导电聚合物能够被氧化掺杂形成 P 型材料，但是被还原掺杂形成 N 型材料的并不多见[57]。掺杂程度将会直接决定储存的电容量，常见的导电聚合物的掺杂程度为 0.33～0.5，即每两个或三个聚合物单体中会有一个被掺杂[84]。

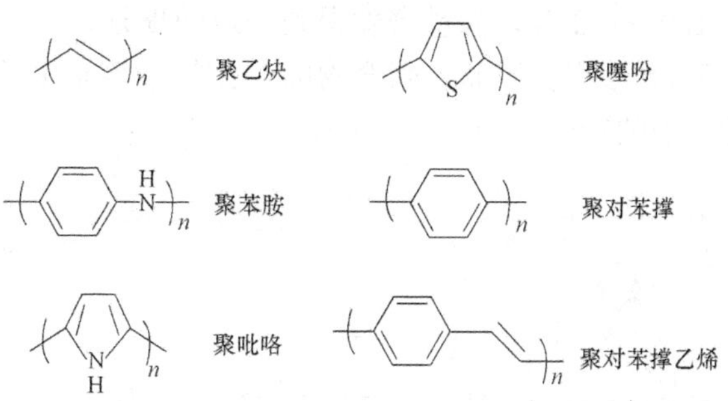

图 5-4-6 常见的导电聚合物分子结构图

导电聚合物通过聚合物链的共轭 π 键在特定电位下的快速可逆氧化还原反应来储存和释放电荷[83]。当发生氧化反应时（P 型掺杂），离子从电解液转移到聚合物的骨架中；而当发生还原反应时（N 型掺杂），离子又重新释放到电解液中。通常 P 型掺杂比 N 型掺杂的聚合物更加稳定。与双电层材料在电极表面储存能量不同，导电聚合物通过快速地掺杂/去掺杂进行离子交换，将电荷储存遍及于整个电极，因此导电聚合物储存的能量通常要比双电层材料要高很多[57]。此外，由于导电聚合物材料储存电荷是基于掺杂/去掺杂反应（法拉第反应），而不是物理静电吸附/脱附（非法拉第反应），因此导电聚合物自放电速率相应较低[57]。适合作为赝电容储能材料的导电聚合物需要满足以下两个条件：随着电极电势的增加，出现连续的氧化态范围；相应于电荷退出和再注入的可逆性，产生几乎镜像对称的循环伏安曲线[58]。

在氧化过程中，导电聚合物被阴离子 P 型掺杂；在还原过程中，导电聚合物被阳离子 N 型掺杂（见图 5-4-7）。依据导电聚合物的掺杂特性，基于导电聚合物的超级电容可分为以下 3 种类型：Ⅰ型（对称结构）电容中两个电极为相同的可进行 P 型掺杂的导电聚合物；Ⅱ型（非对称结构）电容中两个电极为不同的可进行 P 型掺杂的导电聚合物；Ⅲ型电容中正极聚合物可进行 P 型掺杂而负极聚合物可进行 N 型掺杂[84]。

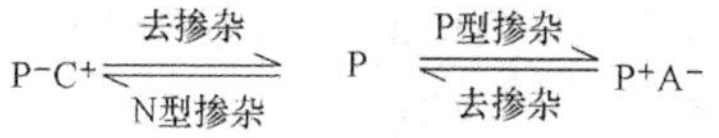

$$P^-C^+ \underset{\text{N型掺杂}}{\overset{\text{去掺杂}}{\rightleftharpoons}} P \underset{\text{去掺杂}}{\overset{\text{P型掺杂}}{\rightleftharpoons}} P^+A^-$$

（P为导电聚合物；A^-为阴离子；C^+为阳离子）

图 5-4-7 导电聚合物中反离子的掺杂和去掺杂

由于多数导电聚合物只能 P 型掺杂，因此Ⅰ型电容最为常见。当Ⅰ型电容处于完全充电状态时，正极完全氧化（P 型掺杂状态）而负极保持中性，工作电压窗口为 0.8～1.0V；当完全放电时，两个电极都处于半氧化状态[58]。因此整个聚合物的 P 型掺杂容量只有其中的 50%可以被利用，导致电容的能量密度较低，其充电和放电半循环中的电化学行为如图 5-4-8 所示。

在Ⅱ型电容中，正极为具有更高氧化电位的聚合物，负极为具有较低氧化电位的聚合物。当完全充电时，正极完全氧化而负极处于完全中性状态，电容的工作电压窗口可以拓宽到 1.0～1.25V，能量密度得到一定的提升；当完全放电时，正极氧化程度小于 50%而负极大于 50%[58]。因此，聚合物的 P 型掺杂容量中 75%可以被利用，它们在电容充电和放电半循环中的行为如图 5-4-9 所示。

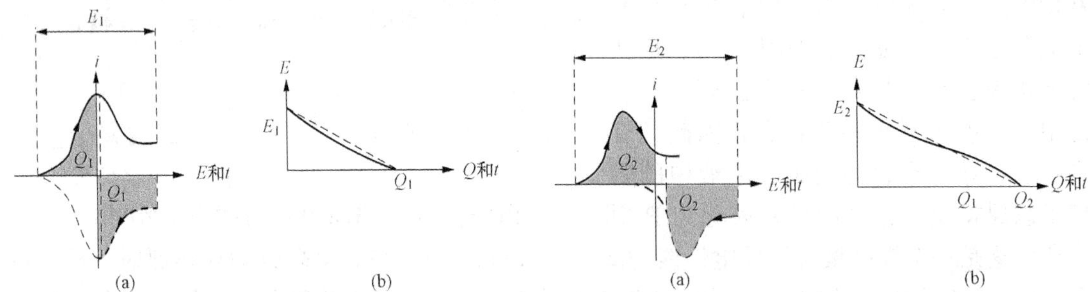

图 5-4-8 Ⅰ型电容电化学示意[85]
（a）充电和放电半循环示意；
（b）放电时电势 E 随时间或电荷 Q 下降

图 5-4-9 Ⅱ型电容电化学示意[85]
（a）充电和放电半循环示意；
（b）放电时电势 E 随时间或电荷 Q 下降

当Ⅲ型电容处于完全充电状态时，正极完全氧化而负极完全还原，因此工作电压处于 1.3～3.5V 范围内，进一步地拓宽了电容的工作电压范围，能量密度可以得到显著的增加[58]。在完全放电状态下，两个电极都处于中性，即聚合物 P 型掺杂和 N 型掺杂的容量 100%都能被利用，其充电和放电半循环中的电化学行为如图 5-4-10 所示。以上三图中，图（a）实线是充电曲线，虚线是放电曲线；图（b）实线是根据图（a）预测的衰减曲线，虚线是微分电容为常数时的衰减曲线。E 是电极工作的电压范围，Q 是电荷量。综上，这 3 种类型的超级电容储存容量的大小顺序通常为：Ⅰ型<Ⅱ型<Ⅲ型，不同构型超级电容的性能指标比较如表 5-4-1 所示。

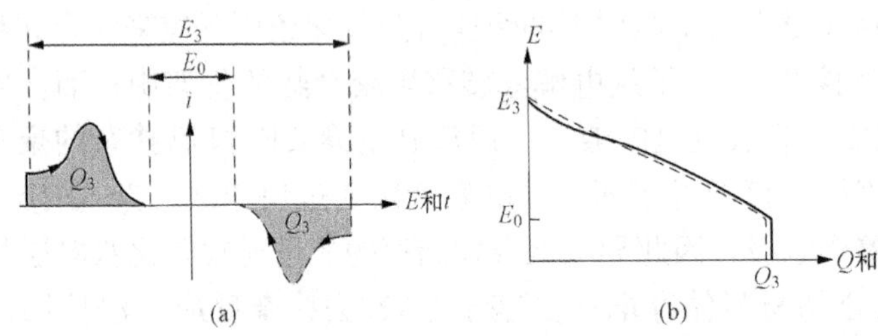

图 5-4-10 Ⅲ型电容电化学示意[85]
（a）充电和放电半循环示意；
（b）放电时电势随时间或电荷下降

表 5-4-1 三种类型导电聚合物作为超级电容的主要性能依据[85]

电容类型	电压/V	电荷密度		能量密度		
		/(C·cm^{-2})	/(C·g^{-1})	/(J·cm^{-2})	/(J·g^{-1})	/(W·h·kg^{-1})
Ⅰ	1.0	1.2	86	0.56	41	11
Ⅱ	1.5	2.2	120	1.9	100	27
Ⅲ	3.1	1.3	52	3.5	140	39

最常用于超级电容的导电聚合物包括聚苯胺（polyaniline，PANI）、聚吡咯（polypyrrole，PPy）、聚噻吩（polythiophene，PTh）及其衍生物聚 3，4-乙烯二氧噻吩（poly 3，4-ethylene dioxythiophene，PEDOT），这些聚合物的典型性质以及他们的理论比电容和电压窗口如表 5-4-2 所示。

表 5-4-2 不同导电聚合物的性质对比[86]

导电聚合物	单体分子量/ (g·mol⁻¹)	掺杂度	导电性/ (S·cm⁻¹)	电压窗口/ V	理论比电容/ (F·g⁻¹)
PANI	93	0.5	0.1～5	0.7	750
PPy	67	0.33	10～50	0.8	620
PTh	84	0.33	300～500	0.8	485
PEDOT	142	0.33	300～400	1.2	210

1. PANI

PANI 是一种Ⅰ型导电聚合物，具有制备方法简单、掺杂能力强（掺杂度约 0.5）、原料便宜、比电容高以及化学稳定性好、易加工等优点，在超级电容领域应用广泛[84]。

PANI 可以通过化学氧化法和电化学沉积法制备，电化学沉积法制备的 PANI（比电容 1500F/g 左右）通常比化学氧化法制备的 PANI（比电容 200F/g 左右）具有更高的比电容。比电容的大小跟聚合物的形貌、电极的厚度和黏结剂的使用有关[57]。美国宾夕法尼亚州立大学 Mallouk 等[87]以氧化铝为硬模板电化学沉积了 PANI，通过调节苯胺单体浓度、沉积电势、电解液浓度等条件实现了从纳米线到纳米管的形貌转换，在 5A/g 的电流密度下最高能达到 734F/g 的比电容。中科院国家纳米科学中心魏志祥等人[88]在各种导电基板上用恒电流电化学沉积法制备了大规模垂直排列的 PANI 纳米线阵列，这种结构非常有利于离子扩散，可以显著增加材料的电化学性能，最高比电容值达到 950F/g，且在 40A/g 的大电流密度下仍能保持 780F/g 的高电容量。PANI 作为电极材料时也存在着一些问题，PANI 在掺杂过程中需要质子的参与，要使用质子溶剂（如无机酸、有机酸）和质子离子液体，这些酸性液体有时会对集流体造成严重的腐蚀[84]。在充放电过程中，聚合物电极在反离子的掺杂和去掺杂中所伴随着的体积变化会引起循环过程中的机械破坏，导致电容的循环稳定性较差，电容衰减较快[84]。PANI 易被氧化而降解，通过表面修饰方法用甲基替换 NH_2 基团中的一个质子，形成聚甲基苯胺，这将稳定氧化过程中氮上面产生的正电荷，从而提高其抗氧化能力和稳定性[57]。

2. PPy

PPy 是应用于Ⅰ型和Ⅱ型电容（正极）最有前途的电极材料之一。与 PANI 相比，它在非质子、水系和非水系电解液中都具有良好的电化学活性，同时具有伸展性好、适合柔性加工等优势[84]。但是 PPy 的比电容（100～500F/g）通常要比 PANI 低得多，主要是因为它的形貌相对较致密，限制了电解液进入聚合物的内部[57]。性能最好的 PPy 电极通常以薄膜电极的形式存在，电极厚度的增加将会导致电化学性能恶化，降低比电容[57]。

PPy 的制备方法比较简单，一般采用化学氧化法或电化学法合成。电化学聚合是制备 PPy 的主要方法，在电化学聚合的过程中要注意对电解液浓度的选取以及对聚合时间的控制，这样才能制备出电化学性能优异的电极材料。德国马普研究所 Maier 等人[89]在草酸溶液中通过循环伏安法（扫速为 200mV/s）在钛箔上电沉积制备了高活性 PPy 电极，它具有高度多孔的纳米结构，在 1mol/L KCl 电解液中可以得到 480F/g 左右的比电容。新疆大学张校刚等人[90]以十六烷基三甲基溴化铵为软模板在 0.2mol/L HCl 溶液中制备了直径为30～50nm 的 PPy 纳米线，具有较高的比表面积和电导率，在 1A/g 的电流密度下时比电容为 282F/g，比普通的 PPy 颗粒高 30%，且 1000 次循环测试后电容保持率高达 87%。为了改善 PPy 的力学性能以及进一步提高其导电性，在 PPy 聚合过程中可对其进行离子掺杂，也可以添加聚己内酰胺纤维、聚酯纤维和三氯化铁等纳米粉体[57]。

3. PTh 及其衍生物

同 PANI 和 PPy 相比，PTh 具有相对较高的氧化掺杂电位，所以 PTh 既可以被氧化进行 P 型掺杂，又可以被还原进行 N 型掺杂，常用于Ⅲ型电容[84]。然而，PTh 的 N 型掺杂过程发生在非常低的电位，接近常规电解液中溶剂的分解电位，在 N 型掺杂状态下具有较 P 型掺杂更低的比电容、更差的导电性和稳定性[57]。这类聚合物电导率较低，具有较高的自放电速率和较差的循环寿命[57]。

为了克服这些限制，科研人员研究制备了一系列低带隙的 PTh 衍生物（即 N 型掺杂发生在更负的电位），通过在噻吩环 3 - 位上用苯基、乙基、烷氧基等官能团取代，显著改善了 PTh 衍生物的稳定性[57]。PTh 衍生物主要有聚 3 - 甲基 - 噻吩、聚 4 - 氟苯基 - 3 - 噻吩和 PE-DOT，其中 PE - DOT 是一种比较受欢迎的 PTh 衍生物，因为它在 P 型掺杂状态时具有较高的电导率（300～400S/cm）、较宽的电压窗口（1.2～1.5V）、良好的电化学动力学、良好的稳定性等优点[57]。但由于 PE - DOT 单体分子量较大以及低的掺杂能力（掺杂度约 0.33），PE - DOT 的理论比电容只有 210F/g，实际报道的比电容在 90F/g 左右[91]。天津大学研究人员[92]以十六烷基三甲基溴化铵为表面活性剂和电解液支撑盐，采用恒电流电化学沉积制备了 PE - DOT 阵列，并详细探讨了十六烷基三甲基溴化铵浓度、溶液 pH 值和电流密度对 PE - DOT 形貌的影响。研究发现 PE - DOT 阵列在扫速 50mV/s 下的比电容可以达到 87F/g，1000 次循环后电容衰减 9.3%。当电容正极用 PE - DOT 而负极采用聚 3，4 - 亚乙二氧基噻吩时，在离子液体中，50 000 次循环以后电容损失仅 2%，循环性能较好。

总之，导电聚合物作为超级电容电极材料具有高倍率性能、高能量密度、绿色环保、成本较低和易于合成等优点。但在实际应用中也存在着一些问题，比如导电聚合物材料机械性能不佳，循环稳定性较差等，需要通过进一步研究进行改善和优化。

5.4.3　新型赝电容材料

近年来，超级电容的电极材料不断涌现出突破性进展，以过渡金属碳氮化物（transition metal carbides and nitrides，MXenes）、过渡金属二卤化物（transition metal dichalcogenides，TMDCs）和钛基化合物为代表的新型赝电容材料被广泛研究，它们往往具有高导电性、高电容量、优良的循环稳定性等优点。

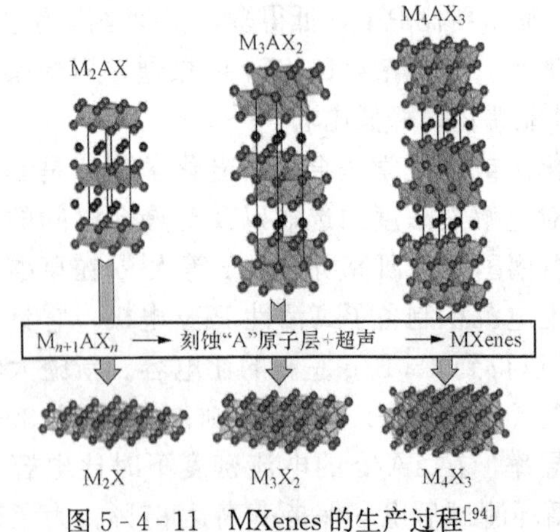

图 5 - 4 - 11　MXenes 的生产过程[94]

1. MXenes

MXenes 是一种新型二维材料，它拥有和石墨烯类似的层状结构，由过渡金属碳化物、氮化物或碳氮化物组成。其前驱体 MAX 相和 MXenes 的结构示意如图 5 - 4 - 11 所示，MAX 相代表一系列三元层状化合物，其中“M”代表过渡金属元素，“A”代表第三主族元素，“X”表示碳或氮。MAX 相属于六方晶型，X 原子填充在由 M 原子紧密堆垛而成的八面体结构中，A 原子则位于 MX 的层间[93]。利用 A 原子和 MX 原子层结合较弱的特点，可选择性刻蚀

A 原子层得到 MXenes。MXenes 的通式为 $M_{n+1}X_nT_x$， “M” 和 “X” 含义与 MAX 相同，“T” 为刻蚀过程中在材料表面产生的官能团（═O、─OH 或─F）。美国德雷塞尔大学的 Barsoum 和 Gogotsi 等人于 2011 年首次报道发现了该材料，在电容、电池、催化等领域引起了广泛关注。研究人员基于不同的过渡金属元素钛、钼、钒、铬等已经发现或预言了超过 200 种稳定存在的 MXenes[94]。

用于刻蚀 MAX 相的刻蚀剂大致可分为含氟酸性溶液和强碱性溶液。含氟酸性溶液通常只需在常温或中温范围内就可发挥作用，包括氢氟酸溶液、氟化氢铵溶液、氟化锂和盐酸混合溶液等。而强碱溶液往往需要在高温或者外加电势的辅助下发挥作用，包括氢氧化钾溶液、四甲基氢氧化铵溶液等。

在 2014 年以前，研究人员大多采用氢氟酸溶液来刻蚀 MAX 相，所得产物为手风琴状的 MXenes。但该方法使用的高浓度氢氟酸溶液极度危险，具有强腐蚀性，给后续处理带来了较大的难度和风险。2014 年，德雷塞尔大学的研究人员[95]在《Nature》期刊发文，首次使用盐酸/氟化锂混合溶液代替氢氟酸溶液作为 MXenes 的刻蚀剂。该方法不仅降低了制备过程中的风险，其刻蚀产物还表现出了更优异的电化学性能（2mV/s 扫速下比电容为 245F/g）。自此后研究人员大多采用盐酸/氟化锂混合溶液作为 MXenes 的刻蚀剂。

碳化钛（$Ti_3C_2T_x$）是最早被发现的 MXenes 材料，也是 MXenes 在储能领域中研究最广泛的材料之一。$Ti_3C_2T_x$ 材料表面带有大量的官能团，如－OH、－O、－F 等，因为这些官能团，$Ti_3C_2T_x$ 具有了优良的亲水性，有利于水合离子进入材料的内部空间。$Ti_3C_2T_x$ 具有优异的电化学性能，其优良的赝电容效应源于微观层状结构和高电导率。在水系电解质中，多种水合阳离子均能通过嵌入 $Ti_3C_2T_x$ 的层间来存储电能。不同于锂离子电池中的锂离子嵌入反应，该过程并未发生晶格相变。2019 年德雷塞尔大学的研究人员[96]通过原位 XRD 分析，阐述了氢离子发生插层赝电容反应的机理，如式（5-4-7）所示。他还提到虽然多种阳离子均能嵌入到 MXenes 的层间，但实际上并未发生和氢离子类似的氧化还原反应。

$$Ti_3C_2O_x(OH)_yF_z+\delta H^++\delta e^- \longleftrightarrow Ti_3C_2O_{x-\delta}(OH)_{y+\delta}F_z \quad (5-4-7)$$

在使用刻蚀剂刻蚀后，通常再通过水洗、超声、离心等一系列步骤可得到 MXenes 分散液，并进一步通过真空抽滤、滚压等方法制作成薄膜电极。2018 年美国奥本大学的研究人员[97]系统地研究了之前的制备方法，并通过实验证明 $Ti_3C_2T_x$ 分散液的片层大小能影响成品薄膜电极的电化学性能，得出结论为使用大片层 $Ti_3C_2T_x$ 构筑的材料拥有更高的电子电导率，而使用小片层 $Ti_3C_2T_x$ 构筑的材料则具有更多的离子传输通道，即拥有更高的离子电导率。基于上述结论，最小强度剥离法被认为是更优越的 $Ti_3C_2T_x$ 材料制备方法。该方法使用盐酸/氟化锂混合溶液作为刻蚀剂，并将后续处理中用于辅助分层的超声过程更换为手动摇晃，得到了兼具大片层（约 3μm）与小片层（约 0.2μm）的薄膜电极材料。测试结果显示该方法制得材料的电化学性能（2mV/s 扫速下比电容为 435F/g）优于普通方法。

通过上述方法制得的 MXenes 薄膜电极材料虽然兼具良好的机械性能和电化学性能，但密集的层间堆叠不利于离子进入，会在很大程度上降低其比电容和倍率性能。薄膜材料的微观结构如图 5-4-12 所示。阳离子插层法是解决该问题的一种有效途径。2013 年美国德雷塞尔大学的研究人员[98]在《Science》期刊上发文证明通过阳离子（如 Na^+、K^+、NH_4^+、Mg^{2+}、Al^{3+}）插层方法可有效扩大薄膜电极的层间间距，最终体积比电容超过 300F/cm^3。

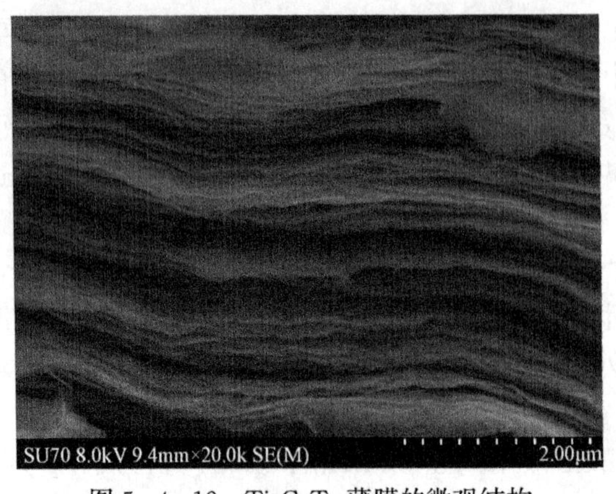

图 5-4-12 $Ti_3C_2T_x$ 薄膜的微观结构

2017 年北京大学的研究人员[99]通过类似的方法将 K^+ 嵌入 $Ti_3C_2T_x$ 的层间，并通过煅烧以去除表面的—F/—OH 等官能团，得到了优于原始 $Ti_3C_2T_x$ 的电容量（1A/g 电流密度下比电容为 517F/g）。此外，掺杂也是一种有效地增加 MXenes 电容量的方法。掺杂不仅能产生新的赝电容，还能增强材料在水系电解质中的浸润性。通过氮掺杂后的 $Ti_3C_2T_x$，具有更好的电化学性能（电流密度下 10A/g 下比电容为 409.2F/g）和极高的循环稳定性（循环 10 000 次容量保持 92.5%）[100]。

2. TMDCs

TMDCs 家族中的类石墨烯结构成员有 MoS_2、WS_2、TiS_2 等，其中以 MoS_2 最具代表性。MoS_2 是辉钼矿的主要成分，具有六方晶体层状结构，层与层之间靠着范德华力连接，层间间距为 0.6～0.7nm。单层 MoS_2 由三个原子层组成，两层硫原子被中间的钼原子隔开，形成了“硫-钼-硫”的三明治结构。由于层间原子配位和层间堆叠方式的不同，二硫化钼具有三种晶相，分别为 2H 相、3R 相和 1T 相[101]，如图 5-4-13 所示。

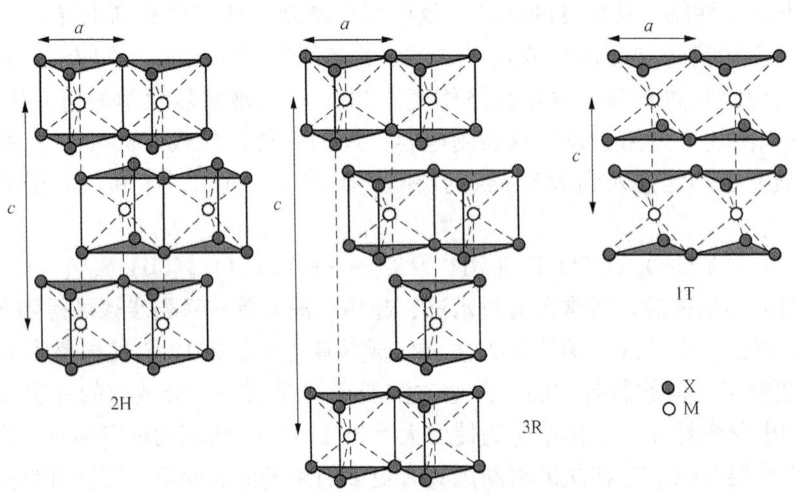

图 5-4-13 MoS_2 的晶体结构[101]

与诸如 MnO_2、RuO_2 等的本征赝电容材料不同，MoS_2 是一种非本征赝电容材料[102]。在含锂离子溶液中块体 MoS_2 表现出类似电池的储能行为。该过程中锂离子的嵌入会导致晶格相变，在循环伏安曲线中表现出稳定的电压平台。但当 MoS_2 被制备成粒径极小的纳米颗粒或特殊的纳米结构时，插层应力的降低可抑制晶格相变，从而表现出不受相变反应速率限制的赝电容行为。因此在超级电容领域研究较多的是单层或者少层的 MoS_2。

单层或少层 MoS_2 的制备方法总的来说可以分为两种。一种是“自顶向下法”，包括了微机剥离法、化学或电化学锂插层法、液相超声剥离法、激光法等。另一种是“自底向上法”，包括化学气相沉积法和湿化学法[103]。以下介绍两种常用的方法：化学或电化学锂插层法和化学气相沉积法。化学或电化学锂插层法是指在外力（高温、电流或电位）辅助下将锂离子嵌入块状材料的层间，剥离得到二维的片状 MoS_2。虽然该方法得到的 MoS_2 纯度不及传统的微机剥离法，但产量却远高于微机剥离法，适合应用于大规模的生产。化学气相沉积法指含硫和含钼前驱体在高温作用下直接反应，所得产物沉积在基底上得到层状 MoS_2。该方法的典型前驱体为三氧化钼和硫粉，前驱体受热挥发在基底上生成单层至多层的 MoS_2 薄膜[103]。化学气相沉积法制得的 MoS_2 薄膜面积和厚度可控，并通常具有良好的电学性能。

常态下 MoS_2 的稳态相为 2H 相，可以稳定长时间存在而不发生变质。但其呈现半导体特性，导电性较差。相较于广泛存在于自然界中的 2H 相 MoS_2，人工合成的 1T 相 MoS_2 则是呈现金属相。它的电导率远优于前者，与常见的石墨烯基材料相当。此外其表面活性位点不只分布在边缘位置，而是分布在整个表面。这些特性赋予了 1T 相 MoS_2 优良的电化学活性。早在 1983 年，不列颠哥伦比亚大学的 Haering 等人[104]就报道了 MoS_2 可由 2H 相转化为 1T 相。但是 1T 相是一种亚稳态相，往往会因为温度、纯度和循环充放电等外在或内在因素，向半导体相转变，从而导致诸如导电性下降、倍率性能降低或电容值减小等一系列问题。由于在实际应用中难以获得足够量的 1T 相 MoS_2，因此在很长一段时间里，学术界对 1T 相 MoS_2 用于电极材料的研究进展并不大。1T 相 MoS_2 在超级电容领域的开发和应用始于 2015 年。美国罗格斯大学的 Chhowalla 等人[105]在有机溶液中对 2H 相 MoS_2 进行了化学剥离，并将其转化为 1T 相 MoS_2。后续将分散的 1T 相 MoS_2 洗涤过滤，制备出层层堆叠的电极材料，在不同水系电解液中展现出很高的电容量（400～700F/cm^3），并在有机电解液中表现出高达 3.5V 的电压窗口。这一发现为二维 TMDCs 在超级电容电极材料开发领域打开了一扇新的大门，1T 相 MoS_2 的材料制备方法、储能机理研究和相工程研究受到了越来越多的关注。

实验室主要利用锂离子对 2H 相 MoS_2 进行插层处理并将其转化为 1T 相。典型的 MoS_2 插层剂是稀释在己烷中的正丁基锂，该反应时间长达 48h 并需要后续处理去除有机物。另外一种受到广泛研究的方法是将 2H 相 MoS_2 和硼氢化锂粉末混合后在 350℃下加热 12h，该方法的反应式见式（5-4-8）。此种方法避免了溶剂的使用，同时反应副产物均为气态，所得到的 MoS_2 纯度更高[106]。此外，电化学法也可用来插层锂离子，并相较于前两种方法拥有更快的反应速度。2014 年中国科学院北京纳米能源与系统研究所的研究人员[107]通过原位高分辨率透射电子显微镜研究了电化学过程中锂离子插层 MoS_2 的机理。在锂离子插层过程中，电子从插层剂转移到 MoS_2 上导致 Mo 原子的 d 轨道电子密度增加，从而诱导了 2H 相的失稳并加速其向 1T 相转化。

$$MX_2 + xLiBH_4 \longrightarrow Li_xMX_2 + \frac{x}{2}B_2H_6 + \frac{x}{2}H^2 \tag{5-4-8}$$

研究人员也已经使用其他离子如 Na^+、K^+、NH_4^+ 等对 MoS_2 进行插层处理以实现相转换。研究表明不同于其他金属阳离子，NH_4^+ 的插层有利于维持 1T 相的稳定[108]。另外有研究发现插层剂的浓度并非越高越好，过量的插层剂反而会导致 1T 相的不稳定[109]。

除了相工程外，选择性合成是另一种用于获得 1T 相 TMDs 的方法，该方法包括了前驱体设计、温度控制、气氛控制、中间体协助等过程。感兴趣的读者可以查阅相关文献做进一步了解。

3. 钛基化合物

钛是一种过渡金属元素，位于元素周期表第三周期，第 IVB 族，其在地壳中的储量居所有元素的第十位，来源广泛。钛基化合物主要包括二氧化钛（TiO_2）、碳化钛（TiC）、氮化钛（TiN）、钛酸盐（$ATiO_3$，A 为金属元素）等。

TiN 为 NaCl 型的面心立方结构，Ti 原子位于面心立方的角顶，而 N 原子则嵌入到 Ti 原子堆积点阵中的八面体位置，晶格常数为 0.4240nm，如图 5-4-14 所示。TiN 是一种组成范围较宽的缺位式固溶体，其稳定的组成范围为 $TiN_{0.6}$ 至 $TiN_{1.16}$[110]。当 N 含量较低时，为 N 缺位固溶体，更多表现出金属性质；当 N 含量较高时，为 Ti 缺位固溶体，更多表现出共价化合物的性质[111]。

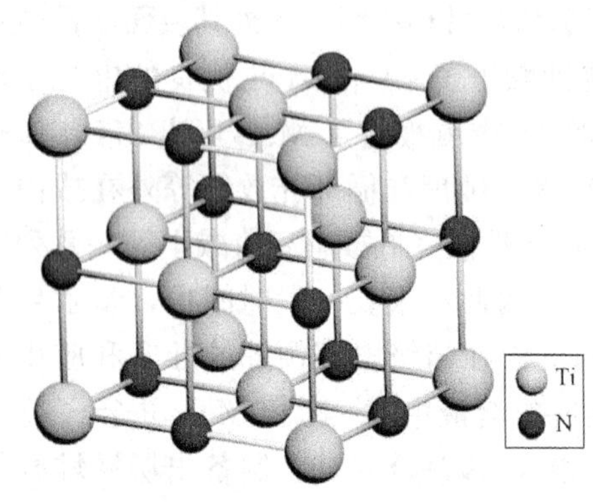

图 5-4-14　TiN 晶体的晶体结构

应用于电化学领域的主要是纳米 TiN 材料，包括纳米颗粒、纳米管、纳米薄膜以及纳米阵列等。制备过程中的温度、时间和原料等因素都会影响到产物中两种元素的比例，从而影响材料的晶格参数以及物化性能。

TiN 纳米颗粒的制备方法多种多样，可在气、液、固三相中合成。按照反应原理可将其分为直接氮化法和还原氮化法。直接氮化法指原料如 TiH_2、Ti、TiO_2 与氮源直接反应获得 TiN 纳米颗粒。还原氮化法则需要加入额外的还原剂如 Mg、Al、C 等固体或者是氨气、氢气等气体，其原料与直接氮化法较为接近，包括 Ti、TiO_2、$TiCl_4$。直接氮化法步骤简单、产品纯度高，但其往往面临着反应温度过高、反应时间过长、产物易结块等问题，相比之下还原氮化法更有优势[111]。此外 TiN 纳米薄膜的制备方法主要包括化学气相沉积、磁控溅射以及离子注入等。

TiN 晶体由金属键、共价键和离子键共同组成，金属键赋予其高的电导率，而共价键和离子键则提供了高的热稳定性和化学稳定性。TiN 的熔点超过 2900℃，同时室温下 TiN 不与大部分稀酸反应，具有很强的耐腐蚀性。

TiN 直接作为超级电容电极材料时的电容量大致在 50～200F/g 之间。中国科学院青岛生物能源与过程研究所的研究人员[112]将预先制备好的 TiO_2 颗粒分别与氰胺（NH_2CN）和氨气反应得到介孔 TiN 颗粒，并在有机电解质中获得了 144F/g 的电容量和 3V 的电压窗口。台湾国立交通大学的裘性天等人[113]通过水热法制备了多孔的 TiN 纳米片并获得了 120.9F/g 的电容量。

一方面虽然已有很多工作致力于控制 TiN 的形貌以获得更好的电化学性能，但 TiN 单独作为电极材料时的电容量仍然较低；另一方面，TiN 纳米阵列所具备的高导电性能，使其在作为活性材料的载体方面受到了广泛的研究。TiN 纳米阵列多由 TiO_2 纳米阵列制备而来，具有比后者更高的导电性能和循环寿命，将其与过渡金属氧化物（如 MnO_2、Co_3O_4）和导电聚合物（如 PANI）等高性能赝电容材料复合能有效提升后者的电容量和倍率性能。中国科学院青岛生物能源与过程研究所的研究人员[114]制备了 TiN 纳米管上负载 MnO_2 的复合电极材料，扫速从 2mV/s 增加到 2000mV/s 时，容量保持率仍有 55%，在电流密度达到 400A/g 时，负载的 MnO_2 仍有 390.2F/g 的高电容量。

尽管 TiN 具备优异的电学性能和高的循环稳定性，但当前的制备工艺中往往涉及了高温和有毒气体（氨气），耗能大且具有危险性。如何突破传统制备方法和工艺的限制，开发方便快捷的制备方法可能是未来该领域的研究重点。

5.5 超级电容储能材料发展前沿

进一步优化超级电容单体的性能，缩小与二次电池（例如镍氢电池和锂离子电池等）之间能量密度的差距，需着眼于提高比电容和拓宽电压窗口，同时降低生产成本。近年来，超级电容领域的研究者围绕上述目标，采用先进的材料制备手段开发新型电极材料。对原有的材料优化设计实现定制化生长也是研究的热点。此外，超级电容应用场景的多样化需要使其具有相应的特殊功能，该研究也日益得到重视。

5.5.1 金属有机框架材料

为了进一步提高超级电容的储能性能，研究者们开发了一些新型超级电容电极材料，如金属有机框架材料。金属有机框架材料是一类由过渡金属中心（金属离子或金属团簇）和由含氧、氮等的多齿有机配体（大多是芳香多酸和多碱）自组装而成的多孔晶态配位聚合物。早在 20 世纪 90 年代中期，第一类金属有机框架材料就被合成出来，但其孔隙率和化学稳定性都不高。改变金属中心或有机配体亦可实现材料的结构和功能的多样性。金属中心在周期性的网格空间中规则、均匀排列，经加热或真空处理去除不饱和金属中心的小分子，可产生金属活性中心或位点。因此与传统的多孔材料相比，金属有机框架材料具有以下优势：可调节的孔结构和尺寸（0.6～2nm）；大的比表面积和超高的孔隙率；大量暴露的过渡金属活性位点。由于上述优异的性质，金属有机框架材料在超级电容领域具有非常好的应用前景，主要有以下方面：直接使用该类材料作为活性物质，物理吸附电解质离子到内表面形成双电层电容或过渡金属中心发生可逆的氧化还原反应；利用其原始结构负载活性物质开发可逆的氧化还原反应；依托原始结构形成金属氧化物，同样利用可逆的金属氧化还原反应存储能量；通过热解形成多孔碳材料，利用其大的比表面积来增大电容[115-117]。

尽管金属有机框架材料具有诸多优点，但依然存在一些问题。首先，该类材料具有较差的导电性和化学稳定性。传统的解决办法是与导电聚合物或者其他碳基导电材料或导电聚合物复合。直到近期，美国麻省理工学院的 Sheberla 等人在《Nature Materials》期刊发表文章，首次报道了在没有添加导电剂和其他黏合剂的条件下，由导电金属有机框架材料制备的超级电容电极，如图 5-5-1 所示[118]。该电极实现了较好的储能性能，为该类材料在超级电容领域的应用开拓了新的方向。其次，以金属有机框架材料的原始结构为模板形成多孔金属氧化物或者碳基材料时，需进一步解决如何维持原始的形貌、防止孔道塌缩等问题。此外，电解液种类与金属有机框架材料的孔洞尺寸的匹配问题，离子在孔洞中特别是 1nm 以下孔洞中的动力学特性等，都需要深入研究。

5.5.2 取向性材料

阵列式取向性材料也值得关注。以石墨烯为例，目前适用于规模化制备的方法是氧化还原法[119,120]。但是该方法存在以下问题：石墨烯片层之间存在较强的范德华力作用，在制备和后续使用中极易产生大量的层间团聚，其比表面积一般仅为数十平方米每克，远低于单层石墨烯（$2675m^2/g$）；同时，无序堆叠形式将严重阻碍离子的运动和吸附，增加了超级电容

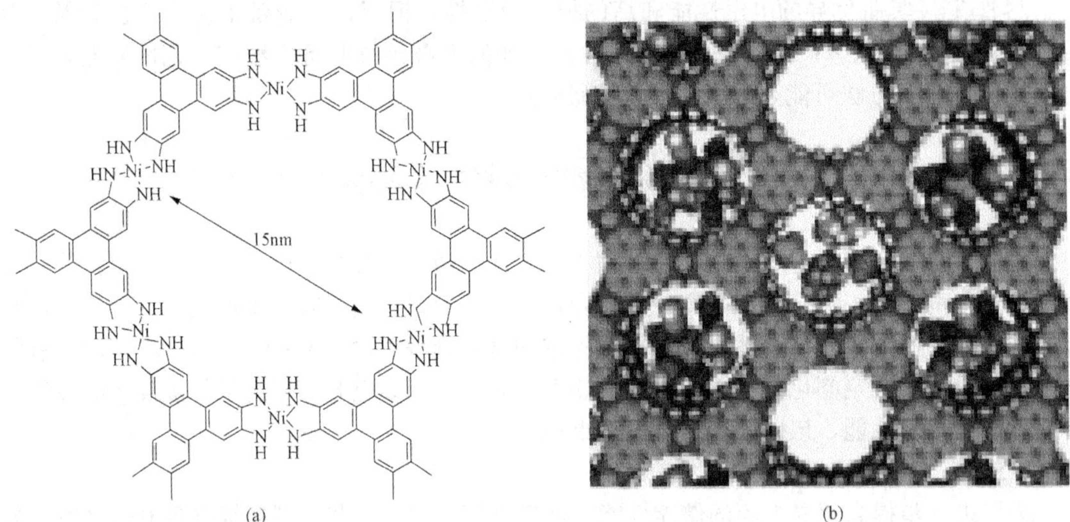

图 5-5-1 导电金属有机框架材料示意[118]

(a) 分子结构和；(b) 电解质进入孔道中的结构

储能内阻；还原后碳氧比仍然较高，富含羟基和羧基等含氧官能团，使得所制备的石墨烯的导电性较差；制备过程包含复杂的氧化、还原、干燥、离心、抽滤等环节，完成整个制备工艺一般需要超过 24h；常用的还原剂如水合肼、硼氢化钠等有较大毒性。

针对上述问题，研究者们致力于改变石墨烯无序堆叠的微观机构。一种有效的途径是通过等离子体方法实现石墨烯在基底上的取向性阵列式直接生长。以甲烷、氢气、氩气等作为气态前驱物，利用等离子体中高能电子、活性基团、反应性离子和电场的综合作用可实现石墨烯的取向性生长，如图 5-5-2 所示[52]，称之为垂直取向石墨烯。相比于传统化学方法制备的水平石墨烯，垂直取向石墨烯所具有的独特阵列式结构具有以下优点：具有独立的垂直自支撑结构，避免了石墨烯片层因范德华而随机堆叠，有利于电子的传输；非团聚形态保证了高的比表面积、片层之间的纳米通道，易于离子的运动和吸附；具有暴露的石墨烯活性边缘，有利于负载其他活性材料、提供催化反应的位点。因此垂直取向石墨烯及其纳米复合材料在电化学和催化等领域也得到广泛的研究。

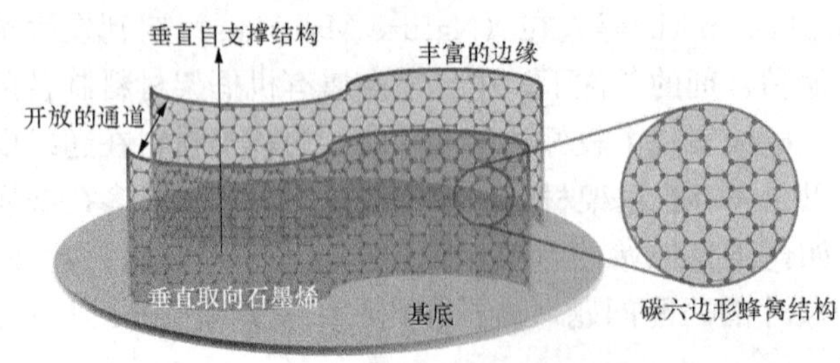

图 5-5-2 垂直取向石墨烯的典型结构示意[52]

2010 年，美国凯斯西储大学 Miller 课题组在《Science》期刊首次报道了基于垂直取向石墨烯的超级电容储能技术。结果表明，相比于活性炭（时间常数大于 1 000 000μs）和通过传统氧化还原方法制备的石墨烯（时间常数约 19 000μs），垂直取向石墨烯超级电容具有极低的时间常数（小于 200μs），可应用于 120Hz 交流电滤波平抑[121]。该团队在 2011 年的后续研究结果表明，垂直取向石墨烯作为储能活性载体可实现比商用铝电解电容器高 6 倍的体积比电容[122]。2013 年，浙江大学薄拯课题组采用垂直取向石墨烯和石墨烯纳米片形成立体式石墨烯超级电容，实现超高的功率密度（112.6kW/kg）和优异的倍率性能（扫速从 20mV/s 增加到 1000mV/s 时，电容保持率达 90%)[123]。其他纳米材料（例如金属有机框架材料、MXene 和二硫化钼等）的取向性制备也是当前研究的热点之一。

5.5.3 热敏型超级电容材料

超级电容具有非常高的功率密度，因此在储能过程中可能会放出大量热量。而电子器件的发展越来越关注于小型化与轻质化，储能设备在充放电过程中更容易导致大量的热聚集，从而引起对热敏型电子元器件的热损坏甚至是安全危害。此外电子器件的高温运行也会降低器件的使用寿命并产生漏电的危险。因此，热失控的预防对发展安全的高功率高能量储能器件非常重要。之前对防止热逃逸也有一些报道，例如安装散热窗、散热管以及风扇等外源型措施。这些方法并不适用于微型器件，因为整个超级电容的空间极其有限，外源型工艺的复杂度和成本都会相应提高。此外，热失控时温度和压力短时间内急剧上升，外部设备很难及时监测到。因此，采取内源型安全散热措施是阻止热失控的有效方法。

受多功能智能设备的启发，赋予超级电容可逆的热敏型是实现微型电子器件可逆热保护的有效策略。目前研究者已经通过对电极材料和电解液的改性，实现了热敏型超级电容的成功制备。一方面，研究者通过构建活性材料和具有正温度系数导电聚合物的复合电极材料，实现了电极导电性的可逆变化。如图 5-5-3（a）所示，当内部温度正常时，活性材料之间充分接触，电子传导顺畅；当内部温度过高时聚合物膨胀，活性材料之间接触不良，电子传导受阻[124]。另一方面，通过具有离子电导率可逆变化特性的热敏型电解液同样也可以实现热敏型超级电容。例如，采用具有可逆溶胶-凝胶转变的热塑性弹性体作为水系电解液载体，如图 5-5-3（b）[125]所示。该电解液在低温下呈溶液状态，亲水段与水系电解液形成氢键，离子可以自由移动，保持高比电容；温度升高时，氢键断裂，聚合物载体转变为凝胶状态抑制离子的移动，比电容降低近 100%，达到关闭储能器件的作用；当设备冷却到正常温度后又恢复运行，展现出优异的可逆循环性。

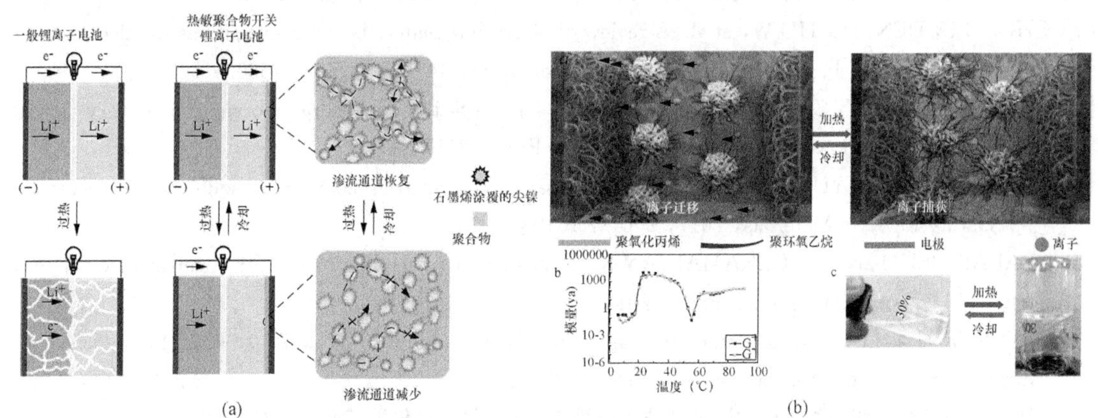

图 5-5-3 两种热敏型超级电容[124,125]

（a）具有正温度系数的导电聚合物做电极构建的热敏型超级电容；

（b）具有可逆溶胶-凝胶转变的热塑性弹性体作为水系电解液载体构建的热敏型超级电容

5.6 本 章 小 结

本章对超级电容及其储能材料进行了介绍，主要包括超级电容储能原理、双电层电容储能材料、赝电容储能材料以及相关发展前沿动态。当前的研究热点在于保持超级电容高功率密度的同时提高其能量密度，为此工业界和学术界进行了大量的机理研究、材料研发和工艺改进。从三维碳材料到新型的低维碳纳米材料，从双电层电容材料到赝电容材料，不同结构、维度和物理化学性质的储能材料被陆续开发，实现了更高的电极比表面积及更优异的电容性能。

面对新需求、新形势，超级电容领域也迎来了全新的机遇和挑战，主要包括：①需要将更多先进的原位表征技术与理论模拟手段用于研究储能材料在电荷存储释放过程中的结构变化和离子的动力学过程，以更好地理解超级电容的能量存储机制；②需要探索和开发具有更好的导电性、更高的比表面积和更稳定的电化学性能的新型电极材料；③需要进一步优化电解液，提高离子传导率和拓宽电压窗口；④需要探索更多种类的低成本金属离子电容，比如钠离子电容和铝离子电容等；⑤需要赋予超级电容多功能化的特性，以满足不同实际应用中的需求；⑥严重的自放电是限制超级电容广泛应用的重要原因之一，在未来超级电容的研究中，减缓自放电过程这一课题需要受到越来越多的重视。

参考文献

[1] CONWAY B E. Electrochemical supercapacitors：scientific fundamentals and technological applications [M]. Springer Science & Business Media，2013.

[2] 米勒. 超级电容器的应用 [M]. 韩晓娟，李建林，田春光，译. 北京：机械工业出版社，2014.

[3] 袁国辉. 电化学电容器 [M]. 北京：化学工业出版社，2006.

[4] GONZALEZ A，GOIKOLEA E，BARRENA J A，et al. Review on supercapacitors：Technologies and materials [J]. Renewable & Sustainable Energy Reviews，2016，58：1189-1206.

[5] 刘玉荣. 碳材料在超级电容器中的应用 [M]. 北京：国防工业出版社，2013.

[6] 张治安. 超级电容器：材料、系统及应用 [M]. 北京：机械工业出版社，2014.

[7] ZHONG C，DENG Y，HU W，et al. A review of electrolyte materials and compositions for electrochemical supercapacitors [J]. Chemical Society Reviews，2015，44 (21)：7484-7539.

[8] YU A，CHABOT V，ZHANG J. Electrochemical supercapacitors for energy storage and delivery：fundamentals and applications [M]. Boca Raton：CRC Press，2017.

[9] MANTHIRAM A，YU X，WANG S. Lithium battery chemistries enabled by solid-state electrolytes [J]. Nature Reviews Materials，2017，2 (4)：16103.

[10] BALAKRISHNAN A，SUBRAMANIAN K. Nanostructured ceramic oxides for supercapacitor applications [M]. Boca Raton：CRC Press，2014.

[11] BECKER H I. Low voltage electrolytic capacitor，2800616 [P/OL]. 1957-07-23 [1958-05-02]. https：//patents.google.com/patent/US2800616A/en.

[12] 康维. 电化学超级电容：科学原理及技术应用 [M]. 北京：化学工业出版社，2005.

[13] HELMHOLTZ H. Ueber einige Gesetze der Vertheilung elektrischer Ströme in körperlichen Leitern，mit Anwendung auf die thierisch-elektrischen Versuche (Schluss.) [J]. 1853，165 (7)：353-377.

[14] 李荻. 电化学原理 [M]. 北京：北京航空航天大学出版社，1999.

[15] GOUY M. Sur la constitution de la charge électrique à la surface d'un électrolyte [J]. 1910，9 (1)：457-468.

[16] CHAPMAN D L. A contribution to the theory of electrocapillarity [J]. Philosophical Magazine，1913，25 (148)：475-481.

[17] STERN O. Zur eorie der elektrolytischen doppelschicht [J]. 1924, 30 (21-22): 508-516.

[18] BOCKRIS J O M, DEVANATHAN M A V, MULLER K, et al. On the structure of charged interfaces [J]. 1963, 274 (1356): 55-79.

[19] HUANG J S, SUMPTER B G, MEUNIER V. Theoretical model for nanoporous carbon supercapacitors [J]. Angewandte Chemie-International Edition, 2008, 47 (3): 520-524.

[20] HUANG J S, SUMPTER B G, MEUNIER V. A universal model for nanoporous carbon supercapacitors applicable to diverse pore regimes, carbon materials, and electrolytes [J]. Chemistry, 2008, 14 (22): 6614-6626.

[21] RUFFORD T E, HULICOVA-JURCAKOVA D, ZHU Z, et al. Empirical analysis of the contributions of mesopores and micropores to the double-layer capacitance of carbons [J]. The Journal of Physical Chemistry C, 2009, 113 (44): 19335-19343.

[22] HUANG J S, SUMPTER B G, MEUNIER V, et al. Curvature effects in carbon nanomaterials: exohedral versus endohedral supercapacitors [J]. Journal of Materials Research, 2010, 25 (8): 1525-1531.

[23] FENG G, QIAO R, HUANG J S, et al. Ion distribution in electrified micropores and its role in the anomalous enhancement of capacitance [J]. Acs Nano, 2010, 4 (4): 2382-2390.

[24] KORNYSHEV A A. Double-layer in ionic liquids: paradigm change? [J]. Journal of Physical Chemistry B, 2007, 111 (20): 5545-5557.

[25] AUGUSTYN V, SIMON P, DUNN B. Pseudocapacitive oxide materials for high-rate electrochemical energy storage [J]. Energy & Environmental Science, 2014, 7 (5): 1597-1614.

[26] FERNANDEZ J A, MORISHITA T, TOYODA M, et al. Performance of mesoporous carbons derived from poly (vinyl alcohol) in electrochemical capacitors [J]. Journal of Power Sources, 2008, 175 (1): 675-679.

[27] SIMON P, BURKE A. Nanostructured carbons: double-layer capacitance and more [J]. Electrochemical Society Interface, 2008, 17: 38-43.

[28] 郑祥伟，胡中华，刘亚菲，等．中等比表面积高容量活性炭电极材料制备和表征 [J]．复旦学报（自然科学版），2009，48 (01)：58-64+72.

[29] 丁浩，刘少聪，施雪军，等．核桃壳制备活性炭的电化学性能研究 [J]．四川化工，2011，14 (4)：24-27.

[30] 左晓希，李伟善．超级电容器用活性炭电极的制备及电化学性能研究 [J]．华南师范大学学报（自然科学版），2005，(1)：77-81.

[31] 沈丁，杨绍斌．酚醛树脂制备超级电容器电极材料 [J]．电子元件与材料，2008，(5)：48-51.

[32] ALARIFI I M. Investigation the conductivity of carbon fiber composites focusing on measurement techniques under dynamic and static loads [J]. Journal of Materials Research and Technology, 2019, 8 (5): 4863-4893.

[33] PANDOLFO A G, HOLLENKAMP A F. Carbon properties and their role in supercapacitors [J]. Journal of Power Sources, 2006, 157 (1): 11-27.

[34] 刘凤丹，王成扬，杜嬛，等．苎麻基活性碳纤维超级电容器材料的制备 [J]．电源技术，2009，33 (12)：1086-1089.

[35] KIM C, KIM J S, KIM S J, et al. Supercapacitors prepared from carbon nanofibers electrospun from polybenzimidazol [J]. Journal of the Electrochemical Society, 2004, 151 (5): A769-A773.

[36] CHMIOLA J, YUSHIN G, GOGOTSI Y, et al. Anomalous increase in carbon capacitance at pore sizes less than 1 nanometer [J]. Science, 2006, 313 (5794): 1760-1763.

[37] KRATSCHMER W, LAMB L D, FOSTIROPOULOS K, et al. Solid C-60 - a new form of carbon

[J]. Nature，1990，347 (6291)：354 - 358.

[38] DAI L M，CHANG D W，BAEK J B，et al. Carbon nanomaterials for advanced energy conversion and storage [J] . Small，2012，8 (8)：1130 - 1166.

[39] PECH D，BRUNET M，DUROU H，et al. Ultrahigh - power micrometre - sized supercapacitors based on onion - like carbon [J] . Nature Nanotechnology，2010，5 (9)：651 - 654.

[40] FENG G，JIANG D E，CUMMINGS P T. Curvature effect on the capacitance of electric double layers at ionic liquid/onion - like carbon interfaces [J] . Journal of Chemical Theory and Computation，2012，8 (3)：1058 - 1063.

[41] BUSHUEVA E G，GALKIN P S，OKOTRUB A V，et al. Double layer supercapacitor properties of onion - like carbon materials [J] . Physica Status Solidi b - Basic Solid State Physics，2008，245 (10)：2296 - 2299.

[42] PORTET C，CHMIOLA J，GOGOTSI Y，et al. Electrochemical characterizations of carbon nanomaterials by the cavity microelectrode technique [J] . Electrochimica Acta，2008，53 (26)：7675 - 7680.

[43] SUN Y Q，WU Q O，XU Y X，et al. Highly conductive and flexible mesoporous graphitic films prepared by graphitizing the composites of graphene oxide and nanodiamond [J] . Journal of Materials Chemistry，2011，21 (20)：7154 - 7160.

[44] IIJIMA S. Helical microtubules of graphitic carbon [J] . Nature，1991，354 (6348)：56 - 58.

[45] 赵江．高质量多壁碳纳米管的制备方法和应用研究 [D] . 上海交通大学，2013.

[46] WANG G P，ZHANG L，ZHANG J J. A review of electrode materials for electrochemical supercapacitors [J] . Chemical Society Reviews，2012，41 (2)：797 - 828.

[47] AN K H，JEON K K，HEO J K，et al. High - capacitance supercapacitor using a nanocomposite electrode of single - walled carbon nanotube and polypyrrole [J] . Journal of the Electrochemical Society，2002，149 (8)：A1058 - A1062.

[48] LEE Y H，AN K H，LIM S C，et al. Applications of carbon nanotubes to energy storage devices [J] . New Diamond and Frontier Carbon Technology，2002，12 (4)：209 - 228.

[49] CHEN J H，LI W Z，WANG D Z，et al. Electrochemical characterization of carbon nanotubes as electrode in electrochemical double - layer capacitors [J] . Carbon，2002，40 (8)：1193 - 1197.

[50] NOVOSELOV K S，GEIM A K，MOROZOV S V，et al. Electric field effect in atomically thin carbon films [J] . Science，2004，306 (5696)：666 - 669.

[51] 曹宇臣，郭鸣明．石墨烯材料及其应用 [J] . 石油化工，2016，45 (10)：1149 - 1159.

[52] BO Z，MAO S，HAN Z J，et al. Emerging energy and environmental applications of vertically - oriented graphenes [J] . Chemical Society Reviews，2015，44 (8)：2108 - 2121.

[53] LI D，MULLER M B，GILJE S，et al. Processable aqueous dispersions of graphene nanosheets [J] . Nature Nanotechnology，2008，3 (2)：101 - 105.

[54] ZHU Y W，MURALI S，STOLLER M D，et al. Carbon - based supercapacitors produced by activation of graphene [J] . Science，2011，332 (6037)：1537 - 1541.

[55] SEO D H，HAN Z J，KUMAR S，et al. Structure - controlled，vertical graphene - based，binder - free electrodes from plasma - reformed butter enhance supercapacitor performance [J] . Advanced Energy Materials，2013，3 (10)：1316 - 1323.

[56] FAN Z，YAN J，ZHI L，et al. A three - dimensional carbon nanotube/graphene sandwich and its application as electrode in supercapacitors [J] . Advanced Materials，2010，22 (33)：3723 - 3728.

[57] ELZBIETA F，FRANCOIS B. Supercapacitors：materials，systems，and applications [M] . Weinheim：Wiley - VCH，2013.

[58] CONWAY B E. Electrochemical supercapacitors：scientific fundamentals and technological applications

[M]. New York/London: Kluwer Academic/Plenum, 1999.

[59] ZHENG J P, CYGAN P J, JOW T R. Hydrous ruthenium oxide as an electrode material for electrochemical capacitors [J]. Cheminform, 1995, 142 (8): 2699-2704.

[60] MCKEOWN D A, HAGANS P L, CARETTE L P L, et al. Structure of hydrous ruthenium oxides: implications for charge storage [J]. Journal of Physical Chemistry B, 1999, 103 (23): 4825-4832.

[61] ZHENG J P, JOW T R. A new charge storage mechanism for electrochemical capacitors [J]. Mrs Proceedings, 1995, 393 (1): L6-L8.

[62] PARK B O, LOKHANDE C D, PARK H S, et al. Cathodic electrodeposition of RuO_2 thin films from Ru (III) Cl_3 solution [J]. Materials Chemistry & Physics, 2004, 87 (1): 59-66.

[63] HU C C, HUANG Y H. Effects of preparation variables on the deposition rate and physicochemical properties of hydrous ruthenium oxide for electrochemical capacitors [J]. Electrochimica Acta, 2002, 46 (22): 3431-3444.

[64] 孔姝颖. 锰氧化物及钌氧化物复合材料的制备及其电化学电容性能的研究 [D]. 哈尔滨工程大学, 2017.

[65] DEVARAJ S, MUNICHANDRAIAH N. Effect of crystallographic structure of MnO_2 on its electrochemical capacitance properties [J]. J Phys Chem C, 2008, 112 (11): 4406-17.

[66] LEE H Y, GOODENOUGH J B. Supercapacitor behavior with KCl electrolyte [J]. Journal of Solid State Chemistry, 1999, 144 (1): 220-223.

[67] TOUPIN M, BROUSSE T, BELANGER D. Charge storage mechanism of MnO_2 electrode used in aqueous electrochemical capacitor [J]. Chemistry of Materials, 2004, 16 (16): 3184-3190.

[68] 张勇. 基于模板法构筑的大比表面功能纳米材料 [D]. 山东大学, 2019.

[69] LI F, XING Y, HUANG M, et al. MnO_2 nanostructures with three-dimensional (3D) morphology replicated from diatoms for high-performance supercapacitors [J]. Journal of Materials Chemistry A, 2015, 3 (15): 7855-7861.

[70] 黄徽. 有序介孔金属氧化物的制备、改性及其光催化性能研究 [D]. 苏州大学, 2014.

[71] LI W Y, LIU Q, SUN Y G, et al. MnO_2 ultralong nanowires with better electrical conductivity and enhanced supercapacitor performances [J]. Journal of Materials Chemistry, 2012, 22 (30): 14864-14867.

[72] DAI Y, LI J L, YAN G, et al. Preparation of the cactus-like porous manganese oxide assisted with surfactant sodium dodecyl sulfate for supercapacitors [J]. Journal of Alloys and Compounds, 2015, 621: 86-92.

[73] WEI C, PANG H, ZHANG B, et al. Two-dimensional β-MnO_2 nanowire network with enhanced electrochemical capacitance [J]. Scientific Reports, 2013, 3 (1): 2193.

[74] SARKAR A, SATPATI A K, KUMAR V, et al. Sol-gel synthesis of manganese oxide films and their predominant electrochemical properties [J]. Electrochimica Acta, 2015, 167: 126-131.

[75] XIONG Z, SUN X, ZHANG H, et al. Microwave-assisted reflux rapid synthesis of MnO_2 nanostructures and their application in supercapacitors [J]. Electrochimica Acta, 2013, 87 (1): 637-644.

[76] SUN Z P, FIRDOZ S, YAP E Y X, et al. Hierarchically structured MnO_2 nanowires supported on hollow Ni dendrites for high-performance supercapacitors [J]. Nanoscale, 2013, 5 (10): 4379-4387.

[77] LI X H, WANG G Y, WANG X W, et al. Flexible supercapacitor based on MnO_2 nanoparticles via electrospinning [J]. Journal of Materials Chemistry A, 2013, 1 (35): 10103-10106.

[78] 樊玉欠. 基于电化学方法的 Co_3O_4 纳米薄膜材料制备及其性能研究 [D]. 浙江大学, 2012.

[79] 沈计志. 液相起始改进熔盐法制备过渡族金属氧化物及其控形研究 [D]. 华侨大学, 2019.

[80] 谢思杰. 氧化钨基电致变色与能量存储双功能器件研究 [D]. 中国科学院大学(中国科学院上海硅

酸盐研究所)，2019.

[81] 逯家宁．氧化钒薄膜金属—绝缘体相变特性研究［D］．天津大学，2009.

[82] SHIRAKAWA H，LOUIS E J，MACDIARMID A G，et al. Synthesis of electrically conducting organic polymers - halogen derivatives of polyacetylene，(Ch) X［J］．Journal of the Chemical Society - Chemical Communications，1977，(16)：578 - 580.

[83] 武文玲．不同维度导电聚合物基电极材料的制备及其电化学性能研究［D］．兰州大学，2016.

[84] 王辉辉．聚苯胺基高性能超级电容器复合电极材料的结构设计、调控及构性关系［D］．重庆大学，2017.

[85] RUDGE A，DAVEY J，RAISTRICK I，et al. Conducting polymers as active materials in electrochemical capacitors［J］．Journal of Power Sources，1994，47 (1 - 2)：89 - 107.

[86] SNOOK G A，KAO P，BEST A S. Conducting - polymer - based supercapacitor devices and electrodes［J］．Journal of Power Sources，2011，196 (1)：1 - 12.

[87] CAO Y，MALLOUK T E. Morphology of template - grown polyaniline nanowires and its effect on the electrochemical capacitance of nanowire arrays［J］．Chemistry of Materials，2008，20 (16)：5260 - 5265.

[88] WANG K，HUANG J Y，WEI Z X. Conducting polyaniline nanowire arrays for high performance supercapacitors［J］．Journal of Physical Chemistry C，2010，114 (17)：8062 - 8067.

[89] FAN L，MAIER J. High - performance polypyrrole electrode materials for redox supercapacitors［J］．Electrochemistry Communications，2006，8 (6)：937 - 940.

[90] WU Q F，HE K X，MI H Y，et al. Electrochemical capacitance of polypyrrole nanowire prepared by using cetyltrimethylammonium bromide (CTAB) as soft template［J］．Materials Chemistry & Physics，2007，101 (2 - 3)：367 - 371.

[91] ANOTHUMAKKOOL B，SONI R，BHANGE S N，et al. Novel scalable synthesis of highly conducting and robust PEDOT paper for a high performance flexible solid supercapacitor［J］．Energy & Environmental Science，2015，8 (4)：1339 - 1347.

[92] YU L，WANG B，CHEN H，et al. Improvement of the electrochemical properties via poly (3，4 - ethylenedioxythiophene) oriented micro/nanorods［J］．Journal of Power Sources，2010，195 (9)：3025 - 3030.

[93] 郑伟，杨莉，张培根．二维材料 MXene 的储能性能与应用［J］．材料导报，2018，15：2513 - 2537.

[94] PANG J B，MENDES R G，BACHMATIUK A，et al. Applications of 2D MXenes in energy conversion and storage systems［J］．Chemical Society Reviews，2019，48 (1)：72 - 133.

[95] GHIDIU M，LUKATSKAYA M R，ZHAO M Q，et al. Conductive two - dimensional titanium carbide 'clay' with high volumetric capacitance［J］．Nature，2014，516 (7529)：78 - 81.

[96] MU X P，WANG D S，DU F，et al. Revealing the pseudo - intercalation charge storage mechanism of mxenes in acidic electrolyte［J］．Advanced Functional Materials，2019，29 (29)：1902953.

[97] KAYALI E，VAHIDMOHAMMADI A，ORANGI J，et al. Controlling the dimensions of 2D mxenes for ultrahigh - rate pseudocapacitive energy storage［J］．Acs Applied Materials & Interfaces，2018，10 (31)：25949 - 25954.

[98] LUKATSKAYA M R，MASHTALIR O，REN C E，et al. Cation intercalation and high volumetric capacitance of two - dimensional titanium carbide［J］．Science，2013，341 (6153)：1502 - 1505.

[99] LI J，YUAN X T，LIN C，et al. Achieving high pseudocapacitance of 2D titanium carbide (Mxene) by cation intercalation and surface modification［J］．Advanced Energy Materials，2017，7 (15)：1602725.

[100] ZHAO T K，ZHANG J K，DU Z，et al. Dopamine - derived N - doped carbon decorated titanium carbide composite for enhanced supercapacitive performance［J］．Electrochimica Acta，2017，254：308 - 319.

[101] WANG Q H，KALANTAR - ZADEH K，KIS A，et al. Electronics and optoelectronics of two - dimen-

sional transition metal dichalcogenides [J]. Nature Nanotechnology, 2012, 7 (11): 699-712.

[102] CHOI C, ASHBY D S, BUTTS D M, et al. Achieving high energy density and high power density with pseudocapacitive materials [J]. Nature Reviews Materials, 2019, 5 (1): 5-19.

[103] HUANG X, ZENG Z Y, ZHANG H. Metal dichalcogenide nanosheets: preparation, properties and applications [J]. Chemical Society Reviews, 2013, 42 (5): 1934-1946.

[104] PY M A, HAERING R R. Structural destabilization induced by lithium intercalation in MoS_2 and related-compounds [J]. Canadian Journal of Physics, 1983, 61 (1): 76-84.

[105] ACERCE M, VOIRY D, CHHOWALLA M. Metallic 1T phase MoS_2 nanosheets as supercapacitor electrode materials [J]. Nature Nanotechnology, 2015, 10 (4): 313-318.

[106] VOIRY D, MOHITE A, CHHOWALLA M. Phase engineering of transition metal dichalcogenides [J]. Chemical Society Reviews, 2015, 44 (9): 2702-2712.

[107] WANG L F, XU Z, WANG W L, et al. Atomic mechanism of dynamic electrochemical lithiation processes of MoS_2 nanosheets [J]. Journal of the American Chemical Society, 2014, 136 (18): 6693-6697.

[108] LIU Q, LI X L, HE Q, et al. Gram-scale aqueous synthesis of stable few-layered 1T-MoS_2: Applications for visible-light-driven photocatalytic hydrogen evolution [J]. Small, 2015, 11 (41): 5556-5564.

[109] WANG X F, SHEN X, WANG Z X, et al. Atomic-scale clarification of structural transition of MoS_2 upon sodium intercalation [J]. Acs Nano, 2014, 8 (11): 11394-11400.

[110] 杨锦. 纳米晶 Ti (C, N) 粉末制备工艺研究 [D]. 四川大学, 2005.

[111] 吴宁浩. 纳米氮化钛的制备及其电化学性能研究 [D]. 浙江工业大学, 2015.

[112] DONG S M, CHEN X A, GU L, et al. Facile preparation of mesoporous titanium nitride microspheres for electrochemical energy storage [J]. Acs Applied Materials & Interfaces, 2011, 3 (1): 93-98.

[113] CHEN T T, LIU H P, WEI Y J, et al. Porous titanium oxynitride sheets as electrochemical electrodes for energy storage [J]. Nanoscale, 2014, 6 (10): 5106-5109.

[114] DONG S M, CHEN X, GU L, et al. One dimensional MnO_2/titanium nitride nanotube coaxial arrays for high performance electrochemical capacitive energy storage [J]. Energy & Environmental Science, 2011, 4 (9): 3502-3508.

[115] 张义东. 基于金属有机骨架的超级电容器电极材料的制备与性能研究 [D]. 东南大学, 2016.

[116] DU W, BAI Y-L, XU J, et al. Advanced metal-organic frameworks (MOFs) and their derived electrode materials for supercapacitors [J]. Journal of Power Sources, 2018, 402: 281-295.

[117] KE F S, WU Y S, DENG H. Metal-organic frameworks for lithium ion batteries and supercapacitors [J]. Journal of Solid State Chemistry, 2015, 223: 109-121.

[118] SHEBERLA D, BACHMAN J C, ELIAS J S, et al. Conductive MOF electrodes for stable supercapacitors with high areal capacitance [J]. Nature Materials, 2017, 16 (2): 220-224.

[119] WANG Y, SHI Z, HUANG Y, et al. Supercapacitor devices based on graphene materials [J]. The journal of Physical Chemistry C, 2009, 113 (30): 13103-13107.

[120] BECERRIL H A, MAO J, LIU Z, et al. Evaluation of solution-processed reduced graphene oxide films as transparent conductors [J]. Acs Nano, 2008, 2 (3): 463-470.

[121] MILLER J R, OUTLAW R A, HOLLOWAY B C. Graphene double-layer capacitor with ac line-filtering performance [J]. Science, 2010, 329 (5999): 1637-1639.

[122] MILLER J R, OUTLAW R A, HOLLOWAY B C. Graphene electric double layer capacitor with ultra-high-power performance [J]. Electrochimica Acta, 2011, 56 (28): 10443-10449.

[123] BO Z，ZHU W，MA W，et al. Vertically oriented graphene bridging active-layer/current-collector interface for ultrahigh rate supercapacitors [J]. Advanced Materials，2013，25 (40)：5799-5806.
[124] CHEN Z，HSU P-C，LOPEZ J，et al. Fast and reversible thermoresponsive polymer switching materials for safer batteries [J]. Nature Energy，2016，1 (1)：15009.
[125] SHI Y，HA H，AL-SUDANI A，et al. Thermoplastic elastomer-enabled smart electrolyte for thermoresponsive self-protection of electrochemical energy storage devices [J]. Advanced Materials，2016，28：7921-7928.

第六章　气体传感器材料

6.1　气体传感器概述

6.1.1　传感器简介

传感器（transducer or sensor）是一种能感受被测物理量或化学量并按照一定的规律将其转换成易检测信号（如电信号、光信号等形式的输出信号）的器件或装置，通常由敏感元件（sensitive element）和转换元件（transduction element）组成。敏感元件是指传感器中直接感受被测量并产生响应的部件，根据其感知功能可以分为光敏元件、气敏元件、热敏元件、力敏元件、湿敏元件、色敏元件、声敏元件和磁敏元件等；转换元件指传感器中能将敏感元件感应被测量产生的响应转换成检测信号的部件。

图 6-1-1 是传感器的原理和组成示意。在一般情况下，输入传感器的信号强度较小，并且会伴有噪声和信号干扰。传感器首先通过敏感元件和转换元件将输入的信号转换成某种可被检测的输出信号，之后通过微处理器或信号放大器等单元将输出信号线性化和可视化，实现完整的传感过程。

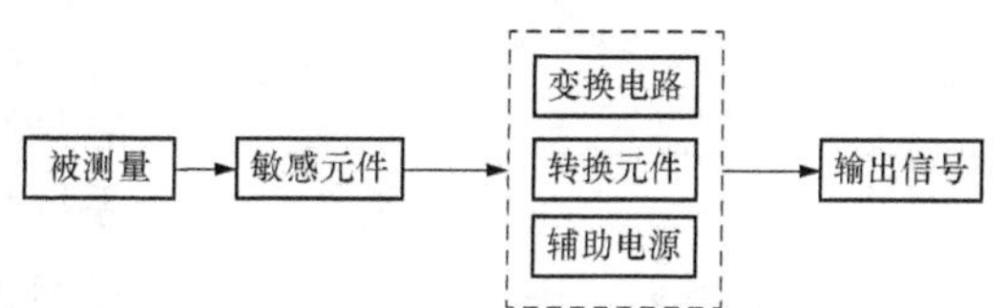

图 6-1-1　传感器原理和组成示意

1. 传感器的基本特性

传感器一般具有数字化、微型化、智能化、系统化和网络化等特点。传感器的基本特性主要是指传感器的输入信号和输出信号之间的对应关系，它一般分为静态特性和动态特性两种形式。传感器的静态特性是指当输入信号处于不随时间变化的状态时，传感器的输出信号与输入信号之间的对应关系，常用的表征传感器静态特性的参数有：灵敏度、线性度、重复性、稳定性、分辨力、迟滞、漂移等；而在实际工作环境中，经常需要长时间连续观察输出信号，当传感器的输入信号随时间发生变化时，传感器输出信号的特性就是它的动态特性。

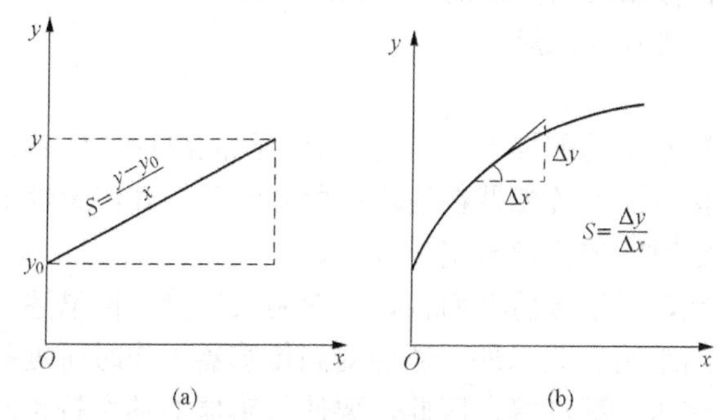

图 6-1-2　传感器灵敏度（S）拟合曲线

（a）线性拟合；（b）非线性拟合

2. 传感器的性能指标

（1）灵敏度。

灵敏度（S）是指传感器在比较稳定的工作状态下，传感器响应单位量待测物质变化所产生的输出信号的变化量。根据输出-输入曲线，如果传感器的输出（y）和输入（x）之间呈线性关系，则灵敏度就是静态特性拟合直线的斜率，如图 6-1-2（a）所示，$S=\frac{y-y_0}{x}$，它是一个常数。对非线性传感器，它的灵敏度是一个变量，传感器在某一点的灵敏度可以用$\frac{\mathrm{d}y}{\mathrm{d}x}$算得，如图6-1-2（b）所示。

关于灵敏度的量纲，它是输出量与输入量量纲的比，当传感器的输入量与输出量的量纲相同时，灵敏度可以被理解为该传感器的放大倍数。而当输入输出二者的量纲不同时，如对某一温度传感器，其输入信号为温度（℃），输出为电压（V），则该传感器灵敏度的量纲为V/℃。

（2）线性度。

线性度又称为“非线性误差”，它的定义为在被测输入信号处于稳定状态的前提下，传感器校准曲线与拟合直线间的最大偏差（Δy_{max}）与满量程输出（y）的百分比，表示为

$$\delta=\frac{\Delta y_{max}}{y}\times 100\% \tag{6-1-1}$$

如图6-1-3所示，该传感器的线性度为

$$\delta=\frac{\Delta L_{max}}{y_{max}-y_{min}}\times 100\% \tag{6-1-2}$$

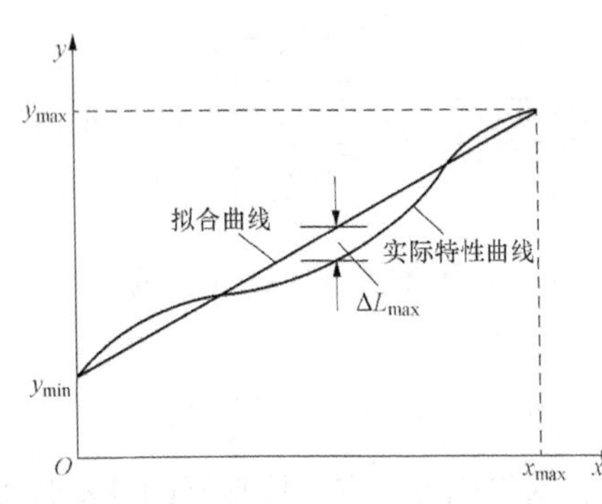

图6-1-3　传感器线性度示意

线性度是表示传感器静态特性的一个重要指标，它是测试传感器的输出信号与输入信号能否如理想系统那样保持线性比例关系的一种度量，线性度的绝对值越小，表示该传感器的线性特性越好。一个传感器的线性度由传感器的基本误差极限以及其他环境条件（如电源波动、湿度变化、温度变化、频率改变）等因素决定。

（3）重复性。

重复性是传感器的另一个重要指标，它是指同一传感器在输入端按照同一方向进行全量程多次重复测试时，得到特性曲线的不一致的程度。对传感器进行多次重复信号输入后，得到的输出特性曲线越重合即误差越小，则该传感器的重复性越好。传感器的重复性主要与敏感元件性能，传感器部件间的摩擦，机械部分的磨损、松动以及辅助电路漂移、损耗、老化等因素有关。简单来说，重复性反映的是传感器内部机理缺陷所导致的工作误差。因此，如果某个传感器的重复性较差，说明其内部器件及工作机理存在问题。

（4）稳定性。

所谓传感器的稳定性是指在工作条件保持不变的前提下，经过一定时间间隔后，传感器的输出与起始标定时的输出之间的差异，它指示的是传感器在使用一段时间后，其传感性能保持稳定的能力，可以用输出值的变化与选定时间的比值来定量表示。

稳定性可以分为短期稳定性和长期稳定性，对于传感器而言，一般用长期稳定性描述其稳定性。传感器的稳定性除了与传感器本身的结构有关以外，还会受到传感器工作时所处的外界环境影响，如电源电压、频率、气温、气压、湿度等。因此，要使传感器能够在较长时间内稳定工作，必须对传感器的使用环境进行评估，并采取适当的措施减少长期使用后外界环境可能对传感器带来的影响，以此提高传感器的环境适应能力。在某些不易更换或标定的工作环境中，对所选用传感器的稳定性有更严格的控制，以保证其满足工作需求。此外，传

感器的稳定性通常与其灵敏度有关。一般而言，传感器的灵敏度越高，它的工作范围越窄，而传感器的稳定性往往也越差。在实际工作中，应该根据特定需求合理调整传感器的工作参数。

（5）分辨力。

分辨力是指传感器能够检测到的被测量最小变化的能力。当输入信号从某一非零值开始变化时，在未到达某个特定值之前，传感器分辨不出这种输入信号的差异从而在输出端不会发生变化；而当到达及超过这个特定值后，传感器可以感受到输入端的变化，这个能检测到的最小输入增量就是传感器的分辨力。传感器的分辨力一般用绝对值来表示，也可以计算传感器能感受到的最小变化量与满量程输入值的比值，用百分比来表示，这个百分比也被称为传感器的分辨率。

（6）迟滞。

传感器的迟滞特性是指在对传感器输入正向行程（输入信号由小到大）和反向行程（输入信号由大到小）时，传感器的输出-输入特性曲线不一致的程度。对于传感器而言，一般希望其迟滞效应越小越好。

如图 6-1-4 所示，对传感器进行上、下行程同样大小的输入量时，传感器往往会对应不同的输出量，通过计算出这种输出量差异的最大值 ΔH_{max}，并与满量程输出 y_{fs} 作比值，以此百分比表示该传感器迟滞程度的大小，即 $\gamma=\frac{\Delta H_{max}}{y_{fs}}\times 100\%$。造成传感器迟滞现象的可能原因有仪器元件的物理性质变化，机械传动机构的缺陷、间隙、磨损、紧固件松动，敏感元件灵敏性的变化等。

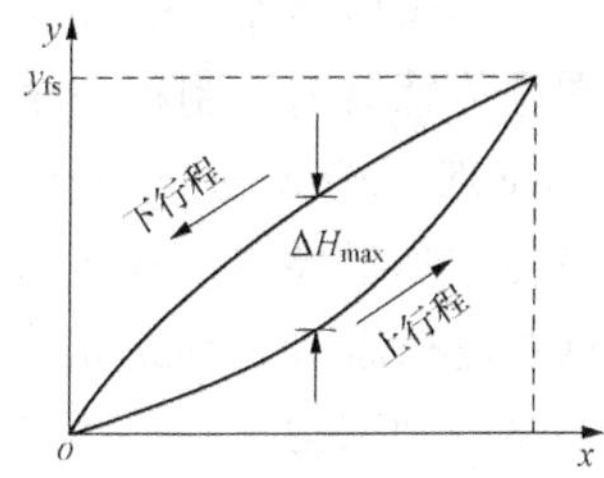

图 6-1-4　传感器迟滞特性示意

（7）漂移。

传感器漂移是指在保证输入信号量不变的情况下，传感器输出信号随着时间变化的现象。导致传感器产生漂移的原因主要可分为两个方面：一是传感器自身的结构参数及各元件的物理化学性质；二是周围环境因素的变化（如气压、温度、湿度等）。传感器在检测的基准零点发生变化，偏离零点位置，这种现象称为零点漂移，这种漂移通常需要在进行检测前做清除或补偿处理，也可通过自动校零补偿来解决。温度变化是引起零点漂移的一个主要的原因。比如，在实际工作环境中，环境温度变化时会引起晶体管参数的变化，这样会造成静态工作点的不稳定，使电路动态参数不稳定，甚至使电路无法正常工作，这种漂移现象就是温度漂移。

3. 传感器的发展与应用

传感器是实现自动检测和自动控制的首要和关键环节。传感器的发展历程大体可以分为以下三个阶段：

第一阶段为结构型传感器阶段。早期的传感器主要利用结构参量变化来感受输入量的变化并进行信号转化。例如应用广泛的电阻应变式传感器（应力片），它就是利用金属材料发生弹性形变时电阻的变化来感受输入信号并将其转化成电信号输出的。

第二阶段为固体传感器阶段。固体传感器自 20 世纪 70 年代开始发展起来，这种传感器由半导体、电介质、磁性材料等固体元件构成，是依据这些材料的某些特性设计的。例如，利用热电效应、霍尔效应、光敏效应，分别设计热电偶传感器、霍尔传感器、光敏传感器。随着集成技术、分子合成技术、微电子技术及计算机技术的发展，出现了集成传感器。集成传感器包括两种类型：传感器本身的集成化和传感器与后续电路的集成化。例如电荷耦合器件、集成温度传感器、集成霍尔传感器等。这类传感器具有成本低、可靠性高、性能好、接口灵活等特点。集成传感器发展非常迅速，并且正在向着低价格、多功能和系列化方向发展。

第三阶段为智能传感器阶段。这类传感器是在20世纪80年代开始发展起来的，所谓智能传感器是指其对外界信息具有一定检测、自诊断、数据处理以及自适应能力，是微型计算机技术与检测技术相结合的产物。20世纪80年代智能化测量主要以微处理器为核心，把传感器信号调理电路、存储器及接口集成到一块芯片上，使传感器具有一定的智能功能。到了20世纪90年代，智能化测量技术有了进一步的提高，传感器水平实现智能化，使其具有自诊断功能、记忆功能、多参量测量功能以及联网通信功能等。

传感器由于其使用便携、反应快速、响应灵敏等特点，在众多领域都有广泛的应用，以下是几种典型的传感器及其实际应用介绍：

（1）图像传感器（image sensor）。

图像传感器由于制程技术差异可区分为两大类：CCD（charge coupled device）传感器以及CMOS（complementary metal - oxide - semiconductor）传感器。其中，CCD传感器主要材质为矽晶半导体，基本原理是通过光电效应将光线能量转换成电荷，光线越强，电荷越多，这些电荷就成为判断光线强弱的依据。CMOS传感器是利用矽和锗两种材质做成的半导体，是一种结构中共存N极（带负电）、P极（带正电）的半导体，这两个互补效果的电极会对光线照射产生电流变化，并将光线强弱转换成输出信号。图像传感器应用领域包括智能手机、数码相机、监控摄像头等。

（2）压力传感器（pressure sensor）。

压力传感器是检测气体或液体的压力强度，并将压力强度转换成输出信号。依据工作原理和传感材料可分为陶瓷型、电容型、半导体型、压电型传感器等。压力传感器由于其快速敏感的响应，具有广泛的应用领域，如机械、建筑、汽车、机器人等。

（3）温度传感器（temperature sensor）。

温度传感器是由对温度变化极为敏感的材料进行温度值测定，并将其转换成输出信号。依据工作原理和传感材料可分为热敏电阻传感器、热电偶传感器等。温度传感器应用广泛，基本涵盖所有需要进行温度检测和监控的领域。

（4）气体传感器（gas sensor）。

气体传感器针对可燃性气体、毒性气体或环境指标中的指示气体进行测定，并将其转换成输出信号。依据工作原理可分为电化学式、半导体式、红外式等。气体传感器应用领域包括化工厂、矿场、公共场所、交通工具等需要进行气体质量分析和监控的场所。

4. 传感器的分类

目前对传感器的分类方法很多，尚没有统一的说法，比较常见的分类方法有以下几种：

根据传感器的工作原理，可以将传感器分为电容式、电阻式、电感式、光栅式、热电式、光电式、光纤式、压电式、红外式、超声波式传感器等。

根据传感器的被测物理量或检测对象，可以将传感器分为力学量、位移量、温度、磁学量、流体量、气体、生物传感器等。

根据传感器敏感材料的不同，可以将传感器分为金属传感器、半导体传感器、石英传感器、陶瓷传感器、高分子材料传感器等。

根据输出信号的差异，可以将传感器分为输出为模拟电信号的模拟型传感器、输出为脉冲或数码的数字型传感器、输出为短周期信号或频率信号的膺数字传感器、输出为开关量（“1”和“0”）的开关型传感器等。

本章重点介绍气体传感器及其敏感材料的相关知识。

6.1.2 气体传感器简介

气体传感器是以气体为检测对象的传感器。气体传感器可以被定义为是一类可以采集气体的相关信息（如气体的成分、浓度等），并将其转换成可以被人员、仪器仪表、计算机等利用的信号（如光信号、电信号、声信号、数字信号等）的装置。随着石油、煤炭、化工、金属冶炼等工业的发展，以及煤气、液化气、天然气等的开发和广泛使用，人民的生活水平得到了极大的提高和改善。然而，在带来这些生活便利的同时，各种有毒有害及易燃易爆的气体在人们的工作和生活场所中也同时存在，对人民的身体健康及生命财产安全产生了极大的威胁。在日常生活中，各种燃烧、爆炸、中毒事件也时有发生，因此对于各类安全隐患的防范显得越来越重要。为了保护人类赖以生存的自然环境，防止各类事故的发生，需要对生活及相关工业中产生的各种有毒有害、可燃性气体进行有效监控，快速了解它们在环境中的赋存情况及主要成分，评估各种危险气体的环境风险，并在泄漏时及时做出快速响应和报警，以求在第一时间发现风险并将可能的损失降到最低，这些都对快速灵敏的气体检测方法和设备提出了迫切的需求。

气体传感器在工作时，首先通过其探测头对气体样品进行分析预处理，主要包括样品抽取、干燥或制冷处理、滤除杂质和干扰气体等，进而对样品进行后续化学处理，最后通过气敏元件和转换元件以及后续的微处理系统等实现对样品中目标气体的分析测定。

6.1.3 气体传感器的组成及分类

气体传感器的种类繁多，根据不同的分类标准，有众多的分类方法。

(1) 根据气体传感器的工作原理可以分为电化学式气体传感器（原电池型、浓差电池型、极限电流型、恒电位电解式）、半导体式气体传感器（电阻式和非电阻式）、绝缘体气体传感器（接触燃烧式和电容式）、红外式气体传感器、声表面波型气体传感器、光纤型气体传感器、石英振荡型气体传感器、热传导型气体传感器、荧光型气体传感器等。

电化学式气体传感器是利用被检测气体的电化学活性，将其电化学氧化或还原，来检测气体的组分和浓度，目前是检测有毒、有害气体最成熟和最常见的气体传感器之一。

半导体式气体传感器是由金属半导体氧化物等半导体材料制成，气体分子与半导体气敏材料表面相互作用产生表面吸附和反应，引起电导率、伏安特性或表面电位变化而进行气体浓度的测量。

绝缘体气体传感器的代表性器件为接触燃烧式气体传感器。它是利用催化燃烧的热效应原理，由检测元件和补偿元件配对构成测量电桥，在一定温度下，可燃气体在检测元件载体表面及催化剂的作用下发生无焰燃烧，载体温度升高，通过其内部铂丝电阻随之升高，最后使平衡电桥失衡，输出一个与可燃气体浓度成正比的电信号。通过测量铂丝电阻变化的大小，得到可燃气体的浓度。主要用于可燃气体的检测，具有输出信号线性好、指数可靠、成本低，且不与其他非可燃气体发生交叉响应等优点。

红外式气体传感器是基于不同气体分子的近红外光谱选择吸收特性，根据气体浓度与吸收强度关系鉴别气体组分并确定其浓度的气体传感装置。

(2) 根据检测气体的种类，可分为可燃类气体传感器（常采用接触燃烧式、半导体式、红外式、热导式）、有毒有害类气体传感器（常采用电化学式、金属半导体式、红外式、紫外式、光离子化式、火焰离子化式）、氧气等其他类气体传感器。

(3) 根据仪表使用的便携程度，可以分为便携式气体传感器和固定式气体传感器。

(4) 根据分析的气体组分，可以分为单一式气体传感器（仅对特定气体进行检测）和复合式气体传感器（对多种气体成分进行同时检测）。

(5) 根据获得气体样品的方式，可以分为扩散式气体传感器（即传感器直接安装在被测对象环境中，实测气体通过自然扩散与气体传感器检测元件直接接触）、吸入式气体传感器（是指通过使用吸气泵等手段，将待测气体引入传感器检测元件中进行检测）。吸入式气体传感器根据对被测气体是否稀释，又可细分为完全吸入式和稀释式等。

(6) 根据气体检测中是否有化学反应发生，可以分为物理类气体传感器和化学类气体传感器。在检测过程中只利用待测气体的物理性质而不涉及化学反应的气体传感器即为物理类传感器；而化学类气体传感器利用的是检测过程中气体的化学反应来实现检测。常见的物理类气体传感器有顺磁型气体传感器、热传导式气体传感器、紫外/红外式气体传感器等。相比于物理类气体传感器，化学类气体传感器虽然稳定性稍差，但是它具有使用更方便、反应更灵敏、性价比更高等优点。化学类气体传感器的种类更多，应用也更加广泛，例如半导体式气体传感器、电化学式气体传感器、接触燃烧式气体传感器等。

6.1.4 气体传感器的发展历史

20 世纪初，世界上第一只半导体传感器诞生于英国。20 世纪 50 年代半导体传感技术传到日本，费加罗技研株式会社的创始人田口尚义在 1968 年发明了半导体式气体传感器并命名为 TGS（taguchi gas sensor）。这类传感器可以检测低浓度的可燃性气体和还原性气体，被用于检测液化气等气体的泄漏。之后，由于半导体式气体传感器的种种不足，催化气体传感器和电化学式气体传感器逐渐发展起来，并成为重要的气体传感器类型[1]。

气体传感器的理论 20 世纪 70 年代开始传入我国，但是我国直到 1986 年“七五”期间才开始自主研发气体传感器。过去几十年以来，我国将气体传感器技术列入了国家重点攻关项目，同机械、力敏、湿敏、生物敏等传感器一起作为五大敏感材料研究重点。近年来，我国气体传感器技术发展及其相关产业取得了长足进步，建立了传感器生产基地和研发中心，初步建立了传感器产业。进入 21 世纪，新型气体传感器列入我国传感器研究开发的重点，气体传感器技术水平进一步跃升，逐渐缩短与世界先进气体传感器技术国家间的差距。2015 年，《中国制造 2025》正式发布，推动了我国传感器及物联网产业向着融合化、创新化、生态化、集群化方向加快发展。2016 年 7 月 28 日，国务院发布了《“十三五”国家科技创新规划》。其中，在“发展新一代信息技术，发展智能绿色服务制造技术”章节中，提出重点加强新型传感器的研发，加强工业传感器制造基础共性技术研发，提升制造基础能力。在先进制造技术专栏中，提出开展 MEMS（micro - electro - mechanical system）气体传感器的研发，提高自主研发能力，开展工业传感器核心器件、智能仪器仪表、传感器集成应用等技术攻关，加强工业传感器技术在智能制造体系建设中的应用，提升工业传感器产业技术创新能力；

在海洋资源开发利用技术专栏中，提出发展近海环境质量监测传感器和仪器系统。

传统的气体传感器广泛应用于工业和生活的各种领域，近年来，随着互联网与物联网的快速发展，气体传感器在新兴领域，例如智能移动终端、可穿戴设备等方面的应用突飞猛进。以电子鼻和智能气体传感器为代表，现阶段的气体传感器产品正在从以往的传统领域逐步向智能化领域转变。电子鼻是由一组传感器阵列加上识别方法所组成的，一般用于检测简单或复杂气体的气味。智能气体传感器在以往传感器的功能上增加了信息处理功能，扩展了气体传感器的应用领域，增强了气体传感器的识别能力。

6.1.5　气体传感器的应用及市场规模

1. 气体传感器的应用

不同的气体传感器根据传感原理的不同，各自有适用的应用领域，覆盖了工业、农业、环保、交通、航空以及日常生活等。例如，工业领域根据不同的现场作业环境监测有机蒸汽、可燃气体等易燃易爆或有毒有害气体，室外环境主要监测排放挥发性有机物（volatile organic compound，VOC）浓度，比如氨气、苯、甲苯等多种气体污染物。

在煤矿、石油、化工、市政、医疗、交通运输等安全防护方面，气体传感器主要是应用在检测二氧化碳、氮氧化合物、硫氧化物、氨气、硫化氢及氯气等有害气体，半导体和微电子工业检测有机溶剂和磷烷等剧毒气体。

在电力工业等生产制造领域，气体传感器被用于检测电力变压器油变质过程中产生的氢气，定量测量烟气中各组分的浓度，以判断燃烧情况和有害气体的排放量等。

在环境检测领域用于检测氮氧化物、硫氧化物、氯化氢等引发酸雨的气体；检测二氧化碳、一氧化二氮、臭氧、氟利昂等温室气体；检测臭氧、氟利昂等破坏臭氧层的气体；检测氨气、硫化氢和难闻气体等，用以判定环境污染状况。

在民用方面，气体传感器被广泛应用于居民的家庭防护中，主要体现在检测厨房里天然气、液化石油气和城市煤气等燃气的泄漏。

气体传感器有许多与日常生活密切相关的应用。例如用于判断酒驾的酒精测试仪，它的核心部件是一种可以精确测定酒精成分和浓度的气体传感器，执法人员通过它测出驾驶员呼出的气体中是否含有酒精成分以及酒精的含量，作为判断对方是否涉嫌酒驾或醉驾的依据。另外，室内的烟气报警装置以及自动空气净化装置等也都是气体传感器的典型应用，当室内空气污浊或有害气体达到一定浓度时，传感器便会发出警报信号或者启动自动空气清新器等设施产生负氧离子保持空气清新。再如，在矿工帽矿灯上装配的矿灯瓦斯报警器，使原本普通的矿灯兼具了照明与瓦斯报警两种功能。

2. 气体传感器的市场规模

（1）国际市场。

根据美国调查研究机构 Grand View Research 对全球气体传感器市场最新的分析报告，目前气体传感器已经广泛应用于医疗、自动化、环境、石油化工、工业和农业等领域。主要市场覆盖了全球五大地区：①北美地区（美国、加拿大、墨西哥）；②欧洲地区（英国、德国）；③亚太地区（中国、印度、日本）；④南美地区（巴西）；⑤中东和非洲地区。此外，2018 年全球气体传感器市场市值 2.05 亿美元；从 2019 年到 2025 年，其年复合年均增长率有望达 7.8%。

Grand View Research 根据美国气体传感器所应用的领域，统计了医疗、建筑、环境、石油化工、自动化、工农业等行业使用气体传感器的比例，其中工业是使用气体传感器最广泛的领域。在欧洲，电化学式（electrochemical）、半导体式（semiconductor）、红外式（infrared）和金属氧化物半导体式（solid state/MOS）气体传感器是应用较广泛的几种气体传感器类型[2]。一方面，人们对手持式气体传感器的需求激增促进了传感技术的应用和发展；另一方面，气体传感研发技术的日渐成熟使得气体传感器的成本下降，人们对传感器的消费能力也进一步提高。

2018 年全球挥发性有机物 VOC 气体传感器市场市值 1.417 亿美元，并且从 2019 年到 2025 年的年复合年均增长率有望达 4.0%。VOC 气体传感器主要用于检测乙烯、苯、二氯、丙烷、丙酮、乙醇等特殊气体。此外，VOC 气体传感器也被用来检测易燃易爆气体和有毒气体。传统 VOC 气体传感器在工业领域应用效率较低、工作温度较高因此较为耗能。小型光离子检测器（photo ionization detector，PID）、非色散红外式传感器（non - dispersive infrared detector，NDIRD）等方法具有效率高、能耗低等优点，成为市场上的新兴气体传感器。

Grand View Research 根据 VOC 传感技术的不同，统计了 2014—2025 年美国 VOC 气体传感器市场不同的传感技术占比情况。其中金属氧化物半导体式（metal oxide semiconductor，MOS）、红外式（infrared - based）、光离子式（photo - ionization）检测技术是美国市场三种主要的气体传感技术。根据应用领域的不同，Grand View Research 统计了欧洲 VOC 气体传感器市场的应用占比情况，占比从大到小分别为石油燃气、化工、食品加工、自动化、制造业、金属采矿、农业等领域[3]。

如图 6 - 1 - 5 所示，根据法国市场调研公司 Yole Développement 按照感知技术对气体传感器市场预测报告，电化学式、红外式和金属氧化物半导体式三种气体传感器市场份额占 97.6%；2021 年全球气体传感器市场规模将达到 9.2 亿美元[4]。

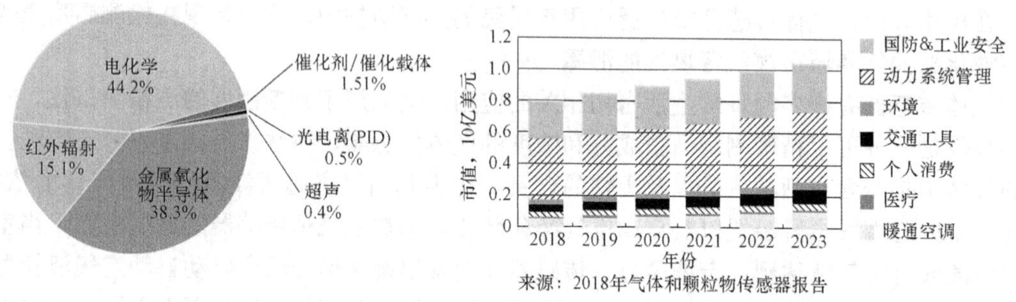

图 6 - 1 - 5　2017 年气体传感技术市场份额以及 2018—2023 年气体传感器市值

如图 6 - 1 - 6 所示，日本市场调研机构富士总研（Fuji Chimera Research Institute, Inc.）则把气体传感器的应用类型分为家用、车用、产业用途及其他用途等几类。同时，富士总研对 2015 年应用于电子设备、汽车、自动化、医疗健康等领域的气体传感器数量进行了统计，分别约为 1550 万、601 万、550 万、221 万个，预计在 2020 年上述数据会增长到 1780 万、992 万、644 万、447 万个。

（2）国内市场。

我国传感器市场随着自动化与物联网等新产业的兴起，其规模也在不断扩大。按使用方式分类，市场上的气体传感器可以分为便携式气体传感器、手持式气体传感器、固定在线式气体传感器三大类；按应用领域，主要分为室内空气质量检测、车内空气质量检测、大气质量监测等[4]。

在室内空气质量检测领域，主要检测对象包括二氧化碳、氧气、氨气、甲醛、苯等 VOCs。未来民用二氧化碳模块（主要基于非红外色散技术 NDIR）的需求会从 100 万支增加到 1000 万支。农产品仓储领域，氧气浓度会显著影响农产品的呼吸作用进而影响仓储品质；基于电化学原理的氧气泵传感器将会是这个应用领域的主要产品。冷库的制冷氨检测是另一个主要的气体传感器市场。随着我国农业和畜牧业的发展，我国冷库的吨位已经超过 1000 万 t。冷库最主要的制冷剂就是氨气，如果氨气储存不当发生爆炸或者泄漏都会对人类造成严重伤害，因此必须检测冷库中的氨气浓度。目前该应用领域主要是采用基于电化学原理的氨气传感器，其单价在 1000 元人民币左右，每年国内的总需求量能达 5 万支。针对室内装修产生的甲醛、苯、甲苯等 VOCs，将气体传感器与空调、空气清新机、空气净化器等融为一体，可以达到室内污染检测与治理相结合的目的。

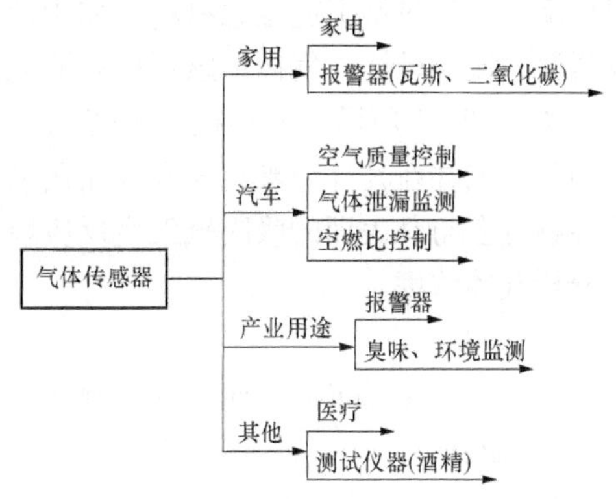

图 6-1-6　气体传感器终端应用领域

在汽车领域，车内空气污染源主要来自车体本身和装饰用材等，比如甲醛、二甲苯、苯等有毒气体的浓度超标。针对车内空气质量监测，目前已经有多款车型配备了与空调系统联动的半导体气体传感器。基于精确的气体检测数据的联动是车内气体传感器未来的发展方向，例如检测出车内污染物则立即启动空调换气系统，排出有害气体。

在大气烟气排放监测领域，针对二氧化硫和二氧化氮这两种环境危害较大的污染气体，我国在过去十年主要发展烟气连续测量（continuous emission monitoring systems，CEMS）监测技术。

根据 2020 年发布的《中国制造 2025 产业规划预测》，气体传感器未来将进一步面临信息化与自动化的产业升级；气体传感器正在向微型化、智能化、集成化和多功能化方向发展转化。预计氮氧化物（NO_x）传感器将成为增长速度最快的气体传感器，主要归因于汽车废气检测的巨大需求。氧气传感器可用于汽车废气监测和评估发动机性能，目前氧气传感器产值约占总市场的 10%。由于全球对于节能减排和清洁能源的呼吁，二氧化碳传感器的产值约占总市场的 25%。

6.2　化学类气体传感器

化学类气体传感器通过监控化学反应引起元器件的性质变化来检测待测气体。对于化学类气体传感器，根据气敏原件的检测特性进行分类，主要有接触燃烧式气体传感器、半导体式气体传感器、电化学式气体传感器等。本节将会对这几类传感器的定义、基本结构和工作原理进行介绍。

6.2.1　接触燃烧式气体传感器

1. 定义与基本结构

接触燃烧式气体传感器又称催化燃烧式气体传感器，是利用可燃性气体发生氧化反应或催化反应产生热量引起敏感材料（如铂丝）电阻变化，进而实现可燃性气体检测的一类装置或器件。接触燃烧式气体传感器检测原理简单直接，是发展较早且应用广泛的一类气体传感器。图 6-2-1 所示为一种接触燃烧式气体传感器结构示意。它一般由线径为微米级的高纯度铂丝构成并在其外包裹载体和催化剂形式球体，在一定的温度条件下，当可燃性气体与球体接触时会与其表面的吸附氧发生反应释放热量，引起铂丝电阻发生变化，通过测量电阻变化分析气体浓度。

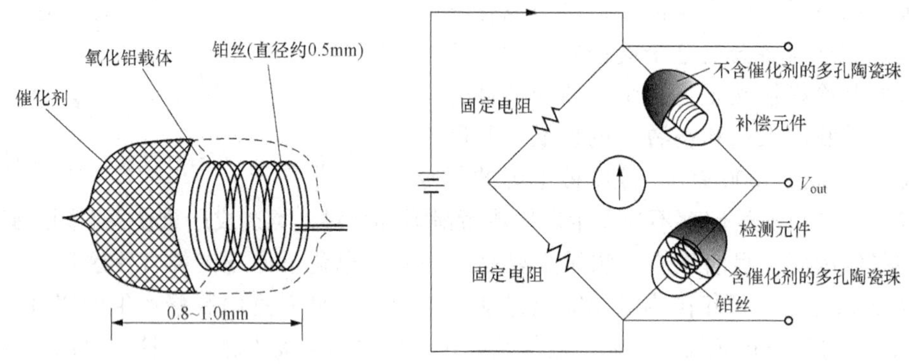

图 6-2-1　接触燃烧式气体传感器结构示意

接触燃烧式气体传感器的主要优点如下：①对可燃性气体的检测有比较好的广谱性，输出信号与待测气体浓度成正比；②只对可燃气体有响应，对于非燃烧气体传感器无响应；③传感器结构简单、计量准确、响应快速、成本较低、寿命较长；④不受水蒸气等环境因素的影响，适用于户外等环境条件变化较大的场所。此外，由于接触燃烧式气体传感器主要针对危险的可燃性气体进行检测监控，因此这类传感器的使用环境往往与该区域的爆炸危险直接相关，在安全检测领域是一类占主导地位的传感器，目前已普遍应用于矿井隧道、石油化工厂、造船厂、厨房等处可燃性气体的检测和报警。接触燃烧式气体传感器也有一些缺点，例如催化剂在可燃性气体检测范围内选择性相对较差；其检测机理决定器件本身具有一定的引燃爆炸的危险。另外，这类传感器会受到有机元素蒸汽的影响（如有机硅化合物会对其造成严重危害）发生中毒作用从而影响其正常工作。

2. 工作原理

接触燃烧式气体传感器是利用催化燃烧的热效应原理，由检测元件和补偿元件配对构成测量电桥。如图 6-2-2 所示，接触燃烧式气体传感器在通电状态下，可燃气体在检测元件载体表面及催化剂的作用下发生无焰燃烧（可燃性气体氧化燃烧或在催化剂作用下氧化燃烧），产生的热量使铂丝升温，铂丝温度的升高会使其内部的铂丝电阻也相应升高，从而会平衡电桥失去平衡，最后输出一个与可燃气体浓度成正比的电信号，通过记录输出电信号的变化从而实现对待测可燃性气体浓度的检测。一般情况下，空气中可燃性气体（H_2、CO、CH_4等）的浓度都不太高（低于 10%），与空气中的氧接触后，可燃性气体可以完全燃烧，其发热量与可燃性气体的浓度有关。可燃性待测气体浓度越大，氧化反应（燃烧）产生的反应热量（燃烧热）越多，铂丝的温度变化（增高）越大，其电阻值增加的就越多。为克服环境温度变化带来的干扰，催化元件一般会成对构成一支完整的元件，其中一个电阻元件对气体有反应，另一个电阻元件对气体无反应且只对环境温度有反应，这样两支元件互补偿就可以消除环境温度变化带来的干扰。

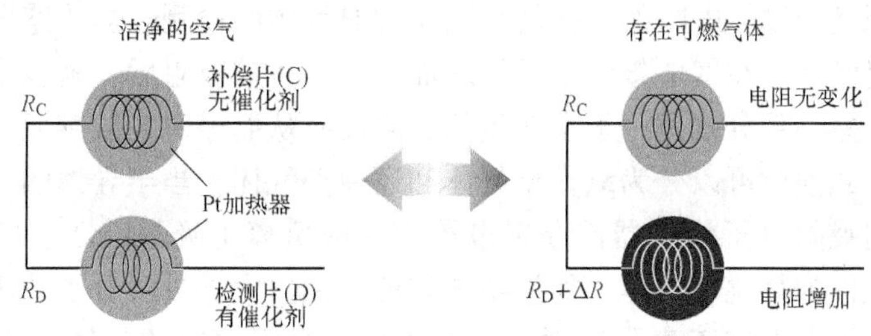

图 6-2-2　接触燃烧式气体传感器工作原理示意

6.2.2　半导体电阻式气体传感器

1. 定义与基本结构

半导体式气体传感器是以半导体材料（如金属氧化物半导体材料）作为敏感元件的气体传感器。半导体敏感元件在与气体相互作用时产生表面吸附或反应，引起以载流子运动为特征的电导率、伏安特性或表面电位变化。其中应用最为广泛的半导体金属氧化物材料有 SnO_2、ZnO、Fe_2O_3、WO_3等。对于半导体式气体传感器，按照半导体变化的物理性质，可以将其分为非电阻式和电阻式两种。半导体非电阻式气体传感器是利用传感器对气体的吸附和反应后，使得半导体气敏元件的某些特性发生变化，从而对气体进行直接或间接的检测。相比于半导体非电阻式气体传感器，半导体电阻式气体传感器的使用更为普遍。它是利用半导体接触气体时电阻值的变化来实现气体成分或浓度的分析检测。半导体式气体传感器的结构主要有敏感元件、加热器和外壳三部分。按照半导体式气体传感器的结构可以分为烧结型、薄膜型和厚膜型三类，如图 6-2-3 所示。

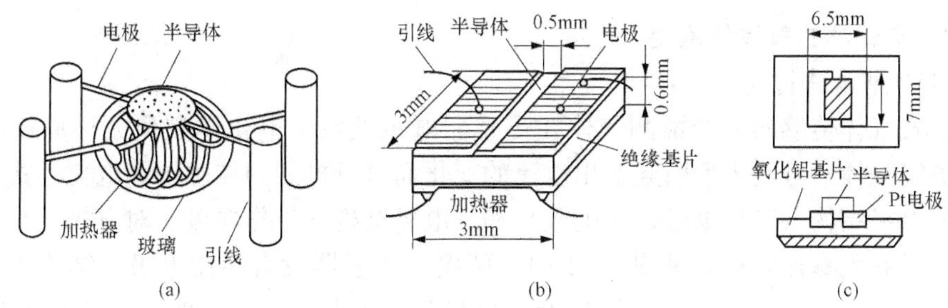

图 6-2-3　半导体式气体传感器的结构示意

（a）烧结型元件；（b）薄膜型元件；（c）厚膜型元件

相比于接触燃烧式气体传感器，半导体式气体传感器更加灵敏可靠，且基于半导体的检测原理使得该类传感器的发展空间和应用前景更加广泛。半导体式气体传感器的主要优点包括低浓度气体中输出变化大、灵敏度高、价格低、使用寿命长、选择性相对较好等。而它的缺点是线性度较窄，在较高浓度下会产生饱和信号，定量检测只适用于浓度较低的情况，通常而言更适合定性检测，不适合定量检测；另外，这类传感器对毒性气体的检测能力较差，较易受到温度和湿度的影响，因此对检测环境有一定要求。

2. 工作原理

半导体电阻式气体传感器的一般工作原理是：一定条件（温度）下，在被测气体到达半导体表面并与吸附在半导体表面的氧发生化学反应的过程中伴随着电荷转移，引起半导体电阻的变化，通过测量半导体电阻的变化就可以实现对气体的检测。当传感器工作时，半导体器件被加热到稳定状态，在气体接触半导体表面并进一步被吸附后，被吸附的分子首先在物体表面自由扩散，另一部分残留分子会产生热分解反应从而停留在敏感元件表面。待测气体组分根据其氧化还原性质可以分为氧化型气体和还原型气体。当半导体的功函数小于吸附分子的亲和力时，则吸附分子将从器件夺走电子而形成负离子吸附。O_2、NO_2等具有负离子吸附倾向的气体被称为氧化型气体。如果半导体的功函数大于吸附分子的离解能，吸附分子将向器件释放出电子而形成正离子吸附。具有正离子吸附倾向的气体有 H_2、CO 等，它们被称为还原性气体。半导体气敏元件有 N 型和 P 型之分，N 型半导体材料有 SnO_2、ZnO、TiO_2等，P 型半导体材料有 MoO_2、CrO_3等。当氧化型气体吸附到 N 型半导体材料表面上，或还原性气体吸附到 P 型半导体材料表面上时，将使半导体内的载流子浓度减小，电导率下降，电阻增大；当还原型气体吸附到 N 型半导体材料表面上，或氧化型气体吸附到 P 型半导体表面上时，则载流子浓度增加，电阻减小。然后利用信号转换和信号放大等手段将这些电阻值的变化转换为便于记录与监控的输出电信号，便可实现对待测气体的定性定量检测。

半导体非电阻式气体传感器也是半导体式气体传感器的重要组成之一。半导体非电阻式气体传感器包括利用 MOS 二极管电容 - 电压特性的变化，以及利用 MOS 场效应晶体管的阈值电压变化等特性而构建的传感器。例如，H_2S 气敏传感器是采用 MOS 场效应晶体管结构，利用过渡金属做栅极的气敏元件，当空气中存在 H_2S 时，场效应晶体管的开启电压发生变化，变化的幅度与 H_2S 的浓度成正比。随着传感技术的发展，基于纳米半导体气敏材料的场效应晶体管也可利用电阻变化进行气体检测，因此也可将其归于半导体电阻式气体传感器。

6.2.3 电化学式气体传感器

1. 定义与基本结构

电化学式气体传感器是指被测气体在传感器电极处发生电化学氧化或还原反应形成电流，通过测定气体信号输入后引起输出电流的变化而进行检测的传感器。电化学式气体传感器通常有两电极结构（工作电极、对电极）和三电极结构（工作电极、对电极、参比电极），主要区别在于有无参比电极，见图 6-2-4。两电极传感器没有参比电极，结构简单，易于设计和制造，成本较低，一般适用于低浓度气体的检测和报警。三电极气体传感器引入参比电极，使传感器具有较大的量程和良好的精度，但参比电极的引入增加了制造工序和材料成本，所以三电极传感器的价格高于两电极传感器，主要用于工业领域。此类传感器工作过程如下：将工作电极、对电极和参比电极放置在特定电解液中，在反应电极之间施加电压，使透过涂有重金属催化剂薄膜的待测气体产生氧化还原反应，再通过仪器中的电路系统测量气体反应时产生的电流，进而计算待测气体浓度。

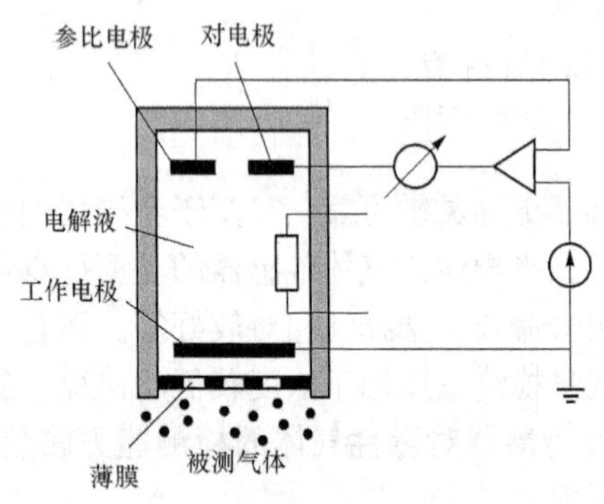

图 6-2-4 电化学式气体传感器的结构示意

相比于接触燃烧式和半导体式气体传感器，电化学式气体传感器体积小、检测速度快、测量准确、便于携带，并且可现场直接检测和连续检测，是目前检测有毒有害气体最常见和成熟的气体检测技术。电化学式传感器也有一些应用限制，例如，电化学式气体传感器一般仅适用于电化学性能活泼的气体，而对于一些化学惰性气体很难实现传感检测；另外，这类传感器即使处于清洁空气中，输出信号也往往不为零（这种电流信号称为本底电流或初始电流），而且这是一个随机变化的信号，受温度变化影响并与作用时间有关，需要进行消除以提高测量精度。

2. 工作原理

电化学式气体传感器根据检测原理分为以下几类：原电池型气体传感器、恒电位电解池型气体传感器、浓差电池型气体传感器、极限电流型气体传感器和离子电极型气体传感器等。

（1）原电池型气体传感器。原电池型气体传感器也称为加伏尼电池型气体传感器、燃料电池型气体传感器或自发电池型气体传感器。这类传感器的工作原理与常见的干电池类似，二者的区别在于电池的碳锰电极被气体电极替代了。以氧气传感器为例，氧在阴极被还原，电子通过电流表流到阳极，在那里铅金属被氧化。电流的大小与氧气的浓度直接相关。这种传感器可以检测 O_2、SO_2、Cl_2等。

（2）恒电位电解池型气体传感器。这种传感器用于检测还原性气体非常有效，其气体检测的原理是：使电极与电解质溶液的界面保持一定电位，有选择地使气体进行氧化或还原反应，从而定量检测气体浓度。对于特定气体来说，反应电位由其固有的氧化还原电位决定，但又与电极和电解质的性质相关。在气体检测过程中，气体浓度与反应电流正相关。这种传感器已经成功地应用于 CO、H_2S、H_2、NH_3、N_2H_4等气体的检测之中，是目前有毒有害气体检测的主流传感器之一。

（3）浓差电池型气体传感器。这类电化学气体传感器的检测原理是：当具有电化学活性的待测气体到达电化学电池的两侧时，会自发地形成浓差电动势；该电动势的大小与待测气体的浓度有关，通过电路转换信号放大等将这种电动势的变化输出，以此实现对待测气体的分析测定。目前这种传感器的应用实例有固体电解质型二氧化碳传感器和汽车用氧气传感器等。

（4）极限电流型气体传感器。该类传感器主要用于 O_2检测，例如汽车中 O_2含量的检测和工业钢水中氧浓度检测等。它是利用电化池中的极限电流与载流子浓度相关的原理来制备的电化学氧气浓度传感器。

（5）离子电极型气体传感器。该类传感器的工作过程如下：气体溶解于电解质溶液并离解，离解生成的离子作用于离子电极产生电动势，将此电动势变化转化为电信号输出后，通过记录电信号的变化来反映待测气体的浓度。这类传感器主要由工作电极、对电极、内部溶液和隔膜等组成。

6.3 接触燃烧式气体传感器材料

接触燃烧式气体传感器的工作原理是当检测环境中存在可燃性气体时，可燃性气体发生氧化/催化反应会产生热量进而引起敏感材料电阻的变化，通过转换电路等对电阻变化进行处理，最后以检测输出信号变化的方式来实现对待测气体的定量分析。根据接触燃烧式气体传感器的工作原理，其敏感材料/催化材料是该类传感器的核心部件，它直接决定了接触燃烧式气体传感器的检测性能，如器件的灵敏度、选择性能、抗干扰性、寿命和成本等。同时，接触燃烧式气体传感器主要针对危险的可燃性气体进行现场检测或监控，因此该类传感器的使用环境往往比较严苛，这同样对敏感催化材料提出了更高的要求。

基于此，本节主要针对接触燃烧式气体传感器的各类热敏感元件（如铂系金属加热器）和催化材料进行详细介绍。

6.3.1 金属氧化物

1. 基于 Rh_2O_3-Al_2O_3 的接触燃烧式甲烷传感器

氧化铝（Al_2O_3）载体是指粉末状或已成型的氧化铝固体，是一类使用最为广泛的催化剂载体，约占工业上负载型催化剂的 70%。Al_2O_3大多是从其氢氧化物（又称水合氧化铝或氧化铝水合物）制备的。Al_2O_3有多种形态，不仅不同形态具有不同性质，即使同一形态也因其来源不同而性质不同，如密度、孔隙结构、比表面积等，这些性质对于用作催化剂载体的 Al_2O_3具有重要意义。比表面积大的 Al_2O_3具有高孔隙构造，能使所负载的催化剂活性组分高度分散，并借助载体的阻隔作用，防止活性组分微粒在使用过程中烧结团聚，是一类广泛使用的载体。

Rh_2O_3-Al_2O_3和 Pd/Pt-Al_2O_3是甲烷接触燃烧传感器的两种传统催化体系。有研究将这两种传统的催化体系制备成介孔结构，并比较了二者的催化活性。相比于 Pd/Pt-Al_2O_3，Rh_2O_3-Al_2O_3可以形成更均匀的介孔结构，具有更高的比表面积和更好的孔隙结构，因此在甲烷的催化燃烧检测中具有更好的应用潜力。另外，它对甲烷的催化燃烧反应具有更高的催化活性和更好的稳定性。在 MEMS 微加热器上涂覆一层由 Rh_2O_3-Al_2O_3体系制作的薄膜后，可以制备出接触燃烧式甲烷传感器，并可在不同条件下进行甲烷测试，其结构示意如图 6-3-1（b）所示[5]。

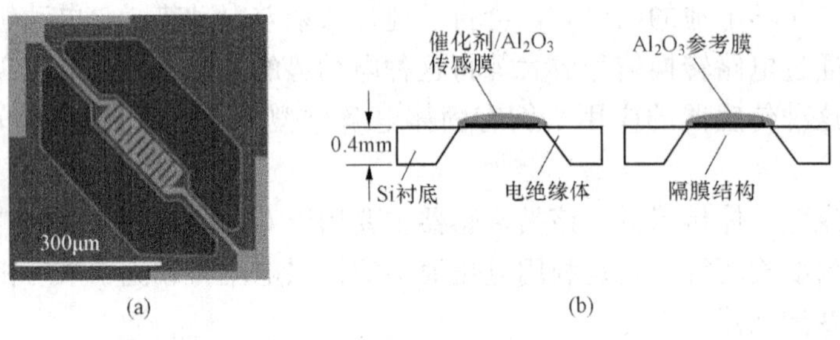

图 6-3-1 基于 MEMS 的接触燃烧式甲烷传感器

（a）传感电极扫描电镜照片；（b）传感薄膜结构示意

基于 Rh_2O_3-Al_2O_3体系的接触燃烧式甲烷传感器在－25～40℃都可以进行甲烷检测。在不同湿度（相对湿度 0.5%～98%）条件下的测试结果表明，基于 Rh_2O_3-Al_2O_3的传感器可以适用于不同的湿度工作环境。考虑到传感器经常在复杂环境中使用，因此抗毒性是接触燃烧式甲烷传感器的另一个重要指标。对催化剂而言，最常见的毒物是含硫化合物。通过考察典型硫化物 H_2S 对 MEMS 气体传感器性能的影响，发现将传感器暴露于混合有 50%CH_4 和 100mg/L H_2S 的环境后，在 40min 内不会引起该甲烷传感器灵敏度和响应时间的变化。

在介孔结构的 MEMS 气体传感器中，催化剂由低密度介孔结构组成，具有较大的比表面积。在中毒环境下，催化剂的一些活性位点被毒害，但是这种高密度的介孔结构和高比表面积会在一定程度上保证催化剂的催化性能。一般来说，基于介孔结构的 Rh_2O_3- Al_2O_3的 MEMS 气体传感器具有较短的 T90 响应时间、较高的响应信号输出、高信噪比和较强的抗毒性能，在各方面都表现了优异的甲烷传感性能。

2. 基于 Ni_2O_3- In_2O_3的接触燃烧式甲烷传感器

In_2O_3、ZnO 等金属氧化物半导体由于具有较高的反应活性、良好的化学稳定性、无毒性和低廉的价格等优势，在气体传感领域显示出了显著的优势。除了 SnO_2，有研究也将 Ni_2O_3用于接触燃烧式甲烷传感器中，并发现对甲烷传感器的检测性能有显著提高[6]。相比于单纯 In_2O_3传感器，沉积了 Ni_2O_3纳米颗粒的气体传感器对甲烷气体的检测更加灵敏，响应水平更高效且可以明显降低 In_2O_3传感器检测甲烷的工作温度。该传感体系的传感界面制备过程如图 6-3-2 所示。

在该传感体系中，In_2O_3膜通过喷射沉积 In_2O_3颗粒制得；之后，在制备的 In_2O_3薄膜上沉积 Ni_2O_3纳米颗粒。其中，Ni_2O_3纳米颗粒的负载过程通过制备沉积单壁碳纳米管（single - walled carbon nanotube，SWCNT）来控制 Ni_2O_3纳米颗粒的产生量和分布结构，这样可以获得较高的比表面积和较好的粗糙度。Ni_2O_3纳米颗粒在气体燃烧反应中具有催化作用，从而显著降低了传感器的操作温度；在灵敏度方面，基于纳米 Ni_2O_3- In_2O_3体系的接触燃烧式气体传感器可以对百万分之一甲烷气体做出较强的信号响应。

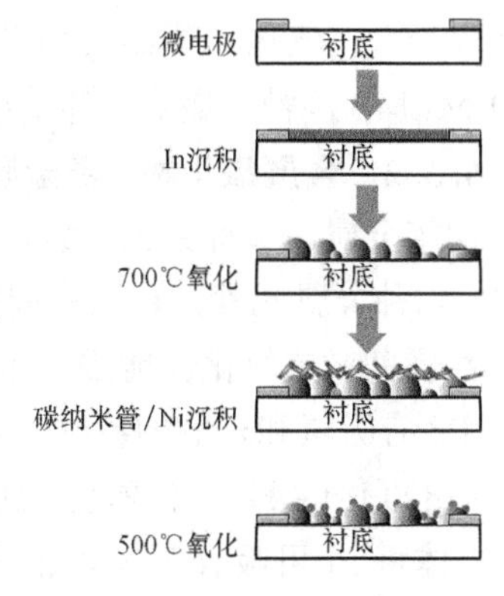

图 6-3-2　纳米 Ni_2O_3修饰的 In_2O_3传感界面制备过程示意

3. 基于 Co_3O_4的接触燃烧式甲烷传感器

过渡金属氧化物是一种重要的催化剂，可作为贵金属催化剂的替代品在各类催化反应中发挥重要作用。尖晶石钴 Co_3O_4是一种在催化燃烧反应中很有前途的过渡金属氧化物催化剂；通过合成不同结构形状的纳米 Co_3O_4（如立方体、片层结构、管状、线状、纳米颗粒等），其在接触燃烧式气体传感器中表现出了优异的检测性能。

以氢氧化钴为前驱体，通过水热法及后续的热分解处理，可制备不同形状的 Co_3O_4纳米晶体（纳米筛、纳米带、纳米管）。通过研究这些不同形状的 Co_3O_4纳米晶体在接触燃烧式传感器中的应用，发现 Co_3O_4纳米晶体的异常高指数晶面比 {001} 和 {011} 晶面具有更高的催化反应活性[7]。根据不同晶面 Co_3O_4的表面原子排列研究，发现 {001}、{011} 和 {112} 平面相邻的四个原子组成的面积不同，其中 {112} 晶面对应的面积最大，这表明 {112} 平面比 {001} 和 {011} 平面更开阔，因此这类晶面具有更高的催化活性。这种基于可预测的形状和晶体平面的选择性制备方法，可扩展到类似过渡金属氧化物纳米催化材料的合成过程。这个研究表明，在纳米尺度上选择性合成具有不同反应活性的过渡金属氧化物晶面，可以调控传感材料的催化活性和特异性，也为构建更高效的接触燃烧式气体传感器提供了新途径。

4. 基于 SnO_2 的接触燃烧式氢气传感器

SnO_2 是一种重要的半导体传感材料，用它制备的半导体式气敏传感器灵敏度高，广泛应用于各种可燃气体、有毒有害气体的检测和预报。传统的接触燃烧式传感器采用 Pd/Al_2O_3 催化剂体系，在氢气检测过程中，亚氧化态的 Pd 会被氢气快速还原，生成金属 Pd，催化活性大幅下降，在多次使用后零点漂移现象严重。以纳米 SnO_2 作为催化剂，在传感器的加热器上制备氧化铪（HfO_2）绝缘层可以大幅提高接触燃烧式氢气传感器的稳定性，减小零点漂移。主要原因是：首先 SnO_2 自身具有催化能力，无须负载贵金属催化剂，其次 SnO_2 不会被氢还原到金属状态，催化剂活性可以在较长的时间内得以保持；此外，HfO_2 绝缘层具有优良的高温绝缘性能，从而减小了导通的可能性，保证催化材料与信号电极之间的绝缘性。

通过气相沉积法 CVD 在 Pt 电极和高温绝缘层表面制备的三维 SnO_2 纳米催化膜也应用于接触燃烧式氢气传感器。所得材料具有多孔纳米结构，平均孔径为 50～80nm，孔隙率在 50%以上[8]。气体传感器的输出信号采用惠斯通电桥来测量，实验结果表明，所制备的 SnO_2 MEMS 接触燃烧式气体传感器具有响应迅速、功耗低、稳定性高等特点。

6.3.2 金属氧化物-贵金属/稀有金属

铂族金属，又称铂族元素，包括铂（Pt）、钯（Pd）、锇（Os）、铱（Ir）、钌（Ru）、铑（Rh）六种金属元素，在元素周期表中属第 5、6 周期。铂族金属具有强度大、熔点高、抗腐蚀性优良、抗氧化性能强、催化活性高等特点。大多数铂族金属都能吸收气体，特别是 H_2。Pd 有吸氢和透氢的特性，其吸氢能力最强，一定体积的 Pd 常温下能吸收比它本身高 900～2800 倍的 H_2；在真空下加热到 100℃，溶解的氢可以完全释放。Pt 具有吸收氧的能力，1 体积 Pt 可吸收 70 体积的氧。当粒度很细，如铂黑、钯黑或呈胶态时，其吸附能力更强。在接触燃烧式气体传感器中，除了铂丝加热器，一些其他铂族金属（如 Rh、Ru、Pd 等）也被用作气敏元件，应用于各种可燃气体的分析检测中。

1. 紫外辐射-发光二极管（UV-LED）辅助的纳米 TiO_2-Pd/Pt-Al_2O_3 接触燃烧式氢气传感器

纳米级 TiO_2，亦称钛白粉。在日光或灯光中紫外线的作用下，TiO_2 可以被激活并生成具有高催化活性的自由基，产生很强的光氧化及还原能力，可催化降解各种有机物及部分无机物。在接触燃烧式气体传感器中，氧化反应是发生在贵金属 Pd/Pt 的表面的，且反应温度需要高于 200℃。因此，寻求高催化活性材料以降低接触燃烧式气体传感器的工作温度非常必要。在 TiO_2-Pd/Pt-Al_2O_3 体系中，研究人员首先将 TiO_2 粉体与贵金属颗粒混合，制备了纳米 TiO_2-Pd/Pt 颗粒，之后在 Al_2O_3 基板上制备基于 TiO_2-Pd/Pt 平板接触燃烧式氢传感器，并在传感界面附近安装 UV 发光二极管（LED），以提高 TiO_2 的光催化活性[9]。TiO_2 为 N 型半导体，在紫外光照射下，它的电子-空穴可以促进材料表面的氧化还原反应。TiO_2 表面氧和氢的吸附性能增强，活性更高，易于发生反应，从而实现了在较低温度（82℃）的氢气检测。此外，通过比较不同的配制比例，发现在同样 UV-LED 的照射条件下，5%TiO_2 光催化粉、15%Pd/Pt 和 80%Al_2O_3 的配制比不仅显著降低了传感器的工作温度，也缩短了响应时间和恢复时间，其机理可能为紫外线照射引起吸附的氧转变为超氧自由基阴离子，或直接促进 H_2 在催化剂表面的吸附。

2. 基于 CeO_2、$\gamma-Al_2O_3$、$ZnAl_2O_4$ 载体的 Ru 接触燃烧式甲烷传感器

钌（Ru）是一种催化性能很高的贵金属，被应用于许多催化反应中，如氨化反应、有机化合物的湿氧化、烯烃的置换反应、易挥发气体的低温氧化等。Ru 也应用于接触燃烧式传感器中，并结合其他介孔结构的载体，提高催化燃烧反应面积，实现传感器的高效检测[10]。

二氧化铈（CeO_2）呈微黄略带红色，可作催化剂、催化剂载体（助剂）、紫外线吸收剂、汽车尾气吸收剂等。CeO_2的催化氧化机理可以简单表述如下：Ce^{3+} 和 Ce^{4+} 间具有较低的电极电动势，而 CeO_2 材料具有半开放的萤石晶体结构，CeO_2 可以在保持其晶体结构稳定的前提下，在外界环境比较缺氧时，释放 O_2；而当周围环境富含氧时，可以吸收 O_2。CeO_2 材料具有优异的储放氧能力，广泛应用于多相催化过程。通过 CeO_2 的“呼吸作用”可以使环境中的 O_2 转移到固体的表面，因而可以有效地促进催化氧化过程的进行。另外，由于其表面及体相的晶格氧原子能够直接参与反应同时形成氧空位，因此，表面氧空位是 CeO_2 催化材料的重要活性物种。在催化氧化应用中，CeO_2 更多的是被用作催化剂的载体。与其他氧化物相比，CeO_2 用作催化剂载体时，不仅可以对负载的材料起到塑型、分散或者固定作用，还能够在反应过程中提供活性氧直接参与体系的催化氧化反应。除此之外，CeO_2 的催化性能与它的尺寸和形貌密切相关，当制备为纳米尺度后，纳米 CeO_2 的活性会得到显著的提高，这主要是由于纳米 CeO_2 的比表面积和缺陷浓度（如氧空位）显著增加，从而提高了对可燃气体氧化燃烧反应的催化性能。

$RuO_2/\gamma-Al_2O_3$ 是以 $\gamma-Al_2O_3$ 为催化剂载体负载 RuO_2 的一类接触燃烧式气体传感器敏感材料。其形貌特征与介孔 $\gamma-Al_2O_3$ 载体的形貌相似，介孔均一，结构规整，所负载的 RuO_2 均匀分散于载体中。经过催化反应测试发现该传感器具有灵敏度高、抗毒化性能强、稳定性好等特点。选用不同的载体材料，有研究采用浸渍法合成了两种 Ru 体系催化剂——RuO_2/CeO_2、RuO_2/Al_2O_3，并比较了二者的结构和性能。通过材料表征研究发现，在 CeO_2 载体中的 RuO_2 分散度最好，并表现了更优异的催化性能。用 CeO_2 作为载体，RuO_2 作为催化剂，以旋涂法制备的 MEMS 接触燃烧式传感器对不同浓度目标气体有成比例的输出信号、较快的响应时间，通过制作工艺改良可提高其灵敏度，以满足实际应用的需求。

$ZnAl_2O_4$ 也被作为催化剂载体负载贵金属钌氧化物以应用于接触燃烧式传感器。研究表明，反相微乳液法合成的 $RuO_2/ZnAl_2O$ 催化剂具有较低的起燃点。虽然其比表面积小于利用溶胶凝胶法合成的 $RuO_2/ZnAl_2O$，但是结构研究结果表明，反相微乳液法合成的催化材料中，贵金属氧化物在载体上有更好的分散性和更高的催化性能，因此具有更低的起燃点。选用反相微乳液法合成的 $RuO_2/ZnAl_2O_4$ 催化剂材料制作的 MEMS 接触燃烧式传感器虽然响应信号较低，但是它具有较好的线性关系和较快的响应速度；此外，该传感器还有能耗低、体积小等特点，经过结构和性能优化后有较高的实际应用潜力。

3. 基于 Au/VO_x 纳米复合薄膜的接触燃烧式甲烷传感器

由于钒（V）元素有多种化合价，因此钒氧化物（VO_x）家族由十多种化合物组成，如 VO、V_2O_3、VO_2 和 V_2O_5 等。其中，二氧化钒（VO_2）和五氧化二钒（V_2O_5）由于具有良好的催化活性以及从金属到绝缘体过渡的特性而受到广泛关注。VO_x 具有非常好的催化反应活性，是一种优良的催化剂。这可以从两个方面解释：一是钒元素化合价态的多样性；二是氧元素几何配位的变化性。基于 VO_x 的优良催化性能，VO_x 也被作为催化剂用于接触燃

烧式的气体传感器中。

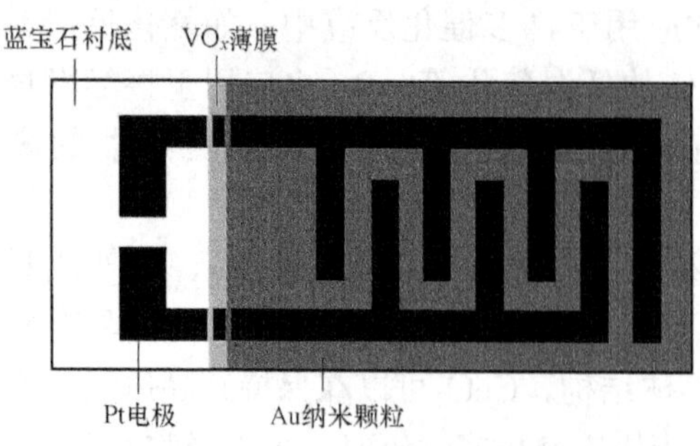

图 6-3-3 Au/VO_x 复合薄膜气体传感器传感器结构示意

Au/VO_x 复合薄膜的气体传感器结构示意如图 6-3-3 所示。该传感器采用磁控溅射的方法，在衬底上沉积一对 Pt 电极，之后通过直流磁控溅射法将金属钒圈喷射到衬底上，以此制备钒纳米薄膜。纳米钒沉积后，纳米金通过喷射方式负载到钒纳米薄膜上，制备的钒纳米薄膜在 O_2 环境中，以快速热退火的方式在 470～500℃对金属钒进行氧化，最终制备出具有催化活性的金属钒氧化物。X 射线衍射（XRD）测试结果表明在制备的材料中有 VO_x 产生，并被鉴定为多种 VO_x的混合物。通过场发射扫描电镜（FESEM）测量结果显示，制备的 Au/VO_x纳米薄膜呈现出裂纹和多孔的形貌结构。研究人员将合成的 Au/VO_x纳米复合薄膜用于甲烷气体的传感检测中，发现这种基于 Au/VO_x 纳米复合薄膜的传感器在 25～100℃的温度范围内可以对甲烷气体实现比较好的分析检测。该传感体系具有高比表面积和氧空位多等优点，在室温工作环境下，传感器也具有较高的气体响应性能、良好的重复性和较好的选择性，表明 Au/VO_x纳米薄膜接触燃烧式传感器在常温气体检测领域具有广泛的应用前景[11]。

4. 基于 Au/Co_3O_4 的接触燃烧式一氧化碳传感器

纳米金颗粒是一种在燃烧反应中具有高催化活性的催化剂，在一氧化碳的低温氧化过程中具有显著的催化性能。因此，负载了纳米金颗粒的 Co_3O_4 也被作为燃烧反应催化剂用于制备接触燃烧式一氧化碳传感器（见图 6-3-4）[12]。通过将平均粒径为 3nm 的胶体 Au 颗粒与 Co_3O_4 粉末（粒径为 20～30nm）进行机械混合从而制备出分散性较高的 Au/Co_3O_4 催化剂，并沉积在传感电极上进行催化燃烧反应。研究表明以胶体过程制备的催化剂可以实现 Au 颗粒较好的分散与负载效果。而且，在相同比例的 Au 添加量条件下，该方法制备的纳米金颗粒的粒径为采用浸渍法制备的纳米金粒径的十分之一。传感性能的研究表明这种制备方法改善了催化剂材料的微观结构，从而将催化剂的催化燃烧性能提高了 10 倍。此外，微电极上沉积的 Au/Co_3O_4 催化剂对一氧化碳的选择性也与纳米金颗粒的粒径相关，机械混合共沉淀法也提高了该催化剂对于一氧化碳气体检测的选择性。

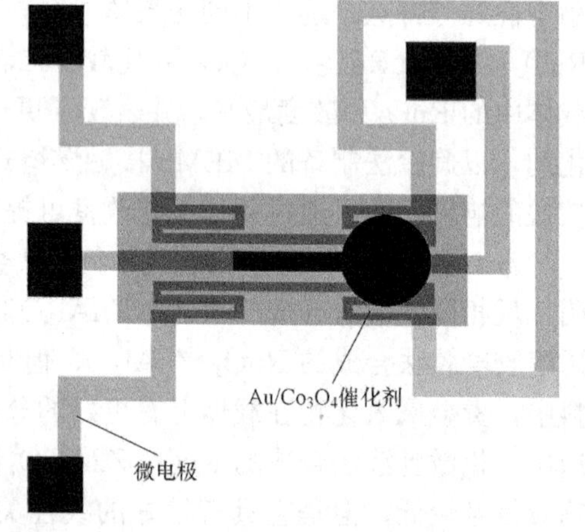

图 6-3-4 基于 Au/Co_3O_4 的接触燃烧式一氧化碳传感器结构示意

5. 基于 $Pt-CeO_2-ZrO_2-ZnO$ 的接触燃烧式一氧化碳传感器

为了使接触燃烧式气体传感器能在更温和的温度下工作，多种氧化物与 Pt 构成的复合材料也被应用到该类传感器中。研究人员以质量分数 10%$Pt/Ce_{0.68}Zr_{0.17}Sn_{0.15}O_{2.0}$ 比例构建了一种基于 $Pt-CeO_2-ZrO_2-ZnO$ 催化体系的接触燃烧式一氧化碳传感器。这种催化剂能够在 65℃条件下完全氧化一氧化碳，实现了在较低温度下对一氧化碳的传感检测。此外，由于该催化剂具有良好的一氧化碳氧化性能，即使在潮湿的条件下，传感器中的催化剂也能对一氧化碳显示出催化氧化活性。但是，这一传感器由于从催化剂到铂线圈的传热效率不足，气敏元件的响应时间较长，检测时间在 180～240s 之间。这一现象同时说明传感器的传热效率将影响传感响应时间；通过在铂线圈和催化剂之间加入氮化铝作为中间传热层，可以显著加快该传感器对一氧化碳的响应速度[13]。

6.3.3 金属氧化物 - 石墨烯

本节主要介绍基于 Pd 掺杂 SnO_2/还原氧化石墨烯（reduced graphene oxide，RGO）的接触燃烧式甲烷传感器。

石墨烯（graphene）是一种由碳原子以 sp^2 杂化轨道组成六角形呈蜂巢晶格的二维碳纳米材料。石墨烯具有优异的光学、电学、力学特性，在材料学、微纳加工、能源、生物医学和药物传递等方面具有重要的应用前景，被认为是一种革命性的材料。由于石墨烯材料的优异性能，研究人员采用水热法制备了 Pd 掺杂的 SnO_2/RGO 纳米复合材料。掺杂的 Pd 均匀分散于负载在 RGO 纳米片上的 SnO_2纳米颗粒中。这些 SnO_2纳米颗粒具有活性，可以提供吸附氧气和还原气体的场所。以 Pd 掺杂 SnO_2/RGO 纳米复合材料的接触燃烧式甲烷传感器的电导率随甲烷浓度的增加而增大，表现了较好的传感性能，如较高的灵敏度、较短的响应时间、良好的选择性和稳定性。这些优异的传感性能主要归因于 Pd 掺杂 SnO_2/RGO 纳米复合材料的特殊结构和性质；其中，Pd 纳米颗粒和 RGO 纳米片很大程度地提高了气敏材料的气体吸附性能和催化性能。

6.3.4 铁电体

本节主要介绍基于 La 掺杂 $BaTiO_3$的接触燃烧式氢气传感器。

正温度系数热敏电阻（positive temperature coefficient，PTC）热敏电阻，泛指正温度系数很大的半导体材料或元器件。它是一种具有温度敏感性的半导体，超过一定的温度时，它的电阻值随着温度的升高呈阶跃性的增高，温度越高，其电阻值越大。由于 PTC 热敏电阻具有灵敏度较高、工作温度范围宽、体积小、使用方便、易加工、稳定性好等优点，被广泛应用于电池、安防、医疗、传感、电机马达、航天航空等电子电气温度控制相关的领域。

钛酸钡（$BaTiO_3$）是一种典型的 PTC 热敏电阻，它也在接触燃烧式传感器中被用作换能器来检测可燃气体氢气。在居里温度（T_c）附近，$BaTiO_3$的电阻随着温度的升高会发生剧烈的变化。因此，当氢气发生催化燃烧反应引起的温度升高超过 $BaTiO_3$的 T_c 时，会导致该热敏材料的电阻率显著升高。由于 $BaTiO_3$的电阻率变化较大，因此制备的氢气传感器可以得到较高的信号响应。由于 $BaTiO_3$的 PTC 性能与颗粒大小、烧结密度、成分和晶界杂质等性质密切有关，控制这些参数对于提高传感器的性能非常必要。

研究人员探索了使用钛酸钡基 PTC 热敏电阻构建接触燃烧式氢传感器的可行性。为了降低传感元件的基本电阻，选择 La 作为 $BaTiO_3$的掺杂剂，并采用草酸法制备了掺杂 La 的 $BaTiO_3$微粒[14]。如图 6-3-5 所示为利用 PTC 热敏电阻在 T_c 附近电阻急剧变化设计的接触燃烧式氢气传感器。由于掺杂金属 La 的 $BaTiO_3$在晶界处的微观结构和受体状态不同，其制备方法对传感性能有较大影响。为研究 $BaTiO_3$的 PTC 响应性能，分别采用固相法和草酸法合成了镧掺杂钛酸钡（$Ba_{0.998}La_{0.002}TiO_3$），并比较了它们的催化性能。结果表明，由草酸法制备的镧掺杂钛酸钡可以形成更加细小的颗粒，其PTC性能较固相法制备的$BaTiO_3$有明显的改善。根据此方法制得的传感器在100～1000mg/L范围内都对氢气显示出了很高的灵敏度。

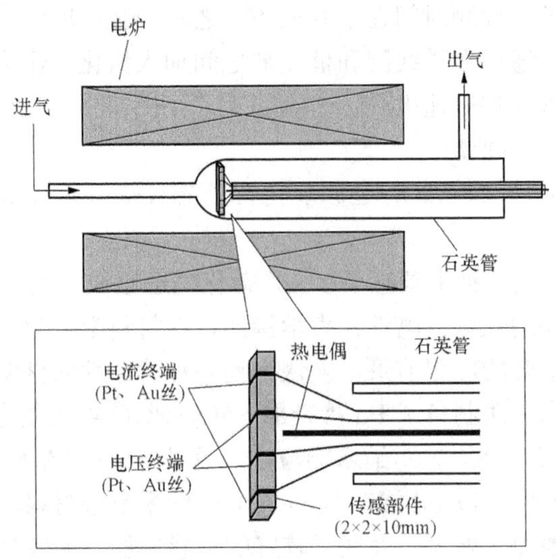

图6-3-5 基于La掺杂$BaTiO_3$的接触燃烧式氢气传感器示意

6.4 半导体电阻式气体传感器材料

半导体电阻式气体传感器是基于半导体材料电学性质变化进行检测分析的一类化学气体传感器件。当待测气体分子接触到传感材料表面时，气体分子的吸附和解吸过程会引起半导体电学性质的变化，而高温条件会加速这个过程的发生。研究人员利用ZnO薄膜作为检测器[见图6-4-1(a)]来代替标准导热电池。研究表明，半导体传感器的响应时间和恢复时间较长，但是灵敏度大约为导热电池的100倍以上，因此这类半导体传感器引起了广泛的研究，并发现了ZnO、CdO、Fe_2O_3、SnO_2等几种灵敏的金属氧化物传感材料。尽管ZnO薄膜的传感灵敏度很高，但是性质不稳定以及成本昂贵等缺点限制了它在气体检测分析中的进一步应用。如图6-4-1(b)所示，用烧结或压缩金属氧化物粉末材料制成的厚膜辅以内置加热器制作而成的传感器，可以用来代替薄膜传感器，使得这类小型化、低成本的传感设备在市场上得以应用：例如基于SnO_2的气体传感器就成功用于检测泄漏的易爆气体。

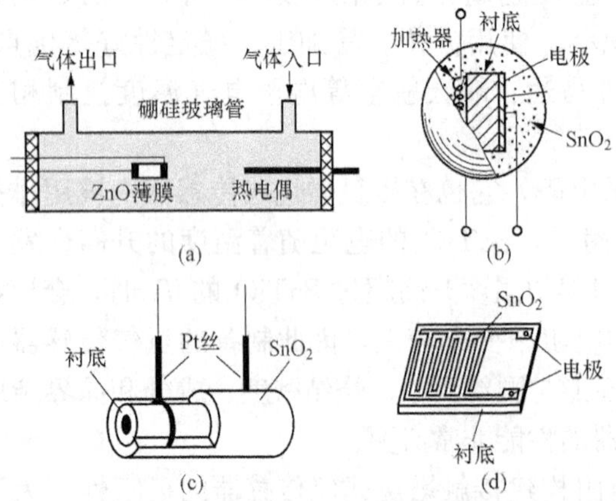

图6-4-1 金属氧化物薄膜电阻式传感器[15]

(a) ZnO薄膜气体传感器结构；

(b) 内置加热器的厚膜气体传感器结构；

(c) 圆柱体膜气体传感器结构；

(d) 叉指电极平面膜气体传感器结构

固态半导体气体传感器中的圆柱体膜［见图 6-4-1（c）］和平面膜［见图 6-4-1（d）］是两种常见的传感结构设计方法，具有高度小型化的优势，因为它们不需要额外的光学零件和可移动部件。利用微热板技术将 SnO_2 薄膜和金属氧化物半导体整合起来的气体传感器微系统，能够制作出尺寸只有几平方毫米的全集成芯片，以及便携式微型气体传感器阵列。进一步将微热板层结构优化后，可以在提高探测器密度的同时，控制传感器的操作参数（例如温度控制）。

这些多功能小型化传感器设备的发展依赖于对半导体传感材料的深入研究。提高半导体金属氧化物尤其是 SnO_2 等材料传感性能的手段包括缩小材料的尺寸至纳米级别和对材料进行结构改性和掺杂。通过使用纳米结构的材料可以有效降低传感器检测下限以及提高感应灵敏度。将具有催化性质的纳米颗粒（如 Pt、Pd、Ag、Ru、Au 等）均匀地分散在金属氧化物的表面，通过溢出效应能够进一步提高传感的灵敏度。然而，如何能在高操作温度条件下（通常为 250～600℃）使这些传感材料保持长时间的稳定性，仍然是一个挑战。而达到这种控制条件往往需要非常复杂的设计，因为灵敏度和稳定性通常是两个相互竞争的传感性能，稳定性的提高通常伴随着灵敏度的降低[15]。

6.4.1 传感材料合成方法和传感机制

1. 传感材料合成方法

合成方法是控制金属氧化物材料传感性能的重要手段之一，涉及灵敏度和长期稳定性则更为重要。薄膜孔隙率、晶体取向、氧化物化学计量、缺陷/杂质浓度、烧结颈和颗粒尺寸等都会受到所用合成方法的影响。合成方法的最初分类方式是按照湿法合成和干法合成来区分的，湿法合成通常合成厚膜，干法合成通常合成薄膜。与传统的气相沉积法或者反应溅射法合成的薄膜来对比，湿法合成的主要优点是便于金属氧化物和薄膜之间的分离加工。这种分离加工对纳米颗粒的调整和稳定性的提高优于在膜中进行加工（如丝网印刷、滴涂法、浸涂法、旋涂法、刮片法等）得到的性能，因此传感材料的灵敏度和稳定性都得到一定程度的提高。然而，在湿法加工过程中，溶剂和添加剂的蒸发会导致材料形成龟裂，薄膜的重复能力相对来说较差。如果将膜应用到精细易碎的微气体传感器基底中，膜形成过程中存在热应力和机械应力，这也将限制膜的厚度以及颗粒尺寸。新型干法是从气溶胶源中直接沉积纳米粒子，结合了湿法和经典干合成法的优点以控制颗粒和薄膜的性能。这种方法可以大规模制造高密度的纳米传感器阵列，其主要挑战是大部分有界的多孔薄膜的机械稳定性一般较差。

总体而言，用溶胶凝胶法等传统合成方法控制膜孔径、膜形态等结构参数以及结晶粒度等材料性质比较困难，因为颗粒尺寸、颗粒交联度、孔隙大小和孔隙结构等在合成过程中互相影响，无法分别控制。基质辅助脉冲激光蒸发、脉冲激光烧蚀、原子层沉积、火焰合成、脉冲激光沉积和反应分子束外延等新型干法合成手段能够有效控制薄膜的结构和功能，是未来传感薄膜制备的主要方法。

2. 传感机制

半导体金属氧化物可以分为 N 型半导体（以电子为主要载流子）和 P 型半导体（以空穴为主要载流子）。N 型半导体的导电能力会随还原性气体的吸附而增加，随氧化性气体的吸附而降低。P 型半导体的响应与 N 型半导体刚好相反。图 6-4-2 介绍了基于 SnO_2 的 N 型半导体电阻式气体传感器在干燥环境中的传感机理。在众多应用于半导体电阻式气体检测的金属氧化物中，SnO_2 是研究最多的一种。它对乙醇和一氧化碳的传感行为，是吸附在表面的物质和金属氧化物半导体相互作用引起电导发生变化的典型例子。其传感机制一般基于两种模式：氧空穴机制（还原-再氧化机制）和离子吸附机制，但是这两种机制都不能解释所有的实验现象。下面将介绍这两种传感机制来解释几种纳米结构传感材料的结构-传感性能关系。

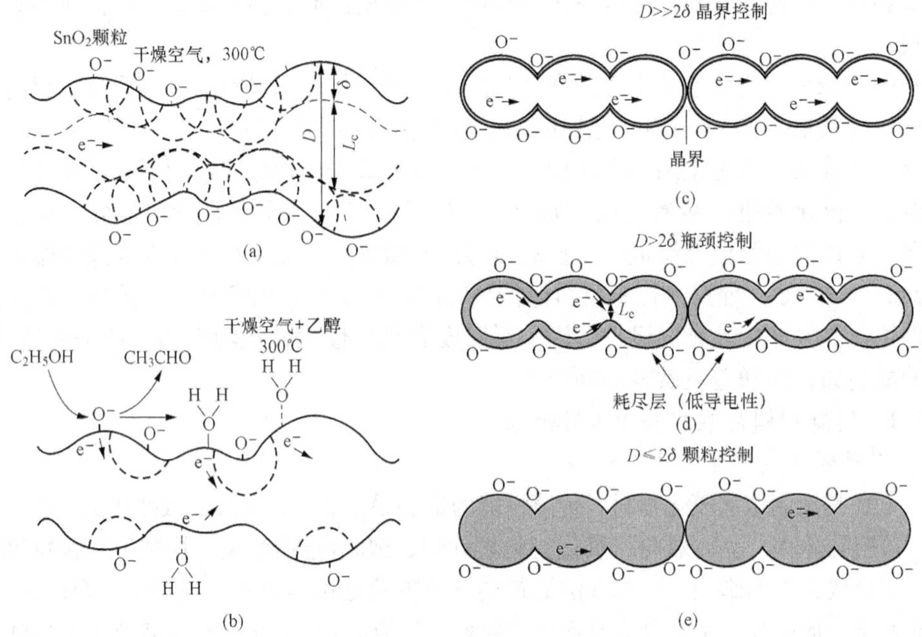

图 6-4-2 基于 SnO_2 的 N 型半导体电阻式气体传感器在干燥环境中传感机理示意

图 6-4-2（a）和（b）为干燥空气和乙醇气体中氧离子在 SnO_2 表面吸附模型。吸附的氧分子从 SnO_2 捕获电子而形成离子，这些离子将电子分散在氧化物的德拜长度 δ 内（250℃时 SnO_2 的德拜长度为 3nm），降低了电子的浓度和迁移率，从而导致 SnO_2 电导率的降低。乙醇与离子吸附氧的反应降低了散射中心（O^-）的浓度，释放被俘获的电子，从而导致 SnO_2 的电导率升高。电导率变化主要取决于晶粒度（D）和德拜长度（δ）之比。图 6-4-2（c）中，如果 $D \gg 2\delta$，晶界之间表面的损耗就会控制电导率的变化，由于只有一小部分半导体受到气体分子的影响，所以敏感性很低。图 6-4-2（d）中，如果 $D > 2\delta$，存在一个高电导率的导电通道，但它的宽度（L_c）受表面氧离子浓度的控制，灵敏度为中等。图 6-4-2（e）中，如果 $D \leqslant 2\delta$，全晶粒耗尽，表面氧浓度的变化影响整个半导体，灵敏度较高。

（1）氧空穴模型（还原-再氧化机制）。

气体与金属氧化物之间的相互作用可以用其表面的部分还原和再氧化来描述。更具体地说，SnO_2 是一种 N 型半导体，氧空位作为电子施主。SnO_2 表面与还原性气体分子（如 CO、乙醇 EtOH）发生部分还原反应，进一步形成氧空位，从而在其传导带内注入自由电子（提高电导率）。一旦除去还原分析物，表面就会被重新氧化（如果有 O_2 的话），填充空位并降低电导率。式（6-4-1）～式（6-4-3）中：V_o^x = 中性氧空位，V_o = 单离子氧空位，O_o^x = 中性晶格氧，g = 气相。

$$CO_{(g)} + O_o^x \rightleftharpoons CO_{2(g)} + V_o^x \tag{6-4-1}$$

$$V_o^x \rightleftharpoons V_o + e^- \tag{6-4-2}$$

$$2V_o + O_{2(g)} + 2e^- \rightleftharpoons 2O_o^x \tag{6-4-3}$$

氧化性气体（如 NO_2）的传感机制与还原性气体正好相反。另外，在高温条件下工作的 SnO_2气体传感器，其表面还原-再氧化机制速度较慢，因此其快速响应信号说明其他传感机制（如化学吸附）在传感信号的产生过程中起了相当重要的作用。

（2）离子吸附模型。

在离子吸附模型中，SnO_2薄膜对气体的检测可细分为接收功能和传导功能。

1）接收功能。

吸附态氧被认为是稳定在氧化物表面的自由氧离子（见图 6-4-2）。最初，氧物理吸附在氧化物表面，然后电子从金属氧化物转移到氧分子上形成氧离子，从而发生电离吸附。吸附的氧物质包括氧分子（O_2）和原子化离子（O^-、O^{2-}）。一般来说，低于 150℃时，主要是分子态氧，超过这个温度就会出现原子态的氧。这些吸附离子将电子分散在金属氧化物的德拜长度 δ 内，形成一个电子迁移率降低的耗尽层（见图 6-4-2）。

对于还原或氧化气体分子来说，SnO_2（空气中）的接收功能包括离子吸附氧浓度的变化。如果通入乙醇 EtOH、H_2或 CO 等还原性气体，则氧离子的表面浓度因其部分或完全氧化而降低，从而释放被捕获的电子并且减少散射中心的浓度，从而增加电子在氧化物中的迁移率。下列公式简要表述了 EtOH、H_2或 CO 气体的表面反应机理：

$$C_2H_5OH_{(g)} + O^-_{(ad)} \rightleftharpoons CH_3CHO_{(g)} + H_2O_{(g,ad)} + e^- \tag{6-4-4}$$

$$H_{2(g)} + O^-_{(ad)} \longrightarrow H_2O_{(g)} + e^- \tag{6-4-5}$$

$$CO_{(g)} + O^-_{(ad)} \longrightarrow CO_{2(g)} + e^- \tag{6-4-6}$$

气体分子与吸附在 SnO_2表面上的氧离子发生反应降低了氧离子的浓度，释放被俘获的电子，从而导致 SnO_2 的电导率升高；而氧化性气体（如 NO_2）会因为离子吸附氧浓度的增加产生相反的效应。

2）传导功能。

通过离子吸附氧浓度的变化，SnO_2的电导率随着其传导功能的变化而发生定量变化。实际上，尽管气体分子吸附反应过程中 SnO_2的电子浓度增加与可利用的氧离子浓度（用于气体分子发生反应）成正比关系，但是由于散射中心浓度的变化，电子迁移率的变化还和 SnO_2的晶粒结构息息相关。

具体来说，离子吸附氧在 SnO_2的德拜长度内散射电子，从而降低其电子迁移率（见图 6-4-2）。对于大颗粒（$D \gg 2\delta$），传感机理由晶界控制。对于超细纳米颗粒，则有两种可能的机理可以解释颗粒尺寸（D）的作用。如果晶粒尺寸大于两倍的 SnO_2德拜长度（$\delta \approx 3$nm，250℃），那么晶粒中心的直径（$L_c = D \sim 2\delta$）范围内就会存在具有本体迁移率的导电通道。之后散射中心浓度（O_2、O^-、O^{2-}）的变化将导致传导通道宽度（L_c）的变化。相反，如果 SnO_2晶粒尺寸小于或等于两倍的 SnO_2德拜长度，则整个晶粒将被耗尽，因此离子吸附氧的还原将会在氧化物分子上"打开"一个传导通道。随着传导通道的"打开"，SnO_2电子迁移率显著增加，从而提高 SnO_2的导电性。当晶粒尺寸接近 2δ 时，SnO_2传感器对还原性气体的响应会明显增强。然而，SnO_2半导体气体传感器在高温（250～450℃）条件下，这种小晶粒（约 6nm）具有较高的烧结速率，即使在 10nm 以下，SnO_2的尺寸也很难稳定。因此出现传感器响应随着颗粒尺寸的减小而增强的现象，目前只是在实验中得到部分验证。

目前用于半导体电阻式气体传感器的敏感材料主要包括金属氧化物、碳基材料（碳纳米管和石墨烯等）、过渡金属硫化物、过渡金属碳化物、黑磷烯、导电聚合物以及这几种材料的复合物。

6.4.2 金属氧化物

从20世纪60年代首个半导体金属氧化物厚膜气体传感器问世，半导体电阻式气体传感器因其成本低、灵敏度高、易维护、小型化等优点，成为目前实际应用最普遍、研究最成熟的一类气体传感器。金属氧化物纳米材料是目前气体传感器中研究最多的一类材料，根据纳米材料本身的电子结构的差异性，金属氧化物纳米材料可大致分为两类：过渡金属氧化物纳米材料（如 Fe_2O_3、NiO、Cr_2O_3等）和非过渡金属氧化物纳米材料（如以 Al_2O_3为主的过渡金属前金属氧化物与以 ZnO、SnO_2等为主的过渡金属后金属氧化物）[16]。

过渡金属前金属氧化物纳米材料（如 MgO 等）因其具有较大的带隙而显惰性，待测气体接触到该纳米材料时，很难形成电子或空穴载流子引起电导率的变化，所以这种纳米材料很少被用作气体传感器纳米材料。相反，过渡金属氧化物纳米材料的阳离子中轨道电子之间能差相对较小，并且能够形成多种不同的氧化物形态，当该纳米材料与待测气体相互作用时，其电阻会随着待测气体浓度的不同而发生明显的变化，引起传感器信号的变化。因此过渡金属氧化物比过渡金属前金属氧化物更适合用作传感器敏感材料。然而基于结构稳定性、响应灵敏度等因素，过渡金属氧化物中只有具有 d^0（如 TiO_2、V_2O_5、WO_3等二元过渡金属氧化物）与 d^{10}（如 ZnO、SnO_2等后过渡金属氧化物）电子结构的材料在气体传感器中得到实际应用。

目前研究较多的金属氧化物主要有：氧化锌（ZnO）、氧化锡（SnO_2）、氧化铟（In_2O_3）、二氧化钛（TiO_2）、三氧化钼（MoO_3）、三氧化钨（WO_3）、氧化铁（Fe_2O_3）、二氧化钒（VO_2）、五氧化二钒（V_2O_5）、氧化铈（CeO_2）等。表 6-4-1 统计了几类具有代表性的金属氧化物纳米材料气体传感器的传感性能[17]。

表 6-4-1 典型金属氧化物纳米材料气体传感器及其传感性能

传感材料	纳米结构	合成方法	目标气体	浓度（mg/L）	响应时间/恢复时间	检测下限 LOD
氧化锌	梳状	CVD 法	H_2S	4	22/540s	100μg/L
	纳米棒	水热法	H_2S	1	约 20min	0.05mg/L
	薄膜	热蒸镀法	C_2H_5OH	100	—	—
	纳米线	静电纺丝法	C_2H_5OH	100	9/12s	约 1mg/L
	纳米棒	湿化学法	NH_3	200	239/398s	约 50mg/L
	薄膜	喷雾热分解法	NH_3	25	20/25s	5mg/L
	纳米线	滴涂法	NO_2	20	72/69s	约 5mg/L
	纳米棒	湿化学法	NO_2	1	约 5/约 20min	约 1mg/L
	纳米线	CVD 法	NO	10	—	1.5mg/L
	纳米梳	CVD 法	CO	250	200/50s	—
	纳米棒阵列	微波水解法	CO	100	—/2.5min	10mg/L
	纳米线	水热法	H_2	200	30/50～90s	约 1mg/L

续表

传感材料	纳米结构	合成方法	目标气体	浓度（mg/L）	响应时间/恢复时间	检测下限 LOD
三氧化钼	纳米带	水热法	H_2	1000	14.1/—s	0.5mg/L
	薄膜	磁控溅射法	NO	200	30/1500s	5mg/L
氧化锡	纳米薄膜	溶液凝胶法	H_2	1000	192/95s	—
	纳米管	静电纺丝法	NO_x	9.7	6/218s	9.7μg/L
	纳米晶	化学沉积法	NO_2	11	100/250s	约 3mg/L
	薄膜	脉冲激光沉积	NO_2	4	3/176s	约 4mg/L
	薄膜	溶液凝胶法	臭氧水 Ozone	0.5	15/12min	—
	纳米孔	水热法	丙酮 Acetone	100	30/20s	约 10mg/L
	纳米晶	溶液凝胶法	NH_3	50	175/210s	—
	纳米线	沉淀法	乙醇 Ethanol	6000	—	—
氧化铟	纳米线	CVD 法	H_2S	20	48/56s	1mg/L
	多孔薄膜	模板法	H_2S	50	140/—s	1mg/L
	微晶	热氧化法	NH_3	1000	100/60s	约 250mg/L
	纳米管	沉淀法	NH_3	20	<20/20s	约 5mg/L
	八面体	溶液凝胶法	NO_2	200	约 500/约 500s	0.1mg/L
	多孔纳米晶	水热法	NO_x	97	96/—s	970μg/L
	立方晶	水热法	乙醇 Ethanol	100	5/3s	约 10mg/L
氧化钨	量子点	溶液法	HCHO	100	2/3min	1.5mg/L
	纳米柱	水热法	异丙醇 Isopropanol	200	53/274s	1mg/L
	纳米膜	热蒸发法	乙醇 Ethanol	30	约 300/300min	约 10mg/L
二氧化钛	量子点	水解法	NH_3	0.2	88/23s	0.2mg/L
	纳米膜	磁控溅射法	NH_3	100	34/90s	5 mg/L
	纳米管	电化学阳极处理	$CHCl_3$	20000	约 3/—min	1000mg/L
	纳米棒	酸性蒸气氧化法	O_2	40000	40/75s	1000mg/L
	薄膜	磁控溅射法	CH_3NH_2	10	200/260s	约 2mg/L
	纳米点	纳米氧化法	NO	10	91/184s	约 5mg/L
	纳米管阵列	电化学阳极处理	HCHO	50	3/—min	0.04mg/L
	纳米管	电化学阳极处理	甲醇 Methanol	1000	34/130 s	10mg/L
	纳米管	电化学	丙酮 Acetone	100	19/14s	约 10mg/L
	纳米颗粒	水热法	NO_2	40	48/52s	0.02mg/L
	纳米棒	水热法	CH_4	60	—	5mg/L
氧化铁	纳米颗粒	水热法	H_2S	100	180/约 3700s	50μg/L
二氧化钒	纳米棒	CVD 法	NO_2	5	59/86s	约 1mg/L
	纳米棒	热蒸发法	CH_4	500	75/158s	约 100mg/L
五氧化二钒	纳米针	CVD 法	丙酮 Acetone	1.7	73/—s	941μg/L
二氧化铈	纳米线	水热法	H_2S	0.05	24/15s	50μg/L

6.4.3 碳基材料

目前已经运用在气体传感器领域的碳基材料主要包括碳纳米管、石墨烯、炭黑、碳纤维等[18]。碳纳米管和石墨烯（见图 6-4-3）具有灵敏度高以及检测限低等特点，是碳基材料气体传感器中研究较多的两类。

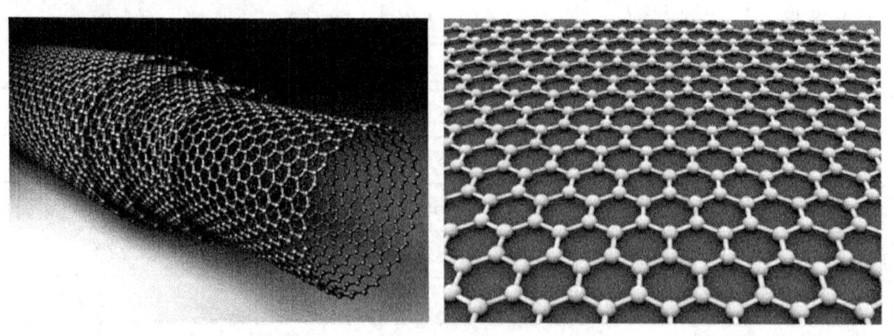

图 6-4-3 多壁碳纳米管（左）和单层石墨烯（右）原子结构示意

表 6-4-2 总结了一些碳纳米管和石墨烯及其复合纳米材料制成的气体传感器的传感特性。

表 6-4-2 碳纳米管和石墨烯及其复合纳米材料气体传感器的性能

传感材料	目标气体	浓度	响应时间
单壁碳纳米管	NO_2	200mg/L	2～10s
还原氧化石墨烯	$C_9H_{18}O$	5mg/L	<100s
石墨烯	NO_2	5mg/L	<90s
	NH_3	1000mg/L	500s
碳纳米管/铅	H_2	100mg/L	18min
碳纳米管/银	NH_3	1%	7s
碳纳米管/金	NO_2	10mg/L	10min
碳纳米管/铂	H_2	4%	7min
碳纳米管/氧化锡	NO_2	100mg/L	4.5min
碳纳米管/四氧化三钴	H_2	35%	21s
石墨烯/铅	H_2	10 000mg/L	8min
还原氧化石墨烯/银	NH_3	10 000mg/L	6s
还原氧化石墨烯/氧化锡	NO_2	100mg/L	65s
还原氧化石墨烯/三氧化二铁	NO_2	90mg/L	80s
还原氧化石墨烯/四氧化三钴	NO_2	60mg/L	90s
还原氧化石墨烯/氢氧化铟	NO_2	1mg/L	<180s
石墨烯/氧化锡	NO_2	50mg/L	<190s
石墨烯/氧化锌	HCHO	25mg/L	30s
石墨烯/氧化亚铜	H_2S	5μg/L	<2min

通过表 6-4-2 可以发现，基于碳纳米管和石墨烯纳米材料的气体传感器检测限较低，

灵敏度较高，但是通常需要与其他材料（一般是金属、金属氧化物及有机聚合物）形成复合材料，这就为材料的制备增加了一定难度。另一方面，高质量碳纳米管（特别是单壁碳纳米管）大规模制备技术要求高、价格昂贵，这对碳纳米管气体传感器的广泛使用带来了限制。

同碳纳米管相比，石墨烯具有更加灵活的二维平面结构，通过机械剥离法（micromechanical cleavage）、外延晶体生长法（epitaxial growth）、CVD 法或者热还原氧化石墨烯法等一系列方法，合成石墨烯降低了成本、简化了步骤，近些年基于石墨烯纳米材料气体传感器的研究也日趋成熟。以石墨烯为传感材料的半导体型气体传感器的性能受三个方面影响：①石墨烯的理论比表面积较大，单层石墨烯的所有碳原子在同一个平面形成六角形蜂巢晶格结构，为吸附在材料表面的目标气体提供了极高相互作用区域；②石墨烯由于其较高的金属导电性而具有较低的噪声，即使在没有空穴载流子的限制条件下，极少的额外电子也能使得石墨烯的电导率发生明显变化；③石墨烯的平面晶格结构几乎没有缺陷，使它相对一维结构来说，能够屏蔽更多的电荷波动；④在气体测试过程中，通过开尔文四线法可以测量石墨烯的电学性质，从而有效消除接触电阻的影响。石墨烯传感器目前主要的问题是恢复时间较长，这也是因为在室温条件下待测气体分子与石墨烯吸附能力较强所导致的。

基于石墨烯与金属氧化物的复合纳米材料可以提高传感材料的气体检测性能，特别是检测特异性。金属氧化物在室温下具有较高的电阻，电阻值通常会超过传感器的检测范围。石墨烯通过提供载流子和电子能够显著提高纳米复合物的导电性质，从而降低金属氧化物纳米材料传感器所需的工作温度。通过在石墨烯与金属氧化物之间的接触面形成异质结，电子相互作用得到增强，影响气体检测过程中的电荷转移行为。在石墨烯表面负载金属氧化物能够增加活性位点，提高对某种特定气体的吸附能力，而这种气体通常是单纯石墨烯无法检测的。石墨烯片层因其有范德华力会发生二次堆叠，负载在石墨烯片层上的金属氧化物纳米颗粒起衬底的作用，可有效地抑制石墨烯的二次堆叠和团聚。将 Cu_2O 纳米晶负载在石墨烯片层上，在室温下可以快速检测 5～100μg/L 的 H_2S，并且低至 5μg/L 时仍然表现出非常高的选择性[19]。Mao 等用 SnO_2 纳米颗粒修饰还原的氧化石墨烯，进而调控石墨烯在室温下的气体检测能力。研究发现，SnO_2 可增强石墨烯传感器对 NO_2 的检测灵敏度，降低对 NH_3 的检测灵敏度，这对调控石墨烯传感器的气体检测选择性提供了新的可能[20]。

6.4.4　过渡金属硫族化合物

过渡金属硫族化合物（TMDCs）都是半导体，其结构主要是 MX_2，M 主要是 IV、V 和 VI 的过渡金属（如 Mo、W、Hf、Ti、Zr、V、Nb、Ta、Re 等），X 代表硫族元素（如 S、Se 和 Te 等），最典型的材料主要有 MoS_2、WS_2、$MoSe_2$、WSe_2 等。TMDCs 类似于石墨烯的二维结构，同样也具有非常高的比表面积；但是不同于石墨烯（无带隙），TMDCs 具有直接带隙，半导体电学性质更佳。TMDCs 的电学性质取决于其丰富多样的结构，比如晶相结构、量纲结构和化学组成（见图 6-4-4，图中大球代表金属，小球代表硫族元素；AbA 和 AbC 分别代表叠层顺序，大写字母代表硫族元素，小写字母代表金属元素）。

TMDCs 的制备方法简易多样、成本低，机械剥离法、化学剥离法、CVD 法等都能制得高质量的单层 MoS_2 纳米片，但是最常用的大规模制备 MoS_2 纳米片的方法还是液相剥离法。在三种硫族元素中，硫元素因为地球上含量丰富，是最常见的一种原子。大部分过渡金属硫化物没有很强毒性，在空气中也比 MSe_2 和 MTe_2 更加稳定。自 2011 年以来，基于二维过渡金属硫化物用于气体传感器的研究论文数量逐年增加。其中，MoS_2 是研究最多的材料之一，

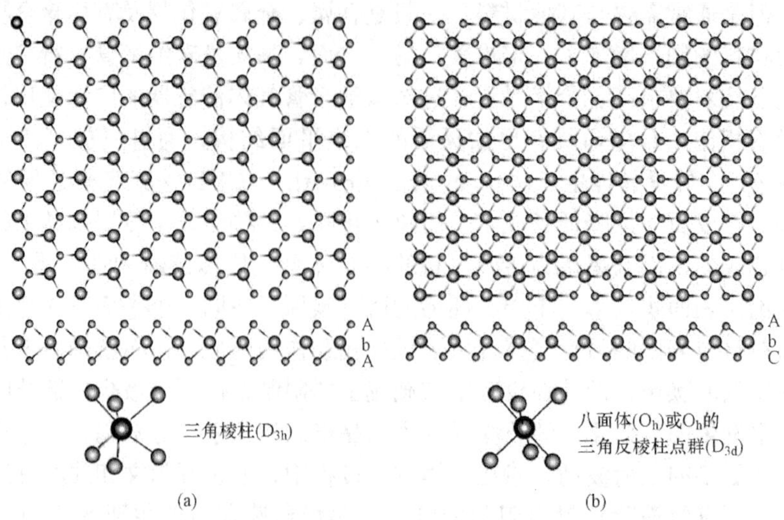

图 6-4-4 单层过渡金属硫族化合物结构示意[21]

(a) 三棱柱结构；(b) 八面体结构的俯视图和立体图

接近总数的 75%[21]。

利用二维过渡金属硫化物制成的室温气体传感器，通常是基于场效应晶体管结构和原理。利用 MoS_2、WS_2 纳米片制备的室温传感器能够检测低浓度的 NO_2、NH_3、H_2、SO_2、甲醛等气体。表 6-4-3 统计了一些基于 MoS_2 和 WS_2 的气体传感器在室温下的检测性能[22]。

表 6-4-3 室温下基于过渡金属硫化物纳米材料的气体传感器性能

传感材料	目标气体	浓度	响应时间
二硫化钼	NH_3	300μg/L	15s
	NO_2	10mg/L	—
二硫化钨	NO_2	25mg/L	—
银/二硫化钨	NO_2	25mg/L	—
铅/二硫化钨	H_2	50000mg/L	119s
二硫化锡	NH_3	5mg/L	约 50s
镍/二硫化钼	SO_2	5mg/L	50s
二硫化钨/二氧化钛	NH_3	250mg/L	200s
二硫化钼/氧化锌	NH_3	50mg/L	10s
二硫化钼/氧化锡	NO_2	10mg/L	408s
二硫化钼/还原氧化石墨烯	甲醛	10mg/L	73s
铅-氧化锡/二硫化钼	H_2	500mg/L	23s

除此之外，$MoSe_2$ 与 SnS_2 等二维硫化物材料也表现了卓越的气体传感性能。Late 等人研究了机械剥离法得到的单层 $MoSe_2$ 对 NH_3 的检测性能，检测浓度范围为 50～500mg/L，响应时间大约为 150s，恢复时间为 9min。一般来说，气体分子在传感材料表面吸附很强会带来高灵敏度，但是同时也很难从材料表面解吸脱附，意味着较长的恢复时间。尽管二维过

渡金属硫化物纳米材料对于气体传感具有高灵敏度、高选择性和高稳定性等特点，但是其气体脱附速率较慢导致的恢复时间较长的缺点仍需要得到解决。到目前为止，基于二维过渡金属硫化物的纳米材料在传感性能方面比金属氧化物纳米结构更好，在灵敏度方面展现的优势与石墨烯纳米材料相当。

6.4.5 金属碳化物

二维层状过渡金属碳化物纳米片（MXenes）是近年来发现的一类新型二维材料，其化学式为 $M_{n+1}X_nT_x$（其中 $n=1\sim4$），M 代表过渡金属，比如 Sc、Ti、Zr、V、Nb、Cr 或者 Mo；X 代表 C 或 N 元素；T 代表 MXenes 在制备过程中产生的官能团，比如－F、－OH、－O 等。世界上第一个 MXenes 材料在 2011 年首次被美国德雷塞尔大学尤里·高果奇（Gogotsi）教授课题组报道，其制备过程是使用酸性溶液刻蚀法进行材料剥离、分层得到单原子层的碳化钛 MXenes（Ti_3C_2）。

MXenes 含有碳原子层，所以具有类似石墨烯的良好导电性；而过渡金属层使其表现出类似过渡金属氧化物的性能；同时，表面多样的官能团赋予 MXenes 良好的亲水性。这种独特的性能组合，使 MXenes 在导电材料及功能增强复合材料等方面有良好的应用前景。截至目前，已知的 MXenes 超过 70 种，而现有的合成制备的 MXenes 仅仅包括 Ti_2C、Ti_3C_2、$(Ti_{1/2}, Nb_{1/2})_2C$、$(V_{1/2}, Cr_{1/2})_3C_2$、Nb_2C、Ti_3CN、Ta_4C_3、V_2C、Nb_4C_3 等。在气体传感研究方面，有研究证明 $Ti_3C_2T_x$ 材料在室温下对 VOCs 气体的检测下限可达 50～100μg/L，并且具有极低的噪声和比其他二维纳米材料高出 2 个数量级的信噪比[23]。LEE 等人合成了 V_2CT_x 材料，发现其在室温条件下对非极性气体具有超高的灵敏度，如对 H_2 的可检测低至 2mg/L[24]。该课题组也将 $Ti_3C_2T_x$ 材料制成纳米片应用在柔性聚酰亚胺平台上，发现其呈 P 型半导体特性，在室温下对乙醇、甲醇、丙酮和氨气具有响应能力，对丙酮的检测下限可达 9.27mg/L[25]。表 6-4-4 总结了目前一些基于 MXenes 材料的气体传感器的检测性能。

表 6-4-4 室温下基于过渡金属碳化物纳米材料的气体传感器性能

传感材料	结构	目标气体	浓度	响应时间
$Ti_3C_2T_x$	薄膜	丙酮	50μg/L	—
	薄膜	甲醇	9mg/L	—
	薄膜	乙醇	50mg/L	—
V_2CT_x	薄膜	氢气	1mg/L	—
3D MXenes	三维结构	VOCs	50μg/L	＜2min

6.4.6 黑磷烯

黑磷（black phosphorus，BP）是磷元素中最稳定的形态，黑磷烯是从黑磷中制备的单层黑磷晶体，是二维纳米材料的新成员之一。如图 6-4-5 所示，黑磷烯是一种层状材料[26]，单层黑磷晶体中的每个磷原子和其他三个相邻原子之间因共价键连接，形成了一个褶皱的蜂巢结构。2014 年 Li 等人利用红磷在高温高压的条件下合成了 BP 晶体。之后有人利用机械剥离法从块状 BP 晶体上剥离得到少层 BP。少层 BP 是 P 型半导体，10nm 厚的 BP 片层载流子迁移率高达 984cm^2/(V·s)。块状 BP 到单层 BP 的直接带隙范围为 0.3～2.0eV，几乎包含了石墨烯到二维过渡金属硫化物之间的带隙。目前，机械剥离法、液相剥离法以及 CVD 法均能合成层状 BP。黑磷烯比其他二维材料具有更卓越的分子吸附性能，甚至超过石墨烯和二硫化钼。理论计算研究表明：气体分子在 BP 表面的结合力强，对 BP 的电学性质有非常明显的影响，使得它对 CO、CO_2、NH_3、NO、NO_2 等气体有很高的灵敏度。

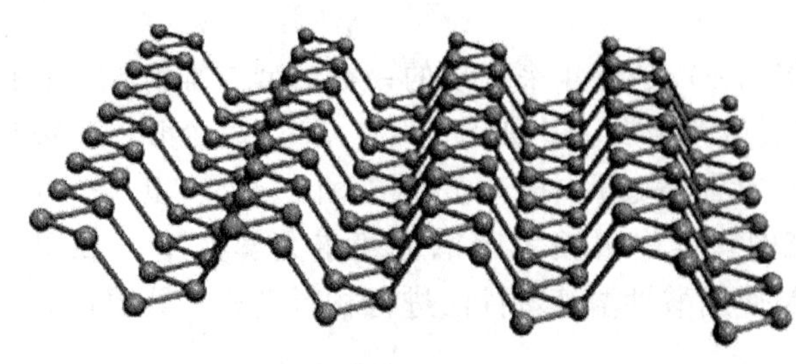

图 6-4-5 黑磷烯三维结构示意

黑磷烯的平面蜂巢结构赋予了它高比表面积，增加了它对待测气体分子的感测面积。Abbas 等人研发了一种多层 BP 场效应晶体管气体传感器来检测 NO_2，电导率变化符合朗缪尔等温线模型，证明载流子迁移是气体传感的主要机制。实验表明，这种 BP 气体传感器能够检测到低至 5μg/L 的 NO_2，在同等条件下灵敏度优于二维石墨烯以及二硫化钼等材料。Cui 等研究了 BP 层数与气体传感器性能之间的关系，发现当 BP 的厚度在 4.3～10nm 之间时，在干燥空气中对 NO_2 的检测灵敏度达到最佳，其中厚度为 4.8nm 是最佳条件。除此之外，衬底性质也会对 BP 的载流子迁移率带来影响，决定其传感检测性能。由气体吸附导致 BP 电导率发生的变化呈各向异性，有效厚度对 BP 传感器的性能影响类似于调节带隙对灵敏度的影响，也就是说有效厚度的增加导致气体传感灵敏度的下降。表 6-4-5 总结了近年来基于黑磷烯材料的室温气体传感器的传感性能[27]。

表 6-4-5 基于黑磷烯材料的室温气体传感器性能

传感材料	目标气体	检测浓度	响应时间
黑磷烯	NO_2	5～40μg/L	约 130s（5μg/L），约 840s（40μg/L）
	NH_3、H_2	NH_3：10～300mg/L H_2：5～125mg/L	—

6.4.7 导电聚合物

导电聚合物（导电高分子）是由具有共轭 π 键的高分子经化学或电化学“掺杂”使其由绝缘体转变为导体的一类高分子材料，自 1977 年首次被发现以来，在很多领域得到广泛研究。导电聚合物具有可调节的电学性能，合成方法简单，结构丰富多样，不易腐蚀。但是，导电聚合物也有一些缺陷，比如相对较低的电导性，化学性质不够稳定等。导电聚合物可以在相当低的温度条件下实现对包括化学物质在内的各种外界待测物产生高灵敏度响应，这是导电聚合物作为传感材料最重要的优势之一。然而，导电聚合物的检测选择性问题需要关注。解决该问题目前有两种方案：一种方案是对导电聚合物的化学结构进行改性，另一种方案则是将导电聚合物与其他功能性材料结合达到协同效果。常用的功能材料包括量子点、二维无机纳米材料以及纳米碳材料（如富勒烯、碳纳米管、石墨烯等）。就传感器领域而言，导电聚合物和其他材料结合而成的复合材料可以显著提高其传感检测性能，这也是近年来导电聚合物传感材料的研究方向和趋势[28]。

导电聚合物材料主要包括聚吡咯（PPy）、聚苯胺（PANI）、聚噻吩（PTH）、聚（3，4-二氧乙撑噻吩）（PEDOT）以及它们的衍生物，其主要结构是单键和双键形成的 π 电子共轭系统。导电聚合物因其对待测分析物具有卓越的电化学性质，作为感应层在气体传感系统中也得到应用。导电聚合物气体传感器的传感机理是通过吸附气体分子和导电聚合物骨架之间发生电荷转移实现信号的检测，因此可以通过控制电荷转移来提高材料的灵敏度和选择性。Yoon 等人用内部因素和外部因素来解释纳米结构化的 PEDOT 和待测气体（包括乙醇和乙腈）间的电荷转移行为。内部因素（如氧化程度）与电荷在单个纳米颗粒的内部或内部链之间的转移有关，而外部因素（如接触电阻）是来源于纳米颗粒 - 纳米颗粒或纳米颗粒 - 金属电极之间的相互作用。过去的研究还报道了功能基团对导电聚合物传感器检测选择性的影响。功能基团能够使导电聚合物与目标物之间产生类似氢键这样的分子内相互作用。比如，PPy 骨架上的羧基（—COOH）能够和甲基膦酸二甲酯（DMMP）气体上的磷酸基团相互作用，改变 PPy 中的电荷分布，从而引起聚合物链上空穴载流子迁移速率的降低，导致 PPy 的电阻增加。尽管复合结构和杂化提升了导电聚合物传感器的传感性能，但是其灵敏度和选择性仍然有待提高。近年来有学者将无机金属氧化物和有机金属氧化物与导电聚合物合成杂化材料，利用它们之间的协同效应来提高传感器的性能。表 6 - 4 - 6 总结了近年来基于导电聚合物 - 无机物复合材料气体传感器性能[28]。

表 6 - 4 - 6　基于导电聚合物 - 无机物复合材料的气体传感器性能

导电聚合物	杂化材料	分析气体	响应时间	检测温度	检测限
PANI（聚苯胺）	ZnO	TEA（三乙醇胺）	65～130s	室温	10mg/L
	α - MoO_3	TEA（三乙醇胺）	35s	室温	0.55mg/L
	Co_3O_4	CO	40s	室温	75mg/L
	SnO_2	SO_2、NO_2	SO_2：—； NO_2：5min	室温	SO_2：2mg/L NO_2：50μg/L
	WO_3	Acetone	—	室温	10mg/L
	ZnO 纳米颗粒	NH_3	50s	室温	25～100mg/L
	CeO_2 纳米颗粒	NH_3	57.6s	室温	6.5～50mg/L
	Cu 纳米颗粒	NH_3	72s	室温	1～50mg/L
	Pd 纳米颗粒	H_2	<90s	室温	5mg/L
PPy（聚吡咯）	Fe_2O_3 纳米棒	NO_2	—	室温	1mg/L
	石墨烯 - TiO_2 纳米颗粒	NH_3	36s	室温	1mg/L
	Pd 纳米颗粒	H_2	4.5～12.5s	室温	0.1mg/L
	Au 纳米颗粒	NH_3	—	室温	100mg/L
PEDOT 聚（3，4 - 二氧乙撑噻吩）	TiO_2 纳米纤维	NO_2	5～17min	室温	1μg/L
	Ag 纳米颗粒	NH_3	2～3s	室温	1mg/L
PTH（聚噻吩）	WO_3	NO_2	—	40～90℃	10～100mg/L
	SnO_2	NO_2	—	90℃	10～100mg/L

6.5　电化学式气体传感器材料

电化学式气体传感器是目前检测有毒有害气体最常用、最成熟的技术，大部分易燃、有毒和腐蚀性气体都具有被还原或氧化的电化学活性，通过电化学反应，可以定性定量地分辨出气体的成分组成并测量其浓度。当待测气体进入传感器内部时，会发生电化学反应，其含量通过传感器设计会被转换成电流、电压等信号输出，通过对电信号的数值采集即可测定与其成正比的待测气体的含量。相较于半导体式气体传感器，电化学式气体传感器的特点是具有更好的选择性。半导体式气体传感器的工作原理是基于半导体薄膜吸附气体时产生的电阻变化来进行气体分析与检测，但是大多数半导体材料在气体吸附过程中对于待测气体并没有特异性的识别分子或官能团，因此对气体的选择性较差。而在电化学式气体传感中，由于不同气体分子具有不同电活性，产生的电信号也不尽相同，因此该类传感器具有较好的选择性。除此之外，电化学式气体传感器还具备设备体积小、耗能少、温度适应性较宽（可以在－40～＋50℃工作）、寿命较长（一般为 2 年）且性能稳定等优点，因此在工业生产等领域中被广泛研究及应用。

电化学式气体传感器的工作原理主要有以下几种：①在保持电极和电解质溶液的界面具有某恒电位时，将气体直接氧化或还原，并将流过外电路的电流作为信号输出；②将溶解于电解质溶液并离子化的气态物质的离子作用于离子电极，把由此产生的电动势作为信号输出；③将气体与电解质溶液反应产生的电解电流作为信号输出。

典型的电化学式传感器包括一个扩散式隔膜（它可以渗透气体但不渗透液体）、酸性电解质槽（通常是硫酸或磷酸）、工作电极、对电极和参比电极（两电极系统不含参比电极）。一些传感器还包含滤膜，用于去除干扰组分。电化学传感器有两种工作模式：一种是原电池型，传感器具有高灵敏度的优点，但缺点是检测电极材料易被消耗，传感器寿命有限；另一种是恒电位电解式气体传感器，其灵敏度高，对有毒气体的检测非常有效，本节将介绍以上两种电化学式传感器。另外，目前不仅存在装有特定电化学式传感器的气体探测器，还有包含氧气、可燃气体和一到几个电化学式传感器的复合密闭空间检测仪。

6.5.1 电化学式气体传感器的种类和工作特点

1. 原电池型气体传感器

原电池型气体传感器也叫伽伐尼电池型气体传感器、燃料电池型气体传感器、自发电池型气体传感器，一般用于氧气的检测。氧气通过透气膜到达电池正极从而被还原，负极 Pb 则被氧化，引起两电极的电位发生变化，通过测量两电极之间电流的变化可实现对氧气浓度的检测（见图 6-5-1）。该传感器通过测量电解电流来检测气体浓度。由于这种传感器本身就是电池，所以不需要由外界施加电压，其原理和一般常用的干电池是一样的，区别是干电池中的碳锰电极被气体检测电极替代了。

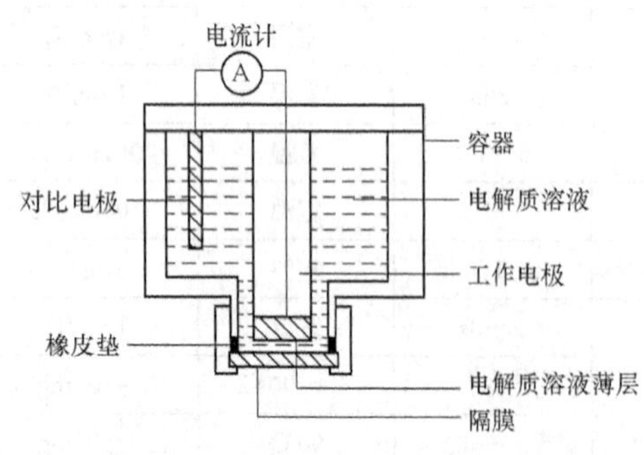

图 6-5-1 原电池型气体传感器的基本结构

这类传感器最常见的就是氧气传感器，这是一种由阳极、电解液和空气阴极构成的自供电、限制扩散的金属-空气电池类型，电流的大小与氧气的浓度直接相关，其反应过程如下：

当氧气到达工作电极时，立即被还原成 OH^-

$$O_2 + 2H_2O + 4e^- \longrightarrow 4OH^- \quad (6\text{-}5\text{-}1)$$

这些 OH^- 通过电解质到达阳极，使铅发生氧化反应，生成对应的氢氧化物

$$2Pb \longrightarrow 2Pb^{2+} + 4e^- \quad (6-5-2)$$

$$2Pb^{2+} + 4OH^- \longrightarrow 2PbO + 2H_2O + 4e^- \quad (6-5-3)$$

总电池反应

$$O_2 + 2Pb \longrightarrow 2PbO \quad (6-5-4)$$

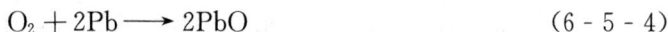

当传感器的输出端用一定的负载电阻值形成闭合电路时，整个传感器按式（6-5-4）的反应进行，流经负载电阻的电流使阳极的铅形成氢氧化铅，最后被氧化成氧化铅而被消耗。氧气传感器本身就是一个电流发生器，其电流正比于氧气消耗的速度（Faraday 定律）；与氧气浓度成正比关系的电解电流通过负载电阻两端的电压变化进行测量，然后被放大成可显示的相应的氧气浓度，通过选择适当的负载电阻测量该传感器的输出电压，则可实现在 0～100％范围内氧气浓度与端电压呈线性关系。该类典型装置还有用具有催化能力的贵金属如 Pt 等作为工作电极（负极），用铅或镉等作为对电极（正极）而构成伽伐尼电池式传感器，透气膜则通常选用对氧气透过性好的聚四氟乙烯或聚乙烯。除腐蚀性气体以外，其他气体对该传感器通常无干扰，但是因为正极随着检测易被消耗，所以该传感器的寿命有限。

2. 恒电位电解式气体传感器

恒电位电解式一氧化碳传感器的基本原理如下：在一定的电位下，被测气体通过透气膜到达传感器工作电极的表面被氧化，过程中由于电子转移从而引起工作电极电位的变化，同时氧气在对电极被还原，引起对电极电位的变化，通过检测两电极之间电流的变化可实现对气体的检测。工作时参比电极提供恒电位，以保持工作电极稳定工作，图 6-5-2 所示为恒电位电解式一氧化碳传感器的基本结构。

恒电位电解式传感器在容器内两端安装工作电极和对电极，密封的容器内充满电解质溶液，然后在工作电极和对电极之间加一恒定电位构成恒压电路。工作电极上透过隔膜的一氧化碳气体被氧化，而对电极上氧气被还原，根据工作电极和对电极之间的电流值就可测出一氧化碳气体的浓度。这种传感器可用于检测各种可燃气体和毒性气体（如 H_2S、NO、NO_2、SO_2、Cl_2、PH_3等）。这种传感器用于检测还原性气体非常有效，其原理与原电池型传感器不一样，电化学反应是在电流强制下发生的，是一种真正的库仑分析的传感器，并且有较高的灵敏度和较宽的线性测量范围[29]。

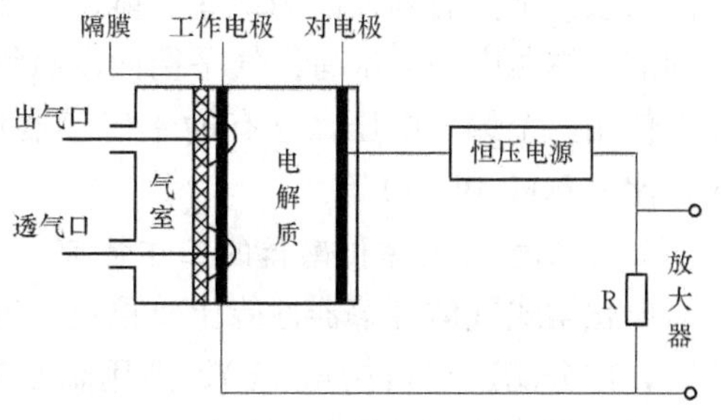

图 6-5-2　恒电位电解式一氧化碳传感器的基本结构

电化学气体传感器工作电极上的反应大部分为氧化反应（还原性气体），小部分为还原反应（如 NO_2、Cl_2和 O_3等）。下面用一氧化碳在电化学传感器上的氧化过程描述它的检测机理。

一氧化碳在工作电极上的氧化：

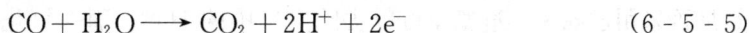

$$CO + H_2O \longrightarrow CO_2 + 2H^+ + 2e^- \quad (6-5-5)$$

其他的气体在工作电极上发生的反应：

$$H_2S + 4H_2O \longrightarrow H_2SO_4 + 8H^+ + 8e^- \tag{6-5-6}$$

$$SO_2 + 2H_2O \longrightarrow H_2SO_4 + 2H^+ + 2e^- \tag{6-5-7}$$

$$NO + 2H_2O \longrightarrow HNO_3 + 3H^+ + 3e^- \tag{6-5-8}$$

$$H_2 \longrightarrow 2H^+ + 2e^- \tag{6-5-9}$$

$$Cl_2 + 2H^+ + 2e^- \longrightarrow 2HCl \tag{6-5-10}$$

对电极通过将空气或水中的氧气还原对此进行平衡：

$$\frac{1}{2}O_2 + 2H^+ + 2e^- \longrightarrow H_2O \tag{6-5-11}$$

以一氧化碳为例，两式合并得到的最终反应式：

$$CO + \frac{1}{2}O_2 \longrightarrow CO_2 \tag{6-5-12}$$

从上述反应式可以看出，电化学式气体传感器在检测有毒气体（比如一氧化碳）过程中消耗的仅仅是待测一氧化碳分子、电能和氧气，传感器仅作为反应容器，传感器并无损耗，这也是该类传感器寿命较长的原因。但是由于传感器中电解质溶液介质的干涸问题，这类传感器的寿命一般在两年左右，某些大体积的传感器具有更长的寿命。其他电化学式气体传感器也同样是这种非消耗型设计，包括 Cl_2、H_2、H_2S、NO、SO_2等。

由于氧气参与了整个传感器反应的过程，因此某些使用环境会限制电化学传感器的使用。比如，一个硫化氢电化学传感器就不能测量天然气管道中的硫化氢浓度，因为管道中可能没有氧气，这样，一旦传感器内部存在的少量氧气消耗殆尽，测量也就结束了。当然，在这种情况下，将停止工作的传感器再重新放置在空气中后还会恢复正常。电解液可以提供少量氧气就意味着非消耗型传感器可以在短时间内检测缺氧条件下的气体浓度，这点对于某些气体的校正十分有利。因为某些气体，比如氯气，在有氧气存在的情况下保存寿命很短，它的标准气体瓶中一般都有氮气平衡而没有氧气。另外，电化学式气体传感器有时需要在对电极上使用一个偏置电压，这有助于传感器对特定气体的检测，通常应用于电活性较弱的气体，比如 NH_3和 NO 等。

3. 电化学式气体传感器的工作特点

电化学式气体传感器性能比较稳定、寿命较长、耗电小、灵敏度高（随传感器不同有所不同，部分能达到 0.01mg/L）、适用温度范围较大。同时，电化学式气体传感器具有较宽的输出和气体浓度线性范围、优良的重复性和选择性、测量准确度高、在空气中零点漂移小等优点。然而，电化学式气体传感器的信号输出易受温度变化的影响，即使并无待测气体，传感界面上也会产生一个很小的空白信号，这就是基线。尽管这个微小的漂移可以通过传感器的校零过程加以消除，但这个基线受温度的影响很大，校零以后，如果温度变化较大，那么就会导致零点不准，因此很多这种仪器都有软硬件的温度补偿处理。

电化学式气体传感器的另一主要缺点是易受干扰，由于一种传感器可能对多种气体发生响应，通过传感信号可能无法确定是哪种气体引起的读数变化，也就无法进行定性定量分析。为解决这一问题，传感器结构上会通过特殊设计尽可能排除或减小其他气体的干扰，有些传感器会使用过滤膜来去除其他物质的干扰。例如，CO 和 H_2S 的两个传感器间的区别就是是否采用过滤膜，过滤膜可以去除空气中的 H_2S，而一氧化碳传感器如果没有这个过滤膜，就被称为双效传感器，它既可以检测 CO，又可以检测 H_2S。双效 CO/H_2S 传感器采用四电极设计，它包含两个分离的传感电极：一个用于检测一氧化碳，另一个用于检测 H_2S。每个传感器提供一个独立的特定检测系统并且可以分别校正。通常来说，电化学式气体传感器的微小信号干扰仍很难克服，另外由于气体不同的化学行为，所受到的干扰也有所不同[30]。

6.5.2　电解质材料

电化学式传感器由过滤器、膜（或毛细管）、电解质、工作电极、对电极和参比电极六个主要部分组成，其中每一部分都会影响传感器整体的分析性能。电化学式传感器的结构设计、制造传感器的材料和传感器测试方法对传感器的性能至关重要，也决定了传感器的实际应用能力[31]。

电解质是电化学传感体系的重要组成部分，电解质的作用是传输传感器内的电荷，有效地接触所有电极并运输反应和生产的物质，且在所有传感器工作条件下保持化学和物理性质稳定。电解质既可以是离子导电的，也可以是电子导电的。常用电解质包括水系电解质、有机电解质、导电聚合物、离子液体和固体电解质。在电导方法中，电解质被设计成只有当它与被分析气体分子相互作用时，它的导电能力才会发生变化；在电位法和安培法中，电解质具有特殊的溶解度和反应活性，可用来提高传感灵敏度和选择性。

在电化学式气体传感器中，液体电解质的作用包括传输传感器内部的电荷，有效地连接所有电极，溶解反应物以便高效运输，并且在传感器所有操作下都能保持物理和化学性能稳定。对于电化学式气体传感器的应用，电解质溶液需要同时支持对电极和工作电极的反应，与参考电极形成稳定的参考电位，在各种测试条件下能长时间稳定运行。1970 年以前，安培传感器的电解质溶液主要是水溶液。目前，水溶液仍然被用作气体传感的电解质，酸或卤化物电溶液用于酸性气体和其他气体检测应用，如氢气传感器中常用电解质为 H_2SO_4。

大量的实验表明，液体水电解质在其特异性、使用寿命、工作温度范围和电势范围等方面存在一定问题和局限性，因此传感器的性能研究开始关注设计和开发不同电解质，其中包括非水系电解质、聚合物电解质、离子液体电解质等。这些新型电解质的应用解决了液体水电解质的一些局限和问题，成为近年来电化学式气体传感器电解质的研究重点。

6.5.3　电极材料

在电化学传感过程中，电子转移通常发生在传感电极和电解质之间的界面上。在电导法中，传感电极的功能随传感方法的不同而变化，电极一般不作表面修饰。电子转移率或电流（I）与传感电极和辅助电极之间的电位差（U）成正比。电解质的电导是电流与电位差的变化的比值。在实际应用中，通常监测相对电阻的变化来进行气体的检测分析。电阻是 U 与 I 之比，是电导的倒数；相对电阻变化一般表示为 $\Delta R/R_0$，或（$R-R_0$）$/R_0$，其中 R 为分析气体存在时的电阻，R_0是在没有分析气体存在时的电阻。此时传感信号为相对电阻，灵敏度是信号/浓度的比值。

在电位法和安培法中，对电极材料进行改性和修饰是一种可提高待测气体分子传感性能的途径，因此传感电极通常具有化学修饰的表面。在电极改性和修饰方法中，通常将选择性渗透膜或某些材料层涂覆在电极表面，这种表面改性确保了气体传感器的选择性。所述的改性膜材料中也可以加入一些催化剂，比如催化酶，在某些情况下可以促进被分析气体的氧化或还原。

许多液体电解质气体传感器的电极设计借鉴了 Clark 电极结构，特别是金属膜结构。在后者的反应池中，贵金属电极直接蒸发或溅射在聚合物膜的表面。Clark 型气体传感器的共同特点是工作电极上的表面层或膜材料会促进气体在工作电极/电解质表面的传输。而用背面金属化多孔膜电极制成的气体传感器不受蒸发的影响，电极与电解质溶液的本体直接接触，样品传输到工作电极的速度很快，从而可得到高灵敏度和较快的反应时间。采用燃料电池电极技术或气体扩散电极（gas - diffusion electrode，GDE）的传感器也被广泛研究。这些传感器通常由烧结的复合材料（如粉末 Teflon 和贵金属）、气体扩散电极和含水电解质或离子导电膜构成。

1. 工作电极材料

电化学式气体传感器工作电极的材料可以根据不同的功能选择。工作电极需具备高催化反应活性，结构性能稳定、易制造，并能为电化学传感提供方便的测试分析界面。随着 21 世纪纳米技术与传感技术的迅猛发展，越来越多具有优良性能的纳米材料被应用于电化学式气体传感器的构建中，很多传感器性能较传统材料大幅提升。本节主要介绍碳基材料和金属/金属氧化物材料构建的工作电极[32]。

（1）碳基材料是最为常见的工作电极材料，用于构建不同的电化学式传感器，特别是在生物分析传感领域，因为许多形式的碳都具有良好生物相容性。使用 Pt/C 复合材料气体扩散电极和纳米碳材料可以使电极表面有效面积最大化，并且由于碳具有导电性，因此电极可以实现导电性 - 孔隙度等性能的最佳组合。碳颗粒和多孔基体中的贵金属之间具有良好的电接触，使用厚膜技术，几毫克的碳浆膏体可与 Pt 颗粒一起加入，制成高性能电极。目前在气体传感器领域研究和应用的碳基材料主要包括碳纳米管、石墨烯、炭黑、碳纤维等，其中碳纳米管和石墨烯的研究最为广泛[33,34]。

碳纳米管可看成是由石墨片层卷曲而成，按层数可以分为单壁碳纳米管和多壁碳纳米管；其直径在 100nm 以下，长度可以从几十纳米到毫米级。碳纳米管有着优异的力学、电学、光学和热学等特性，在场发射、纳米电子器件、复合材料等方面有着潜在的应用价值。石墨烯是一种二维层状、单原子厚度的碳单质，由 sp^2 杂化的碳原子在二维平面上有序排列而成。石墨烯材料具有高比表面积和高电导性；与碳纳米管相比，石墨烯更具柔软度、生物相容性、大表面积效应和易于被化学修饰功能化的特点。纳米碳材料用作电化学式传感器电极材料具有以下优点：大的比表面积有效增大了工作电极表面的反应活性位点；高导电性使得工作电极的电导率显著提高；易修饰使得碳基材料适合通过功能化修饰赋予工作电极理想的性能；同时其通过作为基底材料与其他具有优良性能的材料复合，进一步提高电极表面的传感性能，如通过与具有催化能力的贵金属颗粒复合，大大提高了贵金属颗粒在电极表面的成膜能力和稳定性，使得传感界面同时具有高电导率和催化能力。

碳基材料构建的电化学式气体传感器的性能与气体吸附过程关系密切。气态吸附物通常具有不同的组成和结构，可与石墨烯等碳基材料在不同吸附模式下进行相互作用。另外，石墨烯复合材料也被应用于电化学式气体传感，以提高基于石墨烯的气体传感器性能。其中，石墨烯/聚合物复合材料通常具有多孔微结构，以加速在传感层中的气体扩散。在这种情况下，复合体的两种组分可以吸附气体分子，促进了传感层的电导变化。为了提高感测信号，贵金属如 Pt 和 Pd 的纳米颗粒被固定在石墨烯片上以催化气体反应。吸附在石墨烯复合材料表面上的氧或水分子也可以与传感分子相互作用，并影响传感信号。其中，对于石墨/金属氧化物复合材料，氧的吸附有时对于实现检测反应是至关重要的。

（2）金属或金属氧化物也是常见的电化学传感界面修饰材料。电化学式传感器中的工作电极通常由贵金属制成，如 Pt 或 Au，它能够在电池中与电解质形成固定的界面，并且具有多孔结构，允许气相有效地扩散到大面积的反应性电极/电解液界面上。贵金属一般能在对其他金属有腐蚀性的极化电位下表现出良好的稳定性，同时也是许多分析物反应的优良催化剂。例如，金属颗粒分散在工作电极表面不但增加了工作电极接触面积，同时也能促进被检测气体同电极的接触，而且很多金属对特定气体具有选择性和催化能力，从而提高了气体分子的吸附和传感器的灵敏度。表 6-5-1 中列出了一些电化学式气体传感器中工作电极的常用材料。

表 6-5-1　　电化学气体传感器中工作电极的常用材料

电极材料	待测气体	结构类型	检测限
还原的氧化石墨烯 RGO/ZnO	alcohol	复合材料	10～40mg/L
还原的氧化石墨烯 RGO/Py 吡咯	NH_3	复合材料	1μg/L
Graphene/Au	NH_3	复合材料	6mg/L
RGO/Pd	H_2	复合材料	40～8000mg/L
RGO	H_2	薄膜	25～1000mg/L
Au/Pt	H_2S	纳米颗粒	3mg/L
$PANI/TiO_2$	NH_3	复合材料	0～25mg/L
多壁碳纳米管 MWCNTs	CO	粉末	0.72～52mg/L

2. 对电极和参比电极材料

对电极必须在电解质中保持稳定，并有效地完成与分析物反应相反的部分反应，Pt 电极常被用作电化学式气体传感器中的对电极。当使用恒电位时，除了工作电极和对电极，还会使用参比电极。参比电极必须与电解质形成稳定的电位，且与传感器兼容，并一般对温度（T）、压力（p）、相对湿度（RH）不敏感，也不与传感器系统中的其他污染物或反应物反应。参比电极对电化学气体传感器尤其是微型化传感器提出了挑战。参比电极通常需要具备小型化、稳定、寿命长等特点，它们必须能够维持工作电极在传感应用过程中处于恒定的电化学电位。银/氯化银（Ag/AgCl）参比电极具有良好的可逆性，在许多电化学中被用作参考电极，但只有当氯离子浓度固定时，它才保持固定的电位，由于氯化银可以在水溶液中逐渐溶解，因此使用寿命有限。鉴于传感分析的需求，工作电极、参比电极和对电极材料的选择都是基于电化学和电催化性能以及稳定性和易制造性。表 6-5-2 中列出了一些在电化学式氢气传感器中用作参比电极或工作电极的常用材料。

表 6-5-2　　电化学式氢气传感器中一些常见的参比电极和工作电极材料

电极	材料种类	电极材料	工作温度范围
参比电极	Ag/Ag^+	Ag/AgCl；$Ag/AgSO_4$	室温
参比电极	水合氧化物	PbO_2；NiO	室温
工作电极	Ag	Ag-环氧树脂	＜100℃
工作电极	Pt/C	Pt-C	—
工作电极	金属氧化物	ITO，ZnO，SnO_2，CdO	＜700℃
工作电极	纳米复合材料	Au/CuO，Au/Nb_2O_5，Au/Ga_2O_3，Au/Ta_2O_5	＜700℃

注　ITO：indium tin oxide，氧化铟锡。

6.5.4 膜材料

渗透膜可以用来调节进入传感器的气体流量，并有助于提高传感器的选择性。渗透膜只允许分析气体通过，并提供一个屏障，可防止电解质从传感器内部泄漏。疏水多孔膜多用于水溶液电解质，其孔隙不被水溶液润湿，而是允许溶解气体输送到电极 - 电解液界面。对于传感器而言，膜的选择，其孔径和厚度可以决定传感器的灵敏度和响应时间。例如，一个灵敏度很高的低浓度气体传感器一般使用粗糙的、高孔隙率的疏水膜和较少限制的毛细管来允许更多的气体在单位时间通过，从而对气体分子产生更高的灵敏度。然而，这个设计使得更多的电解质水分子逸出到环境中，这样传感器中的电解液会快速干燥，引起电解液的干缩。根据电解液的不同，干缩会改变电解液的浓度、溶解度，而这些变化往往会对电解质的电导率产生负面影响，引起灵敏度和响应时间的变化。

多孔和透气性膜可由聚合物或无机材料制成，最常见的是商用 Teflon 薄膜、微孔聚四氟乙烯薄膜或硅酮薄膜。膜的选择通常需要考虑对待测分析物的渗透性、能防止电解质泄漏、具备可制造性和好的耐久性。例如，由丙烯腈丁二烯组成的半透膜通过允许氧的转运从而可以选择性地检测血液样品中氧的分压，有效地防止样品中其他物种的转运。同时，膜的质量传输速率将决定极限电流，因此，也将影响传感器的灵敏度。理想情况下，气体膜能在较宽的温度范围内对目标气体分析物保持渗透率，具有机械、化学和环境稳定性。

6.6 气体传感器发展前沿

除了前几节介绍的接触燃烧式气体传感器、半导体式气体传感器和电化学式气体传感器之外，近年来也涌现出许多新型气体传感器，本小节将选取几种进行介绍。

6.6.1 光学式气体传感器材料

虽然光学式气体传感器是气体传感器中较晚出现的一种，但却是发展最快的传感器之一。目前常用的光学式气体传感器有红外式气体传感器、紫外式气体传感器、光电比色式气体传感器、化学发光式气体传感器、光散射式气体传感器等。红外式气体传感器（红外吸收型）是利用气体吸收红外光的单一性原理来实现的。当红外光照射到气体分子时，气体分子会吸收辐射的光能，由于不同气体分子对于红外光的吸收程度不同，会呈现不同的红外吸收光谱；可通过测量红外光打到待测气体前后红外光的强弱来判断待测气体的浓度。该类传感器常用光谱范围为 1～25μm，通常类型有色散（dispersive infra red，DIR）红外线式和非色散红外线式。例如，日本岛津生产的 SOA - 307/307Dx 二氧化硫连续分析仪，采用单光源双光柱非色散红外线吸收法，即通过向被测气体辐射宽带红外线，用波长选择检测器来选择指定频带，以此来测量 SO_2对特定波长红外线辐射的吸收，其测量范围为 0～100mg/L 和体积分数 0～1%。红外光谱吸收法具有选择性强、灵敏度高、信号稳定、寿命长、便于维护等优点，但其检测成本较高，且受外界光照干扰[29]。

常用的紫外线气体传感器有紫外吸收式气体传感器和紫外荧光式气体传感器两种。前者与红外式传感器原理类似，基于实测气体对紫外线选择性地吸收，其吸收特性也遵守比尔定律，使用的紫外线波长范围一般为是 200～400nm。后者如紫外荧光式二氧化硫气体传感器，是一种干法式气体传感器，工作原理是 SO_2分子接收紫外线能量成为激发态的 SO_2分子，在返回稳态时产生特征荧光，其发出的荧光强度与 SO_2浓度成正比。紫外荧光式气体传感器可做到不破坏样品而连续自动测量大气中的 SO_2 含量，其灵敏度很高，稳定性为 24h 内漂移为满量程的±2%，且共存的背景气体对测量的影响较小，具有寿命长、易于维护等优点。

光电比色式气体传感器是基于比尔定律实现自动光电比色测量的，其适用的分析对象有二氧化硫、一氧化氮、碳氢化合物、卤素化合物等。化学发光式气体传感器是根据化学氧化反应伴有光热生成的原理工作的，常用的有臭氧传感器（利用 O_3—C_2H_4 产生化学发光反应放出的光子来测定臭氧）和 NO_x 气体传感器（利用 O_3 的强氧化作用，使 NO_x 与 O_3 发生化学发光反应来实现测量）。光散射式气体传感器是利用光束与气体中的颗粒相互作用产生散射来进行气体浊度或不透明度测量，是环境监测中最常用的气体传感器之一。

目前光学式气体传感器研究的最新动向是流体切换式、流程直接测定式和傅里叶变换式在线红外分析仪，该类型传感器具有高抗震能力和抗污染能力，与计算机结合能连续测试分析气体，具有自动校正、自动测试的功能。光学式气体传感器还包括光纤荧光式传感器和光纤波导式传感器，其主要优点是灵敏度高、可靠性好。光纤荧光式气体传感器的主要部分是两端涂有活性物质的玻璃光纤。活性物质中含有固定在有机聚合物基质上的荧光染料，当 VOC 气体与荧光染料发生作用时，染料极性发生变化，使其荧光发射光谱发生位移。用光脉冲照射传感器时，荧光染料会发射不同频率的光，通过检测荧光染料发射的光可识别 VOC。

6.6.2　新型气体传感器制造技术

传感器中气敏元件的制造工艺很多，随着薄膜技术和电子技术的大力发展，针对气体传感器的传感材料，主要采用 MEMS 技术进行加工。随着 MEMS 技术的大力发展，气体传感器向着更微型、集成、智能的方向发展，我们常见的智能手机、无人机、智能手环等都利用了 MEMS 气体传感器。相对于传统的机械，它们拥有更小的尺寸，最大的不超过 1cm，甚至仅仅几个微米，厚度也更薄；其材料以硅为主。由于其体积小、重量轻、功耗低、灵敏度高、易于集成等优点，气体传感器正在逐步替代传统机械式传感器，成为微型传感器的主力军（见图 6-6-1）。

图 6-6-1　MEMS 气体传感器

MEMS 器件加工技术以微电子技术和微加工技术为基础，分为体微机械技术、表面微机械技术和 X 射线深层光刻电铸成型技术。体微机械技术加工对象以体硅单晶为主，加工厚度几十至数百微米，关键技术是腐蚀技术和键合技术，优点是设备和工艺简单，缺点是可靠性较差。表面微机械技术利用半导体工艺，如氧化、扩散、光刻、薄膜沉积、牺牲层和剥离等技术进行加工，厚度为几微米，优点是与集成电路工艺兼容性好，缺点是纵向尺寸小，无法满足高深宽比的要求，受高温的影响较大。X 射线深层光刻电铸成型技术采用传统的 X 射线曝光，光刻胶做掩膜和电铸成型工艺，加工厚度达到数微米至数十微米，可实现重复精度很高的大批量、低成本生产。MEMS 技术主要通过系统的微型化、集成化来探索具有新原理、新功能的气体传感器和系统。

根据气体自身特性，结合MEMS结构制作的气体传感器代表种类有声光光谱法（hoto-acoustic spectroscopy）和光谱法（spectroscopic methodology）；采用气体敏感膜的化学吸附机理，代表种类有电导变化型（conductivity variation type）、悬臂梁型（cantilever beam type）和声表面波型（surface acoustic wave type）；针对易燃易爆气体，代表种类为接触燃烧式气体传感器（catalytic combustion type）。

以接触燃烧式MEMS气体传感器为例，这类传感器主要用于一氧化碳等易燃易爆气体检测领域。通过MEMS技术将催化剂制作为薄膜并加热，当空气中有易燃易爆气体存在时，气体分子在催化剂表面发生催化氧化反应，过程中放出的热量经过热敏元件将产生的温度变化转换为电信号，与参比薄膜进行比对得到气体体积分数变化。热敏元件常用催化剂有氧化钯、氧化铂等；MEMS工艺可实现催化剂的薄膜化与微型化，并对加热电极、热敏元件等进行集成，从而有效减小传感器的体积。

6.6.3 展望与挑战

气体传感器技术发展到现今，面临着一些严峻挑战：

（1）缺少统一的行业标准。虽然市场上已经出现了很多专门从事气体传感器生产的商家，但是每家产品良莠不齐，包括检测限、检测精度、检测时间以及稳定性等量化气体传感器性能的指标没有一个统一的标准。如何判断气体传感器的检测能力、质量好坏，在整个世界范围内都没有一个通用的行业标准。

（2）特异性检测能力低。按照气体传感器的检测原理，理论上某种特定的气体传感器本应只对某种特定的气体产生特异性响应。而在气体传感器的设计过程中，包括材料特性、检测精度、环境条件和零点漂移等客观问题无法避免，使得气体传感器在对目标气体分子进行检测时会受到一定程度的干扰，对其他气体也产生响应，影响气体传感器的检测特异性。

（3）成本昂贵。统计结果显示，2015年全球传感器市场大约生产了150亿支传感器，但是气体传感器的产量只占其十万分之一，也就是不到150万支。出货量相对较少的主要原因在于气体传感器相较其他种类的传感器而言，设计生产过程更复杂，生产成本较昂贵，这是影响气体传感器快速发展的主要原因。

我国的气体传感器技术发展主要体现在两个方面：一方面，随着我国对空气质量的高度重视，生态治理措施的不断加强，国内对环境质量检测市场的需求进一步扩大，气体传感器具有非常广阔的应用前景；另一方面，我国正在从宏观政策层面不断加强对大气监测设备行业的引导，在研发前沿的气体检测技术方面不断加大投入，提升国产气体传感器的竞争力，致力于实现气体传感市场的良性发展。

气体传感器未来的发展趋势应当关注以下几点：

（1）研究开发灵敏度高、特异性好、稳定性好的新型气敏材料；

（2）研发新型气体传感器制造技术，降低传感器成本；

（3）气体传感器研发和使用过程注重规范化，形成统一的行业标准；

（4）气体传感器的应用向智能化、图像化和一体化发展。

6.7 本章小结

近年来，人们在享受科技进步和经济发展所带来的生活水平提高的同时，也面临着因社会发展引起的环境生态问题和公共健康威胁，如环境污染等，其中室内和室外大气污染对人们的健康和生活有着非常显著的影响。随着人们生活水平的不断提高和对环保及健康的日益重视，对大气污染、工业废气的监测，对环境中各种有毒、有害气体的探测，以及对食品和居住环境质量的检测都对气体传感器和相关分析设备提出了更高要求。发展和精度更好、检测更方便、更智能的新型气体传感器是气体分析检测技术的未来发展方向。

气体传感器是气体检测系统的核心，通常安装在探测头内。从本质上讲，气体传感器是一种将某种气体体积分数转化成对应电、光信号的转换器。探测头通过气体传感器对气体样品进行处理，通常包括滤除杂质和干扰气体、干燥或制冷处理、样品抽吸，甚至对样品进行化学处理，以便传感器进行更精确的测量。传感技术的不断发展以及纳米、薄膜技术等新材料的成功应用为气体传感器集成化和智能化提供了很好的前提条件。在本章内容中，介绍了气体传感器的基本原理和分类，包括接触燃烧式传感器、半导体式气体传感器、电化学式气体传感器及其他类型气体传感器等，并介绍了在不同类型传感器中应用的功能材料以及材料性质与传感器性能的关系。

随着先进科学技术和材料领域的蓬勃发展，气体传感器发展的趋势是微型化、智能化和多功能化，因此深入研究和掌握有机材料、无机材料、生物材料与其他各种材料的特性及相互作用，理解各类气体传感器的工作原理和作用机理，正确选择各类传感器的敏感材料，灵活运用微机械加工技术、敏感薄膜制备技术、微电子技术、光纤技术等，使传感器性能最优化是气体传感器的技术需求。总体来说，未来的气体传感器研究需要在三个方面努力，即新气敏材料的研究开发、新型气体传感器的研制和气体传感器的智能化及多功能化。

(1) 新气敏材料的研究开发：气体传感器的核心是气敏材料，因此，更加深入地探索和寻求能适用于大规模气体传感技术的新型高效气敏材料仍然是非常重要的研究方向。对气体传感器材料的研究表明，到目前为止，金属氧化物半导体材料等已趋于成熟，但是这些材料都是传统的宏观材料。当前这方面的工作主要有两个方向：一是利用化学修饰改性方法，对现有气敏材料进行改性、掺杂和表面功能化修饰等处理，赋予其更独特的检测性能，对合成材料工艺进行改进和优化，提高气体传感器的稳定性和选择性；二是研究开发新的气敏材料，如复合型和混合型半导体气敏材料、高分子气敏材料，使这些新材料对不同气体具有高灵敏度、高选择性、高稳定性。但是仅仅进行以上两个方面的研究并不能满足当前人们对气体传感器微型化的要求，利用纳米材料作为气敏材料成为新型气敏材料研究的重点。纳米材料和纳米结构是当今新材料研究领域中最富有活力、对未来经济和社会发展有着十分重要影响的研究对象，也是纳米科技中最活跃、最接近应用的重要组成部分，因此以纳米材料作为气敏材料的研究也越来越受到人们的关注和青睐。探寻纳米材料的气敏特性是当前气体传感器研究领域的重中之重，也是当前最活跃的研究热点之一。探寻具有何种结构、何种尺寸和何种组分的纳米材料适用于具有较高灵敏度、较好选择性、较快响应速度和较高稳定性的新型气敏材料，纳米材料的结构和电子特性与气敏材料的气敏性能之间的关系等，将是当前乃至未来很长一段时间内的研究重点。总而言之，新型气敏材料的创新性研究是未来对环境监测、农业监测、医药监测等领域最有影响力的战略研究之一，而具有优良特性的纳米材料将是起重要作用的关键材料之一。

(2) 新型气体传感器的研制：沿用传统的气敏工作原理和某些新效应，同时满足新型传感器的高性能，优先使用纳米材料以及先进的加工技术和微结构设计，研制新型传感器及传感器系统，如微型化半导体气体传感器、光波导气体传感器、高分子声表面波和石英谐振式气体传感器、微生物气体传感器和仿生气体传感器等。以仿生气体传感器为例，警犬的鼻子就是一种灵敏度和选择性都非常好的理想气敏传感器，结合仿生学和传感器技术研究类的“电子鼻”将是气体传感器发展的重要方向之一。随着新材料、新工艺和新技术的应用，研究目标在于完善气体传感器的性能，使传感器小型化、微型化和多功能化，且具有长期稳定性好、使用方便、价格低廉等优点。

（3）气体传感器智能化及多功能化：随着传感器的发展和数字技术的应用，人们对气体传感器提出了更高要求，如集成化、智能化和多功能化。而纳米材料的飞速发展和纳米技术的日趋成熟为气体传感器的智能化及多功能化提供了很多可能。在传统的气体传感器中开发新功能，以及实现智能化分析与自动检测是当前气体传感器的一个研究重点。同时，气体传感器的发展需要结合微机械与微电子技术、信号处理技术、数字技术、故障诊断技术、智能技术等多学科综合技术，实现气体传感器与其他仪器设备的有效集成和联用，研制能同时监测多种气体的全自动数字式的智能气体传感器[30]。

参考文献

[1] 赵炜杰，徐海洋．气体传感器的问题及解决对策［J］．电子技术与软件工程，2019，156（10）：75.

[2] Gas sensor market size and share global industry report，2019—2025［R］．Market Research Report，2019.

[3] Volatile organic compound gas sensor market size，Share & Trends analysis by type（single，multiple），by technology，（PID，IR - based，metal oxide）by application，by region，and segment forecasts，2019 - 2025［R］．Market Research Report，2019.

[4] Gas Sensor Technology & Market report［R］．Yole Développement，February，2016.

[5] SU J，CAO L，LI L，et al. Highly sensitive methane catalytic combustion micro - sensor based on mesoporous structure and nano - catalyst［J］．Nanoscale，2013，5（20）：9720.

[6] VUONG N M，HIEU N M，KIM D，et al. Ni_2O_3 decoration of In_2O_3 nanostructures for catalytically enhanced methane sensing［J］．Applied Surface Science，2014，317（30）：765 - 770.

[7] HU L H，PENG Q，LI Y D．Selective synthesis of Co_3O_4 nanocrystal with different shape and crystal plane effect on catalytic property for methane combustion［J］．Journal of the American Chemical Society，2008，130（48）：16136 - 16137.

[8] LIU X F，DONG H P，XIA S H．Micromachined Catalytic Combustible Hydrogen Gas Sensor Based on Nano - structured SnO_2［J］．Acta Chimica Sinica，2013，71（4）：657.

[9] HAN C H，HONG D W，HAN S D，GWAK J，SINGH K C．Catalytic combustion type hydrogen gas sensor using TiO_2 and UV - LED［J］．Sensors and Actuators B：Chemical. 2007，125（1）：224 - 228.

[10] 牛舒帆．基于纳米催化剂的 MEMS 甲烷催化燃烧传感器的研究［D］．上海：华东理工大学，2013.

[11] LIANG J，LIU J，LI N，LI W．Magnetron sputtered Au - decorated vanadium oxides composite thin films for methane - sensing properties at room temperature［J］．Journal of Alloys and Compounds. 2016，671：283 - 290.

[12] NISHIBORI M，SHIN W，IZU N，ITOH T，MATSUBARA I．CO combustion catalyst for micro gas sensor application［J］．Journal of Materials Science. 2011，46（5）：1176 - 1183.

[13] RODLAMUL P，TAMURA S，IMANAKA N．Sensitivity enhancement of catalytic combustion - type CO gas sensor using an artificial diamond with Pt - loaded CeO_2 - ZrO_2 - ZnO based catalyst［J］．Journal

of the Ceramic Society of Japan. 2018，126 (10)：750 - 754.

[14] YUASA M，NAGANO T，TACHIBANA N，KIDA T，SHIMANOE K. Catalytic combustion - type hydrogen sensor using $BaTiO_3$ - based PTC thermistor [J]. Journal of the American Ceramic Society. 2013，96 (6)：1789 - 1794.

[15] TRICOLI A，RIGHETTONI M，TELEKI A. Semiconductor gas sensors：dry synthesis and application [J]. Angewandte Chemie International Edition. 2010，49 (42)：7632 - 7659.

[16] WANG C，YIN L，ZHANG L，XIANG D，GAO R. Metal oxide gas sensors：sensitivity and influencing factors [J]. Sensors. 2010，10 (3)：2088 - 2106.

[17] LI Z，LI H，WU Z，WANG M，LUO J，TORUN H，et al. Advances in designs and mechanisms of semiconducting metal oxide nanostructures for high - precision gas sensors operated at room temperature [J]. Materials Horizons. 2019，6 (3)：470 - 506.

[18] ZHANG J，LIU X，NERI G，PINNA N. Nanostructured materials for room - temperature gas sensors [J]. Advanced Materials. 2016，28 (5)：795 - 831.

[19] ZHOU L，SHEN F，TIAN X，et al. Stable Cu_2O nanocrystals grown on functionalized graphene sheets and room temperature H_2S gas sensing with ultrahigh sensitivity [J]. Nanoscale. 2013，5 (4)：1564 - 1569.

[20] MAO S，CUI S，LU G，et al. Tuning gas - sensing properties of reduced graphene oxide using tin oxide nanocrystals [J]. Journal of Materials Chemistry，2012，22 (22)：11009.

[21] KIM T，KIM Y，PARK S，et al. Two - dimensional transition metal disulfides for chemoresistive gas sensing：perspective and challenges [J]. Chemosensors. 2017，5 (2)：15.

[22] JOSHI N，HAYASAKA T，LIU Y，et al. A review on chemiresistive room temperature gas sensors based on metal oxide nanostructures，graphene and 2D transition metal dichalcogenides [J]. Mikrochim Acta. 2018，185 (4)：213.

[23] KIM S J，KOH H J，REN C E，et al. Metallic $Ti_3C_2T_x$ MXene gas sensors with ultrahigh signal - to - noise ratio [J]. ACS Nano. 2018，12 (2)：986 - 993.

[24] LEE E，VAHIDMOHAMMADI A，YOON Y S，et al. Two - dimensional vanadium carbide MXene for gas sensors with ultrahigh sensitivity toward nonpolar gases [J]. ACS Sensors. 2019，4 (6)：1603 - 1611.

[25] LEE E，VAHIDMOHAMMADI A，PROROK B C，et al. Room temperature gas sensing of two - dimensional Titanium Carbide (MXene) [J]. ACS Applied Materials & Interfaces. 2017，9 (42)：37184 - 37190.

[26] ZHOU Y，ZHANG M，GUO Z，et al. Recent advances in black phosphorus - based photonics，electronics，sensors and energy devices [J]. Materials Horizons，2017，4 (6)：997 - 1019.

[27] MAO S，CHANG J B，PU HH，et al. Two - dimensional nanomaterial - based field - effect transistors for chemical and biological sensing [J]. Chemical Society Reviews，2017，46 (22)：6872 - 6904.

[28] PARK S J，PARK C S，YOON H. Chemo - electrical gas sensors based on conducting polymer hybrids [J]. Polymers，2017，9 (5)：155.

[29] 邓立三. 气体检测与计量 [M]. 郑州：黄河水利出版社，2009.

[30] 雍永亮. 气体传感器理论 - 团簇的气敏性能研究 [M]. 北京：电子工业出版社，2019.

[31] KOROTCENKOV G. 化学传感器：传感器技术（第 8 册）电化学传感器 [M]. 哈尔滨：哈尔滨工业大学出版社，2013.

[32] ZHANG J，LIU X H，NERI G，et al. Nanostructured materials for room - temperature gas sensors. Advanced Materials，2016，28：795 - 831.

[33] WANG T，HUANG D，YANG Z，et al. A review on graphene-based gas/vapor sensors with unique properties and potential applications. Nano-Micro Letters，2016，8：95-119.

[34] LI J，LU Y J，YE Q，et al. Carbon nanotube sensors for gas and organic vapor detection. Nano Letters，2003，3：929-933.

第七章　电催化水裂解材料

7.1　电催化水裂解应用概述

诺贝尔化学奖得主 Richard Smalley 归纳总结了人类将面临的十大全球性问题，其中能源问题是迫切需要解决的。近年来，科技日益进步，经济迅猛发展，然而，多数的工业生产主要消耗包括煤、石油、天然气等不可再生化石能源，出现了煤储量不断减少，石油开采量不断增大，天然气也出现供不应求的现象[1]。同时，随着化石能源等的大量消耗，导致温室气体大量排放，环境污染现象不断加剧，制约了人类社会的可持续发展。作为最大的发展中国家，我国将原煤作为主要能源结构，因而环境污染问题显得尤为突出。目前，世界各国都在大力开发环境友好型可再生能源，用于取代传统的不可再生能源。在众多可再生能源中，与太阳能、风能、生物质能、地热能等相比，氢能因其具有 14.3×10^7 J/kg 的极高发热量和绿色无污染、利用范围广、易于储存等特性，受到了全世界科研工作者的广泛关注[2]。我国在“十三五”和《中国制造 2025》等国家重大战略规划中专门设立了氢能与燃料电池汽车的重点研发计划，这体现了我国对氢能源发展的大力支持。根据全球可再生能源权威平台 REN21 正式发布的《2019 年全球可再生能源现状报告》（GSR 2019）数据显示，2008—2018 年，全球可再生能源的发电量及其占比逐年增长，这说明可再生能源具有一定的发展空间；可再生能源发电可以提供持续的电力支持，不仅具有降低成本的优势，而且还可以大幅度减少温室气体的排放。随着可再生能源发电规模的不断扩大，2018 年底，全球可再生能源发电占总发电量的比例为 26.2%。根据国家能源局发布的统计数据，2020 年我国可再生能源发电量达到 2.2 万亿 kWh，占全社会用电量的比重达到 29.5%。

氢能源作为一种新型二次能源，因其具有清洁高效且燃烧发热量高等优点，越发受到广泛的关注。目前，制取氢气的方法可根据原料来源大致分为以下几种形式：

（1）化石燃料制氢[5]：将煤、石油、天然气作为原料高温煅烧是目前制取氢气的普遍方法。以天然气为例，甲烷在催化剂和高温作用下与水蒸气发生反应生成二氧化碳和氢气。化石燃料制氢在我国具有成熟的工艺和完善的工业化生产装置，产量颇丰，然而煅烧过程中易产生大气污染，危害生态环境，不符合可持续发展制氢的理念。

（2）生物制氢[5]：生物制氢是指生物质通过气化和微生物催化脱氢方法制氢，是可持续地从自然界中获取氢气的重要途径之一，具有能耗低、污染小、产氢速率高等诸多优点，然而由于产氢酶等菌种难以固定，导致产氢的稳定性和连续性较差，使得该技术的工业化进程发展缓慢。

（3）水裂解制氢：水覆盖着地球表面 70%以上的面积，总量高达 14.5 亿 km^3。因此，水裂解制氢的原料可谓“取之不尽，用之不竭”，且水裂解反应的产物为氢气和氧气，不会造成环境污染。同时，水裂解制氢具有方便高效的特点。水裂解制氢过程的驱动力主要有光、光电和电三种形式，与光驱动和光电驱动相比，电催化裂解水受电力和地域等不确定因素的限制小，是近年来发展较快的一种生产清洁、无污染氢能源的有效途径，被视为改变能源危机以及实现氢能源可持续发展的重要手段[6]。

据统计，当前阶段制取氢气仍然过于依赖化石燃料，仅有百分之四的氢气由电解水产生。除了上述三种方法外，其他制氢方法还有热分解制氢，这种方法需要在几百摄氏度乃至上千摄氏度的高温下进行反应，才能将水分解为氢气和氧气，并且其装置复杂且耗能巨大，同时最关键的问题还在于制备出的氧气和氢气难以分离，因此热分解制氢难以应用于实际生产[7]。

早在1789年，杨·鲁道夫·德曼和阿德里安·派斯·范·特鲁斯维克利用金电极通过静电装置发电第一次成功地把莱顿瓶中的水电解产生气体。1869年格拉姆发明了直流发电机，加快了电解水领域的研究[8-10]。经过与电解水相关的大量实验和理论基础研究证实，电催化水裂解反应在理论上需要施加1.23V的电压以克服阳极析氧反应的能垒，但是实际电解时，往往需要施加额外的电压推动水裂解反应的进行[11]。目前降低反应电压的方法主要有：提高反应温度、增加活性面积以及使用新型电催化剂[12]。但是，过高的温度会造成设备腐蚀，缩短设备使用寿命，而过大的表面积会降低材料的机械性能。因此，开发高效、价廉、稳定的电催化剂成为电解水领域的研究重点。

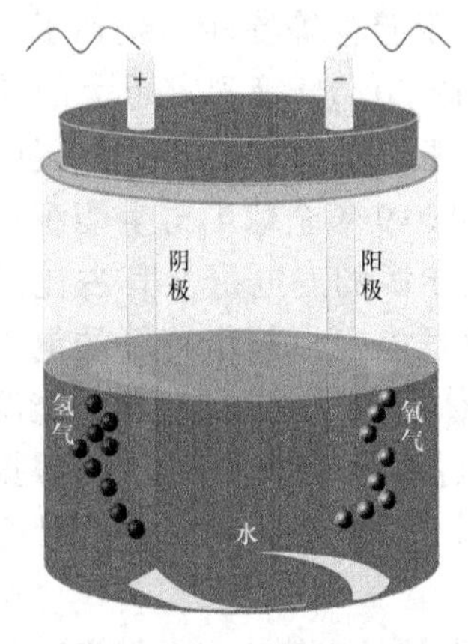

图7-1-1　电解水反应装置示意

广义上的电解水反应装置如图7-1-1所示，一般包括阳极、阴极和电解液三个部分，仅仅通过施加电压的方法将水分解为氢气和氧气[13]。在电解水的反应过程中同样也存在着一些需要解决的问题，如在电解水过程中阳极析氧反应（OER），因其复杂的四电子过程所导致的缓慢动力学特征成为制约电解水反应整体效率的瓶颈，从而限制了电解水的大规模开发和应用[14]。

目前，水裂解电催化剂按照催化剂元素种类组成可以分为：贵金属催化剂、过渡金属催化剂、非金属催化剂和分子催化剂四大类。其中贵金属催化剂包括了铱（Ir）基、铂（Pt）基、钌（Ru）基、铑（Rh）基催化剂，该类催化剂的电催化水裂解的性能优异，有着接近于0的氢吸附自由能和高催化活性等优点。但是，贵金属催化剂所需要的贵金属材料储备含量低、成本高，用于电催化水裂解反应中稳定性较差[10]；过渡金属催化剂包括了过渡金属铁（Fe）、钴（Co）、镍（Ni）、铜（Cu）、钼（Mo）和钨（W）的氧化物、磷化物、硫化物、硒化物等，该类金属基催化剂具有储量大，成本低，可催化全解水反应等优点[15,16]，但该类金属基催化剂进行电催化的催化机理研究仍有待进一步探索[17]；非金属催化剂的成本相较前两者有明显优势，材料的研究主要集中于碳基材料。碳基材料具有独特的微观六元环结构，因此可以对其进行金属或非金属原子的有效掺杂，使该类催化剂成为一种富有吸引力的电催化剂，随着催化活性和稳定性的不断改善，其应用前景更加广阔[18]；分子催化剂，如金属有机骨架化合物（MOFs）、共价有机骨架化合物（COFs）、单原子催化剂（SACs）等，因具有多孔结构、较大的比表面积、多样的合成方法及起催化作用的原子利用效率最大化等优点而常被用于电解水领域[19]，但是，MOFs或COFs催化剂中有机配体导电性较差[20]；SACs催化剂中相邻的单个原子位置不够接近的情况会造成电催化水裂解的速率缓慢，且嵌入模板上的单个原子位点不具有高导电性，会减慢电荷转移过程，且该类催化剂仍有许多需要探讨的催化机理问题。

氢能作为一种新型的清洁能源，在人们的生活及社会发展中具有多方面的应用[21-23]，同时也反映出了电催化水裂解研究的重要意义。相比于传统的制氢方法，电催化裂解水制备氢气的方法不仅可以降低经济成本，而且符合国家当前对于环境保护的政策要求。因为电催化水裂解的完整过程颇为复杂且情况多变，了解电催化剂材料之前，我们应对整个电催化水裂解过程所涉及的机理有较深的理解及研究，才能设计出性能优异的电催化材料。对于电催化水裂解反应具体过程，由于电解液酸碱性的不同会影响参与反应的离子种类，因而两电极反应机理及所需催化剂也有所不同。下面将从酸性电解水和碱性电解水两个方面对电解水的反应机理进行阐述。

7.2 电催化水裂解工作原理

电解水过程中主要涉及析氢反应（hydrogen evolution reaction，HER）和析氧反应（oxygen evolution reaction，OER），两者都需要通过高效电催化剂来降低反应的过电位，提高能源转换效率。本章就电解水过程中的 HER 和 OER 所涉及的原理等做简单介绍和总结。

7.2.1 工作原理概述

可再生能源（如太阳能、风能、水能、地热能等）是能源体系发展的未来方向，将可再生能源转化成为氢能是充分利用可再生能源的一种途径。根据不同种类的可再生能源特性，水裂解主要包括热催化水裂解、光催化水裂解、电催化水裂解、生物转化等，其中电催化水裂解（简称电解水）普适性较高，各种可再生能源都可以转化成电能以后驱动水电解获取氢能。尽管电解水有着悠久的历史，但是仍然迫切需要通过技术改进和材料创新来降低该过程的工艺成本。Pt 基材料是电解水中阴极 HER 最好的催化剂，Ir/Ru 基材料是阳极 OER 的基准催化剂，然而这类材料价格昂贵、储量少，制约了电解水的大规模应用，因此开发由地壳丰富元素组成的高效非贵金属催化剂对电解水反应十分重要。此外，基于光化学和光电化学的太阳能直接制氢转换技术是另一种有前途的可持续制氢方案。但是，目前太阳能直接制氢的方法处于概念阶段，距离未来实际应用还有很长的路要走。基于以上的研究背景，人们在过去的几十年时间里致力于探索非贵金属催化剂，并且在纳米科学技术的帮助下取得了丰硕的成果。这些非贵金属催化剂包括用于阴极 HER 反应的过渡金属硫化物、碳化物和磷化物，用于阳极 OER 反应的磷化物、氧化物和氢氧化物。在理想状态下，作用于 HER 和 OER 的催化剂要在相同的 pH 范围内进行工作以便水分解的进行。

电解水制氢，其中电解过程就是利用外加电势的作用使得溶解在水中的电解质发生得失电子的现象，从而生成物质的过程。电解水的过程是以水为原料，由于水本身是典型的弱电解质，其导电能力偏弱，此时添加一些电解质，使得溶液导电能力适当增强，当施加电势发生电解现象时，分解的全部都是作为溶剂的水，与溶液中的电解质并没有关系，分解得到的物质如氢气、氧气同样与电解质毫无关系。

图 7-2-1 展示了一个典型的酸性电解槽，由电解液、阴极和阳极组成[24]。双功能催化剂可同时应用于阴极和阳极来加速全水分解过程的进行。当外电压施加于两电极之间时，阴极和阳极分别发生着 HER 和 OER 反应。根据电解液的不同，分解反应可以分为如下反

应式。

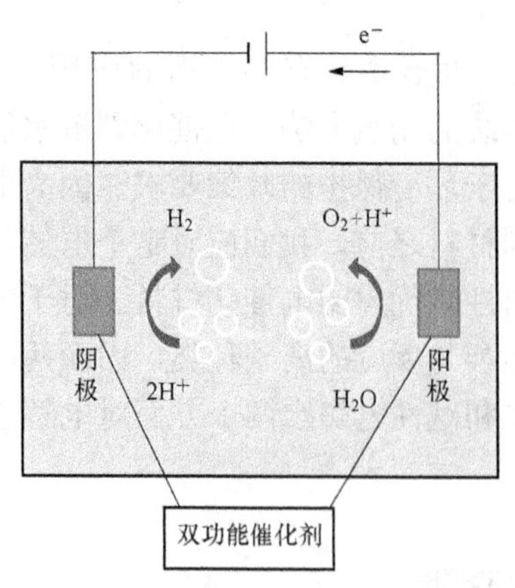

图 7-2-1 酸性电解槽及其工作原理示意

总反应式：

$$H_2O \longrightarrow H_2\uparrow + 1/2O_2\uparrow$$

在酸性环境中：

阴极反应为

$$2H^+ + 2e^- \longrightarrow H_2\uparrow$$

阳极反应为

$$2H_2O \longrightarrow 2H^+ + 1/2O_2\uparrow + 2e^-$$

在中性或者碱性环境中

阴极

$$2H_2O + 2e^- \longrightarrow H_2\uparrow + 2OH^-$$

阳极

$$2OH^- \longrightarrow H_2O + 1/2O_2\uparrow + 2e^-$$

图 7-2-2 为碱性电解槽工作机理，用 20%～30%的 KOH 水溶液作为电解液以实现最佳离子导电率。阴极和阳极都浸没在电解液中，隔膜还需要具备 OH^- 和 H_2O 通透的功能，这样才能保持阴极室和阳极室的离子平衡[25-26]。碱性电解水的电极反应如下式所示。

总反应为

$$H_2O \rightarrow H_2\uparrow + 1/2O_2\uparrow$$

阴极反应为

$$2H_2O + 2e^- \rightarrow H_2\uparrow + 2OH^-$$

阳极反应为

$$2OH^- - 2e^- \rightarrow H_2O + 1/2O_2\uparrow$$

在电解过程中，水在阴极被还原成氢气和 OH^-，而产生的 OH^- 则透过隔膜到达阳极后被氧化生成氧气。碱性电解槽所产生的氢气纯度只能达到 99.9%，强碱性的电解液会对设备造成腐蚀，并且容易与空气中的二氧化碳反应造成电解液的变质，使电解液导电能力下降。

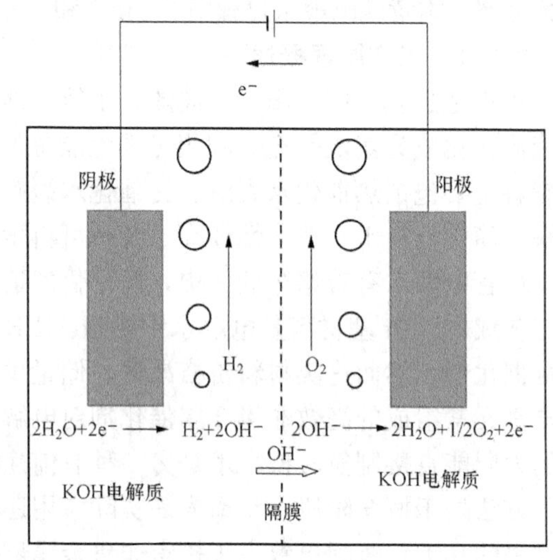

图 7-2-2 碱性电解槽及其工作原理示意

目前，大多数报道的双功能催化剂都在碱性环境中工作，与酸性电解液相比，碱性电解液中更容易选用过渡金属或功能性碳基催化剂替换贵金属催化剂（如 Pt、Ir 或 Ru）。另外，碱性电解液有利于电催化氧化过程，使其反应速率比在酸性电解液中快很多。不管电解液性质如何，水分解的热力学理论电压在 25℃、一个大气压下的数值为 1.23V（vs. RHE）。

以常见的稀硫酸和氢氧化钾作为例子详细解释电解水制氢这一过程：

（1）以稀硫酸作为电解质。稀硫酸溶于水后溶液中会产生大量现成的氢离子，更有利于电解水制氢。以稀硫酸作为电解质实际上还是水的电解，施加电压后水电解生成氢气和氧气。

阴极反应为 $2H^+ + 2e^- \xlongequal{} H_2\uparrow$

阳极反应为　$4OH^- - 4e^- = O_2\uparrow + 2H_2O$

总反应为　$2H_2O = 2H_2\uparrow + O_2\uparrow$

（2）以氢氧化钾作为电解质。氢氧化钾溶于水后发生电离，致使水溶液中存在大量的钾离子和氢氧根离子。被电离的钾离子与不能被电离的极性水分子成为水合钾离子，在电流作用下，钾离子便携带着极性水分子迁徙到阴极，此时在水溶液中同时存在氢离子和钾离子，由于金属钾离子更加活泼，使得靠近阴极的氢离子首先得到电子生成氢气，而钾离子仍然留存在水溶液中。因此以氢氧化钾作为电解质本质上还是水的电解。

阴极反应为　$4e^- + 4H_2O = 4H^+ + 4OH^-$

（水电解后产生的氢离子迁徙到阴极，得到电子产生氢气）

阳极反应为　$4OH^- = 2H_2O + O_2\uparrow + 4e^-$

（电解液中的氢氧根离子迁徙到阳极，失去电子产生氧气）

总反应为　$2H_2O = 2H_2\uparrow + O_2\uparrow$

此外，电解水制氢的另一种关键能源就是施加电能的大小，因为在电解水的整个过程中，只有通过施加电能的电压克服水解离所需的电压才能实现电解水制氢。例如克服测试电解液中内阻所需要的电压、克服阴极析氢理论电位、克服阳极析氧理论电位等。电解水的槽压由四部分组成，如式（7-2-1）所示：

$$E = E^0_{H_2O} + \eta_{O_2} + \eta_{H_2} + \Sigma IR \qquad (7-2-1)$$

式中：E 为电解槽总压；$E^0_{H_2O}$为水的理论分解电压，取 1.23V；η_{O_2}为阳极析氧过电位；η_{H_2}为阴极析氢过电位；ΣIR 为电解槽欧姆压降，其中包括电解液、隔膜、金属导体和接触电阻等部分的电阻电压降。

从式中可以看出，电解槽结构不变时，电解槽的欧姆压降也保持不变，那么降低析氧过电位 η_{O_2}和析氢过电位 η_{H_2}就成为提高效率的关键所在。

7.2.2　析氢反应（HER）

1. 基本实验规律

在许多电极上氢的析出反应都伴随着较大的超电势。1905 年 Tafel 首先发现，许多金属上的氢析出超电势 η_c（简称氢超电势）均服从经验公式 $\eta_c = a + b\lg I$，此式称为 Tafel 公式。虽然依靠当时的实验技术还不可能提供重现性良好的实验数据，但此后大量精确测量的结果证明 Tafel 公式的基本形式，即 η_c与 $\lg I$ 之间的半对数关系在超电势数值大于 0.1V 时仍然是正确的[27-29]。在大多数金属的纯净表面上，公式中的经验常数 b 具有比较接近的数值（100～140mV），表示表面电场对氢析出反应的活化效应大致相同。有时也观察到较高的 b 值（大于 140mV），可能引起这种现象的原因之一是在所涉及的电势范围内电极表面状态发生了变化。在氧化了的金属表面上，也往往测得较大的 b 值。

公式中经验常数 a 的物理意义是，当电流密度为 $1A/cm^2$时的超电势数值。在用不同材料制成的电极上数值可以有很大区别，表示不同电极表面对于氢析出过程有着很不相同的“催化能力”。按照 a 值的大小，可将常用电极材料大致分为三大类：

（1）高超电势金属（$a\approx1.0\sim1.5V$），主要有 Pb、Cd、Hg、Tl、Zn、Ga、Bi、Sn 等；

（2）中超电势金属（$a\approx0.5\sim0.7V$），其中最主要的是 Fe、Co、Ni、Cu、W、Au 等；

（3）低超电势金属（$a\approx0.1\sim0.3V$），其中最重要的是 Pt、Pd、Ru 等铂族金属。

这种分类方法虽然较简单，但是对电化学实践中选择电极材料具有一定的参考价值。例如，高超电势金属在电解工业中常用作阴极材料，借以减低作为副反应的氢析出反应速度和提高电流效率。在化学电池中则常用这类材料构成负极，使电极的自放电速度不至于太快。有时还可以将高超电势金属用作合金元素来提高其他金属表面上的氢超电势。例如，若将工业用纯锌的表面汞齐化，或向其中加入少量的 Pb、Bi（In）等合金元素，都可以减小锌的自溶解速度。低超电势金属则宜用来制备平衡氢电极，或在电解水工业中用来制造阴极和在氯 - 氧燃料电池中用作负极材料等。

2. 氢析出过程的可能反应机理

氢析出反应的最终产物是分子氢。然而，两个水化质子在电极表面的同一处同时放电的机会显然非常小，因此电化学反应的初始产物应该是氢原子而不是氢分子。考虑到氢原子具有高度的化学活泼性，可以认为电化学步骤中一般应该首先生成吸附在电极表面上的氢原子（MH），然后按某种方式脱附而生成氢分子。由于氢分子中价键已完全饱和，常温下可以不考虑氢分子在电极表面上的吸附，一般来说，HER 过程在酸性或者碱性电解液中涉及以下三步反应。

（1）Volmer 反应（电化学吸附 H）。

酸性

$$H^+ + M + e^- \longrightarrow MH_{ads}$$

碱性

$$H_2O + M + e^- \longrightarrow MH_{ads} + OH^-$$

（2）Heyrovsky 反应（电化学脱附）。

酸性

$$MH_{ads} + H^+ + e^- \longrightarrow M + H_2 \uparrow$$

碱性

$$MH_{ads} + H_2O + e^- \longrightarrow M + OH^- + H_2 \uparrow$$

（3）Tafel 反应（化学脱附）。

$$2MH_{ads} \longrightarrow 2M + H_2 \uparrow$$

在酸性环境下的第一步 Volmer 反应中，一个电子转移到了阴极表面并捕捉到了电解液中的一个质子，在催化剂表面的活性位点上形成吸附 H 的中间态，该步骤反应的塔菲尔斜率计算公式如式（7 - 2 - 2）所示：

$$b_{1.\mathrm{v}} = \frac{2.3RT}{\alpha F} \tag{7-2-2}$$

式中：b 为塔菲尔斜率；α 为对称系数，取值为 0.5；F 为法拉第常数；R 为理想气体常数；T 为绝对温度。

接下来的步骤涉及两种不同的反应路径来产生最终产物 H_2。当吸附 H 覆盖率较低时，吸附的氢原子更倾向于与一个新的电子和电解液中的另外一个质子结合形成 H_2。这一电化学脱附过程被称为 Heyrovsky 反应，该步骤反应的塔菲尔斜率计算公式如式（7 - 2 - 3）所示：

$$b_{2.\mathrm{H}} = \frac{2.3RT}{(1+\alpha)F} \tag{7-2-3}$$

然而，当吸附 H 的覆盖率相对较高时，相邻的吸附 H 原子之间的再结合占据了主导地位，这被称为 Tafel 反应，也被称为化学脱附反应，该步骤反应的塔菲尔斜率计算公式如式（7-2-4）所示：

$$b_{2.T}=\frac{2.3RT}{2F} \tag{7-2-4}$$

在温度为 25℃时，以上三种反应的塔菲尔斜率分别为 $b_{1.v}=118\mathrm{mV/dec}$，$b_{2.H}=39\mathrm{mV/dec}$，$b_{2.T}=29\mathrm{mV/dec}$，塔菲尔斜率反映了电催化剂的本征活性。在实际操作中，斜率数值是从塔菲尔曲线的线性部分得到的，其方程式如下所示：

$$\eta=b\lg(j/j_0)$$

式中：η 为过电位；j 为电流密度；j_0 为交换电流密度。如果实验得到电催化剂的塔菲尔斜率数值为 29mV/dec，说明该反应中 Tafel 反应（化学脱附反应）为决速步骤，并且这种催化剂电催化 HER 过程经历了 Volmer-Tafel 机理。

在任何一种反应历程中必须包括电化学步骤和至少一种脱附步骤，因此，若上面的分析是符合客观实际的，应存在两种最基本的反应历程。再考虑到每一种步骤都有可能成为整个电极反应速度的控制步骤，则氢析出过程的反应机理可以有下面四种基本方案：

（1）电化学步骤（快）+复合脱附（慢）。

（2）电化学步骤（慢）+复合脱附（快）。

（3）电化学步骤（快）+电化学脱附（慢）。

（4）电化学步骤（快）+电化学脱附（快）。

这四种方案中，第二个和第四个两个方案称为“缓慢放电原理”；第一个方案称为“复合机理”；第三个方案称为“电化学脱附机理”。这些方案中的控制步骤、电化学步骤或是随后步骤，都能导致出现半对数形式的极化曲线。

至于氢析出反应究竟按照这四种可能机理中的哪一种进行，就主要决定于这三个步骤间的相对进行速度。

在不同的反应介质中，HER 反应的过程不同，电解质的类型决定了不同的 HER 反应机理。目前 HER 过程分为三个确定的基元反应。在酸性溶液中：

$$H_3O^+ + e^- \longrightarrow H^* + H_2O\text{—Volmer}$$

$$H_3O^+ + e^- + H^* \longrightarrow H_2 + H_2O\text{—Heyrovsky}$$

$$H^* + H^* \longrightarrow H_2\uparrow\text{—Tafel}$$

首先，水合质子与一个电子结合，并在催化剂表面化学吸附变为 H^*，该反应称为 Volmer 反应。随后，吸附态的 H 通过两种方式变为 H_2。方式一，H^* 与 H_3O^+ 结合，并从催化剂表面得到一个电子形成 H_2，该过程称为 Heyrovsky 反应。方式二，两个 H^* 直接结合形成 H_2，该过程称为 Tafel 反应。因此，HER 存在两种最基本的反应机理：Volmer-Heyrovsky 机理和 Volmer-Tafel 机理。催化剂对于 HER 的催化过程具体是遵循哪种机理可以通过分析 Tafel 斜率得知。

在碱性溶液中：

$$H_2O + e^- \longrightarrow H^* + OH^-\text{—Volmer}$$

$$H_2O + e^- + H^* \longrightarrow H_2\uparrow + OH^-\text{—Heyrovsky}$$

$$H^* + H^* \longrightarrow H_2\uparrow\text{—Tafel}$$

与酸性介质不同，碱性条件下的析氢反应在 Volmer 步骤参与吸附的是 H_2O。然后 H_2O 解

离为 OH^- 和吸附的 H。在这个过程中，催化剂需要打断 O—H 键，比在酸性溶液中 H_3O^+ 的还原困难得多。然后 H^* 与 H_2O 结合（Volmer - Heyrovsky 机理）或者与另一个 H^*（Volmer - Tafel 机理）反应生成 H_2。因此，催化剂 HER 活性的强弱与材料表面对水的吸附、氢原子的吸附、羟基的吸附强度密切相关。

3. 汞电极上的氢析出反应机理

汞具有理想平滑和容易更新的表面，本身又很容易被提纯。因此，许多有关氢超电势的基本工作是在汞电极上进行的。由于普遍重视了溶液和电极表面的净化，世界上不同实验室中在汞电极上获得的氢超电势数据已经能彼此符合到几个毫伏以内。这样一来，就有可能在相同的基础上分析实验数据并对反应机理做出比较一致的结论。汞属于超高电势金属，当电流密度在 10^{-10}～$10^2 A/cm^2$ 的范围内变化时，氢析出反应的极化曲线在半对数坐标上是一根直线，其斜率为 0.11～0.12V。这一实验事实意味着虽然反应速度变化了 10^{12} 倍，但是反应动力学规律却并没有改变。类似的情况在动力学研究中是罕见的[30,31]。

为了确定反应历程，可以首先测定氢离子的动力学反应级数。如果保持溶液中的离子强度不变，即电极表面上的界面电势分布情况基本相同，则相应于一定电流密度的超电势值先随溶液 pH 值的增大而变大（图 7-2-3 中 pH＜7 部分），但继续增高溶液的 pH 值却导致超电势降低（图 7-2-3 中 pH＞9 部分）。图 7-2-3 中的两段直线斜率的符号不同，但斜率值均为 55～58mV。

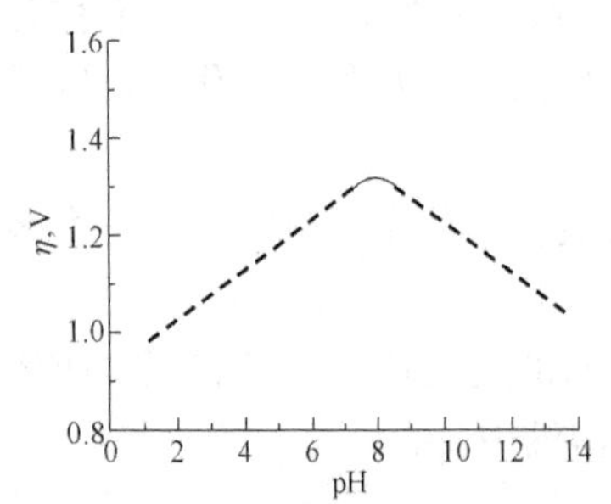

图 7-2-3 当电流密度一定时，汞电极上氢超电势随溶液 pH 值的变化（电解质总离子强度不变）

在整个 pH 值变化范围内，汞电极上氢析出反应的控制步骤都只可能是涉及第一个电子的电化学步骤。换言之，只有“缓慢放电机理”能较圆满地解释所观察到的实验规律。各类表面活性粒子对汞电极上氢超电势数值往往有显著的影响。有机表面活性物质如醇类、胺类、酸类等一般引起超电势升高，但不少氮杂环化合物（包括生物碱）及硫醇的衍生物等却能降低氢超电势。特别值得指出的是，当加入表面活性物质以后，极化曲线上出现氢超电势变化的电势范围与这些活性物质在电极表面上发生吸附的电势范围往往能很好地吻合。由此可见，这些活性物质对氢超电势的影响是通过它们在电极表面上吸附而实现的。根据现有的一些实验结果看来，至少在 Pb、Cd、Zn、Tl、In、Sn、Bi、Ga、Ag、Au、Cu 等金属表面上氢的析出反应很可能是按照与汞电极上相似的历程进行的，即电化学步骤是整个电极反应速度的决定性步骤。在这些金属表面上，吸附氢原子均不能达到较高的表面浓度。因此，放电反应中生成的吸附氢原子很可能主要也是通过电化学反应脱附[33]。

4. 在低超电势和中超电势金属电极上的氢析出反应机理

研究氢在中超电势和低超电势金属电极表面上的析出机理要比在汞电极上困难得多。这主要是由以下两方面因素所造成的：首先，当氢在这些金属电极上析出时表面上吸附氢原子的覆盖度往往达到较高的数值，而且在不同的表面位置上吸附功往往各不相同；其次，由于在这些电极上氢电极反应的交换电流比较大，只有在通过较大的极化电流密度时才能达到可忽视反向电流项的“高极化区”。由于能通过的最大电流密度不可能超过 H^+ 的极限扩散电流密度，而且在高电流密度下电极表面液层中容易出现氢的过饱和溶解，使半对数极化曲线上线性区（Tafel 关系区）的宽度和斜率测量的精确程度均受到一定的限制。之前认为只有缓慢放电理论才能满意地解释汞电极上测得的半对数极化曲线的斜率。由于在大多数其他电极上测得的极化曲线具有大致相同的斜率，似乎由此可以得出结论，认为在其他电极上也只有缓慢放电理论才能比较圆满地解释实验事实。然而，如果更仔细地分析，就会发现这种想法过于简单。

首先，在推导三种不同控制步骤的极化曲线公式时，曾经假设氢原子的表面活度与表面覆盖度成比例。这就等于假设氢原子表面覆盖度很小，而且吸附功不随覆盖度的改变而变化。此外，在推导极化曲线公式时，还假定质子放电生成吸附氢的反应能在全部电极表面上进行。这一假定显然也只有当氢原子的表面覆盖度很低时才是正确的。这些假定——均匀表面和低表面覆盖度——在汞电极上无疑是正确的，但在其他电极上就不一定适用。事实上，大多数固体电极的表面显然是不均匀的，而且在电极表面上吸附氢原子的覆盖度可能达到比较大的数值。如果考虑到这些因素，则当电极反应的控制步骤为复合步骤或电化学脱附步骤时，也可能出现斜率约为 $2\times\dfrac{2.3RT}{F}$ 的半对数极化曲线。

上面我们只考虑了电极表面上氢原子的表面充满度对动力学公式的影响。事实上，电极表面状况的不均匀性还必然会影响动力学公式中的反应速度常数项，也就是电极表面上各点可以具有不同的反应速度和电流密度。这种情况即使在氢原子表面覆盖度很小时也能出现，并影响极化曲线的进程。

由此可见，在固体电极上，尤其是在那些吸附氢能力较强的金属电极上（如 Pt、Pd、Ni、Fe 等），不能轻率地认为只有缓慢放电理论才是正确的。

例如，在 Ni 电极上，当切断阴极极化电流后，需要经历较长一段时间电极电势才能恢复到平衡数值。为了使双电层电荷恢复到相应于平衡电势下的数值，应只需很小的电量和很短的时间。因此，引起 Ni 电极电势缓慢复原的原因，只可能是参加决定电势数值的某些组分的表面浓度在切断极化电流后还需要经历较长一段时间才能恢复到平衡数值。当 I 远小于 I_d 时，溶液中不会出现 H^+ 的浓度极化；而且，即使出现了浓度极化，切断电流后浓度极化的消失速度也应比较快。因此，很可能是阴极极化过程中在 Ni 电极表面上和与此相邻的电极内部累积了过量的吸附氢。在切断极化电流后，它们需要通过很慢的、包括在固相中进行的扩散步骤才能自电极上脱除。

另一个常常遇到的实验现象是：若氢在某些金属上较长时间地析出，就会使这些金属的机械强度大大降低，并往往可能在金属内部生成充有氢气的空泡，其中氢的压力可达到几百大气压。这种现象称为“氢脆现象”，对这种现象最合理的解释似乎是：当发生氢析出过程的同时，在金属电极上生成了超过平衡数量的吸附氢，它们能通过固相扩散进入金属内部，并受到某些夹杂物的催化作用而在金属内部复合为分子氢。既然空泡中氢的压力能达到如此高的数值，在电极中原子氢的浓度也必然是颇为可观的。值得提出的是所谓超电势的“传递”现象。若用金属（如 Fe 或 Pd）薄膜制成电极，并使薄膜两侧分别与彼此不相连接的电解质溶液相接触，则在薄膜的一侧通过阴极极化电流时可以用参比电极测出，在薄膜的另一侧与溶液的交界处界面电势也会逐步向负方向移动，表示氢超电势能通过薄膜“传递”。这种现象显然也只可能是由于在薄膜的一侧表面上生成了过量的吸附氢，并通过薄膜内部扩散达到另一侧所引起的。这些实验事实无可置疑地证明，当阴极极化时在某些金属电极上和电极内部可以出现大大超过平衡数量的吸附氢原子，即吸附氢与氢分子之间的吸、脱附平衡受到严重破坏。因此，极可能是原子氢的脱附步骤控制或参与控制氢析出反应速度。然而，究竟控制步骤是复合步骤还是电化学脱附步骤，以及除脱附步骤外是否还存在其他缓慢步骤，却往往不易判明。

由复合脱附步骤控制的电极反应速度应具有一个极限值，对于阴极过程这一极限速度相当于表面完全被吸附氢原子充满时的复合速度，而对于阳极过程则相当于电极表面上不存在吸附氢时分子氢分解为吸附氢原子的速度；由电化学步骤控制的电极反应则不具有极限速度。因此，应有可能根据这一性质来区别两种脱附控制步骤。然而，对于实际上是否存在这种极限电流，迄今尚未得到公认的结论。

在相关文献[32,33]中还一再提到，可以利用电解析出氢时的同位素分离效率来判别控制步骤。然而，不同作者根据理论计算得到的理论分离效率值颇不一致，因而对同一实验事实往往得出完全不同的结论。在理论计算和实验技术进一步完善以前，还难以据此对氢析出反应历程做出判断。

此外，还可以用交流阻抗法来判断有电子参加的反应步骤的速度。需要指出，虽然在反应历程中电化学步骤与电化学脱附步骤是“串联”进行的，但对于交流信号而言二者却应看成是并联的。因此，不论哪一步骤电子交换反应较快（交流电流 i^0 较大），均能导致交流阻抗降低；而只有在这两种步骤的交流电流 i^0 均不高时，才会出现较高的电化学阻抗。在酸性溶液中平滑铂电极上测出的阻抗数值表明，不论电化学步骤或电化学脱附步骤的进行速度都是有限的。这些错综复杂的实验现象使我们清楚：在中超电势和低超电势金属电极上，氢析出反应的历程远不是那么简单。在不同金属上反应历程固然可以不同，即使在同一金属的各部分表面上的反应历程也可以不同。例如，在一部分电极表面上氢原子的复合过程可能很慢，并成为电极反应的控制步骤；而在另一部分电极表面上复合过程就可能比较快，因而由电化学步骤决定反应过程的动力学性质。在某些金属表面上可能还需要同时考虑电化学极化和吸附氢原子的过量累积，即反应处在“混合区”。

铂是典型的低氢超电势金属，在电化学实践中也经常用到铂材料。此外，铂还具有容易制备特定的单晶面、表面容易净化、体相中基本上不容纳氢原子以及可以用电化学方法研究在其表面上生成和氧化欠电势沉积（underpotential deposition，UPD）吸附氢原子等一系列优点。因此，铂成为常用来分析中、低超电势金属表面上氢析出机理的典型电极材料。有关铂电极氢超电势的实验数据相当分散，与汞电极上的情况颇不相同。造成这种情况显然与实验条件有关，包括电极的制备、晶面的选择、溶液的组成与净化等。但这里有一些基本倾向：在低极化区有可能得到 Tafel 斜率约为 30mV 的半对数极化曲线（见图 7-2-4）[34]；在高极化区则更可能得到斜率约为 120mV 的半对数极化曲线。如果测量时涉及较宽的电流密度范围，则往往曲线由两段不同斜率的直线所组成（见图 7-2-5）[35]。在文献中曾列出不少在若干低超电势和中超电势金属上测得的由两段不同斜率线段组成的极化曲线[36]。最近在文献中报道了用交流方法测得钴的不同晶面上半对数极化曲线的斜率连续地增大[37]。

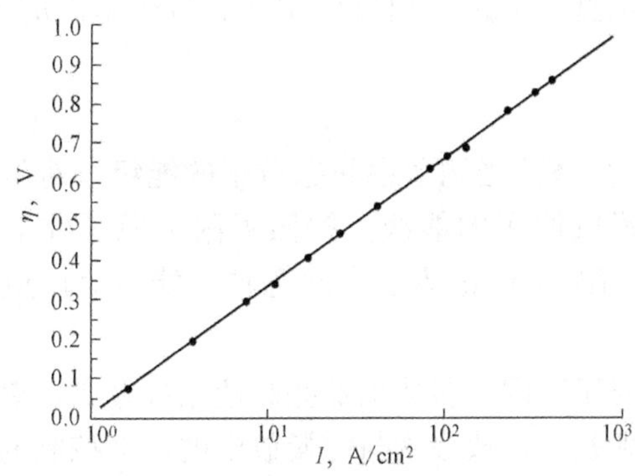

图 7-2-4　酸性溶液中在 Pt 电极上测得的 Tafel 曲线

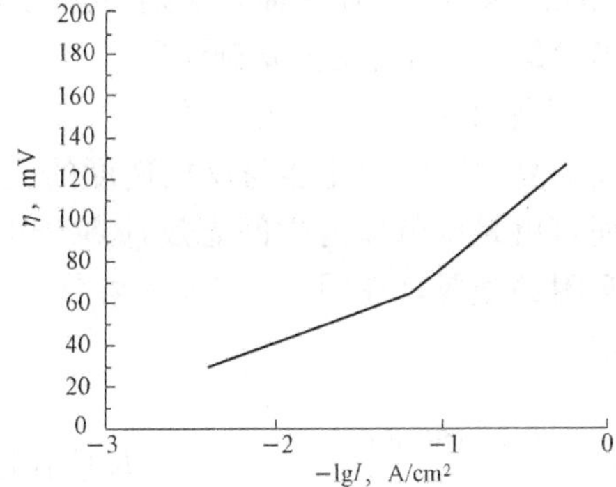

图 7-2-5　1mol/L H_2SO_4 中 Pt 电极上的氢析出超电势

由于在铂族金属表面上易于生成吸附氢原子，对低极化区观察到的斜率约为 30mV 的半对数极化曲线一般用复合机理解释，如公式（7-2-5）所示：

$$\eta_c = 常数 + \frac{2.3RT}{2F}\lg I \qquad (7-2-5)$$

对于在高极化区常观察到的斜率约为 120mV 的半对数极化曲线，则可用在几乎饱和覆盖吸附氢原子的表面上氢析出反应的电化学脱附机理来解释：

$$MH(\theta \approx 1) + H^+ + e^- \longrightarrow H_2$$

当 Pt 电极电势处在较平衡氢电极（RHE）电势更正的、宽度约为 350～400mV 的电势区间内时，可以发生氢原子的吸附。由于发生吸附的电势比 RHE 电势更正，生成的吸附氢常称为 UPD 吸附氢原子。当多晶 Pt 电极电势达到 RHE 电势时，吸附氢原子的电量达到 208～210$\mu C/cm^2$，约相当于每个表面 Pt 原子吸附一个氢原子。在不同的晶面上吸附氢原子的行为各不相同。当覆盖度较小时生成的主要是（110）面及部分（111）面上的"弱吸附氢"，而在高覆盖表面上生成的主要是（100）面及部分（111）面上的"强吸附氢"。然而，如果认为 UPD 吸附氢原子就是氢析出反应中的中间态粒子，则显然存在矛盾。UPD 吸附氢原子在电极电势达到氢析出电势前，已达到饱和覆盖。在这种情况下，若氢析出反应速度由 UPD 吸附氢原子复合为氢分子的速度控制，则氢析出速度应与电极电势无关，即理应出现极限电流。后一结论显然与实验结果不符[38-39]。

目前大多数人认为：氢析出反应中的中间态粒子并非 UPD 吸附氢原子，而是另一类在比 RHE 电势更负的电势区间内生成的超电势沉积（overpotential deposition，OPD），OPD 吸附氢原子的表面覆盖度比 UPD 氢原子低得多，且随氢超电势的提高而不断增大，因而可用来解释低极化区半对数极化曲线的斜率。OPD 吸附氢原子的存在已由实验证明。电量测量结果表明这种吸附氢原子可在 UPD 吸附氢原子的基础上连续地生成[37,40]。在经历了强烈氢析出过程的钴表面上，用光谱方法和电化学方法均证明了新的表面粒子的存在。例如：在 2030～2090cm^{-1}之间可观察到新的相应于弱吸附氢原子的红外吸收峰[41,42]；在循环伏安曲线上有时可在强、弱吸附峰之间观察到新的小氧化峰（A3），等等。这些都证明了与电极表面结合能力更弱因而活性也更高的中间态粒子的存在。然而，对于这种中间态粒子的本质，目前似乎还缺乏确定和一致的认识。它们常被称为"顶载"（on-top）或"亚表面态"

(subsurface state)，而具体含义则不甚明确。因此，对氢析出反应中间态粒子本质的研究，当今仍然是一项有意义的基础课题。

5. 氢析出反应的电化学催化

改变复杂反应活化能与反应速度的主要途径是适当调节中间态粒子的能级。对氢析出反应而言就是调节作为中间态反应粒子的吸附氢原子的能级。按照吸附氢原子在电极表面上吸附的强弱，在图 7-2-6 中可分为两种情况来讨论改变中间态粒子能级对反应速度的影响。

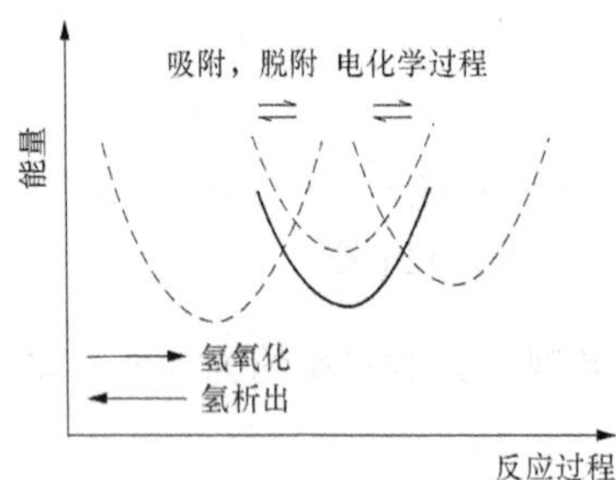

图 7-2-6 中间态粒子能级对反应速度的影响

首先，对于吸附氢很弱的那些高超电势金属，氢析出反应速度一般是由形成吸附氢缓慢放电的速度控制的。因此，吸附增强（图 7-2-6 中实线）有利于降低控制步骤的活化能与增大反应速度。在这种情况下，电极上吸附氢原子的覆盖度一般很小，可不考虑未覆盖部分面积的变化。其次，对于那些吸附氢较强的低超电势金属，由于中间态的能量很低，生成吸附氢的速度一般较高，故原子氢的脱附（复合或电化学脱附）往往成为整个反应的控制步骤。在这种情况下，吸附增强将导致控制步骤的活化能增大。至于反应速度将如何变化，则还需要考虑表面覆盖度的影响以及吸附键强度随表面覆盖度变化等因素的作用。参加电极反应主要是与表面结合较弱的那一部分吸附氢原子，而更重要的参数为高覆盖表面上的偏微吸附自由能。

由此可见，随着表面吸附氢键（M—H）的逐渐增强，最初有利于增大氢析出反应速度；但若吸附过于强烈，则反应速度又将下降。在图 7-2-7 中可以明显地看到这种趋势，并从中可以看到一条重要的基本规律：当中间态粒子具有适中的能量（适中的吸附键强度和覆盖度）时，往往有最高的反应速度。这一现象常称为“火山型效应”（volcano plots）[43]。

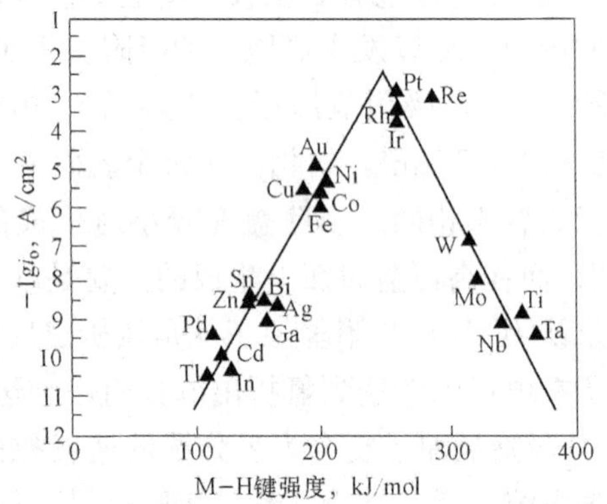

图 7-2-7 M—H 键强度与氢析出反应交换电流之间的“火山型”关系

由于氢原子的吸附键主要由氢原子中的电子与金属中不成对的 d 电子形成，因此只有过渡族金属才能显著地吸附氢。金属中的 d 电子部分分布在 d_{sp}杂化轨道上形成金属键，部分以不成对电子的形式存在并引起顺磁性等。通常用“金属键的 d 成分”（d character of metallic bond）来表示杂化轨道中 d 电子云的成分。因此，金属键的 d 成分较高，不成对的 d 电子就较少，M—H 吸附键也就较弱。图 7-2-8 中表示了氢的吸附热与金属键的 d 成分之间的关系。

然而也应该看到，M—H 键强度与氢析出反应中间态粒子的能级二者之间还是有一定差别的。首先，电极表面上吸附氢原子与电极之间的结合强度除它们之间的相互作用外还要受到来自溶液和双电层中微环境的影响。其次，作为氢析出反应中间态粒子的吸附氢原子，并不是在电极表面上大量存在的 UPD 吸附氢原子，而是与表面结合更弱的少量 OPD 吸附氢原子。因此，不应期望氢析出反应动力学参数与 M—H 键强度之间存在严格的定量关系。图 7-2-7 只是表明，M—H 键强度只是决定氢析出反应动力学的重要因素之一。

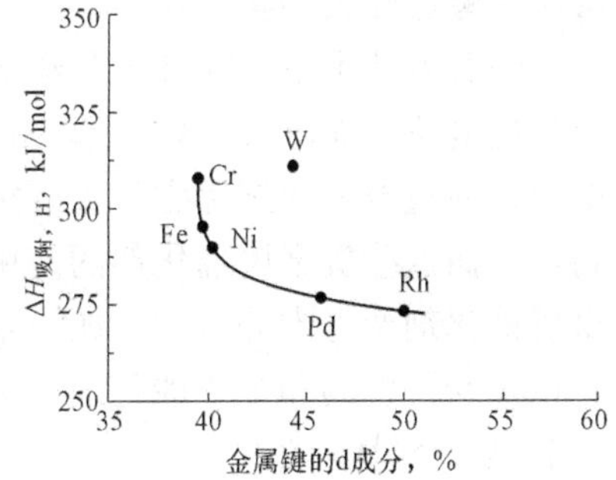

图 7-2-8　氢的吸附与金属键的 d 成分之间的关系

在电化学实践中，由于价格限制，仅在少数可以不计成本或实在无法取代的场合中采用铂电极来实现氢析出反应，例如航天用再生式燃料电池。在大多数情况下，采用如下两类措施来降低氢析出超电势和减少能耗。

(1) 在碱性或中性溶液中，可用铁电极（或镀覆高比表面镍层的铁电极）作为阴极。在正常工作电流密度下，氢超电势不超过 0.4V（镀 Ni 后还可降低 0.1～0.15V)。然而在氯酸盐溶液中铁电极不够稳定，近年来部分电解槽改用含 0.2%Pd 或表面钴黑化的 Ti 电极。引入铂族金属可以降低析氢超电势，但也有成本增高和铂易流失等缺点，还可能引起钛电极变脆（氢脆现象）。

(2) 如果在所用介质中 Fe、Ni 是稳定的，可以采用 Raney 合金等方法来制备比表面很大的多孔性电极。例如可用强碱处理 Ni/Al 合金（Raney 合金）、Ni/Zn 合金或含硫的镍，以溶去其中的 A1 或 Zn 或 S 而得到多孔电极；或是用镍粉烧结得到多孔性电极。当通过的表观电流密度相同时，这些电极上的氢超电势可以比平滑铂电极上更低。近年来不断受到重视的还有多组分电极所表现的协同效应（synergetic effect)。所谓协同效应是指当电极由一种以上组分构成时，电极上的氢析出超电势低于任一单独组分表面上的氢超电势。各种组分共存的形式可以是合金、固溶体、表面修饰或是几种粉末混合后经压制和烧结（包括热压）形成的组合电极（composite electrode)。

由 Ni 与 Mo 组成的析氢电极（合金或细粉混合）会产生协同效应[44]。几种 Ni/Mo 合金电极表面上的析氢超电势均低于纯 Ni 或纯 Mo 表面上的析氢超电势。当电流密度相同时所引起的槽压降低可达 0.1～0.15V。在 Ni/Mo 镀层加入微量 Cd 还可以进一步提高析氢电流[45]。由于 Cd 属高超电势金属，这一效应已不能用"火山型"关系来解释。前面对 Ni/Mo 电极所显示的协同效应一般解释为在 Ni 表面上形成的吸附氢原子可"溢出"(spillover) 至 Mo 表面上复合脱附，引起氢析出超电势显著降低，并避免了在 Ni 上生成氢化物[46]。Pt/WO_3电极所表现的协同效应的机理可能亦与此类似[47]。

各种二元和三元 Ni 合金镀层的活性比较可参考相关文献[48、49]。在碱性溶液中，当工作电流密度为每平方厘米几百毫安时，完全有可能达到氢析出超电势不超过 0.3～0.4V，已能基本满足工业电解槽的需要。然而，虽然许多合金电极连续工作时其寿命可达几千小时或更长，但若停止通电或断续工作时，电极活性会不断衰退，在氧化性介质中则衰退更快，这就严重限制了这类电极的实用价值。最近有在氯酸盐电解槽中采用 Ti/RuOz 析氢电极的报道，显然是企图利用 Ti 和 RuG 的电化学稳定性。在氯酸盐电解液中，氢在 RuOz 电极上的析出超电势比在 Fe 和 Ti 电极上的都低。

在相关文献[48,49]中还报道了以稀土型储氢合金作为基底的 Ni/Mo 镀层在 30%的氢氧化钾溶液中用作析氢电极时的稳定性与良好的耐停放和耐短路性能。估计是储氢合金具有的高放电容量，导致停放后电极电势能较长时间稳定地保持在较负的数值，并由此保护 Ni/Mo

镀层免受碱性介质的腐蚀作用。

电解实验几乎不能在理论分解电位下进行，实验电位与热力学确定的还原电位之差的绝对值为过电位，而电极极化引起的过电位需要很多的能量进行电解。因此，电解过程所需的过电位是衡量电催化剂优劣的重要指标之一。催化 HER 反应最有效的催化剂为 Pt 和 Pt 基材料，然而这些贵金属催化剂的使用由于其稀缺性和昂贵的价格而受到限制。因此，发展非贵金属催化剂变得十分迫切，如镍基合金及非贵金属的硫系化合物、碳化物、硼化物和氮化物，以及新开发的非金属催化剂等，都是目前研究的重要方向。

6. 氢的阳极氧化

当溶液的 pH 值不太高时，氢的电离过程只可能在一些贵金属（Pt、Rd、Rh、Ir 等）电极表面上发生。在碱性溶液中，由于平衡氢电极的电势负移 0.9V 左右，在 Ni 电极上也有可能实现这一过程。

受到燃料电池研究的推动，对这一过程的研究工作重点集中在半浸没电极上和气体扩散电极中实现的氢氧化反应以及高效催化剂的制备等。此处先讨论全部浸没在溶液中的平滑电极表面上的氢氧化反应历程。按照前面介绍过的分析方法不难想到，氢的电离反应历程应包括下列步骤：

（1）分子氢的溶解及扩散达到电极表面；

（2）溶解氢在电极上“离解吸附”（$H_2 \rightleftharpoons 2MH$），包括按电化学机理离解形成吸附氢原子，如在酸性溶液中 $H_2 \rightleftharpoons MH + H^+ + e^-$；

（3）吸附氢的电化学氧化，在酸性溶液中为 $MH \longrightarrow H^+ + e^-$；在碱性溶液中则为 $MH + OH^- \longrightarrow H_2O + e^-$。

在上述反应历程中，既包括了 H_2、H^+（或 OH^-）等粒子的扩散与 H_2 的离解吸附这些非电化学过程，又包括电化学氧化与电化学离解吸附这些电化学过程。当电极反应速度由电化学氧化速度或电化学离解吸附速度控制时，阳极电流密度随电极电势变化的具体形式可能相当复杂，因为在可以实现氢电离反应的电极表面上吸附氢原子的覆盖度往往比较高，所涉及的吸附等温线比较复杂。

若是电极反应速度受分子氢的离解吸附速度控制，或是由溶液中溶解氢分子的扩散速度控制，则当阳极电流密度增大到一定数值后，就会出现不随电极电势变化的极限电流。区别这两种控制步骤所引起的极限电流是比较容易的，因为溶解氢的扩散速度与搅拌速度的平方根成正比；然而，如果电极表面上不发生分子氢的浓度极化，则离解吸附过程的极限速度与搅拌无关。此外，还可以根据溶解氢分子的反应级数来区别这两类控制步骤：如果氢的离解吸附是控制步骤，则分子氢的反应级数为 1；当溶液中氢的扩散为控制步骤时，氢的反应级数也为 1；若控制步骤是吸附氢原子的电离，则低覆盖度时氢的反应级数为 1/2，然后随吸附氢原子覆盖度的增大而下降。

用旋转圆盘电极在 0.5mol/L H_2SO_4 中测得当氢在 Pt 电极上电离时的极化曲线。曲线的特点是增大阳极极化后很快出现极限电流。而且，若电极电势继续变正，则阳极电流再度下降[50]。

在低极化区及电极的旋转速度（m）不大时，如图 7-2-9 所示，电流的数值与 $\sqrt{m}$ 成正比且分子氢的反应级数等于 1，极化曲线的形式也与扩散过程控制的极化曲线公式相符，表示此时电极反应速度是受溶液中溶解氢分子的扩散速度所控制的。然而，若增大电极旋转速度，即使在低极化区也可以观察到不随 m 变化的极限电流，而且极限电流值几乎不随电极电势变化。因此，很可能是分子氢的离解吸附速度也不是很大。当增大液相传质速度后，分子氢在电极上的离解吸附步骤就变成整个电极反应的控制步骤。分子氢在电极表面上的吸附速度与电极表面状态有很大关系。如果电极表面未经过活化处理，或者溶液中含有能减弱氢吸附键的阴离子（如 Cl^-、Br^- 等），则增大电极转速时电流更早地转为混合控制及表面转化速度控制[27]。

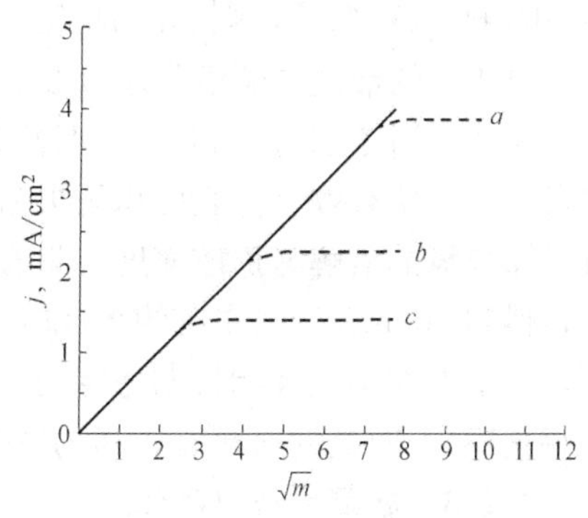

图 7-2-9　氢电离反应极化曲线上的极限电流随电极转速的变化

由此可见，若不采取有效措施来增大液相传质速度，则在低极化区电极过程往往是由分子氢的扩散速度控制的。为了制备高性能的燃料电池氢电极，需要十分重视液相传质过程，否则电极材料的催化性能就难以发挥出来。在大多数场合下，不宜采用搅拌溶液的办法，而必须建立特殊的电极结构，使气体溶解和扩散达到反应表面的速度增大几个数量级。

当不搅拌溶液时，在低极化区极化曲线的形式由电极材料的电催化性质所决定。在氢电极平衡电势附近测得的阴、阳极极化曲线，各曲线的阴、阳极分支有很好的对称性，显示阴、阳极反应的控制步骤很可能相同，即分别为吸附氢原子的复合和氢分子的离解吸附。然而，阴、阳极反应中涉及的中间粒子可能并不相同，特别当极化较大时，阴极反应中涉及的是具有高反应活性的“顶载”吸附氢原子，而在阳极反应中则可能主要是“弱吸附氢”直接参加氧化反应。

在高极化区（大于＋1.2V 时）出现了数值很低且完全与搅拌速度无关的电流，表示此时电极反应速度完全受表面反应速度控制。根据前面有关铂电极表面状态的讨论可知，在＋1.0V 附近铂电极上开始形成氧的吸附层和氧化物层。显然，在氧化了的铂电极表面上，氢的吸附速度与吸附氢的平衡覆盖度都大大降低了，故引起电流密度下降。但由于在＋1.2～＋1.5V 这段电势范围内，电极表面状态还在不断发生变化，很难确定在这一段极化曲线上电极反应速度是否完全由分子氢的极限吸附速度所控制。

在碱性溶液中，Pt 和 Pd 电极表面上氢电极反应的交流电流 i^0 值比酸性溶液中约低一个数量级。在 1mol/L KOH 溶液中测得的极化曲线形式与在 H_2SO_4 溶液中测得的相仿，且低极化区的最大电流值与氢压成正比，表示分子氢的反应级数为 1。因此，分子氢很可能直接参加控制步骤。在 η_a＞0.55V 后，电流急速下降到与氢压基本无关的数值。

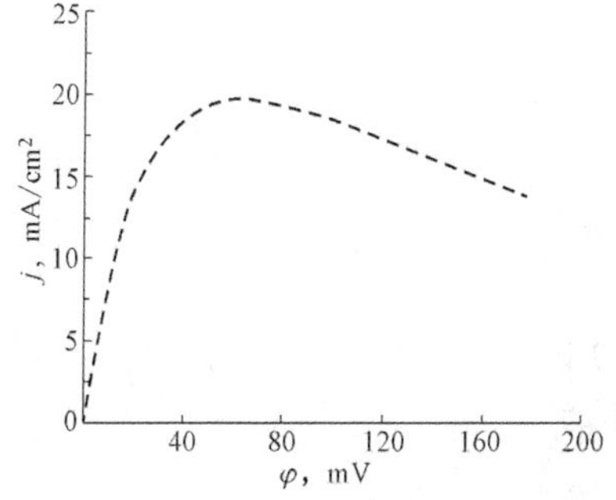

图 7-2-10　1mol/L NaOH 中光滑 Ni 电极上氢的氧化

为了节约贵金属，曾不断尝试在碱性溶液中采用各种形式的镍催化剂来实现氢的阳极氧化。碱性溶液中 Ni 电极上氢电极反应的 i^0 为 10^{-5}～10^{-6} A/cm²，比溶解氢 I_d 要小 1～2 个数量级，因此电化学极化不可忽视。Ni 电极的另一特点是氧化生成 $Ni(OH)_2$ 前的电势只比同一溶液中的平衡氢电极电势正 0.11V 左右。如图 7-2-10 所示，若考虑到在生成 $Ni(OH)_2$ 前就可能发生 OH^- 的吸附，或是在强碱中能生成可

溶性的 $HNiO_2^-$ 离子，则 Ni 的稳定电势区只能延伸到约比平衡氢电极电势正 60～80mV 处。图中曲线上的最大电流值不超过 $20\mu A/cm^2$，已不可能是溶解氢的扩散速度控制。

因此，当考虑采用 Ni 作为碱性介质中的氢电极催化剂时，首先应致力于增大催化剂的比表面积，使有效反应表面积至少为表观面积的 10^3～10^4倍；同时应采用特殊结构的气体电极以加快氢的溶解与扩散速度。只有采取这些措施后，才有可能在极化不大于 50mV 的前提下，得到 $100mA/cm^2$左右的阳极电流密度。而若超过 100mV，则由于电极本身不断受到破坏，就不能期望电极能长期稳定地工作了。将 KBH_4与镍盐作用生成含硼的镍催化剂（常称为硼化镍），对氢的氧化有很高的电催化活性，但它的化学稳定性并不比纯镍更高[28]。

7.2.3 析氧反应（OER）

析氧反应是发生在阳极上的水分解反应的半反应，水分解的两个半反应在酸性或者碱性电解液中反应过程是不同的。很多研究团队提出了 OER 在酸性或者碱性电解液中可能的反应机理，这些机理之间存在相似之处。提出的大多数机理中包含相同的中间产物，例如 M—OH 和 M—O，而主要的差异是形成氧气这一步骤涉及的反应。如图 7-2-11 所示，有两种从中间产物 M—O 形成 O_2的方式，一种如图中水平箭头所示，通过直接结合两个 M—O 形成 O_2，另外一种方式涉及 M—OOH 中间产物的形成，随之分解形成 O_2[29]。尽管提出的这些反应机理存在差异，但是大家一致认为，OER 的电催化反应是一种复杂的过程，其中，中间产物（M—OH、M—O 和 M—OOH）中 M—O 键的相互作用对整体电催化能力至关重要。

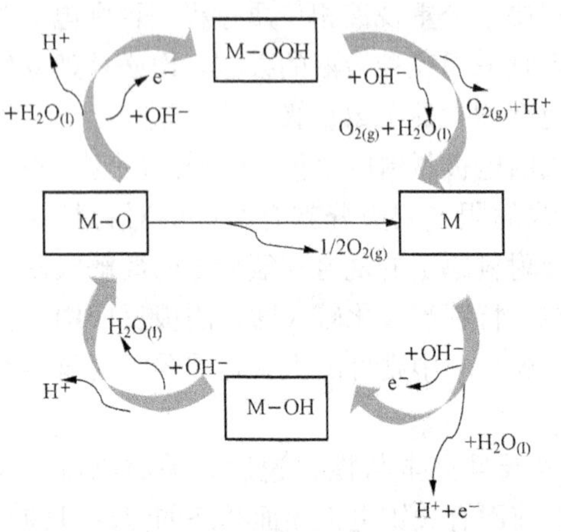

图 7-2-11 OER 在酸性和碱性电解液中的反应机理

酸性电解液中的 OER 机理：

$$2H_2O \longrightarrow O_2 + 4H^+ + 4e^-$$
$$^* + H_2O \longrightarrow {}^*OH + H^+ + e^-$$
$$^*OH \longrightarrow {}^*O + H^+ + e^-$$
$$^*O + H_2O \longrightarrow OOH^* + H^+ + e^-$$
$$^*OOH \longrightarrow {}^*O_2 + H^* + e^-$$
$$^*O_2 \longrightarrow {}^* + O_2$$

碱性电解液中的 OER 机理：

$$4OH^- \longrightarrow O_2 + 2H_2O + 4e^-$$
$$^* + OH^- \longrightarrow {}^*OH^- + e^-$$
$$^*OH + OH^- \longrightarrow {}^*O + H_2O + e^-$$
$$^*O + OH^- \longrightarrow {}^*OOH + e^-$$
$$^*OOH + OH^- \longrightarrow {}^*O_2 + e^-$$
$$^*O_2 \longrightarrow {}^* + O_2$$

水的氧化反应是吸热反应，在 pH=0 时，水的氧化电位为 1.23V，因为涉及四电子转移及 O—O 键的形成，因此 OER 反应过程复杂，动力学缓慢，反应能垒高。OER 的反应机理对电极表面催化剂的结构非常敏感，不同的催化材料或者同一材料的不同晶面都表现出不同的反应机理。普遍接受的反应机理为四电子的转移：在酸性溶液中，拥有大量的 H^+，H_2O 首先解离变成 H^+ 和 OH^-，然后 $^*OH$ 解离变成 H^+ 和 $^*O$，H_2O 和 $^*O$ 反应产生 OOH^*，最后 OOH^* 解离生成 O_2。而在碱性溶液中，OH^- 大量存在，OH^- 首先吸附变为 OH^*，然后 OH^* 和 OH^- 反应变成 H_2O 和 O^*，OH^- 和 O^* 结合变成 OOH^*，最后 OOH^* 解离生成 O_2。因此，催化剂 OER 活性的强弱与 O、OOH、OH 的连接能密切相关。

7.3 电催化水裂解性能评价参数

7.3.1 标准氢电极

铂黑电极与处于标准状态下的氢气流（1 个大气压）和酸溶液（氢离子物质的量浓度为 1mol/L）组成的电极，称为标准氢电极（standard hydrogen electro，SHE）。电化学体系中规定在任何温度下，标准氢电极的电极电势值为零，它是构成电极电位基准的工作电极。因此，在标准条件下铂黑电极表面电化学过程中，氢的还原和氧化都处于零电位条件下。

在电化学体系中，实际上大多数反应是在非标准状态下进行，并且离子浓度在反应过程中也会有所变化。故在电化学反应中，引入能斯特方程，用于定量计算电极上相对于标准氢电势的实际反应平衡电压[51]。对于任一电池反应，如 $aA+bB=cC+dD$ 中所示，实际反应平衡电压计算公式如式（7-3-1）所示：

$$E=E_0-\frac{RT}{n\cdot F\cdot \ln(C^c\cdot D^d)/(A^a\cdot B^b)} \tag{7-3-1}$$

式中：E 为实际平衡电压，V；E_0 为标准电压，V；R 为理想气体常数，J/(mol·K)，通常下常数为 8.314J/(mol·K)；T 表示热力学温度，K；n 表示反应过程中转移的电子数；F 表示法拉第常数，即 1mol 电子所含的电量，一般认为数值为 96485.33289±0.00059C/mol；A、B、C、D 表示物质 A、B、C、D 的摩尔浓度 mol/L；a、b、c、d 为反应中的反应系数。

可逆氢电极（reversible hydrogen electrode，RHE）作为标准氢电极的一种[52]，没有氢离子活度的要求，所以其电势与 pH 有关。目前，电化学测试中多以可逆氢电极为零时表示标准“零电位”，并以可逆氢电极校正反应中的参比电极电位。如表示关于电催化全解水的反应中，析氧反应 OER 所需的理想电极电位为 1.23V（vs. RHE），析氢反应 HER 所需的理想电极电位为 0V（vs. RHE）。在溶液开尔文温度为 298K、pH 处于合适的区间时，能斯特方程可推导为

$$E_{RHE}=E_{SCE}+E_0+0.0592\text{pH}-IR$$

式中：E_{SCE}为甘汞电极电势（通常为电化学实验所测数据）；E_0 为参比电极相对于标准氢电极的电势；pH 为溶液实际数值；IR 由电化学的欧姆测试得出。

7.3.2 过电势（η）

过电势 η（overpotential，单位为 V）在实际电催化反应中，往往存在动力学阻碍，因此在反应体系中不能仅考虑热力学因素对整个电催化体系的作用，而且需要提供额外的电势驱动电催化反应，这部分额外电势被称为过电势。

在电催化水裂解过程中涉及阳极氧化和阴极还原两个电极反应。其中在溶液体系中，阳极氧化是关于溶液中的析氧反应，阴极还原是关于溶液中的析氢反应。

在标准条件下，HER反应的标准电极电势为零。零电势和使用电催化剂引发HER的起始电势之差的绝对值是相应的过电势。具有较低过电势的高性能电催化剂需要较少的能量来达到相同的电流密度。绘制电流密度与过电势的关系可以获得极化曲线。

在析氢和析氧反应过程中，主要存在以下三种过电势，分别为活化过电势、浓度过电势和由于未补偿电阻（Ru）与反应电流产生的过电势。

（1）活化过电势是由于当电流通过时，反应本身具有的进行迟缓性造成了电极带电程度与可逆反应时不同，从而导致电极电势偏离。选择合适的催化剂会在一定程度下减小反应的迟缓性，从而降低活化过电势。

（2）浓度过电势是在电极反应的开始，由于离子的扩散速度缓慢所引起的本体溶液与电极表面之间所涉及的离子浓度差而引起电极电位偏离平衡电位的现象。选择适当的溶液搅拌速率，以此平衡反应过程中带来的浓度差异，可相对地减小浓度过电势。

（3）Ru与反应电流产生的电阻过电势是由于溶液和催化剂之间存在一定的电阻，在电化学反应中电流存在流动过程，在反应过程中发生一些额外的电势。现在可以通过欧姆压降补偿来消除电阻过电势，许多电化学工作站中都采用这种方法。

在理想电化学反应状态下，析氢反应的理论电极电位为0V，析氧反应的理论电极电位为1.23V，所以在理想条件下电化学全分解水溶液所需热力学电极电位为1.23V。但在实际电化学反应过程中，由于溶液存在由于电阻、离子浓度变化或电极极化电势等导致额外电位的产生，电化学全分解水需要的热力学电极电位远超过理想情况下所需的1.23V。在HER的情况下，起始过电势比其他信号更重要，因为HER的反应动力学比OER的反应动力学快。起始过电势可以根据极化曲线计算得出。

相比之下，OER情况有所不同。为了计算OER过电势，需要更多关注其他参数。如上所述，OER的所有反应机理都是通过第一步在酸性溶液中进行水配位或在碱性溶液中进行氢氧根离子配位的基本步骤下进行的，然后进行一系列其他反应步骤。计算理想条件下理论OER过电势（η_{OER}）公式如下，相对于标准氢电极（SHE）=0：

$$\eta_{OER}=\Delta\frac{G_{max}}{e}-1.23V \tag{7-3-2}$$

然而，在与涉及氧化物转化为过氧化物的基本步骤相关的标准自由能变化中，理论值和实验值有非常大的差异。这清楚地表明，在过电势的热力学预测中未考虑反应动力学阻碍。由于催化剂反应基本步骤的变化是动力学，而不是开始的过电势，因此过电势在固定的电流密度（如10mA/cm^2，η_{10}）已被广泛接受作为评估电催化剂基本的定量活性参数。HER也使用相同的方法。对于在气体析出的电势范围内具有强氧化还原峰（电流密度大于10mA/cm^2）的材料，以及高性能催化剂（电流密度大于500mA/cm^2，如层状双氢氧化物），在较高的电流密度（如50mA/cm^{2}和100mA/cm^2）下的过电势也被用作评估电催化剂的基本定量活性参数。

所以开发有效的电化学催化剂，对于整个反应体系可以起到良好的促进作用，并且能够有效降低电化学反应初始电位，也可以最大程度降低电化学反应的能量损耗。

7.3.3 电流密度与塔菲尔斜率

电流密度（current density）是衡量电化学反应发生快慢最主要的评价指标之一。它表征的是某个特定电位条件下，电极表面发生电化学反应的速度。

常通过将极化曲线（如 LSV）重新绘制为 $\lg j$ 对过电位（η）的图来获得电催化过程的 Tafel 图，描述了稳态电流密度对各种过电位的依赖性。一般来说，过电位（η）与电流密度（j）的对数呈线性关系，塔菲尔曲线的线性部分符合塔菲尔方程，如式（7-3-3）所示：

$$\frac{\mathrm{d}\lg j}{\mathrm{d}\eta}=2.3RT/\alpha nF \tag{7-3-3}$$

塔菲尔斜率与电荷转移系数（α）成反比，剩下的其他参数是常数，即理想气体常数（R）、绝对温度（T）、法拉第常数（F）和转移的电子数（n），对于 OER 过程来说 $n=4$，对于 HER 过程来说 $n=2$。Tafel 公式描述的是过电位与电流密度之间的关系。通过对 Tafel 曲线线性部分进行拟合可以得到 Tafel 斜率，单位为 mV/dec，其物理意义可以理解为电流密度每增加或减小一个数量级所需要的过电位值。这表明具有高电荷转移能力的催化剂应具有小的塔菲尔斜率。

对于 RuO_2 或 IrO_2 等 OER 电催化剂，Tafel 斜率通常在 30～60mV 之间，但在高过电势下，其 Tafel 斜率可高达 120mV。塔菲尔斜率小意味着大大提高了 OER 性能，并有适度增加的潜力。不同的电化学反应机理对应的 Tafel 斜率值是不同的，因此根据 Tafel 斜率值可以定性判定反应过程中可能经历的反应历程。

例如在析氧反应中，有报道关于制备杂化材料 Fe_2O_3@Ni_2P/Ni（PO_3）$_2$作为析氧反应催化剂材料，并研究在高电流密度下催化剂对析氧反应的催化效果。Fe_2O_3@Ni_2P/Ni（PO_3）$_2$在四种材料中表现出最小的 Tafel 斜率，在析氧反应中制备的催化剂展现了优异的反应动力学[53]。Tafel 斜率在很大程度上还取决于氧化物电极的类型、组成和物理性质。

7.3.4　极化曲线

通常采用高扫描速度的循环伏安法（cyclic voltammetry，CV），计时电流法（chronoamperometry）和计时电位法（chronopotentiometry）三种方法测试电催化反应体系中的催化材料的稳定性。

高扫描速度的循环伏安法 CV：HER 反应过程中，通常选用 −1～0V（RHE）的区间进行数千个循环周期，以显示催化剂的稳定性。

计时电流/电位法：在恒定电流/电位下进行电化学催化反应过程，观察电压/电流稳定情况。皆选用 $j_0=10\text{mA/cm}^2$ 和其对应的 η_{10} 作为测量稳定性的指示性参数；对于高性能催化剂，可在高过电势或高电流密度下检测稳定性。

在电池处于可逆状态时，电极几乎没有电流通过，每个电极反应都在接近于平衡状态下进行。但随着反应的进行，有明显的电流通过电极，破坏了电极本身的平衡状态，电极电势偏离了平衡值，电极处于不可逆状态；并且随着通过电极上的电流逐渐提高，电极反应的不可逆程度也随之增大，因此造成电流通过电极导致电池平衡状态破坏的现象，称为极化。

极化曲线是描述在极化现象发生后，电极电位与极化电流（i，mA）或极化电流密度（j，mA/cm^2）之间的关系曲线。由于电极分为阳极和阴极，所以不同电极上所得极化曲线分别称为阳极极化曲线（anodic polarization curve）和阴极极化曲线（cathodic polarization curve）。极化曲线表征的是某个特定电位条件下，电极表面发生电化学反应的速度。这是衡量电化学反应发生快慢最主要的评价指标之一。

线性扫描伏安图（linear sweep voltammetry，LSV）作为一种电化学测试方法，是在一定扫描速度下得到关于催化反应的极化曲线。为了更真实地反映电解水反应催化剂的催化能力和特性，LSV曲线需要在接近稳态的扫描速度下进行（一般2～10mV/s）测试，以确保电解水反应在一个接近稳态的条件下发生，并且保证电极材料参与反应的彻底性。在2～10mV/s扫描速度下的LSV曲线能够更好地反映材料的催化特性，因此得到的Tafel斜率也更接近真实结果。

对于不同的催化剂材料，可以通过LSV曲线来比较它们催化活性的优劣。在目前所报道的文献中，一般采用电流密度为10mA/cm^{2}或100mA/cm^{2}来比较不同催化剂达到该电流密度时的起始电位值，过电势越小说明材料的析氢或析氧的催化性能越好[54]；或者在特定电位的条件下比较不同材料的电流密度，电流密度越大说明材料的催化能力越强[55]。值得注意的是，要在相同测试条件下得到的数据才具有可比性，电极材料的负载量、电解液浓度的差异、电化学测试扫描速度等多方面因素都会不同程度地影响测试结果。

关于析氧反应过程中，有报道关于纳米多孔磷化镍作为析氧反应催化剂，选取的过电势是对应着电流密度10mA/cm^{2}下的电位减去析氧反应理论电极电位1.23V后的数值[56]。不同材料的对比都是以在5mV/s的扫描速度下、1mol/L KOH溶液，Ag/AgCl电极作为参比电极，1.2～1.75V(RHE)作为扫描区间，催化剂0.2mg/cm^{2}作为负载量，进行电化学测试。

7.3.5 稳定性

在电化学测试中需要保持反应一定的时间，这时候就需要考虑电催化剂在反应过程中材料结构和活性的保持情况。

高扫描速度的循环伏安法：OER反应过程中，一般报道的周期数为250～1000。在长期的稳定测试中，测量起始过电势（η_{10}）（对于HER为阴极，对于OER为阳极）和在10mA/cm^{2}的规定电流密度（η_{10}）下的过电势偏移，作为稳定性的指示性参数，过电位的增加越小，表明稳定性越高。

计时电流/电位法：选用在50、100mA/cm^{2}或更高条件下的电流密度及其对应的电位下进行计时电流法和计时电位法测试，催化剂能够超过12h连续稳定地进行OER反应，而且其电流密度几乎没有损失，可以说明催化剂拥有高OER稳定性。

7.3.6 电化学阻抗（EIS）

EIS是一种研究电催化反应动力学和表征电极与电解质界面发生反应性质的分析技术。电化学阻抗（EIS）测量：在室温下，在0.1～100 000Hz的频率范围内，振幅均方根为10mV的情况下进行电流响应的测量。使用非线性最小二乘（NLS）拟合程序分析了复杂平面中阻抗谱的实数（Z''）和虚数（Z'）分量，以估算不同电阻和电容的参数。根据不同电化学过程的频率响应，可以评估不同的电化学过程，如电荷转移、离子扩散、电容（通常在高频区可以观察到快速的过程，而在低频区观察到较慢的过程）。对EIS数据的分析通常涉及等效电路的拟合，在许多情况下，通过法拉第阻抗、薄膜电阻以及离子和电子传输速率，被分配到具有物理意义的参数和过程中。

阻抗数据使用等效电路（EEC）模型$R_s[CPE_{dl}(R_{ct})]$解释。该模型可预测在复杂平面图上形成两个半圆：第一个是由于电荷转移电阻和双层电容的耦合而产生的，第二个是由于两个动力学参数的耦合而产生的（吸附的中间体的电阻和拟电容）。对于固体电极，双层电

容 C_{dl}被恒定相元件（CPE）代替，其阻抗由式（7-3-4）得出：

$$Z_{CPE} = \frac{1}{T\,(j\omega)^{\varphi}} \tag{7-3-4}$$

式中：ω 为角频率，$\omega=2\pi F$。

电化学阻抗数据使用了 CPE 模拟两个动力学过程，在复杂平面图中模拟半圆的凹陷。在此模型中 T 是与平均双层电容相关的电容参数，如式（7-3-5）所示：

$$T = C_{dl}^{\varphi}(1/R_s + 1/R_{ct})^{1-\varphi} \tag{7-3-5}$$

式中：R_s为溶液电阻；R_{ct}为与孔底部腐蚀过程相关的电荷转移电阻；φ 为与恒定相位角有关的系数。恒定相元件 CPE 代替纯电容器引入电路中，以提供更精确的配合并补偿催化剂的不均匀性。

电化学双层电容用于探索所有样品的电化学活性表面积，并在循环伏安图的较小电势范围内进行测量。对工作电极进行几个电位扫描，直到信号稳定为止。数据之间的关系如式（7-3-6）所示：

$$j_c = vC_{dl} \tag{7-3-6}$$

式中：j_c为记录的电流密度，mA/(cm^2·mg)，在多个扫描速率下，从 CVs 测得的相对于 RHE 的 0.967V 电压；v 为扫描速率，mV/s；C_{dl}为电化学双层电容，F/(cm^2·mg)。因此，以 j_c作电压的函数图，产生斜率等于 C_{dl}直线，该直线与催化剂的电化学活性表面积成比例。高的电化学表面积有利于电化学活性位点的暴露，有助于催化性能的提高。

7.3.7　法拉第效率（EF）

电催化剂将外部系统提供的电子在跨越界面过程中转移到电活性物质以实现电极反应的效率，称为法拉第效率，是用于分析 OER 和 HER 的另一个评价参数。通常有以下两种方法进行测试。

（1）旋转环盘电极（RRDE）法，仅适用于 OER。催化活性材料被涂覆在 RRDE 的圆盘上，而不会干扰环电极。常用的 RRDE 是带有玻璃碳（GC）圆盘和 Pt 环的 RRDE。在此之前，必须在各种转速下研究常规的铁/铁氧化还原的响应体系，才能确定 RRDE 的收集效率。在圆盘上进行一定电位区间下的扫描，同时将 Pt 环的电势区间设为氧化还原反应（ORR）的电位扫描区间。在 Pt 环上需根据电解液的 pH 值设置 ORR 电位区间。

法拉第效率 EF 计算如下：

$$EF = \frac{I_R n_D}{I_D n_R N_{CL}} \tag{7-3-7}$$

式中：I_R 和 I_D 为环和磁盘上的电流；n_R 和 n_D 为圆环和圆盘上传输的电子数；N_{CL}为所用 RRDE 的收集效率。这是一种非常有用的技术，它可以发现 OER 催化剂电势区间内的真实活性，进而改善其他不良副反应及在电催化过程中加热对其催化剂的影响。

（2）根据计时电流/电位来测量气体（H_2或 O_2）的释放量，测定 EF 大小，对于 HER 和 OER 都是通用的。有以下三种测试方法：①水煤气法；②气相色谱法；③仅用于 OER 的光谱技术法。

7.3.8　转换效率（TOF）

转换效率（TOF）可以定义为单位时间内，催化剂可以在每个活性位点上转化为目标产物所需的反应物数量，它可以显示每个活性位点的固有活性，如式（7-3-8）所示：

$$\mathrm{TOF}=\frac{jA}{nFm} \tag{7-3-8}$$

式中：j 为给定超电势下的电流密度；A 为电极表面积（$0.071\mathrm{cm}^2$）；n 为电子转移数（对于 OER 来说，$n=4$）；F 为法拉第常数；m 为电极上金属原子数。

有几种方法可用于根据原子数确定表面催化剂或总浓度催化剂：①循环伏安图中的氧化还原峰可用于确定通过 CV 循环活化催化剂后的表面浓度；②通过 Avogadro 数法，可使用催化剂的平均粒径计算原子的总浓度；③假设单层，如果催化剂表面平整光滑或催化剂具有片状形态，则可以进行此假设。但是，每种方法都有其自身的缺点。当催化剂中有多个元素或催化剂未完全活化时，第一种方法可能会引起潜在的错误；第二种方法没有反映出催化剂的确切催化性能，因为它还包括颗粒核心中的原子，这些原子实际上并不参与催化循环，当材料不完全平整，在严峻的电化学条件下易于破坏或不具有片状形态时，第三种方法可能导致潜在的误差。因此，采用适合于催化剂及其性质的方法是显而易见的。

然而，对于许多固态（非均相）催化材料，很难获得精确的 TOF 值。在这种情况下，许多研究人员仅根据表面原子或容易接近的催化位置来计算 TOF，这也是合理的。在其他情况下，TOF 是根据材料中存在的总催化物质来计算的，这为更多材料催化活性或效率的比较提供了参考。

7.3.9 质量活性和特定活性

质量活性和特定电催化剂活性是另外两种用于定义催化活性的参数。一方面，质量活性根据催化剂负载量和电流的关系，以安培每克（A/g）为单位衡量质量活性性能大小[57]；另一方面，通过电化学表面积（the electrochemical surface area，ECSA）或 BET（brunner - emnet - teller）测试。例如电催化剂 TOF 参数性能应在规定的过电势下进行测试。

总之，研究电催化水裂解性能应该考虑综合效果的影响，并结合催化剂的选用，根据以上讨论的过电势、电流密度、塔菲尔斜率、极化曲线、稳定性、电化学阻抗、法拉第效率、转换效率、质量活性和特定活性等参数，来衡量电催化水裂解性能。

7.4 阴极析氢电催化材料

近年来，Pt 等贵金属基与 Ni、W 等非贵过渡金属基都有了较大的研究进展，推动了电解水的工业化发展进程。

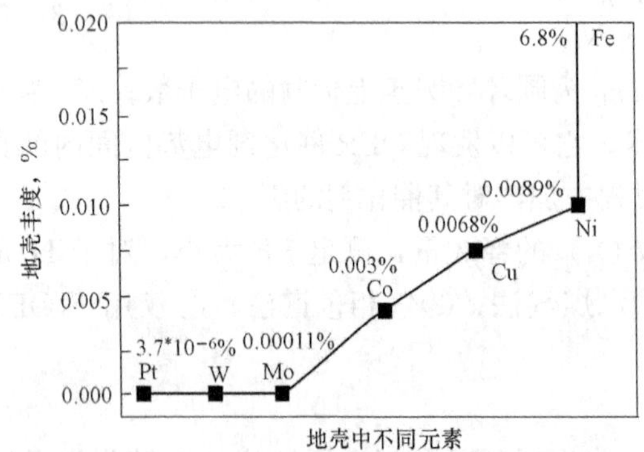

图 7-4-1 地壳中用于构建 HER 电催化剂金属的丰度

如图 7-4-1 所示，Pt 在地壳中储存非常少，而非贵过渡金属如 Ni、Fe 等在地壳的储存量较为丰富，所以同时发展贵金属基和非贵过渡金属基的电催化析氢催化材料对于促进电催化水裂解制氢的发展具有十分重要的意义[58]。

7.4.1 贵金属基析氢反应电催化材料

虽然贵金属在地壳中丰度很低，并且价格昂贵，但其接近于 0 的氢吸附自由能以及高效的催化活性和稳定性吸引着研究者们对其进行进一步的探索，利用更低的贵金属负载量而能达到相似甚至更高的催化活性及稳定性是目前此领域的研究热点。

1. 铂基析氢反应电催化材料

铂族金属，如目前的 Pt，由于其电催化 HER 的催化活性及稳定性十分优异，被认为是用于析氢反应（HER）最优异的电催化剂。铂基材料的催化活性在很大程度上取决于所用 Pt 的质量，而 Pt 的储量缺乏阻碍了其大规模的商业化。因此，许多学者致力于研发低 Pt 负载量同时具有更高质量活性的催化剂。

如 Xing 等人报道了一种电沉积方法，将 Pt 纳米颗粒负载于 $Co(OH)_2$纳米片阵列生长的碳布（Carbon Cloth，CC）基底上。合成步骤为首先采用简单的水热负载 $Co(OH)_2$纳米片阵列于碳布，然后用恒电流电沉积的方法将 Pt 纳米颗粒负载在 $Co(OH)_2$纳米片上，该催化剂催化碱性析氢反应具有 32mV 的极低过电势及 70mV/dec 的较低塔菲尔斜率[59]。

由此可见，将 Pt 与理想的载体进行复合可以得到更高质量贵金属催化活性的催化剂。Qiu 等人提出了在 Mo_2C 上合成稳定的 Pt 原子层，他们运用简单的溶剂反应 - 干燥 - 煅烧流程，将原子层 Pt 团簇锚定在氮掺杂的 Mo_2C 纳米棒（Pt/N - Mo_2C），分别比中性、酸性和碱性介质中的基准质量分数 20%Pt/C 表现出 25 倍、10 倍和 15 倍的质量活性[60]。理论计算表明，N - Mo_2C 上 Pt 团簇的超薄层使得催化剂的氢吸附自由能 ΔG_{H*} 最低，锚定在 Mo_2C 衬底上的原子级 Pt 团簇也可以提高电子的传输效率和催化材料结构的稳定性。

2. 钌基析氢反应电催化材料

钌（Ru）是贵金属系列的成员，但价格为 Pt 的 1/10。Ru 基材料具有良好的 Ru—H 键强度和降低氢解吸阻隔的能力，理论上 Ru 基材料可以成为较为理想的 HER 催化剂，近期研究进展也表明 Ru 和 Ru 基复合材料可以提供与商业 Pt/C 相当的电催化活性。

Li 等人运用 Ru 基有机框架化合物为前驱体，采用一步溶剂热法，得到了约 4nm Ru 纳米颗粒均匀分散在无定形碳（Ru/C）上的催化材料。该 Ru/C 催化剂具有链状多孔结构，在较宽的 pH 值范围内具有高催化活性，在 0.5mol/L H_2SO_4 中析氢过电势为 35mV，在 1.0mol/L KOH 中过电势为 53mV，在质量分数 3.5%NaCl 溶液中过电势为 93mV[61]。

TIWARI 等人报道了氮化钌纳米颗粒包裹于一种钌单原子和氮共同掺杂石墨外壳的材料，该电催化材料在酸性和碱性介质中均表现出可与商业 Pt/C 比拟甚至更加优越的 HER 活性及稳定性[62]。

钌基磷化物对于析氢反应也有优良的催化活性，如 Yu 等人开发一种钌 - 磷化钌纳米颗粒嵌入氮磷共掺杂碳的电催化材料，合成步骤采用糖酵母为碳模板和氮/磷（N/P）源，吸附钌离子后经过一步高温热解制备，该 Ru - Ru_2P@NPC 电催化剂具有卓越的 HER 催化性能，在电流密度为 $10mA/cm^2$ 时具有 42mV 的低过电位，并且在 0.5mol/L H_2SO_4溶液中的高电流密度条件下表现出优异的稳定性[63]。通过理论计算表明，Ru—Ru_2P 异质结界面周围的 H^* 吸附位点的 ΔG_{H*} 分别为 0.06 和－0.08eV，这表明在 Ru—Ru_2P 异质结界面附近，催化剂对于 H^* 的吸附/解吸的能力有了显著改善。

3. 铑基析氢反应电催化材料

铑（Rh）元素也是铂族元素中的一员。由于铑基磷化物材料一般具有全 pH 下的 HER 活性，所以研究主要集中于铑基磷化物材料，如 Wang 等人报道了一种通过化学方法制备的可以用于所有 pH 值下进行 HER 催化的新型褶皱超薄 Rh_2P 纳米片。合成步骤为：首先以乙酰丙酮铑和乙酰丙酮镍为金属前驱体，以抗坏血酸（AA）为还原剂，油胺（OAm）为溶剂，表面活性剂和 $Mo(CO)_6$ 在 180℃条件下合成 Rh 纳米片，以该 Rh 纳米片为模板，在无空气条件下，通过三正辛基膦（TOP）的分解，在 300℃的温度下进行磷化，合成得到的褶皱 Rh_2P 纳米片在磷化后仍然保留了 Rh 纳米片的超薄 2D 结构[64]。

在铑基磷化物电催化材料的研究中，将磷化物与碳基材料复合也是一种增强其 HER 催化活性及稳定性的方法。如 Chi 等合成了一种掺杂 N、P 的薄碳纳米壳包裹 RhP_x 纳米颗粒的材料，该催化剂在较大的 pH 范围内显示出高效的电催化析氢反应活性和稳定性。制备的 RhP_x@NPC 纳米材料在低过电位的条件下具有类似于商业 Pt/C 催化剂的活性，达到电流密度 $10mA/cm^2$ 时具有较低的过电势（0.5mol/L H_2SO_4 中 22mV，1.0mol/L KOH 中 69mV，1.0mol/L PBS 中 38mV），同时具有优异的电催化稳定性[65]。

7.4.2 非贵过渡金属基析氢反应电催化材料

由图 7-4-1 可知，Pt 的丰度约为 $3.7\times10^{-6}\%$，比其他非贵过渡金属的丰度小几个数量级，而其他用于构建不含贵金属的 HER 电催化剂的过渡金属，主要包括铁（Fe）、钴（Co）、镍（Ni）、铜（Cu）、钼（Mo）和钨（W），这些元素的地壳丰度远高于 Pt。因此，开发具有高活性、高稳定性的非贵过渡金属基（也称为非贵金属基、过渡金属基）析氢电催化材料具有重要意义。

1. 铁基析氢反应电催化材料

铁在地球中分布较广，占地壳含量的 6.8%，仅次于氧、硅、铝。铁是典型的非贵过渡金属，然而铁基电催化材料对于电催化析氢反应来说催化活性比较有限，稳定性也较弱，所以亟待开发高效的铁基非贵过渡金属析氢反应电催化剂。

包封在碳笼中的金属纳米颗粒具有高效的催化性和热稳定性，包封壳保护金属纳米颗粒免受大气氧诱导的相邻纳米颗粒的降解和附聚。Tavakkoli 等人报道了一种在单壁碳纳米管（single-walled carbon nanotubes，SWNT）上装饰单层壳碳包裹的金属纳米颗粒（single-shell carbon-encapsulated metal nanoparticles，SCEMN）催化剂的生长方法，用该方法获得了具有较高的 HER 催化活性的材料。该催化剂的合成使用了低成本化学气相沉积（CVD）的方法，其中催化剂和载体（SWNT）进行同时合成，使用一步所谓的浮动催化剂（气溶胶）CVD 合成工艺生长 SCEIN/SWNT 样品。将二茂铁和噻吩溶于甲苯中的雾化原料溶液引入高温反应器中以制备该碳包覆材料，该单壳碳包覆铁纳米颗粒催化剂拥有类似于 Pt 的酸性 HER 催化活性及稳定性，包覆单壳碳后，铁纳米颗粒显示出优异的 HER 催化活性，同时碳壳可以防止 Fe 在酸性电解液中溶解，增强了其稳定性[66]。

除了铁纳米颗粒材料外，对于铁基化合物材料也多有研究，如 Qin 等人报道了一种由单宁酸衍生的 N、P 共掺杂碳基铁基纳米复合材料，该由 N、P 共掺杂碳（NPC）负载的 FeP_x 纳米颗粒和 Fe—N—C 部分组成的电催化剂通过单宁酸、氯化亚铁和磷酸氢钠的混合物进行简单一锅法高温热解合成。FeP_x/Fe—N—C/NPC 催化剂中各组分的协同作用使得析氢反应具有高催化活性和优异的耐久性，在酸性条件下的析氢过电势为 75mV[67]。

2. 钴基析氢反应电催化材料

钴（Co）来源及含量比较丰富，近年来对于 Co 基析氢反应电催化材料的研究已经有很多，其中过渡金属磷化物（TMPs，如 CoP）在 HER 中引起了相当大的关注，过渡金属磷化物中的 P 原子可以从金属中吸取电子并充当质子受体，所以 Co 基过渡金属磷化物被认为是 HER 的最佳候选物之一。

Huang 等人报道了一种垂直排列的核 - 壳结构材料作为 HER 的有效电催化剂，该材料为生长于 Ti 片上的 CoP 纳米阵列核心和 N、P 掺杂碳（NPC）壳（CoP/NPC/TF）材料。首先通过从负载于 Ti 片的碳酸钴氢氧化物纳米阵列的简单拓扑转换，将碳酸钴氢氧化物表面转化为纳米阵列沸石 - 咪唑盐有机金属框架 - 67（ZIF - 67），同时 ZIF - 67 可用作氮掺杂碳的前驱体，然后进行高温磷化。结果表明，CoP/NPC/TF 仅需要 91mV 和 80mV 的过电势来驱动酸性和碱性溶液中析氢反应到达 $10mA/cm^2$ 的电流密度[68]。

近年来，除了 Co 基磷化物以外，以 Co 基沸石 - 咪唑盐有机金属框架（ZIF - 67）作为前驱体在电催化领域应用的研究引起了广泛的关注，构建明确的金属 - 有机骨架前驱体对于获得高效析氢反应的过渡金属 - 碳基电催化剂至关重要。Chen 等人运用了一种新的合成策略，将电沉积的超薄钴层状氢氧化物原位转化为二维（2D）钴沸石咪唑酯骨架（ZIF - 67）纳米片，然后在纳米片上接枝三维（3D）ZIF - 67 多面体前驱体。在热解后，该前驱体可进一步转化为由嵌入 2DN 掺杂碳纳米片和 3DN 掺杂空心碳多面体以及其中包含超细钴纳米颗粒组成的复合材料，这种复合材料具有大量的活性位点，并且需要仅为 66mV 的过电势催化 HER 在 1. 0mol/L 的 KOH 溶液中达到 $10mA/cm^2$ 的电流密度[69]。

3. 镍基析氢反应电催化材料

镍（Ni）元素在地壳中具有较高的丰度和较低的价格，开发 Ni 基电催化材料用于 HER 具有重要的意义。Ni 的表面改性是调节其化学和结构性质以增强催化性能的一种重要策略。Li 等人报道了通过氨水蒸气辅助处理的方法在金属 Ni 颗粒表面进行可控的镍—氮（Ni—N）桥位形成进行改性。Ni 与表面锚定 N 之间的相互作用会导致 Ni 晶格结构扭曲。具有适当 N 覆盖水平的 Ni—N 桥位在增强析氢反应（HER）活性中起关键作用，优化了最佳 N 掺杂量的电极（$Ni—N_{0.19}$）被证明具有优异的 HER 性能，仅需要 42mV 的低过电位即达到电流密度 $10mA/cm^2$[70]。

同时 Lei 等人也报道了一种原子级分散的 $Ni—N_x$ 物种与镍纳米颗粒锚定在多孔碳基底上，该新型催化剂通过对双氰胺和 Ni 离子水热得到的超分子复合物进行高温热解，然后进行适当酸刻蚀处理制备而成，获得的电催化材料对 HER 具有优异的催化性能，在 $10mA/cm^2$ 的电流密度时具有 147mV 的过电位和 114mV/dec 的 Tafel 斜率[71]。

其他镍基化合物用于 HER 电催化也有许多研究，如 Liu 等利用了异质界面工程，合成了 6nm 壁厚的 $Ni_2P—NiP_2$ 中空纳米颗粒多晶型物，将金属 Ni_2P 和准金属 NiP_2 进行异质界面的结合，所制备的催化剂在碱性条件下表现出优异的 HER 催化性能，仅需 59. 7mV 的过电位即可达到 $10mA/cm^2$ 的电流密度，同时 Tafel 斜率为 58. 8mV/dec[72]。

Kou 等人报道了氮（N）掺杂的 Ni_3S_2 具有优异的碱性介质中电催化 HER 的性能，通过硫脲对镍泡沫进行硫化，在镍泡沫基材上水热合成 Ni_3S_2 纳米片，然后在氨气气氛中退火，则可以得到氮掺杂的 Ni_3S_2 纳米片，该电催化材料在达到 $10mA/cm^2$ 电流密度下仅需要 155mV 的过电位[73]。

除了简单的镍基无机化合物外，镍基复合材料也具有更为优良的催化活性，如 Yu 等报道了在 Ni 泡沫上生长的三元 $Ni_{2(1-x)}Mo_{2x}P$ 多孔纳米线阵列，通过简单的水热和低温磷化进行合成，在碱性条件下催化析氢反应电流密度为 10、$500mA/cm^2$ 和 $1000mA/cm^2$ 时具有 72、240mV 和 294mV 的低过电位，并具有优异的稳定性[74]。

4. 铜基析氢反应电催化材料

铜（Cu）也是一种地球上丰富且低成本的元素，Cu 基无机化合物或者铜基复合/掺杂材料在 HER 中一般可以表现出优异的催化活性。如 Wang 等就报道了一种铜基磷化催化剂，合成方法以 Cu 基金属有机框架为前驱体（Cu-NP-MOF）作为单一前驱体和模板，通过后续碳化及磷化合成了由 N、P 共掺杂分级多孔碳包覆的 Cu_3P 纳米颗粒（NPs）材料（Cu_3P@NPPC）。Cu_3P@NPPC 对于析氢反应具有优异催化活性，在 0.5mol/L H_2SO_4 溶液中达到 $10mA/cm^2$ 的电流密度仅需要 89mV 的过电势[75]。

Tian 等人采用低温磷化反应将 $Cu(OH)_2$ 纳米线负载于商业多孔铜泡沫上，并转化为多孔铜泡沫上负载的自支撑 Cu_3P 纳米线阵列。该电极在酸性电解质中催化析氢反应，可以保持至少 25h 的催化活性，并具有 62mV 的起始过电位和 67mV/dec 的 Tafel 斜率，在 143mV 的过电位下，催化电流密度可达到 $10mA/cm^2$[76]。

Shen 等人也开发了一种碳包覆的 NiCu 核壳结构复合材料（表示为 NiCu@C），在酸性、中性和碱性溶液中都具有优秀的电催化析氢活性，实验结果表明 NiCu@C 的催化活性很大程度上取决于石墨壳的厚度，而单层石墨烯包封的 NiCu 纳米颗粒显示出最优秀的 HER 活性和稳定性，达到 $10mA/cm^2$ 的电流密度，在 pH=0、7 和 14 的电解质溶液中分别需要 48、164mV 和 74mV 的低过电势[77]。

5. 钼基析氢反应电催化材料

钼（Mo）元素处于元素周期表的 VIB 族。近年来在析氢反应电催化剂的研究中，VIB 族硫化物、碳化物、氮化物及磷化物等具有较好的稳定性、高的熔点、耐腐蚀性及高机械强度，其中 Mo 基化合物相对于同族其他元素具有更好的催化活性，一般的研究都集中于钼基化合物材料，如磷化物、碳化物、硫化物等。

近年来 Mo 基磷化物（包括 Mo_3P、MoP 和 MoP_2）由于其良好的导电性、优异的化学稳定性以及有效的 HER 催化活性而受到广泛关注。Liu 等人报道了一种在碳布上构建少量分层 N、P 共掺杂碳包覆超细 MoP 纳米晶/MoP 团簇的杂化物（FLNPC@MoP-NC/MoP-C/CC）的方法，该 3D 无黏合剂的自支撑电极有着完全开放的纳米孔隙结构特征，且由于 MoP—NC 的超小尺寸以及 N、P 双掺杂碳层与 MoP—NC 的强协同效应，该材料对于析氢反应具有优异的催化活性，在所有 pH 值下都具有较低的过电势[78]。

除了 Mo 基磷化物外，Mo 基碳化物具有较高熔点和硬度，良好热稳定性、机械稳定性和抗腐蚀性等特点，也是良好的 HER 电催化剂。然而，碳化 Mo 具有高的起始电位和相对高的电荷转移电阻，不能满足工业应用的需求，开发碳化 Mo 基复合材料是一种有效的方法以提升其催化活性及稳定性。如 Diao 等人开发了一种通过在还原性氢气气氛中简单热解 MoO_3/乙二胺杂化前驱体来合成高活性且稳定的 Mo/α-$MoC_{(1-x)}$ 催化剂。由于 Mo 和 α-$MoC_{(1-x)}$ 的协同作用，所制备的 Mo/α-$MoC_{(1-x)}$ 显示出优异的 HER 活性，具有 75mV 的低起始电位，较小的 Tafel 斜率（81.7mV/dec），并且在酸性电解质中具有良好的稳定性[79]。此外，Zhang 等人也报道了采用二氧化硅小球为模板、聚多巴胺为碳源，在一步简单还原性氢气气氛下热解合成了单分散的猫眼石形貌的 Mo_xC [α-$MoC_{(1-x)}$/β-Mo_2C] 纳米球，通过调控不同碳化钼相的比例以调节内在活性并使暴露的活性位点最大化，具有最佳组成的 α-$MoC_{(1-x)}$/β-Mo_2C（0.56/0.44）在 0.5mol/L H_2SO_4 中表现出优异的 HER 性能，具有 48mV/dec 的较小 Tafel 斜率和优异的稳定性[80]。

在钼基析氢催化剂的研究中，二维（2D）硫化钼（MoS_2）也是一种有吸引力的非贵金属的电催化剂，单纯的二硫化钼的催化活性与稳定性十分有限，所以科研工作者们进行了很多尝试来设计具有更多活性位点或更高电导率的 MoS_2 催化剂以增强其 HER 活性。如 Han 等人采用了简单的水热合成法将 2D 氢化石墨烯（HG）与 MoS_2 超薄纳米片进行复合，构建了高效且稳定的 HER 催化剂。由于通过 HG 载体对 MoS_2 纳米片的结构和电子的协同调节，这种催化剂具有更为优良的导电性和适度的氢吸附能，该 MoS_2/HG 杂化催化剂用于电催化酸性条件下的 HER，电流密度达到 10mA/cm^2 时的过电位为 124mV，Tafel 斜率为 41mV/dec，并且在 30mA/cm^2 下连续 24h 运行时具有良好的稳定性[81]。

6. 钨基析氢反应电催化材料

与钼元素相同，钨（W）元素也处于元素周期表的 VIB 族，所以 W 与 Mo 具有一定的相似性。目前主要研究的 W 基材料种类主要为 W 基硫化物、磷化物和碳化物等。如 Chen 等开发了一种气溶胶处理方法，使用一步高温快速雾化法用于简便和绿色合成还原氧化石墨烯/二硫化钨/三氧化钨（rGO/WS_2/WO_3）三元纳米复合物，所得复合物材料具有由褶皱石墨烯和 WS_2/WO_3 纳米棒构成的球形结构，在酸性条件下表现出优异的 HER 电催化活性，Tafel 斜率为 37mV/dec，起始电位为 96mV[82]。磷化钨也是有效的 HER 电催化材料，如 Xing 等就报道了一种通过简单的混合-煅烧法合成的 WP_2 亚微粒（WP_2SMP），该催化剂电化学催化酸性介质中高效析氢需要 115mV 和 161mV 的过电势，可以分别达到 2mA/cm^2 和 10mA/cm^2 的电流密度，同时具有良好的稳定性[83]。

除了以上阐述的磷化钨以及硫化钨以外，与碳化钼类似，碳化钨也是优异的析氢电催化材料，如 Ma 等开发了一种新型的多界面镍/碳化钨（Ni/WC）混合纳米粒子锚定在氮掺杂碳片（Ni/WC@NC）的材料，可以在广泛的 pH 范围内高效地催化 HER，在 0.5mol/L H_2SO_4 中，Ni/WC@NC 显示出低过电位（电流密度为 10mA/cm^2 时过电势仅为 53mV），较小 Tafel 斜率（43.5mV/dec）以及优异的稳定性。Ni/WC@NC 通过两步法进行制备，首先 GO 和原位合成的 POM$Ni_{54}W_{72}$ 通过水热法结合形成纳米复合材料前驱体 $Ni_{54}W_{72}$/*r*GO，然后 $Ni_{54}W_{72}$/*r*GO 在惰性气氛中与尿素在 650℃热解，形成了负载在 N 掺杂碳片（Ni/WC@NC）上的 Ni/WC 杂化纳米颗粒。合成过程中 GO 作为载体和碳源的引入有利于 POM 纳米晶体的良好分散，并促进 $Ni_{54}W_{72}$ 的脱氧和原位塌陷。在退火过程中，尿素作为阻挡剂保护 Ni/WC 杂化纳米颗粒以免于聚集和聚结，并且还作为原位产生 N 掺杂碳的氮源，促进催化剂的质子吸附能力，从而促进 HER 催化活性的提升[84]。

7.4.3　非金属基析氢反应电催化材料

对于非金属基析氢反应电催化材料的研究主要集中于碳基材料，由于碳基材料独特的微观六元环结构，可以掺杂非金属杂原子对其进行有效的掺杂改性，许多研究已经表明，非金属杂原子（如 N、P、S、B）掺杂石墨烯是 HER 的一种有效的电催化剂，具有优异的电子结构，对酸、碱有强耐受性。

1. 氮掺杂的碳基材料

2014 年，Zheng 等人首次报道了氮掺杂的非金属碳基材料具有析氢电催化活性。他们通过将双氰胺与石墨烯进行混合，然后将其在空气中进行煅烧，最终得到了石墨-氮化物与氮掺杂的石墨烯耦合的非金属基催化剂，其在酸性条件下显示出优异的析氢反应活性，仅需要 240mV 的过电势达到 10mA/cm^2 的电流密度，同时具有较低的 Tafel 斜率 51.5mV/dec，其优良的催化活性归功于其中的 g-C_3N_4 提供高活性氢吸附位点，而同时 N 掺杂的石墨烯促进质子还原的电子转移过程[85]。Singh 等人也开发了一种有效 N 掺杂的孔隙工程碳，其合成通过在聚多巴胺涂覆的埃洛石黏土纳米管进行热解和脱矿质（HF 刻蚀）之后显示出优异的传质性质，合理设计的 N-掺杂碳（NDCs）具有更宽的中孔（15～27nm），其对于酸性 HER 表现出优异的电催化活性，在 276mV 的过电势达到 $10mA/cm^2$ 的电流密度，并具有 94mV/dec 的较小 Tafel 斜率[86]。

2. 氮/磷共掺杂的碳基材料

Wu 等人首次准确地调节了 N、P 共掺杂石墨烯（G-NP）中杂原子的比例和含量，实施的关键在于构建氢—键合超分子（三聚氰胺-磷酸）/氧化石墨烯前驱体结构，然后经过一步热解法合成。最佳优化比例的 G-NP 可以获得适度的氢吸附吉布斯自由能、优良的电导率和较大的电化学表面积，在 0.5mol/L H_2SO_4 溶液中，$10mA/cm^2$ 电流密度下表现出 106mV 的极低过电位[87]。

Huang 等人也通过热解含 Co_2P 的聚吡咯（Co_2P@PPY）前驱体，然后用酸洗的方法去除 Co_2P 模板成功地合成了 N、O 和 P 掺杂的中空碳（NOPHCs）。该材料可以在碱性介质中催化 HER，电流密度达到 $10mA/cm^2$ 时仅具有 290mV 的低过电位和 102mV/dec 的低 Tafel 斜率[88]。

3. 氮/硼共掺杂的碳基材料

Hassina 等人通过在 900℃下热解聚乙二醇（PEG）、尿素和硼酸的混合物，得到具有 B—C 和 N—C 键的 BCN 纳米管，具有较高分子量的 PEG 有利于在碳骨架中形成具有高浓度 B—N 键的 B、N 共掺杂石墨烯纳米片，而具有较低分子量的 PEG 有利于形成 B、N 共掺杂的石墨烯纳米管（BCN 纳米管），该 BCN 纳米管在 0.5mol/L H_2SO_4 溶液中仅需要 216mV 的过电位即达到 $10mA/cm^2$ 的电流密度，且 Tafel 斜率仅为 92mV/dec[89]。

7.4.4 其他析氢反应电催化材料

研究者们除了在研究以上几类催化剂外，还研究了单原子、MOF、COF 等更多不同种类的催化剂，以下进行简单的介绍。

1. 单原子析氢反应电催化剂

由于具有较高的原子利用率和独特的催化性能，单原子催化剂（SACs）的研究是一个蓬勃发展的领域并且吸引了大量的学者对其进行探索，SAC 被定义为仅含有固定在载体上的分离的金属原子的催化剂，这些单分散金属原子之间没有明显的相互作用，同时可以使原子性质的效率最大化，SAC 为先进电化学催化剂的开发提供了新的机会。

Chen 等人报道了一种单原子分散 W 锚定在金属-有机骨架（MOF）所衍生的 N 掺杂碳基质上，合成方法采用一步热解 W 掺杂的 MOF，然后采用 HF 刻蚀所得到，通过电子显微镜和基于同步辐射的 X 射线吸收光谱方法，确定了 W-SAC 可能的局部结构为原子水平的 $W_1N_1C_3$ 部分。该 W-SAC 材料在碱性条件下表现出优良的电化学 HER 性能，在 $10mA/cm^2$ 的电流密度下具有 85mV 的低过电位和 53mV/dec 的 Tafel 斜率[90]。

Chen 等人开发了一种负载在 N 掺杂碳上的单个 Mo 原子（Mo-SA）电催化材料，采用二氧化硅小球为模板，壳聚糖作为碳源、氮源，通过简单的混合-蒸干-热解-HF 刻蚀步骤，得到了 Mo 原子负载于 N 掺杂的多孔碳电催化材料，通过采用基于同步辐射的 X 射线吸收光谱确认催化剂的局部原子结构为 $Mo_1N_1C_2$ 部分。所制备的催化剂在碱性条件下对

HER 具有高效催化活性，起始过电位 13mV，电流密度为 $10mA/cm^2$时，过电位为 132mV、较小的 Tafel 斜率 90mV/dec[91]。

除了以上介绍的非贵金属单原子电催化材料外，贵金属单原子催化剂由于对原子的利用率极高，可以在较低负载量下达到极高的催化活性，如 Lu 等人就报道了单原子钌分散于氮掺杂碳纳米线，其中钌纳米颗粒和钌单原子嵌入碳基质中。该材料电催化 HER 性能明显优于商业 Pt 催化剂，过电势仅为 12mV 就可以在 1mol/L KOH 中达到 $10mV/cm^2$ 的电流密度[92]。

2. 金属有机框架化合物析氢反应电催化材料

金属有机框架化合物（metal - organic framework，MOF）是一系列结晶多孔材料，由金属离子/团簇中心和有机连接体构成，MOF 基催化剂可进行改性以降低其氢吸附自由能。Qin 等人报道了两种新型多金属氧酸盐（POM）基金属有机框架 NENU - 500 与 NENU - 501，在这两种化合物中，用作节点的 POM 片段与有机配体直接连接，产生三维开放框架，由于 POM 单元具有的氧化还原活性以及 MOF 自身的高孔隙率，它们可以被用作 HER 电催化剂。在酸性电解质中，NENU - 500 在所有 MOF 材料中表现出最高的 HER 催化活性，它的起始过电位为 180mV，塔菲尔斜率为 96mV/dec，在 237mV 的过电位下，催化 HER 电流密度可到达 $10mA/cm^2$，且 NENU - 500 和 NENU - 501 在 2000 次循环伏安扫描后仍能保持其电催化活性[93]。

有的 MOF 基电催化材料的 HER 催化活性甚至可以比拟商业 Pt/C，如 Wu 等人开发了两种新的多晶型 Co - MOF（CTGU - 5 和 CTGU - 6），它们可以分别使用阴离子或中性表面活性剂选择性地结晶成纯 2D 或 3D 网络，每种多晶化合物含有 H_2O 分子，但其与骨架的键合情况显著不同，进而影响了 HER 电催化性能。与助催化剂如乙炔黑（AB）的整合使得复合材料 AB 和 CTGU - 5（1∶4）在所报道的 MOF 中具有非常高效的 HER 催化性质，酸性介质中催化 HER 在 $10mA/cm^2$的电流密度下具有 44mV 的低过电位和 45mV/dec 的较小 Tafel 斜率，并且具有超过 96h 的稳定性[94]。

3. 钙钛矿基析氢反应电催化材料

钙钛矿是指一类陶瓷氧化物，其分子通式为 ABO_3，其中 A 通常是稀土元素或碱，B 是过渡金属，钙钛矿型氧化物是一类价格低廉、储量丰富、结构多变的氧化物，近年来作为非贵金属催化剂，也可以用于电催化 HER。如 Xu 采用溶液凝胶 - 高温热解法合成了 $Ba_{0.5}Sr_{0.5}Co_{0.8}Fe_{0.2}O_{3-\delta}$（BSCF）钙钛矿基材料，并对其进行通过 A 位 Pr 掺杂得到了立方结构的钙钛矿型氧化物，优化的钙钛矿基材料在碱性电解质中具有优秀的析氢电催化活性，达到 $10mA/cm^2$的电流密度仅需要 237mV 的过电势，并具有 45mV/dec 的较低 Tafel 斜率，可以在 $50mA/cm^2$的大电流密度下维持 25h 的 HER 电催化活性[95]。

7.5 阳极析氧电催化材料

电催化水裂解是一种可以进行大规模产氢的制备方法。它主要包括两个半反应，即析氧反应（OER）和析氢反应（HER）。在电解水过程中，析氧反应作为极其重要的一个半反应，影响着整个水裂解反应的进行。相比较于两电子过程的析氢反应，析氧反应是一种缓慢的四电子反应过程，该过程涉及三种表面吸附的中间体（OOH^*、O^* 和 OH^*）。如何提高析氧反应的反应速率，从而加速整体水裂解反应的进行是目前电催化水裂解的关键环节。

7.5.1 贵金属基析氧反应电催化材料

贵金属如铂（Pt）、铱（Ir）、钌（Ru）及其金属氧化物，由于其高效稳定的特质，尤其是在酸性和中性条件下，被认为是目前最好的电解水材料之一。然而由于其本身的稀缺性和高昂的成本，仍然阻碍了其商业化应用。为了加速其商业化应用的过程，如何减少其作为催化剂的负载量，提升其内部活性，降低反应能垒，延长其使用寿命成为研究贵金属催化剂的重中之重。

1. 铱基析氧反应电催化剂

以铱及氧化铱作为基底的电催化剂由于其在酸性电解液中出色的活性和稳定性是目前研究最广泛的 OER 电催化剂。但是，内在活性不强和 OER 动力学缓慢等问题仍然阻碍了它们的发展，通过合适的方式提高其催化活性使其能够达到大规模应用的标准已经成为当前研究所需克服的主要难题之一。

应变调节已被广泛研究用于控制原子间距离，从而改变催化剂的电子和活性位点的几何结构，以优化催化剂的电催化活性。近年来，通过应变调节实现高效电催化的工作中，通过对铱基催化剂改性将其应用于 OER 反应的研究越来越多，这些研究对于铱及氧化铱基底电催化剂达到商业化所需的电催化水平是极具意义的。如 Meng 等人将氯化铱和硝酸钴按混合通过溶剂热法得到铱钴纳米树突（IrCoNDs），然后将制备得到的超薄 IrCoNDs 在高酸性腐蚀条件下原位电化学氧化制备得到 IrCo@IrO_x NDs。其中 IrCo 的梯度应变效应可以通过 IrO_x 原子层的受控生长来实现，IrCo 上的 IrO_x 通过电化学策略实现精确调节 Ir—O 键长，从而调节其 OER 反应活性。DFT 计算分析表明，适当的压缩应变效应调节了 IrO_x 表面上的 HOO* 结合强度，这有利于从 O* 形成 HOO* 这一快速步骤，从而确保了最佳的 OER 性能[96]。

此外，用杂原子掺杂优化基于氧化铱的 OER 电催化剂，不仅可以达到减少贵金属负载量的目的，同时由于其诱导的几何/电子结构和协同效应，可以进一步提高催化剂的整体催化性能。例如，Sun 等人通过水热法将铜原子（Cu）引入 IrO_2 晶格，由于 CuO 八面体具有 Jahn - Teller 效应，Cu 掺杂导致 IrO_2 晶格畸变，并且产生氧缺陷，这显著影响 Ir 位点的 d 轨道的能量分布。通过态密度（density of state，DOS）可以很好观察轨道状态的键合特性和占有率，Ir 的部分 DOS（PDOS）如图 7 - 5 - 1（a）所示，d_{xy} 轨道占据状态位于较低能量，而反键合状态随着 Cu 掺杂量增加而移动到较高能量，表明 d_{xy} 轨道被上调。相反的，d_{z2} 反键合状态被调整为较低的能级，d_{xz} 和 d_{yz} 谱带与费米能级（E_F）交叉，其形状变窄并被推到费米能级（E_F）以上。如上所述，Ir - 5d 电子在 Cu 内的八面体中显示出简单的退化，这使 d_{z2} 轨道能量减少，而 d_{xy} 轨道能量增加。结合 DFT（density functiond theory）计算［图 7 - 5 - 1（c）～（e）］，对于掺杂 Cu 的 IrO_2、Ir 的 e_g 轨道部分填充，需要更高的能量来形成 Ir—OH 和 Ir—O 键（1.99eV 和 1.98eV 高于 IrO_2 的 1.68eV）；同时，发现吉布斯自由能 $\Delta G2$ 和 $\Delta G3$ 之间的差异减小（0.37eV 和 0.29eV 接近于 IrO_2 的 0.46eV），从而有利于实现更小的理论过电位对于 OER 催化反应。该工作为通过杂原子掺杂的方法来调节 Ir 原子（t_{2g} 和 e_g 轨道）的电子构型、提高 IrO_2 基催化剂的活性组成铺平了重要途径[97]。

同样的，Zaman 等人发现固态溶液和掺杂剂量之间具有很强的相关性。主体和掺杂剂的原子半径的差异强调了相应金属氧化物的晶格失配，最终实现了在主体结构中的溶解。根据 William Hume - Rothery 的替代固溶法则，所考虑物质的离子半径百分比差异必须小于等于 15%。此外，较小的尺寸差也对应于较大的取代范围，同时保持固溶体。例如，钌在所有比例下都能

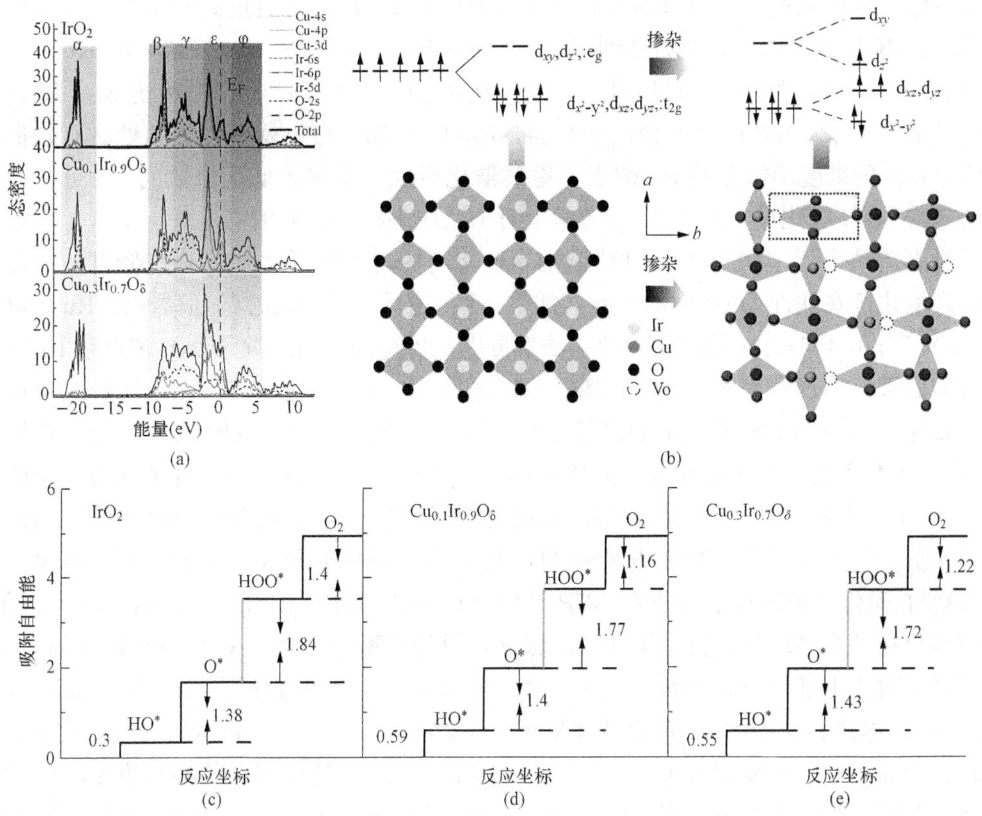

图 7-5-1　铜掺杂氧化铱前后原子轨道以及吉布斯自由能变化

(a) IrO_2，$Cu_{0.1}Ir_{0.9}O_\delta$和$Cu_{0.3}Ir_{0.7}O_\delta$的DOS图；(b) 掺杂前后的轨道排布示意；

(c) ～ (e) IrO_2、$Cu_{0.1}Ir_{0.9}O_\delta$和$Cu_{0.3}Ir_{0.7}O_\delta$的吉布斯自由能图

与铱形成固溶体。在使用低成本的过渡金属（如镍、钴和铜）的情况下，由于晶格失配，相对较小的原子半径通常会限制其在IrO_2中的溶解度。因此，这些掺杂剂必须适应主体结构的限制才能有效地提高催化活性。在这样的系统中固溶体的维持实际上由主体晶体结构的应变晶格中的弹性能所决定。随着掺杂量的增加，结构不断变质，直到原子半径差和溶质价态的影响相互抵消，从而引起最大应变。以镍和钴作为主体结构IrO_2的表面掺杂剂，原子取代了50%的贵金属，结果表明晶体能量的弹性能降低是大量嵌入掺杂剂的关键因素。该方法的提出为减少贵金属的使用，降低催化剂成本，进一步实现商业化进程提供了一个方向[98]。

2. 钌基析氧反应电催化剂

钌作为贵金属中成本相对较低的一种金属，一直被人们当作铱基催化剂的理想替代品，特别是金红石型二氧化钌（RuO_2），由于其独特的电子特性可以适当地结合氧中间体，在酸性条件下显示出很高的潜力。然而，目前报道的基于二氧化钌的电催化剂在酸性条件下OER活性和稳定性都远不如其在碱性环境下，考虑到实际的工业环境，提升钌基电催化剂在酸性环境下的活性和稳定性具有重要意义。

催化剂的电子结构是决定电催化性能的关键因素，目前，掺杂外来原子可以有效地调制催化剂内在的电子结构这一方法已经被广泛接受。例如Su等，合成了Cu掺杂的RuO_2中空

多孔多面体，首先通过自组装得到 Cu - BTC（HKUST - 1），再通过离子交换可以实现得到 Ru 交换的 MOF 衍生物，煅烧后得到 Cu 掺杂的 RuO_2 电催化剂。Cu 掺杂后的 RuO_2 不仅远低于商业的 RuO_2 的过电势，并且可以在电流密度为 10mA/cm^2 时相对稳定 8h，增量仅为 83mV。DFT 计算发现相较于其他高指数面，RuO_2（110）可以暴露在拐角处具有较低配位数（CN=3）的高度不饱和的 Ru 位点，更具催化活性。这些较低配位数的 Ru 可以强烈地吸引羟基将 * OH 氧化成 * O，这在热力学上对于反应是极其有利的[99]。

通过制造缺陷/空位可以很好地增强纳米催化剂的内在作用，合理地制造缺陷/空位可以起到提升催化剂在酸性 OER 中的性能，如 Ge 等报道了一种自支撑的超薄缺陷 RuO_2 电催化剂（UfD - RuO_2/CC），仅用简便的两步法就可以制备得到。使用锌（Zn）来掺杂 RuO_2，然后进行酸处理，用二价锌离子取代钌离子可以诱导一些氧空位并降低了 RuO_2 的结晶度；相应地，Zn 掺杂的 RuO_2 纳米粒子的尺寸也可以减小。此外可以通过酸处理较为容易地除去 Zn 物质，从而产生一些缺陷并进一步减小粒径。结合 DFT 计算，发现为了保持系统的中性电荷，用 Zn^{2+} 代替 Ru^{4+} 将导致 Zn 掺杂剂附近的氧 - 空位[100]。此外，钙钛矿等功能性氧化物也是目前相当有前景的 OER 电催化剂，尤其是在碱性介质中。最近，已经报道了 $SrRuO_3$ 薄膜在碱性电解液中表现出高 OER 活性（1.33V 相对于 RHE 的 0.1mA/cm^2）。但是，这种材料仅在两个循环后就失去了活性。因此，设计在酸性介质中具有高而持久的 OER 活性的钙钛矿对于电催化材料的研究是一大挑战。Retuerto 等人通过在 Sr^{2+} 位置掺杂 Na^+ 来增强 $SrRuO_3$ 本体在酸中的 OER 活性和耐久性，如图 7 - 5 - 2（a）所示。通过湿化学方法以多晶形式合成了 $Sr_{(1-x)}Na_xRuO_3$（x=0.00，0.05，0.10）钙钛矿，从而获得了非常活泼的前驱体并降低了最终的合成温度。$Sr_{0.95}Na_{0.05}RuO_3$ 和 $Sr_{0.90}Na_{0.1}RuO_3$ 具有非常高的 OER 比活度，通过对反应前后的钙钛矿进行详细的物理和化学研究表明，用 Na 代替 Sr 可增加钙钛矿结构的稳定性，从而防止重复循环过程中的失活。如图 7 - 5 - 2（b）所示的 DFT 计算也证明了这一结果，表明掺钠的钙钛矿表面能较低，溶解电位较高，这些都有利于减缓钙钛矿结构的崩溃[101]。

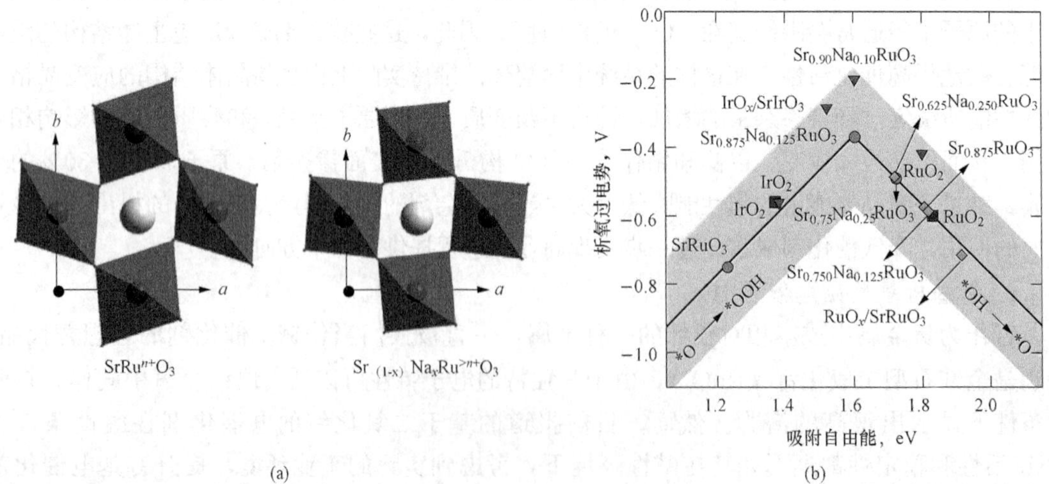

图 7 - 5 - 2 钠掺杂前后的 $SrRuO_3$ 模型以及析氧活性比较

（a）$SrRuO_3$ 和钠掺杂 $SrRuO_3$ 的八面体形变模型示意；（b）$Sr_{0.875}Na_{0.125}RuO_3$，$Sr_{0.625}Na_{0.375}RuO_3$，$IrO_2$ 和 RuO_2 的 OER 活动火山图

3. 其他贵金属析氧反应电催化剂

Ir和Ru以外的贵金属还有诸如Rh、Pt和Pd等也被作为OER电催化剂进行了一系列的研究。众所周知，基于单独的Rh、Pt和Pd电催化剂对OER的催化效率远远不够。为了进一步提高OER性能，可以通过组合物改性以创建更有活力的活动位点。Zhang等人报道了一种具有单壁碳纳米管（Rh/SWNTs）的铑纳米晶体复合催化剂用于电催化反应，如图7-5-3（a）所示，单壁碳纳米管作为良好的电子受体，可以调节Rh纳米颗粒的电子结构并产生优化的电子极化，从而可以提供高性能的界面催化。Rh/SWNTs在酸和碱中具有优异的析氢反应（HER）特性，同时，这种电子极化还可以改善析氧反应（OER）和氧化还原反应（ORR）性质［见图7-5-3（b）］[102]。此外，将Pt和Pd两种贵金属相结合，进行合理的设计，构建出多功能的电催化剂也被相应报道。例如，Sun等人通过有机相合成方法制备超薄了二维PtPdM（M=Fe、Co、Ni）纳米环（NRs）。用极大阶梯原子修饰的二维的PtPdCo NRs与商业Pt/C和Ir/C相比表现出优异的ORR和OER催化活性。通过极化曲线中属于过渡金属氧化过程的1.4V左右的阳极峰，可以判断出PtPdM NRs上的OER活性的改善源于金属态Ni、Fe和Co向羟基氧化物/氧化物的演变。另一方面根据计算，氧气吸附能（EO）可以在边缘暴露的阶梯原子和Co诱导的配体效应的存在下进行优化，导致反应能够更容易地进行[103]。此外，Han等人报道了一种超细Pt纳米粒子支撑在互连的多孔黄铁矿CoS_2纳米片阵列上，以构建垂直涂覆在导电碳布上的杂化催化剂（Pt-CoS_2/CC）。这种智能设计在电催化上具有多个优势，首先，超细且均质的Pt纳米颗粒增强了反应物的吸附和活化，这将有助于实现高催化活性。同时，Pt的使用量大大减少，从而提高了贵金属的利用率。其次，Pt和CoS_2之间的协同效应改变了金属Pt和Co阳离子的电子结构，优化了它们与含氧和氢基团的相互作用，从而可以增强其电催化反应动力学。而且垂直互连的CoS_2多孔纳米片框架有利于远离催化剂表面的快速对流和气体逸出，从而保持了电催化有效的固液界面[104]。

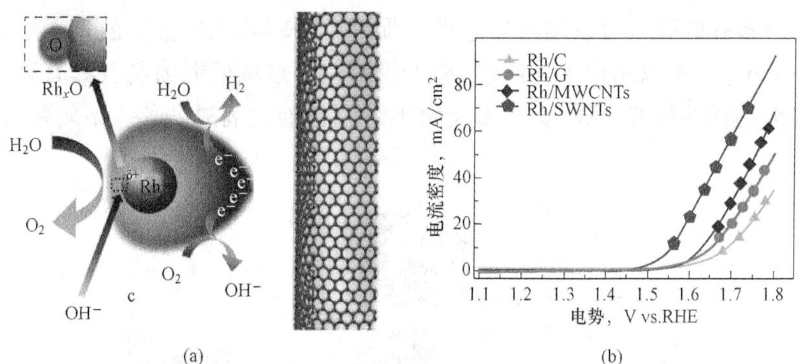

图7-5-3　单壁碳纳米管铑纳米晶体复合催化剂的催化原理及析氧性能

（a）SWCNT支持的Rh NCLs的诱导电子极化的示意；（b）Rh与不同碳型基底催化剂的OER极化曲线图

7.5.2　非贵过渡金属基析氧反应电催化材料

由于贵金属的稀缺性和其昂贵的价格，极大地限制了它的大规模应用。对于电解水催化剂，开发一些蕴藏丰富的非贵过渡金属材料代替传统的贵金属催化剂是非常有必要的，其中过渡金属基材料如铁、钴、镍等被认为是取代贵金属的有力候选者。通过合适的组成构建和调控电子结构，开发出一种高效、低成本的阳极析氧电极材料，对于实现电解水能源转化是一个长足的进步。

1. 钴基析氧反应电催化材料

钴基材料作为一种经济高效的材料，在水裂解领域中备受关注。氧化钴在钴基材料中，由于其具有较低的水氧化反应理论电势而受到广泛的研究。研究表明 Co_3O_4 中的 Co 原子存在于两种不同的氧化和配位环境：如四面体配位 Co（Ⅱ）（Co^{2+}_{Td}），金属间距离为 3.36Å，八面体配位 Co（Ⅲ）（Co^{3+}_{Oh}），Co_3O_4 的催化活性可以通过增加 Co^{2+}_{Td} 与 Co^{3+}_{Oh} 的比例来调节。如 Menezes 等人制备了部分 Mn^{3+} 取代的尖晶石 Co_3O_4 纳米颗粒（用 MCO 表示），并通过在后合成处理中去除 Mn^{3+} 离子，将金属缺陷部位引入 MCO 表面。从八面体位置去除 Mn^{3+} 使 Co_3O_4 表面高度暴露 Co^{2+}_{Td} 中心，其导致 OER 活性随着 β - CoOOH 中间体的形成增强。虽然 Co^{3+}_{Oh} 位点的去除可以更有利于水氧化，但是它可能对催化剂的电子结构产生负面影响并且可能显著降低其电导率。因此，将较不活跃的八面体 Co^{3+} 中心转换为更活跃的四面体 Co^{2+} 更为实用，同时可以保持晶格中金属离子的总量[105]。为了进一步提高 Co_3O_4 的电导率和 OER 活性，氧缺陷的氧化钴可以与高导电性碳基质组合，这可以为电子转移提供稳定的平台。如 Tong 等人，通过简单的原位热氨气处理合成了富含硼和氮的石墨烯超薄纳米片（NSs）与氧缺陷的氧化钴纳米颗粒（CoO_x NPs）复合催化剂（CoO_x NPs/BNG），显示出较低的过电势 η_{10}＝295mV，对应的塔菲尔斜率仅为 57mV/dec。增强的 OER 活性与 CoO_x 的富氧缺陷结构密切相关，其调整了材料的电子结构并增加了催化剂对于氧的亲和力[106]。同样地，Ding 等人报道了将 Co 基纳米颗粒嵌入空心氮掺杂碳多面体中，这种多级体系结构优化可以极大地提高 OER 性能，主要通过以 Co 基 MOF（ZIF - 67）作为前驱体来进行两步热解氧化策略，该策略有效地控制了 Co 纳米颗粒的氧化过程，使得其能够合成嵌入在空心氮掺杂碳多面体（HNCP）中的一系列 Co@Co_3O_4 基的纳米结构，如图 7 - 5 - 4 所示。核 - 壳结构的 Co@Co_3O_4 具有以下的优势：①高表面积和丰富的分层孔，可以增加暴露的活性位点的密度并加速电荷转移；②分散良好的核 - 壳 Co@Co_3O_4 NPs，具有很高的电化学活性和结构稳定性；③中空多孔碳壳，可以增强导电性，促进电子转移和质量扩散；④足够的氧空位和四面体 Co^{2+}（Co^{2+}_{Td}）可以用作 H_2O 或氧离子吸附位。这项研究为制备具有高度分散在中空多孔碳中的多级结构的过渡金属/金属氧化物纳米颗粒催化剂提供了一条新颖的途径[107]。

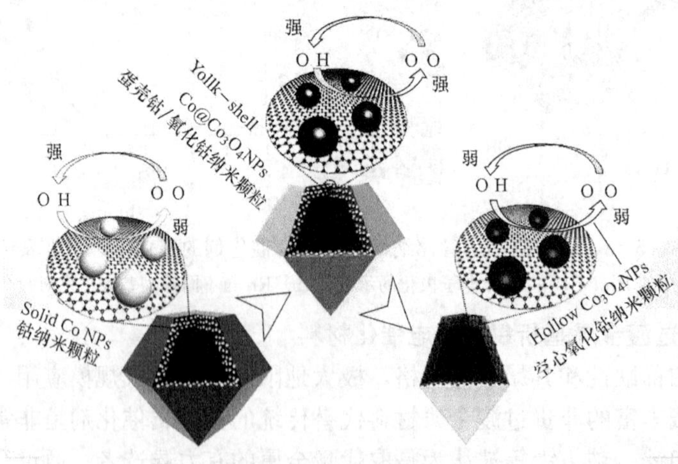

图 7 - 5 - 4 嵌入中空氮掺杂碳多面体中一系列基于 Co - Co_3O_4 的纳米结构的制造图

此外，尽管调整 Co_3O_4 中 Co^{3+} 和 Co^{2+} 的组成为获得高 OER 活性催化剂提供了一种简便易行的方法，但其导电性仍然是一个主要问题。金属掺杂可以改变尖晶石钴氧化物的电子能带结构，并增加其对 OER 活性物质（O^*、HO^* 和 HOO^*）的亲和力。例如，由 Liardet 和 Hu 将正电性 V^{3+} 离子整合到 CoO_x 的晶格中，制备的无定形 $CoVO_x$ 显示出非常高的 OER 活性。XPS 分析证实催化剂表面形成羟基氧化物，并且得到的 $CoVO_x$ 在玻碳电极上需要的阳极过电势仅为 347mV，而通过将其沉积在 3D 导电镍泡沫上，$CoVO_x$ 的过电势进一步降低[108]。

2. 镍基析氧反应电催化材料

镍（Ni）作为一种地球中蕴藏丰富的过渡金属，在许多工业生产过程的现代催化中具有悠久的历史，特别是在氢化、二次碱性电池和水电解领域。作为催化剂，镍具有许多优点，如低成本、良好的催化活性和与其他金属的高合金化效率以及在碱性溶液中的非凡稳定性。

过渡金属掺杂和合金化过渡金属 OER 电催化剂已被证明可以改变和调节电催化剂的电子结构，从而提高 OER 性能。例如 Gu 等人制造铁掺杂的硒化镍超薄亚纳米线（Fe-$NiSe_2$ UNWs）并研究了它们的 OER 性能。在硒化镍结构中掺杂 8.4% 的铁对 $NiSe_2$ 的电催化性能具有最好的影响，其在碱性溶液中仅在 η_{10}=268mV 下将水氧化成分子氧，对应的塔菲尔斜率为 ζ=41mV/dec。DFT 计算采用 Fe-$NiSe_2$ 和纯 $NiSe_2$ 进行，表明催化剂的 OER 活性是由 Fe 掺杂引起的，Fe 掺杂调节了 $NiSe_2$ 的电子结构，并且有效地降低了涉及 OER 反应中的氧中间体的能垒[109]。

此外，在不同的金属硫化物（MS_x）中，NiS_x 具有令人钦佩的电催化活性，因此引起了能量储存和转换装置如电池、超级电容器、太阳能和燃料电池等领域的极大关注。例如，Wan 等人以具有可调结构和化学成分的 MOF 用于合成硫化镍的自我牺牲模板设计了一种介孔-大孔层级多孔的 Ni_3S_4 构架，其中富含 Ni^{3+}，所制备的富含 Ni^{3+} 的 Ni_3S_4 结构增强了 OH^- 的化学吸附，从而促进了电子转移。由于 OH^- 的化学吸附增强，活性位点数量多，Ni_3S_4 体系结构显示出了卓越的 OER 性能[110]。同样地，Luo 等人采用水热和煅烧工艺合成多孔空心微球 NiS 作为 OER 电催化剂。如图 7-5-5（a）所示，首先，Ni$(NO_3)_2$ 和 $Na_2S_2O_3$ 的水热反应合成空心 NiS_2 微球，然后在 H_2/Ar 气氛中 310℃加热转化为多孔空心 NiS 微球。催化剂表现出 η_{10}=320mV、ζ=59mV/dec，且能长时间稳定。该催化剂的 OER 活性可能源于其具有高比表面积和用于暴露水氧化反应的活性位点的多孔结构［见图 7-5-5（b）、（c）］[111]。

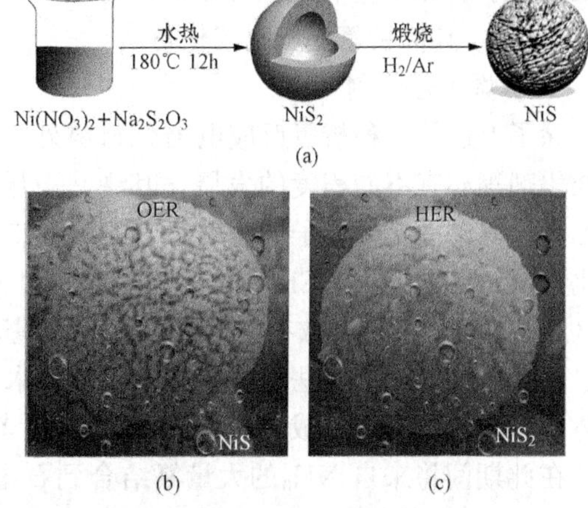

图 7-5-5　多孔空心硫化镍微球的合成过程及形貌
（a）NiS_2 和 NiS 的合成示意；（b）NiS 的扫描电镜图；（c）NiS_2 的扫描电镜图

3. 其他非贵金属基析氧反应电催化材料

非贵金属除了镍和钴材料之外，铁、钼、钨等金属由于其自身电子排布结构特点也受到了广泛的关注。铁作为地球上蕴藏极其丰富的资源，由于其低廉的成本而被广泛应用到电化学领域。例如，Lei 等人开发了一种 Fe - N_4配位碳纳米纤维，负载在电化学剥离石墨烯上（FeN_4/NF/EG）。FeN_4/NF/EG 混合物在酸性电解质中的 OER 反应表现出低过电位（在 10mA/cm^2电流密度下约为 294mV），远低于商用 Ir/C 催化剂（320mV）。X 射线吸收光谱结合设计的中毒实验表明，分子 Fe - N_4物种被确定为酸性 OER 的活性中心。计算证实 Fe - N_4掺杂的碳结构能够减低其反应的能垒并提高其在酸性环境中的电催化 OER 活性[112]。此外，基于钼（Mo）的化合物由于其对氢的高化学吸附能力而为析氢反应所熟知，但是其在析氧反应上同样具备很好的潜力。据报道，与其他具有高热稳定性和电子传导性的过渡金属磷化物（MP）杂化的磷化钼（MoP）可以作为活性 OER 催化剂。金属磷化物中 P 原子的孤对电子可以调节表面电荷，这有利于反应物在催化剂上的吸附，从而有效地进行 OER 催化反应。此外，双金属磷化物可以达到协同的作用并且显著改变反应物的吸附能从而增强了电化学性能。例如，Lee 等人报道了 MnPx 和 MoPy 在氮/磷共掺杂石墨烯上（MnPx@MoPy/N，P - Gr）作为 OER 电催化剂。合成后的 MnPx@MoPy/N、P - Gr 杂化显示 η_{20}＝301mV、ζ＝105mV/dec 的优越性能，同时在碱性溶液中耐久可达 30h。MnPx@MoPy/N、P - Gr 杂化物的 OER 性能归功于其介孔结构、多个电活性位点以及 MnPx 和 MoPy 的协同效应[113]。此外，与钼具有相似结构的钨，同样在 OER 反应上展现出了极大的潜力，如 Han 等人设计出一种在酸性环境同时具有 OER 和 HER 性能氮掺杂碳化钨纳米线（N - WC），通过两步法制备 N 掺杂的 WC 纳米阵列电极。通过含有钨酸的受控水热反应在碳纤维纸（CFP）上生长 WO_3纳米阵列。随后，使用三聚氰胺作为碳和氮源，对 WO_3纳米阵列进行还原并同时在高温下碳化和 N 掺杂如图 7 - 5 - 6（a）所示。氮掺杂和纳米阵列结构加速了氢气从电极中的释放，更重要的是在酸性条件下，氮掺杂的碳化钨纳米阵列的水分解反应从约 1.4V 开始，优于大多数其他水分解催化剂［见图 7 - 5 - 6（b）］。然而，N - WC 纳米阵列还不够稳定，为了进一步了解反应过程中 N - WC 纳米阵列不稳定的原因，对析氧反应测试前后 N - WC 纳米阵列进行了 XRD 测试，表明析氧反应测试过程中在 N - WC 纳米阵列上形成了少量氧化钨从而影响了其在酸性溶液的催化性能［见图 7 - 5 - 6（c）］。如何解决过渡金属基在析氧过程中被氧化而导致其在酸性环境中的结构被破坏这一难题是目前水裂解反应中的一大难点[114]。

7.5.3 其他析氧反应电催化材料

1. 单原子催化剂

除了上述的几种析氧反应电催化材料外，其他析氧电催化剂包括单原子催化剂、MOF 基催化剂等亦有不同程度的发展。其中，石墨烯限制单原子催化剂（SAC）用作阳极 OER 的无贵金属电极是单原子催化剂研究的一大热点，因为石墨烯不仅可以调节单个金属原子的催化性能，还可以为 OER 催化反应提供活性 C 位点。最近，Fei 等人报道了一系列金属原子（Ni、Co 和 Fe）分散在 N 掺杂的石墨烯基质中（M - NHGFs，M＝Ni、Co 和 Fe）[115]。通过一种典型的合成方法，在氧化石墨烯的水悬浮溶液中，将 H_2O_2和所需质量比的金属前驱体进行水热处理以形成 3D 石墨烯水凝胶。在冷冻干燥后，将水凝胶在气态 NH_3气氛中加热，在此期间将来自 NH_3的大量氮结合到石墨烯晶格中并为分离的金属原子提供有效的结合位点。DFT 计算所示，氮掺杂石墨烯催化剂中靠近氮的碳原子是 OER 中间体的主要结合位点。因此，在此研究中考虑了两种不同的反应机理（如单金属位点机理和金属 - 碳双位点机理），以便反应中间体吸附在催化剂位点上。DFT 计算得出结论，C 原子在 OER 过程中

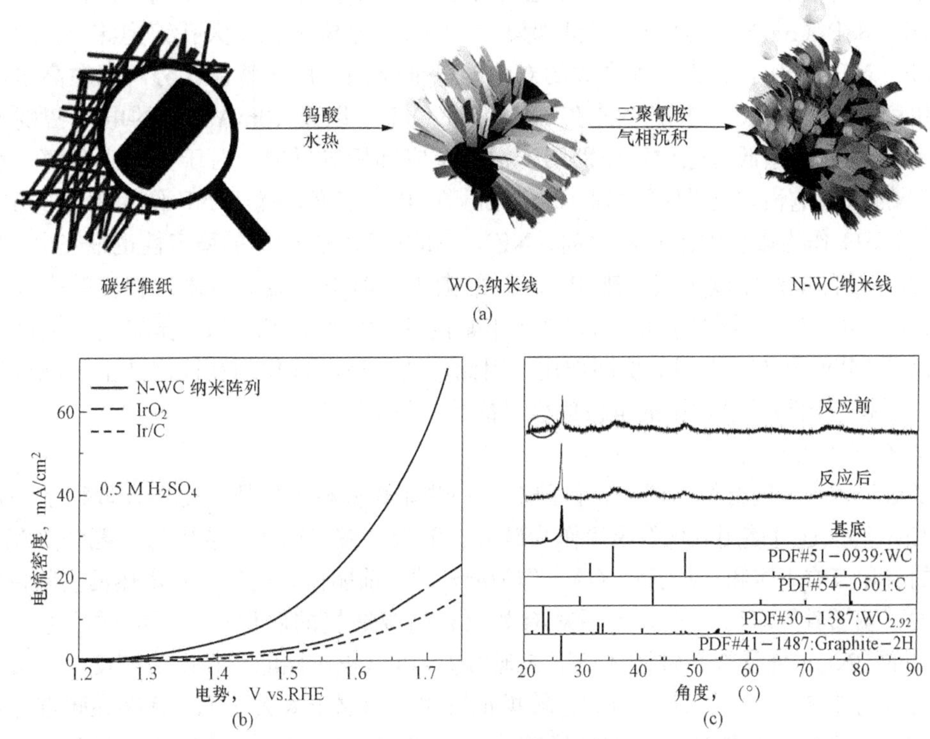

图 7 - 5 - 6　氮掺杂碳化钨合成过程及性能结构

(a) 氮掺杂碳化钨纳米线合成示意；(b) 氮掺杂碳化钨纳米线催化剂在酸性溶液中的极化曲线；(c) 酸性析氧反应前后氮掺杂碳化钨纳米线催化剂的 XRD 图

通过 MN_4C_4构型中金属原子的 d 电子（N_d）参与反应。具体地说，对于 Co（N_d＝7）和 Fe（N_d＝6），所有中间体在金属位点处强烈结合而不是碳位点。因此，OER 反应机理仅在单个原子位点上进行。在 Ni（N_d＝8）的情况下，OH^* 和 O^* 优选 C 位点，而 Ni 金属位点更容易吸附 OOH^* 中间体（这种反应路径称为双点机制），因此相较于单点机制大大减少了水氧化的能垒。由于在导电模板上支撑的 SAC 具有大表面积和精确控制的原子性质，在吸附催化剂表面吉布斯自由能接近零，并且可以优化 OER 的反应中间体如 O^* 、OH^* 和 HOO^* 的结合自由能，所以大多数关于 SAC 的工作都集中在模板上的金属 - Nm 或金属 - Cn 活性位点上。然而，金属 - NmCn 位点为获得 OER 过程的最佳自由能提供了多种多样的选择。因此，为了获得用于高效 SAC 驱动的 OER 过程的最佳自由能，可以考虑具有不同类型的协调环境下的不同模板的不同位置中的各种原子。

2. 金属有机框架（MOF）化合物电催化剂

相较于单原子催化剂，MOF 基催化剂材料较少被研究作为直接电催化剂，主要是因为它们的低导电性和较差的稳定性。然而，MOF 的稳定的孔结构和高表面积可以为电催化反应如析氧反应提供独特的优势。MOF 中的金属离子或金属簇主要与有机配体和溶剂分子配位，在 MOF 驱动的催化反应过程中，配位溶剂分子（如水）通常不稳定，并在 MOF 中形成配位不饱和金属中心（CUMC）。镍泡沫是一种 3D 大孔材料，可以用作各种电催化剂的载体，重要的是，在镍泡沫的主链上原位生长电催化剂（例如 MOF）可增强催化剂 - 载体接触，改善水的电解分裂中电极的整体电荷传输。如 Raja 等人，设计了一种新型的水稳定 NH_2-MIL-88B（Fe_2Ni）-金属-有机骨架（MOF），原位生长在大孔镍泡沫（NF）表面，称为 NFN-MOF/NF，成为一种高效的双功能电催化剂，用于整体水分解，在高电流密度下具有超稳定性。NFN-MOF/NF 在 1mol/L KOH 下以及 $10mA/cm^2$ 的电流密度下实现 240mV 和 87mV 的超低过电位，分别用于析氧反应和析氢反应。对于整体水分解，它只需要 1.56V 的超低电池电压即可达到 $10mA/cm^2$ 的电流密度，优于 NF 作为阴极的 Pt/C 和 NF 上负载 IrO_2 作为阳极的配对催化剂。NFN-MOF/NF 催化剂的稳定性也很突出，在 30h 后 $500mA/cm^2$ 的电流密度下仅表现出 7.8%的微小计时电位衰减。通过相应的表征和计算证明 NFN-MOF/NF 催化剂的成功归功于丰富的活性中心，Ni 与 Fe 金属离子之间的正耦合作用以及 MOF 和 NF 之间的协同作用。因此，纳米级电催化剂在镍泡沫上的原位生长是开发用于电解应用高效且耐用的电极的极具前景的策略[116]。

3. 非金属基催化剂

除了对于各种金属材料的研究，目前对于一些非金属材料的研究也同样取得了一定的进展，如 Chai 等人通过使用氧化石墨烯作为碳源、磷酸二铵（DAP）或磷酸二氢铵（ADP）作为单一的磷和氮前驱体和/或氰胺（CA）作为额外的氮前驱体，通过一步水热反应制备磷和氮共掺杂的石墨烯骨架（PNGF），然后对有和没有高温煅烧的两种条件下的样品进行冷冻干燥。制备的 PNGF 催化剂在碱性环境下表现出优越的 OER 性能，在电流密度为 $10mA/cm^2$ 下过电势仅为 1.55V。进一步分析和计算模拟表明，磷原子太大而无法掺杂在碳催化剂的石墨表面中，并且只能有效地填充在边缘部位。DOS 结果表明，在未氧化的催化剂中，P 位点总是最活跃的。然而，这样的 P 位点太活泼并且容易被氧基团氧化在实践中对于持续的 OER 反应而变得不活泼。另一方面，当 P 位点被氧化并结合到 N 共掺杂剂上时，它稳定了石墨氮并激活了相邻的 C 位以实现有效的 OER。这些发现与表征结果和磷和氮共掺杂石墨烯骨架 PNGF-DAP 的电化学结果非常吻合，证实了它的高 OER 性能确实源自催化剂中的 PN 键。这项工作通过活性位点工程模拟不仅为磷和氮共掺杂的无金属催化剂的机理提供了深刻的见解，而且还促进了规模化和可控工程用于金属-空气电池和燃料电池的多功能纳米结构的开发应用[117]。

7.6 水裂解电催化剂发展前沿

电解水制氢技术是一种理想的储氢能源转化技术，整个工艺过程可以实现真正意义上零污染排放，符合绿色可持续发展目标。

目前最大的水电解制氢容量依旧停留在 1939 年的记录 10 000m^3/h（标准状态下）[118]。最主要的限制因素为催化剂所需的过电势大、催化效率低以及成本过高。在水电解过程中，外加电压等于理论电压加上阴、阳极过电势以及欧姆接触电压。在实际过程中，电解水时由于电极会发生极化现象而产生的过电位、体系外的溶液内阻、离子及气泡的扩散等诸多原因的影响，导致了电催化分解水的实际电压远高于理论电压。对电解水制氢工艺来说，开发高效、稳定的水裂解电催化剂是其关键。

7.6.1 高性能贵金属基水裂解电催化剂

贵金属催化剂，如铂电催化剂（阴极析氢催化剂）、钌电催化剂（阳极析氧催化剂），是目前性能最好的水裂解电催化剂。但贵金属高昂的价格和有限的供应给市场渗透和扩大规模生产的设备带来了潜在的阻碍，而这些设备需要大量催化剂才能有效运行。针对贵金属催化剂，降低使用含量的同时保持其高的催化活性成为当今研究热点。

为了实现贵金属使用含量降低以及催化剂活性提高，制备包含贵金属与其他金属的双金属合金催化剂是一种有效的手段。有两个关键因素可导致双金属表面的电子和化学性质的改变：①杂原子键的形成通过配体效应改变了金属表面的电子环境。②主体和金属元素通过应变效应进一步改变了电子结构。双金属合金催化剂以其他金属作为基底，Pt 为金属薄膜覆盖，可以有效地降低成本。同时，引入的其他金属作为异质元可以优化 d 带中心以及 ΔG_{H*}，从而提高了双金属催化剂的活性。以 Pt 为主体金属，以 3d 过渡金属为辅助金属，3d/Pt 双金属表面的电子和催化性能取决于金属元素的位置。例如，最顶层带有金属元素的结构称为 3d-Pt（111），将 d 波段中心移近费米能级，而在此表面区域带有金属元素的结构称为 Pt-3d-Pt（111），将 d 波段中心移离费米能级。d 带中心与被吸附物的结合能以及电催化活性密切相关。3d/Pt 双金属表面结构牢固地被吸附物结合并有效地进行分解反应，而其次表面结构则具有较弱的被吸附物结合能并具有加氢活性。铂族金属是地壳中含量最低的元素之一。广泛的研究工作集中于减少催化剂中 Pt 的量或完全替代 Pt。除此之外，Pd 同样也可以通过调控金属异质元的位置来优化性能，其中氢-解析电势与 Pd 的 d 带中心位移关系如图 7-6-1 所示。通过配体或者应力的调控，可使双金属催化剂具备比单金属催化剂更好的性能[119-122]。

过渡金属碳化物通常显示出与 Pt 类金属相似的电子和催化性能，通过使用纳米级别 Pt-WC 电催化剂来降低 Pt 的含量，如图 7-6-2 所示。以 Pt 贵金属为例，双金属催化剂的价格取决于 Pt 的含量，将 Pt 膜厚度从 10nm 减小到 1nm，可以将相关的 Pt 成本降低一个数量级。在不损害催化活性的情况下，薄膜或者单层结构更有利于实现高活性表面和降低成本。

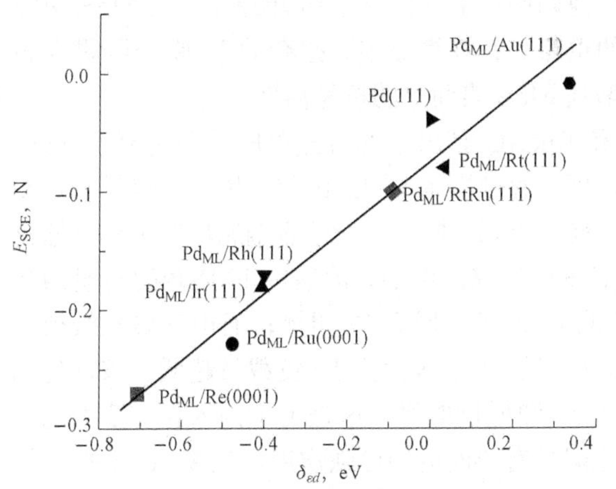

图 7-6-1 不同单层钯合金的氢-解析电势与 d 带中心位移的关系

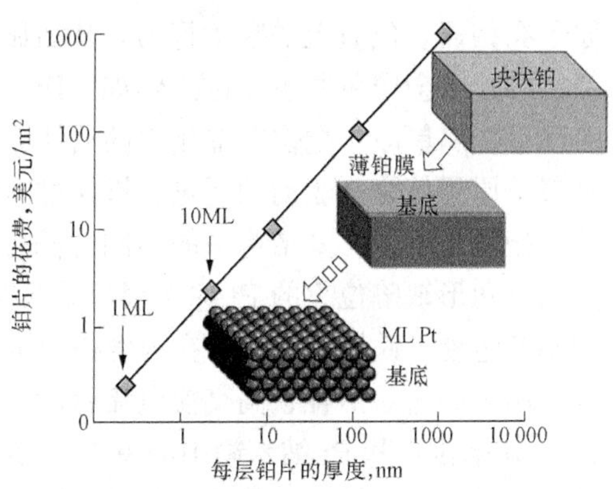

图 7-6-2 Pt 成本与催化剂薄膜厚度的关系

该类双金属合金催化剂的制备方法主要为物理气相沉积法（PVD），可以实现上述的亚单层、单层和逐层结构，也可实现二维薄膜和三维核壳结构，从而获得不同的电催化性能[119,120]。密度泛函理论（DFT）用于预测金属改性的碳化物表面的电子和化学性质。以碳化钨为例，理论计算表明贵金属（Ag、Pt、Au）可以以单层的形式沉积在 WC（0001）上，以及非贵金属（Cu、Rh、Pd）同样也可以实现单层结构沉积在 WC（0001）上。如图 7-6-3 所示，Cu-W 相互作用导致对 Cu 电子结构的适当修饰，从而保证了 H 键能的最佳强度。从而 WC（0001）负载非贵金属 Cu 也能取得良好的电催化析氢性能和良好的稳定性。Cu_{ML}/WC（0001）和 Rh_{ML}/WC（0001）的类铂性质，可以推测这些表面的析氢活性。具体而言，优化的 H 键能确保在这两个单层表面上发生可逆的氢电极反应，从而反映出较高的析氢活性。这将扩大这种单层系统的适用范围，不仅适用于制氢，而且适用于燃料电池技术[123]。

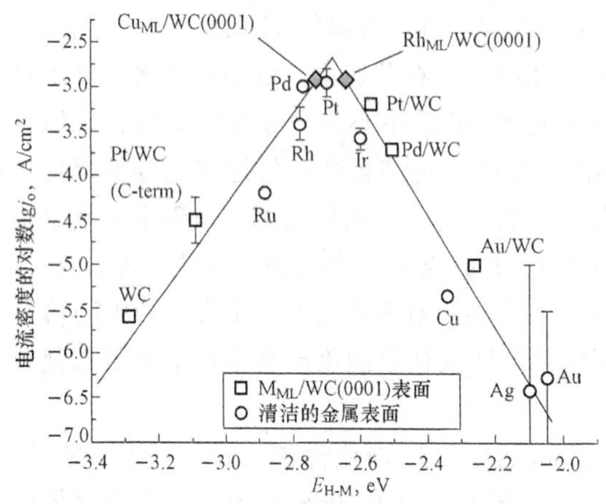

图 7-6-3　不同改性的单晶和多晶碳化钨表面的析氢活性（j_o）和氢键能（HBE）之间的“火山关系”

近几年，对于高性能贵金属催化剂的研究主要集中于贵金属原子级别分散的电催化剂。将催化剂纳米颗粒缩小到单个原子，可以有效提高贵金属利用率，实现降低成本、提高催化性能的目标。目前，贵金属原子级别分散的电催化剂主要为以下三种手段：

（1）单个孤立贵金属原子。Liu 等人通过原子沉积法（ALD）合成了氮掺杂石墨烯纳米片（NGN）上负载的单个铂原子和团簇。通过简单地调整 ALD 循环数，可以精确控制 NGN 上 Pt 催化剂的大小和密度[124]。

（2）贵金属单原子掺杂。Bao 等人首次合成了 Pt 单元子掺杂的多层 MoS_2 纳米片。他们展示了一种通过 Pt 单原子取代 MoS_2 中的 Mo 原子来触发惰性 MoS_2 表面的 HER 活性的策略。在该策略中，掺杂的 Pt 原子可调节 H 原子在相邻 S 位置上的吸附行为，从而显著增强 MoS_2 表面上的析氢活性[125]。

（3）贵金属单原子配位。例如，PtN_2C_2 和 RuN_2C_2 是出色的析氢单原子催化剂。首先，对于贵金属单原子配位电催化剂的活性而言，可以通过构建不同的配位环境，以获得高效贵金属单原子催化剂驱动的析氢和析氧过程的最佳自由能。此外，对于贵金属单原子配位催化剂的稳定性而言，其结构中的不同缺陷位点值得被研究。例如，附着在 N 掺杂的石墨烯状片的三角形缺陷位上的 Pt 原子很容易吸附其他 Pt 原子，形成 Pt 团簇；而由三聚氰胺衍生的 GT 包裹了铁钴合金，并在内管壁上沉积了 Cu 层，GT 表面上 Pt 负载量超低。该催化剂表现出了高析氢活性、高交换电流密度、高 TOF 和低过电势。这是由于嵌入在 GT 的吡啶 N_2C_2 缺陷位点和 Pt 纳米簇中的单个 Pt 原子之间具有协同电导增强作用，包裹 FeCo 的 N 掺杂 GT 具有高电导率引起的。而其中嵌入在四方位点的 Pt 原子则很难吸附别的 Pt 原子，因为该 Pt 具有独特的量子特征（16 电子规则的平面 $d^{4+}dsp^2$ 电子构型与具有 18 电子规则的八面体 $d^{3+}d^2sp^3$ 电子构型）[126]。后者的 Pt 可以得到一个较好的稳定性。因此，在贵金属单原子配位电催化剂，需要考虑单个原子和配位配体原子之间的结合能。

（4）贵金属单原子与金属团簇相结合。上述（3）讨论中，嵌入四方位点的 Pt 尽管有更好的稳定性，但是由于单原子本身的缺陷，会导致相邻单原子之间距离不够，而且单个原子位点容易导致导电性差，从而减慢电荷转移速度。因此，将单原子与金属团簇相结合，利用单原子与金属团簇之间的协同效应，有助于提高单原子的导电性[127]。

在这种类型的电催化剂中，单原子将充当活性催化位点，纳米团簇将增加电荷流动期间的导电通道。具有纳米团簇的单原子催化剂在学术和工业规模的广泛应用上将具有光明的前景。

7.6.2　高性能过渡金属基水裂解电催化剂

过渡金属基水裂解催化剂是一类有望取代贵金属基的电催化剂，是当前研究的一大热点。过渡金属基开发的最新进展讲述了 HER/OER 电催化材料的选择，包括硫族化合物、磷化氢、碳化物、氮化物、合金、磷酸盐、氧化物、氢氧化物和羟基氧化物等。

1. 阴极析氢催化剂的分类

阴极析氢催化剂主要分为过渡金属硫族化合物（TMS）、过渡金属磷化物（TMP）和过渡金属氮化物（MTMN）。

（1）与金属氧化物相比，基于 TMS 的材料通常具有良好的导电性，因为它们的化合价和导带之间的间隙相对较窄，从而使其表现得像半导体。其次，由于二维层状 TMS 的高表面积、高稳定性和丰富的 H 吸附暴露活性位点，使得 TMS 拥有卓越的 HER 电催化性能[127]。

（2）过渡金属磷化物（TMP）电催化剂，由于其多功能的活性位点、可调节的结构组成以及独特的理化性质而受到了广泛的关注。基于对 HDS 和 HER 都进行了类似的可逆氢气吸附/解吸过程试验，显示了 TMPs 对电催化 HER 有良好的活性[128]。

（3）过渡金属氮化物（MTMN）电催化剂，表面金属的 M—H 键对于 HER 反应的催化活性起关键作用。为了提高的 HER 性能，3D 分层多孔结构以及弱 Ni—H 结合能和强 Mo—H 结合能之间的协同作用为高效 MTMNs HER 电催化剂的设计提供了有价值的指导[129]。

2. 阳极析氧催化剂的分类

阳极析氧催化剂主要包括钴基催化剂、镍基催化剂和过渡金属磷化物（TMPs）。

（1）钴基催化剂主要包括尖晶石型氧化物（Co_3O_4 和 MCo_2O_4，M＝Zn、Ni、Cu、Mn 等）、层状双氢氧化物和钙钛矿氧化物。

1）钴基尖晶石型氧化物在碱性溶液中具有很高的稳定性和活性，并且过渡金属的价格低廉，这使得这种类型的氧化物电极成为最有前景的 OER 电催化剂之一。

2）层状双氢氧化物（LDH）是一种离子层状化合物，可以剥落分层成具有原子厚度的单水镁石层，满足电极材料的结构要求；而且，可以包含电化学活性过渡金属离子的各种金属离子，例如 Fe、Ni、Co 和 Mn，八面体配位到水镁石层中，从而使 LDH 成为电化学活性材料。基于 LDH 的材料通过调节金属离子的类型在能量转换和存储过程中具有巨大的应用潜力[130]。

3）钙钛矿氧化物。与其他类型的非贵金属氧化物相比，钙钛矿氧化物的主要优势在于它们的成分和结构活跃性。通过在 A、B 或 A 和 B 位置上的阳离子部分取代，可以用式 $A_{(1-x)}A'_xB_{(1-y)}B'_yO_{(3-\delta)}$ 获得各种钙钛矿氧化物，从而提供灵活的物理/化学性质。由于这种成分的多样性和可调节的物理和化学特性，钙钛矿氧化物已在各种应用中广泛地引起了研究人员的兴趣[131]。

（2）镍基催化剂主要为镍基氧化物（氧化镍、氧化镍铁、镍基氢氧化物/羟基氧化物、镍基钙钛矿氧化物）。除传统的贵金属基催化剂外，镍基化合物由于它的高活性和高稳定性，也被认为是最有前景的 OER 催化剂之一。

（3）过渡金属磷化物（TMPs）已被广泛鉴定为新型的地球上富集的高活性析氢反应（HER）和析氧反应（OER）的催化剂。

3. 过渡金属基的研究

过渡金属基水裂解催化剂得到了显著的发展，但使之商业化仍是一个巨大的挑战。该类催化剂发展的前沿方向包括：

（1）形貌控制。形貌控制的主要目的是为了增加比表面积和暴露催化活性位，并缩短电荷传输路径，提高电催化剂的电导率和化学性能。

（2）电解水介质。目前大部分报道的析氢催化剂需要在酸性介质条件下进行工作，析氧催化剂需要在碱性介质中工作。所以发展全 pH 介质析氧催化剂更利于电解水商业化的发展。

（3）定性问题。过渡金属催化剂存在金属颗粒团聚的问题。

（4）开发新的电极材料。双功能催化剂可以有效降低水裂解制氢成本，但目前几乎还没有过渡金属催化剂可以达到这一目标，主要原因依旧为析氧催化剂只能在碱性或中性介质中才能发挥较好的作用，而析氢催化剂在酸性介质中表现更好。

由于尚没有良好的地球上储量丰富的金属基电催化剂可以在酸性或中性溶液中进行催化析氧反应和全解水反应，而燃料电池或水电解槽中的大多数膜仅与酸性环境相容，因此，未来的研究方向应该致力于设计出在超低过电势和高耐久性的条件下，可以进行析氢反应、析氧反应和全解水反应的电催化剂。使用以下的策略有可能研发出高效耐用的析氢/析氧的过渡金属基电催化剂：

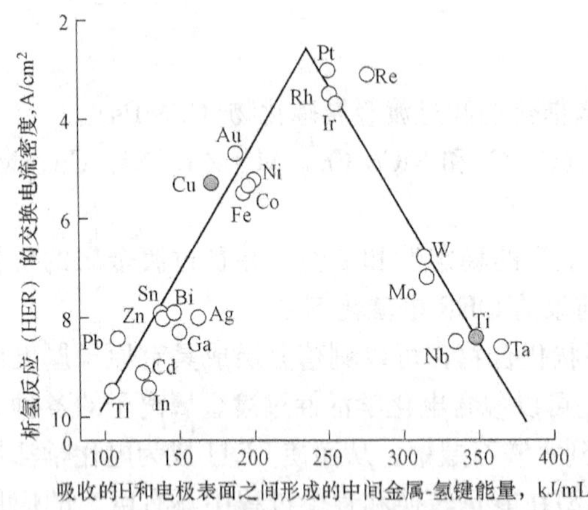

图 7-6-4 y 轴绘制了析氢反应（HER）的交换电流密度与 x 轴上吸收的 H 和电极表面之间形成的中间金属-氢键能量的关系

（1）从析氢/析氧火山图中正确选择金属；该火山图将各种材料的 HER 交换电流密度（衡量 HER 的催化剂有效性）与这些材料上氢的化学吸附能相关联，如图 7-6-4 所示。图中表明存在最佳的氢结合能，在该能量下获得最高的催化活性的位置是在火山的顶点附近铂金属处[128]。

（2）将核心金属封装在单个薄层碳基材料中，例如石墨烯、碳纳米管或富勒烯。Wei 等人报道了金属-有机骨架（MOF）路线合成包裹在超薄氮掺杂多孔碳（CoP@NC）中的 CoP 纳米颗粒，该杂化物在酸性和碱性介质中均表现出对 HER 的显著电催化活性，并具有良好的稳定性[134,135]。

（3）优化催化剂表面的吸附吉布斯自由能，以达到析氢的最大氢离子吸附和氢气分子解吸[136]。

(4) 优化析氧反应中 O^*、OH^* 和 O^* 等反应中间体的结合自由能。例如，表面金属阳离子 (M) 被认为是 OER 的活性位点。反应通过一系列中间体（例如 M—OH、M—O、M—OOH、M—OO）进行，这些中间体均通过 M—O 键结合。这种机制表明了 OER 催化活性与 M—O 结合强度之间的关系，可以将其绘制成类似于“火山”的图形。具有最佳 M—O 键强度的催化剂活性最高，位于“火山”的顶部，而 M—O 键太强或太弱的催化剂则是较差的催化剂，其活性从“火山”的顶部开始下降[136-138]。

(5) 在析氢/析氧过程中，在包封的石墨层和金属芯中产生缺陷位点，以便于电荷转移和质量扩散[136]。

(6) 增加在析氢/析氧反应期间可容纳大量反应物中间体的电催化剂的表面积[136]。

(7) 选择或制造在酸性溶液中有效用于析氧反应的稳定电催化剂，或用于碱性水电解槽的合适阴离子膜的催化剂[139]。

(8) 通过合理的理论（例如 DFT 模型）来解释设计催化剂的析氢/析氧活性，该模型更接近于实际反应体系，并且更利于研究人员设计合适和有效的电催化剂。

此外，过渡金属基催化剂方向研究的另一个热点是过渡金属基单原子催化剂。对于析氢催化剂而言，过渡金属基单原子催化剂能够在催化剂表面具有接近零的吉布斯吸附自由能，以实现氢分子最大的氢离子吸附和解吸；对于析氧催化剂而言，过渡金属基单原子催化剂可以优化析氧反应的反应中间体（如 O^*、OH^* 和 HOO^*）的结合自由能。目前，过渡金属基单原子催化剂的催化活性位点集中在过渡金属氮化物（M—N）和过渡金属碳化物（M—C）。其中，M—N 提供了更为多样的类型选择，以获得析氢/析氧过程的最佳自由能。

7.6.3 高性能碳基非金属基水裂解电催化剂

非金属基水裂解电催化剂具备环境友好和成本低廉的优点，成为当今研究的一大热点。2009 年，发现碳基非金属催化剂是一种低成本电催化剂的替代品[137]。自此，碳基电催化剂被大量研究，已证明碳基非金属催化剂可具备与贵金属基和非贵金属基电催化剂相似甚至更好的性能。

由于纳米技术的发展，碳基非金属催化剂可以被调控特定的活性位点，来改善对活性中间体的吸附能力，从而可提高碳基非金属催化剂的催化活性。目前，碳基非金属催化剂的合成策略有：①杂原子掺杂，②生成边缘位点，③拓扑缺陷工程。此外，借助 DFT 计算，可以更为合理与便捷地设计碳基非金属催化剂。

迄今为止，碳基非金属催化剂已经取得了一些成就，然而其发展仍远落后于其他同类金属电解水催化剂。在碳基非金属催化剂可以与当前的最新技术竞争之前，需要解决两个主要问题：提高活性和稳定性。在活性方面，DFT 计算和实验证据均清楚地表明，在大多数情况下，碳基非金属催化剂的电解水活性仍低于同类金属电解水催化剂。尽管现在某些碳基电催化剂的析氧活性与贵金属材料相当，但它们的析氢活性仍远逊于金属基材料。为了解决这个问题，需要进一步研究基本原理，以全面分析如何增强碳基非金属催化剂活性。只有这样，才能找到一种方法来突破碳基电催化剂的活性，使其可以超越当前活性极限，甚至可能达到金属催化剂的极限。目前，先进的表面工程策略，例如缺陷工程和二聚体掺杂有望制备出具有更均匀的物理结构和精确受控的表面性质的纳米碳。这对于 DFT 研究中的模型构建以及更好地控制对目标中间体的吸附/解吸能力也至关重要。关于稳定性的提高，考虑利用先进的合成手段来制备具有更高机械和化学稳定性的碳基材料，以抵抗电催化过程中的严峻环境。

7.7 本章小结

为解决资源枯竭、环境危机等问题，以电为驱动力将水裂解为高纯的氢气和氧气从而绿色高效地获得氢能的技术受到了科研工作者的广泛关注。本章主要针对电催化水裂解材料展开叙述，首先，简要阐述了电催化水裂解的反应机理，阴极的析氢反应可被分解为三步反应（电化学吸附、复合脱附和电化学脱附），比较三个步骤间的相对进行速度，可将反应机理分为以下三种：缓慢放电原理、复合机理、电化学脱附机理。而阳极的析氧反应则主要为四电子的转移，催化剂的表面经过吸附解离生成反应中间体（M—OH、M—O 和 M—OOH），OER 活性的强弱与 O、OOH、OH 和金属的连接能密切相关；通过比较两个半反应，OER 反应需要克服的动力学障碍远远大于 HER，即 OER 反应的过电势远大于 HER 反应。因此，限制电化学设备在实际生产中应用的主要因素就是动力学迟缓的析氧反应。

评价一个催化剂材料的优劣，通常需要凭借一定的评价手段来进行，研究电催化水裂解材料的性能应考虑综合的结果，并与同类别催化剂的性能比较，最终得出该催化剂的催化性能是否优异。在本章第 7.3 节系统讨论了过电势、电流密度、塔菲尔斜率、极化、稳定性、法拉第效率、转换效率、质量活性和特定活性等电催化水裂解材料的评判参数，借此可初步衡量电催化水裂解催化剂的性能，并为设计性能良好的催化剂材料提供一定的理论基础。

对于不同的阴、阳极反应及酸、碱反应体系，获得高效稳定催化剂所遵循的规律或有所不同。本章第 7.4、7.5 节分别描述了应用于电催化水裂解反应的多种不同类型的催化剂材料的研究现状，并列举了一些具有代表性的热门材料，对提高该类催化剂的方法进行了一定的总结。对于析氢反应，虽然贵金属在地壳中丰度很低，并且价格昂贵，但其接近于零的氢吸附自由能和高效的催化活性及稳定性仍然让人们对其不断进行着探索，旨在采用更低的贵金属负载量而达到相似甚至更高的催化活性及稳定性；而对于铁、钴、镍、铜、钼和钨等地壳丰度都远高于铂的过渡金属，其不仅价格低廉，而且符合仿生化学的思想，因此开发高效的非贵金属基 HER 电催化剂以实现电解水制氢在经济上的可行性是非常必要的；同时，由于碳基材料独特的微观六元环结构，可以掺杂非金属杂原子对其进行有效的掺杂改性，调节电荷分布并增强对酸/碱的耐受性，因此对于非金属基析氢反应电催化材料的研究主要集中于碳基材料，且仍有很大的研究空间；此外，由于高原子利用率和独特的催化性能，研究热点的单原子催化剂也被应用在电解水领域中，并得到了性能接近商业贵金属催化剂的成果；同时，金属有机框架具有多孔结构、活性位点多、易调控改性等优点，在能量转换的广泛应用中引起了极大的关注，其中就包括了电催化 HER，可用于对电极进行改性，并降低电极对氢的吸附自由能，使过电势大大降低，降低成本并达到商业 Pt/C 催化剂的性能及更长的稳定性。

用于析氧催化剂的贵金属铱和钌及其氧化物，由于其高效稳定，是目前最好的电解水材料，然而由于其内部活性和反应动力学缓慢等因素，其商业化应用仍难以实现。为了加速商业化应用的过程，主要采用的改性手段有：①对催化剂的组成、结构形态进行优化，加速其内部电子传输，进而增加活性位点的分布，提高整体的催化活性，促进整个电解水反应的进行；②通过应变调节来控制原子间距离，从而改变电子和活性位点的几何结构，以优化电催化活性。③向贵金属催化剂中掺杂原子，从而减少贵金属负载量，并可诱导几何/电子的协同效应，可进一步提高催化剂的整体催化性能。

此外，通过恰当的化学组成和电子结构的调控，可以开发出一种高效、低成本的阳极析氧电极材料，对于实现电解水能源转化是个长足的进步。目前取得的重要成就有：①在不同的非贵金属硫化物中，NiS 和 Ni_3S_2 因结构中具有连续的 Ni—Ni 键网络并具有高导电性而可用于 OER 催化；②一般来说，Fe 本身不作为 OER 的活性金属，其主要作为 OER 催化剂中的促进剂，基于多孔和导电结构可增加活性催化位点，加快金属和支撑基板之间的电荷传输，从而增大 OER 反应期间催化剂与电解质溶液的接触面积，在 3D 多孔结构中嵌入或在导电基底上生长的氮化物或磷化物形式的纯 Fe 亦可作为 OER 的活性中心，大大提高电解水的催化效率；③镍泡沫是一种 3D 大孔材料，用作各种电催化剂的载体，一方面，镍泡沫中的大孔通道（孔径为几百微米）为所涉及的电化学过程提供了增强的质量传递；另一方面，在镍泡沫的主链上原位生长电催化剂（例如 MOF）可增强催化剂 - 载体接触，从而有效运输电荷载体，并降低对鼓泡产生应力的机械阻力，大大改善电极的整体电荷传输，因此，纳米级电催化剂在镍泡沫上的原位生长是一种开发高效稳定的电催化剂的有效策略。

电催化水裂解催化剂技术的发展及大规模商业化的应用，均需要在进一步降低现有催化剂的成本的同时，有效地增强电催化剂的稳定性和催化活性等性能。目前，受到检测手段、制备方法以及制备过程中存在的多种不可控因素的影响，人们对所设计催化剂的形貌、导电性、催化活性位点与催化性能之间的关系及反应机理方面还存在一定的分歧及争论。另外，酸碱性反应机理的不同使得相应催化剂的选取所遵循的理论及规律亦有所不同，因此，电解水催化剂领域有着广阔的研究空间。首先，新型电催化剂的设计需要新颖的策略，以增加活性位点的数量并提高电导率、固有活性和耐久性，将性能普通的材料转变为高性能的催化剂材料；其次，目前大部分报道的析氢和析氧催化剂分别在酸性和碱性介质中反应，因而开发中性催化剂、碱性析氢催化剂和酸性析氧催化剂的前景十分广阔；此外，由于过渡金属催化剂存在金属颗粒团聚的问题，尤其是析氧催化剂，金属经过电化学氧化后容易溶出和团聚，提高催化剂稳定性也是当务之急。

参考文献

[1] 王长贵．开发利用新能源和可再生能源的重大意义［J］．太阳能，2000，04：6 - 7.

[2] 毛宗强．氢能及其近期应用前景［J］．科技导报，2005，23（2）：36 - 40.

[3] 韩自奋，张柏林，崔凯华，等．考虑新能源消纳能力及发电成本的风光火储联合调度策略研究［J］．电工技术，2020，518（8）：26 - 30.

[4] NIAN T S，SUNG F H，QUAN Q，et al. Electrocatalysis for the oxygen evolution reaction：Recent development and future perspectives［J］．Chemical Society Reviews，2017，46：337.

[5] 王艳辉，吴迪镛，迟建．氢能及制氢的应用技术现状及发展趋势［J］．化工进展，2001：8 - 10.

[6] YUEQING W，BBAOHUA Z，WEI P，et al. 3D porous nickel - cobalt nitrides supported on nickel foam as efficient electrocatalysts for overall water splitting［J］．ChemSusChem 2017，10：4170 - 4177.

[7] YUAN B H，JUN L，XU S W，et al. Multifunctional metal - organic framework catalysts：synergistic catalysis and tandem reactions［J］．Chemical Society Reviews，2017，46：126.

[8] Hart D. Hydrogen power：The commercial future of the ultimate fuel［J］．Financial Times Energy Publishing，1997.

[9] KREUTER W，HOFMANN H. Electrolysis：The important energy transformer in a world of sustainable

energy [J] . International Journal of Hydrogen Energy, 1998, 23: 661 - 666.

[10] LEROY R L. Industrial water electrolysis: present and future [J] . International Journal of Hydrogen Energy, 1983, 8: 401 - 417.

[11] JU S K, BYUNGHOON K, HYUNAH K, et al. Recent progress on multimetal oxide catalysts for the oxygen evolution reaction [J] . Advanced Energy Materials, 2018, 8, 1702774.

[12] XUE F L, LIN F G, JIA W W, et al. Bimetal - organic framework derived $CoFe_2O_4/C$ porous hybrid nanorod arrays as high - performance electrocatalysts for oxygen evolution reaction [J] . Advanced Materials, 2017, 29, 1604437.

[13] XIAOXIN Z, YU Z. Noble metal - free hydrogen evolution catalysts for water splitting [J] . Chemical Society Reviews, 2015, 44, 5148 - 5180.

[14] NIAN T S, SUNG F H, QUAN Q, et al. Electrocatalysis for the oxygen evolution reaction: recent development and future perspectives [J] . Chemical Society Reviews, 2017, 46: 337.

[15] LEI H, SHAOJUN D, ERKANG W. Transition - metal (Co, Ni, and Fe) - based electrocatalysts for the water oxidation reaction [J] . Advanced Materials. 2016, 28: 9266 - 9291.

[16] SONG F, HU X. Ultrathin cobalt - manganese layered double hydroxide is an efficient oxygen evolution catalyst [J] . Journal of the American Chemical Society, 2014, 136: 16481 - 16484.

[17] YOU B, JIANG N, SHENG M, et al. High - performance overall water splitting electrocatalysts derived from cobalt - based metal - organic frameworks [J] . Chemistry of Materials, 2015, 27: 7636 - 7642.

[18] BURKE M S, ZOU S, ENMAN L J, et al. Revised oxygen evolution reaction activity trends for first - row transition - metal (oxy) hydroxides in alkaline media [J] . Journal of Physical Chemistry Letters, 2015, 6: 150902175118007.

[19] XU Y, KRAFT M, XU R. Metal - free carbonaceous electrocatalysts and photocatalysts for water splitting [J] . Chemical Society Reviews, 2016, 45.

[20] HU J, CHEN J, LIN H, et al. MOF derived Ni/Co/NC catalysts with enhanced properties for oxygen evolution reaction [J] . Journal of Solid State Chemistry, 2017, 259: 1 - 4.

[21] WEIREN C, XU Z, HUI S, et al. Lattice - strained metal - organic - framework arrays for bifunctional oxygen electrocatalysis [J] . Nature Energy, 2019, 4: 115 - 122.

[22] 赵永志，蒙波，陈霖新，等．氢能源的利用现状分析 [J] . 化工进展，2015，34 (9)：3248 - 3255.

[23] 本刊编辑部．国家能源局印发《关于可再生能源发展“十三五”规划实施的指导意见》[J] . 农村电气化，2017，364：3.

[24] HORIUTI J, POLANYA M. The principle of least nuclear motion [J] . Acta Physicochimica USSR, 1935, 2: 505.

[25] PARSONS R. The kinetics of electrode reactions and the electrode material [J] . Surface Science, 1964, 2: 418.

[26] KUHN A T, MORTIMER C J, BOND G C, et al. Characterization of the dimeric one - electron electrolytic reduction products of 1 - alkylpyridinium ions in acetonitrile [J] . Journal of Electroanalytical Chemistry, 1972, 34: 1.

[27] TRASATTI S. Correlations between the rate of the hydrogen electrode reaction and the properties of alloys [J] . Journal of Electroanalytical Chemistry, 1972, 39: 163.

[28] BROOMAN E W, KUHN A T. Correlations between the rate of the hydrogen electrode reaction and the properties of alloys [J] . Journal of Electroanalytical Chemistry, 1974, 49: 325.

[29] TRASATTI S. Influence of ionic association on Cs^+ adsorption at the mercury electrode from glycols [J]. Electrichim. Acta, 1987, 32: 269.

[30] ADZIC R, SPASOJEVIC M D, DESPIC A R, et al. Hydrogen evolution on platinum in the presence of lead, cadmium and thallium adatoms [J] . Electrochim Acta, 1979, 24: 569.

[31] CLAVILIER J, FAURE R, GUINET G, et al. Adsorption of water at Pt (111) electrode in $HClO_4$ solutions. The potential of zero charge [J] . Journal of Electroanalytical Chemistry, 1980, 107: 205.

[32] CLAVILIER J, ARMAND D, WU B L, et al. Catalysis of electrochemical reactions at redox polymer electrodes: Kinetic model for stationary voltammetric techniques [J] . Journal of Electroanalytical Chemistry, 1982, 135: 159.

[33] LEI H, WU B, CHA C, et al. The adsorbed intermediate of the hydrogen evolution reaction at Pt in acid solution [J] . Journal of Electroanalytical Chemistry, 1992, 332: 257.

[34] NICKOLS A J, BEWICK A. Spectroscopic identification of the adsorbed intermediate in hydrogen evolution on platinum [J] . Journal of Electroanalytical Chemistry, 1988, 243: 445.

[35] MARTINS M E, ZINOLA C F, ANDREASEN G, et al. The possible existence of subsurface H - atom adsorbates and H_2 electrochemical evolution reaction intermediates on platinum in acid solutions [J] . Journal of Electroanalytical Chemistry, 1998, 445: 135.

[36] XU X, WU D Y, REN B, et al. Single molecule spectroscopy: Fluorescence excitation spectra with polarized light [J] . Chemical Physics Letters, 1993, 311: 193.

[37] CONWAY B E, JERKVEWICZ G. Relation of energies and coverages of underpotential and overpotential deposited H at Pt and other metals to the 'volcano curve' for cathodic H_2 evolution kinetics [J] . Electroanal Acta, 2000, 45: 4075.

[38] JAKSIC J M, VOJNOVIC M V, KRSTAJIC N V, et al. Kinetic analysis of hydrogen evolution at Ni - Mo alloy electrodes [J] . Electroanal Acta, 2000, 45: 4151.

[39] JIN S, VAN NESTE A, GHALI E, et al. New cathode materials for chlorate electrolysis [J] . Journal of Electroanalytical Chemistry, 1997, 144: 4272.

[40] NANBU N, KITAMURA F, OHSAKA T, et al. Adsorption of atomic hydrogen on a polycrystalline Pt electrode surface studied by FT - IRAS: The influence of adsorbed carbon monoxide on the spectral feature [J] . Electroanalytical Chemistry, 2000, 485: 128.

[41] CONWAY B E, JERKVEWICZ G. Relation of energies and coverages of underpotential and overpotential deposited H at Pt and other metals to the 'volcano curve' for cathodic H_2 evolution kinetics [J] . Electrochim Acta, 2000, 45: 4075.

[42] JAKSIC J M, VOJNOVIC M V, KRSTAJIC NV, et al. Kinetic analysis of hydrogen evolution at Ni - Mo alloy electrodes [J] . Electrochim Acta, 2000, 45: 4151.

[43] SIMPRAGA R, BAI, CONWAY B E, et al. Real area and electrocatalysis factors in hydrogen evolution kinetics at electrodeposited Ni - Mo and Ni - Mo - Cd composites: Effect of Cd content and nature of substrate [J] . Journal of Applied Electrochemistry, 1995, 25: 628.

[44] HIGHFIELD J G, CLAUDE E, OGURO K, et al. Electrocatalytic synergism in Ni/Mo cathodes for hydrogen evolution in acid medium: A new model [J] . Electrochim Acta, 1999, 44: 2805.

[45] TSEUNG AC C, CHEN K Y. Hydrogen spill - over effect on Pt/WO_3 anode catalysts [J] . Catalysis Today, 1997, 38: 439.

[46] RAJ I A, VASU K I. Transition metal - based hydrogen electrodes in alkaline solution [J] . Journal of Applied Electrochemistry, 1990, 20: 32.

[47] RAJ I A, INT J. Nickel based composite electrolytic surface coatings as electrocatalysts for the cathodes in the energy efficient industrial production of hydrogen from alkaline water electrolytic cells [J] . Hydrogen Energy, 1992, 17: 413.

[48] HU W, CAO X, WANG F, et al. A novel cathode for alkaline water electrolysis [J]. Hydrogen Energy, 1997, 22: 441.

[49] DAMIJANOVIC A, DEY A, BOCKRIS M, et al. Kinetics of oxygen evolution and dissolution on platinum electrodes [J]. Eletrochim Acta, 1966, 11: 791.

[50] HAIHONG Z, CARLOS A, CAMPOS R, et al. Nicolas A V. recent advances of cobalt-based electrocatalysts for oxygen electrode reactions and hydrogen evolution reaction [J]. Catalysts, 2018, 8: 559.

[51] CHANG C N, CHENG H B, CHAO A C, et al. Applying the nernst equation to simulate redox potential variations for biological nitrification and denitrification processes [J]. Environmental Science and Technology, 2004, 38: 1807-1812.

[52] WALCZAK M M, DRYER D A, JACOBSON D D, et al. pH Dependent redox couple: An illustration of the Nernst equation [J]. Journal of Chemical Education, 1997, 74: 1195.

[53] ESCUDERO M, MARCO J F, CUESTA Á J, et al. Surface decoration at the atomic scale using a molecular pattern: Copper adsorption on cyanide-modified Pt (111) electrodes [J]. Journal of Physical Chemistry C, 2009, 113: 12340-12344.

[54] CHENG X D, PAN Z Y, LEI C J, et al. A strongly coupled 3D ternary Fe_2O_3@Ni_2P/Ni (PO_3) 2 hybrid for enhanced electrocatalytic oxygen evolution at ultra-high current densities [J]. Journal of Materials Chemistry A, 2019, 7: 965-971.

[55] WANG L, CAO J H, LEI C J, et al. Strongly coupled 3D N-doped MoO_2/Ni_3S_2 hybrid for high current density hydrogen evolution electrocatalysis and biomass upgrading [J]. ACS Applied Materials and Interfaces, 2019, 11: 27743-27750.

[56] YAN Z, ZHANG M, XIE J, et al. A bimetallic carbide Fe_2MoC promoted Pd electrocatalyst with performance superior to Pt/C towards the oxygen reduction reaction in acidic media [J]. Applied Catalysis B: Environmental, 2015, 165: 636-641.

[57] YU X Y, FENG Y, GUAN B, et al. Carbon coated porous nickel phosphides nanoplates for highly efficient oxygen evolution reaction [J]. Energy & Environmental Science, 2016, 9: 1246-1250.

[58] ZOU X, ZHANG Y. Noble metal-free hydrogen evolution catalysts for water splitting [J]. Chemical Society Reviews, 2015, 44: 5148-80.

[59] XING Z, HAN C, WANG D, et al. Ultrafine Pt nanoparticle-decorated $Co(OH)_2$ nanosheet arrays with enhanced catalytic activity toward hydrogen evolution [J]. ACS Catalysis, 2017, 7: 7131-5.

[60] QIU Y, WEN Z, JIANG C, et al. Rational design of atomic layers of Pt anchored on Mo_2C nanorods for efficient hydrogen evolution over a wide pH range [J]. Small, 2019, 15: 1900014.

[61] LI Y, ABBOTT J, SUN Y, et al. Ru nanoassembly catalysts for hydrogen evolution and oxidation reactions in electrolytes at various pH values [J]. Applied Catalysis B: Environmental, 2019, 258: 117952.

[62] TIWARI J N, HARZANDI A M, HA M, et al. High-performance hydrogen evolution by Ru single atoms and nitrided-Ru nanoparticles implanted on N-doped graphitic sheet [J]. Advanced Energy Materials, 2019, 9: 1900931.

[63] YU J, LI G, LIU H, et al. Ru-Ru_2PΦNPC and NPC@RuO_2 synthesized via environment-friendly and solid-phase phosphating process by saccharomycetes as N/P sources and carbon template for overall water splitting in acid electrolyte [J]. Advanced Functional Materials, 2019, 29: 1901154.

[64] WANG K, HUANG B, LIN F, et al. Wrinkled Rh_2P nanosheets as superior pH-universal electrocatalysts for hydrogen evolution catalysis [J]. Advanced Energy Materials, 2018, 8: 1801891.

[65] CHI J Q, ZENG X J, SHANG X, et al. Embedding RhPx in N, P Co-doped carbon nanoshells through synergetic phosphorization and pyrolysis for efficient hydrogen evolution [J]. Advanced Functional Ma-

terials，2019，29：1901790.

[66] TAVAKKOLI M，KALLIO T，REYNAUD O，et al. Single - shell carbon - encapsulated iron nanoparticles：Synthesis and high electrocatalytic activity for hydrogen evolution reaction [J] . Angewandte Chemie International Edition，2015，54：4535 - 8.

[67] QIN Q，JANG H，LI P，et al. A tannic acid - derived N - ，P - codoped carbon - supported iron - based nanocomposite as an advanced trifunctional electrocatalyst for the overall water splitting cells and zinc - air batteries [J] . Advanced Energy Materials，2019，9：1803312.

[68] HUANG X，XU X，LI C，et al. Vertical CoP nanoarray wrapped by N，P - doped carbon for hydrogen evolution reaction in both acidic and alkaline conditions [J] . Advanced Energy Materials，2019，9：1803970.

[69] CHEN Z，HA Y，JIA H，et al. Oriented transformation of Co - LDH into 2D/3D ZIF - 67 to achieve Co - N - C hybrids for efficient overall water splitting [J] . Advanced Energy Materials，2019，9：1803918.

[70] LI Y，TAN X，CHEN S，et al. Processable surface modification of nickel - heteroatom (N，S) bridge sites for promoted alkaline hydrogen evolution [J] . Angewandte Chemie International Edition，2019，58：461 - 6.

[71] LEI C，WANG Y，HOU Y，et al. Efficient alkaline hydrogen evolution on atomically dispersed Ni - Nx Species anchored porous carbon with embedded Ni nanoparticles by accelerating water dissociation kinetics [J] . Energy & Environmental Science，2018，

[72] LIU T，LI A，WANG C，et al. Interfacial electron transfer of Ni_2P - NiP_2 polymorphs inducing enhanced electrochemical properties [J] . Advanced Materials，2018，30：1803590.

[73] KOU T，SMART T，YAO B，et al. Theoretical and experimental insight into the effect of nitrogen doping on hydrogen evolution activity of Ni_3S_2 in alkaline medium [J] . Advanced Energy Materials，2018，8：1703538.

[74] YU L，MISHRA I K，XIE Y，et al. Ternary Ni_2 $(1 - x)$ Mo_2xP nanowire arrays toward efficient and stable hydrogen evolution electrocatalysis under large - current - density [J] . Nano Energy，2018，53：492 - 500.

[75] WANG R，DONG X - Y，DU J，et al. MOF - Derived bifunctional Cu_3P nanoparticles coated by a N，P - co-doped carbon shell for hydrogen evolution and oxygen reduction [J] . Advanced Materials，2018，30：1703711.

[76] TIAN J，LIU Q，CHENG N，et al. Self - supported Cu_3P nanowire arrays as an integrated high - performance three - dimensional cathode for generating hydrogen from water [J] . Angewandte Chemie International Edition，2014，53：9577 - 81.

[77] SHEN Y，ZHOU Y，WANG D，et al. Nickel - copper alloy encapsulated in graphitic carbon shells as electrocatalysts for hydrogen evolution reaction [J] . Advanced Energy Materials，2018，8：1701759.

[78] LIU B，LI H，CAO B，et al. Few layered N，P dual - doped carbon - encapsulated ultrafine MoP nanocrystal/MoP cluster hybrids on carbon cloth：An ultrahigh active and durable 3D self - supported integrated electrode for hydrogen evolution reaction in a wide pH range [J] . Advanced Functional Materials，2018，28：1801527.

[79] DIAO J，YUAN W，SU Y，et al. The rational design of Mo/MoC1 - x nanorods as highly active electrocatalysts for hydrogen evolution reaction [J] . Advanced Materials Interfaces，2018，5：1800223.

[80] ZHANG X，WANG J，GUO T，et al. Structure and phase regulation in MoxC (α - MoC1 - x/β - Mo_2C) to enhance hydrogen evolution [J] . Applied Catalysis B：Environmental，2019，247：78 - 85.

[81] HAN X，TONG X，LIU X，et al. Hydrogen evolution reaction on hybrid catalysts of vertical MoS_2 nanosheets and hydrogenated graphene [J] . ACS Catalysis，2018，8：1828 - 36.

[82] CHEN Y, REN R, WEN Z, et al. Superior electrocatalysis for hydrogen evolution with crumpled graphene/tungsten disulfide/tungsten trioxide ternary nanohybrids [J]. Nano Energy, 2018, 47: 66-73.

[83] XING Z, LIU Q, ASIRI A M, et al. High-efficiency electrochemical hydrogen evolution catalyzed by tungsten phosphide submicroparticles [J]. ACS Catalysis, 2015, 5: 145-9.

[84] MA Y Y, LANG Z L, YAN L K, et al. Highly efficient hydrogen evolution triggered by a multi-interfacial Ni/WC hybrid electrocatalyst [J]. Energy & Environmental Science, 2018, 11: 2114-23.

[85] ZHENG Y, JIAO Y, ZHU Y, et al. Hydrogen evolution by a metal-free electrocatalyst [J]. Nature Communications, 2014, 5: 3783.

[86] SINGH D K, JENJETI R N, SAMPATH S, et al. Two in one: N-doped tubular carbon nanostructure as an efficient metal-free dual electrocatalyst for hydrogen evolution and oxygen reduction reactions [J]. Journal of Materials Chemistry A, 2017, 5: 6025-31.

[87] WU H, CHEN Z M, WANG Y, et al. Regulating the allocation of N and P in codoped graphene via supramolecular control to remarkably boost hydrogen evolution [J]. Energy & Environmental Science, 2019, 12: 2697-705.

[88] HUANG S C, MENG Y Y, CAO Y F, et al. N-, O- and P-doped hollow carbons: Metal-free bifunctional electrocatalysts for hydrogen evolution and oxygen reduction reactions [J]. Applied Catalysis B-Environmental, 2019, 248: 239-48.

[89] TABASSUM H, ZOU R, MAHMOOD A, et al. A catalyst-free synthesis of B, N co-doped graphene nanostructures with tunable dimensions as highly efficient metal free dual electrocatalysts [J]. Journal of Materials Chemistry A, 2016, 4: 16469-75.

[90] CHEN W, PEI J, HE C T, et al. Single tungsten atoms supported on MOF-derived N-doped carbon for robust electrochemical hydrogen evolution [J]. Advanced Materials, 2018, 30: 1800396.

[91] CHEN W, PEI J, HE C T, et al. Rational design of single molybdenum atoms anchored on N-doped carbon for effective hydrogen evolution reaction [J]. Angewandte Chemie International Edition, 2017, 56: 16086-90.

[92] LU B, GUO L, WU F, et al. Ruthenium atomically dispersed in carbon outperforms platinum toward hydrogen evolution in alkaline media [J]. Nature Communications, 2019, 10: 631.

[93] QIN J S, DU D Y, GUAN W, et al. Ultrastable polymolybdate-based metal-organic frameworks as highly active electrocatalysts for hydrogen generation from water [J]. Journal of the American Chemical Society, 2015, 137: 7169-77.

[94] WU Y P, ZHOU W, ZHAO J, et al. Surfactant-assisted phase-selective synthesis of new cobalt MOFs and their efficient electrocatalytic hydrogen evolution reaction [J]. Angewandte Chemie International Edition, 2017, 56: 13001-5.

[95] XU X, CHEN Y, ZHOU W, et al. A perovskite electrocatalyst for efficient hydrogen evolution reaction [J]. Advanced Materials, 2016, 28: 6442-8.

[96] MENG G, SUN W, MON A A, et al. Strain regulation to optimize the acidic water oxidation performance of atomic-layer IrO_x [J]. Advanced Materials, 2019, 31: 1903616.

[97] SUN W, SONG Y, GONG X, et al. An efficiently tuned d-orbital occupation of IrO_2 by doping with Cu for enhancing the oxygen evolution reaction activity [J]. Chemical Science, 2015, 6: 4993-9.

[98] ZAMAN W Q, WANG Z, SUN W, et al. Ni-Co codoping breaks the limitation of single-metal-doped IrO_2 with higher oxygen evolution reaction performance and less iridium [J]. ACS Energy Letters, 2017, 2: 2786-93.

[99] SU J, GE R, JIANG K, et al. Assembling ultrasmall copper-doped ruthenium oxide nanocrystals into

hollow porous polyhedra: Highly robust electrocatalysts for oxygen evolution in acidic media [J]. Advanced Materials, 2018, 30: 1801351.

[100] GE R, LI L, SU J, et al. Ultrafine defective RuO_2 electrocatalyst integrated on carbon cloth for robust water oxidation in acidic media [J]. Advanced Energy Materials, 2019, 9: 1901313.

[101] MARIA R, LAURA P, FEDERICO C V, et al. Na-doped ruthenium perovskite electrocatalysts with improved oxygen evolution activity and durability in acidic media [J]. Nature Communications, 2019, 10: 2041.

[102] ZHANG W, ZHANG X, CHEN L, et al. Single-walled carbon nanotube induced optimized electron polarization of rhodium nanocrystals to develop an interface catalyst for highly efficient electrocatalysis [J]. ACS Catalysis, 2018, 8: 8092-9.

[103] SUN Y, ZHANG X, LUO M, et al. Ultrathin PtPd-based nanorings with abundant step atoms enhance oxygen catalysis [J]. Advanced Materials, 2018, 30: 1802136.

[104] HAN X, WU X, DENG Y, et al. Ultrafine Pt nanoparticle-decorated pyrite-type CoS_2 nanosheet arrays coated on carbon cloth as a bifunctional electrode for overall water splitting [J]. Advanced Energy Materials, 2018, 8: 1800935.

[105] PRASHANTH W M, ARINDAM I, VITALY G, et al. Boosting electrochemical water oxidation through replacement of Oh Co sites in cobalt oxide spinel with manganese [J]. Chemical Communications, 2017, 53: 8018-21.

[106] TONG Y, CHEN P, ZHOU T, et al. A bifunctional hybrid electrocatalyst for oxygen reduction and evolution: Cobalt oxide nanoparticles strongly coupled to B, N-decorated graphene [J]. Angewandte Chemie International Edition, 2017, 56: 7121-25.

[107] DING D, SHEN K, CHEN X, et al. Multi-level architecture optimization of MOF-templated Co-based nanoparticles embedded in hollow N-doped carbon polyhedra for efficient OER and ORR [J]. ACS Catalysis, 2018, 8: 7879-88.

[108] LAURENT L, HU X. Amorphous cobalt vanadium oxide as a highly active electrocatalyst for oxygen evolution [J]. ACS Catalysis, 2018, 8: 644-50.

[109] GU C, HU S, ZHENG X, et al. Synthesis of sub-2-nm iron-doped $NiSe_2$ nanowires and their surface-confined oxidation for oxygen evolution catalysis [J]. Angewandte Chemie International Edition, 2018, 130: 4084-88.

[110] WAN K, LUO J, ZHOU C, et al. Hierarchical porous Ni_3S_4 with enriched high-valence Ni sites as a robust electrocatalyst for efficient oxygen evolution reaction [J]. Advanced Functional Materials, 2019, 29: 1900315.

[111] LUO P, ZHANG H, LIU L, et al. Targeted synthesis of unique nickel sulfide (NiS, NiS_2) microarchitectures and the applications for the enhanced water splitting system [J]. ACS Applied Materials & Interfaces, 2017, 9: 2500-8.

[112] LEI C, CHEN X, CAO J, et al. Fe-N_4 sites embedded into carbon nanofiber integrated with electrochemically exfoliated graphene for oxygen evolution in acidic medium [J]. Advanced Energy Materials, 2018, 8: 1801912.

[113] DINH C N, DUY T T, NAM H K, et al. Constructing MoP_x@MnP_y heteronanoparticle-supported mesoporous N, P-codoped graphene for boosting oxygen reduction and oxygen evolution reaction [J]. Chemical Materials, 2019, 31: 2892-904.

[114] NANA H, KE R Y, LU Z, et al. Nitrogen-doped tungsten carbide nanoarray as an efficient bifunctional electrocatalyst for water splitting in acid [J]. Nature Communications, 2018, 9: 924.

[115] FEI H, DONG J, FENG Y, et al. General synthesis and definitive structural identification of MN_4C_4 single - atom catalysts with tunable electrocatalytic activities [J]. Nature Catalysis, 2018, 1: 63 - 72.

[116] RAJA D S, CHUAH F X, LU S H. In situ grown bimetallic MOF - based composite as highly efficient bifunctional electrocatalyst for overall water splitting with ultrastability at high current densities [J]. Advanced Energy Materials, 2018, 8: 1801065.

[117] CHAI G, QIU K, QIAO M, et al. Active sites engineering leads to exceptional ORR and OER bifunctionality in P, N Co - doped graphene frameworks [J]. Energy & Environmental Science, 2017, 10: 1186 - 95.

[118] AGRAFIOTIS C, PAGKOURA C, ZYGOGIANNI A, et al. Hydrogen production via solar - aided water splitting thermochemical cycles: Combustion synthesis and preliminary evaluation of spinel redox - pair materials [J]. International Journal of Hydrogen Energy, 2012, 37: 8964 - 8980.

[119] ESPOSITO D V, CHEN J G. Monolayer platinum supported on tungsten carbides as low - cost electrocatalysts: opportunities and limitations [J]. Energy & Environmental Science, 2011, 4: 3900 - 3912.

[120] KELLY T G, CHEN J G. Metal overlayer on metal carbide substrate: unique bimetallic properties for catalysis and electrocatalysis [J]. Chemical Society Reviews, 2012, 41: 8021 - 8034.

[121] CHEN J G, MENNING C A, ZELLNER M B, et al. Monolayer bimetallic surfaces: Experimental and theoretical studies of trends in electronic and chemical properties [J]. Surface Science Reports, 2008, 63: 201 - 254.

[122] KITCHIN JR, NORSKOV JK, BARTEAU MA, et al. Role of strain and ligand effects in the modification of the electronic and chemical properties of bimetallic surfaces [J]. Physical Review Letters, 2004, 93: 156801.

[123] ANICIJEVIC D D V, NIKOLIC V M, MZRCETA - KANINSKI M P, et al. Is platinum necessary for efficient hydrogen evolution? - DFT study of metal monolayers on tungsten carbide [J]. International Journal of Hydrogen Energy, 2013, 38: 16071 - 16079.

[124] CHENG N, STAMBULA S, WANG D, et al. Platinum single - atom and cluster catalysis of the hydrogen evolution reaction [J]. Nature Communications, 2016, 7: 13638 - 13647.

[125] DENG J, LI H, XIAO J, et al. Triggering the electrocatalytic hydrogen evolution activity of the inert two - dimensional MoS_2 surface via single - atom metal doping [J]. Energy & Environmental Science, 2015, 8: 1594 - 1601.

[126] TIWARI J, SULTAN S, W C, et al. Multicomponent electrocatalyst with ultralow Pt loading and high hydrogen evolution activity [J]. Nature Energy, 2018, 3: 773 - 782.

[127] GUO Y, PARK T, YI W, et al. Nanoarchitectonics for transition - metal - sulfide - based electrocatalysts for water splitting [J]. Advanced Materials, 2019, 31: 1807134.

[128] ROGER I, SHIPMAN M, SYMES M. Earth - abundant catalysts for electrochemical and photoelectrochemical water splitting [J]. Nature Reviews Chemistry, 2017, 1: 0003.

[129] DINHA KN, LIANG QL, DUE CF, et al. Nanostructured metallic transition metal carbides, nitrides, phosphides, and borides for energy storage and conversion [J]. Nano Today, 2019 25: 99 - 121.

[130] YANA Z, ZHANG M, XIE J, et al. A bimetallic carbide Fe_2MoC promoted Pd electrocatalyst with performance superior to Pt/C towards the oxygen reduction reaction in acidic media [J]. Applied Catalysis B: Environmental, 2015, 165: 636 - 641.

[131] ZHU YL, ZHOU W, SHAOZP. Perovskite/Carbon composites: Applications in oxygen electrocatalysis [J]. Small, 2017, 13: 1603793.

[132] YANG F, CHE YN, CHENG G, et al. Ultrathin nitrogen - doped carbon coated with CoP for efficient

hydrogen evolution [J] . ACS Catalysis，2017，7：3824 - 3831.

[133] ZHANG B，ZHENG X，VOZNYY O，et al. Homogeneously dispersed multimetal oxygen - evolving catalysts [J] . Science，2016，352：333 - 337.

[134] SEH ZW，KIBSGAARG J，DICKENS CF，et al. Combining theory and experiment in electrocatalysis：Insights into materials design [J] . Science，2017，355：4998.

[135] ISABELAC C，SU H，VALLEJO F，et al. Universality in oxygen evolution electrocatalysis on oxide surfaces [J] . ChemCatChem，2011，3，1159 - 1165.

[136] BURKE M，ENMANL L，BATCHELLOR A，et al. Oxygen evolution reaction electrocatalysis on transition metal oxides and (oxy) hydroxides：Activity trends and design principles [J] . Chemistry of Materials，2005，27：7549 - 7558.

[137] ZHANG J，WANG T，LIU P，et al. Engineering water dissociation sites in MoS_2 nanosheets for accelerated electrocatalytic hydrogen production [J] . Energy & Environmental Science，2016，9：2789 - 2793.

第八章　计算材料学基础

8.1　微纳尺度能质传递

能量载子（例如电子、声子、离子和光子）的微观传输规律与材料的宏观性能密切相关。近些年，随着纳米技术的快速发展，能源转换与存储设备中材料的结构尺度不断减小。当材料的结构特征尺度在数量级上逐渐接近能量载子的平均自由程或波长时，基于连续性假设而建立的许多宏观概念和规律已不再适用[1,2]。此时，材料的量子效应、尺度效应等一系列物理、化学特殊性质表现得更加显著。因此，需要重新理解能量载子在微纳尺度下的传输规律，建立起微观传输规律与宏观性能的内在关联机制，从而更好地为能源器件材料的设计构筑提供理论指导。

8.1.1　电子传输

1. 能带理论

能带理论认为，固体中的电子可以在不同原子间运动，而不是简单地被束缚在某个原子周围，因此也被称为共有化电子。但是与自由电子完全不受任何作用力不同，固体中的电子运动会受到晶格原子势场的作用[3]。

通过电子能级的概念可以帮助我们理解固体材料中的能带。根据量子力学可知，电子在单个自由原子附近会形成一个分立（不连续）的能级结构。当多个原子组成系统或者形成分子时，原有的分立的能级结构就会发生类似于耦合震荡的分离，随之产生与原子数目成比例的新的能级结构。因此当一个体系中的原子数目很大时，相应的能级数目也急剧增加。此时能级之间的能量差异就会变得非常小，电子能级也就会演化成能带。

能带理论可以解释固态材料中诸多与电子相关的基本物理性质。例如，它可以定性揭示导体、半导体、绝缘体三大类材料中电子传输的区别。固体材料中的能带可以分为导带、价带和禁带三类。导带是由自由电子形成的能量空间，价带是由价电子形成的能量空间，禁带是指导带和价带间的空隙（也称之为能隙）。一般而言，导带中含有的电子数量决定了固体材料的导电性。在外电场作用下，价带中的电子可以获得能量进而跳跃至导带产生静电流，使得材料在宏观上表现出导电性。如果导带与价带之间的能隙非常小或者为零（例如金属材料，通常能隙小于 1eV），那么电子很容易在室温下即可获得能量而跳跃至导带产生静电流。但是如果导带与价带之间的能隙比较大（例如陶瓷等绝缘材料，通常能隙大于 3eV），那么电子很难跳跃至导带进而无法导电。当导带与价带之间的能隙介于导体和绝缘体之间时（1～3eV），那么只要给予适当条件的能量激发或是改变其能隙大小也能使电子跃迁至导带，这类材料称为半导体。

2. 电子态密度

上述讨论解释了电子能级的概念以及不同固体材料间导电性差异的原因。为了更好地建立微观电子运动规律与宏观性能之间的内在关联，需要对固体材料的电子能级开展进一步研究。对于一个原子或者一个分子所组成的简单体系，其价电子所产生的能级数是有限的。因此可以相对容易地找到一个或者一组决定该系统基本性质的能级。但是宏观固体材料中含有大量的原子数，相应地也会产生大量的能级数目，无法获得决定体系基本性质的能级。为了解决上述问题，科研工作者提出了一个近似的处理方式，即考察在某一能量范围内的所有能级。这就是电子态密度的概念，具体定义如下：

$$\mathrm{DOS}(E)\mathrm{d}E = (E\text{ 和 }E + \mathrm{d}E\text{ 之间的能级数}) \times 2 \tag{8-1-1}$$

式（8-1-1）中考虑了一个能级可以同时占据一个自旋朝上和一个自旋朝下的电子[3]。

电子态密度是一个重要的基本函数，固体材料的许多性质（例如电子比热容、光和X射线的吸收、发射等）都可以用电子态密度来分析与解释。电子态密度可以理解为固体材料能带结构的可视化结果。由于电子态密度比能带结构更为直观，所以在结果分析讨论过程中通常使用电子态密度而不是能带结构。

3. 费米-狄拉克分布函数与费米能级

费米-狄拉克分布函数（或者简称为费米分布函数）的物理意义是指一个电子占据能量为 E 的本征态的概率大小（范围为0～1）[3]，是一个描述固体材料中电子能量分布的重要函数。它的函数表达式为

$$f(E) = \frac{1}{e^{(E-E_f)/kT} + 1} \tag{8-1-2}$$

式中：k 为玻尔兹曼常数；T 为绝对温度；E_f 为费米能级（电子的化学势）。费米能级是费米-狄拉克分布函数中最重要的一个参量。它的大小决定了整个系统能量以及电子（或者其他能量载子，例如空穴）的分布。换言之，只要某一温度下的费米能级数值被确定，那么在该条件下系统中电子在各个量子态上的统计分布就可以通过上述函数进行准确描述。

费米能级的实际作用是衡量某一能级被电子占据的概率大小。在 $E<E_f$ 时，$f(E)>50\%$；在 $E>E_f$ 时，$f(E)<50\%$；在 $E=E_f$ 时，$f(E)=50\%$。上述费米-狄拉克分布函数 $f(E)$ 是指电子占据能带（导带）中某个能级的概率（电子能级越高能量越大）。如果能量载子是空穴（空穴的能量能级越低能量越高），应当是相应于价带中某个能级所空出（即没有被电子占据）的概率。

4. 表面电子态和界面电子态

当固体材料微观结构已经显著偏离晶格的周期性，那么电子的行为也将会表现出一些特殊性，此时则需要对能带理论做一些修正。下面将讨论固体材料表面和界面处的电子运动特性。固体材料的表面就是对完整晶体的偏离，所以电子在表面的运动规律与体相不同。在垂直于表面的方向上，由于表面处固体材料原子三维周期性排列发生中断，使得电子的波函数在表面外侧和内侧都以指数函数形式衰减，因此电子的在表面分布的概率最大（即被局限在表面附近）。这样的电子状态称为表面电子态，相对应的能级称为表面能级。在半导体材料中表面态能级像杂质能级一样，对材料的电学性质至关重要。与固体材料表面相似，在两种不同固相的接触界面上（例如金属-半导体界面、半导体-绝缘体界面和半导体-半导体异质结构界面上）同样存在局域的电子态。这样的电子状态称为界面电子态，相对应的能级称为界面能级。界面电子态又可以分为两类：一类是由晶体的原子结构中断导致原子的重构或弛豫而引起本征界面态，另一类是由偏析或吸附异类原子与衬底界面原子相互作用而引起的非本征界面态（也称诱导界面态）。材料界面态的出现相当于在禁带中产生了附加能级。根据其被电子占据时的带电情况可分为施主型界面态和受主型界面态。施主型界面态是指界面

能级被电子占据时呈电中性，释放电子后呈正电性；而受主型界面态是指界面能级空着时为电中性状态，而接受电子后带负电。

8.1.2 声子传输

1. 晶格振动与声子

根据固体物理学可知，结晶态固体中的原子或者分子是按照一定规律在晶格上周期性排列的。当温度大于绝对零度时，微观下这些原子或分子在其平衡位置附近做不断的振动，并且原子或分子之间存在着相互作用，所以各个原子或分子的振动是相互依赖的，并将以弹性波的形式在固态材料中传播。声子就是用来描述这些振动的，所以它依附于固体材料而存在，并不是一个真正的粒子。相比于其他能量载子，声子具有一些特殊的性质，例如在相互作用下声子数不守恒。声子属于玻色子并服从玻色 - 爱因斯坦统计，它的化学势为零。声子携带有准动量并具有能量，但是自身没有物理动量。

2. 声子态密度

与电子类似，引入“能态密度”的概念对其进行可视化。将能量介于 $E \sim E+\Delta E$ 之间的量子态数目 ΔZ 与能量差 ΔE 之比定义为态密度。一个在 k 空间的声子态体积是 $(2\pi/L)^3=(2\pi)^3/V$。根据德拜模型可以获得每单位体积、单位频率间隔的声子态密度：

$$D(\omega)=\frac{\mathrm{d}N}{V\mathrm{d}\omega}=3\times\frac{4\pi k^2\,\mathrm{d}k/(2\pi/L)^3}{V\mathrm{d}\omega}=\frac{3\omega^2}{2\pi^2 v_{\mathrm{D}}^3} \tag{8-1-3}$$

式中：ω 为频率；v_{D} 为格波波速；因数 3 代表声子的 2 种横向偏振和 1 种纵向偏振。

3. 声子输运

声子的能量和准动量与其输运过程有着密切的关系[1]。通常情况下，在处理声子的输运问题中需要考虑“声子色散关系”和“声子散射过程”两部分内容。声子的能量与准动量之间的关系可以通过声子色散关系（声子频谱）来描述。进一步借助声子色散关系，还可以获得声子行进速度和晶格比热容等其他重要信息。除了上述声子色散关系，我们还需要理解声子散射过程。声子散射是指声子碰撞而引起的声子态的改变。当系统存在非简谐相互作用时，声子就会发生碰撞。此时原子或者分子间的相互作用力不满足与位移之间的严格线性关系，所以也就无法用严格线性独立的谐振子来描述相应的振动。固态材料中声子态的跃迁（声子色散过程）主要是非简谐项造成的。当非简谐相互作用存在时，声子系统通过不断的碰撞与能量交换最终达到热平衡状态。该平衡状态满足爱因斯坦 - 玻色统计。上述碰撞过程遵循准动量守恒与能量守恒。

当满足完美周期性晶体以及简谐振动的近似条件下，声子之间不存在能量交换，所以其色散关系是一条“没有宽度”的线。此时声子具有特定的频率，其大小的绝对值与原子或者分子质量和相互作用力相关。在这种理想的固体材料中将形成“热超导”现象，即声子可以在固体内畅通无阻的传播。但是，现实条件下并不存在这样的理想固体材料（完美无缺的晶体），即人们尚未实现这种“热超导体”。

非简谐相互作用下的“力常数（力除以位移量）”不是一个常数，而是原子或者分子位移量的函数。此时，在给定的波矢下声子可能存在多种频率，声子相互碰撞、能量交换变得频繁起来，所以声子谱也不再是一条“没有宽度”的线，即声子谱宽化。显然固体材料晶格振动的非简谐性越强，力常数的扰动也越大，声子谱的宽化也就越明显，声子之间的散射就越强。除了上述由晶格非谐性振动带来的声子谱宽化外（随温度增加而增强），晶格缺陷也会影响缺陷附近原子的受力情况，造成声子谱的进一步宽化。

4. 电子-声子相互作用

电子-声子相互作用描述的是固体中晶格热运动与电子运动行为的关联[1]。固体的许多物理性质与电子-声子相互作用密切相关，例如电导、热导和超导性质（电子-声子散射是固体电阻存在的主要原因）等。原因在于有限温度下固体材料中的原子或者分子都是在其平衡位置附近不断振动，而晶格振动会对晶体中的周期性势场产生微扰，同时也会影响附近电子的运动行为。

8.1.3 离子传输

1. 溶液中的离子

电解液中离子的传输特性对储能设备的性能起着至关重要的作用。微观下决定溶液中离子传输特性的是能量载子之间的相互作用，主要包括离子-溶剂相互作用和离子-离子相互作用。

离子-溶剂相互作用可以影响离子运动特性，在固液界面能量载子传递过程中发挥关键作用[4]。通常溶剂具有偶极矩，所以离子与溶剂之间不仅存在范德华作用力，还会存在静电作用力。在这些力的共同作用下，一定量的溶剂分子会被捕获并限制在某个离子域中，使得离子在溶液中与溶剂形成络合物。其中一个重要的概念是溶剂化数，指的是与离子络合的溶剂分子数目。以水系电解液为例，在离子运动过程中，离子淌度实验表明离子有一个水壳层随同。根据这壳层体积就可得出该离子的溶剂化数。当溶液中的溶剂远离某个离子时，其结构是不受离子干扰的。但是在离子与远离离子的溶剂之间会存在某个狭长的区域，处于该区域的溶剂结构会受到不同程度的破坏，该区域被称为结构破碎区域。

通过上述讨论与分析，我们已经了解到离子与溶剂偶极子之间有着很强的作用力，能够对离子传输造成显著的影响。而相比于离子与溶剂，离子与离子之间有着更强的相互作用力，所以可以预见它对离子的运动行为影响会更显著。这也是当前的一个研究热点和难点。

2. 固体中的离子

离子在固体材料中的迁移是很多应用的基础，例如锂离子电池和固体催化剂等。微观下离子迁移的行为主要受固体材料微观结构所确定的局域势垒特征的影响。因此，为进一步提升固体材料中的离子传输速率，针对离子迁移行为与微观结构内在关联机制的研究至关重要[5]。

离子在固体中的传输与固体材料的点缺陷密切相关。当离子导体是纯净物时，其点缺陷也被称为本征缺陷，包括弗仑克尔缺陷和肖特基缺陷两类。前者既包含空位也包含填隙原子，后者仅包含空位。固体的平衡温度和缺陷的生成能决定了固体材料中缺陷的浓度。当离子导体是混合物时，固体中还会有非本征缺陷。例如氯化钾晶体含有少量氯化钙时，由于二价钙离子的存在使得固体中必须存在一个正离子空位（带一个负电荷），以保持固体的电中性。

3. 菲克定律

离子的扩散对能源转换和存储器件的性能至关重要。通常描述离子扩散基本特性的是菲克定律[3]。它是扩散作用的近似表达，描述了离子从高化学势向低化学势的运动过程。其中菲克第一定律指明通过单位面积的离子数率（也称离子流的通量）大小正比于该点的离子浓度梯度，相应的比例系数称为扩散系数。离子扩散方向与其浓度梯度方向相反。具体的公式

表达式为

$$J = -D\nabla c \tag{8-1-4}$$

式中：J 为扩散通量；D 为扩散系数；c 为物质的量浓度。在特定情况下，离子的扩散系数会随外部环境的变化而变化。

菲克第二定律描述了离子浓度场随时间的变化，其积分形式为

$$\iiint_V \frac{\partial c}{\partial t}\mathrm{d}V = -\oint_S \boldsymbol{J}\cdot \mathrm{d}a = -\iiint_V \nabla\cdot \boldsymbol{J}\mathrm{d}V = \iiint_V \nabla\cdot(D\nabla c)\mathrm{d}V \tag{8-1-5}$$

式（8-1-5）第一个等式应用了连续性方程。如果继续假定扩散系数不随空间分布变化，那么上面的积分方程可以简化为

$$\iiint_V \frac{\partial c}{\partial t}\mathrm{d}V = D\iiint_V \nabla^2 c\mathrm{d}V \tag{8-1-6}$$

其相应的微分表达式为

$$\frac{\partial c}{\partial t} = D\nabla^2 c \tag{8-1-7}$$

8.1.4 光子吸收和电子激发

在太阳能电池中，主要涉及“光子吸收”和“电子激发”两个过程。光子吸收是光与材料发生相互作用，其电磁辐射能量被部分或全部转化为其他能量形式的物理过程。其中最重要的一种能量形式为电能，即固体材料吸收磁辐射能量之后使得其电子从基态被激发到激发态。这个过程也被称为电子激发[1]。

光子吸收与电子激发两个过程是通过如下作用机制进而影响电池效率的。由于 P 型半导体具有较高的空穴密度，光产生的空穴具有较长的生命期；同理在 N 型半导体中电子有较长的生命期。因为有效载流子浓度不同，在 PN 半导体接合处会产生一个由 N 指向 P 的内建电场。此时由于受光照产生的电子将会受电场作用而移动至 N 型半导体处，空穴则移动至 P 型半导体处，使得电荷就能在半导体两侧积累实现电能的转换。所以，在设计太阳能电池时需要考虑如何将由于光照产生的电子空穴对在其复合之前尽可能多地搜集起来。

8.1.5 数值理论计算

微纳尺度能量载子的传输过程机理研究主要方法有微观实验检测和理论模拟计算。由于对新能源器件研究的空间、时间尺度不断变小，实验研究的难度和成本也越来越高。理论模拟计算可以根据相关的基本理论，通过计算机求解基本方程，从而获得载能粒子微纳尺度下的运动规律[6]。在理论微观传质机理的过程中，理论模拟计算已成为与实验检测同样重要的研究手段，而且随着计算材料学的不断发展，它的作用会越来越大。根据研究尺度和对象的不同，理论模拟计算可分为量子化学计算、分子电子学计算和分子动力学计算等。下面将围绕具体的理论模拟计算方法，详细阐述其在新能源先进材料设计构筑过程中所发挥的作用。

8.2 分子动力学计算

8.2.1 简介

分子动力学（molecular dynamics）模拟是一种依据经典力学研究分子或分子体系结构与性质的计算机模拟方法，是目前最常采用的分子模拟方法之一。该方法根据波恩-奥本海默近似（Born-Oppenheimer approximation）原理，在计算过程中只考虑原子核的运动而忽

略电子运动的影响，通过数值求解经典牛顿运动力学方程得到分子体系的相轨迹，根据统计物理学规律中微观量（如分子的坐标、速度、电荷等）与宏观物理量（如温度、压力、电场强度等）之间的关系，进一步计算求解研究体系的各项物理参数。

8.2.2 发展历史

分子动力学方法最早可以追溯到 1957 年，Alder 和 Wainwright 通过计算机模拟的方法，模拟了刚性球体系的动力学特性[7]。1959 年，他们提出可以把分子动力学模拟方法推广应用到具有方阱势的分子体系，模拟研究其结构和物理性质[8]。1964 年，Rahman 采用 Lennard - Jones 势函数研究了液氩内原子的径向分布函数、速度自相关函数、均方位移等动力学行为[9]。1971 年，Rahman 又与 Stillinger 研究了液态水的动力学特性，这是第一次针对真实体系的分子动力学模拟，模拟过程中除了考虑范德华力作用，还引入了库仑力和氢键作用，为之后的分子动力学模拟发展作出了里程碑式的贡献[10]。Verlet 于 1967 年提出了著名的 Verlet 算法，在分子动力学模拟中对粒子运动的位移、速度和加速度进行逐步计算，这种算法后来在分子动力学模拟中得到了广泛应用[11]。1980 年，Anderson 提出了等压分子动力学模型[12]。同年，Hoover 对非平衡态的分子动力学模拟进行了研究[13]。1981 年，Parrinello 和 Rahman 提出了恒定压强的分子动力学模型，将等压分子动力学推广到元胞的形状可随其中粒子运动而改变的范围。1984 年，Nose 提出了恒温分子动力学方法[14]。分子动力学模拟研究者们系统地建立了许多适用于生化分子体系、聚合物、金属和非金属材料的力场，使得计算复杂体系的结构与物理性质的能力及精确性大为提升。但是，分子动力学模拟方法本身也有一定的限制。由于计算过程中需要使用数理积分方法，因此只能研究分子体系短时间范围内的运动，而无法模拟一些原子数量大、演变时间长（如蛋白质的折叠）的运动问题。时至今日，研究者们依然在努力改进模拟算法、提升计算机计算性能，使分子动力学模拟朝着更高的计算精度、更低的计算成本和更宽的模拟适用范围的方向不断发展。分子动力学模拟已经成为物理学、化学、材料科学、生物学等领域科学研究的重要工具。

8.2.3 基本原理

分子动力学模拟体系中，粒子的运动遵循经典力学定律：

$$F_i(t) = m_i a_i(t) \tag{8-2-1}$$

式中：$F_i(t)$ 为粒子 i 在 t 时刻所受的力；m_i 为粒子 i 的质量；a_i 为粒子 i 在 t 时刻的加速度。粒子 i 所受力可以表达为势能函数对粒子坐标的一阶导数，即

$$F_i = -\frac{\partial U}{\partial r_i(t)} \tag{8-2-2}$$

式中：U 为势能函数；r_i 为粒子在 t 时刻的位置坐标。

因此对于具有 N 个离子的体系来说，每个粒子遵循以下方程：

$$\begin{cases} m_i \dfrac{\partial v_i}{\partial t} = F_i = -\dfrac{\partial U}{\partial r_i} + \cdots \\ \dfrac{\partial r_i}{\partial t} = v_i(t) \end{cases} \tag{8-2-3}$$

式中：v_i 为第 i 个粒子的速度。这些方程一般需要通过数值方法进行计算，从而得到粒子在一系列时刻下的位置与速度。

分子动力学模拟是一种计算分子体系的结构和运动特性的确定性方法，即上述方程一旦每个粒子的初始坐标和初始速度给出，则以后任意时刻的坐标和速度都可以确定。整个分子

动力学模拟运行过程中的坐标和速度称为轨迹。

8.2.4 势能与力场简介

由上述讨论可知，分子动力学模拟中的粒子轨迹与势能函数密切相关。分子的势能通常可以表示为粒子几何坐标的函数。例如，双原子分子 AB 之间的振动势能可以表示为 A 和 B 之间键长的函数，即

$$U(r)=\frac{1}{2}k(r-r_0)^2 \tag{8-2-4}$$

式中：k 为弹性系数；r 为键长；r_0 为平衡键长。这种以数学形式表示的势能函数称为力场（force field）。力场是分子动力学模拟的基础，分为许多不同的形式，具有不同的适用范围和局限性，因此分子动力学模拟中力场的选用会极大地影响计算结果的准确性。

一个复杂的分子体系包含各种类型的势能，一般可分为化学键伸缩势能、化学键角弯曲势能、二面角扭转势能、离平面振动势能、范德华非键结势能和库仑静电势能，分子体系的总势能＝化学键伸缩势能＋化学键角弯曲势能＋二面角扭转势能＋离平面振动势能＋范德华非键结势能＋库仑静电势能，习惯上用符号表示为

$$U=U_{\mathrm{b}}+U_{\theta}+U_{\varphi}+U_{\chi}+U_{\mathrm{nb}}+U_{\mathrm{el}} \tag{8-2-5}$$

需要注意的是，对于具有多个分子的体系来说，除了分子内部的势能，还需要考虑不同分子间各种类型的势能。

1. 势能

（1）化学键伸缩势能。

分子中以化学键相互联结的两个原子之间的距离并非固定不变，而是在其平衡值附近波动。描述这种作用的势能为化学键伸缩势能，一般形式为简谐振动，即

$$U_{\mathrm{b}}=\frac{1}{2}\sum_i k_{\mathrm{b}}(r_i-r_{0i})^2 \tag{8-2-6}$$

式中：k_{b}为弹力常数；r_i 和 r_{0i}分别为第 i 个键的键长和它的平衡键长。

（2）化学键角弯曲势能。

分子中连续键结的三个原子会形成键角，如图 8-2-1 所示过氧化氢（H_2O_2）分子中的 H—O—O 键角 θ。与键的伸缩一样，键角也并非维持恒定，而是在平衡值附近呈小幅度波动。描述这种作用的势能为化学键弯曲势能，一般形式为

$$U_{\theta}=\frac{1}{2}\sum_i k_{\theta}(\theta_i-\theta_{0i})^2 \tag{8-2-7}$$

式中：k_{θ} 为弹力常数；θ_i 和 θ_{0i}分别为第 i 个键角及其平衡键角的角度。

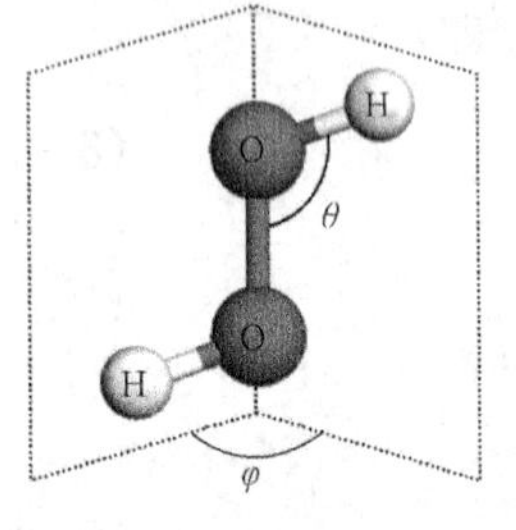

图 8-2-1 H_2O_2 分子的键角 θ 与二面角 φ

（3）二面角扭转势能。

分子中连续键结的四个原子会形成二面角，如图 8-2-1 所示 H_2O_2分子中的二面角 φ。描述二面角扭转的势能称为二面角扭转势能，一般形式为

$$U_{\varphi}=\frac{1}{2}\sum_i[V_1(1+\cos\varphi)+V_2(1-\cos2\varphi)+V_3(1+\cos3\varphi)] \tag{8-2-8}$$

式中：V_1、V_2 和 V_3 为二面角扭转的弹力常数；φ 为二面角角度。与化学键伸缩势能和键角的弯曲势能相比，二面角的扭转势能相对较弱，能量范围在 1～10kcal/mol。二面角扭

转引起的分子运动范围较大，容易受周围分子和原子的位阻限制，是具有很低频率的运动，需要很长时间才能达到平衡状态，对分子构型具有决定作用。与键伸缩势能和键角弯曲势能相比，二面角扭转势能对体系总能量的贡献虽然小，但重要性却很大。

（4）离平面振动势能。

分子中有些原子具有共平面的倾向，如苯环、羰基、酰胺等 sp^2 杂化碳原子结构的分子，需要保持平面结构。如图 8-2-2 所示，丙酮［$CH_3C(O)CH_3$］分子中，碳原子和氧原子的平衡位置位于共同平面，当氧原子离开 3 个碳原子形成的平面，使得 C=O 键与碳原子平面形成一个离面弯曲角 χ，引起分子能量的升高，这就是离面弯曲势能。一般形式为

$$U_\chi = \frac{1}{2}\sum_i k_\chi \chi^2 \qquad (8-2-9)$$

式中：k_χ 为离平面振动项的弹力常数；χ 为离平面振动角度。

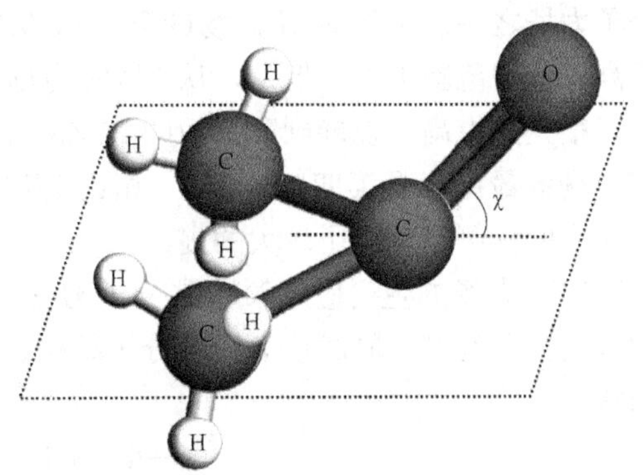

图 8-2-2　丙酮分子的离面弯曲运动和离面弯曲角

（5）范德华非键结势能。

在分子体系中，如果两个原子属于同一分子，但其间隔多于两个连接的化学键，或者两个原子分属于不同分子，则原子之间有非键结范德华力作用，描述这种作用的势能称为范德华非键结势能。一般力场中最常见的非键结势能形式为 Lennard-Jones（LJ）势能，又被称为 12-6 势能，其数学式为

$$U(r) = 4\varepsilon\left[\left(\frac{\sigma}{r}\right)^{12} - \left(\frac{\sigma}{r}\right)^{6}\right] \qquad (8-2-10)$$

式中：r 为原子对间的距离；ε 和 σ 为势能参数，不同的原子具有不同的势能参数。两种不同原子间的 LJ 势能混合参数通常用 Lorentz-Berthelot 混合规则估算：

$$\sigma_{AB} = \frac{1}{2}(\sigma_A + \sigma_B) \qquad (8-2-11)$$

$$\varepsilon_{AB} = \sqrt{\varepsilon_A + \varepsilon_B} \qquad (8-2-12)$$

式中：ε_A 和 σ_A 为 A 原子的势能参数；ε_B 和 σ_B 为 B 原子的势能参数。

（6）库仑静电势能。

离子或分子中的原子带有部分电荷，则这些带电粒子间存在静电吸引或排斥作用。描述静电作用的势能称为库仑静电势能。库仑静电势能的一般表达式为

$$U_{el} = \sum_{i,j} \frac{q_i q_j}{\varepsilon r_{ij}} \qquad (8-2-13)$$

式中：q_i、q_j 为第 i 个和第 j 个粒子所带电荷；r_{ij} 为两个离子间的距离；ε 为有效介电常数。

虽然势函数参数与具体的分子、原子种类有关，但是力场参数和形式具有可传递性，不同的分子如果包含相同的键结形式，则这些键的势能具有相同的势能形式和参数，这一性质大大简化了分子动力学模拟过程。

2. 力场

分子动力学模拟从 20 世纪 50 年代发展至今，模拟对象从最初的刚性球颗粒发展到多原

子分子、聚合物分子、生化分子体系。计算所使用的力场也从简单的范德华作用势能发展成为越来越复杂、全面的多种类型作用势能。许多力场是针对特定对象发展的，具有特定的适用范围和优点，因此在进行分子动力学模拟时，需要根据具体模拟体系选择合适的力场。下面将简单介绍几种常用的力场。

（1）MM 形态力场。

MM 力场是由美国佐治亚大学 Allinger 教授课题组开发和发展的，按照其发展的先后顺序分别称为 MM2、MM3、MM4 等。MM 力场既是最早被广泛认可，又是最具影响力的分子力场之一。虽然 MM 力场的第一版 MM1 的势能函数简单、力场参数不多、模拟精度不高、适用范围不大，但是，从 MM2 力场开始，该系列力场已经开始变得成熟，计算精度有了很大的提高，发展到第三版的 MM3 已经是一个非常复杂又高度成熟的分子力场。目前该力场的最新版是第四版 MM4，相比 MM3 又增加了多项复杂的交叉相互作用，对分子振动频率的预测精度有了较大的提高。

MM 力场的主要应用领域是分子力学，它的适用分子范围广泛，几乎包括了所有常见的有机分子类型，同时该力场对分子结构、构型能、振动频率的预测精度高。该力场的一般形式为

$$U = U_{\mathrm{b}} + U_{\theta} + U_{\varphi} + U_{\chi} + U_{\mathrm{nb}} + U_{\mathrm{el}} + U_{\mathrm{cross}} \tag{8-2-14}$$

其中，U_{cross}为交叉作用项，例如与同一原子键结的两个键，其键长分别为 r_1 和 r_2，则键与键之间的交叉作用项为

$$U(r_1, r_2) = \frac{k_{12}}{2}(r_1 - r_{1,0})(r_2 - r_{2,0}) \tag{8-2-15}$$

这三个原子构成一个键角 θ，则其键长与键角的交叉作用项为

$$U(r_1, r_2, \theta) = \frac{k_{12\theta}}{2}[(r_1 - r_{1,0}) + (r_2 - r_{2,0})](\theta - \theta_0) \tag{8-2-16}$$

此外，二面角所含的键长为 r，则键伸缩与二面角扭曲的交叉为

$$U(r, \varphi) = k(r - r_0)\cos n\varphi$$

或

$$U(r, \varphi) = k(r - r_0)(1 + \cos n\varphi) \tag{8-2-17}$$

MM 力场的其他各项分别为

$$U_{\mathrm{b}}(r) = \frac{k_{\mathrm{b}}}{2}(r - r_0)^2[1 - k'_{\mathrm{b}}(r - r_0) - k''_{\mathrm{b}}(r - r_0)^2 - k'''_{\mathrm{b}}(r - r_0)^3] \tag{8-2-18}$$

$$U_{\theta}(r) = \frac{k_{\theta}}{2}(\theta - \theta_0)^2[1 - k'_{\theta}(\theta - \theta_0) - k''_{\theta}(\theta - \theta_0)^2 - k'''_{\theta}(\theta - \theta_0)^3] \tag{8-2-19}$$

$$U_{\varphi}(\varphi) = \sum_{n=1}^{3} \frac{V_n}{2}(1 + \cos n\varphi) \tag{8-2-20}$$

$$U_{\chi}(\chi) = k(1 - \cos n\varphi) \tag{8-2-21}$$

由于 MM 力场中仔细考虑了多项交叉作用，所以其力场形式较为复杂，不易程序化，对计算资源需求较大。

（2）AMBER 力场。

AMBER（assisted model building with energy refinement）力场是美国加州大学 Kollman 教授课题组开发的一整套广泛用于生物分子的力场，主要适用于较小的蛋白质、核酸、

多糖等生化分子。AMBER 力场的参数来自计算结果与实验值的比对，该力场的标准形式为

$$U = U_b + U_\theta + U_\varphi + U_{nb} + U_{el} + U_{hb} \tag{8-2-22}$$

式中：U_{hb}为氢键作用项。各项具体形式为

$$U_b = \frac{1}{2}\sum_i k_{bi}(r_i - r_{0i})^2 \tag{8-2-23}$$

$$U_\theta = \frac{1}{2}\sum_i k_{\theta i}(\theta_i - \theta_{0i})^2 \tag{8-2-24}$$

$$U_\varphi = \frac{1}{2}\sum_i V_0[1 + \cos(n\varphi_i - \varphi_{0i})] \tag{8-2-25}$$

$$U_{nb} = \sum_i \varepsilon\left[\left(\frac{\sigma}{r_i}\right)^{12} - 2\left(\frac{\sigma}{r_i}\right)^6\right] \tag{8-2-26}$$

$$U_{el} = \sum_{i,j}\frac{q_i q_j}{\varepsilon r_{ij}} \tag{8-2-27}$$

$$U_{hb} = \sum_{i,j}\left[\frac{c_{ij}}{r_{ij}^{12}} - \frac{D_{ij}}{r_{ij}^{10}}\right] \tag{8-2-28}$$

（3）CHARMM 力场。

CHARMM（chemistry at harvard macromolecular mechanics）力场由美国哈佛大学开发，该力场的参数除了来自计算结果与实验值的比对外，还引用了大量的量子计算结果作为依据。它可以适用于研究许多分子系统，包括小的有机分子、溶液、聚合物、生化分子等。除了有机金属分子外，应用该力场通常可以得到与实验值相近的结构、作用能、构型能、振动频率、自由能和许多时间相关物理参数。

（4）CVFF 力场。

CVFF（consistant valence force field）力场为 Dauber Osguthope 等开发，该力场最初以生化分子为主，适用于计算氨基酸、水及含各种官能团的分子体系，其后经过后续发展，可以适用于计算各种多肽、蛋白质与大量的有机分子。该力场对系统的结构与结合能计算十分准确，亦可提供合理的构型能和振动频率。

（5）第二代力场。

第二代力场的形式较上述的经典力场复杂，需要大量的力常数。其设计的目的为能精确地计算分子的各种性质、结构、光谱、热力学特性、晶体特性等资料。其力常数的推导除了引用大量的实验数据外，还参照了精确的量子计算的结果。尤其适用于有机分子或不含过渡金属元素的分子系统。

第二代力场因参数的不同分为 CFF91、CFF95、PCFF 与 MMFF93 等，其中前三种称为一致性力场（consistent force field，CFF）。

CFF91 力场适用于研究碳氢化合物、蛋白质、蛋白质-配位基的交互作用。亦可研究小分子的气态结构、振动频率、扭转能障、晶体结构。CFF91 的力场含有 H、Na、Ca、C、Si、N、P、O、S、F、Cl、Br、I、Ar 等原子的参数，可计算包含这些原子的分子体系。

CFF95 力场衍生于 CFF91 力场，是专门针对多糖类、聚碳酸酯类等生化分子与有机聚合物所发展的，较适用于生命科学的应用。该力场含有卤素原子及 Li、Na、K、Rb、Cs、Mg、Ca、Fe、Cu、Zn 等金属原子的参数。

PCFF 力场也是由 CFF91 衍生得到，适用于计算聚合物及有机物。主要可应用于聚碳

酸酯类、三聚氰胺树脂、多糖类、聚合物、糖类、脂肪类、核酸、有机物及约20种无机物。除了CFF91力场的参数外，PCFF还有He、Ne、Kr、Xe等惰性气体原子及Li、K、Cr、Mo、W、Fe、Ni、Pd、Pt、Cu、Ag、Au、Al、Sn、Pb等金属原子的力场参数。

MMFF93力场为美国的Merck公司针对有机药物设计开发的。该力场引用了大量的量子计算结果作为依据，采取MM2、MM3力场的形式，主要应用于计算固态或液态的小型有机分子系统，可得到准确的几何结构、振动频率及各种热力学性质。

（6）特殊的力场。

除了上述的一般性力场外，还有一些力场专为某些特殊体系而设计。例如专门计算沸石（zeolite）系统的力场、专门计算金属氧化物固体的COMPASS力场、专门计算高分子的力场。若力场考虑系统中所有的原子，则称为全原子力场（all - atom force field），还有一些简化的力场，将原子基团合并考虑，称为联合原子（united - atom）力场。

8.2.5 牛顿运动方程的数值求解

多粒子体系的牛顿运动方程异常复杂，无法求得解析解，因此需要利用计算机求解数值解。在分子动力学模拟的发展过程中，人们发展了许多数值求解算法，常见的方法有Verlet算法、蛙跳算法、速度Verlet算法、预测 - 校正算法等。

1. Verlet 算法

Verlet算法是Verlet在1967年提出的，这一方法是目前在分子动力学模拟中应用最为广泛的方法。这种算法利用t时刻的位置和加速度，以及前一时刻（$t-\delta t$）的位置，计算下一时刻（$t+\delta t$）的位置，然后再由（$t-\delta t$）和（$t+\delta t$）两个时刻的位置计算t时刻的速度。Verlet算法的推导可通过将粒子的位置用泰勒级数展开，即

$$r_i(t+\delta t)=r_i(t)+\delta t v_i(t)+\frac{1}{2}\delta t^2 a_i(t)+\cdots \tag{8-2-29}$$

$$r_i(t-\delta t)=r_i(t)-\delta t v_i(t)+\frac{1}{2}\delta t^2 a_i(t)-\cdots \tag{8-2-30}$$

两式相加得

$$\begin{aligned} r_i(t+\delta t) &= 2r_i(t)-r_i(t-\delta t)+\delta t^2 a_i(t) \\ &= 2r_i(t)-r_i(t-\delta t)+\delta t^2\frac{F_i(t)}{m_i} \end{aligned} \tag{8-2-31}$$

t时刻的速度为

$$v_i(t)=[r_i(t+\delta t)-r_i(t-\delta t)]/2\delta t \tag{8-2-32}$$

其中，计算坐标位置的误差为（Δt）^{4}的量级，计算速度的误差为（Δt）^{2}的量级。Verlet算法简单，存储要求适中。它有两个缺点：①坐标位置$r_i(t+\delta t)$是由两个大数$2r_i(t)$和$r_i(t-\delta t)$的差值与一个小数$\delta t^2 F_i(t)/m_i$的和求得，可能引起计算精度的降低；②速度需要在得到位置后才能确定，且计算精度比位置的计算精度低二阶。Verlet算法有很多改进版本，其中最常用的是蛙跳算法（leap - frog algorithm）。

2. 蛙跳算法

蛙跳算法是由Hockney在1970年提出的算法。该算法的差分公式如下：

$$r_i(t+\delta t)=r_i(t)+\delta t v_i(t+\delta t/2) \tag{8-2-33}$$

$$v_i(t+\delta t/2)=v_i(t-\delta t/2)+\delta t\frac{F_i(t)}{m_i} \tag{8-2-34}$$

蛙跳算法中，首先利用 $t-\delta t/2$ 时刻的速度和 t 时刻的加速度计算出 $t+\delta t/2$ 时刻的速度，然后利用 t 时刻的位置和 $t+\delta t/2$ 的速度计算出 $t+\delta t$ 时刻位置。由于速度的计算直接从 $t-\delta t/2$ 时刻跳到了 $t+\delta t/2$ 时刻，跳过了 t 时刻的速度计算，所以该算法被命名为蛙跳算法。t 时刻的速度虽然没有出现在公式中，但需要时可以通过以下关系式计算得到：

$$v_i(t)=\frac{1}{2}[v_i(t-\delta t/2)+v_i(t+\delta t/2)] \tag{8-2-35}$$

同样的，位置的计算也跳过了 $t+\delta t/2$ 时刻，直接由 t 时刻计算得到了 $t+\delta t$ 时刻。相比于 Verlet 算法，蛙跳算法有两个优点，一是不需要计算两个大数的差值，精度较高，二是速度不需要得到位置后确定。但是它也有明显的缺陷：位置和速度不能同时得到，这意味着在位置一定时，不可能同时计算动能对总能量的贡献。

3. 速度 Verlet 算法

速度 Verlet 算法是由 Swope 在 1982 年提出的对 Verlet 算法的另一种改进，可以同时给出位置、速度与加速度，并且不牺牲精度，差分公式为

$$r_i(t+\delta t)=r_i(t)+\delta t v_i(t)+\frac{1}{2}\delta t^2\frac{F_i(t)}{m_i} \tag{8-2-36}$$

$$v_i(t+\delta t)=v_i(t)+\frac{1}{2}\delta t\frac{[F_i(t)+F_i(t+\delta t)]}{m_i} \tag{8-2-37}$$

该算法需要储存每个时刻的坐标、速度和力，计算位置和速度时需要计算坐标更新前和更新后的力。在 Verlet 算法、蛙跳算法和速度 Verlet 算法这三种算法中，速度 Verlet 算法的精度和稳定性是最好的。

4. 预测 - 校正算法

为了使用尽可能大的时间步长，或者在相同的时间步长下获得较高的精度，可以储存和使用前一步的力，使用预测—校正算法更新位置和速度。Gear 于 1971 年提出了基于预测 - 校正积分方法的 Gear 算法，这种方法可分为三步。

首先，因为经典运动粒子的轨迹是连续的，所以在 $t+\delta t$ 时刻的位置、速度等可由 t 时刻的泰勒展开式预测得到：

$$r_i^{\mathrm{p}}(t+\delta t)=r_i(t)+\delta t v_i(t)+\frac{1}{2}\delta t^2 a_i(t)+\frac{1}{6}\delta t^3 b_i(t)+\cdots \tag{8-2-38}$$

$$v_i^{\mathrm{p}}(t+\delta t)=v_i(t)+\delta t a_i(t)+\frac{1}{2}\delta t^2 b_i(t)+\cdots \tag{8-2-39}$$

$$a_i^{\mathrm{p}}(t+\delta t)=a_i(t)+\delta t b_i(t)+\cdots \tag{8-2-40}$$

$$b_i^{\mathrm{p}}(t+\delta t)=b_i(t)+\cdots \tag{8-2-41}$$

式中：$v_i(t)$、$a_i(t)$ 和 $b_i(t)$ 为速度（位置对时间的一阶导数）、加速度（位置对时间的二阶导数）和位置对时间的三阶导数。这些物理量来自泰勒展开式，而非由求解牛顿运动方程式而来。

第二步根据新预测的位置 $v_i^{\mathrm{p}}(t+\delta t)$，计算 $t+\delta t$ 时刻的力 $F_i(t+\delta t)$，然后计算校正后的加速度 $a_i^{\mathrm{c}}(t+\delta t)$。将 $a_i^{\mathrm{c}}(t+\delta t)$ 与泰勒展开式预测的加速度 $a_i^{\mathrm{p}}(t+\delta t)$ 进行比较。两者之差将在校正步骤里用于校正位置与速度项。加速度的误差估算为

$$\Delta a_i(t+\delta t)=a_i^{\mathrm{c}}(t+\delta t)-a_i^{\mathrm{p}}(t+\delta t) \tag{8-2-42}$$

假定预测的量与校正后的量的差很小，则可以说它们互相成正比，这样校正后的量为

$$r_i^c(t+\delta t)=r_i^p(t+\delta t)+c_0\Delta a_i(t+\delta t) \quad (8-2-43)$$

$$v_i^c(t+\delta t)=v_i^p(t+\delta t)+c_1\Delta a_i(t+\delta t) \quad (8-2-44)$$

$$a_i^c(t+\delta t)=a_i^p(t+\delta t)+c_2\Delta a_i(t+\delta t) \quad (8-2-45)$$

$$b_i^c(t+\delta t)=b_i^p(t+\delta t)+c_3\Delta a_i(t+\delta t) \quad (8-2-46)$$

式中，Gear 确定了一系列系数 c_0、c_1、c_2、c_3，展开式在三阶微分 $b(t)$ 后被截断。采用的系数的近似值为 $c_0=1/6$、$c_1=5/6$、$c_2=1$、$c_3=1/3$。

8.2.6 边界条件与初值

1. 边界条件

由于计算机的计算能力有限，模拟体系的粒子数不可能很大（通常数万或数十万原子数），这就导致模拟系统粒子数远小于实际情况，即所谓的“尺寸问题”。

为了缓解“尺寸问题”同时又不至于使计算量过大，对于平衡态分子动力学模拟采用周期性边界条件。引入周期性边界条件后，模拟体系成为具有相同性质的分子体系的一部分，简称中心元胞。通过周期性边界条件，中心元胞的镜像在三维空间中周期性地重复出现，充满整个空间。这样，虽然分子动力学模拟方法只模拟实际物质的很小一部分，但由于所模拟体系的镜像在三维空间中周期性出现，整个体系变成赝无穷大了。在进行分子动力学模拟时，粒子不但可以在中心元胞内运动，还可以离开中心元胞，进入临近的镜像元胞。如果模拟时间足够长，模拟体系的所有粒子或镜像粒子可以在整个空间运动。在这个过程中，周期性边界条件的作用是，当某个粒子从中心元胞的一处边界离开时，一定有它的镜像粒子从中心元胞的相对边界处进入中心元胞。另外，即使某个分子的一部分离开中心元胞，另一部分仍留在中心元胞中，仍然可以利用周期性边界条件重新再现完整的分子，消除边界效应。

2. 初始条件

对于经典力学体系，只要确定系统内粒子的初始位置和初始速度，就可以计算粒子在未来任何时刻的位置和速度。为了保证分子动力学模拟得到的轨迹具有代表性，模拟的起始点必须接近平衡态。如果起始点偏离平衡状态，不仅模拟得到的轨迹没有代表性，还会影响模拟过程的稳定性，导致模拟需要浪费很长时间才能达到系统热力学平衡，或甚至根本无法平衡。分子动力学模拟的初始条件要求一般如下：

对于单原子分子体系和小分子体系，只要模拟温度不太低，一般比较容易达到平衡。因此可以选择粒子随机分布的体系作为初始构型。但是，必须注意分子的形状不能过分偏离平衡状态，分子间也不能靠得太近，否则分子内应力和分子间排斥力过大，将导致运动方程不稳定，模拟无法进行。

对于晶体和玻璃态物质，必须确保初始构型处在平衡构型附近，否则无法通过模拟达到平衡状态。

对于合成高分子、生物分子等大分子体系或者大分子溶液，要根据大分子和溶剂的结构特征确定初始构型，否则模拟中大分子难以达到平衡构型。

除了初始构型之外，还需要给每个原子赋初始速度。初始速度的设定一般服从模拟温度下的 Maxwell - Boltzmann 分布，即

$$p(v_{x,y,z})=\left(\frac{m}{2\pi k_B T}\right)^{1/2}\exp\left(-\frac{1}{2}\frac{mv_{x,y,z}^2}{k_B T}\right) \quad (8-2-47)$$

式中：$v_{x,y,z}$ 为初始速度；m 为原子质量；k_B 为玻尔兹曼常数（1.38×10^{-23} J/K）。通常

计算前还需检查粒子的速度分布以使各方向上的总动量为零，否则计算的系统本身会产生移动而导致总能量不稳定。

8.2.7 系综原理简介

系综（ensemble）是统计力学的一个概念，它是由吉布斯于 1901 年完成的。系综是一个巨大的系统，是由组成、性质、尺寸和形状完全一样的全同体系构成、数目极多的系统的集合。其中每个系统各处在某一微观运动状态，而且是各自独立的。微观运动状态在相空间中构成一个连续的区域，与微观量相对应的宏观量是在一定的宏观条件下所有可能的运动状态的平均值。

根据分子动力学模拟对象的特性，主要的系综有微正则系综（NVE）、正则系综（NVT）、等温等压系综（NPT）、等焓等压系综（NPH）等。采用分子动力学模拟时，必须要在一定的系统下进行。

微正则系综，又称 NVE 系综，它是孤立的、保守的系统的统计系统。在这种系统中，体系与外界不交换能量，体系的粒子数守恒，体系的体积也不发生变化，系统沿着相空间中的恒定能量轨道演化。

正则系综是一个粒子数为 N、体积为 V、温度为 T，且总动量守恒的系统，在这个系统中系统的粒子数、体积和温度都保持不变，总动量为零，因此又称为 NVT 系综。在恒温下，系统的总能量不是一个守恒量，系统要与外界发生能量交换。保持系统的温度不变，通常运用的方法是让系统与外界的热浴处于热平衡状态。由于温度与系统的动能有直接的关系，通常的做法是把系统的动能固定在一个给定值上，这是通过对速度进行标度来实现的。

等温等压系综，即 NPT 系综，就是系统处于等温、等压的外部环境下的系统，在这种系统下，体系的粒子数 N、压力 p 和温度 T 都保持不变。这是最常见的系统之一。在这一系统中，不仅要保证系统的温度恒定，还要保持压力恒定。温度的恒定和以前一样，是通过调节系统的速度来实现的；而对压力进行调节就比较复杂。由于系统的压力与其体积是共轭量，要调节压力值可以通过标度系统的体积来实现。

等压等焓系综，即 NPH 系综，就是保持系统的粒子数 N、压力 p 和焓值 H 都不变。系统的焓值为

$$H = E + pV \tag{8-2-48}$$

式中：E 为系统能量；V 为体积。在该系统下进行模拟，必须保持压力和焓值为一恒定值。这种系综在实际操作中已经很少遇到，而且调节技术的实现也有一定的难度。

除了上述的几种系综，还存在其他系综，如巨正则系综、Gibbs 系综、半巨正则系综等，在这不做详细讨论。

8.3 量子化学计算

8.3.1 量子化学简介

量子化学是应用量子力学的基本原理及方法去研究和解决化学问题的一门基础科学。量子化学研究的对象是微观粒子，研究的问题包括原子、分子和晶体的电子层结构、化学键、分子间作用力、化学反应、各种光谱、波谱和电子能谱，以及无机和有机化合物、生物大分子、各种功能材料的结构和性能。学习和研究量子化学对深入理解材料性质、探索发展新型

材料具有实际意义。

20世纪20年代建立的量子力学是物理学乃至自然科学的最重要的成就之一。1927年，德国物理学家 Heitler 和 London 用量子力学的方法研究了氢分子的化学性质，说明了两个氢原子能够结合成一个稳定氢分子的原因，成功地定量阐释了两个中性原子形成化学键的过程，据此提出了共价键理论，并且他们计算得到的氢分子结合能和实验结果非常接近。量子化学领域存在两大流派，一个是由美国化学家 Pauling 在 Heitler 和 London 的氢分子结构工作的基础上发展而成的价键理论，其图像与经典原子价理论接近，得到了研究界的普遍接受。另外一个是由美国化学家 Mulliken 等首先提出的分子轨道理论，分子轨道理论和价键理论相比计算较简便，并且计算得到的材料电离能与实验值测定的结果相当接近，这使它在化学键理论中占主导地位。此后，在研究过渡金属元素配合物时，美国物理学家 Bethe 和 Vleck 提出了晶体场理论，并将其应用于研究配位场中的能级分裂。后来，晶体场理论与分子轨道理论相结合发展出了现代配位场理论。价键理论、分子轨道理论以及配位场理论共同组成了量子化学中化学键理论。

应用量子化学理论解决实际问题的过程中总是离不开数学计算，而随着化学键理论的逐渐成熟，探索更加准确简便的计算方法成为量子化学领域的研究重点。在量子化学理论发展的前期阶段，其主要研究对象是氢气等小分子，采用人工计算的方法勉强可以得到处理，但是随着研究的体系越来越大，结构越来越复杂，人工计算不能满足量子化学计算的需求。20世纪50年代之后，计算机的出现迅速取代人工计算，为量子化学计算提供了强有力的工具。分子轨道理论因为其易于程序化的特点得到了蓬勃发展并逐渐占据主流地位。基于实验参数拟合的半经验分子轨道法和不依赖实验数据的严格从头算方法依次成为量子化学计算的主流。之后，随着现代密度泛函理论（density functional theory，DFT）逐渐成熟，DFT 在量子化学计算中占据主导地位。20世纪90年代之后，基于 DFT 的计算软件普及使得量子化学计算得到极为广泛的应用，美国物理学家 Kohn 和英国化学家 Pople 也分别因为提出密度泛函理论和发展首个普及的量子化学软件获得1998年诺贝尔化学奖。21世纪，随着量子计算机等计算能力更加强大的技术的发展，求解更加复杂体系的薛定谔方程成为可能，量子化学计算会在探索未知世界中发挥更大的作用。

8.3.2 波函数与薛定谔方程

要从量子化学的层次上解释材料的性能及微观机理，就需要获得组成材料系统最基本单元的信息。材料从量子力学的角度可以看成是由许多原子核以及围绕着原子核运动的电子组成的系统，而电子及原子核等微观粒子的状态与材料宏观性质密切相关。不同于用坐标和动量表示宏观物体状态这种经典描述方法，由于微观粒子存在波粒二象性，这种经典方法在微观体系中不再适用。在量子力学中，微观粒子的状态采用波函数来描述，记为 $\Psi(r, t)$。波函数在空间某一点的强度（模的平方）和在该点找到粒子的概率成正比[6]。

类似于经典力学中的坐标和动量随时间的变化可以使用牛顿定律来描述，量子力学中的波函数随时间变化的规律也可以通过薛定谔方程来表示：

$$\widehat{H}\Psi = E\Psi \tag{8-3-1}$$

式中：$\widehat{H}$ 为哈密顿算符；E 为体系的能量。量子化学计算的出发点是求解多粒子系统的薛定谔方程，得到体系的波函数。求解薛定谔方程的一个关键在于得到体系哈密顿算符的表达式，在无外场作用下，多电子原子中电子的非相对论形式的哈密顿算符可写成：

$$\hat{H} = -\sum_{p}\frac{\hbar}{2M_p}\nabla_p^2 - \sum_{i}\frac{\hbar}{2m_e}\nabla_i^2 + \frac{e^2}{2}\sum_{i<j}\frac{1}{r_{i,j}} - e^2\sum_{p,j}\frac{Z_p}{r_{p,i}} + \frac{e^2}{2}\sum_{p<q}\frac{Z_pZ_q}{r_{p,q}} \tag{8-3-2}$$

式中：$\hbar$ 为约化普朗克常数；M_p 为第 p 个原子核的质量；m_e 为电子的质量；r 为粒子之间的距离；Z 为原子核电荷数。式（8-3-2）中等式右边各项从左到右依次为核动能、电子动能、电子间排斥能、电子与核吸引能和核之间排斥能。在满足原子核和电子各自的统计后，所有的性质就可以通过求解上述的薛定谔方程得到。直接求解薛定谔方程是不现实的，针对我们关心的特定问题，必须对体系进行合理的近似和简化以方便求解。

8.3.3 绝热近似与自洽场近似

在量子化学计算中，面对的一般是多原子多电子体系，对这样的多粒子系统来说，由于粒子间存在复杂的相互作用，总体波函数并不能分解成可以解耦的独立方程，所以式（8-3-1）对应的薛定谔方程在实际操作中是非常难求解的。实际操作中，通常用到两个非常重要的近似理论对体系进行简化近似，一个是通过 Born-Oppenheimer 绝热近似，把原子核的运动和电子运动分开，另外一个是通过 Hartree-Fock 自洽场近似，将多电子问题转化为单电子问题。

1. 绝热近似

无外场作用的情况下，多粒子系统的哈密顿量包括所有粒子的动能和他们之间的相互作用。这些作用可以分为三类：电子和电子之间的库仑相互作用、原子核和原子核之间的库仑相互作用以及电子和原子核之间的相互作用。

电子与原子核的相互作用与其他相互作用具有相同的数量级，不可以简单地忽略。但是原子核质量比电子质量大 3 个数量级，根据动量守恒可以推断，原子核的运动速度比电子的运动速度小得多，因此原子核的运动和电子的运动能够分开考虑。电子处于高速运动中，而原子核只是在它们的平衡位置附近振动；电子可以绝热于核的运动，而原子核只能缓慢地跟上电子分布的变化。因此，Born 和美国物理学家 Oppenheimer 提出将整个问题分成电子的运动和核的运动来考虑：考虑电子运动时原子核处在它们的瞬时位置上，而考虑原子核的运动时则不考虑电子在空间的具体分布。这就是 Born-Oppenheimer 近似或称绝热近似。通过绝热近似实现了将多粒子系统中电子的运动与原子核的运动分开。如果原子核的相对位置发生变化，电子的运动状态将随之而改变，因此，原子核之间的相互作用能需要加到电子系统的能量中。

多粒子系统的电子部分哈密顿算符在绝热近似下简化为

$$\hat{H} = \hat{H}_e(r) + \hat{V}_{N-N}(R) + \hat{H}_{e-N}(r,R) \tag{8-3-3}$$

式中：$\hat{H}_e$ 为电子之间的相互作用和动能；$\hat{V}_{N-N}$为原子核之间的相互作用和动能；$\hat{H}_{e-N}$ 为电子和原子核之间的相互作用。相应的，原子核的薛定谔方程可以表示为

$$[\hat{T}(R) + \hat{E}(R)]\chi(R) = E^H(R)\chi(R) \tag{8-3-4}$$

借助绝热近似，可以通过分别求解电子和原子核部分的薛定谔方程得到电子波函数、电子总能量和原子核部分的波函数 $\chi(R)$。

2. 自洽场近似[15]

由于原子核之间的相互作用只与原子核的位置有关，对于原子核位置确定的体系，原子

核之间的相互作用是个常数，它只影响电子系统的总能量，不影响电子波函数。所以，在求解电子波函数和电子能量时，可以先不计入原子核之间的排斥力，最后再将原子核之间排斥力加入电子能量中。在这样的简化下，多电子系统的哈密顿算符可以分成两部分：

$$\widehat{H} = \sum_i \widehat{H}_i + \sum_{i,j}{}' \widehat{H}_{ij} \tag{8-3-5}$$

$$\widehat{H}_i = -\frac{1}{2}\Delta_i^2 + V(r_i) \tag{8-3-6}$$

$$H\Delta_{ij}^2 = \frac{1}{2}\frac{1}{(r_i - r_j)}(i \neq j) \tag{8-3-7}$$

式中：$\widehat{H}_i$ 为单电子算符，包括了单电子的动能和原子核对单电子的库仑作用势；$\widehat{H}_{ij}$ 为双电子算符，表示的是两个电子之间的库仑相互作用势。多电子薛定谔方程难以求解，不能简单地用分离变量法求薛定谔方程的精确解，因此，考虑将这一双电子算符简化为单电子算符，即可以将多电子问题转化为互不相关的单电子问题。解决这一问题的是 Hartree，他提出可以用单电子波函数 $\varphi_i(r_i)$ 的连乘积作为多电子薛定谔方程的近似解，这种近似称为 Hartree 近似：

$$\Phi(r) = \varphi_1(r_1)\varphi_2(r_2)\cdots\varphi_i(r_i)\cdots\varphi_n(r_n) \tag{8-3-8}$$

对于处在位矢 r_1、…、r_n 的 N 个电子，一共有 $N!$ 种排列，由于电子的不可区分，这些排列都是等价的。这说明虽然 Hartree 波函数满足泡利不相容原理，即没有两个电子处于同一状态，但 Hartree 波函数并没有考虑到电子交换反对称性。为了使单电子波函数的乘积满足多电子系统波函数的交换反对称性，Fock 和 Slater 分别独立地提出：具有位矢 r_n 的 N 电子系统，记第 i 个电子在坐标 q_i 处的归一化波函数为 $\varphi_i(q_i)$，这里 q_i 已包含电子的位置 r_i 和自旋，那么 N 电子系统的波函数可以用下面的 Slater 行列式近似：

$$\Phi = \frac{1}{\sqrt{N!}}\begin{vmatrix} \varphi_1(q_1) & \varphi_2(q_1) & \cdots & \varphi_n(q_1) \\ \varphi_1(q_2) & \varphi_2(q_2) & \cdots & \varphi_n(q_2) \\ \vdots & \vdots & & \vdots \\ \varphi_1(q_n) & \varphi_2(q_n) & \cdots & \varphi_n(q_n) \end{vmatrix} \tag{8-3-9}$$

可以看出该行列式可以同时满足泡利不相容原理和电子交换反对称性：交换任意两个电子就相当于交换其中的两行，这一操作会引起波函数 Φ 改变符号；同时，当两个电子具有相同坐标时，波函数等于 0。上述近似称为 Fock 近似。Fock 近似的实质是用归一化的单电子波函数的乘积线性组合成具有交换反对称性的函数作为多电子系统的波函数。

使用 Slater 行列式求的系统能量包括单电子算符对应的能量、电子库仑能和电子交换反对称带来的电子交换能。进一步可将多电子薛定谔方程简化为单电子有效势方程，即 Hartree - Fock 方程：

$$\left[\frac{1}{2}\Delta_i^2 + V(r)\right]\varphi_i(r) + \sum_{j(\neq i)}\int \mathrm{d}r' \frac{|\varphi_j(r')|^2}{|r - r'|}\varphi_i(r) +$$

$$\sum_{j(\neq i),\|}\int \mathrm{d}r' \frac{|\varphi_j^*(r')\varphi_i(r')|^2}{|r - r'|}\varphi_j(r) = E_i\varphi_i(r) \tag{8-3-10}$$

式（8 - 3 - 10）中，左边第一项是单电子动能和原子核对电子的作用项，第二项是电子库仑相互作用项，第三项是电子相互作用项。符号“‖”表示只对自旋相同的电子求和。与哈特里近似的哈密顿算符（8 - 3 - 5）相比，Hartree - Fock 方程近似增加交换相互作用项。

Hartree - Fock 方程近似的实质是将每个电子的运动近似成单个电子在一个有效势场中的独立运动，这种近似称为单电子近似。在 Hartree - Fock 方程近似中，有效势包含了原子核对电子的静电吸引作用、电子与电子的库仑排斥作用和电子与电子的交换相互作用。需要注意的是，自旋反平行电子间的排斥相互作用（即关联相互作用）并没有被考虑进去：在 r 处已占据了一个电子，那么在 r' 处电子密度会相应地减少，类似于再增加带正电的关联空穴，即电子的关联相互作用是需要考虑的。

8.3.4 密度泛函理论

基于上述两个近似，Hohenberg、Kohn 和 Sham[16] 提出了密度泛函理论。密度泛函的理论基础是 Hohenberg 和 Kohn 提出的关于非均匀电子气的理论，可以归结为两个基本定理：

(1) 不计自旋的全同费米子系统的基态能量是粒子数密度函数 $\rho(r)$ 的唯一泛函；

(2) 能量泛函 $E[\rho]$ 在粒子数不变条件下对正确的粒子数密度函数 $\rho(r)$ 取极小值，并等于基态能量。

这两个定理统称为 Hohenberg - Kohn 定理。定理 (1) 说明粒子数密度函数是确定多粒子系统基态物理性质的基本变量。多粒子系统的所有基态物理性质，如能量、力等算符的期望值都由粒子数密度函数唯一确定。定理 (2) 说明如果得到了基态粒子数密度函数，就能确定能量泛函的极小值，并且这个极小值等于基态的能量，因此能量泛函对粒子数密度的变分是确定系统基态的一种途径。

这里所讨论的基态非简并、不计自旋的费米子系统，而是分子或固体的电子系统，其哈密顿算符为

$$\widehat{H} = \widehat{V}_{\mathrm{ext}} + \widehat{V}_{\mathrm{N-N}} \tag{8-3-11}$$

式中：$\widehat{V}_{\mathrm{ext}}$是表示对所有电子都相同的外场势，若无其他外场势，则 $\widehat{V}_{\mathrm{ext}}=\widehat{V}_{\mathrm{e-N}}$。

对于给定的外场，多电子系统的能量是电子数密度（也称为电荷密度）$\rho(r)$ 的泛函。多电子系统的能量泛函 $E[\rho]$ 为

$$E[\rho] = F[\rho] + E_{\mathrm{ext}}[\rho] + E_{\mathrm{N-N}} \tag{8-3-12}$$

式中：F 为与外场无关的泛函，它包括电子的动能和电子之间的相互作用能；E_{ext}为局域势 V 所表示的外场对电子的作用能；$E_{\mathrm{N-N}}$为原子核之间的排斥能。为了详细说明 F，可把 F 分为三项，第一项和第二项是与无相互作用粒子模型对应的动能 T 和库仑排斥能，第三项是所有未包含在无相互作用粒子模型中的相互作用能 E_{xc}。这种相互作用包括自旋平行电子间的交换相互作用和自旋反平行电子间的关联相互作用。因此，E_{xc}称为交换关联相互作用能（简称交换关联能），它包含了电子间相互作用的全部复杂性。E_{xc}也是电子数密度 ρ 的泛函，可分成交换能 E_{x}和关联能 E_{c}两部分，即

$$E_{\mathrm{xc}}[\rho] = E_{\mathrm{x}}[\rho] + E_{\mathrm{c}}[\rho] \tag{8-3-13}$$

根据 Hohenberg - Kohn 定理，如果能得到能量泛函 E，将 E 对电子数密度 ρ 变分，就可以确定系统的基态和所有的基态性质。由于无法直接得到有相互作用电子系统的动能，Kohn 和 Sham 提出了如下近似方式[17]：

(1) 假定动能泛函 T 可用一个已知的无相互作用电子系统的动能泛函 T_{s}来代替，这个无相互作用的电子系统与有相互作用电子系统具有相同的密度函数；

（2）用 N 个单电子函数 $\varphi_i(r)$ 构成密度函数 $\rho(r)$：

$$\rho(r) = \sum_{i=1}^{N} |\varphi_i(r)|^2 \tag{8-3-14}$$

将能量泛函 $E[\rho]$ 对 $\varphi_i(r)$ 的变分求极小值，以 E_i 为拉格朗日乘子，可以导出 Kohn - Sham 方程：

$$\left\{-\frac{1}{2}\Delta^2 + V_{KS}[\rho(r)]\right\}\varphi_i(r) = E_i\varphi_i(r) \tag{8-3-15}$$

其中

$$V_{KS}[\rho(r)] = v(r) + \int dr' \frac{\rho(r')}{|r-r'|} + \frac{\delta E_{xc}[\rho(r)]}{\delta\rho(r)} \tag{8-3-16}$$

式中：$V_{KS}[\rho(r)]$ 为与 Hartree - Fock 方程中有效势相对应的势能，包括外场势、库仑排斥势和交换关联势。通过求解式（8 - 3 - 15）可以得到由单电子波函数 $\varphi_i(r)$ 构成的体系基态电子数密度函数。根据 Hohenberg - Kohn 定理，通过电子数密度就可以确定系统基态的能量、波函数及各物理量的期望值。进一步地，通过密度泛函理论得到结果可以准确模拟材料的微观特性，并且与实验数据相比表现出很高的吻合度，因此广泛应用于量子化学计算中。

在求解 Kohn - Sham 方程的过程中，一个极其重要的问题是交换关联泛函 $E_{xc}[\rho]$ 到底取什么形式。为了解决这一问题，Kohn 和 Sham 提出了交换关联泛函局域密度近似（local density approximation，LDA）。LDA 的基本思想是：利用均匀电子气的密度函数 $\rho(r)$ 来得到非均匀电子气的交换关联泛函。在 LDA 框架下，可以给出 $E_{xc}[\rho]$ 的具体形式，然后对式（8 - 3 - 14）和式（8 - 3 - 16）进行自洽计算。在 LDA 中，交换关联泛函可以描述为

$$E_{xc}^{LDA}[\rho_\uparrow(r),\rho_\downarrow(r)] = \int[\rho_\uparrow(r)+\rho_\downarrow(r)]\varepsilon_{xc}^{h}[\rho_\uparrow(r),\rho_\downarrow(r)]dr \tag{8-3-17}$$

式中：$\rho_\uparrow$ 为自旋向上的电子密度，$\rho_\downarrow$ 为自旋向下的电子密度；ε_{xc}^{h} 为均匀电子气的交换关联能密度。LDA 的特点是：更适合均匀体系；化学趋势比较正确；可以较为准确地描述共价、离子和金属键合体系的几何结构；键长、键角和声子频率误差较小，但是会高估介电性质，同时低估结合较弱体系的键长；容易造成分子和固体过度键合；在有限体系，交换关联势在真空中并非 $-e^2/r$ 衰减，影响了解离极限和离子化能。

造成 LDA 不够准确的原因是非均匀电子气的效应并没有在 LDA 中体现出来，因此为了弥补这一不足，一种改进方法是将电子气的梯度信息加入交换关联泛函中，这样能够使得交换关联能不仅依赖于电子密度，也和密度的梯度有关，因此该方法称为梯度校正法或广义梯度泛函（Generalized Gradient Approximation，GGA）。最为广泛使用的 GGA 是 BLYP 泛函和 PBE 泛函[18]。BLYP 泛函是通过拟合已知体系的结果得到，PBE 泛函是使泛函满足一定的数学和物理规律得到，相比于 LDA，GGA 包含有更多的物理信息，因此对体系的描述更加准确。但是 GGA 也有一些固有的缺点，比如会高估贵金属的晶格常数；另外，由于在 LDA 和 GGA 两种近似中，电子与其自身的自相互作用并没有抵消，其势函数在大距离下与实际情况相差较大，即总能量密度的渐进行为是不正确的。为了解决这一问题，混合了不同的梯度校正方案的杂化泛函（如 B3LYP、B3PW91、B1B96 等）陆续被开发出来，正逐渐得到广泛的接受和应用。

8.3.5　密度泛函理论计算流程

进行密度泛函理论计算的核心在于求解 Kohn - Sham 方程，目前最常用的求解方法是自洽场（self consistent field，SCF）方法，其本质是一种迭代方法。计算流程如图 8 - 3 - 1 所示，大致可以分为三步：电子自洽计算、结构优化计算、其他物理化学性质计算。

在能量计算中，首先要假设一个初始的电荷密度矩阵（如原子电子密度或随机密度），根据所假设的电子密度构造有效势函数，进而得到体系的哈密顿量，再通过求解本征方程（共轭梯度最小化或残差最小化）得到体系的 Kohn - Sham 本征态和波函数。利用得到的波函数计算新的电子密度和体系总能量，如果未收敛，将利用所得到的波函数计算新的电荷密度，通过比较新的电荷密度和总能与上一步得到的电荷密度和总能来判断是否达到收敛，如果未收敛，将利用所得到的波函数重新构建体系，新的电荷密度（也可以采用混合电荷密度）作为初始值构建有效势求解。不断重复这一循环直至收敛，即达到电子自洽。

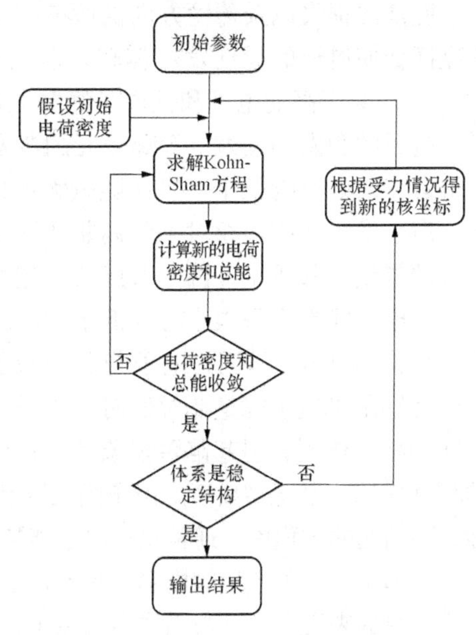

图 8 - 3 - 1　自洽计算流程图

在电子自洽后，下一步需要进行原子受力计算以优化体系中每个原子的位置。根据电子自洽计算得到的电荷密度，可以计算出体系中各原子受力情况，然后判断原子受力是否足够小（即是否达到收敛判据），如果未达到平衡所需的精度，利用牛顿力学原理，根据每个原子的受力情况得到新的核坐标。这组新获得的原子核坐标将用于重新计算体系在该坐标下的自洽的电子密度，然后再进一步计算原子受力。重复这一过程直至原子受力达到收敛标准，即认为体系已收敛，输出得到的原子位置、电子密度和波函数等基础数据。

密度泛函理论计算的最后一步就是利用结构优化计算得到的参数来计算体系的其他性质，如电荷布居、态密度、能带结构、声子谱、热导率和电导率等性质。通常来说，电子自洽和结构优化在软件中通过一次计算就可以完成，而物理化学性质计算则可以根据自己的需求选用相应的后处理工具来进行具体计算。

8.4　固体中的电子输运计算

8.4.1　简介

电流本质上是由电子的传输产生的，电子在传输的过程中，会发生碰撞和能量损失，即电阻。从量子力学的角度而言，电子的输运是一系列具有发生概率的透射过程，成功穿透势垒的电子将汇聚成电流，而另外一部分电子会因为散射、反射等原因穿透失败。电子传输的难易程度，宏观上反映为材料的导电性，受电子结构、结构缺陷、界面类型等因素的影响。电子输运计算，主要研究电子在固体材料中结构、缺陷和固 - 固界面处的传输行为，通过计算在外加偏压下的电子透射谱，进而统计电流强度。本章节首先阐述电子与固体的相互作用以及在散射过程中电子的运动变化和能量变化规律，然后讨论固体中电子输运的计算理论以及具体的实现手段。

8.4.2 微观相互作用

电子在固体内传输的过程中，与原子（原子核和核外电子）发生的每一次碰撞都会引起电子能量的损失以及传输方向的改变[22]。当电子和原子核的质量相差很大时，电子与原子的碰撞会使电子的运动发生偏转，但电子的动能转移得非常少，这种现象被描述为弹性事件[23]。而对于高能电子和低原子序数的靶原子（即电子和原子核的质量相差较小时），靶原子中电子的激发和发射、等离激元的激发均会引起入射电子能量的损失，这些作用对入射电子输运方向的影响很小，但伴随较大的能量损失，因此被称为非弹性事件[24]。另外，当电子与声子发生碰撞，相对于前述非弹性相互作用的能量损失而言，电子与声子的相互作用所引起的能量转移较小，因此可以认为是准弹性事件。

当电子能量变得很小时（低于 10eV），绝缘材料内的电子能量损失机制将不再局限于电子 - 电子间的相互作用，电子与其他粒子或准粒子间的非弹性作用也会造成电子能量的损失。特别是当电子能量非常低时，电子 - 极化子间的相互作用（极化子效应）以及电子 - 声子间的相互作用会引起陷阱现象，这将成为电子能量损失的主要机制[25]。对于电子 - 声子间的相互作用，甚至需要考虑声子湮灭以及相应增加的电子能量（能量从声子传递到电子）。实际处理问题的过程中，通常忽略电子能量增加的情况（即声子湮灭），因为它们发生的概率非常小，远小于声子产生的概率。此外，电子在固体中或固 - 固界面处的输运过程，还存在隧穿效应。总的来说，由于与固体中的原子、声子、极化子等的相互作用，入射电子将发生运动的偏移和能量的损失。一般把电子碰撞事件分为三种不同的类型：弹性碰撞（与原子核相互作用）、准弹性碰撞（与声子相互作用）和非弹性碰撞（与原子中的电子和极化子相互作用）。

8.4.3 电子散射现象

当电子在固体材料中输运时，会发生许多不同的散射现象（由碰撞事件引发），为了获得电子发射的真实描述，需要了解所涉及的所有散射机制[26]。实际上，当前的检测手段还无法测量单个电子的碰撞过程，而是通过一个具有代表性的实验来研究碰撞的：形成电子束的大量电子打在由许多原子或分子排列在一起构成的介质（例如某种气体、非晶体或者晶体固体）上。理想情况下，组成束流的电子有相同的起始能量，且彼此之间没有相互作用，只和介质原子发生相互作用。但真实情况是组成原始束流的电子能量分布在初始能量的周围，这个初始能量视为电子的平均能量，且电子束中的电子不只是与靶原子或分子相互作用，它们彼此之间也会发生相互作用。按照不同的发生机制，散射现象可以分为四种：弹性散射、准弹性散射、非弹性散射以及背散射现象。

1. 弹性散射

电子与原子间的弹性散射不仅会引起电子偏转，造成非弹性散射电子角度分布的变化，而且也涉及电子能量损失的问题。由于原子核质量比电子质量大很多，许多电子发生的是小角度弹性散射，能量和动量守恒定律使得电子和原子核之间的能量转移较小，通常在电子 - 原子核的碰撞中可以忽略[22,26-28]。尽管电子转移的能量远远小于 1eV，但在很多情况下也不能被忽略。此外，需要注意的是，虽然存在以上普遍的规律，但在极少的情况下，显著的能量转移也是有可能发生的。另外，也存在极少数迎面碰撞的情况（即散射角度为 180°），使较轻元素转移的能量可以高于位移能量（在某个晶格位置上置换一个原子所必需的能量），使原子发生位移层错或迁移（溅射）。

2. 准弹性散射

热激发效应会驱使晶体结构中的原子围绕它的平衡晶格位置振动，这些振动的能量量子被称为声子。电子与声子的相互作用所引起的能量转移是非常小的，因此被称为准弹性散射。电子和晶格振动光学模式的相互作用是能量损失（以及能量增益）的一种机制，电子和晶格振动之间这种少量的能量传递是由准弹性散射过程引起的，这种准弹性散射称为声子激发（电子能量损失）和声子湮灭（电子能量增益）[29,30]。声子的能量小于 $k_B \times T_D$，其中 k_B 是玻耳兹曼常数，T_D是德拜温度。由于 $k_B \times T_D$通常不会超 0.1eV，电子和声子相互作用引起的能量损失及能量增益通常也小于 0.1eV。

3. 非弹性散射

如果入射电子的能量足够高，则可以激发内壳层电子，使其从基态跃迁至某一高于费米能级的空电子态，成为电离态。随后靶原子的去激发过程将产生额外的能量，并以两种方式释放：①通过辐射机制，外层电子跃迁到内层空位，并发射 X 射线光子；②通过非辐射机制，原子内层电子被激发电离形成空位，较高能级电子跃迁至该空位，多余能量使原子外层电子激发发射，被激发的电子即为俄歇电子[26,31,32]。另一方面，外壳层非弹性散射是根据两种方式发生的[25,33]：①一个外壳层电子激发单电子，如带间和带内的电子跃迁，若该核外电子可以到达表面，且能量高于真空能级和导带最小能级之间的差值，就可以从固体表面逃逸，成为二次电子；②外壳层电子被激发至价电子集体振荡的集体振动态，表现为等离子体的共振，产生等离激元，等离激元的能量经衰变后，将产生二次电子和/或热量。

4. 背散射现象

背散射电子（backscattered electron）指当电子束辐照靶材，入射电子从表面（或界面）逃逸出来的电子。以固体靶材的电子背散射现象为例，当电子束轰击到固体靶材时，初始电子束中的一些电子发生背散射并从表面（或界面）逃逸，逃逸出来的电子比例则定义为背散射电子发射系数[34]；而固体中通过级联散射过程激发原子中的电子所产生的二次电子，不包括在背散射系数的定义中。

8.4.4　散射能量损失

散射过程会伴随着入射电子能量的损失。电子所损失的能量，可以用电子能量损失谱（electron energy loss spectrum）表示，代表了电子与靶材相互作用后，以能量为函数的出射电子数目，如图 8-4-1 所示。电子能量损失谱可以用来探究电子的输运情况和分析材料的成分结构特性。

如图 8-4-1 所示，在电子能量损失谱中，通常将能谱右边位于零能量处的第一个峰视为零能量损失峰，也就是弹性峰，包含了在透射电子能量损失谱（transmission electron energy loss spectrum）中所有的透射电子和背散射电子，在这些过程没有任何明显的能量损失，包括了没有任何能量损失的电子和与声子经过一次或多次准弹性碰撞的透射电子或背散射电子。实际上，弹性峰的电子能量存在轻微的损失，

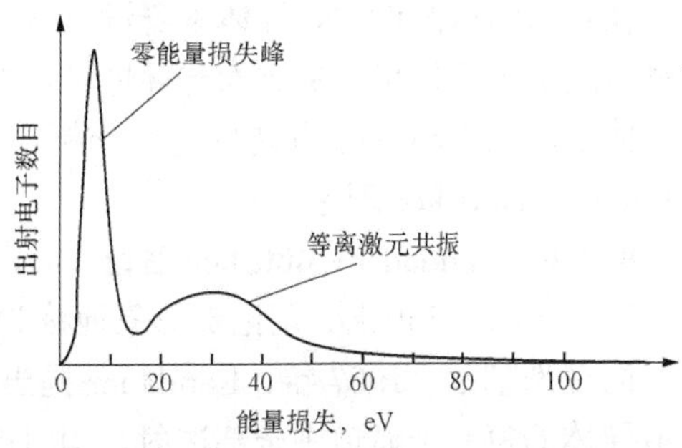

图 8-4-1　电子能量损失谱

这是由于反冲动能转移到了固体的原子中。从弹性峰到第一个 30～40eV 间，一般存在一个很宽范围的峰，包含了与原子外壳电子非弹性相互作用的所有电子，通常包括与等离激元发生非弹性碰撞的电子，对应于发生能带内和能带间跃迁的电子。对于更高的能量损失，在能谱中可对应原子内壳层电子激发的边沿，这些边沿随着能量损失的增加而缓慢地下降，台阶或者陡增能量的位置，对应的是电子阈值，边沿的能量损失可用于近似估计非弹性散射过程中内壳层能级的结合能[22,35]。

8.4.5 载流子弹道理论

弹道输运是指载流子在介质中的输运过程中几乎不会遇到散射而仅仅遵循牛顿第二运动定律，它是二维和一维介观系统中最简单的模型。电子非弹性散射的平均距离远大于介观系统的特征尺度，所以在介观系统中可以忽略电子的非弹性散射，并认为系统仅受弹性散射的影响。要理解弹道输运的性质，首先要了解电导和电阻的微观解释。Landauer 认为：电导就是保持不同 Fermi 能级的电子库之间的电子输运，而电阻就是电子输运过程发生的散射。最简单的二维电子气弹道输运模型如图 8-4-2 所示。

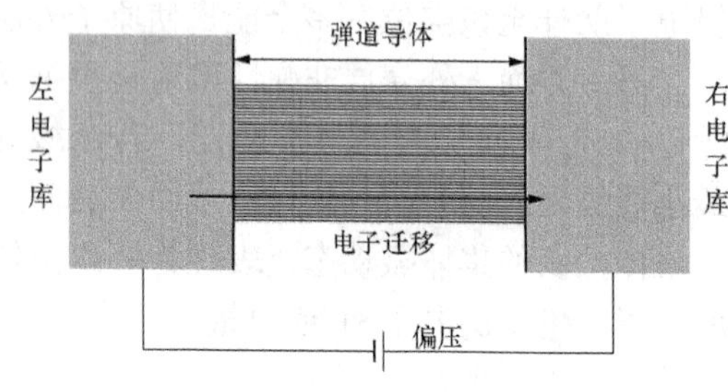

图 8-4-2 二维电子气弹道输运模型

当两电极间的电压差为 0，且温度为 0K 时，左右电子库的费米能级相等。因为电子库没有尺寸的限制，电子波在电子库中被视为是无限的。而被约束在弹道导体中的二维电子气，则相当于被束缚在一个势垒中。在稳态的情况下，电子波只有有限的模式，弹道导体的导带是不连续的，分裂成一系列亚带。当外加偏压（见图 8-4-2），左电子库处于填充态的电子会向右电子库的空态迁移，从而形成了电流。然而，由于弹道导体的导带分裂，只有具有特定能量的电子，才能沿着弹道导体的亚带无能量损失地输运到右电子库。

在左电子库中，有无限多能量模式的电子可以以很小的电阻被输运到与弹道导体接触的界面，但是弹道导体内部仅有几个能量模式，这就要求在界面处，电子的能量模式需要进行重新分布，也就导致了界面电阻。对于这种重新分布，可以用电子在界面的散射或者电子入射波的透射和反射进行表征。符合能量模式的电子将全部透过界面势垒，其余电子将被散射回电子库。在透射界面后，因为假设在导体内是无散射的，所以导体内部无电阻，当电子从弹道导体输运到导体与右电子库的接触界面，电子的能量模式将保持与右电子库模式符合，因此，电子将全部透过，即该接触界面是无反射的，电子透射概率是 1。

在弹道输运假设中，导体本身没有电阻，电阻全部来源于电子库与导体的接触电阻，而接触电阻又由几何尺寸决定而与导体具体材料无关。然而，弹道输运理论基本只能对介观和微观体系的电子输运行为进行定性分析，当需要对电子输运进行定量研究时，则必须采用 Landauer - Büttiker 理论。

8.4.6 Landauer - Büttiker 理论

Landauer - Büttiker 理论被形象地称为电子输运图像，是推导固体电子输运特性（电导率）的理论基础。1957 年，Landauer 提出了准一维单通道电导模型[36,37]：电子可以在理想弹道导体的每一个通道中全部透射，同时电子的散射现象可以等效为量子力学势垒作用，即当电子波通过表面或界面时，散射会使其存在一定的反射概率。此外，导体中的缺陷、杂质和声子也可能成为电子输运的散射中心，使已经透射到纳米导体或半导体内的电子波具有再次反射的概率。Landauer 理论将电子库视为理想导体，即可以将电子库看作电子波的理想导体，而散射中心是 Landauer 理论研究的主要对象。Landauer 电导公式表述为

$$G=\frac{2e^2}{h}\frac{T}{1-T} \tag{8-4-1}$$

式中：T 是通道的电子透射概率；$1-T$ 是电子反射概率。然而，当 $T=1$ 时，电导 G 将变得无穷大，不符合实际情况。1985 年，Büttiker 对 Landauer 电导公式进行修正[38]。如图 8-4-3 所示，他设想一个尺度很小的器件通过两侧的电极接入到包含大量连续电子态的两个电子库之间，构成输运系统。

通过假设和近似，这个体系可分为三个区域：左右电子库区域、相干输运区域和分子器件区域，同时也引入了两种界面：左右电子库与电极接触界面、电极与分子器件接触界面。其中，电子库区域可当作是一个平衡的宏观体系，电子在其中遵循费米 - 狄拉克分布，左右电子库的费米能级（零偏压时等于电化学势）分别为 μ_L 和 μ_R。电子库可以向中间分子器件无限给予电子，也可以无限接受来自中间分子器件的电子，而且电子库的费米能级不会受到影响。相干输运区域是由两侧的电极和中间分子器件所构成的特殊区域，相对于中间分子器件而言，可视为无限大的周期性体系。电子在这个区域里进行相干输运，即无“非弹性散射”。通常，为了确保分子器件区域边界与两侧半无限大电极的电势匹配，除了包含中间分子外，还需包含两端与之相连的一部分电极。在电子库与电极接触的界面上，通常认为电子波函数不会发生散射，即这个界面是无反射的。电极与分子器件接触的界面处，电子波函数会发生弹性散射。只要在相干输运区域存在相同本征能量的散射态，电子波函数就可以认为从电子库区域入射到相干输运区域中去。当电子波函数进入周期性电极后，运动是无散射的；当它达到电极与中间分子器件接触界面时，会发生弹性散射，一部分穿透界面向前传播，另一部分被反射回来向反方向传播。由于电子波函数进入电子库时不会发生反射，所有的散射和反射波函数最终都会进入电子库中去。因此，每个电子在整个输运过程中，都被一个能量本征态（散射态）所描述。从左侧入射的为左散射态，从右侧入射的为右散射态，相干输运区域左右散射态的占据情况分别由左右电子库决定。最终，分子器件的电导（G）可写为

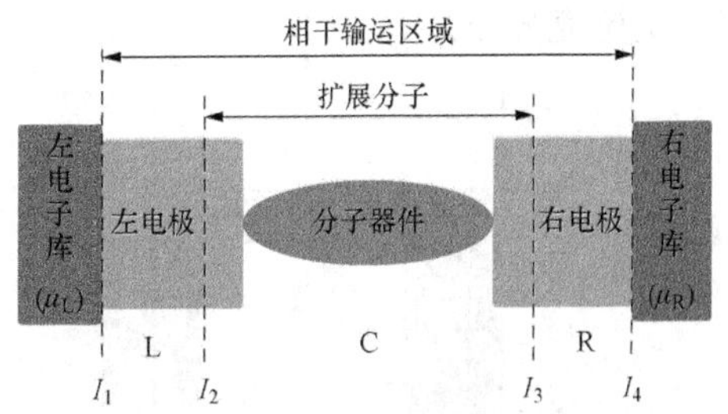

图 8-4-3 Landauer - Büttiker 电子输运图像：
I_1 和 I_4—电子库和电极接触面；
I_2 和 I_3—电极和扩展分子接触面；
L、R—左、右电极；
C—中间散射区（散射中心）

$$G=\frac{eI}{\mu_L-\mu_R}=\frac{2e^2}{h}T \tag{8-4-2}$$

式中：e 为 1 个电子伏特；I 为电流；T 为电子透射概率；h 为普朗克常数。该公式即 Landauer - Büttiker 公式，如果 $T=1$，就意味着完全的弹道输运，而此时的电导 G 仍是一个有限值，比此前的 Landauer 公式更符合实际。当有多个独立通道时，电流是每个独立通道之和，简化的情况下可写为

$$G=\frac{2e^2}{h}M\overline{T} \tag{8-4-3}$$

式中：M 为独立通道的数目；$\overline{T}$ 为平均每个通道的透射概率。

电流 I 则可以通过以下公式计算：

$$I=\frac{2e}{h}M\overline{T}(\mu_L-\mu_R) \tag{8-4-4}$$

式中：$(\mu_L-\mu_R)$ 为左右两电极的电压差。不过此公式仅在零 K 和零电压附近成立，在非零温度和电压时，必须加以修正。图 8-4-4 与图 8-4-5 分别给出了零 K 和有限温度时的系统能量的分布图，其中，$f_L(E)$ 和 $f_R(E)$ 是电极（左右电子库）的电子能量函数，遵循费米-狄拉克分布。

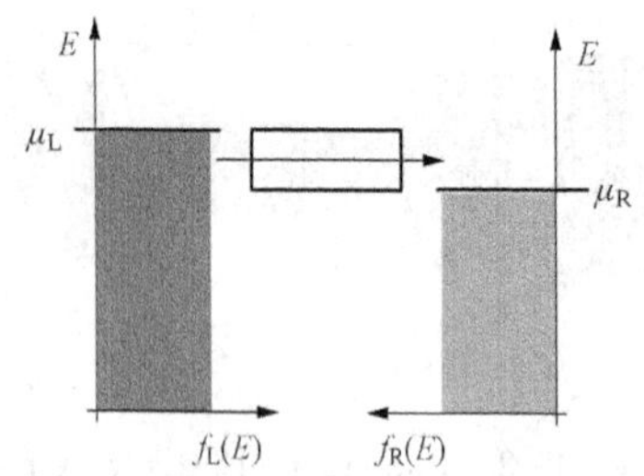

图 8-4-4　零 K 下的能量分布

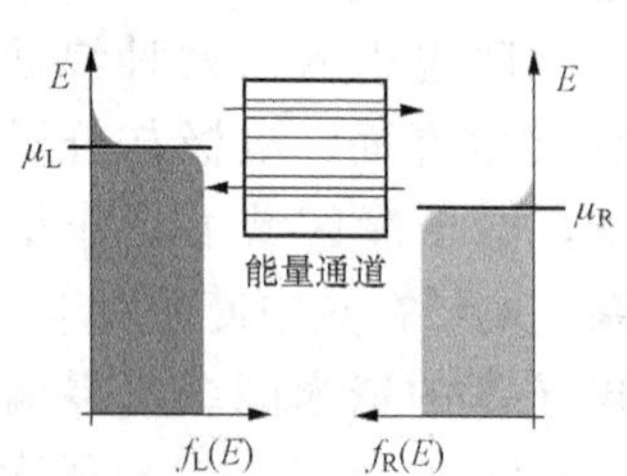

图 8-4-5　有限温度下的能量分布

图 8-4-4 中，只有从左到右的电子流，且只有单向能量通道，零 K 时费米能级以下全占据而以上全空，所以左电极不可能接受来自右电极的电子。图 8-4-5 中，费米能级以上不全部是空态，有少量从右到左的电子流，净电流仍然向右，有多个能量通道且趋于连续，当存在有限温度时，费米能级上下都存在占据态和空态，使左右电极都可能接受电子，电子可占据的中间态增加，能量通道也相应增加。中间态的能量通道很多且几乎是连续的，在 δE 能量范围内有 δM 个能量通道。将电子库中电子的态密度（density of states）定义为函数 $M(E)$，将每个通道的电子透射概率定义为 $T(E)$，则透射函数可写成

$$\overline{T}=M(E)T(E) \tag{8-4-5}$$

有限温度下的 Landauer - Büttiker 电流计算公式就是假设每个通道是独立的，把所有通道的电子透射加和后，计算得到电流：

$$I=\int\frac{2e}{h}\overline{T}[f_L(E)-f_R(E)]\mathrm{d}E \tag{8-4-6}$$

当电子在器件中无非弹性散射，假设同一个通道在零电压下从左至右和从右至左的电子透射概率相同（在有限电压下并无此要求），就可保证 Landauer - Büttiker 公式的成立。另外在低温情况下，积分区间可以近似为 $[\mu_L-\mu_R]$，即

$$\int[f_L(E)-f_R(E)]\mathrm{d}E=\mu_L-\mu_R \tag{8-4-7}$$

式（8-4-7）中所用的近似，对高温情况也是成立的。如果满足 $\overline{T}$ 为常数，则 Landauer - Büttiker 公式可以化简为

$$I=\frac{2e}{h}\overline{T}(E_F)\int[f_L(E)-f_R(E)]\mathrm{d}E \tag{8-4-8}$$

因此，电流的最简形式可表示为

$$I = \frac{2e}{h}\overline{T}E_F(\mu_L - \mu_R) \tag{8-4-9}$$

这是一个电流随电压差变化的线性响应公式。而求解散射区的透射函数［$T(E)$ 或者 $\overline{T}(E)$］是研究电子输运问题的关键，也是所有 Landauer - Büttiker 体系计算分子器件 I - V 特性的核心。Landauer - Büttiker 公式给出了计算微观体系电子输运的理论框架，运用广泛，而其具体实现过程，通常采用后续介绍的非平衡格林函数[39]。

8.4.7 非平衡格林函数

Landauer - Büttiker 公式提供了研究量子输运问题的基本思路，但是求解透射系数等需要具体的计算方法。对于宏观经典或半经典体系的输运问题，往往使用 Boltzmann 输运方程进行求解，但当研究体系小到纳米尺度时，由于输运过程的时间很短（t=1fs），Boltzmann 方法就不再适用。量子力学是目前描述微观世界最有效的手段，其核心是求解薛定谔方程，其中哈密顿量决定了一个系统的所有性质。对于复杂的多体系统，要严格求解薛定谔方程是非常困难的，其中又以求解波函数的数值计算量最大。密度泛函理论 DFT 是求解复杂多体系统的有效手段。虽然这种将多体薛定谔方程转化为等效单电子方程的方法已经简化了问题，但只能求解孤立的或者周期的体系。而分子器件既不是孤立的也不是周期的体系，它是由两个半无限的电极与分子器件连接构成，器件能够与电极交换粒子，是一个开放的体系。对于开放体系而言，电子数不再是常数，它会随外加电场的变化而变化。

求解量子输运问题的关键是[40-41]：①如何处理一个开放的、无限大的体系？②如何计算开放体系在外加偏压时的电荷分布情况？而求解复杂体系的薛定谔方程是非常困难的，且无法从实验上对体系的波函数进行验证。为了减少数值计算量，研究者采用格林函数方法来绕过求解波函数的复杂过程，直接计算体系的本征值和态密度等实验上可以测量的物理量。利用体系的哈密顿量来构造格林函数，可以使两者一一对应，故而格林函数即代表了哈密顿量，而凡是通过哈密顿量能够求出的物理量，都可以通过格林函数求出。根据研究体系所处的状态，格林函数又可以分为平衡格林函数和非平衡格林函数。因为电子输运系统处于非平衡状态，所以只能用非平衡格林函数来求解。非平衡格林函数是一种处理非平衡问题的方法，它是由平衡态格林函数推广得到的。对于多体系统，哈密顿量可以写成两项：$H=H_0+H_1$，其中 H_0 为基态，是可以精确求解的部分，H_1 为微扰项，是不可精确求解的部分。

在哈密顿矩阵已知的情况下，可以避开波函数的求解，直接获得体系的电子密度矩阵、本征值和态密度等，降低了数值计算的难度。回顾图 8 - 4 - 3，典型的分子器件系统可划分为：左电极（L)、中间散射区（C)、右电极（R)。左右电极都是半无限电极的一部分，并与散射区相连；散射区一般由分子器件及电极表面的几层原子组成，包含在散射区内的左右电极部分，被称为左右缓冲区；左电极和右电极同时也是电子库，其电化学势分别为 μ_L 和 μ_R。在外加偏压的情况下，这两个化学势之差和所加偏压 V_b 之间满足以下关系：$\mu_L-\mu_R=eV_b$。将体系的有效势以及电荷密度分成散射区和电极区来分别考虑，在具体的计算过程中，只考虑散射区，而左右电极对散射区的影响则采用自能的方式计入，从而降低了计算难度。非平衡格林函数的推导过程，不在本书中具体介绍，可参考《凝聚态物理的格函数理论》[42]。

8.4.8 计算工具及应用

将基于密度泛函理论和非平衡格林函数方法（NEGF - DFT）结合的计算理论正在快速发展，并被广泛地应用于处理微观电子输运问题。同时得益于计算机技术的进步，各种计算机软件和代码相继被开发，如商业软件 ATK、NANODCAL、Gaussian 等，以及开源代码 TranSIESTA、SMEAGOL、ALACANT、GPAW、OpenMX、Quantum Espresso 等，这些软件各具特色，为研究微观电子输运问题提供了多元计算手段。其中，通过计算微观结构的电子密度、透射率、特征通道、能带分布、$I-V$ 特性曲线等物理量，可以探究电子输运现象（电子传输阻力、电子散射中心等），进一步指导新材料的设计。

8.5 计算材料学应用与发展前沿

8.5.1 计算材料学在材料设计中的应用

随着新材料的特征尺度不断变小，对材料纳米结构、量子行为、电子输运等基础性质的研究成为了当前材料研究的重点内容。实验研究是材料研究的传统手段。然而，相较于传统材料，新型纳米材料的制备工艺复杂且精度要求高，由此造成的高难度和高成本制约了新材料的进一步发展。近年来发展的计算材料学技术可以很好地克服以上困难。计算材料学技术依据相关的物理化学理论，能够在虚拟环境下对研究对象进行高精度建模，研究其在不同尺度下的物理性质。这类研究方法不需要额外的实验设备，计算过程在计算机中自动进行，极大地节约了实验成本和时间。另一方面，计算材料学可对当前难以通过实验手段实现的材料开展分析研究，例如研究极端条件下的材料性能、研究只存在于理论中的材料结构、预测新型材料的可能应用等[6]。以上优点结合迅猛发展的计算机科学技术，使得计算材料学成为当前材料研究的重要工具，而理论算法的成熟和 VASP、Gaussian、Lammps 等商用软件的出现也给计算材料学的广泛应用打下了基础。

8.5.2 多尺度材料计算

前面已经讨论了几种典型的微纳尺度计算材料学技术，它们能够解答某一特定体系（分子间相互作用或电子行为）中的基础问题。然而在实际应用中，研究对象往往涉及从微观粒子到宏观连续体的跨尺度耦合情况，单一尺度下的材料计算难以满足复杂问题的需求。因此，构建多尺度材料计算对解决实际应用问题具有显著意义。多尺度计算是指利用特定计算方法的组合，从不同的时间尺度与空间尺度来揭示复杂的科学过程，已成为多学科交叉的前沿领域。美国哈佛大学马丁・卡普拉斯、斯坦福大学迈克尔・莱维特和南加利福尼亚大学阿里耶・瓦谢勒因其多尺度数值模拟处理复杂化学体系方面的贡献，于 2013 年共同获得诺贝尔化学奖，这表明多尺度模拟计算工具的科学性与前沿性已受到学术界的广泛认可。

目前已发展的一系列面向不同尺度的模型方法和计算工具，为实现跨越微观 - 介观 - 宏观的空间特征尺度以及飞秒 - 纳秒 - 秒的时间尺度的材料计算提供了基础[43]，如图 8 - 5 - 1 所示。密度泛函理论可以研究原子体系的凝聚态性质，分子动力学模拟能在分子尺寸与飞秒到皮秒的时间尺度下计算分子系统的热力学量。在微米到亚微米的介观尺寸与毫秒时间尺度下，相场、蒙特卡洛、元胞自动机等方法能够实现对材料内部微观组织的演化过程的模拟；而在宏观尺度下，大尺度有限元方法、有限差分法被广泛应用于面向工程应用的数值模拟。

因此，电流的最简形式可表示为

$$I = \frac{2e}{h}\overline{T}E_{\mathrm{F}}(\mu_{\mathrm{L}} - \mu_{\mathrm{R}}) \tag{8-4-9}$$

这是一个电流随电压差变化的线性响应公式。而求解散射区的透射函数［$T(E)$ 或者 $\overline{T}(E)$］是研究电子输运问题的关键，也是所有 Landauer - Büttiker 体系计算分子器件 I-V 特性的核心。Landauer - Büttiker 公式给出了计算微观体系电子输运的理论框架，运用广泛，而其具体实现过程，通常采用后续介绍的非平衡格林函数[39]。

8.4.7 非平衡格林函数

Landauer - Büttiker 公式提供了研究量子输运问题的基本思路，但是求解透射系数等需要具体的计算方法。对于宏观经典或半经典体系的输运问题，往往使用 Boltzmann 输运方程进行求解，但当研究体系小到纳米尺度时，由于输运过程的时间很短（t=1fs），Boltzmann 方法就不再适用。量子力学是目前描述微观世界最有效的手段，其核心是求解薛定谔方程，其中哈密顿量决定了一个系统的所有性质。对于复杂的多体系统，要严格求解薛定谔方程是非常困难的，其中又以求解波函数的数值计算量最大。密度泛函理论 DFT 是求解复杂多体系统的有效手段。虽然这种将多体薛定谔方程转化为等效单电子方程的方法已经简化了问题，但只能求解孤立的或者周期的体系。而分子器件既不是孤立的也不是周期的体系，它是由两个半无限的电极与分子器件连接构成，器件能够与电极交换粒子，是一个开放的体系。对于开放体系而言，电子数不再是常数，它会随外加电场的变化而变化。

求解量子输运问题的关键是[40-41]：①如何处理一个开放的、无限大的体系？②如何计算开放体系在外加偏压时的电荷分布情况？而求解复杂体系的薛定谔方程是非常困难的，且无法从实验上对体系的波函数进行验证。为了减少数值计算量，研究者采用格林函数方法来绕过求解波函数的复杂过程，直接计算体系的本征值和态密度等实验上可以测量的物理量。利用体系的哈密顿量来构造格林函数，可以使两者一一对应，故而格林函数即代表了哈密顿量，而凡是通过哈密顿量能够求出的物理量，都可以通过格林函数求出。根据研究体系所处的状态，格林函数又可以分为平衡格林函数和非平衡格林函数。因为电子输运系统处于非平衡状态，所以只能用非平衡格林函数来求解。非平衡格林函数是一种处理非平衡问题的方法，它是由平衡态格林函数推广得到的。对于多体系统，哈密顿量可以写成两项：$H=H_0+H_1$，其中 H_0 为基态，是可以精确求解的部分，H_1 为微扰项，是不可精确求解的部分。

在哈密顿矩阵已知的情况下，可以避开波函数的求解，直接获得体系的电子密度矩阵、本征值和态密度等，降低了数值计算的难度。回顾图 8-4-3，典型的分子器件系统可划分为：左电极（L）、中间散射区（C）、右电极（R）。左右电极都是半无限电极的一部分，并与散射区相连；散射区一般由分子器件及电极表面的几层原子组成，包含在散射区内的左右电极部分，被称为左右缓冲区；左电极和右电极同时也是电子库，其电化学势分别为 μ_{L} 和 μ_{R}。在外加偏压的情况下，这两个化学势之差和所加偏压 V_{b} 之间满足以下关系：$\mu_{\mathrm{L}}-\mu_{\mathrm{R}}=eV_{\mathrm{b}}$。将体系的有效势以及电荷密度分成散射区和电极区来分别考虑，在具体的计算过程中，只考虑散射区，而左右电极对散射区的影响则采用自能的方式计入，从而降低了计算难度。非平衡格林函数的推导过程，不在本书中具体介绍，可参考《凝聚态物理的格函数理论》[42]。

8.4.8 计算工具及应用

将基于密度泛函理论和非平衡格林函数方法（NEGF-DFT）结合的计算理论正在快速发展，并被广泛地应用于处理微观电子输运问题。同时得益于计算机技术的进步，各种计算机软件和代码相继被开发，如商业软件 ATK、NANODCAL、Gaussian 等，以及开源代码 TranSIESTA、SMEAGOL、ALACANT、GPAW、OpenMX、Quantum Espresso 等，这些软件各具特色，为研究微观电子输运问题提供了多元计算手段。其中，通过计算微观结构的电子密度、透射率、特征通道、能带分布、$I-V$ 特性曲线等物理量，可以探究电子输运现象（电子传输阻力、电子散射中心等），进一步指导新材料的设计。

8.5 计算材料学应用与发展前沿

8.5.1 计算材料学在材料设计中的应用

随着新材料的特征尺度不断变小，对材料纳米结构、量子行为、电子输运等基础性质的研究成为了当前材料研究的重点内容。实验研究是材料研究的传统手段。然而，相较于传统材料，新型纳米材料的制备工艺复杂且精度要求高，由此造成的高难度和高成本制约了新材料的进一步发展。近年来发展的计算材料学技术可以很好地克服以上困难。计算材料学技术依据相关的物理化学理论，能够在虚拟环境下对研究对象进行高精度建模，研究其在不同尺度下的物理性质。这类研究方法不需要额外的实验设备，计算过程在计算机中自动进行，极大地节约了实验成本和时间。另一方面，计算材料学可对当前难以通过实验手段实现的材料开展分析研究，例如研究极端条件下的材料性能、研究只存在于理论中的材料结构、预测新型材料的可能应用等[6]。以上优点结合迅猛发展的计算机科学技术，使得计算材料学成为当前材料研究的重要工具，而理论算法的成熟和 VASP、Gaussian、Lammps 等商用软件的出现也给计算材料学的广泛应用打下了基础。

8.5.2 多尺度材料计算

前面已经讨论了几种典型的微纳尺度计算材料学技术，它们能够解答某一特定体系（分子间相互作用或电子行为）中的基础问题。然而在实际应用中，研究对象往往涉及从微观粒子到宏观连续体的跨尺度耦合情况，单一尺度下的材料计算难以满足复杂问题的需求。因此，构建多尺度材料计算对解决实际应用问题具有显著意义。多尺度计算是指利用特定计算方法的组合，从不同的时间尺度与空间尺度来揭示复杂的科学过程，已成为多学科交叉的前沿领域。美国哈佛大学马丁·卡普拉斯、斯坦福大学迈克尔·莱维特和南加利福尼亚大学阿里耶·瓦谢勒因其多尺度数值模拟处理复杂化学体系方面的贡献，于 2013 年共同获得诺贝尔化学奖，这表明多尺度模拟计算工具的科学性与前沿性已受到学术界的广泛认可。

目前已发展的一系列面向不同尺度的模型方法和计算工具，为实现跨越微观-介观-宏观的空间特征尺度以及飞秒-纳秒-秒的时间尺度的材料计算提供了基础[43]，如图 8-5-1 所示。密度泛函理论可以研究原子体系的凝聚态性质，分子动力学模拟能在分子尺寸与飞秒到皮秒的时间尺度下计算分子系统的热力学量。在微米到亚微米的介观尺寸与毫秒时间尺度下，相场、蒙特卡洛、元胞自动机等方法能够实现对材料内部微观组织的演化过程的模拟；而在宏观尺度下，大尺度有限元方法、有限差分法被广泛应用于面向工程应用的数值模拟。

8.5.3 计算材料学与人工智能技术融合

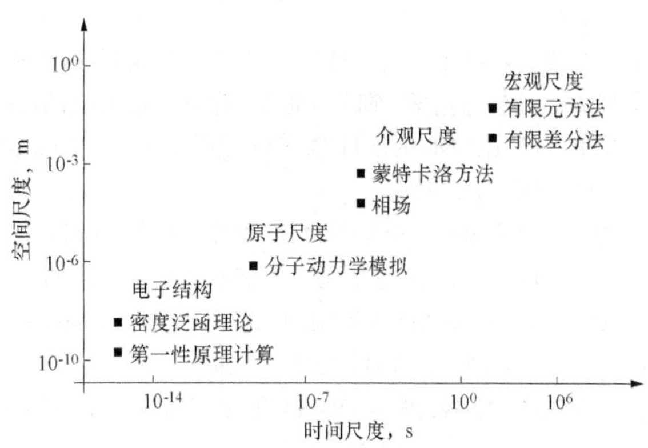

图 8-5-1 不同空间、时间尺度下的计算材料方法

在计算材料学出现之前，新材料的研发往往伴随着巨大的风险，因为材料研发试验的随机性与偶然性会造成时间和成本的浪费。早在6000年前，两河文明（美索不达米亚文明）的冶金工匠将一大块锡熔进铜里，偶然获得了比当时所有已知金属都要硬且更耐用的青铜合金。在随后的几千年中，材料实验大多如青铜合金的发现一样，很大程度上是受哲学和化学直觉的影响。通用电气公司的创始人托马斯·阿尔瓦·爱迪生在改良电灯时曾尝试使用一千余种耐热材料作为灯丝，直至发现碳化棉丝具有相对稳定的发光性能。显然，基于经验与试错的传统研究方法充满变数且成本高昂，远无法满足现代社会对新材料的需求[44]。随着计算材料学的发展以及人工智能技术的兴起，计算材料学技术与机器学习技术相结合的材料研究模式初步形成，有望替代传统材料研究方法，在数以百万计的理论材料中寻找目标材料，大大缩短新能源材料研发周期，降低研发成本。机器学习（machine learning）作为计算机科学中人工智能领域的核心，是赋予计算机“智能”的重要途径。经过数十年不断发展，机器学习已成为涵盖概率论、统计学、逼近论、凸分析、算法复杂度理论等多门学科的多领域交叉学科。机器学习通过数据或者以往情景，进行归纳、综合，在面临新的数据或情景时提供相应的自主判断，从而在一定意义上，具备“学习”的能力。

美国于2011年启动了“材料基因组计划”。研究人员建立了高通量材料计算方法、实验方法和开放共享的材料数字化数据库，进而从原子与分子层面认识、计算和筛选新材料。“材料基因组计划”开辟了先开展材料计算模拟与理论预测，后进行实验验证的新材料研发模式。运用该模式，美国哈弗福德学院研究人员[45]利用实验废弃数据，通过数据挖掘和机器学习方法，预测了新材料的制备成功率，有效地指导了新材料的合成。2016年，美国空军研究实验室将人工智能技术、高通量计算与原位表征技术相结合，开发了全球首套可自主进行材料试验的样机——材料自主研究系统（ARES）。与现有研究方法相比较，ARES可将材料迭代试验的设计、执行和分析速度提升几个数量级，大幅缩短材料开发时间。

虽然人工智能技术结合适当的计算材料学方法能够突破传统材料研发过程的时间周期限制，极大提升材料的研发效率，但是当前计算材料学与人工智能技术融合的方法仍存在一定局限性，主要体现在对数据的依赖性较强——在数据集较小的情况下，机器学习方法容易出现过拟合的现象[46]，大大降低方法的泛化能力。为实现全程数字化的新材料“智造”，需要重点解决材料信息的大数据共享，同时开发面向材料应用的机器学习算法[6]。总体而言，伴随着相关技术不断发展，人工智能技术必将会在计算材料学领域中大放异彩，并有望带来突破性的变革。

参考文献

[1] 陈刚．纳米尺度能量输运和转换-对电子分子声子和光子的统一处理［M］．北京：清华大学出版

社，2014.
[2] 蒋建飞．纳电子导论 [M]．北京：科学出版社，2006.
[3] 杨勇．固态电化学 [M]．北京：化学工业出版社，2016.
[4] VOLKHARD M，KÜ H O. Charge and energy transfer dynamics in molecular systems 3ed [M]. WILEY-VCH，2011.
[5] 霍兹．纳米材料电化学 [M]．北京：科学出版社，2006.
[6] 张跃，谷景华，尚家香，等．计算材料学基础 [M]．北京：北京航空航天大学出版社，2007.
[7] ALDER B J，WAINWRIGHT T E. Phase transition for a hard sphere system [J]．Journal of Chemical Physics，1957，27 (5)：1208-1209.
[8] ALDER B J，WAINWRIGHT T E. Studies in molecular dynamics . 1. general method [J]．Journal of Chemical Physics，1959，31 (2)：459-466.
[9] RAHMAN A. Correlations in motion of atoms in liquid argon [J]．Physical Review，1964，136 (2a)：A405.
[10] STILLINGER F H，RAHMAN A. Improved simulation of liquid water by molecular-dynamics [J]．Journal of Chemical Physics，1974，60 (4)：1545-1557.
[11] VERLET L. Computer experiments on classical fluids . I. thermodynamical properties of Lennard-Jones molecules [J]．Physical Review，1967，159 (1)：98.
[12] ANDERSEN H C. Molecular-dynamics simulations at constant pressure and-or temperature [J]．Journal of Chemical Physics，1980，72 (4)：2384-2393.
[13] HOOVER W G，LADD A J C，MORAN B. High-strain-rate plastic-flow studied via non-equilibrium molecular-dynamics [J]．Physical Review Letters，1982，48 (26)：1818-1820.
[14] NOSE S. A molecular-dynamics method for simulations in the canonical ensemble [J]．Molecular Physics，1984，52 (2)：255-268.
[15] 谢希德，陆栋．固体能带理论 [M]．上海：复旦大学出版社，1998.
[16] HOHENBERG P，KOHN W. Inhomogeneous electron gas [J]．Physical Review B，1964，136 (3b)：B864.
[17] KOHN W，SHAM L J. Self-consistent equations including exchange and correlation effects [J]．Physical Review，1965，140 (4a)：1133.
[18] PERDEW J P，BURKE K，ERNZERHOF M. Generalized gradient approximation made simple [J]．Physical Review Letters，1996，77 (18)：3865-3868.
[19] HAMANN D R，SCHLUTER M，CHIANG C. Norm-conserving pseudopotentials [J]．Physical Review Letters，1979，43 (20)：1494-1497.
[20] HERRING C. A new method for calculating wave functions in crystals [J]．Physical Review，1940，57 (12)：1169-1177.
[21] HERRING C，HILL A G. The theoretical constitution of metallic beryllium [J]．Physical Review，1940，58 (2)：132-162.
[22] EGERTON R F. Electron energy-loss spectroscopy in the electron microscope [M]．Springer Science & Business Media，2011.
[23] MOTT N F. The scattering of fast electrons by atomic nuclei [J]．Proceedings of the Royal Society of London Series A-Containing Papers of a Mathematical and Physical Character，1929，124 (794)：425-442.
[24] RITCHIE R H. Plasma losses by fast electrons in thin films [J]．Physical Review，1957，106 (5)：874-881.
[25] GANACHAUD J P，MOKRANI A. Theoretical-study of the secondary-electron emission of insulating

targets [J]. Surface Science, 1995, 334 (1-3): 329-341.

[26] SIGMUND P. Particle penetration and radiation effects volume 2 [M]. Springer Series in Solid-State Sciences, Springer, 2014.

[27] EGERTON R F. Electron energy-loss spectroscopy in the TEM [J]. Reports on Progress in Physics, 2009, 72 (1): 016502.

[28] JABLONSKI A, SALVAT F, POWELL C J. Comparison of electron elastic-scattering cross sections calculated from two commonly used atomic potentials [J]. Journal of Physical and Chemical Reference data, 2004, 33 (2): 409-451.

[29] FROHLICH H. Electrons in lattice fields [J]. Advances in Physics, 1954, 3 (11): 325-361.

[30] LLACER J, GARWIN E L. Electron-phonon interaction in alkali halides. 2. transmission secondary emission from alkali halides [J]. Journal of Applied Physics, 1969, 40 (7): 2776-2792.

[31] AUGER P. Extensive cosmic-ray showers [J]. Reviews of Modern Physics, 1939, 11 (3/4): 0288-0291.

[32] MEITNER L. Das β-strahlenspektrum von UX 1 und seine deutung [J]. Zeitschrift Fur Physik, 1923, 17 (1): 54-66.

[33] DAPOR M, INKSON B J, RODENBURG C, et al. A comprehensive Monte Carlo calculation of dopant contrast in secondary-electron imaging [J]. Epl, 2008, 82 (3): 30006.

[34] DAPOR M. Monte-Carlo simulation of backscattered electrons and energy from thick targets and surface-films [J]. Physical Review B, 1992, 46 (2): 618-625.

[35] GARCIA-MOLINA R, ABRIL I, DENTON C D, et al. Allotropic effects on the energy loss of swift H^+ and He^+ ion beams through thin foils [J]. Nuclear Instruments & Methods in Physics Research Section B-Beam Interactions with Materials and Atoms, 2006, 249: 6-12.

[36] LANDAUER R. Spatial variation of currents and fields due to localized scatterers in metallic conduction [J]. Journal of Mathematical Physics, 1996, 37 (10): 223-231.

[37] LANDAUER R. Electrical resistance of disordered one-dimensional lattices [J]. Philosophical Magazine, 1970, 21 (172): 863.

[38] BUTTIKER M, IMRY Y, LANDAUER R, et al. Generalized many-channel conductance formula with application to small rings [J]. Physical Review B, 1985, 31 (10): 6207-6215.

[39] DATTA S. Electronic transport in mesoscopic systems [M]. Cambridge University Press, 1997.

[40] TAYLOR J, GUO H, WANG J. Ab initio modeling of quantum transport properties of molecular electronic devices [J]. Physical Review B, 2001, 63 (24): 245407-245407.

[41] MEHREZ H, WLASENKO A, LARADE B, et al. I-V characteristics and differential conductance fluctuations of Au nanowires [J]. Physical Review B, 2002, 65 (19): 195419-195419.

[42] BRANDBYGE M, MOZOS J L, ORDEJON P, et al. Density-functional method for nonequilibrium electron transport [J]. Physical Review B, 2002, 65 (16): 165401.

[43] 李殿中. 集成材料计算模拟：金属制备工艺研究的新范式 [J]. 金属学报, 2018, 54 (2): 129-130.

[44] 林海，郑家新，林原，潘锋. 材料基因组技术在新能源材料领域应用进展 [J]. 储能科学与技术，2017, 6: 990.

[45] RACCUGLIA P, ELBERT K C, ADLER P D F, et al. Machine-learning-assisted materials discovery using failed experiments [J]. Nature, 2016, 533 (7601): 73.

[46] 吴炜，孙强. 应用机器学习加速新材料的研发 [J]. 中国科学：物理学 力学 天文学，2018, 48: 107001.